Der Debt-Equity-Swap als Instrument der Unternehmenssanierung nach deutschem und englischem Recht

Europäische Hochschulschriften

European University Studies

Publications Universitaires Européennes

Reihe II **Rechtswissenschaft**

Series II Law

Série II Droit

Band/Volume **5734**

Jonas Schwarz

Der Debt-Equity-Swap als Instrument der Unternehmenssanierung nach deutschem und englischem Recht

Eine vergleichende Untersuchung praxisrelevanter rechtlicher Problemkreise bei der Umsetzung von Debt-Equity-Swaps nach deutschem und englischem Recht

PL ACADEMIC RESEARCH

Bibliografische Information der Deutschen Nationalbibliothek
Die Deutsche Nationalbibliothek verzeichnet diese Publikation in der Deutschen Nationalbibliografie; detaillierte bibliografische Daten sind im Internet über http://dnb.d-nb.de abrufbar.

Zugl.: Heidelberg, Univ., Diss., 2013

D 16
ISSN 0531-7312
ISBN 978-3-631-66263-2 (Print)
E-ISBN 978-3-653-05428-6 (E-Book)
DOI 10.3726/978-3-653-05428-6

PL Academic Research ist ein Imprint der Peter Lang GmbH.
Peter Lang – Frankfurt am Main · Bern · Bruxelles · New York · Oxford · Warszawa · Wien

Diese Publikation wurde begutachtet.

www.peterlang.com

Meinen Eltern

Vorwort

Die vorliegende Arbeit wurde im Herbst 2013 von der Juristischen Fakultät der Ruprecht-Karls-Universität Heidelberg als Dissertation angenommen. Sie wurde anschließend unter Berücksichtigung der bis zum August 2014 veröffentlichten Rechtsprechung und Literatur berufsbegleitend aktualisiert.

Für die Betreuung meines Promotionsverfahrens und die Erstellung des Erstgutachtens danke ich herzlich meinem Doktorvater, Herrn Prof. Dr. Burkhard Hess. Mein weiterer Dank gilt Herrn Prof. Dr. Andreas Piekenbrock für die zügige Erstellung des Zweitgutachtens sowie wertvollen Anmerkungen. Gedankt sei an dieser Stelle auch Herrn Dr. Till C. Schröter, DPhil (Oxon) für seine freundschaftliche Unterstützung bei meinen wiederholten Forschungsaufenthalten in England zur Förderung der Dissertation durch Recherchen an der University of Oxford.

Mein größter Dank gilt meinen Eltern, Carola Ehrenfeld und Dr. Michael Schwarz, für ihre Unterstützung. Ihnen widme ich diese Arbeit. Ganz besonders danken will ich an dieser Stelle meiner lieben Mutter. Insbesondere ihr Wirken hat die Grundsteine für meinen Lebens- und Bildungsweg gelegt und somit auch zum erfolgreichen Abschluss meines Promotionsverfahrens beigetragen.

Frankfurt am Main, im Dezember 2014 *Jonas Schwarz*

Inhaltsverzeichnis

Abkürzungsverzeichnis

a.A.	anderer Ansicht
a.a.O.	am angegebenen Ort
ABl. EU/ ABl. EG	Amtsblatt der Europäischen Union/Amtsblatt der Europäischen Gemeinschaften
Abs.	Absatz
A.C.	Law Reports, Appeal Cases
ACLC	Australian Company Law Cases
ACSR	Australian Corporations and Securities Reports
a.E.	am Ende
a.F.	alte Fassung
AG	1. Aktiengesellschaft / 2. Die Aktiengesellschaft (Zeitschrift für das gesamte Aktienwesen, für deutsches, europäisches und internationales Unternehmens- und Kapitalmarktrecht)
AGM	annual general meeting
AktG	Aktiengesetz
AktienR	Aktienrecht
All ER	All England Law Reports
allg.	allgemein
Alt.	Alternative
Anh.	Anhang
Anm.	Anmerkung
Art.	Artikel
articles	articles of association
ARUG	Gesetz zur Umsetzung der Aktionärsrechterichtlinie
Aufl.	Auflage
AZ	Aktenzeichen
BaFin	Bundesanstalt für Finanzdienstleistungsaufsicht
BB	Betriebs-Berater (Zeitschrift)
BC	Bankcruptcy Code
B.C.C.	British Company Cases
B.C.L.C.	Butterworths Company Law Cases
Bd.	Band
Begr.	Begründung
Beil.	Beilage
Beschl.	Beschluss
BGB	Bürgerliches Gesetzbuch

BGBl.	Bundesgesetzblatt
BGH	Bundesgerichtshof
BGHZ	Entscheidungen des Bundesgerichtshofes in Zivilsachen
BMJ	Bundesministerium der Justiz
BKR	Zeitschrift für Bank- und Kapitalmarktrecht
BT-Drs.	Bundestagsdrucksache
B.T.R.	British Tax Review (Zeitschrift)
C. A.	Court of Appeal
CA 1985	Companies Act 1985
CA 2006	Companies Act 2006
Cardozo L. Rev.	Cardozo Law Review (Zeitschrift)
CF	Corporate Finance Law (Zeitschrift)
Ch.	Law Reports, Chancery Division (1891 ff.)
Ch. App.	Law Reports, Chancery Appeal
Ch. D.	Law Reports, Chancery Division (1875-1890)
City Code	City Code on Takeovers and Mergers
COMI	centre of a debtor's main interests (i.S.d. Art. 3 Abs. 1 EuInsVO)
Corp.	Corporation
CVA	Company Voluntary Arrangement (gemäß ss. 1–7B IA 1986)
DB	Der Betrieb (Zeitschrift)
ders.	derselbe
DES	*Debt-Equity-Swap*
DES-Co	Schuldnergesellschaft, deren Verbindlichkeiten (teilweise) Gegenstand eines *Debt-Equity-Swap* sind oder werden sollen
d.h.	das heißt
dies.	dieselbe / dieselben
Diss.	Dissertation
DNotZ	Deutsche Notar-Zeitschrift
DStR	Deutsches Steuerrecht (Zeitschrift)
dt.	deutsch
DTI	Department of Trade and Industry
DZWIR	Deutsche Zeitschrift für Wirtschafts- und Insolvenzrecht
eBAnz.	Elektronischer Bundesanzeiger
EBLR	European Business Law Review (Zeitschrift)
EBOR	European Business Organization Law Review (Zeitschrift)
ECFR	European Company and Financial Law Review (Zeitschrift)
ed.	edition
EG	Europäische Gemeinschaft(en) / EG-Vertrag
EHYA	European High Yield Association

engl.	englisch
ESUG	Gesetz zur weiteren Erleichterung der Sanierung von Unternehmen
EuInsVO	Verordnung (EG) Nr. 1346/2000 des Rates vom 29.5.2000 über Insolvenzverfahren
EWHC	High Court of England and Wales
EWiR	Entscheidungen zum Wirtschaftsrecht
f. / ff.	folgende / fortfolgende
F.A.Z.	Frankfurter Allgemeine Zeitung
FB	Finanz Betrieb (Zeitschrift)
FMStBG	Gesetz zur Beschleunigung und Vereinfachung des Erwerbs von Anteilen an sowie Risikopositionen von Unternehmen des Finanzsektors durch den Fonds „Finanzmarktstabilisierungsfonds–FMS“(Finanzmarktstabilisierungsbeschleunigungsgesetz)
FMStErgG	Gesetz zur weiteren Stabilisierung des Finanzmarktes (Finanzmarktstabilisierungsergänzungsgesetz)
FMStG	Gesetz zur Umsetzung eines Maßnahmenpakets zur Stabilisierung des Finanzmarktes (Finanzmarktstabilisierungsgesetz)
Fn.	Fußnote(n)
FR	Finanz-Rundschau (Zeitschrift)
FS	Festschrift
FSA	Financial Services Authority
gem.	gemäß
GG	Grundgesetz für die Bundesrepublik Deutschland
ggf.	gegebenenfalls
GmbH	Gesellschaft mit beschränkter Haftung
GmbHG	Gesetz betreffend die Gesellschaften mit beschränkter Haftung
GmbHR	GmbH-Rundschau (Zeitschrift)
GPR	Zeitschrift für Gemeinschaftsprivatrecht
HambKomm	Hamburger Kommentar zum Insolvenzrecht
Hdb.	Handbuch
HGB	Handelsgesetzbuch
HK-InsO	Insolvenzordnung – Heidelberger Kommentar
h.L.	herrschende(n/r) Lehre
h.M.	herrschende(n/r) Meinung
Hrsg.	Herausgeber
hrsg.	herausgegeben
Hs.	Halbsatz

IA 1986	Insolvency Act 1986 i.d.F. von ss. 1, 2 Insolvency Act 2000 mit Sch. 1, 2
I.C.C.L.R.	International Company and Commercial Law Review (Zeitschrift)
i.d.F.	in der Fassung
i.d.R.	in der Regel
i.E.	im Ergebnis
i.e.S.	im engeren Sinne
I.F.L.R.	International Financial Law Review (Zeitschrift)
i.H.v.	in Höhe von
insb.	insbesondere
InsO	Insolvenzordnung
IPRax	Praxis des internationalen Privat- und Verfahrensrechts (Zeitschrift)
IR 1986	Insolvency Rules 1986
i.R.d.	im Rahmen der/des
i.S.d./i.S.v.	im Sinne der/des/von
i.V.m.	in Verbindung mit
i.w.S.	im weiteren Sinne
J.B.L.	Journal of Business Law (Zeitschrift)
J.I.B.F.L.	Journal of International Banking and Financial Law (Zeitschrift)
J.I.B.L.	Journal of International Banking Law (Zeitschrift)
JZ	Juristenzeitung (Zeitschrift)
Kap.	Kapitel
KapAEG	Kapitalaufnahmeerleichterungsgesetz
KapRL	Kapitalrichtlinie = 2. gesellschaftsrechtliche Richtlinie = Zweite Richtlinie des Rates v. 13.12.1976 (77/91/EWG) zur Koordinierung der Schutzbestimmungen, die in den Mitgliedstaaten den Gesellschaften im Sinne des Art. 58 Abs. 2 des Vertrages im Interesse der Gesellschafter sowie Dritter für die Gründung der Aktiengesellschaft sowie für Erhaltung und Änderung ihres Kapitals vorgeschrieben sind, um diese Bedingungen gleichwertig zu gestalten
KG	Kommanditgesellschaft
KK-WpÜG	Kölner Kommentar zum WpÜG
KonTraG	Gesetz zur Kontrolle und Transparenz im Unternehmensbereich

KredReorgG	Gesetz zur Restrukturierung und geordneten Abwicklung von Kreditinstituten, zur Errichtung eines Restrukturierungsfonds für Kreditinstitute und zur Verlängerung der Verjährungsfrist der aktienrechtlichen Organhaftung
KredReorgG-E	Diskussionsentwurf eines Gesetzes zur Reorganisation systemrelevanter Kreditinstitute (Kreditinstitute-Reorganisationsgesetz)
KSI	Krisen-, Sanierungs- und Insolvenzberatung (Zeitschrift)
KTS	Konkurs-, Treuhand- und Schiedsgerichtswesen (Zeitschrift)
LG	Landgericht
Lit.	Literatur
L.Q.R.	The Law Quarterly Review (Zeitschrift)
L.R. Eq.	The Law Reports, Equity Cases (1865-1875)
Ltd.	private company limited by shares / private limited company
m.a.W.	mit anderen Worten
MLR	Modern Law Review (Zeitschrift)
MoMiG	Gesetz zur Modernisierung des GmbH-Rechts und zur Bekämpfung von Missbräuchen
MüKo-AktG	Münchener Kommentar zum Aktiengesetz
MüKo-InsO	Münchener Kommentar zur Insolvenzordnung
m.w.N.	mit weiteren Nachweisen
n.F.	neue Fassung
NJW	Neue Juristische Wochenschrift
No.	number
NPL	Non Performing Loans
Nr.	Nummer
NZG	Neue Zeitschrift für Gesellschaftsrecht
NZI	Neue Zeitschrift für das Recht der Insolvenz und Sanierung
OLG	Oberlandesgericht
para.	paragraph
paras.	paragraphs
plc	public limited company
P.L.C.	Practical Law for Companies (Zeitschrift)
Q.B.	Law Reports, Queen's Bench Division
RefE	Referentenentwurf
RegE	Regierungsentwurf
RG	Reichsgericht
RGZ	Entscheidungen des Reichsgerichts in Zivilsachen
RIW	Recht der Internationalen Wirtschaft (Zeitschrift)

Rn.	Randnummer(n)
RNotZ	Rheinische Notarzeitschrift
Rspr.	Rechtsprechung
s.	siehe
S.	1. Satz / 2. Seite
S.C.	Session Cases (Scotland)
Sch.	Schedule
SchVG	Gesetz über Schuldverschreibungen aus Gesamtemissionen (Schuldverschreibungsgesetz) vom 31. Juli 2009
SchVG v. 1899	Gesetz betreffend die gemeinsamen Rechte der Besitzer von Schuldverschreibungen vom 4. Dezember 1899 (Schuldverschreibungsgesetz)
SE	Societas Europaea
sec.	section
Slg.	Sammlung
s.o.	siehe oben
SoA	Scheme of Arrangement (gemäß ss. 895-901 CA 2006)
sog.	sogenannt(e/en/es)
ss.	sections
STC	Simon's Tax Cases (Zeitschrift)
str.	streitig
st. Rspr.	ständige Rechtsprechung
u.a.	unter anderem / und andere
UKHL	United Kingdom House of Lords
UKLA	United Kingdom Listing Authority
UmwG	Umwandlungsgesetz
Urt.	Urteil
U.S.C.	United States Code
v.	1. vom / 2. versus
vgl.	vergleiche
Vol.	Volume
v.S.E.	verdeckte Sacheinlage(n)
W.L.R.	Weekly Law Reports (Zeitschrift)
WM	Wertpapier-Mitteilungen – Zeitschrift für Wirtschafts- und Bankrecht
WPg	Die Wirtschaftsprüfung (Zeitschrift)
WpHG	Gesetz über den Wertpapierhandel (Wertpapierhandelsgesetz)
WpÜG	Wertpapiererwerbs– und Übernahmegesetz

WpÜG-AngVO	Verordnung über den Inhalt der Angebotsunterlage, die Gegenleistung bei Übernahmeangeboten und Pflichtangeboten und die Befreiung von der Verpflichtung zur Veröffentlichung und zur Abgabe eines Angebots (WpÜG-Angebotsverordnung)
z.B.	zum Beispiel
ZBB	Zeitschrift für Bankrecht und Bankwirtschaft
ZfRV	Zeitschrift für Europarecht, Internationales Privatrecht und Rechtsvergleichung
ZGR	Zeitschrift für Unternehmens- und Gesellschaftsrecht
ZHR	Zeitschrift für das gesamte Handelsrecht und Wirtschaftsrecht
ZInsO	Zeitschrift für das gesamte Insolvenzrecht
ZIP	Zeitschrift für Wirtschaftsrecht
ZKredW	Zeitschrift für das gesamte Kreditwesen

Kapitel I: Einleitung und Gegenstand der Untersuchung

I. Einleitung

Seit 2008/2009 sind im Kontext finanzwirtschaftlicher Sanierungen insolvenzbedrohter Unternehmen hierzulande – wie zahlreiche Beiträge aus der Wirtschaftspresse[1] und der wirtschaftsrechtlichen Literatur[2] belegen – die betriebswirtschaftlichen und rechtlichen Chancen und Risiken einer bilanziellen Sanierungstechnik verstärkt in den Fokus gerückt: Dies ist die „Umwandlung" von Fremdkapital in Eigenkapital einer sanierungsbedürftigen Gesellschaft, die nach verbreiteter Einschätzung zu den wichtigsten finanziellen Sanierungsinstrumenten der modernen Restrukturierungspraxis zählt.

Bei der Umsetzung dieser Sanierungstechnik werden aus der Perspektive der Schuldnergesellschaft im Zuge einer Kombination von rechtlichen Maßnahmen gegen die Gesellschaft gerichtete Forderungen (also Schulden der Gesellschaft, engl.: *„debt"*) in Eigenkapital (engl.: *„equity"*) umgetauscht (engl.: *„to swap"* = tauschen), weshalb sich zur Bezeichnung dieser Sanierungstechnik in der internationalen, aber auch deutschen Insolvenz- und Restrukturierungspraxis der englische Begriff *„Debt-Equity-Swap"* etabliert hat. Synonym verwendet werden in der Praxis auch Bezeichnungen wie *„Debt-for-Equity-Swap"*, *„Debt-to-Equity-Swap"*, *„Debt-for-Equity-Conversion"* oder *„Debt-Equity Exchange"*. Im Rahmen der vorliegenden Arbeit wird, trotz der dem Verfasser bekannten (und z.T.

---

1 Zum *Debt-Equity-Swap* als Instrument zur bilanziellen Sanierung vor dem Hintergrund seiner gesteigerten Bedeutung infolge der internationalen Finanzmarkt- und Wirtschaftskrise etwa *Becker*, Börsen-Zeitung v. 7.7.2009, S. 11, „Ohne frische Mittel geht's meist nicht – Tausch von Schulden in Eigenkapital bringt Unternehmen noch keine Liquidität"; *Brauer*, Handelsblatt Online (www.handelsblatt.com) v. 29.7.2009, Debt Equity Swaps – Umwandlung mit Tücken"; *Maier*, Financial Times Deutschland Online (www.ftd.de) v. 22.7.2009, „*Debt-Equity-Swap* – Das Pokerspiel für klamme Firmen"; *Paul*, F.A.Z. v. 21.7.2009, S. 9, „Vom Gläubiger zum Eigner"; *Wadewitz*, Börsen-Zeitung v. 18.2.2009, S. 2, „Risiko beim Debt Equity Swap begrenzt".

2 Vgl. aus einer Vielzahl von Beiträgen zum *Debt-Equity-Swap* in seiner spezifischen Funktion als Sanierungsinstrument *Born*, BB 2009, S. 1730 ff.; *Drouven*, ZIP 2009, S. 1052 f.; *Ekkenga*, ZGR 2009, S. 581 ff.; *Eidenmüller/Engert*, ZIP 2009, S. 541 ff.; *Plepelits/Weiß*, AG 2009, R160 ff.; *Scheunemann/Hoffmann*, DB 2009, S. 983 ff.; *Schmidt/Schlitt*, Der Konzern 2009, S. 279 ff.; *Streit*, Status Recht 3/2009, S. 94 f.; *Wentzler*, FB 2009, S. 446 ff.

berechtigten) Aversion manch deutscher Juristen vor der ausufernden Verwendung von Anglizismen in der deutschen Rechtssprache, häufig auf den Begriff *„Debt-Equity-Swap“* zurückgegriffen, weil dieser zum einen kurz, zum anderen der in der wirtschaftsrechtlichen Praxis hierzulande[3] gegenwärtig gängigste Begriff ist.

Hinweis zur hier verwendeten Terminologie: In Deutschland werden *Debt-Equity-Swaps* häufig aus einer an der Bilanz der Gesellschaft orientierten Perspektive als „Umwandlung“ von Fremd- in Eigenkapital, gelegentlich auch aus einer am Gläubiger orientierten Perspektive als „Umwandlung“ von Forderungen in Gesellschaftsanteile, bezeichnet. Im Aktien- und Kapitalmarktrecht wird zwischen der „Umwandlung“ und dem „Umtausch“ von Finanzinstrumenten differenziert, wobei durch eine „Umwandlung“ das Finanzinstrument (als Gegenstand im Rechtssinne des § 90 BGB) in seinem Inhalt verändert wird, aber kein Rechtsträgerwechsel erfolgt[4], während unter einem „Umtausch“ von Finanzinstrumenten die Übertragung des bisherigen Rechts eines Investors auf den Emittenten gegen den Erwerb eines anderen Rechts oder die Aufhebung des bisherigen Rechts des Investors gegen den Erwerb eines anderen Rechts verstanden wird[5]. Eine Umwandlung von Fremdkapitalinstrumenten in Gesellschaftsanteile scheidet nach diesem technischen Umwandlungsbegriff aus, weil eine Umwandlung danach nicht über die „Artengrenze“ hinweg erfolgen kann[6]. In Orientierung an dieses Begriffsverständnis von „Umwandlung“ und „Umtausch“ ist es präziser die Fallgruppe von *Debt-Equity-Swaps*, bei denen der Gläubiger der Gesellschaft im Gegenzug für die Übertragung von Gesellschaftsanteilen auf seine Forderungen verzichtet oder diese auf die Gesellschaft überträgt, als „Tausch“ oder „Umtausch“ von Fremd- in Eigenkapital oder von Forderungen in Gesellschaftsanteile zu bezeichnen[7]. Da sich diese Terminologie aber in der insolvenzrechtlichen Literatur bislang nicht durchgesetzt hat und überwiegend von der „Umwandlung“ oder „Forderungsumwandlung“ die Rede ist, wird auch im Rahmen der vorliegenden Arbeit auf diese unpräziseren Begriffe zurückgegriffen. Im Rahmen der Untersuchung wird des Weiteren der Begriff „forderungsumwandelnde Gläubiger“ verwendet. Auch dieser Begriff ist auf der Grundlage eines technischen Umwandlungsbegriffs unpräzise, weil eine Forderung danach nicht in Gesellschaftsanteile umgewandelt werden kann. Dennoch wird der Begriff des „forderungsumwandelnden

---

3 In England wird nach Einschätzung des Verfassers der Begriff *„Debt-for-Equity-Swap“* häufiger verwendet als der Begriff *„Debt-Equity-Swap“*.

4 Vertiefend hierzu *Baums* in FS Canaris 2007, Bd. II, S. 1 (6). Auch das AktG bedient sich dieses Begriffs der Umwandlung in Fällen, in denen es um die Änderung von Ausstattungsmerkmalen einer Aktie ohne Rechtsträgerwechsel geht, vgl. § 24 AktG.

5 Siehe *Baums*, a.a.O., S. 1 (6 ff.).

6 Hierzu *Baums*, a.a.O., S. 1 (11, 21, 27 f.) für das Aktienrecht.

7 Vgl. das Fazit von *Baums*, a.a.O., S. 1 (28) für verbriefte Fremdkapitalinstrumente: *„Nach allem kommt nach deutschem Recht ein,debt-equity-swap' nur durch Umtausch, nicht durch Umwandlung verbriefter Fremdkapitalinstrumente in Betracht“*.

Gläubigers" hier verwendet, um den Textfluss nicht stets zu überladen mit dem wohl präziseren Begriff des „Gläubigers, der im Zuge eines Umtauschs von Fremd- in Eigenkapital der Gesellschaft, im Gegenzug für die Übertragung von Gesellschaftsanteilen auf seine gegen die Gesellschaft gerichtete Forderungen ganz oder teilweise (im technischen oder untechnischen Sinne) verzichtet".

Sämtliche vorstehend genannten Begriffe (*Debt-Equity-Swap*, o.ä.), die in den vergangen Jahren in der Wirtschaftspresse und der Fachliteratur zunehmend Erwähnung finden, sind gesetzlich nicht definiert. Sie bezeichnen vielmehr ein Ergebnis, das im Wege unterschiedlicher rechtlicher Konstruktionen erzielt werden kann (näher dazu unten[8]). Nach dem Grundmechanismus eines *Debt-Equity-Swap* besteht dieses Ergebnis schlicht darin, dass (1.) Verbindlichkeiten einer Gesellschaft reduziert werden, indem Gläubiger auf ihre gegen die Gesellschaft gerichteten Forderungen vollständig oder teilweise im technischen oder untechnischen Sinne verzichten, und (2.) diese Gläubiger als Gegenleistung für die Aufgabe ihrer gegen die Gesellschaft gerichteten Forderungen eine Eigenkapitalbeteiligung am Unternehmen erhalten, die verschieden ausgestaltet sein kann. Im Ergebnis bezahlt der forderungsumwandelnde Gläubiger den Erwerb von Anteilen an der Schuldnergesellschaft mit der Aufgabe seiner Forderung, während spiegelbildlich hierzu die Schuldnergesellschaft die Befreiung von Verbindlichkeiten mit Gesellschaftsanteilen bezahlt.

Der *Debt-Equity-Swap* kann sich dabei auf unterschiedliche Passivposten einer Bilanz beziehen. In der praxisrelevantesten Erscheinungsform handelt es sich bei diesem Passivposten um Bankkredite, doch kann sich der *Debt-Equity-Swap* auch auf andere Passivposten beziehen (z.B. Mezzanine-Kapital, Gesellschafterdarlehen). Aus Sicht der Schuldnergesellschaft liegt der Reiz eines *Debt-Equity-Swap* primär darin, dass er die Verringerung ihrer Verbindlichkeiten und die hieraus resultierenden Sanierungseffekte (dazu unten[9]) ermöglicht, ohne dass die Gesellschaft hierfür liquide Mittel zur Tilgung dieser Verbindlichkeiten aufbringen muss.

In der US-amerikanischen und englischen Sanierungspraxis spielte der *Debt-Equity-Swap* in den vergangenen Jahrzehnten eine zentrale Rolle: Im Chapter 11-Verfahren des US-amerikanischen Bankruptcy Code ist die Ausgabe von Gesellschaftsanteilen im Zuge eines *Debt-Equity-Swap* kraft Gesetzes explizit als zulässiger Inhalt eines Reorganisationsplans (*plan of reorganization*) anerkannt[10].

---

8 Kap. III.

9 Kap. II, I.

10 11 U.S.C. § 1123 (a)(5)(J): „*(…) a plan shall provide adequate means for the plan's implementation, such as (…) issuance of securities of the debtor, or of any entity referred to*

Ein eindrucksvolles Beispiel für die Relevanz des *Debt-Equity-Swap* in der US-amerikanischen Restrukturierungspraxis lieferte die finanzielle Restrukturierung der *General Motors Corp.* (*GM*), bei der Anleihegläubiger, die insgesamt Forderungen aus Anleihen i.H.v. rd. 27 Mrd. gegen *GM* hielten, zur Beteiligung an einem *Debt-Equity-Swap* aufgefordert wurden[11]. Mit Blick auf die englische Insolvenz- und Sanierungspraxis stellen erfahrene englische Restrukturierungsexperten fest: „*A debt for equity swap is one of the most common methods of re-organising a struggling company*"[12]. Die Vielzahl der Beiträge im Schrifttum, die sich mit den rechtlichen Rahmenbedingungen von *Debt-Equity-Swaps* auf der Grundlage englischen Rechts befassen[13], stützt diese Einschätzung.

Aber auch in Deutschland ist die Umwandlung von Fremd- in Eigenkapital, anders als gelegentlich verbreitet wurde[14], keineswegs eine neuartige und/oder unbekannte Technik der Unternehmenssanierung[15]. Im deutschen wirtschaftsrechtlichen

---

in subparagraph (B) or (C) of this paragraph, for cash, for property, for existing securities, or in exchange for claims or interests, or for any other appropriate purpose".

11 Siehe hierzu etwa *Terlep/Helliker*, The Wall Street Journal online (online.wsj.com) v. 31.5.2009, „Majority of GM Bondholders Back Debt-for-Equity Deal"; *Welch*, BusinessWeek Online (www.businessweek.com) v. 29.5.2009, „GM's Deal with Bondholders: A Speedier Bankruptcy?".

12 So *Paterson/Vickers* in The International Comparative Legal Guide to: Corporate Recovery & Insolvency 2009, Chapter 12 England & Wales, S. 63 (72, Rn. 7.2).

13 Zum Einsatz von *Debt-Equity-Swaps* als Sanierungsinstrument auf der Grundlage englischen Rechts etwa *Barham*, P.L.C., Oct. 2002, S. 21 ff.; *Howard/Hedger*, Restructuring Law and Practice, 2008, Rn. 6.76 ff.; *Cohen/Maclennan*, Corporate Rescue and Insolvency, Vol. 2 (2009) Issue 3, S. 91-93; *Kemp/Harris*, P.L.C., Aug. 1993, S. 19 ff.; *Cameron Markby Hewitt*, Corporate Briefing, Vol. 7 (1993) No. 4, S. 99 ff.; *Bloxham* in Tolley's Insolvency Law, Issue 14 (Jan. 2001), Chapter C – Corporate Rescue, C4024 ff.

14 Siehe z.B. *Plank*, J.I.B.F.L., March 2007, S. 162 (163): „*Debt-to-equity swaps were virtually unknown in Germany a few years ago*".

15 Vgl. *Lutter/Hommelhoff/Timm*, BB 1980, S. 737 (740), die bereits 1980 feststellten, dass Umwandlungen von Krediten in Kapital in der akuten Unternehmenskrise „heute selten geworden" seien. Vgl. auch ältere Entscheidungen, wie etwa LG Berlin, Beschl. v. 27.10.1976 – 98 T 30/76 - BB 1977, S. 213 ff., denen Sachverhaltskonstellationen zugrunde lagen, in denen eine Umwandlung von Fremd- in Eigenkapital im Wege einer Sachkapitalerhöhung gegen Einlage von Darlehensforderungen des Inferenten durchgeführt wurde bzw. beabsichtigt war. Siehe ferner Beiträge aus dem älteren deutschen Schrifttum, die sich mit Rechtsfragen der Konstruktionen zur Umsetzung eines Ergebnisses befassen, das heute als *Debt-Equity-Swap* bezeichnet würde, wie etwa *Geßler* in FS Möhring 1975, S. 173 ff.; *Heim*, DNotZ 1955, S. 358 ff., *ders.*, NJW 1959, S. 1413 f.; *W. Müller*, Wpg 1968, S. 173 ff.

Schrifttum ist die Diskussion der rechtlichen Rahmenbedingungen zur Umsetzung dieser Sanierungstechnik – insbesondere durch Kapitalgesellschaften deutschen Rechts – jedoch in den vergangen Jahren unter dem Einfluss unterschiedlicher Entwicklungen und Faktoren neu entfacht, wobei eine Verschiebung bei der thematischen Schwerpunktsetzung zu beobachten war:

Als ein erster Beschleuniger der Diskussion um die Rahmenbedingungen des *Debt-Equity-Swap* auf der Grundlage deutschen Rechts wirkte seit 2003/2004 die zunehmende Bedeutung des *Debt-Equity-Swap* als Kernelement bei der Realisierung einer bestimmten aktiven Investitionsstrategie bei der Investition in Problemkredite (*Distressed Debt Investments*) durch institutionelle Finanzinvestoren (überwiegend Investmentbanken und Hedgefonds), die auf den preisgünstigen Erwerb notleidender Forderungen gegen ein krisenbefangenes Unternehmen und die nachfolgende Übernahme einer Mehrheitsbeteiligung an diesem Unternehmen im Wege eines *Debt-Equity-Swap* gerichtet ist (näher hierzu unten[16]).

Insbesondere seit der Intensivierung der internationalen Finanzmarkt- und Wirtschaftskrise ab dem Herbst 2008 wurden die rechtlichen Rahmenbedingungen des *Debt-Equity-Swap* hierzulande zunehmend auch losgelöst von der Thematik der *Distressed Debt Investments* diskutiert. In den Fokus rückten seither die Chancen und Risiken des *Debt-Equity-Swap* als einem Instrument zur Bilanzoptimierung durch die Reduktion von Verbindlichkeiten, das im Zuge der Auswirkungen der Krise für eine wachsende Anzahl deutscher Unternehmen interessant wird (s. oben)[17]. Die gestiegene Paxisrelevanz effizienter Sanierungsinstrumente zur Abfederung der Auswirkungen der Krise auf die Überlebenschancen zahlreicher deutscher Unternehmen wirkte so als ein zweiter Beschleuniger der Diskussion um die rechtlichen Rahmenbedingungen des *Debt-Equity-Swap* auf der Grundlage deutschen Rechts.

Neben der vorstehend angesprochenen – durch die Faktoren *Distressed Debt Investments* und Finanzmarktkrise beflügelten – Diskussion des *Debt-Equity-Swap*, die sich isoliert auf die deutschrechtlichen Rahmenbedingungen seiner Umsetzung beschränkte, spielten Erwägungen zu den rechtlichen Rahmenbedingungen von *Debt-Equity-Swaps* seit den Jahren 2006/2007 auch innerhalb der rechtswissenschaftlichen Diskussion um ein damals neuartiges Phänomen im europäischen Insolvenzrechtsverkehr eine maßgebliche Rolle: Dies ist das Streben sanierungsbedürftiger deutscher Personen- und Kapitalgesellschaften nach der Durchführung eines Insolvenz- bzw. Sanierungsverfahrens des englischen

16 Kap. II, V.

17 Vgl. die Nachweise oben in Fn. 1 und Fn. 2.

Rechts; eine Praxis, die als insolvenzrechtliches „*forum shopping*“[18], „Flucht“ oder „Migration“ deutscher Unternehmen in das englische Insolvenzforum oder auch als „*the dernier cri of cross-border movements in Europe*“[19] diskutiert wird. Für die Diskussion um dieses Phänomen standen in den vergangenen Jahren die Namen der Unternehmen *Deutsche Nickel*, *Schefenacker* und *Hans Brochier*. Während der Fall *Hans Brochier* als Misserfolgsbeispiel in die Fachliteratur Eingang fand[20], erregten die Sanierungsfälle der *Deutsche Nickel AG* und der *Schefenacker AG* in Presse und Fachliteratur Aufsehen, weil es den an der Sanierung dieser (in der Ausgangsposition deutschen) Unternehmen beteiligten Akteuren gelang durch transnationalen Rechtsformwechsel und *COMI*-Verlagerung (dazu sogleich) englisches Insolvenz- und Gesellschaftsrecht zur Anwendung zu bringen und auf der Grundlage dieses Rechts ein Sanierungskonzept erfolgreich umzusetzen[21].

---

18 Der Begriff „*forum shopping*“ bezeichnet im internationalen Privatrecht im Allgemeinen die gezielte Auswahl eines von mehreren in Frage kommenden international zuständigen Gerichten durch den Antragsteller/Kläger mit der Intention, dadurch das für ihn vorteilhafteste (Verfahrens-, Kollisions- und/oder Sach-)Recht zur Anwendung zu bringen; vgl. *v. Bar/Mankowski*, Internationales Privatrecht, Bd. I, § 5 Rn. 157. Im internationalen Insolvenzrecht versteht man unter „*forum shopping*“ das Bemühen eines Insolvenzschuldners durch Verändern von zuständigkeitsbegründenden Tatsachen die Anwendung des von ihm, dem Schuldner, bevorzugten Insolvenzrechts zu erreichen; vgl. etwa *Jacoby*, GPR 2007, S. 200 (201) m.w.N. Näher zum Begriff des insolvenzrechtlichen *forum shopping* im Anwendungsbereich der EuInsVO *Ringe*, EBOR Vol. 9 (2008), S. 579 (581 ff.).

19 *Ringe*, EBOR Vol. 9 (2008), S. 579 (580).

20 Im Fall der insolventen *Hans Brochier GmbH & Co KG* wurde versucht, durch eine *COMI*-Verlagerung nach England die Zuständigkeit englischer Gerichte zur Eröffnung eines Hauptinsolvenzverfahrens i.S.d. Art. 3 Abs. 1 EuInsVO zu begründen, doch wurde die *COMI*-Verlagerung i.E. nur simuliert, so dass die zuständigen Gerichte unter Berücksichtigung der Vorgaben der wegweisenden Eurofood-Entscheidung des EuGH v. 2.5.2006 (Rs. C-341/04, abgedruckt in BB 2006, S. 1762 ff.) die Anerkennung einer wirksamen *COMI*-Verlagerung verweigerten; siehe *Hans Brochier Holdings Ltd. v. Exner* [2006] EWHC, S. 2594; High Court of Justice London, Beschl. v. 8.12.2006, NZI 2007, S. 187; AG Nürnberg, Beschl. v. 15.8.2006, ZIP 2007, S. 81 ff.; AG Nürnberg, Beschl. v. 1.10.2006, ZIP 2007, S. 83 f. Näher zum Fall Hans Brochier *Andres/Grund*, NZI 2007, S. 137 (insb. 139 ff.); *Ballmann*, BB 2007, S. 1121 ff.; *Kebekus*, ZIP 2007, S. 84 ff.; *Knof*, ZInsO 2007, S. 629 (633 f.); *Tashiro/Beissenhirtz*, International Corporate Rescue, Vol. 4 (2007) Issue 4, S. 171 (172 ff.).

21 Siehe zum Fall *Schefenacker* unten Kap. VII, III. 2. d. sowie etwa *Bewick*, International Corporate Rescue, Vol. 5 (2008) Issue 2, S. 103 ff.; *Claxton-Ingham* in Norley/

Die Fälle *Deutsche Nickel* und *Schefenacker* warfen erstmals die Frage auf, unter welchen Gesichtspunkten eine Migration einer sanierungsbedürftigen deutschen Kapitalgesellschaft in das englische Insolvenzforum zur Umsetzung eines Sanierungskonzepts vorteilhaft sein könnte. Diese Frage nach den Motiven für ein insolvenzrechtliches *forum shopping* in das englische Insolvenzforum (Frage nach dem „Warum" des *forum shopping*) erfuhr im rechtswissenschaftlichen Schrifttum zunehmend Beachtung und trat damit neben die Diskussion um die Zulässigkeit und die Voraussetzungen der rechtstechnischen Umsetzung des insolvenzrechtlichen *forum shopping* (Frage nach dem „Wie" des *forum shopping*)[22]. Vor dem Hintergrund, dass in den Fällen *Deutsche Nickel* und *Schefenacker* die Migration in das englische Recht mit dem Ziel der Durchführung eines *Company Voluntary Arrangement* gemäß ss. 1-7B Insolvency Act (IA) 1986 (nachfolgend auch: „*CVA*") erfolgte, wurde im *CVA*-Verfahren zunächst häufig „das Objekt der Migrationsbegierde" erblickt[23]. Nachdem in den Fällen *Tele Columbus*, *Rodenstock* und *Primacom* Neuland beschritten wurde, indem ein *Scheme of Arrangement* gemäß ss. 895 ff. CA 2006 (nachfolgend auch: „*SoA*") zur Restrukturierung von in Deutschland ansässigen Unternehmen eingesetzt wurde, wurden in der Folgezeit zunehmend die Vorteile der Nutzung von *SoA* zu diesem Zweck diskutiert[24].

Als eines der Motive für ein insolvenzrechtliches *forum shopping* in das englische Insolvenzforum wurde häufig auch die intendierte Durchführung eines

---

Marshall/Swanson, A Practitioner's Guide to Corporate Restructuring, 2008, S. 188 f.; *Ringe*, EBOR Vol. 9 (2008), S. 579 (585 f.); sowie eine Vielzahl von Presseartikeln wie etwa *Buchenau*, Handelsblatt v. 28.3.2007, S. 12 „Inside: Schefenacker – Ein Fall fürs Lehrbuch"; *Fröndhoff*, Handelsblatt v. 15.5.2007, S. 18 „Zur Sanierung auf die britische Insel". Zum Fall *Deutsche Nickel* etwa *Greven* in Schalast, Aktuelle Aspekte des M&A-Geschäfts, S. 137 (145 ff.); *Vallender*, NZI 2007, S. 129 (131 f.); *Ringe*, EBOR Vol. 9 (2008), S. 579 (586 f.).

22 Zu den potentiellen Motiven für Migrationsbestrebungen in das englische Insolvenzrecht *Vallender*, NZI 2007, S. 129 (131); *Andres/Grund*, NZI 2007, S. 137 (138); *Huber* in Gottwald, Europäisches Insolvenzrecht - Kollektiver Rechtsschutz, 2008, S. 1 (4); *Weller*, ZGR 2008, S. 835 (838 ff.); *Westphal/Goetker/Wilkens*, Grenzüberschreitende Insolvenzen, 2008, Rn. 1310 ff.; *Westpfahl/Janjuah*, Beil. zu ZIP Heft 3/Jan. 2008, S. 1 (2 f.); *Ringe*, EBOR Vol. 9 (2008), S. 579 (597 ff.).

23 So die treffende Formulierung von *Paulus*, NZI 2008, S. 1 (4).

24 Siehe hierzu etwa *Paulus*, ZIP 2011, S. 1077 ff.; *Eidenmüller/Frobenius*, WM 2011, S. 1210 ff.; *Mankowski*, WM 2011, S. 1201 ff.; *Lambrecht*, ZInsO 2011, S. 124 ff.; sowie aus der Rspr. zum Fall Rodenstock *High Court of Justice (ChD)* Entscheidung vom 6.5.2011 - [2011] EWHC 1104 (Ch), abgedruckt in ZIP 2011, S. 1017 ff.

Debt-Equity-Swap zur bilanziellen Sanierung einer Gesellschaft unter den erleichterten Rahmenbedingungen des englischen Insolvenz- und Gesellschaftsrechts, insbesondere in Kombination mit der Nutzung eines *CVA* oder *SoA* als verfahrensrechtliche Implmentierungsgrundlage des *Debt-Equity-Swap*, genannt[25]. Grund hierfür ist nicht zuletzt, dass die Sanierung mittels eines *Debt-Equity-Swap* auf der Grundlage englischen Insolvenz- und Gesellschaftsrechts in den Fällen *Deutsche Nickel AG* und *Schefenacker AG* eines der mit der Migration beabsichtigten Ziele war und dieses Ziel erfolgreich umgesetzt werden konnte, was maßgeblich zum Erfolg der Sanierungsbemühungen in beiden Fällen beigetragen hat[26]. Allerdings wurde nur im Fall *Schefenacker* ein „echter" *Debt-Equity-Swap* umgesetzt, während im Fall *Deutsche Nickel*, obwohl auch insoweit häufig von der Umsetzung eines *Debt-Equity-Swap* die Rede ist, kein echter *Debt-Equity-Swap* umgesetzt wurde[27], sondern eine Alternativgestaltung. Diese wird im Rahmen der vorliegenden Arbeit als *„Debt-for-NewCo-Equity-Swap"* bezeichnet und unten näher erörtert[28].

Die Frage danach, ob die rechtlichen Rahmenbedingungen für die Umsetzung von *Debt-Equity-Swaps* in England wesentlich attraktiver sind als in Deutschland und unter diesem Gesichtspunkt eine Anreizwirkung für sanierungsbedürftige deutsche Gesellschaften entfalten könnten, erlangte in der insolvenz- und gesellschaftsrechtlichen Beratungs- und Gestaltungspraxis Beachtung, weil für solche Gesellschaften das Ziel einer Durchführung eines *Debt-Equity-Swap* auf der Grundlage englischen Insolvenz- und Gesellschaftsrechts durchaus realisierbar ist. Dies vor dem Hintergrund, dass das bisher geltende Recht das zur Umsetzung dieses Ziel erforderliche insolvenzrechtliche *forum shopping* und den transnationalen Rechtsformwechsel im Grundsatz zulässt.

---

25 Vgl. *Weller*, ZGR 2008, S. 835 (842 ff.); *Westphal/Goetker/Wilkens*, Grenzüberschreitende Insolvenzen, 2008, Rn. 1335 ff.; *Westpfahl/Janjuah*, Beil. zu ZIP Heft 3/ Jan. 2008, S. 1 (2); *Schelo*, NZI Heft 12/2006, NZI aktuell (Gastkommentar); *Huber* in Gottwald, Europäisches Insolvenzrecht - Kollektiver Rechtsschutz, 2008, S. 1 (4); *Vallender*, NZI 2007, S. 129 (133), der der Ansicht ist, dass die Risiken der Umsetzung eines *Debt-Equity-Swap* nach deutschen Recht ein wesentlicher Grund dafür sein dürften, *„dass ausländische Finanzinvestoren ein gesteigertes Interesse daran haben, die Umwandlung ihrer Forderungen von Fremd- in Eigenkapital nicht der deutschen, sondern der englischen Rechtsordnung zu unterstellen"*.

26 Siehe zur Umsetzung des *Debt-Equity-Swap* im Fall *Schefenacker* auch unten Kap. VII, III. 2. d.

27 So auch *Tashiro/Beissenhirtz*, International Corporate Rescue, Vol. 4 (2007) Issue 4, S. 171 (175).

28 Dazu unten Kap. III, I. 2. d. (zur dt. Praxis) sowie Kap. III, II. 2. (zur engl. Praxis).

Ob und in welchen Grenzen insolvenzrechtliches *forum shopping*, mit dem Ziel die Anwendbarkeit englischen Insolvenzrechts zu bewirken (etwa weil das englische *CVA*-Verfahren zur erleichterten Umsetzung des *Debt-Equity-Swap* implementiert werden soll[29]), möglich und zulässig ist, bestimmt sich seit ihrem Inkrafttreten am 31.5.2000 vornehmlich nach der Europäischen Insolvenzverordnung (EuInsVO)[30]. Diese ist in ihrem räumlichen und sachlichen Anwendungsbereich, der in den Fällen des *forum shopping* deutscher Unternehmen in das englische Insolvenzstatut i.d.R. eröffnet sein wird, die maßgebliche Rechtsgrundlage zur Beurteilung der internationalen Eröffnungszuständigkeit von mitgliedstaatlichen Insolvenzgerichten. Nach der Zentralnorm Art. 3 Abs. 1 EuInsVO sind für die Eröffnung des Hauptinsolvenzverfahrens die Gerichte des Mitgliedstaates zuständig, in dessen Gebiet der Schuldner den „Mittelpunkt seiner hauptsächlichen Interessen" bzw. (engl.:) *„centre of a debtor's main interests"* („*COMI*")[31] hat.

Das Zusammenspiel der Art. 3 und 4 EuInsVO (Kopplung des anzuwendenden Insolvenzrechts an die Eröffnungszuständigkeit am *COMI*[32]) eröffnet einer Schuldnergesellschaft, deren *COMI* sich zunächst nicht im Ziel-Mitgliedstaat befindet, faktisch dadurch die Möglichkeit des *forum shopping*, dass eine tatsächliche (nicht nur simulierte) *COMI*-Verlagerung in den Ziel-Mitgliedstaat geeignet ist, die Eröffnungszuständigkeit des Ziel-Mitgliedstaates und die Anwendung des Insolvenzrechts dieses Staates zu erzielen. Da die bei der *COMI*-Bestimmung

29 Zur Umsetzung eines *Debt-Equity-Swap* auf der verfahrensrechtlichen Grundlage eines *CVA* Kap. VII und Kap. VIII.

30 Verordnung (EG) Nr. 1346/2000 des Rates vom 29.5.2000 über Insolvenzverfahren, ABl. EG Nr. L 160 v. 30.6.2000, S. 1 ff.

31 Aufgrund des englischen Wortlauts der EuInsVO (*„centre of a debtor's main interests"*) hat sich in Wissenschaft und Praxis das – auch im Folgenden verwendete - Akronym „*COMI*" etabliert.

32 Die Eröffnungszuständigkeit für Hauptinsolvenzverfahren in Abhängigkeit vom Ort des *COMI* hat für die Möglichkeiten des *forum shopping* weitreichende Konsequenzen: Zum einen ist im Geltungsbereich der EuInsVO stets nur ein Hauptinsolvenzverfahren eines Schuldners zulässig, das im gesamten Geltungsbereich der EuInsVO universelle Wirkung entfaltet, wobei die internationale Zuständigkeit zur Eröffnung dieses Verfahrens eines Mitgliedstaates gleichzeitig die Internationale Zuständigkeit eines anderen Mitgliedstaates hierzu ausschließt. Zum anderen ist nach der Sachnormverweisung des Art. 4 Abs. 1 EuInsVO für ein Insolvenzverfahren und seine Wirkungen grundsätzlich das Recht des Eröffnungsstaates anwendbar (*lex fori concursus*), so dass ein mitgliedstaatliches Gericht bei Eröffnung des Insolvenzverfahrens sein eigenes Recht anzuwenden hat.

maßgeblichen Kriterien faktenintensiv sind[33], lässt sich durch die Manipulation oder Änderung dieser faktenintensiven Kriterien eine tatsächliche *COMI*-Verlagerung bewirken[34], auch wenn dies mit erheblichen Kosten verbunden sein kann. Ein *forum shopping* als Bestandteil eines vernünftigen Sanierungskonzepts, geleitet von der Absicht, eine bestmögliche Befriedigung aller Gläubiger zu erzielen, wird zudem nicht als rechtlich unzulässig (insbesondere nicht als rechtsmissbräuchlich) zu werten sein[35].

Will eine deutsche Schuldnergesellschaft (wie in den Fällen *Deutsche Nickel* und *Schefenacker*) bei der Umsetzung des *Debt-Equity-Swap* nicht nur vom englischen Insolvenzrecht, sondern auch vom englischen Gesellschaftsrecht

---

33 Zu den bei der *COMI*-Bestimmung maßgeblichen Kriterien *Hess* in Hess/Oberhammer/Pfeiffer (Hrsg.), European Insolvency Law – The Heidelberg-Luxembourg-Vienna Report, 2013, S. 69 ff. (insb. 72 ff.).

34 Vgl. hierzu etwa *Eidenmüller*, KTS 2009, S. 137 (140); *Weller*, ZGR 2008, S. 835 (849).

35 Dass die EuInsVO mit dem Konzept der Art. 3 und 4 EuInsVO die Möglichkeit des *forum shopping* durch *COMI*-Verlagerungen eröffnet und keinerlei Vorkehrungen zur Verhinderung dieser Praktik trifft, mag verwundern, weil es nach dem 4. Erwägungsgrund in der Präambel der EuInsVO zu ihren zentralen Zielen gehört, *forum shopping* in ihrem Anwendungsbereich zu verhindern. Angesichts dieses Ziels der EuInsVO und in Ermangelung einer höchstrichterlichen Klärung dieser Frage wurde in den vergangen Jahren zwar intensiv diskutiert, unter welchen Gesichtspunkten ein *forum shopping* durch die *COMI*-Verlagerung vor dem Zeitpunkt der Stellung des Insolvenzantrags rechtlich unzulässig sein könnte. Im Ergebnis konnten diese Untersuchungen aber keine Gründe zutage fördern, mit denen sich die Unzulässigkeit eine solchen *forum shopping* im zeitlichen Vorfeld der Antragstellung ohne das Hinzutreten atypischer Umstände begründen ließe; s. hierzu *Duursma-Kepplinger*, ZIP 2007, S. 896 (900 ff.); *Huber* in Gottwald, Europäisches Insolvenzrecht - Kollektiver Rechtsschutz, 2008, S. 1 ff.; *Saenger/Klockenbrink*, DZWIR 2006, 183 (185); *Schwemmer*, NZI 2009, S. 355 ff.; *Weller*, ZGR 2008, S. 835 (848 ff.); *Knof*, ZInsO 2007, S. 629 ff. Insbesondere ist einer *COMI*-Verlagerung von Gesellschaften in Fällen des *forum shopping* weder die Verweigerung der automatischen Anerkennung der Eröffnungsentscheidung (vgl. Art. 16 EuInsVO) nach der *ordre-public*-Klausel des Art. 26 EuInsVO entgegenzuhalten (näher hierzu *Jacoby*, GPR 2007, S. 200 ff.; *Knof*, ZInsO 2007, S. 629 ff.; *Weller*, ZGR 2008, S. 835 (852 ff.), für *ordre public*-Widrigkeit in seltenen Ausnahmefällen), noch ist eine solche *COMI*-Verlagerung als rechtsmissbräuchlich zu werten, wenn sie der Maximierung der Haftungsmasse dient und nicht ausschließlich um den Schuldner auf Kosten der Gläubiger oder bestimmte Gläubiger auf Kosten anderer Gläubiger zu bereichern; *Eidenmüller*, KTS 2009, S. 137 (insb. 147 ff.); weitergehend *Weller*, ZGR 2008, S. 835 (849 ff.), der zu dem Ergebnis gelangt, dass ein nach einer *COMI*-Verlagerung in England eröffnetes Insolvenzverfahren in Deutschland generell nicht über das Institut des Rechtsmissbrauchs in Frage gestellt werden kann.

profitieren, muss im Zuge der Migration zusätzlich die Anwendung englischen Gesellschaftsrechts bewirkt werden.

Auch dieses Ziel ist erreichbar, und zwar im Wege eines transnationalen Rechtsformwechsels[36]. Dieser kann von einer deutschen AG oder GmbH mittels einer grenzüberschreitenden Verschmelzung gemäß §§ 122a ff. UmwG, bei der eine deutsche Gesellschaft auf eine englische Mantelgesellschaft verschmolzen wird, erzielt werden. Weil diese Möglichkeit aber erst seit Inkrafttreten der §§ 122a-122l UmwG zum 25.4.2007 eröffnet ist, wurde in der Praxis – so auch bei der Migration der *Deutsche Nickel AG* (2005)[37] und *Schefenacker AG* (2007)[38] in das englische Insolvenz- und Gesellschaftsstatut – bislang auf eine grenzüberschreitende Version des personengesellschaftsrechtlichen „Anwachsungsmodells" zurückgegriffen:

> Eine deutsche Kommanditgesellschaft nimmt dabei zunächst eine Kapitalgesellschaft englischen Rechts, nämlich eine *private limited company* (*Ltd.*) oder *public limited company* (*plc*), als Komplementärin auf und bewirkt anschließend durch den Austritt aller übrigen Gesellschafter (Veräußerung sämtlicher Anteile der Kommanditisten an die Komplementärgesellschaft) eine Anwachsung der deutschen Personengesellschaft auf die einzig verbliebene Komplementärgesellschaft (also die englische Kapitalgesellschaft) gemäß § 738 BGB, die den Übergang des gesamten Gesellschaftsvermögens mit allen Rechten und Pflichten im Wege der Universalsukzession bewirkt. Die englische Komplementärgesellschaft wird so zum Rechtsnachfolger des ursprünglichen Rechtsträgers.

---

36 Näher zu den Gestaltungsmöglichkeiten zur Umsetzung des transnationalen Rechtsformwechsels *Westphal/Goetker/Wilkens*, Grenzüberschreitende Insolvenzen, 2008, Rn. 1411 ff.; *Weller*, ZGR 2008, S. 835 (859 ff.). Mit dem transnationalen Rechtsformwechsel wird der satzungsmäßige Sitz der Gesellschaft in den Zuzugsstaat verlegt, was u.a. auch dazu führt, dass mit Blick auf die *COMI*-Verlagerung die Vermutungsregel des Art. 3 Abs. 1 S. 2 EuInsVO nutzbar gemacht werden kann.

37 Zur Umsetzung dieser Technik im Fall *Deutsche Nickel* den *DNick Holding plc* Geschäftsbericht 2005, S. 30.

38 Im ersten Schritt wurde die *Schefenacker AG* mit Umwandlungsbeschluss v. 25.1.2007 gemäß §§ 190 ff. UmwG in die Rechtsform einer KG, der *Schefenacker GmbH & Co. KG*, umgewandelt. Die so entstandene KG erhielt mit der *Schefenacker Public Limited Company* (*Plc*) als persönlich haftenden Gesellschafter eine Gesellschaft englischen Rechts mit Sitz in Portchester, Hampshire. Persönlich haftender Gesellschafter wurde zudem die *Schefenacker fünfte Verwaltungsgesellschaft mbH* mit Sitz in Schwaikheim. Im nächsten Schritt schied die *Schefenacker fünfte Verwaltungsgesellschaft mbH* als Komplementärin aus der KG aus, so dass die *Schefenacker Plc* als einzige verbleibende persönlich haftende Gesellschafterin durch Anwachsung zur Rechtsnachfolgerin der *Schefenacker GmbH & Co. KG* wurde (§ 738 Abs. 1 Satz 1 BGB i.V.m. § 161 Abs. 2 und § 105 Abs. 3 HGB).

Da hierzu in der Ausgangssituation eine KG vorliegen muss, ist dann, wenn der Rechtsträger des sanierungsbedürftigen deutschen Unternehmens zunächst eine deutsche Kapitalgesellschaft ist, zuvor eine formwechselnde Umwandlung dieser in eine KG nach §§ 190, 191 UmwG erforderlich. Das Anwachsungsmodell ist allerdings nur mit Zustimmung der Gesellschafter der Ausgangsgesellschaft umsetzbar.

Vor dem Hintergrund der Umsetzbarkeit einer Migration sanierungsbedürftiger deutscher Gesellschaften nach England mit dem Ziel u.a. der Durchführung eines *Debt-Equity-Swap* auf der Grundlage englischen Insolvenz- und Gesellschaftsrechts, und der tatsächlich erfolgten Beschreitung dieses Weges in den Fällen *Deutsche Nickel* und *Schefenacker* (s.o.), entfachte in Deutschland eine Diskussion um die Effizienz und Reformbedürftigkeit des deutschen Insolvenz- und Sanierungsrechts. Angesichts der Tatsache, dass das bevorzugte Zielgebiet (der „Fluchtort“[39]) der genannten deutschen Unternehmen das englische Insolvenzforum war, wurde die Wettbewerbsfähigkeit des deutschen Insolvenz- und Sanierungsrechts insbesondere mit Blickrichtung auf das englische Insolvenz- und Sanierungsrechts hinterfragt[40]. Im Kontext dieser Diskussion wurde nicht selten die Auffassung vertreten, dass der Insolvenzstandort Deutschland in Gefahr sei[41]. Auch die damalige Bundesjustizministerin *Brigitte Zypries* sah sich auf dem 4. Deutschen Insolvenzrechtstag am 22.3.2007 veranlasst diese Diskussion aufzugreifen und regte eine rechtsvergleichende Überprüfung des deutschen und englischen Insolvenzrechts an[42].

---

39 Vgl. in diesem Kontext *Eidenmüller*, JZ 2009, S. 641 (647): *„Für Unternehmen erweist sich dabei einmal mehr England als bevorzugter ‚Fluchtort‘“*.

40 Siehe zur Diskussion um die Wettbewerbsfähigkeit des deutschen Insolvenz- und Sanierungsrecht im Wettbewerb mit dem englischen Recht *Westpfahl/Janjuah*, Beil. zu ZIP Heft 3/Jan. 2008, S. 1 ff.; *Eidenmüller*, ZIP 2007, S. 1729 ff.; *Vallender*, NZI 2007, S. 129 ff.; *R. Paulus*, DZWIR 2008, S. 6 ff.; *Andres/Grund*, NZI 2007, S. 137 ff.

41 So etwa *Schelo*, NZI Heft 12/2006, NZI aktuell (Gastkommentar).

42 Rede der Bundesjustizministerin *Zypries* auf dem 4. Deutschen Insolvenzrechtstag am 22.3.2007 in Berlin (veröffentlicht auf der Internetseite http://www.bmj.de): *„In der letzten Zeit war wiederholt davon zu lesen, dass Unternehmen gezielt ihren Sitz in das Vereinigte Königreich verlagern, um dort schneller und effektiver ein Sanierungsverfahren durchlaufen zu können. Das deutsche Insolvenzrechtssystem wird durch solche Fälle in ein schiefes Licht gerückt. Wir sollten sehr genau prüfen, ob das englische Recht wirklich so enorme Vorteile hat, wie manchmal behauptet wird. Ich habe da meine Zweifel. (...) Ich weiß, dass sich bereits einige aus ihrer Mitte bereit erklärt haben, an einem gründlichen Rechtsvergleich mitzuwirken und gegebenenfalls auch Änderungsbedarf aufzuzeigen. Das ist ein hervorragender Ansatz und ich danke allen, die sich hier engagieren wollen (...)“*.

Im Rahmen dieser Diskussion wurde zunehmend auf einen Reformbedarf zur Verbesserung der rechtlichen und steuerlichen Rahmenbedingungen des *Debt-Equity-Swap* nach deutschem Insolvenz-, Gesellschafts- und Steuerrecht hingewiesen, um die Attraktivität und Effizienz dieses Sanierungsinstruments zu steigern[43]. Denn nach in Deutschland (vor Inkrafttreten des Gesetzes zur weiteren Erleichterung der Sanierung von Unternehmen (ESUG)[44], dazu sogleich) verbreiteter Ansicht war ein *Debt-Equity-Swap* auf der Grundlage des englischen Insolvenz- und Gesellschaftsrechts vergleichsweise unproblematisch durchzuführen[45], während seine Umsetzung auf der Grundlage deutschen Insolvenz- und Gesellschaftsrechts als wesentlich komplizierter und riskanter galt[46]. So stellte etwa *Heinz Vallender* fest, dass das englische Recht bei einer beabsichtigten Umwandlung von Forderungen in Eigenkapital „tatsächlich" weniger riskante Lösungen anbiete, als das deutsche Sanierungs- und Insolvenzrecht[47]. *Horst Eidenmüller* nannte die Rahmenbedingungen von *Debt-Equity-Swaps* – mit Blick auf die starke Stellung der Altgesellschafter und ihr Blockadepotential – nach deutschem Recht einen Faktor, der „maßgeblichen Einfluss auf die derzeit geringe Attraktivität des Insolvenzstandortes Deutschland hat"[48].

Auf dem 7. Deutschen Insolvenzrechtstag am 18.3.2010 ging die damalige Bundesjustizministerin *Sabine Leutheusser-Schnarrenberger* wie folgt auf

43 Siehe zum Reformbedarf bzgl. der rechtlichen Rahmenbedingungen des *DES* auf der Grundlage deutschen Insolvenz- und Gesellschaftsrecht insb. *Eidenmüller/Engert*, ZIP 2009, S. 541 ff.; *Ehlers*, ZInsO 2009, S. 320 ff.; *Westpfahl/Janjuah*, Beil. zu ZIP Heft 3/Jan. 2008, S. 1 (14 ff.).

44 Gesetz zur weiteren Erleichterung der Sanierung von Unternehmen v. 07.12.2011, BGBl. I, S. 2582 ff.

45 Vgl. etwa *Huber* in Gottwald, Europäisches Insolvenzrecht - Kollektiver Rechtsschutz, 2008, S. 1 (4); *Toth-Feher/Schick*, ZIP 2004, S. 491 (495); *Hass*, Börsen-Zeitung v. 4.7.2007, S. 2.

46 Vgl. statt vieler *Schelo*, Börsen-Zeitung v. 10.1.2007, S. 2, „Flucht ins englische Insolvenzrecht könnte Schule machen"; sowie die Nachweise in den folgenden Fn.

47 *Vallender*, NZI 2007, S. 129 (137). Siehe auch *ders.*, a.a.O., S. 133: „*Gleichwohl dürften die aufgezeigten Risiken ein wesentlicher Grund dafür sein, dass ausländische Finanzinvestoren ein gesteigertes Interesse daran haben, die Umwandlung ihrer Forderungen von Fremd- in Eigenkapital nicht der deutschen, sondern der englischen Rechtsordnung zu unterstellen*".

48 *Eidenmüller*, ZIP 2007, S. 1729 (1736). Siehe auch *ders.*, JZ 2009, S. 641 (647): „*Englische Insolvenzverfahren gelten zudem als schnell, und sie gestatten die Implementierung effizienter Restrukturierungstechniken wie zum Beispiel eine problemlose Umwandlung von Gläubigerforderungen in Eigenkapital. Das geht in Deutschland nicht ohne weiteres*".

den *Debt-Equity-Swap* ein: „*Meine Damen und Herren, ein insolvenzrechtlicher Dauerbrenner der letzten Jahre ist der Debt equity swap. Diese Umwandlung von Fremd- in Eigenkapital ist ein wichtiges Instrument zur Sanierung von Unternehmen, die in Schieflage geraten sind. (...) Es ist nicht einfach, dieses Instrument in das deutsche Planverfahren einzubauen. Das wirft komplexe Fragen vom Gesellschaftsrecht über das Europarecht bis hin zum Verfassungsrecht auf. Angesichts der großen Bedeutung, die dem Debt equity swap zugeschrieben wird, lohnt es aber, hier eine gute Lösung zu finden*“[49]. Treffend heißt es auch in der Begründung des Regierungsentwurfs zum Kreditinstitute-Reorganisationsgesetz (KredReorgG)[50] mit Blick auf diese Diskussion: „*In Fachkreisen wird die erleichterte Zulassung eines Debt-Equity-Swaps als wichtigstes Mittel für ein attraktives Sanierungsverfahren eingestuft*“[51].

Vor dem Hintergrund der vorstehend skizzierten Trends in der Restrukturierungspraxis und der diesbezüglichen Diskussionen hat schließlich auch der Gesetzgeber den bestehenden Handlungsbedarf erkannt: Am 27.10.2011 hat der Bundestag das „Gesetz zur weiteren Erleichterung der Sanierung von Unternehmen“ (ESUG)[52] verabschiedet, dessen wesentliche Regelungen am 1.3.2012 in Kraft traten. Dieses Reformgesetz hat ausweislich seiner Begründung zum Ziel, im Interesse einer Verbesserung von Sanierungschancen zu erreichen, dass Schuldner und Gläubiger in die Auswahl der maßgeblichen Akteure einbezogen werden, dass alle Beteiligten eine größere Planungssicherheit hinsichtlich des Ablaufs des Verfahrens erhalten, dass die Möglichkeiten der Sanierung durch einen Insolvenzplan erweitert werden und dass Blockadepotential abgebaut wird[53].

Die eingangs der Begründung des RegE-ESUG erfolgte Bezugnahme auf die Diskussion um die Migration deutscher Unternehmen nach England mit dem

---

49 Aus einer Rede der Bundesjustizministerin *Leutheusser-Schnarrenberger* auf dem 7. Deutschen Insolvenzrechtstag am 18.3.2007 in Berlin (veröffentlicht auf der Internetseite http://www.bmj.bund.de).

50 Verkündet als Art. 1 Gesetz zur Restrukturierung und geordneten Abwicklung von Kreditinstituten, zur Errichtung eines Restrukturierungsfonds für Kreditinstitute und zur Verlängerung der Verjährungsfrist der aktienrechtlichen Organhaftung vom 09.12.2010, BGBl. I, S. 1900 ff.

51 Begr. RegE zum Gesetz zur Reorganisation von Kreditinstituten (Kreditinstitute-Reorganisationsgesetz - KredReorgG) in der Fassung v. 27.09.2010, BT-Drucks. 17/3024, S. 50.

52 Gesetz zur weiteren Erleichterung der Sanierung von Unternehmen v. 07.12.2011, BGBl. I, S. 2582 ff.

53 Begr. RegE-ESUG in der Fassung v. 04.05.2011, BT-Drucks. 17/5712, S. 1.

Ziel der Umsetzung eines Sanierungsverfahrens auf der Grundlage englischen Rechts, die angesichts tatsächlicher oder vermeintlicher Defizite des deutschen Insolvenzrechts in der Fachöffentlichkeit geführt wurde[54], ist Ausdruck des Bestrebens, mit dem ESUG die als Wettbewerbsnachteile geltenden Defizite des deutschen Insolvenzrechts abzumildern. Ausweislich der Begründung des RegE-ESUG soll das ESUG insbesondere die rechtlichen Rahmenbedingungen zur Umsetzung von *Debt-Equity-Swaps*, der dort zu Recht als ein „wichtiges Instrument“ zur Sanierung von Unternehmen in wirtschaftlichen Schwierigkeiten bezeichnet wird, auf der Grundlage deutschen Rechts verbessern[55]. Insbesondere soll es ausweislich der Begründung des RegE-ESUG “im Interesse einer Optimierung der Sanierungsmöglichkeiten” im Rahmen des Insolvenzplanverfahrens zulässig sein soll, „in einem Insolvenzplan Kapitalmaßnahmen vorzusehen, insbesondere die Umwandlung von Forderungen in Gesellschaftsanteile – den so genannten Debt-Equity-Swap“[56].

II. Gegenstand der Untersuchung

Gegenstand der vorliegenden Untersuchung ist die vergleichende Gegenüberstellung der rechtlichen Rahmenbedingungen nach deutschem und englischem Kapitalgesellschafts- und Insolvenzrecht in Bezug auf die Behandlung ausgewählter rechtlicher Problemkreise, die in der Praxis bei der Umsetzung eines *Debt-Equity-Swap* als Maßnahme zur finanziellen Restrukturierung von krisenbefangenen Kapitalgesellschaften regelmäßig auftreten. Hierbei soll berücksichtigt werden, dass das ESUG eine ganz wesentliche Zäsur für einige der im Rahmen dieser Arbeit untersuchten Rechtsfragen im Zusammenhang mit der Umsetzung von *Debt-Equity-Swaps* nach deutschem Recht darstellt[57].

---

54 Begr. RegE-ESUG in der Fassung v. 04.05.2011, ebd.: „*Das geltende Recht legt der frühzeitigen Sanierung insolvenzbedrohter Unternehmen zahlreiche Hindernisse in den Weg. In der Vergangenheit haben einige Unternehmen deshalb ihren Sitz nach England verlegt, da der Geschäftsleitung und den maßgeblichen Gläubigern die Eröffnung eines Insolvenzverfahrens nach englischem Recht zur Sanierung des Unternehmens vorteilhafter erschien. Auch wenn dies Einzelfälle geblieben sind, so haben sie doch Anstoß zu einer umfassenden Diskussion in der Fachöffentlichkeit über den Sanierungsstandort Deutschland gegeben und den Blick für die Schwächen des geltenden deutschen Rechts geschärft. (…)*“.

55 Begr. RegE-ESUG in der Fassung v. 04.05.2011, BT-Drucks. 17/5712, S. 18.

56 Begr. RegE-ESUG in der Fassung v. 04.05.2011, BT-Drucks. 17/5712, S. 18.

57 Neben den Neuregelungen bzgl. *Debt-Equity-Swaps* im Insolvenzplanverfahren enthält das ESUG andere weitreichende Neuregelungen insb. zur Bündelung und

Die Untersuchungsergebnisse sind insbesondere in den folgenden Zusammenhängen nutzbar:

1) Die rechtswissenschaftliche Diskussion der Frage, inwieweit die Attraktivität einer Umsetzung von *Debt-Equity-Swaps* auf der Grundlage englischen Rechts Wegzugsbemühungen deutscher sanierungsbedürftiger Unternehmen fördert und sich daher als Gefahr für den Insolvenz- und Sanierungsstandort Deutschland erweisen könnte, ist meist diffus geblieben. Sie litt darunter, dass oft überhaupt nicht oder zu oberflächlich auf die rechtlichen Rahmenbedingungen von *Debt-Equity-Swaps* auf der Grundlage englischen Insolvenz- und Gesellschaftsrechts eingegangen wurde. Die Erörterung eines möglichen Wettbewerbsnachteils des deutschen Rechts gegenüber dem englischen Recht im Hinblick auf die rechtlichen Rahmenbedingungen von *Debt-Equity-Swaps* kommt aber nicht ohne den Blick auf beide Rechtsordnungen aus. Beiträge, die diese Frage aufwerfen und sie nur scheinbar beantworten, weil sie den Blick isoliert auf die deutsche Rechtslage richten[58], sind insoweit wenig

---

Konzentration der Insolvenzgerichte, zu den formalen Anforderungen an die Stellung des Insolvenzantrags, zur Einsetzung eines vorläufigen Gläubigerausschusses im vorläufigen Insolvenzverfahren, zum Ausbau der Gläubigerbeteiligung bei der Insolvenzverwalterauswahl, zur Erleichterung der Eigenverwaltung, zur Einführung eines vorinsolvenzlichen Sanierungsverfahrens (sog. „Schutzschirmverfahren"), zur Haftung der Geschäftsleiter und bzgl. des Insolvenzplanverfahrens die Klarstellung der Möglichkeit zur Durchführung des Insolvenzplanverfahrens auch bei Masseinsuffizienz und die Straffung des Abstimmungsverfahrens; vgl. hierzu etwa den Überblick von *Hirte/Knof/Mock*, DB 2011, S. 632 ff. (Teil I) und DB 2011, S. 693 ff. (Teil II).

58 Siehe z.B. *R. Paulus*, DZWIR 2008, S. 6 ff.: Mit dem Beitrag „Die ausländische Sanierung über einen Dept-Equity-Swap als Angriff auf das deutsche Insolvenzrecht?" will er den „Dept-Equity-Swap" (Anm.: Fehler hier mitzitiert) als Sanierungsmodell „vergleichend" vorstellen und prüfen „inwieweit seitens des deutschen Gesetzgebers Handlungsbedarf besteht" bzw. „inwieweit der Insolvenzstandort Deutschland durch eine vermeintlich einfachere britische Sanierung im Wege eines Dept-Equity-Swap wirklich bedroht ist". Ohne Ausführungen zu den rechtlichen Rahmenbedingungen und Risiken der Durchführung von *Debt-Equity-Swaps* nach englischem Recht gelangt er zu dem nicht begründeten Fazit, dass die Umzugsbemühungen „oft unbedacht und sachlich nicht gerechtfertigt scheinen" und ein „Dept-Equity-Swap in Deutschland nicht einfach(er) durchzuführen ist". Indem *R. Paulus* inhaltlich den *Debt-Equity-Swap* nach deutschem Recht mit der übertragenden Sanierung nach deutschem Recht vergleicht, statt den *Debt-Equity-Swap* jeweils nach englischem und deutschem Recht gegenüberzustellen, steht sein Beitrag inhaltlich in einem eigenartigen Widerspruch zu Titel, Einleitung und Fazit.

ergiebig. Die Diskussion um die tatsächlichen oder vermeintlichen Wettbewerbsnachteile des deutschen Rechts im Vergleich zum englischen Recht mit Blick auf den Aspekt der rechtlichen Rahmenbedingungen von *Debt-Equity-Swaps* soll durch diese Untersuchung bereichert und präzisiert werden, indem auch die rechtlichen Rahmenbedingungen von *Debt-Equity-Swaps* auf der Grundlage englischen Insolvenz- und Gesellschaftsrechts (zu ausgewählten Problemkreisen) untersucht und dargestellt werden.

2) Die Untersuchungsergebnisse dieser Arbeit liefern Antworten auf die Frage, ob bzw. inwieweit es gelungen ist, durch das ESUG der Zielsetzung des Gesetzgebers entsprechend die als Wettbewerbsnachteile geltenden Defizite des deutschen Insolvenzrechts im Vergleich zum englischen Recht abzumildern, indem die rechtlichen Rahmenbedingungen zur Umsetzung von *Debt-Equity-Swaps* auf der Grundlage deutschen Rechts verbessert wurden. Rechtsvergleichende Betrachtungen können in diesem Kontext dabei helfen, solche fortbestehenden Hindernisse für *Debt-Equity-Swaps* auf der Grundlage des deutschen Rechts zu identifizieren, die sich aus Sicht einer ausländischen Rechtsordnung, hier der englischen, als spezifisch deutschrechtliche Hürden darstellen, die Ergebnis einer nationalen, pfadabhängigen Entwicklung sein können[59]. Die Kenntnis solcher spezifisch deutschrechtlichen Hürden kann nützlich werden, wenn die Frage erörtert wird, ob auch nach Inkrafttreten des ESUG zur weiteren Verbesserung der deutschrechtlichen Rahmenbedingungen von *Debt-Equity-Swaps*, die Abtragung gerade dieser spezifisch nationaler rechtlichen Hürden sinnvoll ist.

3) In der insolvenz- und gesellschaftsrechtlichen Beratungs- und Gestaltungspraxis kann die Erwägung eine Rolle spielen, ob es für eine deutsche Kapitalgesellschaft vorteilhaft sein könnte, eine Migration in das englische Kapitalgesellschaft- und Insolvenzrecht durchzuführen, mit dem Ziel einen *Debt-Equity-Swap* auf der Grundlage englischen Rechts umzusetzen. In der Wirtschaftspresse und der Fachliteratur wurde – vor Inkrafttreten des ESUG – gelegentlich der Eindruck vermittelt, dass eine solche Migration nach England zur Umsetzung eines Restrukturierungskonzepts auf der Grundlage eines englischrechtlichen Verfahrens der „Königsweg" innerhalb

59 Vgl. etwa zur Sonderstellung der – auf die Gestaltungsmöglichkeiten des *Debt-Equity-Swap* beschränkend wirkenden (dazu unten Kap. IV, II. 4. b.) – Lehre von der verdeckten Sacheinlage nach deutschem Recht als „lokaler Hügel" („*locall hill*") im europäischen Gesellschaftsrecht, *Windbichler/Krolop* in Riesenhuber, Europäische Methodenlehre – Grundfragen der Methoden des Europäischen Privatrechts, 2006, S. 357 (insb. 379 f., 384 ff.).

der innovativen Techniken zur finanzwirtschaftlichen Sanierung deutscher Unternehmen sei[60]. In der deutschen Restrukturierungspraxis konnten die Fälle *Deutsche Nickel/Schefenacker* aber bislang *de facto* keine einflussreiche Vorbildfunktion ausüben, auch wenn in der Folgezeit vereinzelt (etwa in den Fällen *Tele Columbus, Rodenstock, Primacom*) zur Restrukturierung von in Deutschland ansässigen Unternehmen ein *Scheme of Arrangement* gemäß ss. 895 ff. CA 2006 (*SoA*) eingesetzt wurde. Dies könnte daran liegen, dass nach der gebotenen sorgfältigen Gesamtabwägung der in Deutschland vorhandenen rechtlichen Möglichkeiten und Hindernisse bei der Umsetzung eines Restrukturierungskonzepts mit den rechtlichen Möglichkeiten und Hindernissen bei der Umsetzung des Restrukturierungskonzepts auf der Grundlage englischen Rechts häufig nicht solch erhebliche Vorteile einer Migration in das englische Recht erwartet werden, als dass die Inkaufnahme der Risiken und Kosten einer Migration lohnenswert erscheint. Unabhängig davon, ob das Ergebnis der Migrationserwägungen im Ergebnis für oder gegen eine Migration ausfällt, wird dann, wenn die Umsetzung eines *Debt-Equity-Swap* als finanzielle Sanierungsmaßnahme erwogen wird (neben einer Vielzahl anderer in die Abwägung einzustellender Faktoren) ein Vergleich der Rahmenbedingungen des *Debt-Equity-Swap* auf der Grundlage deutschen Rechts und auf der Grundlage englischen Rechts erforderlich. In diesem Zusammenhang können die Ergebnisse der vorliegenden Untersuchung von Interesse sein.

Der Gegenstand der vorliegenden Untersuchung ist in mehrfacher Hinsicht eingegrenzt:

Zunächst konzentrieren sich die Ausführungen auf den Einsatz des *Debt-Equity-Swap* als Instrument zur finanziellen Sanierung von Kapitalgesellschaften; im Fokus stehen hier die Aktiengesellschaft und die GmbH des deutschen Rechts sowie die *public limited company* (*plc*) und die *private limited company* (*Ltd.*) des englischen Rechts. Des Weiteren wird hier die Anzahl der erörterten Rechtsfragen durch eine Auswahl eingegrenzt: *Debt-Equity-Swaps* können in Abhängigkeit von der Komplexität der Fremd- und Eigenkapitalstruktur der Schuldnergesellschaft in der Ausgangssituation und von der gewählten Konstruktion und Ausgestaltung im Einzelfall sehr komplexe Sanierungsmaßnahmen sein, die eine Vielzahl von betriebswirtschaftlichen und rechtlichen Fragestellungen aufwerfen. Um den Rahmen der vorliegenden Untersuchung nicht zu

60 Vgl. etwa die entsprechende Beobachtung von *Ballmann*, BB 2007, S. 1121 (1124) m.w.N.

sprengen, können nicht sämtliche bei der Umsetzung von *Debt-Equity-Swaps* potentiell relevanten Problemkreise aufgegriffen und auf ihre Behandlung nach deutschem und englischem Recht hin untersucht werden.

Die vorliegende Untersuchung beschränkt sich daher auf die Erörterung der Behandlung von fünf ausgewählten rechtlichen Problemkreisen, die bei der Umsetzung von *Debt-Equity-Swaps* eine zentrale Rolle spielen. Sie sind dem Kapitalgesellschafts-, Kapitalmarkt- oder Insolvenzrecht zuzuordnen.

Vom Untersuchungsgegenstand ausgeklammert ist dagegen insbesondere die steuerliche Behandlung von *Debt-Equity-Swaps*[61]. Die steuerlichen Konsequenzen von *Debt-Equity-Swaps* auf der Ebene der Schuldnergesellschaft und auf der Ebene der forderungsumwandelnden Gläubiger sind aber stets in die Abwägung einzubeziehen, wenn es zu entscheiden gilt, ob ein *Debt-Equity-Swap* zur Entschuldung einer Gesellschaft umgesetzt werden soll und welche Konstruktion des *Debt-Equity-Swap* oder Alternativgestaltung im konkreten Einzelfall vorzugswürdig ist.

Weitgehend vom Untersuchungsgegenstand ausgeklammert sind zudem die speziellen staatlichen Stabilisierungs- und Enteignungsbefugnisse sowie das materielle Sonderaktienrecht und das materielle Sonderinsolvenzrecht mit eng begrenzten Anwendungsbereich nur für bestimmte Unternehmen des Finanzsektors, das der deutsche Gesetzgeber (mit dem FMStG[62] und dem FMStErgG[63]) und der englische Gesetzgeber (mit dem Banking Act 2009[64]) als Maßnahmen kurzfristigen Krisenmanagements (finanzmarktrechtliche „Notfallgesetze") im Zuge der Bemühungen um die Bekämpfung der Auswirkungen der internationalen Finanzmarkt- und Wirtschaftskrise zur Verfügung gestellt haben.

---

61 Siehe zur steuerlichen Behandlung von *Debt-Equity-Swaps* nach deutschem Recht etwa *Mückl*, Finanz-Rundschau 2009, S. 497 ff.; *Scheunemann/Hoffmann*, DB 2009, S. 983 (985 f.); *Schmidt/Schlitt*, Der Konzern 2009, S. 279 (287 ff.); *Morzfeld*, Status Recht 03/2009, S. 95 ff. Zur steuerlichen Behandlung von *Debt-Equity-Swaps* nach englischem Recht *Howard/Hedger*, Restructuring Law and Practice, 2008, Rn. 6. 255 ff.; *Boneham*, Tax Journal, Issue 984 (8 June 2009), S. 16 ff.; *Southern*, Taxation of Loan Relationships and Derivative Contracts, 8th ed. 2007, S. 296 ff.

62 Gesetz zur Umsetzung eines Maßnahmenpakets zur Stabilisierung des Finanzmarktes (Finanzmarkt-stabilisierungsgesetz - FMStG) v. 17.10.2008, BGBl. I 2008, S. 1982 ff.

63 Gesetz zur weiteren Stabilisierung des Finanzmarktes (Finanzmarktstabilisierungsergänzungsgesetz – FMStErgG) v. 7.4.2009, BGBl. I 2009 I, S. 725 ff.

64 Siehe zu wichtigen Hintergrundinformationen und zur Struktur des Banking Act 2009 Explanatory Notes, Banking Act 2009.

Für einige der nachfolgend dargestellten Neuregelungen des deutschen Rechts durch das ESUG hat das Kreditinstitute-Reorganisationsgesetz (KredReorgG) eine Vorbildfunktion. Da das KredReorgG jedoch einen, gegenüber der InsO in der Fassung nach Inkrafttreten des ESUG, sehr eingeschränkten Anwendungsbereich hat, der nur für Kreditinstitute vor Eintritt der Insolvenzreife eröffnet ist, wird hier auf seine Darstellung verzichtet.

Hinweis zur hier verwendeten Terminologie: Soweit vorstehend und im weiteren Verlauf der vorliegenden Untersuchung vom „englischen Kapitalgesellschaftsrecht" die Rede ist, dient die Verwendung dieses Begriffs nur der Vereinfachung, ist aber unpräzise. Die Untersuchung konzentriert sich auf das Recht der *public limited company* (*plc*) und der *private limited company* (*Ltd.*) nach Maßgabe des Companies Act 2006 (kurz: CA 2006), der bedeutendsten Rechtsgrundlage des „englischen Kapitalgesellschaftsrechts". Der CA 2006 gilt indes nicht nur in England, sondern im gesamten Vereinigten Königreich (England, Wales, Schottland und Nordirland)[65]. Soweit vorstehend und im weiteren Verlauf der vorliegenden Untersuchung vom „englischen Insolvenzrecht" die Rede ist, dient dies ebenfalls nur der Vereinfachung: Innerhalb des Vereinigten Königreichs bilden England und Wales gemeinsam einen eigenständigen Rechtskreis. Das Insolvenzrecht von England und Wales ist im Wesentlichen im Insolvency Act 1986 (IA 1986) und in den Insolvency Rules 1986 (IR 1986) geregelt. Wird im Rahmen der vorliegenden Untersuchung das „englischen Insolvenzrecht" angesprochen, so ist stets das für England und Wales geltende Insolvenzrecht gemeint.

65 Näher hierzu *DTI* (Hrsg.), Explanatory Notes zum CA 2006, S. 3 f.

Kapitel II: *Debt-Equity-Swap* als Sanierungsmaßnahme und als Instrument zur Akquisition notleidender Gesellschaften

I. Sanierungsfunktion des *Debt-Equity-Swap*

Aus Sicht einer Gesellschaft liegt der Reiz einer Umwandlung ihrer Verbindlichkeiten in Eigenkapital in den sanierungsfördernden Effekten einer Verbesserung ihrer Kapitalstruktur durch diese Maßnahme. Die Eignung des *Debt-Equity-Swap* als Sanierungsinstrument resultiert im Wesentlichen aus den folgenden Merkmalen[66].

Eine Sanierungsfunktion übt der *Debt-Equity-Swap* primär deshalb aus, weil im Zuge seiner Umsetzung der forderungsumwandelnde Gläubiger (unabhängig von der im Einzelfall gewählten Rechtskonstruktion) auf eine gegen die Gesellschaft gerichtete Forderung ganz oder teilweise im technischen oder untechnischen Sinne verzichtet[67]. Die hieraus resultierende Verringerung der Verbindlichkeiten der Gesellschaft führt zu einer Entlastung der Passivseite der Bilanz um diesen Posten. Eine vermögenswirksame (bilanzverlängernde) Kapitalaufbringung durch Aufstockung der Aktiva findet beim *Debt-Equity-Swap* nicht statt; er bewirkt jedoch eine bilanzielle Freisetzung vorhandenen Aktivvermögens infolge der Reduktion von Verbindlichkeiten. Durch den *Debt-Equity-Swap* kann die Schuldnergesellschaft – wie bei einem bloßen Forderungsverzicht – Verbindlichkeiten abbauen, ohne eigene Mittel aufbringen zu müssen.

---

66 Die Sanierungseffekte des *DES* werden hier zwar unter Bezugnahme auf Besonderheiten des deutschen Insolvenzrecht- und Kapitalgesellschaftsrechts skizziert, doch erlangen die angesprochenen Effekte beim Einsatz eines *DES* zur Sanierung einer *plc* oder *Ltd.* auf der Grundlage englischen Kapitalgesellschafts- und Insolvenzrechts im Kern entsprechende Relevanz; siehe zur Sanierungsfunktion des *DES* aus dem englischen Schrifttum etwa *Chatterji/Hedges*, Loan Workouts and Debt for Equity Swaps: A Framework for Successful Corporate Rescues, 2001, S. 247 f.; *Clowry*, Debt-for-equity-swaps in Larkin, Restructuring and Workouts: Strategies for Maximising Value, 2008, S. 27 ff.; *Finch*, Corporate Insolvency Law, 2nd ed. 2009, S. 321 f.; *Wood*, Principles of International Insolvency, 2nd ed. 2007, S. 643 ff.

67 Nämlich entweder im Wege des Erlassvertrages gemäß § 397 BGB oder durch Übertragung der Forderung auf die Gesellschaft, so dass diese durch Konfusion erlischt; zur Rechtskonstruktion (nach dt. Recht) im Einzelnen unten Kap. III, I.

Ein *Debt-Equity-Swap* hat dabei gegenüber dem isolierten[68] Forderungsverzicht den Vorteil, dass sich Gläubiger eher zur Aufgabe von Forderungen im Zuge eines *Debt-Equity-Swap* bereit erklären werden, als zur Aufgabe von Forderungen im Zuge eines isolieren Forderungsverzichts. Denn die Aufgabe der Forderung im Zuge eines *Debt-Equity-Swap* wird (anders als beim isolierten Forderungsverzicht) mit einer Gegenleistung in Gestalt von Gesellschaftsanteilen „versüßt", wobei diese Beteiligung ihnen die Chance vermittelt, an einer späteren positiven Wertentwicklung des Unternehmens zu partizipieren.

Indem Verbindlichkeiten der Gesellschaft durch ihre Umwandlung in Eigenkapital reduziert werden, eignet sich die Maßnahme – abhängig von der Fremdkapitalstruktur der Gesellschaft und dem Volumen der in Eigenkapital umgewandelten Verbindlichkeiten – zur Beseitigung oder Vorbeugung einer Überschuldung, dem im deutschem Insolvenzrecht in § 19 InsO verankerten Insolvenzgrund. Ist mit dem *Debt-Equity-Swap* die Abwendung eines Insolvenzverfahrens durch Abwendung des Insolvenzgrunds der Überschuldung beabsichtigt, so ist diese Aussage allerdings dahingehend zu relativieren, dass der *Debt-Equity-Swap* bei Anwendbarkeit deutschen Insolvenzrechts und einer AG oder GmbH als sanierungsbedürftiger Schuldnergesellschaft bei näherem Hinsehen eher als Instrument zur Vorbeugung einer (drohenden) Überschuldung als zur Beseitigung einer bereits eingetretenen Überschuldung in Betracht kommt[69]. Grund hierfür ist die in § 15a InsO verankerte Insolvenzantragspflicht, wonach die Vertretungsorgane der Gesellschaft spätestens innerhalb von drei Wochen nach Eintritt der Überschuldung einen Insolvenzantrag zu stellen haben. Zumindest bei der Umsetzung des *Debt-Equity-Swap* über eine Sachkapitalerhöhung, der in Deutschland „klassischen" Umsetzungskonstruktion (s. hierzu unten[70]) wird der *Debt-Equity-Swap* innerhalb der starren 3-Wochenfrist schlicht nicht umsetzbar sein. Sofern der *Debt-Equity-Swap* bei bereits eingetretener Überschuldung aufgrund seiner sonstigen und mittel- bis längerfristig eintretenden Sanierungseffekte dennoch umgesetzt werden soll, werden daher zur sofortigen Beseitigung der eingetretenen Überschuldung regelmäßig weitere Sanierungsmaßnahmen ergriffen werden müssen (etwa Rangrücktritte)[71]. In Fällen aber, in denen hinreichend Zeit zur Umsetzung des *Debt-Equity-Swap* verbleibt, ist dieser ein wirkungsvolles Instrument zur Vorbeugung einer

68 D.h. wenn der Forderungsverzicht nicht an eine Besserungsabrede gekoppelt ist.
69 Zum folgenden Aspekt *Wittig* in FS Uhlenbruck 2000, S. 685 (703).
70 Kap. III, I. 1.
71 Vgl. *Wittig* in FS Uhlenbruck 2000, S. 685 (703).

Überschuldung im außergerichtlichen Sanierungsverfahren, d.h. im Rahmen der sog. freien Sanierung.

Als Instrument zur Beseitigung einer bereits eingetretenen Überschuldung kann der *Debt-Equity-Swap* darüber hinaus auch in solchen Fällen Bedeutung erlangen, in denen das Insolvenzverfahren eröffnet wird und zur Reorganisation der Gesellschaft ein Insolvenzplanverfahren gemäß § 217 ff. InsO implementiert wird. Denn weil die Einhaltung der Insolvenzantragsfrist dann nicht mehr entscheidend ist, steht ausreichend Zeit für die Durchführung der zur Umsetzung des *Debt-Equity-Swap* erforderlichen Kapitalmaßnahmen zur Verfügung.

Mit Blick auf die Auswirkungen eines *Debt-Equity-Swap* auf eine Überschuldung i.S.d. § 19 InsO ist Folgendes zu berücksichtigen:

Durch das am 18.10.2008 in Kraft getretene Finanzmarktstabilisierungsgesetz (FMStG)[72] wurde der Überschuldungsbegriff des § 19 Abs. 2 InsO geändert[73] und der Gesetzgeber kehrte (unter Aufgabe der zuvor nach h.H. für § 19 Abs. 2 InsO a.F. geltenden sog. „zweistufige Überschuldungsprüfung") zum sog. „modifizierten zweistufigen Überschuldungsbegriff" zurück[74]. Dieser hatte (basierend auf den grundlegenden Vorarbeiten insbesondere von *Karsten Schmidt*[75]) in der Rechtsprechung des BGH[76] zur Konkursordnung seinen Niederschlag gefunden und war bis zur Einführung der zweistufigen Überschuldungsprüfung mit Inkrafttreten der InsO nach h.M. maßgeblich. Die Änderung des § 19 Abs. 2 InsO und Rückkehr zur modifizierten zweistufigen Methode war zunächst bis 31.12.2013 befristet[77], wurde jedoch in der Folge entfristet und verstetigt[78].

Nach der geltenden modifizierten zweistufigen Prüfungsmethode ist Überschuldung i.S.d. § 19 InsO wie folgt zu ermitteln: Die sog. rechtliche Überschuldung, bei deren Vorliegen der Tatbestand des insolvenzantragspflichtauslösenden Insolvenzgrundes Überschuldung erfüllt ist, liegt vor wenn (1.) eine Überschuldungsbilanz basierend auf Liquidationswerten ergibt, dass das Vermögen zur Befriedigung der Verbindlichkeiten nicht ausreicht, d.h. sog. rechnerische

---

72 BGBl. I 2008, S. 1982 ff.

73 Vgl. Art. 5 FMStG.

74 Begr. Gesetzentwurf des FMStG BT-Drs. 16/10600, S. 13.

75 *K. Schmidt*, AG 1978, S. 334 (337 f.); *ders.*, ZIP 1980, S. 233 (235 f.); *ders.*, JZ 1982, S. 165 (170 f.); *ders. in* Verhandlungen des Vierundfünfzigsten Deutschen Juristentages, 1982, Bd. I, Gutachten, Teil D, S. 61 ff.

76 BGH Urt. v. 13.07.1992 – II ZR 269/91 – BGHZ 119, 201 (213 f.).

77 Gesetz zur Erleichterung der Sanierung von Unternehmen vom 24.9.2009, BGBl. I 2009, S. 3151.

78 Gesetz vom 5.12.2012, BGBl. I 2012, S. 2418.

Überschuldung vorliegt, und (2.) keine positive Fortführungsprognose besteht. Beide Voraussetzungen müssen kumulativ erfüllt sein, damit rechtliche Überschuldung vorliegt. Der Fortführungsprognose kommt daher mehr Bedeutung zu als im Rahmen der zweistufigen Prüfungsmethode[79], weil eine positive Fortführungsprognose allein bereits zur Negierung der (rechtlichen) Überschuldung führt; und zwar insbesondere auch dann, wenn nach dem Überschuldungstatus eine rechtliche Überschuldung vorliegt. Bei der Ermittlung der rechnerischen Überschuldung durch Erstellung eines Überschuldungsstatus, wirkt es sich im Rahmen der geltenden Prüfungsmethode zugunsten einer Negierung der rechnerischen Überschuldung aus, wenn Alt-Verbindlichkeiten, die andernfalls zu passivieren gewesen wären[80], durch den *Debt-Equity-Swap* abgebaut werden.

Mit Blick auf die Bedeutung des *Debt-Equity-Swap* als Sanierungsinstrument ist für die nunmehr geltende modifizierte zweistufige Prüfungsmethode gelegentlich vorgebracht worden, dass der *Debt-Equity-Swap* als Instrument zur Beseitigung oder Vorbeugung des Insolvenzgrunds Überschuldung aufgrund der Änderung des § 19 Abs. 2 InsO an Bedeutung verloren habe, weil durch diese Änderung der Tatbestand der Überschuldung wesentlich eingeschränkt worden sei[81]. Diese Ansicht ist verfehlt. Zwar wird der Eröffnungsgrund der Überschuldung in der Tat durch die abmildernde Konzeption der Überschuldungsprüfung eingeschränkt, doch betrifft diese Erleichterung nur diejenigen Fälle, in denen eine positive Fortführungsprognose für das betroffene Unternehmen besteht, die dann den Eröffnungsgrund der Überschuldung – trotz rechnerischer Überschuldung – ausschließt. In diesen Fällen kommt dem *Debt-Equity-Swap* jedoch Bedeutung bei der Erstellung der Fortführungsprognose zu und kann ihr Ergebnis entscheidend beeinflussen. Indem durch die Umwandlung von Alt-Fremdkapital in Eigenkapital die dazugehörige Zins- und Tilgungsansprüche im Finanzplan entfallen, wirkt sich diese Maßnahme bereits erhöhend auf den erwarteten Netto-Cashflow und damit zugunsten einer positiven

---

79 Bei der die Fortführungsprognose – wie oben skizziert – nur darüber entscheidet, auf welcher Bewertungsgrundlage der Überschuldungstatus zu erstellen ist.

80 Auf der Passivseite des Überschuldungstatus sind grds. alle Verbindlichkeiten zu berücksichtigen, die im Fall der Eröffnung des Insolvenzverfahrens als Insolvenzforderung aus der Masse zu befriedigen wären; *Müller* in Jaeger, InsO, § 19 Rn. 70 m.w.N.

81 So etwa *Schulte*, zitiert bei Becker, „Ohne frische Mittel geht's meist nicht – Tausch von Schulden in Eigenkapital bringt Unternehmen noch keine Liquidität", Börsen-Zeitung v. 7.7.2009, S. 11; *Wentzler*, „Sind im Rahmen der Finanzmarktkrise zukünftig mehr Übernahmen durch Aufkauf von Fremdkapital mit anschließendem *Debt-Equity-Swap* zu erwarten?", Deloitte M&A-forum 3/2008, S. 3.

Fortführungsprognose auf der Grundlage von Finanzplänen aus. Im Einzelfall kann die Reduktion der Alt-Verbindlichkeiten durch den *Debt-Equity-Swap* bei der Fortführungsprognose sogar so stark ins Gewicht fallen, dass sich nur durch die Umsetzung des *Debt-Equity-Swap* eine sonst negative Fortführungsprognose in eine positive wenden lässt. Indem die Bedeutung der Fortführungsprognose gegenüber dem vor Inkrafttreten des FMStG zweistufigen Überschuldungskonzept durch das geltende Überschuldungskonzept gesteigert wurde, wurde also gleichzeitig auch die Bedeutung des *Debt-Equity-Swap* als Maßnahme zur Förderung eines positiven Ergebnisses der Fortführungsprognose erhöht.

Zum deutschen Recht wird mit Blick auf die Sanierungseffekte des *Debt-Equity-Swap* gelegentlich vorgebracht, dass dieser kein taugliches Instrument zur Vorbeugung oder Beseitigung des Insolvenzgrunds der Zahlungsunfähigkeit i.S.d. § 17 InsO sei[82]. Zur Begründung wird angeführt, dass der *Debt-Equity-Swap* bilanziell ein reiner Passivtausch sei, der keine unmittelbare Zufuhr neuer liquider Zahlungsmittel an die Schuldnergesellschaft bewirke.

Obwohl dies zutrifft, bleibt ein *Debt-Equity-Swap* aber nicht zwingend ohne positiven Einfluss hinsichtlich einer (drohenden) Zahlungsunfähigkeit: Im Geltungsbereich der InsO wird der Schuldner bekanntlich dann als zahlungsunfähig angesehen wird, wenn er nicht mehr in der Lage ist seine fälligen Zahlungsverpflichtungen zu erfüllen (§ 17 Abs. 2 S. 1 InsO). Bei der Feststellung der Zahlungsunfähigkeit sind den fälligen Zahlungspflichten des Schuldners die vorhandenen Zahlungsmittel zur Tilgung dieser Verbindlichkeiten gegenüberzustellen, was über Finanzplan, Liquiditätsstatus und Liquiditätsbilanz erfolgen kann[83].

Im Rahmen dieser Prüfung kann der *Debt-Equity-Swap* insoweit keine Auswirkungen haben, als er der Schuldnergesellschaft keine neuen liquiden Mittel zuführt. Durch den *Debt-Equity-Swap* können aber fällige Alt-Verbindlichkeiten reduziert werden, so dass weniger liquide Mittel erforderlich sind um die fälligen Gesamtverbindlichkeiten erfüllen zu können. Der Wegfall der umgewandelten, fälligen Alt-Verbindlichkeiten kann dann positiv zugunsten der Negierung der Zahlungsunfähigkeit ins Gewicht fallen. Wenn es gerade die im Wege des *Debt-Equity-Swap* in Eigenkapital umgewandelten Verbindlichkeiten sind, etwa die Hauptdarlehensforderungen der Banken, die einen hohen Anteil der Gesamtverbindlichkeiten ausmachen und die die Gesellschaft nicht mehr erfüllen kann

---

82 Hierzu etwa *Wittig* in FS Uhlenbruck 2000, S. 685 (703): *„Außerdem bleibt die Sach-Kapitalerhöhung gegen Einbringung von Krediten ohne Wirkung auf den Tatbestand der Zahlungsunfähigkeit, da keine neuen Mittel zugeführt werden"*.

83 Vertiefend zur Ermittlung der Zahlungsunfähigkeit i.S.d. § 17 InsO MüKo-InsO/*Eilenberger*, § 17 Rn. 6 ff.

oder in absehbarer Zeit voraussichtlich nicht mehr erfüllen können wird, könnte mit dem Wegfall dieser Verbindlichkeiten infolge des *Debt-Equity-Swap* – abhängig vom Volumen der Forderungsumwandlung – durchaus der Eintritt der Zahlungsunfähigkeit i.S.d. § 17 InsO vermieden werden.

Reicht aber die Liquidität der Gesellschaft angesichts umfangreicher sonstiger, d.h. nicht umzuwandelnder fälliger Verbindlichkeiten, auch nach einer Entschuldung im Wege des *Debt-Equity-Swap* nicht mehr aus, um den Eintritt der Zahlungsunfähigkeit zu vermeiden, so erfordert die Vermeidung oder Beseitigung der Zahlungsunfähigkeit in der Tat andere, begleitende Maßnahmen (etwa die Stundung fälliger Verbindlichkeiten oder die Zusage neuer Kredite).

Falls mittels eines *Debt-Equity-Swap* (wie vorstehend skizziert) die Abwendung von zwingenden Insolvenzgründen erzielt werden kann, kann dieser ein wirkungsvolles Instrument zur nachhaltigen Sanierung eines Unternehmens in einem außergerichtlichen Sanierungsverfahren und zur Vermeidung eines gerichtlich überwachten Insolvenzverfahrens sein. In diesem Fall kann der *Debt-Equity-Swap* nicht nur einen Beitrag dazu leisten, eine Liquidation im gerichtlich überwachten Insolvenzverfahren, mit den wohlbekannten liquidationsspezifischen Folgen (Verlust von Vermögenswerten und Arbeitsplätzen) zu vermeiden. Darüber hinaus kann der *Debt-Equity-Swap* in diesem Fall ermöglichen, in den Genuss der allgemeinen Vorteile einer außergerichtlichen Sanierung gegenüber einer Sanierung im gerichtlich überwachten Insolvenzverfahren zu gelangen.

Diese Vorteile sind bereits vielfach erörtert worden, so dass hier nur beispielhaft genannt seien: Die direkten und vor allem indirekten Kosten einer außergerichtlichen Sanierung sind niedriger als diejenigen eines gerichtlich überwachten Insolvenzverfahrens[84]. Imageschäden und damit verbundene Werteinbußen, die insbesondere Unternehmen mit vergleichsweise hohem Fortführungswert durch ein gerichtlich überwachtes Insolvenzverfahren erleiden[85], kann eine außergerichtliche Sanierung vermeiden. Wird der Eintritt von zwingenden Insolvenzgründen in einem frühen Krisenstadium abgewendet, so gewinnen die Schuldnergesellschaft und ihre Organe Handlungsfreiheit zurück, indem kräftebindende, krisentypische Pflichten (wie die Insolvenzantragspflicht aus § 15a InsO oder die Pflicht zur Aufstellung einer Überschuldungsbilanz) entfallen[86].

---

84 *Eidenmüller*, Unternehmenssanierung zwischen Markt und Gesetz, 1999, S. 331 ff. mit einer Vielzahl von Nachweisen empirischer Studien.

85 Vgl. *Eidenmüller/Engert*, ZIP 2009, S. 541.

86 Entsprechendes gilt für das englische Recht: Die *directors* einer *plc* oder *Ltd.* englischen Rechts können durch einen rechtzeitigen, erfolgreichen *Debt-Equity-Swap* im

Der positive bilanzielle Effekt einer Entschuldung im Wege des *Debt-Equity-Swap* ist nicht nur in der akuten Krise zur Abwendung einer Überschuldung von Bedeutung. Auch für Kapitalgesellschaften in weniger schwerwiegenden Krisenstadien oder solchen, die gar nicht in ein Krisenstadium eingetreten sind, ist der *Debt-Equity-Swap* ein effektives Gestaltungsinstrument zur Eigenkapital-Optimierung: Weil im Zuge des *Debt-Equity-Swap* das Fremdkapital reduziert und das Eigenkapital erhöht wird, wirkt dieser sich doppelt optimierend auf die Kapitalstruktur und Eigenkapitalquote aus. Die hierdurch erfolgende Verbesserung relevanter Bilanzkennzahlen, insbesondere der Eigenkapitalquote, führen u.a. zu einer Verbesserung des bankeninternen Ratings und damit zur Verbesserung der Konditionen bei der erneuten Fremdkapitalaufnahme. Fremdkapitalgeber, die sich angesichts der Kapitalstruktur der Gesellschaft zuvor nicht bereit fanden, der Gesellschaft Fremdkapital zuzuführen, kann die infolge des *Debt-Equity-Swap* verbesserte Kapitalstruktur dazu bewegen, zusätzliches Fremdkapital zur Verfügung zu stellen. Vor diesem Hintergrund kann ein *Debt-Equity-Swap* auch als Maßnahme zur finanzstrategischen Weichenstellung bei gesicherter operativer Basis eines Unternehmens genutzt werden.

Bei sanierungsbedürftigen Gesellschaften kann ein positiver Effekt des *Debt-Equity-Swap* daraus resultieren, dass er das Einrücken von Gläubigern in eine Gesellschafterstellung bewirkt, so dass der unternehmerische Einfluss der Altgesellschafter beschränkt werden kann[87]. Dies kann ein maßgeblicher Faktor für den Sanierungserfolg sein. Denn Unternehmenskrisen (insb. bei mittelständischen Familienbetrieben) haben ihre Ursache häufig zumindest auch in unternehmerischen Fehlentscheidungen des Gesellschafterkreises. Daher kann es für die langfristige betriebswirtschaftliche Sanierung einer krisenbefangenen Gesellschaft erforderlich werden, dass der unternehmerische Einfluss der Altgesellschafter reduziert oder beendet wird, wenn diese nicht Willens oder in der Lage sind, die zur Sanierung notwendigen Entscheidungen zu treffen[88]. Hinzu kommt ein weiterer Aspekt: Regelmäßig hat primär das bisherige Management die Krise zu verantworten und hierdurch das Vertrauen weiterer beteiligten Akteure (Gläubiger, Kunden, Mitarbeiter etc.) verloren. Zudem ist es in der Krisenbewältigung meist unerfahren. In der Krise einer Kapitalgesellschaft ist der Sanierungserfolg daher fast immer davon abhängig, dass die bisherige

---

außergerichtlichen Restrukturierungsverfahren das Risiko ihrer Haftung aus „*wrongful trading*" gemäß sec. 214 IA 1986 beseitigen oder reduzieren; *Finch*, Corporate Insolvency Law, 2nd ed. 2009, S. 322.

87 Zu diesem Aspekt *Wittig* in FS Uhlenbruck 2000, S. 685 (689).

88 *Wittig*, a.a.O., S. 689.

Geschäftsleitung der Krisengesellschaft ausgewechselt oder durch den Sachverstand restrukturierungserfahrener Interims-Manager ergänzt wird[89]. Das Einrücken der Gläubiger in eine Gesellschafterstellung zur Umsetzung eines Sanierungskonzepts verfolgt daher meist auch das Ziel, eine vollständige oder teilweise Auswechslung des bisherigen Managements zu ermöglichen. Durch einen *Debt-Equity-Swap* können die Voraussetzungen zur Auswechslung des Managements durch die bisherigen (Haupt-)Gläubiger geschaffen werden.

Ein Vorteil der Nutzung des *Debt-Equity-Swap* gegenüber anderen Sanierungstechniken, kann darin bestehen, dass die Schuldnergesellschaft bei Umsetzung eines *Debt-Equity-Swap* zwar eine grundlegend veränderte Beteiligungsstruktur erhält, aber in ihrer rechtlichen Identität erhalten bleibt. Dies kann ein Vorteil insbesondere gegenüber dem Sanierungsinstrument der übertragenden Sanierung sein, die häufig als Alternative zum *Debt-Equity-Swap* diskutiert wird[90].

Die übertragende Sanierung stellt jedoch keinesfalls immer eine vorzugswürdige Alternative zum *Debt-Equity-Swap* dar[91]: Zum einen findet sich möglicherweise kein Kaufinteressent. Zum anderen können spezielle Eigenschaften des Schuldnerunternehmens dazu führen, dass die übertragende Sanierung im Wege eines *Asset Deals* nur unter äußerst nachteiligen Bedingungen durchgeführt werden kann[92]. Der Verkauf des Unternehmens im Wege des *Assets Deals* an einen Investor kann erschwert werden durch eine Vielzahl von Verträgen oder Lizenzen, *Change-of-Control*-Klauseln und führt nicht immer zu optimalen Ergebnissen, da er u.a. eine Diskontinuität in den Kunden- und Lieferantenbeziehungen mit sich bringt und rechtsträgerspezifische Berechtigungen (z.B. öffentlich-rechtliche Genehmigungen oder steuerliche Verlustvorträge) eine übertragende Sanierung unattraktiv machen. In solchen Fällen kann die Reorganisation des

89 *Wittig*, a.a.O., S. 689.

90 Siehe *Ehlers*, ZInsO 2009, S. 320 (321 f.); *Vallender*, NZI 2007, S. 129 (136); *R. Paulus*, DZWIR 2008, S. 6 (10 ff.); *Beck*, F.A.Z. v. 30.5.2007, S. 23; *Hass*, Börsen-Zeitung v. 4.7.2007, S. 2. Zu den Grundmechanismen und rechtlichen Hürden der übertragenden Sanierung außerhalb oder innerhalb eines eröffneten Insolvenzverfahrens statt vieler *Wellensiek*, NZI 2002, S. 233 ff.; *Falk/Schäfer*, ZIP 2004, S. 1337 ff.; monographisch *Strümpell*, Die übertragende Sanierung innerhalb und außerhalb der Insolvenz, 2006, passim. Grundlegend zu Begriff und Funktionsweise der übertragenden Sanierung, *K. Schmidt*, ZIP 1980, S. 328 ff.

91 Hierzu etwa *Ehlers*, ZInsO 2009, S. 320 (321 f.); *Eidenmüller/Engert*, ZIP 2009, S. 541 (542); allg. zu potentiellen Nachteilen der übertragenden Sanierung gegenüber einer Reorganisation des Rechtsträgers *Bitter*, ZGR 2010, S. 147 (157 ff.).

92 Siehe hierzu auch *Fritze*, DZWIR 2007, S. 89.

Unternehmensträgers, die der *Debt-Equity-Swap* (aber nicht die übertragende Sanierung) ermöglicht, vorzugswürdig sein[93].

Gegen eine übertragende Sanierung wird in der Praxis gelegentlich auch eingewendet, dass die Reorganisation des Unternehmensträgers aus der Sicht ausländischer *Distressed-Debt*-Investoren, die bevorzugte Sanierungstechnik darstelle, und man diesen Investoren entgegenkommen sollte, weil der Sanierungserfolg im konkreten Einzelfall voraussetzten kann, dass sich diese Investoren zu einer Sanierungsinvestition durch eine Eigenkapitalbeteiligung und/oder als Fremdkapitalgeber überhaupt erst bereitfinden.

II. Interessen der forderungsumwandelnden Gläubiger

Für Gläubiger ist die Umwandlung ihrer gegen eine sanierungsbedürftige Kapitalgesellschaft gerichteten Forderung in eine Eigenkapitalbeteiligung in der Regel nur dann von Interesse, wenn der Fortführungswert des Unternehmens größer ist als der Liquidationswert, das Unternehmen als sanierungs- und fortführungsfähig eingestuft wird, und der betreffende Gläubiger erwartet, dass er die erworbene Beteiligung an dem Unternehmen zu einem späteren Zeitpunkt zu einem höheren Preis veräußern kann als dem Betrag, den er aus der Realisierung seiner Forderung (und ggf. der Verwertung seiner Sicherheiten) erwartet. Diese Kriterien sind – nicht nur, aber insbesondere – bei solchen Gesellschaften regelmäßig erfüllt, die zwar ein solide aufgestelltes operatives Kerngeschäft vorweisen, die sich aber infolge hoher Verbindlichkeiten in einer finanziellen Krise befinden.

Erwartet ein Gläubiger angesichts des verbliebenen Unternehmenswerts und des Sicherungsgrades seiner gegen die Gesellschaft gerichteten Forderung im Liquidationsfall allenfalls eine geringe Befriedigungsquote auf diese Forderung, so wie es bei ungesicherten Gläubigern regelmäßig der Fall ist, kann die Aufgabe dieser Forderung im Gegenzug für eine Beteiligung durch den *Debt-Equity-Swap* für ihn zur vorzugswürdigen Handlungsoption werden. Denn in diesem Fall gibt er zwar Forderungen auf, doch erwirbt er mit der Beteiligung an der Schuldnergesellschaft die Möglichkeit, nach erfolgreicher Sanierung an

93 Im Fall der Restrukturierung der *Senator Entertainment AG*, einem internationalen Konzern, der primär im Filmrechtehandel und in der Filmproduktion tätig ist, war eine übertragende Sanierung beispielsweise durch zu berücksichtigende Besonderheiten des Urheber- und Förderrechts ausgeschlossen, so dass eine Sanierung im Wege eines *Debt-Equity-Swap* im Insolvenzplanverfahren nach §§ 217 ff. InsO bevorzugt und erfolgreich umgesetzt wurde; hierzu *Fritze*, DZWIR 2007, S. 89 ff.

der Wertsteigerung des Unternehmens – ggf. sogar über den Nennwert der umgewandelten Forderung hinaus – zu partizipieren (sog. „*upside potential*"). Der Beteiligungserwerb ermöglicht dann die Realisierung eines Renditeziels, das entweder die Vereinnahmung eines Gewinns aus der Veräußerung der eingetauschten Gesellschaftsanteile (nachdem diese infolge des Eintritts des Sanierungserfolgs eine Wertsteigerung erfahren haben) ist, oder die vorzeitige Abschöpfung der Wertsteigerung durch Ausschüttung von Rücklagen und/oder Gewinnanteilen ist. Dieses Renditeziel verfolgen insbesondere institutionelle *Distressed-Debt*-Investoren im Rahmen einer aktiven „*loan-to-own*"-Strategie, die im Kern den Erwerb von notleidenden Forderungen gegen ein Krisengesellschaft mit einem nachfolgenden *Debt-Equity-Swap* zum Erwerb einer Beteiligung (i.d.R. einer Mehrheitsbeteiligung) zum Inhalt hat[94].

Weil der *Debt-Equity-Swap* den Erwerb einer Mehrheitsbeteiligung ermöglicht, ist dieser ein doppelfunktionales Instrument, das nicht nur der Sanierung der Gesellschaft dient, sondern zugleich den forderungsumwandelnden Gläubigern die Übernahme von – insbesondere krisenbefangenen – Gesellschaften ermöglicht.

Eine Chance der Beteiligung an einem *Debt-Equity-Swap* kann für forderungsumwandelnde Gläubiger des Weiteren darin liegen, dass er bei diesem auch mit Blick auf fremdkapitaltypische Renditeziele profitieren kann[95]: Bringt der forderungsumwandelnde Gläubiger seine gegen die Schuldnergesellschaft gerichteten Forderungen nicht vollständig ein, sondern behält er sich einen Restbestand dieser Forderungen zurück, erhält er sich die Möglichkeit diese Restforderungen nach erfolgreicher Sanierung und hierdurch bedingter Wiedererlangung ihrer Vollwertigkeit zum Nominalwert verwerten zu können. Mit Blick auf den Restbestand zurückbehaltener Forderungen profitiert dieser Gläubiger dann wie ein gänzlich nicht-forderungsumwandelnder Gläubiger[96] von den oben skizzierten Sanierungseffekten des *Debt-Equity-Swap* bei der Schuldnergesellschaft, die ihr Insolvenzrisiko zum Vorteil aller Beteiligten vermindern und das Ausfallrisiko für die Gläubiger reduzieren.

Aus Sicht der forderungsumwandelnden Gläubiger kann es sich bei alldem als Vorteil darstellen, dass der Beteiligungserwerb im Wege des *Debt-Equity-Swap* ihnen (zulasten der Alteigentümer) Stimmrechte vermittelt, mit denen sie auf die Geschäftspolitik Einfluss nehmen und damit u.a. den Sanierungsprozess in

---

94 Dazu unten Kap. II, V.

95 Vgl. hierzu auch *Ekkenga*, ZGR 2009, S. 581 (586).

96 Dazu unten Kap. II, III.

ihrem Sinne aktiv beeinflussen können. Im Fall des Erwerbs einer Mehrheitsbeteiligung kann der *Debt-Equity-Swap* den forderungsumwandelnden Gläubigern die Möglichkeit zur vollständigen oder teilweisen Auswechslung des bisherigen Managements (etwa zur Einsetzung eigener Sanierungsberater) eröffnen[97].

Neben rechtlichen Risiken, auf die weiter unten im Einzelnen eingegangen wird, können sich jedoch insbesondere die folgenden Aspekte bei der Umsetzung eines *Debt-Equity-Swap* zu Sanierungszwecken negativ auswirken[98]:

Für forderungsumwandelnde Gläubiger (insb. Kreditgeber) ist es nach dem *Debt-Equity-Swap* häufig schwieriger als zuvor das Renditeziel ihrer Investition zu realisieren. Denn wenn die Liquidation der Schuldnergesellschaft erfolgreich vermieden werden kann, kann der Verkauf der eingetauschten Gesellschaftsanteile die einzige Möglichkeit zur schnellen Realisierung des Renditeziels in Gestalt des Veräußerungsgewinns sein. Der Verkauf als *„exit route"* kann jedoch schwierig zu beschreiten sein, wenn der Markt illiquide oder die Gesellschaft nicht börsennotiert ist.

Exkurs: Weil das deutsche Recht die Möglichkeit zur Ausgabe rückerwerbbarer Aktien (*redeemable shares*) bislang nicht eröffnet[99], bietet das englische Recht der *plc* und *Ltd.*, das *redeemable shares* zulässt (vgl. ss. 684 ff. CA 2006), eine Reaktionsmöglichkeit auf diesen Umstand an, den das deutsche Recht nicht anbietet: In der englischen Restrukturierungspraxis werden im Zuge eines *Debt-Equity-Swap* nicht selten rückerwerbare Vorzugsanteile (*redeemable preference shares*) an die forderungsumwandelnden Gläubiger ausgegeben[100]. Durch diese Kombination lässt sich die Attraktivität der Beteiligung am *Debt-Equity-Swap* aus Sicht der forderungsumwandelnden Gläubiger in mehrfacher Hinsicht steigern. Dies kann angesichts der Dringlichkeit ihrer Zustimmung zur Erbringung des Sanierungsbeitrages für die Gesellschaft überlebenswichtig werden. Der Vorteil der Ausgestaltung der Anteile als *redeemable shares*[101] besteht aus Sicht der

---

97 Dazu bereits oben Kap. II, I.

98 Zu den potentiellen Nachteilen von *Debt-Equity-Swaps* auch *Chatterji/Hedges*, Loan Workouts and Debt for Equity Swaps: A Framework for Successful Corporate Rescues, 2001, S. 248 f.; *Kemp/Harris*, P.L.C., Aug. 1993, S. 20 f.; *Finch*, Corporate Insolvency Law, 2nd ed. 2009, S. 322 f.

99 Vertiefend hierzu *Habersack* in FS Lutter 2000, S. 1329 ff. Eine Ausnahme bildet insoweit § 105 Abs. 2 InvG.

100 *Barham*, P.L.C., Oct. 2002, S. 21 (22).

101 Allgemein zu den *redeemable shares* nach englischem Kapitalgesellschaftsrecht und den Voraussetzungen ihrer Ausgabe *Grechenig/Lembeck/Oelkers*, ZfRV 2004, S. 143 ff.; *Habersack* in FS Lutter 2000, S. 1329 (1336 f.). Die Möglichkeit der Ausgabe von *redeemable shares* als eine eigene Anteilsgattung bestand bereits bevor im Rahmen der Novellierung des Companies Act 1981 (CA 1981) der Erwerb eigener Stammaktien nach englischer Rechtslage zulässig wurde. *Reedemable shares* wurden

forderungsumwandelnden Gläubiger darin, dass sie ihnen die Möglichkeit einer temporären Eigenkapitalbeteiligung mit sichererer Wiederveräußerungsmöglichkeit eröffnen. Denn das Hauptcharakteristikum von *redeemable shares* ist, dass sie von der Gesellschaft mit dem Zweck ausgegeben werden, sie (je nach gesetzlicher Regelung und privatautonomer Ausgestaltung) auf Antrag des Aktionärs oder der Gesellschaft wieder zurückzuerwerben[102]. Aus Investorensicht wirkt das mit den Anteilen verbundene Andienungsrecht im Ergebnis wie ein Austrittsrecht ohne wichtigen Grund, während die Gesellschaft ein mit den Anteilen verbundenes Erwerbsrecht erhält, das im Ergebnis wirkungsgleich mit einem Ausschlussrecht ohne wichtigen Grund ist. Die Ausgabe von *redeemable shares* im Zuge eines *Debt-Equity-Swap* hat allerdings auch zwei nachteilige Aspekte, die es zu beachten gilt[103]. Zum einen ist der Rückerwerb (*redemption*) grundsätzlich nur zulässig, wenn hierzu ausschüttungsfähige Gewinne oder verfügbare Reserven, die zu diesem Zweck als Rücklage (*capital redemption reserve*) zu bilden sind, noch vorhanden sind[104]. Dies ist problematisch, weil sanierungsbedürftige *plc's* und *Ltd.'s* regelmäßig durch schwere bilanzielle Verluste eine Aufzehrung dieser Rücklage erlitten haben[105]. Als weiterer nachteiliger Aspekt der Ausgabe von *redeemable shares* im Zuge eines *Debt-Equity-Swap* gilt es zu beachten, dass es ggf. erforderlich wird, bestimmte *redeemable preference shares* (insbesondere falls die Gesellschaft keinen Einfluss über den Auslöser und den Zeitpunkt des Rückerwerbs hat) in der Bilanz der Gesellschaft als Fremdkapital und nicht als Eigenkapital zu verbuchen[106]. Ist dies der Fall, so bleiben sämtliche bilanzielle Verbesserungen, die die Umwandlung von Fremd- in Eigenkapital bewirkt, aus.

Der Hauptnachteil eines *Debt-Equity-Swap* für Gläubiger, die ihre Forderungen ganz oder teilweise in Eigenkapital umwandeln, besteht aber darin, dass der

---

im Jahr 1929 zunächst als Vorzugsaktien (*preference shares*) eingeführt, doch ist seit 1981 auch eine Ausgestaltung als Stammaktien (*ordinary shares*) möglich. Das Recht zur Ausgabe von *redeemable equity shares* ist jedoch in der Vergangenheit wenig genutzt worden; *redeemable shares* werden in der Praxis üblicherweise weiterhin als *preference shares* emittiert; *Davies*, Gower and Davies' Principles of Modern Company Law, 7th ed. 2003, S. 625. Die Rechtsgrundlagen der *redeemables shares* sind nach Inkrafttreten des CA 2006 in den ss. 684 ff. CA 2006 verankert (zuvor in ss. 159 ff. CA 1985).

102 *Grechenig/Lembeck/Oelkers*, a.a.O., S. 143.

103 Hierzu *Barham*, P.L.C., Oct. 2002, S. 21 (22); *Chatterji/Hedges*, Loan Workouts and Debt for Equity Swaps: A Framework for Successful Corporate Rescues, 2001, S. 268.

104 Vgl. sec. 687(2) CA 2006. Bei der *Ltd.* gilt es insoweit die Ausnahme des Rückerwerbs *„out of capital"* nach sec. 687(1) CA 2006 zu beachten.

105 Siehe aber unten Kap. III, II. 1. f. zur Reaktion auf diesen Umstand mit einer Kapitalherabsetzung.

106 Hierzu *Chatterji/Hedges*, Loan Workouts and Debt for Equity Swaps: A Framework for Successful Corporate Rescues, 2001, S. 268.

Debt-Equity-Swap für sie in einem späteren Insolvenzverfahren einen Nachrang noch hinter den ungesicherten Gläubigern zur Folge hat[107]. Scheitern die Sanierungsbemühungen sind die Kreditforderungen, soweit sie in Eigenkapital umgewandelt wurden, in einem eröffneten Insolvenzverfahren, das auf die Liquidation der Gesellschaft gerichtet ist, verloren[108]. Für den forderungsumwandelnden Gläubiger kann sich diese Gefahr realisieren, wenn die Sanierungschancen der Gesellschaft falsch eingeschätzt wurden. Aus diesem Grund beteiligen sich Gläubiger mit vollständig besicherten Forderungen i.d.R. nicht an einem *Debt-Equity-Swap*, weil sie andernfalls auch ihre Sicherheiten und ihren Vorrang gegenüber nachrangigen Gläubigern aufzugeben hätten.

Unter Berücksichtigung der unterschiedlichen Sicherungsgrade der Gläubiger und der unterschiedlichen Werthaltigkeit ihrer Forderungen gegen das Krisenunternehmen mit Blick auf den Insolvenzfall liegt es auf der Hand, dass die Beteiligung am *Debt-Equity-Swap* für den einzelnen Gläubiger umso sinnvoller ist, je weniger werthaltig seine Forderung in einer möglichen Insolvenz ist: Gläubiger, die infolge der Nachrangigkeit ihrer Forderungen in einem drohenden insolvenzbedingten Liquidationsverfahren voraussichtlich gänzlich leer ausgehen, haben m.a.W. weniger zu verlieren, wenn sie ihre gegen die Gesellschaft gerichteten Forderungen im Zuge des *Debt-Equity-Swap* vollständig oder teilweise aufgeben. Innerhalb der Gruppe ungesicherter Gläubiger, werden daher diejenigen Gläubiger, denen aufgrund von Rangvereinbarungen im Insolvenzfall eine vorrangige Befriedigung zusteht, tendenziell weniger zur Forderungsumwandlung bereit sein werden, als Gläubigern, denen nur nachrangige Befriedigung im Insolvenzfall zusteht.

III. Vorteile eines *Debt-Equity-Swap* für die übrigen (nicht-forderungsumwandelnden) Gläubiger

Aus der Perspektive der von den forderungsumwandelnden Gläubigern verschiedenen, übrigen Gläubiger der Schuldnergesellschaft bewirkt der *Debt-Equity-Swap* ebenfalls positive Effekte. Durch die Umwandlung einer

---

107 Siehe zu diesem Aspekt (mit Bezug auf die Umsetzung über eine Sachkapitalerhöhung) zum dt. Recht *Wittig* in FS Uhlenbruck 2000, S. 685 (701); zum engl. Recht *Kemp/Harris*, P.L.C., Aug. 1993, S. 20 f.; *Finch*, Corporate Insolvency Law, 2nd ed. 2009, S. 323.

108 So auch *Chatterji/Hedges*, Loan Workouts and Debt for Equity Swaps: A Framework for Successful Corporate Rescues, 2001, S. 248; zum dt. Recht *Wittig* in FS Uhlenbruck 2000, S. 685 (703).

Forderung gegen die Gesellschaft in Eigenkapital derselben wird diese Forderung getilgt, ohne dass sich das Nettovermögen der Gesellschaft verringert. Der forderungsumwandelnde Gläubiger scheidet entsprechend der Reduktion seiner Forderung als Gläubiger aus und steht mit seiner im Gegenzug erworbenen Eigenkapitalbeteiligung in einem späteren liquidierenden Insolvenzverfahren nachrangig hinter sämtlichen, auch ungesicherten Fremdkapitalgebern. Der forderungsumwandelnde Gläubiger verzichtet m.a.W. entsprechend der Reduktion seiner Forderung auf die Insolvenzquote. Aus Sicht der übrigen Gläubiger kann sich dann ein Vorteil daraus ergeben, dass es einen Gläubiger weniger gibt, mit dem das zur Befriedigung der Gläubiger zur Verfügung stehende Vermögen der Gesellschafter (genauer: die Aktivmasse) bei Scheitern der Sanierungsbemühungen in einem eröffneten Insolvenzverfahren geteilt werden muss. Zudem könnten die nicht-forderungsumwandelnden Gläubiger von den oben skizzierten Sanierungseffekten des *Debt-Equity-Swap* bei der Schuldnergesellschaft profitieren, die das Insolvenzrisiko der Schuldnergesellschaft zum Vorteil aller Beteiligten vermindern. Zugunsten der nicht-forderungsumwandelnden Gläubiger werden hierdurch die Aussichten auf eine vollständige Befriedigung ihrer gegen die Schuldnergesellschaft gerichteten Forderungen erhöht.

IV. Interessen der Altgesellschafter bei einem *Debt-Equity-Swap*

Mit Blick auf die Vorteile von *Debt-Equity-Swaps* zur bilanziellen Sanierung einer krisenbefangenen Gesellschaft für diese Gesellschaft einerseits, und für die (insb. forderungsumwandelnden) Gläubiger dieser Gesellschaft andererseits, ist häufig von einer „*win-win*-Situation“ für die Beteiligten die Rede. Angesichts der Auswirkungen des *Debt-Equity-Swap* auf die wirtschaftliche und rechtliche Stellung der Altgesellschafter der Schuldnergesellschaft ist für diese aber weniger eine „*win*-Situation“, sondern vielmehr ihr Gegenteil typisch. Denn die Neuordnung der Beteiligungsverhältnisse geht zu Lasten der Altgesellschafter[109]:

Werden die forderungsumwandelnden Gläubiger durch den *Debt-Equity-Swap* für den Sanierungsbeitrag der Aufgabe ihrer Forderungen mit einer (wie auch immer gewichteten) Beteiligungsquote „belohnt“, so muss dies zwangsläufig eine Reduktion der Beteiligungsquote der Altgesellschafter zur Folge haben. Die Altgesellschafter sind daher diejenigen, die den Sanierungsbeitrag der

109 Zum Folgenden *Ekkenga*, ZGR 2009, S. 581 (604).

forderungsumwandelnden Gläubiger/Investoren „vergüten“[110], indem sie ihnen (1.) die Entscheidungsbefugnis für die Durchführung der Sanierung überlassen, was durch die Absenkung oder sogar den vollständigen Verlust der Stimmquote in der Haupt- bzw. Gesellschafterversammlung infolge des *Debt-Equity-Swap* erfolgt, und indem sie ihnen (2.) die Vereinnahmung künftig zu erwartender Sanierungsgewinne einräumen, was durch die vollständige oder teilweise Aufgabe der anteiligen Vermögensrechte (Dividenden- und Liquidationsquote) der Altgesellschafter infolge des *Debt-Equity-Swap* bewirkt wird. Erfolgt die Umsetzung des *Debt-Equity-Swap* im Zuge eines Kapitalschnitts, bei dem der Kapitalerhöhung eine vereinfachte Kapitalherabsetzung vorgeschaltet wird[111], so geht der von den Altgesellschaftern zu erleidende Verlust der Stimmquote und der Verlust der anteiligen Vermögensrechte über diejenigen Verluste hinaus, die bereits aus der Quotenverwässerung bei Eintritt von Neugesellschaftern im Rahmen einer isolierten Kapitalerhöhung resultieren[112].

Dass die Position der Altgesellschafter bei der Umsetzung eines *Debt-Equity-Swap* in dieser Weise massiv verschlechtert wird, entspricht jedoch der wirtschaftlichen Machtverteilung in einer tief greifenden finanziellen Krise der Gesellschaft. Denn in dieser Phase halten die Altgesellschafter typischerweise nur noch (fast) wertlose Gesellschaftsanteile, während die Gläubiger der Gesellschaft faktisch die wichtigsten Anspruchsberechtigten werden und die Sanierungschancen für die Gesellschaft primär von der Bereitschaft dieser Gläubiger zur Leistung eines Sanierungsbeitrages abhängt. Finden sich die Gläubiger nicht zur Leistung eines Sanierungsbeitrages bereit, so können sie hierdurch die Liquidation der Gesellschaft im Insolvenzverfahren erzwingen. In diesem Fall droht den Altgesellschaftern aufgrund ihrer Nachrangigkeit bei der Verteilung des Restvermögens hinter sämtlichen Gläubigern (vgl. für das dt. Recht § 199 InsO) der wirtschaftliche Totalverlust ihrer Einlagen. Droht dieses Szenario bei insolventen oder stark insolvenzgefährdeten Gesellschaften, so kann sich aus der Sicht der Altgesellschafter die starke Verwässerung ihrer Anteile als das kleinere Übel im Vergleich zum drohenden Totalverlust ihrer Einlagen darstellen. Denn wenn Altgesellschafter eine – wenn auch stark reduzierte – Beteiligung an der Gesellschaft behalten, können sie im Fall einer erfolgreichen Sanierung an einer Wertaufholung der Beteiligung partizipieren.

---

110 So *Ekkenga*, a.a.O., S. 604.

111 Dazu unten Kap. III, I. 1. d. (zur dt. Praxis) und Kap. III, II. 1. f. (zur engl. Praxis).

112 Vgl. *Ekkenga*, ZGR 2009, S. 581 (604).

V. *Debt-Equity-Swap* als Instrument zur Akquisition von Krisengesellschaften

Seit 2003/2004 erlangte der Einsatz von *Debt-Equity-Swaps* als Instrument zur finanzwirtschaftlichen Sanierung und Unternehmensreorganisation deutscher Unternehmen zunehmende Bedeutung, so dass in der Praxis von einem „Trend" oder gar einer „neuen deutschen Welle"[113] in der deutschen Restrukturierungspraxis die Rede war. Als Hauptgrund der damals gestiegenen Praxisrelevanz des *Debt-Equity-Swap* in Deutschland galt der Umstand, dass sich ein Wandel hinsichtlich des Kreises der forderungsumwandelnden Gläubiger vollzogen hatte und ein neu hinzugetretener Typus der forderungsumwandelnden Gläubiger die Umsetzung von *Debt-Equity-Swaps* bei sanierungsbedürftigen deutschen Unternehmen forcierte:

Waren es in der traditionellen Erscheinungsform des *Debt-Equity-Swap* eher die Hausbanken, die Kreditforderungen in Gesellschaftsanteile umwandelten, wurden *Debt-Equity-Swaps* seit etwa 2004 initiiert durch institutionelle Finanzinvestoren, überwiegend US-amerikanische Investmentbanken und Hedge-Fonds, die sich auf *Distressed Debt Investments* spezialisiert hatten und in Deutschland einen neuen Markt für sich entdeckt hatten. Die in den Folgejahren zunehmende Relevanz des *Debt-Equity-Swap* im Rahmen von Restrukturierungen deutscher Unternehmen hängt maßgeblich mit der Entwicklung dieser *Distressed Debt Investments* in Deutschland zusammen.

Unter „*Distressed Debt Investing*" kann das gezielte Investment in das Fremd- oder Eigenkapital notleidender Unternehmen, um aus aktuellen Fehlbewertungen mit Einsatz von Kapital und speziellem Expertenwissen eine überdurchschnittliche Rendite zu erzielen, verstanden werden[114]. Eine von mehreren Spielarten des *Distressed Debt Investments* stellt – aus Investorensicht – der Erwerb von *Distressed Debt* in Form von notleidenden[115]

113 Vgl. Handelsblatt v. 19.10.2005, S. 41, „Ausländische Investoren saugen angeschlagene Firmen auf".

114 So etwa *Daynes/Schalast*, Arbeitsbericht Nr. 66 der HfB-Business School of Finance and Management, „Distressed Debt-Investing in Deutschland – Geschäftsmodelle und Perspektiven", 2005, S. 10.

115 Die Begriffe „notleidende Verbindlichkeiten", „notleidende" oder „faule" Kredite/Forderungen, „Problemkredite", sowie die englischen Begriffe „*Distressed Debt*", „*Non-Performing Loans*", das entsprechende Akronym „*NPL*", „*Distressed Loans*", „*Bad Loans*" u.a. werden in der Wissenschaft und Praxis weitgehend synonym verwendet. In Ermangelung einer einheitlichen Definition werden in der Praxis unter diese Begriffe jede Art von Kreditforderungen subsumiert, die in gewisser Weise als

Immobilien- und Unternehmenskrediten (Kreditportfolios oder Einzelforderungen) dar. Seit 2003/2004 galt Deutschland zunächst als *„hot spot“*[116] oder *„land of opportunity“*[117] für *Distressed-Debt*-Investoren. Der Grund hierfür ist darin zu sehen, dass zu dieser Zeit in Deutschland ein Handel für notleidende Immobilien- und Unternehmenskrediten nach ausländischen Vorbildern in Schwung gekommen war[118], nachdem vor allem ausländische Finanzinvestoren (insb. US-amerikanische Fonds und Investmentbanken) zunehmend Interesse am Ankauf von notleidenden Forderungen zeigten. Während der erste Trend sich auf notleidende Immobilienkredite konzentrierte, rückten später auch

---

„notleidend“ zu betrachten sind. Zur Bedeutung des Begriffs „notleidend“ werden unterschiedliche Präzisierungen vorgenommen, die jeweils einem etwas engeren oder weiteren Begriffsverständnis entsprechen. Nach einer engeren Sichtweise sind als „notleidend“ oder *„non-performing“* nur Insolvenzforderungen und solche Kreditengagements bzw. die daraus resultierenden Forderungen zu qualifizieren, bei denen der Kreditgeber aufgrund Zahlungsverzuges oder einer Verschlechterung der Vermögensverhältnisse des Darlehensnehmers (*Event of Default*) rechtlich in der Lage ist, den Darlehensvertrag zu kündigen oder diesen bereits gekündigt hat. Üblich sind aber auch Kategorisierungen nach quantitativen Kriterien, z.B. die Anzahl von Tagen, in denen bereits Zahlungsverzug vorliegt. So empfiehlt etwa die Bank für Internationalen Zahlungsausgleich (BIZ) zur Klassifizierung eines notleidenden Kredits einen Zahlungsverzug von mind. 90 Tagen, während nach anderer Ansicht mind. 180 Tage angemessen sind; statt vieler *Köchling*, ZInsO 2008, S. 232 (233). Nach einem etwas weiteren Begriffsverständnis werden solche Darlehensforderungen als „notleidend“ oder *„non-performing“* angesehen, deren Tilgung in voller Höhe nebst Zinsen angesichts wirtschaftlicher Schwierigkeiten oder generell gering eingeschätzter Bonität des Darlehensnehmers nach hoher Wahrscheinlichkeit nicht erfolgen wird, so dass eine Neubewertung ihrer Werthaltigkeit erforderlich wird.

116 Vgl. Ernst & Young (Hrsg.), Global Nonperforming Loan Report 2004, S. 7; *Daynes/Schalast*, Arbeitsbericht Nr. 66 der HfB-Business School of Finance and Management, „Distressed Debt-Investing in Deutschland – Geschäftsmodelle und Perspektiven“, 2005, S. 32.

117 Vgl. *Röseler/Weilhammer* in Wiedenhofer, Non Performing Loans (NPL), 2006, S. V (Geleitwort).

118 Zur Entwicklung des Marktes für *NPL* in Deutschland *Paetzmann*, ZKredW 2003, S. 968 ff.; *Schalast*, BKR 2006, S. 193 ff.; *Wentzler* in Wiedenhofer, Non Performing Loans (NPL), 2006, 3 ff.; sowie eine Vielzahl von Artikeln aus der Tagespresse; statt aller v. 25.9.2003, S. 25, „Banken verkaufen immer mehr Kredite“; F.A.Z. v. 2.2.2005, S. 16, „Der Handel mit faulen Krediten kommt in Schwung“; Manager Magazin Online (www.manager-magazin.de) v. 7.5.2006, „Renditejagd - Der Kredithandel boomt“.

notleidende Unternehmenskredite („*corporate NPL*") in den Fokus der Investoren. Deutsche Unternehmen mussten seither zunehmend mit einem Gläubigerwechsel rechnen, da die eigenen Verbindlichkeiten, die man bisher sicher in den Büchern der Hausbank platziert sah, nunmehr von den Banken auf dem Sekundärmarkt für Kredite an Finanzinvestoren veräußert wurden[119]. Seit Ausbruch der internationalen Finanzmarkt- und Wirtschaftskrise war es um *NPL*-Transaktionen zwar stiller geworden, das Interesse der Wissenschaft erregten sie aber nach wie vor.

Dem Erwerb von notleidenden Unternehmenskrediten liegt eine Investitionsstrategie zugrunde, die entweder von einem passiven oder von einem aktiven Ansatz geprägt ist. Investoren mit einer passiven Anlagestrategie verfolgen einen „Kaufen-und-Halten-Ansatz" und versuchen über das Ausnutzen von vermeintlichen Fehlbewertungen oder durch die passive Teilhabe an der erfolgreichen Restrukturierung der Schuldnergesellschaft Rendite zu generieren. Kennzeichnend für die Gruppe der Investoren mit einer passiven Investitionsstrategie ist, dass sie (nicht zwingend aber typischerweise) keine Kontrolle der Schuldnergesellschaft anstrebt. Demgegenüber zielen aktive Investitionsstrategien darauf ab, im Anschluss an den Ankauf von notleidenden Forderungen oder Wertpapieren der Krisengesellschaft eine Mehrheitsbeteiligung und somit die Kontrolle über diese zu übernehmen, um zur Durchsetzung der Investitionsstrategie und Wertsteigerungsmaßnahmen den Restrukturierungsprozess aktiv steuern zu können.

Im Rahmen einer speziellen, aktiven Investitionsstrategie beabsichtigt der Investor über den Erwerb von notleidenden Einzelforderungen gegen eine sanierungsbedürftige Gesellschaft in eine Gläubigerstellung (regelmäßig die des Hauptgläubigers) einzurücken, um hierdurch die Ausgangslage für eine Umwandlung der erworbenen Forderungen in Eigenkapital der Krisengesellschaft zu schaffen. Durch das Einrücken in die Gläubigerposition erhält der Finanzinvestor, da er nun Einfluss auf die Notwendigkeit der Eröffnung des Insolvenzverfahrens über das Vermögen der Gesellschaft nehmen kann, ein effektives Druckmittel um die Umsetzung des angestrebten *Debt-Equity-Swaps* auch gegen Widerstände, insbesondere aus dem Kreis der Gesellschafter, durchsetzen zu können. Ist das Ziel der Erwerb einer Mehrheitsbeteiligung, so kann diese Vorgehensweise der Übernahme der Kontrolle an der krisenbefangenen Gesellschaft durch den Investor dienen. Der Erwerb der notleidenden Forderungen gegen die Zielgesellschaft ist also nur ein notwendiger Zwischenschritt, um die

119 Vgl. *Kestler/Striegel/Jesch*, Distressed Debt Investments, 2006, Vorbemerkung, S. VII.

Akquisition der Zielgesellschaft mittels eines *Debt-Equity-Swap* zu ermöglichen. Diese Spielart einer aktiven Investitionsstrategie eines Krediterwerbers wird auch als „Eigenkapitalstrategie“ oder als „*loan-to-own*“-Strategie bezeichnet.

Die Differenz des Nominalwerts der notleidenden Forderungen gegen die Zielgesellschaft zu ihrem, angesichts der Krise der Gesellschaft geringeren, tatsächlichen Wert, wird bei dieser Investitionsstrategie in der Weise ausgenutzt, dass die Forderungen mit teils erheblichen Abschlägen zu ihrem Nennwert günstig durch den Investor erworben werden können. Rückt der Investor sodann über den *Debt-Equity-Swap* in die Gesellschafterstellung ein, kann er das operative Geschäft der Gesellschaft wesentlich stärker beeinflussen als aus einer Gläubigerstellung heraus. So kann der Investor insbesondere einen Sanierungsberater als Geschäftsleiter (sog. „*chief restructuring officer*“/„*CRO*“) einsetzen, der das in dieser Phase dringend benötigte Sanierungs- und Restrukturierungswissen in die Gesellschaft einbringt und einen Sanierungsplan in enger Absprache mit dem Investor umsetzt. Dass Managementleistungen durch die Investoren zur Verfügung gestellt werden, ist in der Praxis bei der Umsetzung dieser Investitionsstrategie der Regelfall. Im Idealfall kann auf diese Weise die Gesellschaft außerhalb des Insolvenzverfahrens saniert werden und die Stellung eines Insolvenzantrages vermieden werden.

Nach einem erfolgreich durchgeführten Sanierungsverfahren können kurz- oder mittelfristig angesichts des nun gesteigerten Unternehmenswerts zurückbehaltene Forderungen entweder zum Nennwert verwertet werden und/oder die erworbene Anteile am nun sanierten Unternehmen zu einem deutlich höheren Preis wieder veräußert werden (sog. „*exit*“). Das zentrale Element des Investitionskalküls ist der Veräußerungsgewinn bei dem Verkauf der im Zuge des *Debt-Equity-Swap* erworbenen Gesellschaftsanteile. Im Fall des Sanierungserfolges bietet sich so die Möglichkeit an der Wertsteigerung des Unternehmens – gegebenenfalls sogar über den Nennwert der umgewandelten Forderung hinaus – zu partizipieren[120]. Zu den verschiedenen denkbaren Exit-Strategien zählt etwa der Verkauf der Anteile an der Börse (bei börsennotierten Gesellschaften), der Verkauf an einen strategischen oder industriellen Investor, der Verkauf an weitere Private-Equity-Fonds („*secondary sale*“) oder der Rückkauf der Anteile durch das Unternehmen oder Management. Die Freiheit in der Wahl der Exit-Kanäle ist abhängig vom Erfolg der Investoren bzgl. der Sanierung; je erfolgreicher diese sind, desto lukrativere Exit-Kanäle stehen ihnen zu Verfügung.

---

120 Vgl. zu diesem sog. „*upside potential*“ bereits oben oben Kap. II, III.

Aus der Perspektive einer sanierungsbedürftigen Gesellschaft, die in Umsetzung der skizzierten Eigenkapitalstrategie im Wege eines *Debt-Equity-Swap* von *Distressed-Debt*-Investoren übernommen wurde, ist dieser Vorgang keineswegs stets negativ zu bewerten, sondern kann sich durchaus als nutzbringend erweisen. Dies liegt daran, dass aktive *Distressed-Debt*-Investoren bei dem Beteiligungserwerb zwar eigene Renditeziele verfolgen, dass das Gelingen der Sanierungsbemühungen und die Abwendung einer insolvenzbedingten Liquidation der Gesellschaft aber als notwendiges Zwischenziel zur Realisierung dieser Renditeziele von zentraler Bedeutung für diese Investoren ist. Damit können die Chancen einer erfolgreichen Sanierung zuweilen dadurch begünstigt werden, dass *Distressed-Debt*-Investoren den Sanierungsprozess in einem Krisenstadium (auch durch die Erbringung weiterer Sanierungsbeiträge wie etwa der Vergabe frischer Kredite) fördern, in dem sich sonst keine anderen Eigen- oder Fremdkapitalgeber zur Erbringung von Sanierungsbeiträgen mehr bereit finden.

Kapitel III: Rechtstechnische Umsetzung eines *Debt-Equity-Swap* bei Kapitalgesellschaften nach deutschem und englischem Recht

I. Rechtstechnische Umsetzung eines *Debt-Equity-Swap* auf der Grundlage deutschen Aktien- und GmbH-Rechts

1. Umsetzung des *Debt-Equity-Swap* im Rahmen einer Sachkapitalerhöhung

a. Einbringung der Forderung im Wege einer regulären Sachkapitalerhöhung

Die in der deutschen Praxis übliche, gewissermaßen „klassische" Gestaltungsmöglichkeit zur rechtstechnischen Umsetzung eines *Debt-Equity-Swap* bei einer AG oder GmbH ist die Durchführung einer Sachkapitalerhöhung, bei der die Gesellschaft ihr Grund- oder Stammkapital gegen Sacheinlagen erhöht, die der forderungsumwandelnde Gläubiger valutiert, indem er seine gegen die Gesellschaft gerichtete Forderung vollständig oder teilweise einbringt[121]. Die „Einbringung" der Forderung als Sacheinlage kann erfolgen, indem der forderungsumwandelnde Gläubiger als Inferent entweder die Forderung auf die Gesellschaft im Wege der Zession gemäß § 398 BGB überträgt[122], woraufhin sie infolge von Konfusion erlischt oder indem er die Forderung durch den Abschluss eines schuldrechtlichen Erlassvertrags gemäß § 397 Abs. 1 BGB erlässt[123]. Dass gegen eine AG oder GmbH gerichtete Forderungen grundsätzlich tauglicher Gegenstand einer Sacheinlage im Zuge einer Kapitalerhöhung dieser Gesellschaft sein können, d.h. sacheinlagefähig sind, ist heute unstreitig[124].

Die Umsetzung eines *Debt-Equity-Swap* durch Einbringung einer gegen die kapitalerhöhende Gesellschaft gerichteten Forderung als Sacheinlage ist technisch nichts anderes als eine spezielle Form einer Sachkapitalerhöhung. Sofern der *Debt-Equity-Swap* nicht gemäß § 225a Abs. 2 InsO auf der Grundlage eines

---

121 Zu dieser Gestaltungsmöglichkeit des *Debt-Equity-Swap* nach deutschem Recht *Ekkenga*, ZGR 2009, S. 581 ff.; *Redeker*, BB 2007, S. 673 ff.; *Schmidt/Schlitt*, Der Konzern 2009, S. 279 (280 ff.); *Westpfahl* in Eilers/Koffka/Mackensen, Private Equity, 2009, III. 2., Rn. 4 ff.

122 Siehe für die AG etwa BGH Urt. v. 15.01.1990 – II ZR 164/88 – BGHZ 110, 47 (60).

123 Siehe BGH, a.a.O.

124 Siehe hierzu auch unten Kap. IV, II. 1. Näher zur Sacheinlagefähigkeit der Forderung beim *DES* (für das Aktienrecht) *Ekkenga*, ZGR 2009, S. 581 (589 ff.).

Insolvenzplanverfahrens unter den durch das ESUG erleichterten Rahmenbedingungen umgesetzt wird (dazu unten[125]), erfordert die Sachkapitalerhöhung nach aktienrechtlichen Vorgaben einen Kapitalerhöhungsbeschluss der Hauptversammlung, der vorbehaltlich abweichender Bestimmungen mit einer Drei-Viertel-Mehrheit des bei der Beschlussfassung vertretenen Grundkapitals[126] und zusätzlicher einfacher Stimmenmehrheit[127] zu fassen ist, der zur Eintragung in das Handelsregister anzumelden ist[128], sowie die Durchführung der Kapitalerhöhung durch die Zeichnung neuer Aktien nach allgemeinen Vorschriften (§§ 185 ff. AktG) und der Eintragung der Durchführung der Kapitalerhöhung in das Handelsregister[129] nach Anmeldung der Durchführung zur Eintragung. Entsprechend hierzu erfordert die Durchführung der Sachkapitalerhöhung zur Forderungseinbringung nach GmbH-rechtlichen Vorgaben, wie die Kapitalerhöhung im Allgemeinen, einen satzungsändernden Kapitalerhöhungsbeschluss gemäß § 53 f. GmbHG, der der Zustimmung von mindestens Drei-Viertel der abgegebenen Stimmen[130] sowie der Anmeldung und Eintragung beim Handelsregister bedarf[131].

Die isolierten Sachkapitalerhöhung zur Einbringung einer gegen die Gesellschaft gerichtete Forderung kann durch eine Barkapitalkomponente ergänzt werden. Im Zuge einer gemischten Bar-/Sachkapitalerhöhung werden ein Teil

---

125 Kap. VIII, II. 2. b.

126 Nach § 182 Abs. 1 S. 1 AktG, der auch für den Sachkapitalerhöhungsbeschluss maßgeblich ist, erfordert der Beschluss über die Erhöhung des Grundkapitals eine Mehrheit von mindestens Drei-Viertel des bei der Beschlussfassung vertretenen Grundkapitals. § 182 Abs. 1 S. 1 AktG ist dispositiv; die Satzung kann eine andere (geringere oder größere) Kapitalmehrheit bestimmen, wobei jedoch nicht auf eine einfache Stimmenmehrheit verzichtet werden kann; statt vieler Hüffer/*Koch* AktG, § 182 Rn. 8. Für die Ausgabe von stimmrechtslosen Vorzugsaktien gilt dies aber nur insoweit, als eine größere Kapitalmehrheit bestimmt wird; § 182 Abs. 1 S. 2 AktG.

127 § 182 Abs. 1 S. 1 AktG regelt das Mehrheitserfordernis nur unvollständig. Zusätzlich muss das Mehrheitserfordernis der einfachen Stimmenmehrheit nach § 133 Abs. 1 AktG erfüllt sein, das durch die Satzung verschärft, aber nicht gemildert werden kann; Hüffer/*Koch* AktG, § 182 Rn. 7.

128 § 184 AktG.

129 Erst zum Zeitpunkt des Eintrags ihrer Durchführung im Handelsregister wird die Kapitalerhöhung wirksam; § 189 AktG.

130 § 53 Abs. 2 GmbHG. Die Anforderungen an die erforderliche Mehrheit können durch abweichende Bestimmungen im Gesellschaftsvertrag nicht abgeschwächt, aber verschärft werden. Näher zur erforderlichen Abstimmungsmehrheit statt aller *Zöllner/Noack* in Baumbach/Hueck GmbHG, § 53 Rn. 61 ff.

131 §§ 54, 57 GmbHG.

der auszugebenden Anteile gegen Sacheinlage und ein anderer Teil gegen Bareinlage übernommen. Während die Sachkapitalkomponente es dem forderungsumwandelnden Gläubiger ermöglicht, seine gegen die Gesellschaft gerichtete Forderung als Sacheinlage einzubringen, kann durch die Barkapitalkomponente sichergestellt werden, dass denjenigen Altaktionäre, die keine Sacheinlage erbringen, die Möglichkeit eingeräumt wird, ihre Beteiligungsquote aufrecht zu erhalten[132].

b. *Ausnutzung eines genehmigten Kapitals mit Sacheinlageoption*

Die Umsetzung eines *Debt-Equity-Swap* kann bei einer AG auch unter Ausnutzung eines genehmigten Kapitals mit Sacheinlageoption erfolgen, bei der die forderungsumwandelnden Gläubiger ihre gegen die Gesellschaft gerichteten Forderungen als Sacheinlage einbringen. Mit Blick auf die AG hat sich diese Gestaltungsmöglichkeit als praxisrelevante Alternative zur Umsetzung eines *Debt-Equity-Swap* durch Forderungseinbringung im Wege einer regulären Sachkapitalerhöhung gemäß §§ 182 ff. AktG etabliert. Bei der genehmigten Kapitalerhöhung gemäß §§ 202-206 ff. AktG wird dem Vorstand in der Gründungsatzung oder durch satzungsändernden Beschluss (mit mind. einer Drei-Viertel-Mehrheit des vertretenen Grundkapitals[133]) die Ermächtigung eingeräumt, innerhalb einer Frist von höchstens fünf Jahren das Grundkapital durch Beschluss um höchstens die Hälfte zu erhöhen[134]. Dies ermöglicht es der Gesellschaft die Kapitalerhöhung kurzfristig und ohne Hauptversammlung durchzuführen und kann so bei der Umsetzung eines *Debt-Equity-Swap* zum Zweck der bilanziellen Sanierung einer AG flexiblere Handlungsspielräume eröffnen.

Welche Alternative gewählt wird, hängt von folgenden Faktoren ab: Ein relevanter Faktor ist stets der Umfang der zur Einbringung der Forderungen gegen die Gesellschaft als Sacheinlage intendierten Kapitalerhöhung, weil das Erhöhungsvolumen beim genehmigten Kapital auf die Hälfte des Grundkapitals

---

132 Vgl. auch *Heinemann/Rothley/Niederle*, „*Debt-Equity-Swaps* als alternatives kapitalmarktbasiertes Finanzierungsinstrument", Präsentation von TaylorWessing im Rahmen des Deutschen Eigenkapitalforums Herbst 2007, die die gemischte Bar-/Sachkapitalerhöhung als „Regellösung" bei der Umsetzung des *Debt-Equity-Swap* betrachten.

133 § 202 Abs. 2 S. 2 AktG. Zusätzlich bedarf es einer einfachen Mehrheit der abgegeben Stimmen gemäß § 133 Abs. 1 AktG. Nach § 202 Abs. 2 S. 3 AktG ist nur eine in der Satzung angeordnete größere Kapitalmehrheit zulässig, nicht aber eine niedrigere.

134 § 202 Abs. 1 und Abs. 2 AktG.

begrenzt ist[135]. Jedenfalls ist es bei sich abzeichnender Zweckmäßigkeit eines *Debt-Equity-Swap* empfehlenswert, ein möglichst hohes genehmigtes Kapital mit der Möglichkeit einer Sachkapitalerhöhung vorzuhalten.

Bei alldem ist zu berücksichtigen, dass der Umsetzung eines *Debt-Equity-Swap* mittels einer Sachkapitalerhöhung durch Ausnutzung eines genehmigten Kapitals in der Praxis häufig der Weg versperrt sein kann, weil die erforderliche spezielle Ermächtigung zum Bezugsrechtsausschluss, die auch die Fallgruppe der Einbringung von Forderungen als Sacheinlage abdecken muss, nicht vorliegt[136].

Für die Zukunft könnte der Rückgriff auf ein genehmigtes Kapital auch für die Umsetzung von *Debt-Equity-Swaps* bei der GmbH interessant werden[137]: Nachdem das GmbH-Recht zuvor keine dem genehmigten Kapital gemäß §§ 202 ff. AktG entsprechende Kapitalmaßnahme zur Verfügung stellte und eine Analogie zu den aktienrechtlichen Vorschriften einhellig abgelehnt wurde[138], hat der Gesetzgeber mit Inkrafttreten des MoMiG das genehmigte Kapital mit dem neuen § 55a GmbHG auch für das GmbH-Recht eingeführt.

c. *Bezugsrechtsausschluss*

Weil die Einbringung der Forderung als Sacheinlage nur durch den forderungseinbringenden Gläubiger erfolgen kann, aber nicht durch die bisherigen Anteilseigner (Altgesellschafter), kommt eine Zeichnung der im Zuge der Sachkapitalerhöhung auszugebenden jungen Anteile durch die Altgesellschafter nicht in Betracht. Aus diesem Grund muss bei der Sachkapitalerhöhung zur Umsetzung des *Debt-Equity-Swap* das Bezugsrecht der Altgesellschafter (aus § 186 Abs. 1 S. 1 AktG, für das GmbH-Recht nach h.M. analog[139]), das diese vor

---

135 § 202 Abs. 3 S. 1 AktG. Bei der Berechnung dieses Höchstbetrages ist ein vorhandenes genehmigtes Kapital, soweit es noch nicht ausgenutzt wurde, dem zu bildenden genehmigten Kapital hinzuzurechnen.

136 Zu diesem Aspekt *Schmidt/Schlitt*, Der Konzern 2009, S. 279 (281).

137 Siehe aber *K. Schmidt* in K. Schmidt/Uhlenbruck, Die GmbH in Krise, Sanierung und Insolvenz, Rn. 2.19, der bezweifelt, dass § 55a GmbHG in der Praxis Bedeutung erlangen wird; jedenfalls in Sanierungssituationen werde „eine Ermächtigung kaum je vorliegen".

138 Siehe die Nachweise bei *Cramer*, GmbHR 2009, S. 406 Fn. 1.

139 Für die GmbH sieht das Gesetz ein Bezugsrecht der Altgesellschafter nicht ausdrücklich vor, doch ist die Existenz eines solchen im Interesse eines effektiven Schutzes der Minderheitsgesellschafter heute unbestritten, wenn auch die Begründung dieses Ergebnisses umstritten ist. Nach heute h.M. bedarf es keiner ausdrücklichen Zulassung der Altgesellschafter zur Übernahme der neuen Geschäftsanteile,

len Verwässerungseffekten einer Kapitalerhöhung schützt[140], ausgeschlossen werden. Die formellen Voraussetzungen eines Bezugsrechtsausschlusses in die-en Fällen sind weitgehend unproblematisch[141]. Die praktisch bedeutsamste Hürde liegt diesbezüglich in der Erzielung der für die Beschlussfassung über den Bezugsrechtsausschluss erforderlichen Zustimmung einer Kapitalmehrheit von mindestens[142] Drei-Viertel des bei der Beschlussfassung der Hauptversammlung vertretenen Grundkapitals bei der AG bzw. der erforderlichen Zustimmung von ebenfalls mindestens einer Drei-Viertel-Kapitalmehrheit, nach Maßgabe der strengsten hierzu vertretenen Ansicht für das GmbH-Recht[143].

---

weil ein ungeschriebenes gesetzliches Bezugsrecht analog § 186 AktG der GmbH-Altgesellschafter anzuerkennen ist, das eine ausdrückliche Zulassung unnötig macht; statt aller *Priester* in Scholz GmbHG, § 55 Rn. 41 ff.; *Zöllner/Fastrich* in Baumbach/Hueck GmbHG, § 55 Rn. 20 f. A.A. etwa *Ulmer* in Ulmer/Habersack/Winter, GmbHG Großkomm., § 55 Rn. 45 ff. In ihren Ergebnissen für den Minderheitenschutz und Bezugsrechtsausschluss stimmen beide Ansichten weitgehend überein; so auch *Ulmer*, a.a.O., § 55 Rn. 48.

140 Nehmen an einer Ausgabe neuer Gesellschaftsanteile im Rahmen einer Kapitalerhöhung nicht alle Gesellschafter teil, d.h. neben den Neugesellschaftern auch die Altgesellschafter, so bewirkt sie für solche Altgesellschafter, die nicht im Verhältnis ihrer bisherigen Beteiligungsquote neue Anteile übernehmen, Nachteile: Dies ist zum einen das Absinken ihrer Beteiligungs-/Stimmrechtsquoten, das ggf. auch zum Verlust einer Sperrminorität oder von Minderheitsrechten führt. Zum anderen resultiert hieraus eine Verschlechterung bei der Gewinn- und Liquiditätsverteilung sowie eine Verwässerung des Vermögenswerts ihrer Anteile, wenn die neuen Anteile im Zuge der Kapitalerhöhung unter ihrem inneren Wert ausgegeben werden („Verwässerungseffekt").

141 Nach aktienrechtlichen Vorgaben darf der Bezugsrechtsausschluss nur nach ordnungsgemäßer vorheriger Bekanntmachung (§ 186 Abs. 4 S. 1 AktG) und nur im Beschluss über die Erhöhung des Grundkapitals erfolgen (§ 186 Abs. 3 S. 1 AktG) und ist untrennbarer Bestandteil des Kapitalerhöhungsbeschlusses. Zur Ermöglichung einer sachgerechten Entscheidung der Hauptversammlung bei der Beschlussfassung, hat der Vorstand der Hauptversammlung einen Vorstandsbericht vorzulegen, der die Gründe für den Bezugsrechtsausschluss darlegen und eine Begründung des vorgeschlagenen Ausgabebetrages enthalten muss (§ 186 Abs. 4 S. 2 AktG).

142 § 186 Abs. 3 S. 3 AktG.

143 So (in vollständiger Analogie zu § 186 Abs. 3 S. 1 AktG) *Zöllner/Fastrich* in Baumbach/Hueck GmbHG, § 55 Rn. 25. A.A. und für das Erfordernis (nur) der Drei-Viertel-Stimmenmehrheit des § 53 Abs. 2 GmbHG *Lutter/Bayer* in *Lutter/Hommelhoff*, GmbHG, § 55 Rn. 21; *Roth* in Roth/Altmeppen, GmbHG, § 55 Rn. 26;

In materieller Hinsicht erfordert der Bezugsrechtsausschluss (obwohl dies dem Wortlaut des § 186 AktG und des durch diesen in nationales Recht umgesetzten Art. 29 Kapitalrichtlinie nicht zu entnehmen ist) nach ständiger BGH-Rechtsprechung zum Aktienrecht aufgrund der Verwässerungsgefahr und der Schwere des damit verbundenen Eingriffs in die Mitgliedschaftsrechte eine sachliche Rechtfertigung und ist insoweit einer Inhaltskontrolle unterworfen[144]. Nach ganz h.M. setzt die erforderliche sachliche Rechtfertigung des Bezugsrechtsausschlusses infolge dieser Rechtsprechung voraus, dass der Bezugsrechtsausschluss einem Zweck dient, der im Interesse der Gesellschaft liegt, und zur Erreichung dieses Zwecks geeignet, erforderlich und verhältnismäßig im engeren Sinne (angemessen) ist[145]. Entsprechendes gilt für das GmbH-Recht, weil die zum Aktienrecht entwickelten Grundsätze im Wesentlichen auf das GmbH-Recht übertragen wurden[146].

Unter welchen Voraussetzungen diese ungeschriebenen, materiellen Anforderungen an den Bezugsrechtsausschluss bei der Einbringung einer gegen die

---

Ulmer in Ulmer/Habersack/Winter, GmbHG Großkomm., § 55 Rn. 41, 48 (für den Fall das Sacheinlagen zu leisten sind).

144 Siehe nur die in st. Rspr. bestätigte Leitentscheidung BGH Urt. v. 13.03.1978 – II ZR 142/76 („Kali + Salz") – BGHZ 71, 40 ff. Zu den dogmatischen Grundlagen der materiellen Beschlusskontrolle etwa *Liebert*, Der Bezugsrechtsausschluss bei Kapitalerhöhungen von Aktiengesellschaften, 2003, S. 63 ff. m.w.N.

145 Zur Anwendung dieses Prüfungsmaßstabs statt vieler Hüffer/*Koch* AktG, § 186 Rn. 25 ff., MüKo-AktG/*Peifer*, § 186 Rn. 75 ff. Liegen die materiellen Voraussetzungen des Bezugsrechtsausschlusses nach diesen Maßstäben nicht vor, ist ein dennoch erfolgter Bezugsrechtsausschluss – und damit der gesamte Kapitalerhöhungsbeschluss – gemäß § 243 Abs. 1 AktG anfechtbar; Hüffer/*Koch*, a.a.O., § 186 Rn. 42. Obwohl der BGH im „Kali + Salz"-Urteil ausführt, dass die Rechtfertigung im Gesellschaftsinteresse eine Abwägung der Interessen der ausgeschlossen Aktionäre miteinbeziehe, wurde in diese Entscheidung überwiegend das Erfordernis einer zweistufigen Prüfung hineingelesen, wonach zunächst das Gesellschaftsinteresse zu bejahen ist, und sodann eine Verhältnismäßigkeitsprüfung mit den Kriterien der Geeignetheit, Erforderlichkeit und Angemessenheit des Bezugsrechtsausschlusses zu erfolgen habe. Richtigerweise hat der BGH keine strenge Prüfung nach diesem zweistufigen Muster gefordert, sondern eine einstufige Prüfung der Rechtfertigung im Gesellschaftsinteresse, in die die Merkmale der Erforderlichkeit und der Verhältnismäßigkeit allerdings einfließen. Zum Ganzen *Liebert*, a.a.O., S. 62.

146 Zu den materiellen Voraussetzungen des Bezugsrechtsausschlusses bei ordentlichen Kapitalerhöhungen der GmbH im Allgemeinen *Priester* in Scholz GmbHG, § 55 Rn. 54 ff.; *Ulmer* in Ulmer/Habersack/Winter, GmbHG Großkomm., § 55 Rn. 51 ff.

Gesellschaft gerichteten Forderung im Wege einer Sachkapitalerhöhung zur Entschuldung einer Gesellschaft mittels eines *Debt-Equity-Swap* erfüllt sein können, hat die Judikatur bislang nicht präzisiert. Weil das Ziel einer Umwandlung von Fremd- in Eigenkapital im Wege einer Kapitalerhöhung nur durch die Einbringung der Forderungen als Sacheinlage durchzuführen ist, die Gestaltung über eine Barkapitalerhöhung als unzulässige verdeckte Sacheinlage zu werten wäre[147], und der Weg einer finanziellen Sanierung durch eine Forderungsumwandlung über eine Sachkapitalerhöhung nicht gänzlich durch das Bezugsrecht der Aktionäre versperrt sein darf, ist im Schrifttum jedoch im Grundsatz anerkannt, dass der Bezugsrechtsausschluss in dieser Fallgruppe nach den genannten Kriterien sachlich gerechtfertigt sein kann[148].

Mit Blick auf die Kriterien der Erforderlichkeit oder der Angemessenheit des Bezugsrechtsausschlusses bejahen Anhänger dieser h.M. die sachliche Rechtfertigung des Bezugsrechtsausschlusses in dieser Fallgruppe aber mehrheitlich nur für den Fall, dass die Möglichkeit entfällt, eine Barkapitalerhöhung ohne Bezugsrechtsausschluss durchzuführen und den Erlös der Barkapitalerhöhung zur Tilgung der Verbindlichkeiten der Gesellschaft zu verwenden[149]. Wenn und weil es aber bei dringender Sanierungsbedürftigkeit der Gesellschaft typischerweise an dieser Möglichkeit fehlen wird, weil die Aktionäre angesichts der finanziellen Schieflage der Gesellschaft häufig nicht bereit sind, im Rahmen einer Barkapitalerhöhung ohne Bezugsrechtsausschluss neue Aktien zu zeichnen, wird die sachliche Rechtfertigung des Bezugsrechtsausschlusses in diesen Konstellationen auch unter diesem Gesichtspunkt i.d.R. sachlich gerechtfertigt sein[150]. Steht die Investitionsbereitschaft der Altgesellschafter allerdings von vornherein fest, so sollte, um dem Vorwurf eines unzulässigen Bezugsrechtsausschlusses nicht

---

147 Kap. IV, II. 4. b.

148 *Hefermehl/Bungeroth* in Geßler/Hefermehl/et al., AktG, Bd. IV, Stand 1989, § 183 Rn. 39 f.; *Ekkenga*, ZGR 2009, S. 581 (610 ff.); *Hirte*, Bezugsrechtsausschluß und Konzernbildung, 1986, S. 74 f.; Hüffer/*Koch* AktG, § 186 Rn. 35; *Liebert*, Der Bezugsrechtsausschluss bei Kapitalerhöhungen von Aktiengesellschaften, 2003, S. 134; *Lutter* in Kölner Kommentar z. AktG, § 186 Rn. 80; MüKo-AktG/*Peifer*, § 183 Rn. 39; *Rebmann* in Heidel, Aktienrecht und Kapitalmarkrecht, § 186 AktG Rn. 53; *Wiedemann* in Hopt/Wiedemann, AktG Großkomm., § 186 Rn. 169.

149 Statt aller *Rebmann* in Heidel, Aktienrecht und Kapitalmarkrecht, § 186 AktG Rn. 53; Hüffer/*Koch* AktG, § 186 Rn. 35 m.w.N. Für geringere Anforderungen an die sachliche Rechtfertigung des Bezugsrechtsausschlusses in diesen Fällen etwa *Kraft/Krieger* in Münchener Hdb. des Gesellschaftsrechts, Bd. 4 AG, § 56 Rn. 85.

150 Wie hier *Westpfahl* in Eilers/Koffka/Mackensen, Private Equity, 2009, III. 2., Rn. 7; *Schmidt/Schlitt*, Der Konzern 2009, S. 279 (281).

Vorschub zu leisten, die Sachkapitalerhöhung zusätzlich mit einer Barkapitalerhöhung verbunden werden, bei der die Barkapitalkomponente sichergestellt, dass den Altgesellschaftern die Möglichkeit eingeräumt wird, ihre Beteiligungsquote aufrecht zu erhalten[151].

d. *Verbindung der Sachkapitalerhöhung mit einer vorgeschalteten vereinfachten Kapitalherabsetzung (Kapitalschnitt)*

Bei der Umsetzung eines *Debt-Equity-Swap* zur Entschuldung einer sanierungsbedürftigen AG oder GmbH wird die Sachkapitalerhöhung regelmäßig (aber nicht zwingend[152]) mit einer vorgeschalteten nominellen Kapitalherabsetzung kombiniert. Grund hierfür ist, dass die im Zuge des *Debt-Equity-Swap* auszugebenden neuen Aktien oder Geschäftsanteile an einer sanierungsbedürftigen Gesellschaft allein noch keine ausreichende Gegenleistung für die Erbringung einer Sacheinlage (in Gestalt der umzuwandelnden Forderung), deren Einlagewert[153] den Nominalwert der auszugebenden Anteile deckt, darstellt[154]. Um die Bereitschaft des forderungsumwandelnden Gläubigers/Investors zur Beteiligung am *Debt-Equity-Swap* zu fördern, muss hinzukommen, dass ihm im Gegenzug für die Aufgabe des Einlagewerts der Forderung eine Beteiligungsquote gewährt wird, die dem Wertverhältnis des vor der Sachkapitalerhöhung noch vorhandenen Reinvermögens der Gesellschaft einerseits und der zugeführten Sacheinlage andererseits entspricht[155]. An dieser Entsprechung fehlt es, wenn die nominellen Anteile der Altgesellschafter infolge zwischenzeitlich eingetretener Verluste der Gesellschaft nicht mehr effektiv gedeckt sind, wenn also das „Aufsetzen" des neuen auf das alte Nennkapital zur Folge hätte, dass die Altgesellschafter an einem Teil der Sacheinlage ohne eigene Nachschussleistung stimm- und

151 Vgl. hierzu *Ekkenga*, ZGR 2009, S. 581 (611 f.); *Schmidt/Schlitt*, Der Konzern 2009, S. 279 (281).

152 Vgl. BGH Urt. v. 15.01.1990 - II ZR 164/88 („IBH/Lemmerz") - BGHZ 110, 47 (61 f.) mit Blick auf das Erfordernis einer Kapitalherabsetzung bei einer Einbringung einer Darlehensforderung im Zuge einer Kapitalerhöhung: *„Eine solche Verpflichtung besteht jedoch nicht. Zwar wird häufig in dieser Weise verfahren. Das geschieht jedoch nicht ausnahmslos (vgl. den vom LG Berlin entschiedenen Fall in BB 1977, 213)"*.

153 Siehe zum Einlagewert der einzubringenden Forderung (nach dt. Recht) unten Kap. IV, II. 3.

154 Vgl. *Ekkenga*, ZGR 2009, S. 581 (592).

155 *Ekkenga*, a.a.O., (592).

vermögensrechtlich partizipieren[156]. Um eine Quersubventionierung des entwerteten Altkapitals durch das Neukapital zu verhindern und zur Beseitigung einer Unterbilanz ist daher in solchen Fällen i.d.R. eine Kombination aus Sachkapitalerhöhung und vorgeschalteter nomineller Kapitalherabsetzung (sog. Kapitalschnitt) sinnvoll bzw. notwendig[157]. Durch die Kapitalherabsetzung können gleichzeitig schneller die Ausschüttungssperren für künftige Gewinne überwunden werden, die sich für die GmbH aus § 30 Abs. 1 GmbHG ergeben und die sich für die AG daraus ergeben, dass die Gesellschaft aus dem Jahresüberschuss erst Verlustvorträge ausgleichen und die gesetzliche Rücklage dotieren muss, bevor sie Bilanzgewinne an die Gesellschafter verteilen darf[158].

Wird bei Umsetzung eines *Debt-Equity-Swap* zur Entschuldung einer sanierungsbedürftigen AG oder GmbH aus diesen Gründen der Sachkapitalerhöhung eine nominelle Kapitalherabsetzung vorgeschaltet, so erfolgt in aller Regel eine vereinfachte Kapitalherabsetzung gemäß §§ 229 ff. AktG, §§ 58a ff. GmbHG[159].

---

156 *Ekkenga*, a.a.O., (592).

157 Zur spezifischen Funktionsweise der vereinfachten Kapitalherabsetzung als Maßnahme der bilanziellen Unternehmenssanierung *Knecht/Drescher* in Buth/Hermanns, Restrukturierung, Sanierung, Insolvenz, § 20 Rn. 25 ff.; *Reger* in Hommel/Knecht/Wohlenberg, Hdb. Unternehmensrestrukturierung, S. 809 ff.

158 Nach dem – im Vergleich zum GmbH-rechtlichen Kapitalbindungssystem (§ 30 Abs. 1 GmbHG) strikteren – aktienrechtlichen Kapitalbindungssystem darf an die Gesellschafter nur der Bilanzgewinn ausgeschüttet werden (§ 57 Abs. 3 AktG). Dieser Bilanzgewinn wird ermittelt aus dem Jahresüberschuss abzüglich von Verlustvorträgen (§ 158 Nr. 1 AktG) und wird weiter gemindert durch die Pflicht, so lange jährlich 5% des um den Verlustvortrag geminderten Jahresüberschusses in die gesetzliche Rücklage einzustellen, bis Kapital- und gesetzliche Rücklage 10% des Grundkapitals (bzw. den in der Satzung der Aktiengesellschaft bestimmten höheren Prozentsatz) erreichen (§ 158 Nr. 4 i.V.m. § 150 Abs. 2 AktG). Wird die Grundkapitalziffer herabgesetzt, sinkt damit zugleich der Betrag der aufzufüllenden Rücklage. Je geringer die aufzufüllende Rücklage ist, desto schneller ist sie erreicht, so dass die Pflicht zur Einstellung von 5% des Jahresüberschusses entfällt und folglich der ausschüttbare Bilanzgewinn steigt. Zu beachten ist aber, das eine vereinfachte Kapitalherabsetzung ihrerseits die spezifische Ausschüttungssperre nach § 233 Abs. 1 AktG auslöst, aber auch insoweit gilt, dass der die Ausschüttungen verhindernde Schwellenwert umso schneller erreicht wird, je niedriger die Grundkapitalziffer ist. Zum Ganzen *Reger* in Hommel/Knecht/Wohlenberg, Hdb. Unternehmensrestrukturierung, 2006, S. 810 f.

159 Eine sanierungsbedürftige AG oder GmbH ist faktisch fast immer gezwungen das Verfahren der vereinfachten Kapitalherabsetzung zu wählen. Denn bei der ordentlichen Kapitalherabsetzung sind strenge Gläubigerschutzvorschriften zu beachten,

Die vereinfachte Kapitalherabsetzung ist nur zulässig, wenn sie durchgeführt wird, um Wertminderungen auszugleichen, sonstige Verluste zu decken oder um Beträge in die Kapitalrücklage einzustellen[160], und wenn zudem kein Gewinnvortrag vorhanden ist und zuvor Gewinnrücklagen sowie der Teil der gesetzlichen Rücklage und der Kapitalrücklage, um den diese zusammen über 10% des nach der Herabsetzung verbleibenden Grund- oder Stammkapitals hinausgehen, aufgelöst wurden[161]. Der Kapitalschnitt ist auf die mehrheitliche Zustimmung der Altgesellschafter angewiesen[162]; eine vereinfachte Kapitalherabsetzung erfordert einen Kapitalherabsetzungsbeschluss, der mindestens einer Mehrheit von Drei-Vierteln des bei der Beschlussfassung vertretenen Grundkapitals und einer einfachen Stimmenmehrheit[163] (bei der AG) bzw. einer Mehrheit von Drei-Vierteln der abgegebenen Stimmen (bei der GmbH) bedarf[164].

Bei einem Kapitalschnitt zur Umsetzung eines *Debt-Equity-Swap* ist eine vorübergehende Herabsetzung des Grund- oder Stammkapital unter die gesetzlichen Mindestbeträge und sogar bis auf Null[165] zulässig, obwohl die Festsetzung von Sacheinlagen bei einer zugleich beschlossenen Kapitalerhöhung in diesem Fall kraft Gesetzes ausgeschlossen ist[166]. Denn die Beschränkung der Festsetzung von Sacheinlagen gilt nur für den Teil der Kapitalerhöhung, der für das Erreichen des Mindestkapitals erforderlich ist. Daher kann der *Debt-Equity-Swap* über eine gemischte Bar-/Sachkapitalerhöhung vollzogen werden, bei der die Bareinlagekomponente

---

zu denen insb. zählt, dass die Gesellschaft – anders als bei der vereinfachten Kapitalherabsetzung - allen Gläubigern auf deren Verlangen hin Sicherheit leisten müsste (§ 225 Abs. 1 S. 1 AktG, § 58 Abs. 1 Nr. 2 GmbHG), wozu eine sanierungsbedürftige Gesellschaft höchst selten bereit oder in der Lage sein wird.

160 § 229 Abs. 1 S. 1 AktG, § 58a Abs. 1 GmbHG.

161 § 229 Abs. 2 AktG, § 58a Abs. 2 GmbHG.

162 Siehe aber zu den gesellschaftsrechtlichen Treupflichten als potentielles Korrektiv zum hieraus resultierenden Blockadepotential der Altgesellschafter in Sanierungsfällen unten Kap. VIII, II. 1.

163 § 133 Abs. 1 AktG.

164 § 222 Abs. 1 S. 1 AktG i.V.m. § 229 Abs. 3 AktG; § 58a Abs. 5 GmbHG i.V.m. § 53 Abs. 2 GmbHG.

165 Der BGH hat die Zulässigkeit der vorübergehenden Herabsetzung des Grund- oder Stammkapitals auf Null grundsätzlich anerkannt; (für die AG) BGH Urt. v. 05.10.1992 – II ZR 172/91 („*Klöckner*") - BGHZ 119, 305 (319 f.); bestätigt durch BGH Urt. v. 05.07.1999 – II ZR 126/98 („*Hilgers*") - BGHZ 142, 167 (169). Für das GmbH-Recht werden die aktienrechtlichen Grundsätze analog angewendet; statt vieler *Priester*, DNotZ 2003, S. 592 (595) m.w.N.

166 § 228 Abs. 1 AktG i.V.m. § 229 Abs. 3 AktG; § 58a Abs. 4 S. 1 GmbHG.

der Erreichung des Mindestkapitals und die Sacheinlagekomponente der Einbringung der gegen die Gesellschaft gerichteten Forderung dient.

Eine nachteilige Folge einer vereinfachten Kapitalherabsetzung besteht – auch im Kontext der Umsetzung von *Debt-Equity-Swaps* – darin, dass sie zu Einschränkungen mit Blick auf künftige Gewinnausschüttungen führt[167]. Erfolgt ein Kapitalschnitt zur Umsetzung eines *Debt-Equity-Swap*, können sich Beschränkungen der Handlungsspielräume aus Gründen des Minderheitenschutzes bzgl. derjenigen Altgesellschafter ergeben, die sich der Kapitalmaßnahme mangels Sperrminorität erfolglos widersetzt haben. Denn (auch) diese Gesellschafter erleiden durch den Kapitalschnitt einen teilweisen oder vollständigen Verlust der Stimmquote in der Haupt- oder Gesellschafterversammlung sowie einen teilweisen oder vollständigen Verlust der anteiligen Vermögensrechte (Dividenden- und Liquidationsquote) und diese Verluste gehen über die Quotenverwässerung bei Eintritt von Neugesellschaftern im Rahmen einer isolierten Kapitalerhöhung hinaus[168]. Im Fokus steht die Frage, ob und ggf. unter welchen Voraussetzungen sich hieraus, insbesondere bei einer Kapitalherabsetzung auf Null, eine Unentziehbarkeit der Bezugsrechte der Altgesellschafter ergibt[169].

2. Weitere Gestaltungsmöglichkeiten

a. *Barkapitalerhöhung in Kombination mit einer Aufrechnung/Verrechnung oder Hin- und Herzahlung*

Theoretisch ist die technische Umsetzung eines *Debt-Equity-Swap* nach deutschem Aktien- und GmbH-Recht auch im Wege einer Barkapitalerhöhung

---

167 § 233 AktG, § 58d GmbHG.

168 Näher hierzu *Ekkenga*, ZGR 2009, S. 581 (604 ff.).

169 Näher hierzu *Ekkenga*, a.a.O., S. 581 (604 ff.; 613), der – außer im Fall der Umschichtung von noch vorhandenem Vermögen der Gesellschaft in Kapitalrücklagen oder wenn die Bereitschaft der Altgesellschafter zur Investition im Rahmen einer Barkapitalerhöhung von vornherein feststeht – nicht von der grundsätzlichen Unentziehbarkeit der Bezugsrechte der Altgesellschafter ausgeht, was insbesondere auch bei einer Kapitalherabsetzung auf Null gelte. Sehr viel restriktiver *Priester*, DNotZ 2003, S. 592 (596 ff.); *Krieger*, ZGR 2000, S. 885 (897 ff.), die einen entschädigungslosen Ausschluss der Altgesellschafter durch einen Kapitalschnitt mit einer Kapitalherabsetzung auf Null und bezugsrechtsfreier Kapitalerhöhung allenfalls dann für zulässig erachten, wenn eine Alternative sicher ausscheidet, die erfolgreiche Sanierung der Gesellschaft bei Ausschluss des Bezugsrechts gewährleistet ist und die völlige Wertlosigkeit der bestehenden Beteiligungen zweifelsfrei feststeht. Diese Anforderungen kommen praktisch einem Totalverbot gleich.

möglich, wobei die Barkapitalerhöhung entweder mit einer Aufrechnung/Verrechnung oder mit einer Hin- und Herzahlung zur Tilgung der Bareinlageforderung zu verbinden wäre: So könnte eine Barkapitalerhöhung durchgeführt werden, bei der der forderungsumwandelnde Gläubiger neue Anteile erwirbt und die Bareinlageforderung der Gesellschaft mit der gegen die Gesellschaft gerichteten (umzuwandelnden) Geldforderungen dieses Gläubigers aufgerechnet oder verrechnet werden. Im Ergebnis dieser Vorgehensweise würde der forderungsumwandelnde Gläubiger in eine Gesellschafterposition einrücken und infolge der Aufrechnung/Verrechnung ein vollständiges oder teilweises Erlöschen der umzuwandelnden Forderung bewirkt.

Statt mit einer Aufrechnung/Verrechnung könnte die Barkapitalerhöhung theoretisch auch mit einer Hin- und Herzahlung verbunden werden: Wird eine Barkapitalerhöhung durchgeführt, bei der der forderungsumwandelnde Gläubiger zunächst die Bareinlage einzahlt, der Erlös aus dieser Bareinlage aber in der Folge von der Gesellschaft zur Tilgung einer Geldforderung dieses Gläubigers gegen die Gesellschaft verwendet wird, oder bei der umgekehrt die Gesellschaft zunächst die Geldforderung des Gläubigers befriedigt und dieser dann mit dem erhaltenen Betrag seine Bareinlageverpflichtung tilgt, so führt dies zum vollständigen oder teilweisen Erlöschen der Forderung des Gläubigers und er rückt durch den Erwerb der neuen Anteile in die Gesellschafterstellung ein. Die Konstruktion eignet sich daher theoretisch ebenso zur Erzielung des wirtschaftlichen Ergebnisses eines *Debt-Equity-Swap*.

Die vorstehend skizzierten Gestaltungen eines *Debt-Equity-Swap* im Wege einer Barkapitalerhöhung sind nach deutschem Recht aber – wie unten näher aufgezeigt wird[170] – aufgrund der Grundsätze zur Behandlung verdeckter Sacheinlagen äußerst riskant, so dass von ihnen bei der Umsetzung eines *Debt-Equity-Swap* auf der Grundlage des Aktien- und GmbH-Rechts dringend abzuraten ist.

b. Erwerb der Anteile an der Schuldnergesellschaft von ihren bisherigen Gesellschaftern und Forderungsverzicht

Die Umwandlung einer gegen eine Gesellschaft gerichteten Forderung in Gesellschaftsanteile kann auf der Grundlage deutschen Rechts (statt im Wege der Ausgabe junger Anteile im Zuge einer Kapitalerhöhung) auch erzielt werden, indem die forderungsumwandelnden Gläubiger ganz oder teilweise auf ihre gegen die Gesellschaft gerichteten Forderungen verzichten und sie zur Begründung ihrer Gesellschafterposition Gesellschaftsanteile von den Altgesellschaftern durch

170 Siehe unten Kap. IV, II.

einen Anteilskauf erwerben. Durch den Forderungsverzicht (Erlassvertrag gemäß § 397 BGB) erbringen die forderungsumwandelnden Gläubiger dabei ihren Entschuldungsbeitrag, indem die Verbindlichkeiten der Schuldnergesellschaft reduziert werden und die Passivseite ihrer Bilanz entsprechend entlastet wird. Der Anteilserwerb erfolgt durch Abtretung/Übereignung nach den allgemeinen Grundsätzen zur Übertragung von Aktien bzw. GmbH-Geschäftsanteilen. Sind die Anteile der Altgesellschafter angesichts der Intensität der Krise weitgehend wertlos, so kann sich den Gläubigern bei dieser Gestaltung im Einzelfall die Möglichkeit eröffnen, die Anteile für einen niedrigen oder gar nur symbolischen Kaufpreis zu erwerben.

Diese Konstruktion ist technisch vergleichsweise unkompliziert und hat den Vorteil, dass spezifische rechtliche Risiken, die mit der Durchführung einer Sachkapitalerhöhung verbunden sind (nämlich insb. das Risiko einer Differenzhaftung[171]), auf diesem Weg vermieden werden können. Zudem ist diese Konstruktion i.d.R. schneller umsetzbar als eine Sachkapitalerhöhung, was insbesondere dann ein Vorteil sein kann, wenn es kurzfristig eine drohende Insolvenz der Gesellschaft abzuwenden gilt. Allerdings ist diese Konstruktion ihrerseits mit spezifischen rechtlichen Risiken verbunden, wie etwa der Gefahr einer Haftung des Erwerbers für rückständige Leistungen auf den GmbH-Geschäftsanteil aus § 16 Abs. 3 GmbHG[172].

Der Gestaltungsspielraum zur Umsetzung eines *Debt-Equity-Swap* durch diese Konstruktion wird – sofern der *Debt-Equity-Swap* nicht auf der verfahrensrechtlichen Grundlage eines Insolvenzplanverfahrens unter den durch das ESUG erleichterten Rahmenbedingungen erfolgt (dazu unten[173]) – dadurch eingeschränkt, dass sie die Bereitschaft der Altgesellschafter der notleidenden Gesellschaft zur vollständigen oder teilweisen Veräußerung ihrer Anteile voraussetzt. Anders als bei der Konstruktion des *Debt-Equity-Swap* im Wege der Sachkapitalerhöhung kann ein einzelner Altgesellschafter bei dieser Vorgehensweise nicht gegen seinen Willen durch Mehrheitsbeschluss der Altgesellschafter zur Hinnahme einer Reduktion seiner Beteiligungsquote verpflichtet werden. Eine höhere Verkaufsbereitschaft der Altgesellschafter kann dann gegeben sein, wenn die Forderungen der forderungsumwandelnden Gläubiger mit Pfandrechten an den Anteilseignerrechten besichert sind. Nach Einschätzung des Verfassers spielt der käufliche Erwerb bestehender Anteile von den Altgesellschafter bei der

171 Näher zum Risiko einer Differenzhaftung des forderungsumwandelnden Gläubigers beim *DES* unten Kap. IV, II. 2. und V.

172 Hierzu *Westpfahl* in Eilers/Koffka/Mackensen, Private Equity, 2009, III. 2., Rn. 27.

173 Kap. VIII, II. 2. b.

Umsetzung von *Debt-Equity-Swaps* – jedenfalls bei der AG – in der Praxis eine eher untergeordnete Begleitrolle neben dem Beteiligungserwerb des forderungsumwandelnder Gläubiger/Investoren im Wege der Sachkapitalerhöhung[174].

c. *Debt-Mezzanine-Swap*

Bei sämtlichen vorstehend genannten Gestaltungsmöglichkeiten eines *Debt-Equity-Swap* erlangt der forderungsumwandelnde Gläubiger im Gegenzug für seinen Sanierungsbeitrag einer Entschuldung der Gesellschaft eine echte Gesellschafterstellung durch den Erwerb von Aktien bzw. Geschäftsanteilen. Von diesen Gestaltungen sind solche Gestaltungen zu unterscheiden, bei denen der forderungsumwandelnde Gläubiger im Gegenzug für den Forderungsverzicht im technischen oder untechnischen Sinne (anstelle einer Gesellschafterstellung) Mezzanine-Instrumente erhält. Letztere Gestaltungen werden in Abgrenzung zu den „*Debt-Equity-Swaps*" auch als „*Debt-Mezzanine-Swaps*" bezeichnet. Ein *Debt-Mezzanine-Swap* zur Entschuldung krisenbefangener Kapitalgesellschaften bietet sich als Alternative zum *Debt-Equity-Swap* insbesondere in Gestalt einer Umwandlung von gegen die Gesellschaft gerichteten Forderungen in Genussrechte oder Wandelgenussrechte an[175].

Weil Genussrechte und Wandelgenussrechte zwar schuldrechtliche Ansprüche auf aktionärs- bzw. gesellschaftertypische Vermögensrechte (etwa eine Beteiligung am Gewinn und/oder am Liquidationserlös), aber kein gesellschaftsrechtliches Mitgliedschaftsrecht und der mit diesem verbundenen Stimmrechte vermitteln[176], erlangt der forderungsumwandelnde Gläubiger bei der Umwandlung von gegen die Gesellschaft gerichteten Forderungen in Genussrechte oder Wandelgenussrechte keine Gesellschafterstellung (bei Wandelgenussrechten bis zum Umtausch in Aktien). Hierin kann einer der wichtigsten Nachteile des *Debt-Mezzanine-Swap* im Vergleich zum *Debt-Equity-Swap* liegen: Denn aus Sicht des forderungsumwandelnden Gläubigers/Investors kann der Erwerb der mitgliedschaftlichen Mitbestimmungs- und Kontrollrechte als Voraussetzung seines Entschuldungsbeitrags im Wege der Forderungsumwandlung angesehen werden, da er nur in diesem Fall den zur Durchsetzung seines

---

174 Ähnlich *Ekkenga*, ZGR 2009, S. 581 (584).

175 Näher zum *Debt-Mezzanine-Swap* als Alternative zum *Debt-Equity-Swap Oelke/Wöhlert/Degen*, BB 2010, S. 299 ff.; *Hofert/Möller*, GmbHR 2009, S. 527 ff.; mit Blick auf die Umwandlung von Verbindlichkeiten in Wandelgenussrechte bei der AG *Stadler*, NZI 2003, S. 579 ff.

176 Vgl. etwa BGH Urt. v. 05.10.1992 – II ZR 172/91 – BGHZ 119, 305 (309 ff.) m.w.N.

Sanierungskonzepts angestrebten Einfluss auf die Gesellschaft erlangt. In diesem Fall kommt ein *Debt-Mezzanine-Swap*, anders als ein *Debt-Equity-Swap*, der den Erwerb dieser Gesellschafterrechte ermöglicht und bezweckt, nicht in Betracht.

d. NewCo-Konstruktionen (Debt-for-NewCo-Equity-Swaps)

Bei einem „echten" *Debt-Equity-Swap* im Wege der oben[177] skizzierten Konstruktionen erlangt der forderungsumwandelnde Gläubiger (im Gegenzug für den Verzicht seiner gegen die Schuldnergesellschaft gerichteten Forderung im technischen oder untechnischen Sinne) Anteile an dieser Schuldnergesellschaft selbst. Dies ist insbesondere dann sinnvoll, wenn im konkreten Einzelfall spezifische Vorzüge in einer Unternehmensreorganisation, d.h. der Sanierung des krisenbefangenen Unternehmens in den Händen des bisherigen Unternehmensträgers, erblickt werden[178].

Alternativ zu einem solchen „echten" *Debt-Equity-Swap* können Gläubiger, als Gegenleistung für ihren Entschuldungsbeitrag durch Forderungsverzicht im technischen oder untechnischen Sinne, aber auch an einer von der ursprünglichen Schuldnergesellschaft verschiedenen Gesellschaft beteiligt werden. Letztere ist dabei entweder der neue Rechtsträger der ursprüngliche Schuldnergesellschaft selbst oder der neue Rechtsträger von Unternehmensteilen der ursprünglichen Schuldnergesellschaft. Die von der ursprünglichen Schuldnergesellschaft verschiedene Gesellschaft, an der die forderungsumwandelnden Gläubiger beteiligt werden sollen, ist bei diesen Konstruktionen regelmäßig eine neu gegründete Gesellschaft, in der Praxis auch „*NewCo*"[179] genannt. In Abgrenzung zum „echten" *Debt-Equity-Swap*, bei dem Gläubiger als Gegenleistung für ihren Entschuldungsbeitrag an der ursprünglichen Schuldnergesellschaft beteiligt werden, werden solche Konstruktionen, bei denen Gläubiger als Gegenleistung für ihren Entschuldungsbeitrag an einer „*NewCo*" beteiligt werden, im Rahmen der vorliegenden Untersuchung als „*Debt-for-NewCo-Equity-Swaps*" bezeichnet.

Mit Blick auf Unternehmensrestrukturierungen auf der Grundlage deutschen Rechts werden insbesondere die folgenden Varianten eines solchen *Debt-for-NewCo-Equity-Swap* als Alternativgestaltungen zum „echten" *Debt-Equity-Swap* diskutiert:

---

177 Unter Kap. III, I. 1.

178 Vgl. hierzu oben Kap. II, I.

179 Abk./Ableitung von „*new company*".

aa. Beteiligungskauf und Forderungsverzicht

Werden die bestehenden Anteile an der ursprünglichen Schuldnergesellschaft von einem verkaufsbereiten Altgesellschafter gehalten, was insbesondere dann der Fall sein kann, wenn es sich bei der Schuldnergesellschaft um ein hoch verschuldetes Akquisitionsvehikel in einem vorangegangen *leveraged buy-out* (*LBO*) und bei dem Altgesellschafter um einen Private-Equity-Fonds handelt, so kommt die Übertragung sämtlicher Anteile an der Schuldnergesellschaft im Zuge eines Beteiligungskaufs (*share deal*[180]) auf eine neu gegründete Gesellschaft (*NewCo*) in Betracht. Die Gläubiger der Schuldnergesellschaft, die einen Entschuldungsbeitrag leisten sollen, werden dann (neben dem Altgesellschafter) an der *NewCo* in ausgehandelter Höhe (i.d.R. eine Mehrheitsbeteiligung) beteiligt. Sodann erbringen diese Gläubiger, die an der *NewCo* beteiligt werden, ihren Sanierungsbeitrag in Gestalt eines vollständigen oder teilweisen Verzichts auf ihre gegen die ursprüngliche Schuldnergesellschaft gerichteten Forderungen.

Weil die Übertragung der Schuldnergesellschaft auf die *NewCo* im Zuge eines *share deal* die Fremdkapitalstruktur der Schuldnergesellschaft unverändert lässt, kann es sich als Nachteil dieser Konstruktion erweisen, dass die Forderungen sonstiger (d.h. der nicht an der *NewCo* beteiligten und keinen Forderungsverzicht leistenden) Gläubiger gegen die Schuldnergesellschaft nach der Übertragung ihrer Anteile auf die *NewCo* fortbestehen.

bb. Übertragende Sanierung und Forderungsverzicht

Um die Sanierungschancen der Schuldnergesellschaft durch eine Reduktion auch der gegen sie gerichteten Forderungen sonstiger (d.h. der nicht an der *NewCo* beteiligten und keinen Forderungsverzicht leistenden) Gläubiger zu verbessern, kommt der alternative Weg über eine übertragende Sanierung[181] in Betracht. Bei dieser Konstruktion wird das Aktiv-Vermögen der Schuldnergesellschaft

---

180 Beim Unternehmenskauf im Wege des *share deals* liegt ein reiner Rechtskauf gem. §§ 433 Abs. 1 S. 2, 453 Abs. 1 BGB vor, da die Anteile am Unternehmensträger veräußert werden, die ein Beteiligungsrecht darstellen. Die dingliche Übertragung erfolgt durch Abtretung gem. §§ 398, 413 BGB; außer bei Inhaberaktien einer AG, deren Zuordnung zum Eigentümer durch Übertragung gem. §§ 929 ff. BGB geändert wird.

181 Zu den Grundmechanismen und rechtlichen Hürden der übertragenden Sanierung außerhalb oder innerhalb eines eröffneten Insolvenzverfahrens statt vieler *Wellensiek*, NZI 2002, S. 233 ff.; *Falk/Schäfer*, ZIP 2004, S. 1337 ff.; monographisch *Strümpell*, Die übertragende Sanierung innerhalb und außerhalb der Insolvenz, 2006, passim. Grundlegend zu Begriff und Funktionsweise der übertragenden Sanierung, *K. Schmidt*, ZIP 1980, S. 328 ff.

vollständig oder zumindest größtenteils im Wege eines *asset deal* isoliert auf die *NewCo* übertragen, während die Schulden bei der Schuldnergesellschaft verbleiben. Die Gläubiger der Schuldnergesellschaft, die einen Entschuldungsbeitrag leisten sollen, werden an der *NewCo* in ausgehandelter Höhe (i.d.R. eine Mehrheitsbeteiligung) beteiligt. Diejenigen Gläubiger, die an der *NewCo* beteiligt werden, leisten ihren Sanierungsbeitrag in Gestalt eines vollständigen oder teilweisen Verzichts auf ihre gegen die ursprüngliche Schuldnergesellschaft gerichteten Forderungen. Auf potentielle Nachteile einer übertragenden Sanierung im Vergleich zur Reorganisation des Unternehmensträgers mittels eines *Debt-Equity-Swap* wurde bereits hingewiesen[182].

cc. Ausgliederungsmodell (*Reverse Debt-to-Equity-Swap*)

Eine erwägenswerte Alternative zur klassischen Umsetzungstechnik eines *Debt-Equity-Swap* im Wege der Sachkapitalerhöhung kann auch das sog. „Ausgliederungsmodell" darstellen, das auch als „*Reverse Debt-to-Equity-Swap*" bezeichnet wird[183]. Nach dem Grundmuster dieser bislang wenig bekannten Gestaltungsmöglichkeit bringen die Gläubiger (i.d.R. die Hauptkreditgeber) ihre gegen die sanierungsbedürftige Schuldnergesellschaft gerichteten (umzuwandelnden) Forderungen in einem ersten Schritt in eine von ihnen neu gegründete Zweckgesellschaft (*NewCo*) ein und werden alleinige Gesellschafter dieser *NewCo*. In einem zweiten Schritt bringt die Schuldnergesellschaft ihren gesamten Geschäftsbetrieb oder zumindest einen näher bestimmten Betriebsteil einschließlich der Verbindlichkeiten gegenüber den betreffenden Gläubigern in die *NewCo* ein und erhält im Gegenzug Anteile an der *NewCo*. Gesellschaftsrechtlich wird dieser zweite Schritt im Wege einer umwandlungsrechtlichen Ausgliederung gemäß § 123 Abs. 3 Nr. 1 UmwG vollzogen. Das Verhältnis der der Schuldnergesellschaft zu gewährenden Anteile an der *NewCo* zu denjenigen Anteilen der zu beteiligenden Gläubiger bemisst sich nach dem verbliebenen Wert des eingebrachten Geschäftsbetriebs zum Wert der in die *NewCo* eingebrachten

182 Dazu oben Kap. II, I.

183 Siehe zu dieser Alternative *Drouven*, ZIP 2009, S. 1052 f.; *Drouven/Nobiling*, DB 2009, S. 1895 ff. Der Begriff „*Reverse Debt-to-Equity-Swap*" beschreibt die Grundcharakteristik dieser Gestaltungstechnik, wonach die angestrebte gesellschaftsrechtliche Beteiligung der Gläubiger nicht (wie beim *Debt-Equity-Swap*) im Wege der Einbringung der Forderung in das Schuldnerunternehmen, sondern umgekehrt (engl.: „*reverse*") durch Einbringung des Schuldnerunternehmens (bzw. Teilen hiervon) in die Gesellschaft des Gläubigers, der die betreffende Forderung hält, vollzogen wird.

Forderungen[184]. Der Entschuldungseffekt erfolgt auf der Ebene der *NewCo*. Denn nach Durchführung der genannten Schritte kommt es auf der Ebene der *NewCo* zu einer rechtlichen Vereinigung der Forderungen der Gläubiger und der korrespondieren Verbindlichkeiten der ursprünglichen Schuldnergesellschaft, so dass diese Forderungen durch Konfusion untergehen[185].

Potentielle Vorteile des Ausgliederungsmodells gegenüber dem klassischen *Debt-Equity-Swap* im Wege der Einbringung von Forderungen als Sacheinlage bestehen in der Möglichkeit zur Vermeidung spezifischer rechtlichen Risiken, die mit der Forderungseinbringung im Zuge der Sachkapitalerhöhung stets einhergehen. So kann die Umsetzung des Ausgliederungsmodells ggf. geeignet sein, die Gefahr einer Differenzhaftung des forderungsumwandelnden Gläubigers als Inferenten bei einer Überbewertung des Einlagewerts der einzubringenden Forderung (s. unten[186]) auszuschließen, oder die Notwendigkeit eines Pflichtangebots gemäß § 35 Abs. 2 WpÜG (s. unten[187]) bei Erwerb einer Kontrollbeteiligung an einer börsennotierten Schuldnergesellschaft zu vermeiden (weil die Beteiligungsverhältnisse der ursprünglichen Schuldnergesellschaft bei Umsetzung des Ausgliederungsmodells unverändert bleiben). Darüber hinaus eröffnet das Ausgliederungsmodell möglicherweise steuerlich Gestaltungsmöglichkeiten, die bei einem klassischen *Debt-Equity-Swap* nicht bestehen[188].

e. *Verwertung von Pfandrechten an Gesellschaftsanteilen*

Sämtliche vorstehend skizzierten Gestaltungsmöglichkeiten und Alternativen zur technischen Umsetzung eines *Debt-Equity-Swap* bedürfen der Mitwirkung der Schuldnergesellschaft selbst bzw. ihrer Altgesellschafter (zumindest in Gestalt der erforderlichen Mehrheitsbeschlüsse zur Umsetzung der Kapitalmaßnahmen). Ist die Umsetzbarkeit solcher konsensualer Lösungen ausgeschlossen oder zweifelhaft, können Gläubiger der Schuldnergesellschaft die folgende, nicht konsensuale Option als Alternative zum *Debt-Equity-Swap* in Erwägung ziehen[189]:

---

184 *Drouven*, ZIP 2009, S. 1052 m.w.N.

185 *Drouven*, a.a.O., S. 1053; *Drouven/Nobiling*, DB 2009, S. 1895.

186 Näher dazu unten Kap. IV, II. 2. und V.

187 Näher dazu unten Kap. VI.

188 Vertiefend hierzu *Drouven/Nobiling*, DB 2009, S. 1895 ff.

189 Näher zum Folgenden *Westpfahl* in Eilers/Koffka/Mackensen, Private Equity, 2009, III. 2., Rn. 31 ff.

Hält der Gläubiger/Investor Kreditforderungen gegen die Gesellschaft, die (wie u.a. in der Praxis der Akquisitionsfinanzierung üblich) mit Pfandrechten an den Gesellschaftsanteilen der Schuldnergesellschaft als Kreditnehmer oder der Tochtergesellschaften dieser besichert sind, so kommt der Erwerb einer (Kontroll-)Beteiligung dieses Gläubigers an der Schuldnergesellschaft im Wege der Pfandverwertung in Betracht. In diesem Fall kann der die Pfandverwertung betreibende Kredit- und Pfandgläubiger bei Durchführung der öffentlichen Versteigerung zum Verkauf der mit dem Pfandrecht belasteten Anteile selbst ein Gebot abgeben, um so den Zuschlag zu erhalten[190]. Bei dieser Vorgehensweise ist jedoch zur Herstellung der erforderlichen Pfandreife (vgl. § 1228 Abs. 2 S. 1 BGB) zunächst die Kündigung der Kreditforderung durch den die Verwertung betreibenden Kredit- und Pfandgläubiger erforderlich, was i.d.R. zur Zahlungsunfähigkeit zumindest der Schuldnergesellschaft führt. Dieser Vorgang kann, insbesondere bei Konzernsachverhalten, nachteilige Domino-Effekte (z.B. auf andere Konzerngesellschaften) zur Folge haben[191].

II. Rechtstechnische Umsetzung eines *Debt-Equity-Swap* im englischen Recht

1. Umsetzung des *Debt-Equity-Swap* im Zuge einer Kapitalerhöhung

a. Grundmuster der Konstruktion

Auch im englischen Recht der *plc* oder *Ltd.* ist die Umsetzung eines *Debt-Equity-Swap* im Zuge einer Bündelung verschiedener Maßnahmen zu realisieren, wobei unterschiedliche Konstruktionen zur technischen Umsetzung in Betracht kommen[192]. Die technisch einfachste, in der englischen Restrukturierungspraxis gängige Konstruktion entspricht dabei in ihrer Grundstruktur der „klassischen" Umsetzungstechnik des *Debt-Equity-Swap* nach deutschem Recht[193]:

---

190 Zur Durchführung der Pfandverwertung in diesem Fall *Westpfahl*, a.a.O., III. 2., Rn. 33 ff.

191 Dazu *Westpfahl*, a.a.O., III. 2., Rn. 44.

192 Siehe zu den verschiedenen denkbaren Gestaltungsmöglichkeiten zur Umsetzung eines *Debt-Equity-Swap* auf der Grundlage englischen Kapitalgesellschaftsrechts *Howard/Hedger*, Restructuring Law and Practice, 2008, Rn. 6.89 ff.

193 Siehe oben Kap. III, I. 1. Dies gilt allerdings nicht für die Qualifikation der Einlageart (Bar- od. Sacheinlage) der Einbringung der gegen die Gesellschaft gerichteten Forderung; näher dazu unten Kap. IV.

Dabei wird der *Debt-Equity-Swap* – ohne den Einsatz einer *NewCo*-Konstruktion[194] – bei der ursprünglichen Schuldnergesellschaft selbst durchgeführt. Zu diesem Zweck emittiert die Schuldnergesellschaft im Zuge einer Kapitalerhöhung (Erhöhung des *issued share capital*) neue Anteile einer bereits bestehenden oder neu zu schaffenden Anteilsklasse, die von den forderungsumwandelnden Gläubigern gezeichnet werden. Die Einlage für die Ausgabe neuer Anteile (*allotment/issue of shares*[195]) erbringen die forderungsumwandelnden Gläubiger in Gestalt einer vollständigen oder teilweisen Befreiung der Gesellschaft von einer gegen diese selbst gerichteten Forderung, wobei die Forderung infolge ihrer Einbringung als Einlage erlöschen und so der intendierten Entschuldungseffekt auf der Passivseite der Bilanz erzielt wird[196].

Im Zuge der Anteilsausgabe zur Umsetzung des *Debt-Equity-Swap* erlangen stets Fragen nach dem Gesamtvolumen[197] sowie nach der Art und Ausgestaltung der, den forderungsumwandelnden Gläubigern zu gewährenden Anteile, zentrale Bedeutung[198]. In Betracht kommt hier neben der Ausgabe von *ordinary shares* (Stammanteilen), eine Ausgabe eher maßgeschneiderter *preference shares* (Vorzugsanteile), die zur Eröffnung einer sichereren Wiederveräußerungsmöglichkeit („*exit route*") auch ausgestaltet sein können als *redeemable preference*

---

194 Siehe dazu oben Kap. III, I. 2. d. (zur dt. Praxis) sowie unten Kap. III, II. 2. (zur engl. Praxis).

195 Ein „*allotment*" *of shares* ist dann erfolgt, wenn eine Person (der Zeichner) das unbedingte Recht erlangt hat, in das *company's register of members* als Gesellschafter eingetragen zu werden. Dagegen ist von „*issue*" *of shares* die Rede, wenn der Gesamtprozess von *allotment* und Eintragung abgeschlossen wurde; vgl. *National Westminster Bank Plc v. Inland Revenue Commissioners* [1995] 1 A.C., S. 119.

196 Auf die Einzelheiten der Einlageleistung durch die Forderungseinbringung und die Qualifikation der Einlageart (Bar- oder Sacheinlage) in dieser Fallgruppe nach Maßgabe englischen Kapitalgesellschaftsrechts wird unten gesondert eingegangen; siehe Kap. IV, III.

197 Siehe zu den potentiellen rechtlichen Konsequenzen des Erwerbs bestimmter Beteiligungsquoten im Zuge des *Debt-Equity-Swap* nach Maßgabe englischen Rechts die Übersichtstabellen von *Howard/Hedger*, Restructuring Law and Practice, 2008, Rn. 6.169 ff.; *Chatterji/Hedges*, Loan Workouts and Debt for Equity Swaps: A Framework for Successful Corporate Rescues, 2001, S. 287.

198 Näher zu Fragen der Art und Ausgestaltung der an den forderungsumwandelnden Gläubigern zu gewährenden Anteile im Zuge eines *Debt-Equity-Swap* auf der Grundlage englischen Rechts *Barham*, P.L.C., Oct. 2002, S. 21 (22 ff.); *Howard/Hedger*, Restructuring Law and Practice, 2008, Rn. 6.140 ff. (insb. Rn. 6.158 ff.).

shares (rückerwerbare Vorzugsanteile)[199] und/oder als *convertible preference shares* (wandelbare Vorzugsanteile), die unter bestimmten Voraussetzungen in *ordinary shares* umgewandelt werden können[200].

Die Ausgabe von *preference shares* im Zuge eines *Debt-Equity-Swap* ist in der englischen Restrukturierungspraxis weit verbreitet[201], weil der Erwerb von *preference shares* geeignet ist, die Beteiligung am *Debt-Equity-Swap* inklusive Forderungsverlust für den forderungsumwandelnden Gläubiger zu versüßen („*sweetener*"). Denn *preference shares* berechtigen nicht nur bzgl. Kapitalrückzahlungen (insb. in der Insolvenz) vorrangig vor sonstiger Anteilsklassen, sondern gewähren regelmäßig auch einen Anspruch auf Zahlung von Vorzugsdividenden[202]. Der Erwerb von *ordinary shares*, die mit Blick auf Kapitalrückzahlungen und Dividenden nur gleichrangig wie *ordinary shares* der im Ausgangspunkt vorhandenen Altgesellschafter berechtigen, kann unter diesem Gesichtspunkt unattraktiv erscheinen. Demgegenüber kann der Erwerb von *ordinary shares* aus Sicht der forderungsumwandelnden Gläubiger beabsichtigt sein, weil *ordinary shares* (i.d.R. anders als die nicht zwingend, aber traditionell stimmrechtslosen *preference shares*) mitgliedschaftliche Mitbestimmungs- und Kontrollrechte in der Gesellschafterversammlung vermitteln und damit aktive Einflussnahme auf wesentliche (insb. die Umsetzung des Sanierungskonzept betreffende) Entscheidungen der Geschäftsführung ermöglichen.

---

199 Vgl. zur Ausgabe von *redeemable shares* im Zuge eines *Debt-Equity-Swap* bereits oben Kap. II, II.

200 *Convertible preference shares* ermöglichen ihrem Inhaber einerseits von vielen Vorzügen der *preference shares* zu profitieren, während andererseits zugleich die Möglichkeit erhalten bleibt, (nach Umwandlung) von den Vorzügen der *ordinary shares* zu profitieren, wie etwa die Teilhabe an jeder Steigerung des Werts der Gesellschaft. Zudem erhalten ihre Inhaber mit der Möglichkeit zur Umwandlung der *preference shares* in besser handelbare Anteile, wie etwa börsennotierte *ordinary shares*, eine weitere *exit route* über den Börsenhandel. Zum Ganzen *Chatterji/Hedges*, Loan Workouts and Debt for Equity Swaps: A Framework for Successful Corporate Rescues, 2001, S. 268.

201 Vgl. *Bloxham* in Tolley's Insolvency Law, Issue 14 (Jan. 2001), Chapter C – Corporate Rescue, C4024.

202 Zu den potentiellen Vor- und Nachteilen der Ausgabe von *preference shares* an die – im Rahmen eines *Debt-Equity-Swap* – forderungsumwandelnden Gläubiger *Barham*, P.L.C., Oct. 2002, S. 21 (22 ff.); *Howard/Hedger*, Restructuring Law and Practice, 2008, Rn. 6.159 ff.; *Wilson*, Corporate Rescue and Insolvency, Vol. 2 (2009) Issue 3, S. 103.

Bei der Umsetzung der Ausgabe neuer Anteile im Zuge eines *Debt-Equity-Swap* bei einer *plc* oder *Ltd.* im Anwendungsbereich des CA 2006 sind (neben weiteren besonderen Anforderungen, auf die im Rahmen der vorliegenden Arbeit an anderen Stellen eingegangen wird) zunächst die, im Folgenden skizzierten, allgemeinen rechtlichen Rahmenbedingungen zu beachten[203].

b. Wegfall der Notwendigkeit der Erhöhung des authorised share capital

Um eine Anteilsausgabe zur Umsetzung eines *Debt-Equity-Swap* durchzuführen, konnte im Geltungsbereich des CA 1985, zunächst eine Erhöhung des sog. *authorised share capital* nach Maßgabe der ss. 121 ff. CA 1985 erforderlich werden. Dies war dann der Fall, wenn der Gesellschaft für eine Ausgabe neuer Anteile nicht ausreichend *authorised (but unissued) share capital* zur Verfügung stand[204]. Das *authorised share capital* (im deutschen Schrifttum meist als „Nominalkapital" oder „genehmigtes Kapital"[205] übersetzt) bezeichnete den Maximalbetrag an Kapital, das die Gesellschaft in neuen Anteilen ausgeben darf. Dieser Betrag musste im *memorandum* einer *plc* und *Ltd.* festgelegt werden[206]. Nach Maßgabe des CA 1985 konnten die *directors* einer *plc* oder *Ltd.* keine neuen Anteile ausgeben, wenn hierdurch der Betrag des ausgegebenen Kapitals (*issued share capital*) den Betrag des Nominalkapitals (*authorised share capital*) überschreiten würde; eine solche Anteilsausgabe über den Betrag des bisherigen Nominalkapitals hinaus erforderte daher, dass in einer Gesellschafterversammlung die Erhöhung des Betrags des Nominalkapitals beschlossen wird und somit die Grenze des

---

203 Siehe hierzu auch *Howard/Hedger*, Restructuring Law and Practice, 2008, Rn. 6.188 f.; *Bloxham* in Tolley's Insolvency Law, Issue 14 (Jan. 2001), Chapter C – Corporate Rescue, C4026 ff. (mit Blick auf die Vorgänger-Vorschriften des CA 1985).

204 So zur Rechtslage nach dem CA 1985 *Bloxham* in Tolley's Insolvency Law, Issue 14 (Jan. 2001), Chapter C – Corporate Rescue, C4027; *Kemp/Harris*, P.L.C., Aug. 1993, S. 19 (25).

205 Das *authorised share capital* ist nicht zu verwechseln mit dem genehmigten Kapital, wie es für das deutsche Recht in den §§ 202 ff. AktG geregelt ist. Denn das *authorised share capital* bildet die absolute Obergrenze, bis zu der neue Anteile ausgegeben werden dürfen, ohne dass es hierfür zeitliche oder umfangmäßige Schranken gäbe. Aufgrund der Verwechslungsgefahr mit dem genehmigten Kapital deutschen Rechts ist daher die Übersetzung mit „Nominalkapital" vorzugswürdig. Die Differenz zwischen dem *authorised share capital* und dem tatsächlich gezeichneten Kapital (*issued share capital*) wird als nicht-gezeichnetes Kapital (*unissued share capital*) bezeichnet.

206 Sec. 2(5)(a) CA 1985.

zulässigerweise auszugebenden Kapitals angehoben wird[207]. Nach Maßgabe des CA 2006 ist eine Erhöhung des *authorised share capital* bei der Ausgabe neuer Anteile nicht mehr erforderlich, weil das Konzept des *authorised share capital* als Reaktion des Gesetzgebers auf verbreitete Zweifel an seinem Nutzen[208], im Zuge der Reform des CA 2006 ersatzlos abgeschafft wurde[209]. Die *articles of association* einer Gesellschaft müssen nun keine Höchstgrenze mehr enthalten, die den Umfang einer Anteilsausgabe, zu der die *directors* ermächtigt sind, begrenzt[210].

c. *Ermächtigung der directors zur Anteilsausgabe*

Die Ausgabe neuer Anteile an Gesellschaftsgläubiger im Zuge eines *Debt-Equity-Swap* setzt die Ermächtigung der *directors* zur Anteilsausgabe voraus[211]. Auch nach dem Inkrafttreten des CA 2006 bleibt es für die *directors* von *plc's* oder *Ltd.'s* mit mehr als einer Anteilsklasse dabei, dass sie Anteile nur ausgeben dürfen, wenn sie durch die *articles of association* oder durch einen einfachen Gesellschafterbeschluss (*ordinary resolution*) hierzu ermächtigt sind[212]. Dies folgt

---

207 Sec. 121 CA 1985.

208 Weil der Betrag des *authorised share capital* keinerlei Aufschluss darüber gibt, bis zu welchem Betrag tatsächlich Anteile ausgegeben wurden, d.h. wie hoch das *issued share capital* und damit die tatsächliche Eigenkapitalausstattung einer Gesellschaft ist, erfüllte das Konzept des *authorised share capital* keine Gläubigerschutzfunktion. Hierzu statt vieler *Davies*, Gower and Davies' Principles of Modern Company Law, 7th ed. 2003, S. 228: „*If anything, authorised capital serves to confuse the potential investor*".

209 Siehe hierzu die *DTI* (Hrsg.), Explanatory Notes zum CA 2006, S. 129 f.; *Bryant* in Hannigan/Prentice, The Companies Act 2006 – A Commentary, 2007, S. 166 f.

210 *DTI* (Hrsg.), Explanatory Notes zum CA 2006, S. 130. Für vorher gegründete Gesellschaften bleibt die Beschränkung des Umfangs der Anteilsausgabe durch das in den *articles of association* der Gesellschaft benannte *authorised share capital* zwar zunächst weiterhin bestehen, sie kann aber durch einfachen Gesellschafterbeschluss (*ordinary resolution*) beseitigt werden; *Bryant* in Hannigan/Prentice, The Companies Act 2006 – A Commentary, 2007, S. 166.

211 Vgl. *Howard/Hedger*, Restructuring Law and Practice, 2008, Rn. 6.189; *Bloxham* in Tolley's Insolvency Law, Issue 14 (Jan. 2001), Chapter C – Corporate Rescue, C4028 (zum CA 1985).

212 *Alcock/Birds/Gale*, Companies Act 2006: The New Law, 2007, Rn. 14.7. Im Falle einer Anteilsausgabe ohne die erforderliche Ermächtigung der *directors* hierzu ist die Anteilsausgabe nicht unwirksam; die Rechtsfolge eines solchen Verstoßes ist die Strafbarkeit der handelnden *directors*; sec. 549(4)(5) CA 2006. Zur Anteilsausgabe ist grds. die Generalversammlung (*general meeting*) der Gesellschaft befugt, was gesetzlich zwar nicht ausdrücklich geregelt ist, aber vorausgesetzt wird, indem

aus den sec. 549 i.V.m. sec. 551 CA 2006, einem Regelungskomplex, der im Wesentlichen die entsprechende Vorgängerregelungen in ss. 80, 80A CA 1985 übernimmt[213]. Die Ermächtigung muss dabei inhaltlich festsetzen, wie viele Anteile maximal ausgegeben werden dürfen, und ihre Rechtswirkung ist auf einen Zeitraum von maximal fünf Jahren begrenzt[214], der jedoch beliebig oft verlängert werden kann[215]. Mit sec. 550 CA 2006 wurde eine neue Vorschrift geschaffen, die nur auf solche *Ltd.'s* Anwendung findet, die über nur eine Anteilsklasse (*class of shares*[216]) verfügt. Die Vorschrift ermächtigt die *directors* solcher *Ltd.'s* zur Ausgabe von Anteilen dieser Anteilsklasse, soweit dies nicht in den *articles* der Gesellschaft ausgeschlossen wurde[217]. Sollen Anteile einer neuen Anteilsklasse ausgegeben werden, müssen die *directors* aber weiterhin durch die *articles* oder durch einen Gesellschafterbeschluss hierzu ermächtigt sein.

d. *Veränderung der class rights*

Wenn eine *plc* oder *Ltd.*, deren Verbindlichkeiten z.T. im Wege des *Debt-Equity-Swap* in Eigenkapital umgewandelt werden sollen, bereits mehr als eine Anteilsklasse emittiert hat, etwa Vorzugsanteile (*preference shares*) und Stammanteile (*ordinary shares*), kann es erforderlich werden, die Zustimmung der Inhaber von Anteilen einer dieser Anteilsklassen einzuholen[218]. Dies kann dann der Fall sein, wenn die zur Umsetzung des *Debt-Equity-Swap* erforderliche

---

das Gesetz es der Generalversammlung erlaubt, ihr Recht zur Anteilsausgabe auf die *directors* zu übertragen. Da aber eine Ausübung des Rechts zur Anteilsausgabe durch die Anteilseigner in der Generalversammlung nicht praktikabel ist, ist eine Übertragung des Rechts auf die *directors* in der Praxis stets der Fall. Zum Ganzen *Hannigan*, Company Law, 2003, S. 571.

213 Eine Änderung in Gestalt einer nur begrifflichen Vereinfachung erfolgte dahingehend, dass als Anknüpfungspunkt des Ermächtigungserfordernisses die Ausgabe von *„relevant securities"* (sec. 80(1) CA 1985) durch die Ausgabe von *„shares"* (sec. 549(1) CA 2006) ersetzt wurde.

214 Sec. 551(3) CA 2006.

215 Praxisüblich ist die Aufnahme der Erneuerung der Ermächtigung als einen ständigen Tagesordnungspunkt der jährlichen Gesellschafterversammlung (*annual general meeting/AGM*); vgl. (für die *plc*) *Hannigan*, Company Law, 2003, S. 572.

216 Siehe hierzu die Legaldefinition des Begriffs *„class of shares"* in sec. 629(1) CA 2006.

217 Hierzu etwa *DTI* (Hrsg.), Explanatory Notes zum CA 2006, S. 131; *Bryant* in Hannigan/Prentice, The Companies Act 2006 – A Commentary, 2007, S. 167; *Alcock/Birds/Gale*, Companies Act 2006: The New Law, 2007, Rn. 14.5 f.

218 Vgl. *Howard/Hedger*, Restructuring Law and Practice, 2008, Rn. 6.194 ff.; *Bloxham* in Tolley's Insolvency Law, Issue 14 (Jan. 2001), Chapter C – Corporate Rescue,

Anteilsausgabe eine Veränderung der sog. *class rights*[219] der Inhaber bestehender Anteile bewirkt. Die ss. 630-635 CA 2006 („*variation of class rights*") sehen gesetzliche Beschränkungen in Bezug auf die Veränderung von *class rights* vor. Gemäß sec. 630(2)(4) CA 2006 können *class rights*, die eine bestimmte Anteilsklasse verkörpert, vorbehaltlich einer anders lautenden Bestimmung in den *articles*, nicht geändert werden, wenn nicht die Inhaber der Anteile dieser Klasse mit einer Drei-Viertel-Mehrheit (gemessen am Nominalwert der ausgegeben Anteile) schriftlich zustimmen oder ein besonderen Gesellschafterbeschluss (*special resolution*)[220] mit entsprechendem Inhalt gefasst wird. Im Zuge der Umsetzung eines *Debt-Equity-Swap* durch Ausgabe neuer Anteile sind diese Anforderungen zu beachten, wobei die Frage Bedeutung erlangen kann, ob die Ausgabe von Vorzugsanteilen (*preference shares*) als eine – das Zustimmungserfordernis auslösende – Änderung der *class rights* zu werten ist[221]. Die Zustimmung der Gesellschafter einer Anteilsklasse ist jedenfalls stets erforderlich, wenn ein bestehendes

---

C4030. Näher zum Konzept der *class rights* der Anteilseigner und ihrer Änderung im Allgemeinen *Birds et al.*, Boyle & Birds' Company Law, 6th ed. 2007, S. 266 ff.

219 Der Begriff „*class rights*" wird im CA nicht legaldefiniert. Im *Common Law* wurde der Begriff zur Bezeichnung von Rechten verwendet, die bestimmte Anteile vermitteln, wie etwa Stimmrechte, Rechte zum Dividendenbezug oder bestimmten Rechten bzgl. des Kapitalrückflusses im Fall der Liquidation. Eine bestimmte Anteilsklasse vermittelt derartige „*class rights*", wenn den Inhabern der Anteile dieser Klasse Rechte zustehen, die den Inhabern von Anteilen einer anderen Anteilsklasse nicht zustehen. Zum Ganzen *DTI (Hrsg.)*, Explanatory Notes zum CA 2006, S. 142.

220 Ein besonderer Gesellschafterbeschluss (*special resolution*) erfordert die Zustimmung einer Mehrheit von mindestens 75%; sec. 283(1) CA 2006. Dieses Mehrheitserfordernis wird bei einer Abstimmung durch Handzeichen (*show of hands*) durch Abgabe von mindestens 75% der Stimmen der anwesenden Gesellschafter bzw. deren ordnungsgemäß bestellter Vertreter erfüllt; sec. 283(4) CA 2006. Bei einer Abstimmung im Wahlverfahren (*poll*) müssen mindestens 75% der abgegebenen Stimmen für den Gesellschafterbeschluss stimmen und diese Stimmen mindestens 75% der gesamten Stimmrechte der Gesellschafter vertreten; sec. 283(5) CA 2006.

221 Im Schrifttum wird diesbezgl. davon ausgegangen, dass die Ausgabe von *preference shares*, die gleichrangig zu einer bereits emittierten Klasse von *preference shares* ausgestaltet sind, nicht als Änderung der *class rights*, die aus den bestehenden *preference shares* abzuleiten sind, zu werten ist, und dass die Ausgabe neuer *preference shares*, die Vorzugsrechte gegenüber bestehenden *ordinary shares* oder *deferred shares* verkörpern, nicht als solche eine Änderung der Rechte, die diese bestehenden Anteile verkörpern, darstellt; *Bloxham* in Tolley's Insolvency Law, Issue 14 (Jan. 2001), Chapter C – Corporate Rescue, C4030; *Howard/Hedger*, Restructuring Law and Practice, 2008, Rn. 6.196. Dennoch ist es grds. empfehlenswert, die

class right die Gesellschaft dazu verpflichtet, die Zustimmung einer qualifizierten Mehrheit der Inhaber dieser Rechte zu jeder Ausgabe neuer Anteile durch die Gesellschaft einzuholen[222].

e. *Bezugsrechtsausschluss (disapplication of pre-emption rights)*

Wenn im Zuge des *Debt-Equity-Swap* neue Anteile einer *plc* oder *Ltd.* im Anwendungsbereich des CA 2006 ausgegeben werden, entsteht (ebenso wie im deutschem Recht[223]) ein gesetzliches Bezugsrecht (*statutory pre-emption right*) der Altgesellschafter[224]. Eine *plc* oder *Ltd.* ist im Falle einer Ausgabe von neuen Anteilen[225] gegen Bareinlage gemäß sec. 561(1) CA 2006 verpflichtet, den bereits vorhandenen Anteilseignern einen Bezug der neuen Anteile im Verhältnis ihrer bisherigen Anteile anzubieten[226].

---

gegebenenfalls erforderliche Zustimmung einer jeden Klasse zu den Vorschlägen einzuholen; *Bloxham*, a.a.O.

222 *Bloxham*, a.a.O.

223 Siehe oben Kap. III, I. 1. c.

224 Siehe zum Entstehen gesetzlicher Bezugsrechte nach Maßgabe des CA 2006 im spezifischen Kontext von *Debt-Equity-Swap*-Restrukturierungen *Barham*, P.L.C., Oct. 2002, S. 21 (25); *Bloxham* in Tolley's Insolvency Law, Issue 14 (Jan. 2001), Chapter C – Corporate Rescue, C4029; *Howard/Hedger*, Restructuring Law and Practice, 2008, Rn. 6.190 ff.

225 Genauer: Im Fall der Ausgabe umständlich legaldefinierter „*equity securities*". Sec. 560 CA 2006 enthält für den Begriff der „*equity securities*" eine Legaldefinition, der zufolge „*equity securities*" explizit *ordinary shares* (d.h. „*shares other than shares that as respects dividends and capital carry a right to participate only up to a specified amount in a distribution*") erfassen, sowie auch „*rights to subscribe for, or to convert securities into, ordinary shares of the company*".

226 Im englischen Kapitalgesellschaftsrecht wurde das gesetzliche Bezugsrecht, das nach geltendem Recht in den ss. 560 ff. CA 2006 verankert ist, erst zur Umsetzung der Kapitalrichtlinie in den CA 1980 aufgenommen und erstmals mit Gesetzeskraft ausgestattet. Zur historischen Entwicklung, Zielsetzung und gesetzlichen Regelung der *pre-emption rights* etwa *MacNeil*, J.B.L. 2002, S. 78 ff.; *Omar*, I.C.C.L.R., 2000, Issue 11 (8), S. 279 ff. Entsteht die Angebotspflicht, so muss den Bezugsberechtigten ein schriftliches Bezugsrechtsangebot (*pre-emption offer*) unterbreitet werden, das in einem Zeitraum von mind. 21 Tagen (*de lege ferenda* ggf. nur noch 14 Tagen) angenommen werden kann und vor Ablauf dieser Frist nicht zurückgezogen werden darf; sec. 562(5)(6) CA 2006. Eine Anteilsausgabe unter Verletzung der Angebotspflicht ist zwar wirksam, doch haften die verantwortlichen *directors* und die Gesellschaft gegenüber denjenigen Altgesellschaftern, denen die neuen Anteile hätten angeboten werden müssen, auf Schadensersatz; sec. 563 CA 2006.

Im Fall der Anteilsausgabe gegen Sacheinlage wird danach zwar – anders als nach deutschem Recht – kein gesetzliches Bezugsrecht ausgelöst[227]. Beim *Debt-Equity-Swap* führt die Beschränkung der Bezugsrechtsregeln auf Barkapitalerhöhungen aber nicht zur Unanwendbarkeit der Bezugsrechtsregeln. Denn die Ausgabe neuer Anteile einer *plc* oder *Ltd.* zur Umsetzung eines *Debt-Equity-Swap* wird nach Maßgabe englischen Rechts – anders als nach deutschem Recht – als Anteilsausgabe gegen Bareinlage behandelt (näher dazu unten[228]). In diesen Fällen hat daher nach sec. 561 CA 2006 entweder ein Bezugsrechtsangebot an die Altgesellschafter zu erfolgen oder ihr Bezugsrecht muss ausgeschlossen werden[229]. Weil forderungsumwandelnde Gläubiger typischerweise den Erwerb einer bestimmten Beteiligungsquote im Zuge des *Debt-Equity-Swap* fordern und ihre Beteiligung am *Debt-Equity-Swap* vom Erwerb dieser Beteiligungsquote abhängig machen, erfordert die Umsetzung des *Debt-Equity-Swap* meist einen Bezugsrechtsausschluss, wenn und weil eine Bezugsrechtsausübung der Altgesellschafter dem Erwerb dieser Beteiligungsquote entgegenstehen würde[230].

Sowohl bzgl. der *plc* als auch bzgl. der *Ltd.* ist es gemäß ss. 570, 571 CA 2006 zulässig, die gesetzlichen Bezugsrechte der Altgesellschafter durch einen besonderen Gesellschafterbeschluss (*special resolution*) mit einer Abstimmungsmehrheit[231] von mindestens 75% der abgegebenen Stimmen einzuschränken oder auszuschließen, sofern ihre *directors* nach sec. 551 CA 2006 zur Ausgabe neuer Anteile befugt sind.

Dabei ist in Abhängigkeit zur Art der Ermächtigung der *directors* zur Ausgabe neuer Anteile wie folgt zu differenzieren: Im Fall einer Generalermächtigung der *directors* zur Ausgabe neuer Anteile gemäß sec. 551 CA 2006 in den *articles of association* kann die Gesellschaft entweder durch eine entsprechende Bestimmung in ihren *articles of association*[232] oder durch *special resolution* die Anwendung

---

227 Vgl. sec. 565 CA 2006.

228 Kap. IV, III. 2.

229 So (zu den Vorgängerregelungen des CA 1985) auch *Barham*, P.L.C., Oct. 2002, S. 21 (25); *Kemp/Harris*, P.L.C., Aug. 1993, S. 19 (26).

230 Anders als nach deutscher Rechtslage ist der Bezugsrechtsausschluss beim *DES* also nach englischem Recht nicht bereits deshalb erforderlich, weil die Umsetzung des *DES* über eine Einbringung der Forderung als Sacheinlage erfolgt und die Einbringung der Forderung als Sacheinlage nur durch den forderungseinbringenden Gläubiger (nicht auch durch die Altgesellschafter) erfolgen kann; vgl. oben Kap. III, I. 1. c.

231 Siehe zum Drei-Viertel-Mehrheitserfordernis des besonderen Gesellschafterbeschlusses (*special resolution*) oben Fn. 220.

232 Enthalten die *articles of association* eine solche Bestimmung nicht, soll eine solche aber aufgenommen werden, so gilt es zu beachten: Eine Änderung der *articles of*

der sec. 561 CA 2006 insgesamt einschränken oder ausschließen („*general disapplication*")[233]. Dieser Weg des Bezugsrechtsausschlusses wird in der Praxis üblicherweise gewählt[234]. Im Fall einer General- oder Spezialermächtigung der *directors* zur Ausgabe von Anteilen i.S.d. sec. 551 CA 2006 durch Gesellschafterbeschluss können die Rechtsfolgen der sec. 561 CA 2006 im Hinblick auf eine bestimmte Anteilsausgabe, also einzelfallbezogen, durch einen besonderen Gesellschafterbeschluss (*special resolution*) geändert oder abbedungen werden („*specific disapplication*"), wobei dieser Weg aber die Einhaltung zusätzlicher Informations- und Begründungspflichten erfordert[235]. Für die *Ltd.* bestehen nach Maßgabe des CA 2006 (gegenüber der *plc*) zusätzliche, erweiterte Möglichkeiten eines Bezugsrechtsausschlusses[236].

Infolge der Verhandlungsstärke der Gläubiger und der mangelnden Bereitschaft der Altgesellschafter neue Anteile an der notleidenden Gesellschaft zu übernehmen, wird bei Umsetzung eines *Debt-Equity-Swap* üblicherweise jeder erforderliche Gesellschafterbeschluss zum Bezugsrechtsausschluss erzielt[237].

Bei alldem ist zu beachten, dass Minderheitsgesellschafter, die nicht über eine Sperrminorität verfügen, einem von ihnen abgelehnten Ausschluss der gesetzlichen Bezugsrechte des CA 2006 durch einen qualifizierten Gesellschafterbeschluss i.d.R. schutzlos gegenüberstehen. Denn die Gesellschafter sind bei der Beschlussfassung

---

association bedarf gemäß sec. 21(1) CA 2006 grundsätzlich ebenfalls einen besonderen Gesellschafterbeschluss (*special resolution*).

233 Sec. 570 CA 2006.

234 Vgl. *Ferran*, Limits of Private Sector Solutions for Banks: Recent UK Rights Issues, ECGI Working Paper Series in Law, Working Paper No. 115/2008, Okt. 2008, S. 3 Fn. 9.

235 Sec. 571 CA 2006.

236 Eine *Ltd.* kann die Entstehung eines gesetzlichen Bezugsrechts gemäß sec. 561 CA 2006 auch durch eine entsprechende Bestimmung in ihren *articles of association* ganz oder teilweise abbedingen (sog. „*constitutional exclusion*"); sec. 567 CA 2006. Weniger praxisrelevant, aber dennoch zu berücksichtigen, ist die im Zuge des CA 2006 neu geschaffene Möglichkeit eines Bezugsrechtsausschlusses bei *Ltd.'s* mit nur einer Anteilsklasse: In Anpassung an die Einführung der Neuregelung in sec. 550 CA 2006, die die *directors* von *Ltd.'s* mit nur einer Anteilsklasse zur Ausgabe von Anteilen dieser Anteilsklasse ermächtigt, soweit dies nicht in den *articles of association* der Gesellschaft ausgeschlossen wurde, wurde eine neue Bezugsrechtsregelung in sec. 569 CA 2006 eingeführt. Danach können *directors* durch die *articles* der Gesellschaft oder durch *special resolution* ermächtigt werden, „*equity securities*" dieser Anteilsklasse auszugeben, ohne dass dabei ein gesetzliches Bezugsrecht der Altgesellschafter ausgelöst wird.

237 So *Howard/Hedger*, Restructuring Law and Practice, 2008, Rn. 6.193.

über den Bezugsrechtsausschluss keinen effektiven Zwängen einer sachlichen Rechtfertigung und keiner gerichtlichen Beschlusskontrolle unterworfen[238].

Das englische Kapitalgesellschaftsrecht enthält insbesondere kein allgemeines Erfordernis einer sachlichen Rechtfertigung eines Bezugsrechtsausschlusses im Sinne einer erforderlichen Verhältnismäßigkeitsprüfung nach dem deutschen Muster der „Kali + Salz"-Rechtsprechung des BGH[239]. Auch dem englischen Kapitalgesellschaftsrecht sind materielle Stimmrechtsschranken bei Beschlussfassungen der Gesellschafter zwar nicht fremd, die aus Rechtsprechungsgrundsätzen und dem – heute wesentlich praxisrelevanteren – allgemeinen Rechtsbehelf zum Schutz einzelner Gesellschafter in sec. 994 CA 2006 folgen[240]. Diese Stimmrechtsschranken schränken die freie Stimmrechtsausübung der Gesellschafter aber (anders als gelegentlich im deutschen rechtsvergleichenden Schrifttum nahegelegt wird[241]) nach geltendem Recht nicht wesentlich ein[242],

---

238 Vgl. auch (noch zum CA 1985) *Davies*, Gower and Davies' Principles of Modern Company Law, 7th ed. 2003, S. 635: „*The result of ss. 91 and 95 is that the statutory pre-emptive rights can be disapplied with relative ease and afford an individual equity shareholder precious little assurance that his existing pre-emptive rights will be preserved unless his shares carry sufficient votes to block the passing of a special resolution*".

239 Dazu Kap. III, I. 1. c.

240 Hierzu *Tuffnell*, Company Lawyer, 1993, Vol. 14 (1993) No. 5, S. 90 ff.; vertiefend *Kreß*, Gerichtliche Beschlußkontrolle im Kapitalgesellschaftsrecht, 1996, S. 86 ff; *Bagel*, Der Ausschluß des Bezugsrechts in Europa, 1999, S. 119 ff. mit zahlreichen Literatur- und Rechtsprechungsnachweisen.

241 Vgl. *Kreß*, Gerichtliche Beschlußkontrolle im Kapitalgesellschaftsrecht, 1996, S. 160, die mit Blick auf die Standards bei der Einschränkung des Mehrheitsprinzips bei Gesellschafterbeschlüssen in Kapitalgesellschaften nach deutschem, französischem und englischem Recht zu dem Ergebnis gelangt: „*Mit Blick auf die praktisch so bedeutsamen Fälle eines Bezugsrechtsausschlusses läßt sich schon jetzt schwerlich sagen, daß die von der Rechtsprechung der jeweiligen Länder bei der materiellen Kontrolle in concreto erzielten Ergebnisse deutlich von einander abweichen*". Siehe auch *Kasolowsky/Schall* in Hirte/Bücker, Grenzüberschreitende Gesellschaften, § 4 Rn. 98, mit Blick auf den Bezugsrechtsausschluss: „*Dieser Beschluss ist als Eingriff in die Rechtsstellung der Gesellschafter nur eingeschränkt zulässig (...) und erfordert damit im Ergebnis ähnlich wie im deutschen Recht eine‚sachliche Rechtfertigung', die zwar nicht präventiv ex-ante in einem Bericht dargestellt werden muss, aber das Verteidigungsmittel in einem möglichen Anfechtungsprozess darstellt. Allerdings ist praktisch ein Vorgehen nach sec. 459 CA wahrscheinlicher*".

242 Siehe auch *Ferran* in Hopt/Wymeersch, Capital Markets and Company Law, 2003, S. 115 (136): „*Present day English company law does not restrict significantly the power of majority shareholders*". Vor diesem Hintergrund verständlich die Kritik von

und zielen nicht speziell auf die Beschränkung der Stimmrechtsausübung der Mehrheitsgesellschafter bei der Beschlussfassung über den Bezugsrechtsausschluss ab. Sie betreffen stattdessen Fallgestaltungen mit Hinzutreten atypischer Einzelfallumstände insbesondere bei personalistisch strukturierten *Ltd.'s* („*quasi-partnerships*").

Ein isolierter Blick auf das englische Kapitalgesellschaftsrecht ergibt indes nur ein unvollständiges Bild von den tatsächlichen Anforderungen eines Bezugsrechtsausschlusses, weil zusätzliche kapitalmarktrechtliche Anforderungen anwendbar sein können[243]: Die UKLA Listing Rules der Kapitalmarktaufsichtsbehörde *FSA* (*Financial Services Authority*) in ihrer Funktion als *UKLA* (*United Kingdom Listing Authority*) bestätigen und ergänzen die gesetzlichen Bezugsrechtsregelungen des CA 2006, indem sie für solche Gesellschaften, deren Wertpapiere zum Handel an der *Official List* der *FSA* notiert sind, ihrerseits eine eigene Bezugsrechtsregelung vorsehen[244]. Im Fall einer Anteilsausgabe im Zuge eines *Debt-Equity-Swap* wird ein Ausschluss der Bezugsrechte aus den Listing Rules aber i.d.R. keine gegenüber dem Ausschluss der gesetzlichen Bezugsrechte des Companies Act verschärften Probleme bereiten[245].

Entsprechendes gilt mit Blick auf die, für bestimmte börsennotierten Gesellschaften zusätzlich zu beachtenden, Beschränkung der Handlungsspielräume bei Bezugsrechtsausschlüssen durch das *Statement of Principles on Pre-emption*[246]

MacNeil, J.B.L. 2002, S. 78 (99) im Hinblick auf die Bezugsrechtsregelung des CA: „*There seems very little point in creating a rule to protect minorities from voting and financial dilution if the rule can be disapplied by the majority*".

243 So auch (zutreffend) *Hirte* in Balzarini, La società per azioni oggi, 2007, S. 739.

244 Im Fall einer Anteilsausgabe von „*equity shares*" gegen Bareinlage sind diese den Altgesellschaftern im Verhältnis ihrer bestehenden Beteiligungsquote zum Bezug anzubieten; Listing Rules, para 9.3.11.

245 Denn die Angebotspflicht der flexibleren Listing Rules wird u.a. dann nicht ausgelöst, wenn die gesetzlichen Bezugsrechte nach Maßgabe des CA 2006 gemäß ss. 570, 571 CA 2006 durch einen besonderen Gesellschafterbeschluss (*special resolution*) ausgeschlossen wurden; Listing Rules, para 9.3.12(1). Ein solcher Bezugsrechtsausschluss nach Maßgabe des Companies Act ist aber bei der Anteilsausgabe im Rahmen eines *Debt-Equity-Swap* – jedenfalls bei der *plc* – ohnehin erforderlich, wenn er nicht bereits in der Ausgangsposition vorliegt.

246 *Pre-Emption Group* (*Hrsg.*), Disapplying Pre-Emption Rights – A Statement of Principles, May 2006; (online abrufbar unter: http://www.pre-emptiongroup.org.uk/principles/index.htm).

der *Pre-Emption-Group*[247], das keine Gesetzeskraft hat[248], sondern der Selbstregulierung institutioneller Finanzinvestoren dient[249].

f. Kapitalherabsetzung (reduction of share capital)

Entsprechend zur Parallele in der deutschen Restrukturierungspraxis[250] wird auch bei der Umsetzung eines *Debt-Equity-Swap* auf der Grundlage englischen Rechts häufig der Kapitalerhöhung eine Kapitalherabsetzung vorgeschaltet. Die Durchführung einer Herabsetzung des *issued share capital* einer *plc* oder *Ltd.* im Rahmen oder im Vorfeld eines *Debt-Equity-Swap* dient hier ebenfalls der Beseitigung eingetretener Bilanzverluste vor Eintritt der forderungsumwandelnden Gläubiger als Neugesellschafter.

Werden an den forderungsumwandelnden Gläubiger im Zuge des *Debt-Equity-Swap preference shares* (Vorzugsanteile) ausgegeben, die diesem einen

---

247 Die *Pre-Emption Group* besteht insb. aus Vertretern von börsennotierten Gesellschaften, institutionellen Investoren und Investmentbanken. Nähere Informationen zur *Pre-Emption Group* sind online abrufbar unter www.pre-emptiongroup.org.uk.

248 Vgl. *Ferran*, Principles of Corporate Finance Law, 2008, S. 145. Seine Wirkungsweise besteht darin Gesellschaften die Sicherheit darüber zu gewähren, dass ihre Hauptanteilseigner einem vorgeschlagen Ausschluss der gesetzlichen Bezugsrechte im Grundsatz wohlwollend gegenüberstehen werden, solange sich der Bezugsrechtsausschluss in den im *Statement of Principles* konkretisierten Grenzen hält.

249 Das *Statement of Principles on Pre-emption* enthält inhaltlich Parameter, innerhalb derer Anteilsausgaben unter Ausschluss des gesetzlichen Bezugsrechts und des Bezugsrechts nach Maßgabe der UKLA Listing Rules aus Sicht institutioneller Investoren, noch als akzeptabel angesehen werden. Bei Bezugsrechtsausschlüssen, die als sog. „*routine disapplications*“ qualifiziert werden, wird davon ausgegangen, dass ihnen regelmäßig zuzustimmen ist. Um solche *routine disapplications* handelt es sich u.a. dann, wenn die innerhalb eines Jahres unter Bezugsrechtsausschluss auszugebenen Anteile insgesamt nicht 5% des *ordinary share capital* übersteigen. Das *Statement of Principles* hat aber nicht zum Ziel, durch die Festsetzung von Grenzwerten die Unzulässigkeit der Zustimmung zu Bezugsrechtsauschlüssen in einem die Werte übersteigenden Umfang zu verhindern, sondern nur Bezugsrechtsausschlüsse innerhalb dieser Grenzwerte zu erleichtern. Daher ist mit Blick auf den Einsatz eines *Debt-Equity-Swap* zur notwendigen Entschuldung sanierungsbedürftigen Gesellschaften im Anwendungsbereich der *Statement of Principles* nicht damit zu rechnen, dass das *Statement of Principles* einem Bezugsrechtsausschluss nach Maßgabe des Companies Act, der die Grenzen einer *routine disapplication* überschreitet, entgegensteht.

250 Dazu oben Kap. III, I. 1. d.

Anspruch auf Zahlung von Vorzugsdividenden gewähren, so sind Dividendenausschüttungen nur aus ausschüttungsfähigen Gewinnen zulässig, die nach Abzug akkumulierter realisierter Verluste verbleiben[251]. Werden im Zuge des *Debt-Equity-Swap redeemable preference shares* (rückerwerbare Vorzugsanteile) an den forderungsumwandelnden Gläubigern ausgegeben (s.o.[252]), so ist der Rückerwerb dieser Anteile durch die Gesellschaft grundsätzlich nur zulässig, wenn ausschüttungsfähige Gewinne oder verfügbare Reserven, die zu diesem Zweck als Rücklage (*capital redemption reserve*) zu bilden sind, noch vorhanden sind[253]. Vor diesem Hintergrund dient eine Kapitalherabsetzung in der englischen Restrukturierungspraxis zumeist auch der Wiederherstellung der Möglichkeit von Dividendenausschüttungen und des Rückerwerb von *redeemable preference shares*, um die Eigenkapitalbeteiligung im Wege des *Debt-Equity-Swap* für die Gläubiger/Investoren attraktiver zu gestalten[254].

Das Verfahren und die Voraussetzungen einer gemäß sec. 641(4)(b)(i) CA 2006 ausdrücklich zulässigen nominellen Herabsetzung des *issued share capital* bei einer *plc* oder *Ltd.* zur Beseitigung von Verlusten regeln die ss. 641-657 CA 2006. Kernvoraussetzungen sind ein zustimmender besonderer Gesellschafterbeschluss (*special resolution*)[255] sowie – zum Schutz der Gläubigerinteressen – grundsätzlich ein der Kapitalherabsetzung zustimmender gerichtlicher Bestätigungsbeschluss[256].

Handelt es sich bei der Gesellschaft um eine *Ltd.*, so ist seit Inkrafttreten des CA 2006 theoretisch auch die Nutzung eines erleichterten Kapitalherabsetzungsverfahren (ss. 642-644 CA 2006) möglich. Bei diesem erleichterten Kapitalherabsetzungsverfahren ist ein zustimmender gerichtlicher Bestätigungsbeschluss entbehrlich. Stattdessen muss eine Solvenzerklärung (*solvency statement*) aller *directors* vorliegen, nach deren Inhalt diese keinen Grund dafür sehen, dass die

---

251 Siehe sec. 830(1)(2) CA 2006). Für die *plc* gelten hinsichtlich der Zulässigkeit von Ausschüttungen die strengeren Regeln aus sec. 831 CA 2006.

252 Vgl. zur Ausgabe von *redeemable shares* im Zuge eines *Debt-Equity-Swap* bereits oben Kap. II, II. und Kap. III, II. 1. a.

253 Sec. 687(2) CA 2006. Bei der *Ltd.* gilt es insoweit die Ausnahme des Rückerwerbs *„out of capital“* nach sec. 687(1) CA 2006 zu beachten.

254 Vgl. *Barham*, P.L.C., Oct. 2002, S. 21 (24); *Wilson*, Corporate Rescue and Insolvency, Vol. 2 (2009) Issue 3, S. 103.

255 Sec. 641(1)(b) CA 2006. Zum Drei-Viertel-Mehrheitserfordernis des besonderen Gesellschafterbeschlusses (*special resolution*) oben Fn. 220.

256 Sec. 641(1)(b) i.V.m. ss. 645-651 CA 2006.

Gesellschaft in den nachfolgenden zwölf Monaten nicht in der Lage sein wird, ihre Verbindlichkeiten zu erfüllen[257].

Im hier relevanten Kontext der Durchführung einer Kapitalherabsetzung im Zusammenhang mit einem *Debt-Equity-Swap* einer sanierungsbedürftigen *Ltd.*, die sich kurz vor oder bereits in einer Liquiditätskrise befindet oder bereits überschuldet ist, wird eine solche vereinfachte Kapitalherabsetzung in der Praxis aber wohl nicht genutzt werden können. Denn ein Szenario, in dem trotz der dringenden Sanierungsbedürftigkeit der *Ltd.* ihre Solvenz über die nachfolgenden zwölf Monate gefahrlos[258] zugesichert werden kann, ist höchst unwahrscheinlich. In diesen Fällen wird daher auch für die *Ltd.* (wie für die *plc*) stets das herkömmliche Kapitalherabsetzungsverfahren beschritten werden müssen, das durch das Erfordernis einer Mitwirkung und Zustimmung der Gerichte zeit- und kostenintensiv ist. Dies kann in der Praxis die nachteilige Auswirkung haben, dass eine Kapitalherabsetzung innerhalb des zur Umsetzung des *Debt-Equity-Swap* geplanten Zeitfensters nicht rechtzeitig umsetzbar ist[259].

2. Einsatz von *NewCo*-Konstruktionen (*Debt-for-NewCo-Equity-Swaps*) als Alternative

Entsprechend zu den Gestaltungsmöglichkeiten eines *Debt-Equity-Swap* auf der Grundlage deutschen Rechts[260], kommt auf der Grundlage englischen Rechts ebenfalls nicht nur die vorstehend skizzierte Umsetzung eines „echten" *Debt-Equity-Swap* im Wege einer Beteiligung der forderungsumwandelnden Gläubigern an der ursprünglichen Schuldnergesellschaft selbst in Betracht. Möglich ist insbesondere der Einsatz von Alternativkonstruktionen, bei denen die forderungsumwandelnde Gläubiger für den Verzicht ihrer gegen die Schuldnergesellschaft gerichteten Forderung im technischen oder untechnischen Sinne an einer neu gegründeten Gesellschaft (sog. „*NewCo*" von „*new company*") beteiligt werden. In der englischen Restrukturierungspraxis sind solche *Debt-for-NewCo-Equity-Swaps*, die gelegentlich – anders als hier[261] – ebenfalls unter den Begriff

257 Den notwendigen Inhalt des *solvency statement* regelt sec. 643 CA 2006.

258 Geben die *directors* eine fehlerhafte Solvenzerklärung ab, nämlich ohne vernünftige Gründe für die in ihr enthaltene Meinung ab, so erfüllen sie einen Straftatbestand, was mit Geld- oder Haftstrafe sanktioniert wird; sec. 643(4)(5) CA 2006.

259 Vgl. zu diesem Aspekt *Barham*, P.L.C., Oct. 2002, S. 21 (24).

260 Kap. III, I.

261 Vgl. dazu oben Kap. III, I. 2. d.

der *Debt-Equity-Swaps* gefasst werden[262], eine gängige und häufig eingesetzte Konstruktion.

Im Rahmen einer außergerichtlichen Umsetzung des Sanierungskonzepts bietet sich in der Praxis beispielsweise die folgende Konstruktion eines *Debt-for-NewCo-Equity-Swap* an, wobei aber andere *NewCo*-Konstruktionen (wie insb. die Übertragung sämtlicher Vermögenswerte der Schuldnergesellschaft auf eine von den forderungsumwandelnden Gläubigern gehaltene *NewCo* im Zuge der Verwertung von Kreditsicherheiten[263]) denkbar sind:

Die ursprüngliche Schuldnergesellschaft, typischerweise eine Holdinggesellschaft, überträgt – im Zuge eines Verkaufs mit Zustimmung ihrer *directors* – ihre Vermögenswerte (typischerweise Anteile an operativen Tochtergesellschaften) vollständig oder zumindest größtenteils auf eine *NewCo*[264]. An der *NewCo* werden die forderungsumwandelnden Gläubiger mit einer als mehrheitlich konsensfähig ausgehandelten Beteiligungsquote (ggf. auch zu 100%) beteiligt. Die *NewCo* übernimmt sodann von der ursprüngliche Schuldnergesellschaft die Schuldnerstellung isoliert hinsichtlich der in Anteile umzuwandelnden, gegen die ursprüngliche Schuldnergesellschaft gerichteten Forderungen. Auf der Ebene der *NewCo* wird nachfolgend ein *Debt-Equity-Swap* durchgeführt, bei der die nunmehr gegen die *NewCo* gerichtete Forderung der forderungsumwandelnden Gläubiger in Anteile an der *NewCo* getauscht werden und die *NewCo* entsprechend entschuldet wird. In Betracht kommt auch eine Entschuldung auf Ebene der *NewCo* durch schlichten Forderungsverzicht der an der *NewCo* beteiligten Gläubiger.

Wird das Sanierungskonzept umgesetzt, während sich die Schuldnergesellschaft im gerichtlich überwachten *administration*-Verfahren[265] befindet, so kann die skizzierte *NewCo*-Konstruktion auch im Wege eines Verkaufs der wesentlichen Vermögenswerte der Schuldnergesellschaft durch den bestellten *administrator* (statt über einen *management executed sale*) erzielt werden.

In der englischen Restrukturierungspraxis üblich ist des Weiteren die Umsetzung eines *Debt-for-NewCo-Equity-Swap* auf der verfahrensrechtlichen

---

262 Siehe aber *Parry*, Corporate Rescue, 2008, S. 235, die ebenfalls den (hier verwendeten) Begriff *Debt-for-NewCo-Equity-Swap* verwendet.

263 Vertiefend zu dieser Gestaltungsmöglichkeit und zu den rechtlichen Risiken (insb. Anfechtungsrisiken) und faktischen Hürden im Kontext ihrer Umsetzung *Howard/Hedger*, Restructuring Law and Practice, 2008, Rn. 6.114-6.133.

264 Zu dieser Gestaltungsmöglichkeit *Howard/Hedger*, a.a.O., Rn. 6.101-6.113.

265 Zum *administration*-Verfahren gem. sec. 8 IA 1986 i.V.m. Schedule B1 IA 1986 unten Kap. VII, III. 1.

Grundlage eines als Sanierungsverfahren einsetzbaren *Scheme of Arrangement* gemäß ss. 895 ff. CA 2006 (näher hierzu unten mit Beispielen[266]); möglich ist auch die Umsetzung eines *Debt-for-NewCo-Equity-Swap* auf der verfahrensrechtlichen Grundlage eines *Company Voluntary Arrangement (CVA)* nach ss. 1–7B IA 1986[267].

III. Eingrenzung des Untersuchungsgegenstandes auf Rechtsfragen im Kontext von „klassischen" *Debt-Equity-Swaps*

Die nachfolgenden Ausführungen beschränken sich auf die Rechtsfragen im Kontext der Umsetzung eines „klassischen" *Debt-Equity-Swaps* im Wege der Einbringung der umzuwandelnden Forderung über eine Kapitalerhöhung und Beteiligung der forderungsumwandelnden Gläubiger an der Schuldnergesellschaft selbst. Dabei ist nicht ausgeschlossen, dass im konkreten Einzelfall eine der in diesem Kapitel skizzierten Alternativgestaltungen im Vergleich zu dieser klassischen Gestaltungstechnik des *Debt-Equity-Swap* vorzugswürdig sein kann. Welche Gestaltung im Einzelfall gewählt wird, hängt von unterschiedlichsten Erwägungen ab. Eine zielführende Abwägung potentieller Vor- und Nachteile der Alternativgestaltungen im Vergleich zur „klassischen" Gestaltungstechnik des *Debt-Equity-Swap* setzt aber die Kenntnis der zentralen rechtlichen Hürden bei Umsetzung dieser klassischen Gestaltungstechnik voraus.

---

266 Zur Nutzung des *SoA* zur Umsetzung eines *Debt-for-NewCo-Equity-Swap* unten Kap. VII, III. 3.

267 Näher hierzu unten Kap. VII, III. 2.

Kapitel IV: Kapitalaufbringungsregeln des deutschen und englischen Kapitalgesellschaftsrechts

I. Stellenwert der Kapitalaufbringungsregeln im deutschen und englischen Kapitalgesellschaftsrecht

Bei der Umsetzung von *Debt-Equity-Swaps* zur Entschuldung einer sanierungsbedürftigen deutschen AG oder GmbH sowie einer *plc* (*public limited company*) oder *Ltd.* (*private limited company*) englischen Rechts bestehen unterschiedliche Gestaltungsspielräume. Grund hierfür ist u.a., dass diese Gestaltungsspielräume maßgeblich von der Konzeption der Finanzverfassungen der genannten Gesellschaftsformen beeinflusst werden, die ihrerseits von fundamentalen Unterschieden bei der Konzeption der Gläubigerschutzsysteme in beiden Jurisdiktionen geprägt sind. Diese Unterschiede sind Ergebnis von Entwicklungsprozessen im Kapitalgesellschaftsrecht beider Jurisdiktionen:

Die Haftungsbeschränkung der Gesellschafter auf das Vermögen der Gesellschaft führt bekanntermaßen zu einer asymmetrischen Risikoteilung zwischen ihren Gläubigern und Gesellschaftern zuungunsten der Gläubiger. Hierzu zählt nicht nur aber auch, dass die normalerweise vorherrschende Risikoabneigung der Gesellschafter von einem Risikoanreiz überlagert wird, weil Gesellschafter von großen Gewinnen allein profitieren, von schweren Verlusten aber nur bis zur Höhe des vorhandenen Eigenkapitals berührt werden[268]. Dieses Verlustrisiko tragen letztlich die Gläubiger. Je niedriger die Eigenkapitalposition der Gesellschafter ist, desto stärker ist der Anreiz, dass die Gesellschafter zum Nachteil der Gläubiger unverhältnismäßig hohe Risiken eingehen. Im Fall der Haftungsbeschränkung der Gesellschafter auf das Vermögen der Gesellschaft besteht u.a. aus diesen Gründen ein gesteigertes Bedürfnis für einen gesetzlichen Schutz zumindest solcher Gläubiger, die sich gegen diese Risiken nicht (wie insb. sog. unfreiwillige Gläubiger) oder nur schlecht schützen können. Ziel des gesetzlichen Gläubigerschutzes ist es, die Gläubiger – in einem politisch festzulegenden angemessenen Maß – vor dem Ereignis bzw. den Folgen der Insolvenz des Schuldnerunternehmens, d.h. insbesondere dem Verlust des zur Verfügung gestellten Kapitals, abzusichern. Bei

268 Vgl. *Eidenmüller/Grunewald/Noack* in Lutter, Das Kapital der Aktiengesellschaft in Europa, 2006, S. 17 (23) m.w.N.

Betrachtung des internationalen Panoramas, lassen sich grob vereinfachend zwei Pole unterscheiden, zwischen denen sich die von den nationalen Gesetzgebern als Reaktion auf dieses Gläubigerschutzbedürfnis zur Verfügung gestellten unterschiedlichen Systeme des Schutzes von Gläubigern einer Kapitalgesellschaft bewegen[269]:

Im angloamerikanischen Rechtskreis sind Gesellschaftsrecht und Gläubigerschutzrecht traditionell voneinander zu trennen. Die Aufgabe des Gesellschaftsrechts wird allein in der Regelung der inneren Organisation der Gesellschaft gesehen, mit der Gläubigerschutz nichts zu tun hat[270]. Nach US-amerikanischer Konzeption wird Gläubigerschutz vielmehr über Instrumentarien anderer Rechtsgebiete gesucht oder bleibt der Privatinitiative der Gläubiger (z.B. ihrer Absicherung durch *financial covenants* in Kreditverträgen) überlassen, flankiert durch gesellschaftsrechtliche Ausschüttungssperren, eine schneidige Durchgriffshaftung der Gesellschafter wegen nicht hinreichender Kapitalausstattung der Gesellschaft, und durch insolvenzrechtliche Schutzmechanismen (insb. Anfechtungsrechte)[271].

Zu diesem Gläubigerschutzsystem bildet eine andere Tradition, in der auch das deutsche Aktien- und GmbH-Recht steht, den Gegenpol, indem sie Gläubigerschutz – nicht nur, aber auch – über gesellschaftsrechtliche Schutzvorkehrungen, nämlich dem System des „festen Nennkapitals“[272] (bzw. für das deutsche Aktien- und GmbH-Recht dem „System des festen Grund- bzw. Stammkapitals“), sucht. Dieses für das deutsche Aktien- und GmbH-Recht prägende und ursprünglich vor allem als Mittel des Anlegerschutzes etablierte[273] System, das

269 Siehe zum Folgenden *Merkt*, ZGR 2004, S. 305 (311 ff.).

270 Vor diesem Hintergrund hat im US-amerikanischen Recht entweder das gesetzlich vorgeschriebene *stated capital* für den Gläubigerschutz keine Bedeutung mehr (z.B. in New York) oder das Konzept des *stated capital* wurde völlig aufgegeben (z.B. in Kalifornien), so dass bei Gründung einer Gesellschaft kein Zwang zur Kapitalaufbringung oder Prüfung der Werthaltigkeit von Sacheinlagen besteht; *Merkt*, a.a.O., S. 311 f.

271 Näher hierzu *Merkt*, a.a.O., S. 313 ff. m.w.N.

272 Zum Begriff des festen Nennkapitals *Ekkenga/Bayer* in Lutter, Das Kapital der Aktiengesellschaft in Europa, 2006, S. 342; *Bayer* in Bayer/Habersack, Aktienrecht im Wandel, Bd. II, 2007, S. 708 ff.

273 *Lutter* in Lutter, Das Kapital der Aktiengesellschaft in Europa, 2006, S. 2; zur heutigen Bedeutung dieses Systems für das Innenrecht *Ekkenga/Bayer* in Lutter, Das Kapital der Aktiengesellschaft in Europa, 2006, S. 342 ff.

auch der Kapitalrichtlinie[274] immanent ist[275], beruht bekanntermaßen auf drei Säulen: Dies sind (1.) die Regeln über die Aufbringung des satzungsmäßig festgelegten Kapitals (das Kapitalaufbringungsrecht), (2.) die Regeln über dessen Erhaltung (das Kapitalerhaltungsrecht), und (3.) die Festlegung eines gesetzlichen Mindestkapitalerfordernisses. Das zuletzt genannte Mindestkapitalerfordernis ist zwar kein konstitutives Element des Systems des festen Nennkapitals, weil dieses auch ohne ein gesetzlich vorgeschriebenes Mindestkapital unter Beibehaltung der zu (1.) und (2.) genannten Bausteine denkbar ist[276], doch hält der deutsche Gesetzgeber für die AG und die GmbH bislang daran fest (§ 7 AktG, § 5 Abs. 1 GmbHG). Die hiermit erfolgte Festlegung des Mindestkapitals impliziert eine Entscheidung für das System des festen Nennkapitals insgesamt, weil eine Mindestkapitalziffer ohne gleichzeitige Regeln über Kapitalaufbringung und -erhaltung nur auf dem Paper stünde.

Zu den festen Überzeugungen des System des festen Nennkapitals in seiner für das deutsche Aktien und GmbH-Recht prägenden Konzeption zählt der Gedanke, dass das Privileg der Haftungsbeschränkung (als Ausnahme zum Grundsatz der unbeschränkten persönlichen Vermögenshaftung) zwingend nur zum Preis eines festen Nennkapitals gewährt wird und der Legitimation der Haftungsbeschränkung dient und dass dieses Nennkapital den gesetzlichen Mindestkapitalbetrag nicht unterschreiten darf[277]. Erst mit Inkrafttreten

274 Zweite Richtlinie des Rates v. 13.12.1976 (77/91/EWG), ABl. EG Nr. L 26 v. 13.1.1977, S. 1 ff., zur Koordinierung der Schutzbestimmungen, die in den Mitgliedstaaten den Gesellschaften im Sinne des Art. 58 Abs. 2 des Vertrages im Interesse der Gesellschafter sowie Dritter für die Gründung der Aktiengesellschaft sowie für Erhaltung und Änderung ihres Kapitals vorgeschrieben sind, um diese Bedingungen gleichwertig zu gestalten.

275 Zum Prinzip des festen Nennkapitals nach Maßgabe der Kapitalrichtlinie und zur Umsetzung dieser Vorgaben in Deutschland, England und Frankreich *Koll-Möllenhoff*, Das Prinzip des festen Grundkapitals im europäischen Gesellschaftsrecht, 2005.

276 *Eidenmüller/Grunewald/Noack* in Lutter, Das Kapital der Aktiengesellschaft in Europa, 2006, S. 17 (20).

277 Zum System der Kapitalaufbringung als Äquivalent für die Beschränkung der Haftung auf das Vermögen der juristischen Person, *Lutter*, Kapital, Sicherung der Kapitalaufbringung und Kapitalerhaltung in den Aktien- und GmbH-Rechten der EWG, 1964, S. 38 ff, 128. Aus der Rspr.: BGH Beschl. v. 16.03.1992 – II ZB 17/91 – BGHZ 117, 323 (331): „*Zweck der Gründungsvorschriften ist es in erster Linie, die reale Aufbringung der gesetzlich vorgeschriebenen Mindestkapitalausstattung der*

des MoMiG[278] am 1.11.2008, das mit der Einführung der Unternehmergesellschaft (UG) nach § 5a GmbHG das wirtschaften mit beschränkter Haftung zulässt, ohne dass ein Mindestkapital zu Verfügung gestellt werden muss, wurde das zwingende Junktim von Mindestkapital und Haftungsbeschränkung (Privileg der Haftungsbeschränkung bei wirtschaftlicher Tätigkeit nicht ohne die Aufbringung eines Mindestkapitals) für das deutsche Kapitalgesellschaftsrecht aufgeweicht. Dies wirft Fragen danach auf, ob mit Blick auf die Legitimation der Haftungsbeschränkung deutscher Kapitalgesellschaften und der Zweck der deutschen Kapitalaufbringungsvorschriften künftig Korrekturen des bisherigen traditionellen Verständnisses vorzunehmen sind und wie diese im Detail aussehen könnten[279]. Das Kapitalschutzkonzept des Systems des festen Nennkapitals und insbesondere das Mindestkapitalerfordernis als Bestandteil dieses Systems ist in den vergangen Jahren auf europäischer und auf nationaler Ebene aus verschiedenen Richtungen unter Druck geraten[280]. In diesem Kontext entfachte eine intensive Diskussion um die Effizienz der Gläubigerschutzfunktionen dieses Systems und weitergehend nach der Legitimation dieses Systems insgesamt[281].

Das deutsche Aktien- und GmbH-Recht ist traditionell von der Überzeugung geprägt, dass die Regeln zu einem festem Grund- oder Stammkapital dafür sorgen müssen, dass der betreffenden Gesellschaft bei Gründung oder Kapitalerhöhung reale Vermögenswerte in Höhe der Kapitalziffer zufließen[282]. Um dies zu sichern, ist im deutschen Aktien- und GmbH-Recht ein strenges Kapitalaufbringungsrecht verankert, dem insgesamt das Prinzip zugrunde liegt, dass eine tatsächliche und endgültige Aufbringung des in der Satzung bzw. nach der Eintragung auch

---

Gesellschaft im Zeitpunkt ihres Entstehens als Ausgleich für die Beschränkung ihrer Haftung auf das Gesellschaftsvermögen sicherzustellen".

278 Gesetz zur Modernisierung des GmbH-Rechts und zur Bekämpfung von Missbräuchen (MoMiG) v. 23.10.2008, BGBl. I 2008, S. 2026 ff.

279 Hierzu *Schall*, Kapitalgesellschaftsrechtlicher Gläubigerschutz, 2009, S. 101 ff.; *ders.*, ZGR 2009, S. 126 ff.

280 Kritisch zum System des festen Nennkapitals etwa *Rickford*, EBLR 2004, S. 919 ff.; *Armour*, MLR, Vol. 63 (2000) No. 3, S. 355 ff.; *ders.*, EBOR 2006, S. 5 ff.; *Ferran*, ECFR 2006, S. 178 ff.; *Payne*, European Company Law, Vol. 5 (2008) Issue 5, S. 220 ff.; weitere Nachweise bei *Schall*, Kapitalgesellschaftsrechtlicher Gläubigerschutz, 2009, S. 37 ff.

281 Zur Debatte um den Gläubigerschutz durch das System des festen Nennkapitals statt aller *Kleindiek*, BB Beil. 2007, Nr. 005, S. 2 ff.; *Merkt*, ZGR 2004, S. 305 ff.; *Lutter* in Lutter, Das Kapital der Aktiengesellschaft in Europa, 2006, S. 1 ff.; *Schall*, Kapitalgesellschaftsrechtlicher Gläubigerschutz, 2009, S. 37 ff.; jeweils m.w.N.

282 Vgl. etwa (zum Aktienrecht) *Lutter* in FS Stiefel 1987, S. 505 (506.).

m Handelsregister verlautbarten Grund- bzw. Stammkapitals sicherzustellen ist Grundsatz der realen Kapitalaufbringung)[283]. Reale Kapitalaufbringung i.d.S. bedeutet Herstellung eines vollständigen Wertdeckungszusammenhanges des nominellen Kapitals mit dem aufgebrachten Aktivvermögen[284]. Eine fiktive Vermögensaufbringung oder eine Aufbringung, die nicht zur vollständigen rechnerischen Wertdeckung des nominellen Eigenkapitals führt, genügt zur realen Kapitalaufbringung also nicht.

Die reale Kapitalaufbringung i.d.S. ist nicht nur, aber in besonderer Weise gefährdet, wenn bei Sachgründung oder Sachkapitalerhöhung die Einbringung von Sacheinlagen vereinbart wird, weil der Wert von Sacheinlagen anders als derjenige von Bareinlagen unsicher sein kann und nicht von vornherein feststeht. Das deutsche Aktien- und GmbH-Recht versucht deshalb – als Ausfluss des Grundsatzes der realen Kapitalaufbringung – durch ein vielfältiges Arsenal an Vorschriften des präventiven Kapitalaufbringungsschutzes bei Sacheinlagen zu gewährleisten, dass der Gesellschaft über die einzulegenden Gegenstände auch bei Sachgründung oder Sachkapitalerhöhung mindestens ein dem Ausgabewert der Aktien bzw. Geschäftsanteile entsprechender Wert zugeführt wird[285]. Die gesetzlichen Vorschriften des präventiven Kapitalaufbringungsschutzes bei Sacheinlagen werden flankiert von einer ergänzenden rigiden Rechtsprechung, die ihre Umgehung zu vermeiden und die reale Kapitalaufbringung im Fall der Sachgründung oder Sachkapitalerhöhung sicherzustellen sucht. Hierzu zählt unter anderem auch das richterrechtlich entwickelte Rechtsinstitut der verdeckten Sacheinlagen, auf das unten näher eingegangen wird[286]. Das gesetzliche Normensystem zur (vorsorgend konzipierten) Kapitalaufbringungskontrolle des Aktien- und GmbH-Rechts ist daher kein die zulässigen Gestaltungen abschließend regelndes System, sondern Teil eines größeren Systems, das erst insgesamt,

283 Zu diesem Grundsatz statt aller etwa *Wiedemann*, Gesellschaftsrecht Bd. I, 1980, § 10 IV 2. Grundlegend hierzu *Lutter*, Kapital, Sicherung der Kapitalaufbringung und Kapitalerhaltung in den Aktien- und GmbH-Rechten der EWG, 1964.

284 D.h. das Kapital ist aufgebracht, wenn ein rechnerischer Wertdeckungszusammenhang mit dem Vermögen hergestellt wird in dem Sinne, dass der Betrag des Eigenkapitals dem Betrag des von den Gründern und Zeichnern zur Verfügung gestellten Aktivvermögens entspricht; statt vieler *Joost*, ZIP 1990, S. 549 (553).

285 Siehe nur die verschärften Publizitäts- und Prüfungspflichten für Sacheinlagen, vgl. §§ 27, 32 Abs. 2, 33 Abs. 2 Nr. 4, 34 Abs. 1 Nr. 1 und 2, 38 Abs. 2 S. 2 AktG; sowie §§ 5 Abs. 4, 7 Abs. 3, 8 Abs. 1 Nr. 5, 9, 9c Abs. 1, 19 Abs. 5 GmbHG.

286 S. unten Kap. IV, II. 4. b.

d.h. einschließlich ungeschriebener Rechtssätze, die Idee der realen Kapitalaufbringung vollständig verwirklicht.

Für die rechtlichen Rahmenbedingungen des *Debt-Equity-Swap* erlangt dieses Gesamtsystem praktische Relevanz, weil aus einigen seiner Eckpfeilern Beschränkungen der Gestaltungsspielräume bei der Umsetzung eines *Debt-Equity-Swap* bei einer deutschen AG oder GmbH im Wege einer Sachkapitalerhöhung resultieren, auf die im Rahmen dieses Kapitels eingegangen wird. Im Vergleich der rechtlichen Rahmenbedingungen von *Debt-Equity-Swaps* nach deutschem Kapitalgesellschaftsrecht und nach englischem Kapitalgesellschaftsrecht, erlangt der Umstand Bedeutung, dass das englische Kapitalgesellschaftsrecht derartige Beschränkungen nicht in gleichem Maße vorsieht. Grund hierfür ist, dass das englische Kapitalgesellschaftsrecht (im Vergleich zum dt. Kapitalgesellschaftsrecht) von einem weniger strikten Kapitalaufbringungsrecht geprägt ist:

Die Entwicklung des Kapitalgesellschaftsrechts in England hat ein vom deutschen System in wesentlichen Punkten abweichendes Gläubigerschutzkonzept hervorgebracht[287]. Dies lässt sich vor allem auf die unterschiedliche Begründung der Haftungsbeschränkung zurückführen, die zu einer vom deutschen System abweichenden Schwerpunktsetzung bei der Konzeption der Finanzverfassung der *plc* und vor allem der *Ltd.* geführt hat[288]. Mit Blick auf die oben genannten Pole, zwischen denen sich die von den nationalen Gesetzgebern als Reaktion auf das Gläubigerschutzbedürfnis zur Verfügung gestellten Systeme des Schutzes von Gläubigern einer Kapitalgesellschaft bewegen, ist zu beobachten, dass das englische Gläubigerschutzkonzept irgendwo zwischen den Polen der US-amerikanischen und deutschen Gläubigerschutzkonzepte oszilliert, weil es Elemente beider Gläubigerschutzkonzepte enthält. Bei alldem ist zwischen dem Recht der *plc* und dem der *Ltd.* zu differenzieren:

Weil durch die Kapitalrichtlinie – die in ihrer Grundkonzeption stark deutschem Recht verpflichtet ist[289] – das System des festen Nennkapitals einschließlich eines Mindestkapitalerfordernisses für Publikumsgesellschaften europaweit etabliert wurde[290], musste England dieses System in Umsetzung der Vorgaben der Kapitalrichtlinie für die *plc* übernehmen. Dieses System war dem englischen

---

287 Vertiefend hierzu *Schall*, Kapitalgesellschaftsrechtlicher Gläubigerschutz, 2009, S. 251 ff.

288 Hierzu *Schall*, a.a.O.

289 *Grundmann*, Europäisches Gesellschaftsrecht, 2004, § 10 Rn. 314 m.w.N.

290 Zum Prinzip des festen Nennkapitals nach Maßgabe der Kapitalrichtlinie und zur Umsetzung dieser Vorgaben in Deutschland, England und Frankreich in

Recht zuvor fremd gewesen[291], ist also ein sog. „*legal transplant*". Die Einführung von Mindestkapitalerfordernis[292] und verschärften Kapitalaufbringungs- und -erhaltungsvorschriften nach Maßgabe der Kapitalrichtlinie für die *plc* brachte für das englische Kapitalgesellschaftsrecht tiefgreifende Neuerungen in Hauptfragen zu Mindestkapital, Ausschüttungen, Einlagengehalt und Sacheinlagenprüfung und dem gesetzlichen Bezugsrechts der Gesellschafter und führte zu einer Teil-Harmonisierung u.a. des deutschen Aktienrechts und des Rechts der *plc* mit Blick auf diese Fragen[293].

Bis heute ist das System des festen Nennkapitals den Engländern allerdings (zumindest in Teilbereichen) fremd geblieben. Dies wurde erkennbar, als das britische *Accounting Standards Board* und das *Company Law Centre* am *British Institute of International and Comparative Law* eine Untersuchung über den Nutzen dieses Systems durch eine Arbeitsgruppe unter der Leitung von *Jonathan Rickford* initiiert hatten. Der von dieser Gruppe im Jahr 2004 veröffentlichte Bericht befand das System des festen Nennkapitals als zu teuer und überflüssig und empfahl eine Abschaffung der Kapitalrichtlinie[294]; die britische Regierung schloss sich dieser Auffassung an[295]. Die Skepsis gegenüber dem System des festen Nennkapitals zeigt sich im Recht der *plc* zudem daran, dass die Kapitalaufbringungsregeln im Recht der *plc* meist beim europarechtlich vorgeschriebenen Minimum stehen geblieben sind. Anders als das deutsche Aktien- und GmbH-Recht (dazu oben) ist das Recht der *plc* im Grundsatz nicht von richterrechtlich entwickelten, über die Vorgaben der Kapitalrichtlinie hinausgehenden Maßstäben zur Umgehung der Kapitalaufbringungsregeln geprägt.

Im Recht der *Ltd.* ist das maßgebliche Kapitalaufbringungsrecht im Vergleich zum Recht der *plc* und (erst recht) im Vergleich zum Aktien- und GmbH-Recht

---

monographischer Breite *Koll-Möllenhoff*, Das Prinzip des festen Grundkapitals im europäischen Gesellschaftsrecht, 2005.

291 Vgl. etwa *Lutter* in Lutter, Das Kapital der Aktiengesellschaft in Europa, 2006, Vorwort.

292 Für die *plc* ist gemäß sec. 763(1) i.V.m. ss. 761(1)(2), 762(1)(a) CA 2006 ein Mindestkapital (*allotted share capital not less than the authorised minimum*) i.H.v. £ 50.000 vorgeschrieben.

293 Vertiefend zum Stand der Harmonisierung der Kapitalaufbringungs- und -erhaltungsvorschriften im deutschen und englischen Kapitalgesellschaftsrecht die rechtsvergleichende Untersuchung von *Koll-Möllenhoff*, Das Prinzip des festen Grundkapitals im europäischen Gesellschaftsrecht, 2005.

294 *Rickford*, EBLR 2004, S. 919 ff.

295 Zum Ganzen statt vieler *Lutter* in Lutter, Das Kapital der Aktiengesellschaft in Europa, 2006, Vorwort.

noch wesentlich liberaler[296]: Weil die Regeln zur Kapitalaufbringung und -erhaltung von *Ltd.'s* vom Anwendungsbereich der Kapitalrichtlinie nicht erfasst sind, entstand hinsichtlich der *Ltd.* kein Zwang zur Umsetzung der strikteren Vorgaben der Richtlinie zur Kapitalaufbringung. Das Kapitalaufbringungsrecht für die *Ltd.* spiegelt daher auch heute noch den traditionell deregulierten Ansatz des englischen Gesellschaftsrechts wieder („*laissez-faire approach of British law to legal capital regulation*"[297]). In der Folge operiert das englische Kapitalgesellschaftsrecht heute mit einem zweigleisigen System aus Kapitalschutzvorschriften für die *plc* einerseits und aus solchen für die *Ltd.* andererseits, wobei die letzteren erheblich liberaler konzipiert sind. Diese Zweigleisigkeit wurde weiter ausgebaut, indem die Kapitalerhaltungsgrundsätze für die *Ltd.* durch den CA 2006 weiter dereguliert wurden[298].

Der traditionell deregulierte Ansatz des englischen Gesellschaftsrechts mit Blick auf die Kapitalaufbringung ist Ausfluss der Tradition, dass Gläubigerschutz im englischen Kapitalgesellschaftsrecht weniger durch gesellschaftsrechtliche Vorschriften zur Finanzverfassung der Gesellschaft (insb. zum festen Haftkapitals mit einem Mindestkapitalerfordernis), sondern durch andere Gläubigerschutzinstrumente (als dem eines festen Haftkapitals mit einem Mindestkapitalerfordernis) gewährleistet wird[299]. Heute wird Gläubigerschutz im englischen Kapitalgesellschaftsrecht primär durch eine spezielle Exithaftung der Geschäftsleitung gewährt[300]. Diese basiert zum einen auf den Haftungstatbeständen von *fraudulent trading* und *wrongful trading* in ss. 213, 214 IA 1986, zum anderen auf der fallrechtlich entwickelten Pflicht der Geschäftsleitung, die Gesellschaft im besten Interesse der Gläubiger zu leiten (*duty for the benefit of the creditors*). All dies liegt auf der Linie des englischen Rechts, die Haftung primär bei den Geschäftsleitern zu suchen und nicht bei den Gesellschaftern[301].

---

296 Einen Überblick zum Kapitalaufbringungsrecht im Recht der *Ltd.* bietet (aus der dt. Lit.) etwa *Otte*, Das Kapitalschutzsystem der englischen private limited company im Vergleich zur deutschen GmbH, 2006, insb. S. 31 ff.

297 So *Davies*, AG 1998, S. 346.

298 Siehe hierzu *Payne*, European Company Law, Vol. 5 (2008) Issue 5, S. 220 ff.

299 Vertiefend zu diesen Gläubigerschutzinstrumenten englischen Rechts etwa *Bachner* in Lutter, Das Kapital der Aktiengesellschaft in Europa, 2006, S. 526 ff.; *Schall*, Kapitalgesellschaftsrechtlicher Gläubigerschutz, 2009, S. 258 ff.; *Otte*, Das Kapitalschutzsystem der englischen private limited company im Vergleich zur deutschen GmbH, 2006, insb. S. 38 und 119 ff.

300 Vertiefend hierzu *Schall*, Kapitalgesellschaftsrechtlicher Gläubigerschutz, 2009, S. 261 ff.

301 *Schall*, a.a.O., S. 253 m.w.N.

Der dem System des festen Nennkapitals nach deutscher Prägung immanente Gedanke, dass sich Haftungsbeschränkung und Mindestkapitalerfordernis gegenseitig legitimieren und dass das Mindestkapitalerfordernis zum Schutz der Gläubiger erforderlich sei (dazu oben), ist dem englischen Kapitalgesellschaftsrecht traditionell fremd[302]. Weil kein Mindestkapitalerfordernis als Korrelat zur Haftungsbeschränkung für notwendig erachtet wurde und das (erst wenige Monate zuvor mit dem Limited Liability Act 1855 eingeführte) Mindestkapitalerfordernis mit dem Joint Stock Companies Act 1856 ersatzlos gestrichen wurde, und weil die Kapitalaufbringung nicht im Zeichen des Gläubigerschutzes steht[303], hat das englische Kapitalgesellschaftsrecht nie besonderen Wert auf die Kapitalaufbringung gelegt[304]. Hieran hat sich für das Recht der *Ltd.* bis heute nichts geändert. Zu den Folgen hieraus zählt nicht nur, dass dem englischen Kapitalgesellschaftsrechts eine gesetzlich vorgeschriebene Mindestkapitalziffer für *Ltd.'s* bis heute fremd ist. Zu den Konsequenzen der geringen Bedeutung der Kapitalaufbringung für das Recht der *Ltd.* zählt vielmehr auch, dass im Recht der *Ltd.* die Sacheinlageregeln (auch im Vergleich zu denen für die *plc*) sehr liberal sind und dass das Recht der *Ltd.* – anders als das Aktien- und GmbH-Recht, aber wie das Recht der *plc* (dazu oben) – im Grundsatz nicht von richterrechtlich entwickelten Maßstäben zur Umgehung der Kapitalaufbringungsregeln geprägt ist.

Die nachfolgenden Ausführungen in diesem Kapitel zu den rechtlichen Rahmenbedingungen von *Debt-Equity-Swaps* nach deutschem Kapitalgesellschaftsrecht und nach englischem Kapitalgesellschaftsrecht (dazu sogleich unter II. und III.) betreffen spezifische Problemkreise, die häufig in den Kontext des unterschiedlichen Stellenwerts der Kapitalaufbringungsregeln in Deutschland und England eingebettet sind.

---

302 Zur Entwicklung und Grund der Haftungsbeschränkung in England *Schall*, Kapitalgesellschaftsrechtlicher Gläubigerschutz, 2009, S. 255 ff. Die volle Publizität der Haftungsbeschränkung in Verbindung mit dem Grundsatz „*Caveat Creditor*" (wonach es grds. Sache des Gläubigers ist, sich über die Bonität seines Schuldners zu unterrichten und durch Sicherungsvorkehrungen vor Forderungsausfällen zu schützen) und zum anderen die verbleibende Verantwortlichkeit der Geschäftsleitung - Aspekte die den englischen Gläubigerschutz bis heute prägen - reichten aus, um der Haftungsbeschränkung der Gesellschafter auf das Gesellschaftsvermögen bei ihrer Einführung durch den Limited Liability Act 1855 zum Durchbruch zu verhelfen. Haftungsbeschränkung wurde im Ergebnis billig erhältlich (bloße Publizität als *quid pro quo*). Zum Ganzen *Schall*, a.a.O., S. 255 ff. m.w.N.

303 *Davies*, AG 1998, S. 346 f.

304 Vgl. statt vieler *Davies*, AG 1998, S. 346 f.

II. Rechtliche Rahmenbedingungen der Forderungseinbringung nach Maßgabe des Aktien- und GmbH-Rechts

1. Grundlagen

Wird eine gegen eine AG oder GmbH gerichtete Forderung im Wege der Sachkapitalerhöhung in die Gesellschaft eingebracht, so sind zwingend die strikten Vorschriften des präventiven Kapitalaufbringungsschutzes bei Sacheinlagen nach deutschen Aktien- und GmbH-Recht zu beachten:

Dies begründet zunächst das Erfordernis zur Einhaltung der strengen Publizitätsanforderungen bzgl. des Sachkapitalerhöhungsbeschlusses[305], die zu den allgemeinen Voraussetzungen eines jeden Kapitalerhöhungsbeschlusses hinzutreten. Sind diese unvollständig oder fehlerhaft, so scheitert die Sachkapitalerhöhung; insbesondere aufgrund der Pflicht des Registergerichts zur Ablehnung der Eintragung des Erhöhungsbeschlusses und der Durchführung der Kapitalerhöhung[306], sowie (falls dennoch eingetragen wird) infolge der Verpflichtung des Inferenten zur Bareinlage in Höhe des Ausgabebetrages[307].

Erschwerender wirkt sich auf das Verfahren der Einbringung der Forderung als Sacheinlage das zusätzliche Erfordernis einer präventiven Wertkontrolle der Sacheinlage aus: Das AktG verlangt für die reguläre Sachkapitalerhöhung die Durchführung einer externen Werthaltigkeitsprüfung der Sacheinlage[308], wobei sich das Prüfungsverfahren nach den Vorschriften[309] der Gründungsprüfung richtet[310] und die Prüfer einen Prüfungsbericht zu erstellen haben, der bei Registergericht und Vorstand einzureichen ist. Gegenstand der Prüfung ist die Frage, ob der Wert der Sacheinlagen den geringsten Ausgabebetrag der im Gegenzug

---

305 Bei AG und GmbH ist zwingend der Gegenstand der Sacheinlage, die Person des Inferenten, und (im Aktienrecht) bei Nennbetragsaktien der Nennbetrag, bei Stückaktien die Zahl der bei der Sacheinlage zu gewährenden Aktien, (im GmbH-Recht) der Nennbetrag der auf die Sacheinlage bezogenen Stammeinlage, im Sachkapitalerhöhungsbeschluss festzusetzen (§ 183 Abs. 1 S. 1 AktG, § 56 Abs. 1 S. 1 GmbHG).

306 Hüffer/*Koch* AktG, § 183 Rn. 11 ff.; *Zöllner/Fastrich* in Baumbach/Hueck GmbHG, § 56 Rn. 11.

307 Für das Aktienrecht folgt dies aus § 183 Abs. 2 S. 3 AktG. Zum GmbH-Recht *Zöllner/Fastrich* in Baumbach/Hueck GmbHG, § 56 Rn. 12.

308 § 183 Abs. 3 S. 1 AktG.

309 Dies sind die §§ 33 Abs. 3-5, 34 Abs. 2 und 3, 35 AktG.

310 § 183 Abs. 3 S. 2 AktG.

auszugebenden Aktien erreicht, nicht aber, ob auch ein höherer Ausgabebetrag der Aktien durch den Wert der Sacheinlage gedeckt wird[311].

Seit Inkrafttreten des ARUG[312] kann diese externe Einlagenprüfung im Aktienrecht theoretisch unter engen Voraussetzungen durch die bereits vorhandene Bewertung (Vorgutachten) eines Sachverständigen ersetzt werden[313], sofern der Bewertungsstichtag nicht mehr als sechs Monate vor dem Tag der tatsächlichen Einbringung liegt. Wird ein solches vereinfachtes Kapitalerhöhungsverfahren durchgeführt, steht dem Registergericht kein eigenes Prüfungsrecht zu, sondern es prüft lediglich, ob die Voraussetzungen des vereinfachten Verfahrens vorliegen[314].

Bei der Einbringung von gegen eine krisenbefangene AG gerichteten Forderungen im Wege einer Sachkapitalerhöhung wird dieses vereinfachte Verfahren allerdings kaum nutzbar sein: Denn es ist zum einen mit der Inkaufnahme der Nachteile einer vierwöchige Registersperre[315] und eines Minderheitenrechts verbunden, wonach Aktionäre, die 5% des Grundkapitals auf sich vereinigen, bei Erfüllung einer der beiden Rückausnahmetatbestände des § 33a Abs. 2 AktG eine Prüfung der Werthaltigkeit verlangen können[316]. Zum anderen wird der Rückausnahmetatbestand des § 33a Abs. 2 2. Alt. AktG in den hier relevanten Konstellation nicht selten erfüllt sein, was i.E. ein Scheitern des vereinfachten Prüfungsverfahrens zur Folge hätte[317], weil die als Sacheinlage einzubringenden Forderungen gegen die AG bei einer dringend sanierungsbedürftigen AG typischerweise infolge einer stetigen Verschlechterung der Finanzlage dieser AG

311 Dies ergibt sich nicht aus dem Gesetz, sondern wird in Orientierung an den Umfang der Prüfungspflicht des Registergerichts gefolgert; vgl. Hüffer/*Koch* AktG, § 183 Rn. 16; MüKo-AktG/*Peifer*, § 183 Rn. 64.

312 Gesetz zur Umsetzung der Aktionärsrechterichtlinie (ARUG) v. 30.7.2009, BGBl. I 2009, S. 2479 ff.

313 § 183a Abs. 1 S. 1 i.V.m. § 33a Abs. 1 Nr. 2 AktG.

314 § 184 Abs. 3 S. 2 i.V.m. § 38 Abs. 3 AktG.

315 § 183a Abs. 2 S. 2 AktG.

316 § 183a Abs. 3 AktG.

317 Bejaht das Gericht nach Anhörung des Vorstands (§ 183a Abs. 3 S. 3 AktG) das Vorliegen eines Rückausnahmetatbestandes, so hat es einen oder mehrere qualifizierte Prüfer zu bestellen. Bezüglich der Qualifikation der Prüfer und des Prüfungsverfahrens verweist § 183a Abs. 4 AktG konsequenterweise auf die allgemeinen Regeln der § 33 Abs. 4 und 5, §§ 34, 35 AktG, denn es handelt sich von nun an nicht mehr um eine „vereinfachte", sondern um eine „normale" ordentliche Kapitalerhöhung; zum Ganzen *Bayer/Schmidt*, ZGR 2009, S. 804 (816).

auch innerhalb vergleichsweise kurzer Zeitabstände erheblich niedriger (als im Vorgutachten) zu bewerten sind.

Im GmbH-Recht ist für die Sachkapitalerhöhung weder die Vorlage eines Berichts noch die Vorlage von Wertnachweisen gesetzlich vorgeschrieben, doch führt dies keinesfalls zu einer Vereinfachung des Verfahrens[318]. Denn damit das Registergericht seiner Prüfungspflicht (dazu sogleich) vollumfänglich nachkommen kann, haben die Gesellschafter bei der Anmeldung der Kapitalerhöhung zur Eintragung eine inhaltlich gleiche Darlegungslast in Bezug auf die Werthaltigkeit der Sacheinlagen[319].

Weil die Ermittlung des Einlagewerts einer gegen eine sanierungsbedürftige Gesellschaft gerichteten Forderung nach deutschem Aktien- und GmbH-Recht problematisch ist (näher hierzu unten[320]), besteht das Risiko einer Überbewertung der Forderung als Sacheinlage mit potentiell äußerst nachteiligen Auswirkungen auf die Erfolgsaussichten der Sachkapitalerhöhung: Denn wenn der Wert einer Sacheinlage im Zeitpunkt der Anmeldung der Kapitalerhöhung zur Handelsregistereintragung „nicht unwesentlich" hinter dem Nennbetrag, bei Stückaktien dem anteiligen Betrag des Grundkapitals der dafür zu gewährenden Aktien (geringster Ausgabebetrag i.S.d. § 9 Abs. 1 AktG) zurückbleibt, ist der Kapitalerhöhungsbeschluss nichtig[321], und das Registergericht hat die zur Wirksamkeit der Kapitalerhöhung erforderliche Eintragung des Erhöhungsbeschlusses abzulehnen[322]. Für das GmbH-Recht folgt eine entsprechende Pflicht zur Ablehnung der Eintragung aus § 57a i.V.m. § 9c Abs. 1 S. 2 GmbHG[323], wenn der Einlagewert der Sacheinlagen nicht unwesentlich hinter dem Nennbetrag der auszugebenden Geschäftsanteile zurückbleibt.

Zweck der registergerichtlichen Ablehnungspflicht ist nach h.M. nur die Sicherstellung, dass es nicht zu einer Unterpari-Emission kommt[324]. Wenn der

---

318 Hierzu statt vieler *Bayer*, ZIP 1998, S. 1985 (1986) m.w.N.

319 *Lutter/Bayer* in *Lutter/Hommelhoff*, GmbHG, § 56 Rn. 7 m.w.N.

320 Kap. IV, II. 3.

321 Hüffer/*Koch* AktG, § 183 Rn. 20; MüKo-AktG/*Peifer*, § 183 Rn. 70.

322 Hüffer/*Koch* AktG, § 183 Rn. 18.

323 Für das GmbH-Recht gilt: Eine Prüfungspflicht des Registergerichts hinsichtlich der Bewertung der Sacheinlagen ist zwar in §§ 9c, 57a GmbHG nicht ausdrücklich statuiert, wird aber als bestehend vorausgesetzt. Zur Prüfungspflicht des Registergerichts beim *Debt-Equity-Swap* durch Sachkapitalerhöhung im GmbH-Recht *Hey*, Die Kapitalerhöhung bei der GmbH unter Verwendung von Geldforderungen, 1992, S. 42 ff.

324 Siehe für das Aktienrecht MüKo-AktG/*Peifer*, § 183 Rn. 64.

Wert einer Sacheinlage (d.h. im hier interessierenden Kontext der als solche einzubringenden Forderung) hinter dem Nennbetrag der dafür zu gewährenden Aktien oder Geschäftsanteile zurückbleibt (Unterpari-Emission), liegt ein Verstoß gegen das Verbot der Unterpari-Emission vor. Dieses bezweckt Gläubigerschutz durch Sicherung der Kapitalaufbringung[325] und ist in § 9 Abs. 1 AktG verankert und für Sacheinlagen in § 36a Abs. 2 S. 3 AktG bekräftigt bzw. wird für das GmbH-Recht (mangels gesetzlicher Regelung) direkt aus dem Normzweck der Kapitalaufbringungsregeln abgeleitet[326]. Ob der Wert der Sacheinlage den Wert eines etwaigen, über dem geringsten Ausgabebetrag liegenden Ausgabebetrages erreicht, unterliegt dagegen nicht der Prüfungspflicht des Registergerichts, weil diese allein das Verbot der Unterpari-Emission durchsetzen soll[327]. Ein Zurückbleiben des Einlagewerts der Sacheinlage hinter dem Ausgabebetrag kann die Kapitalerhöhung jedoch ebenfalls gefährden[328].

2. Differenzhaftung des forderungsumwandelnden Gläubigers

a. Differenzhaftung bei Debt-Equity-Swaps außerhalb des Insolvenzplanverfahrens

Sofern ein *Debt-Equity-Swap* nicht gemäß § 225a Abs. 2 InsO auf der verfahrensrechtlichen Grundlage eines Insolvenzplanverfahrens unter den durch das ESUG erleichterten Rahmenbedingungen implementiert wird (dazu unten[329]), kann die Überbewertung der einzubringenden Forderung als Sacheinlage im Wege einer Sachkapitalerhöhung nach Aktien- und GmbH-Recht eine Differenzhaftung

---

325 Vgl. BGH Urt. v. 14.03.1977 – II ZR 156/75 – BGHZ 68, 191 (195).

326 BGH Urt. v. 27.02.1975 – II ZR 111/72 – BGHZ 64, 52 (62); BGH Urt. v. 14.03.1977 – II ZR 156/75 – BGHZ 68, 191 (195).

327 MüKo-AktG/*Peifer*, § 183 Rn. 64.

328 Im Falle eines „groben Missverhältnisses“ zwischen dem Ausgabebetrag der gewährten Aktien und dem Wert der dafür eingebrachten Sacheinlage kann der Kapitalerhöhungsbeschluss nach § 241 Nr. 3 AktG nichtig sein; so dass das Registergericht die Eintragung nach allgemeinen Grundsätzen abzulehnen hat; Hüffer/*Koch* AktG, § 183 Rn. 20; MüKo-AktG/*Peifer*, § 183 Rn. 67. Sofern ein Bezugsrechtsausschluss erfolgt ist, ist der Sachkapitalerhöhungsbeschluss zum Schutz der Aktionäre vor einer Vermögensverwässerung nach § 255 Abs. 2 S. 1 AktG anfechtbar, wenn der Wert der Sacheinlage „unangemessen niedrig“ i.S.d. Vorschrift festgesetzt wurde; Hüffer/*Koch* AktG, a.a.O. Näher hierzu etwa *Bayer*, ZHR 163 (1999), S. 505 (514 ff.).

329 Kap. IV, II. 2. b.

des forderungsumwandelnden Gläubigers als Inferenten auslösen[330]. Diese ist ein zentrales Element des aktien- und GmbH-rechtlichen Kapitalschutzes bei Sacheinlagen[331] und für das GmbH-Recht seit der GmbH-Novelle 1980 gesetzlich verankert:

Ist die Kapitalerhöhung durch Eintragung trotz der Überbewertung wirksam geworden, folgt aus § 9 Abs. 1 GmbHG i.V.m. § 56 Abs. 2 GmbHG, dass der eine Stammeinlage übernehmende Gesellschafter verpflichtet ist zur Leistung einer Bareinlage in Höhe des Fehlbetrages, der sich ergibt, wenn der objektive Wert der eingebrachten Sacheinlage im Zeitpunkt der Anmeldung der Kapitalerhöhung zur Handelsregistereintragung nicht den Nominalbetrag der dafür übernommenen Stammeinlage erreicht[332]. Die Differenzhaftung wird im Zeitpunkt der Anmeldung der Kapitalerhöhung zur Handelsregistereintragung begründet[333] und ist verschuldensunabhängig ausgestaltet[334]. Ein im Kapitalerhöhungsbeschluss vorgesehenes Agio nimmt nach ganz h.M.[335] am Schutz der §§ 9 Abs. 1, 56 Abs. 2 GmbHG nicht teil, so dass sich die Differenzhaftung im GmbH-Recht allein auf die Deckung des Nennbetrages der Anteile bezieht. Sind die Voraussetzungen der Differenzhaftung erfüllt, kann der Insolvenzverwalter im Fall einer späteren Insolvenz der Gesellschaft innerhalb der Verjährungsfrist des § 9 Abs. 2 GmbHG eine Nachzahlung des Differenzbetrages in bar vom

---

330 Vgl. zur Gefahr der Differenzhaftung für den forderungsumwandelnden Gläubiger im spezifischen Kontext des *Debt-Equity-Swap* im Wege einer Sachkapitalerhöhung *Hass/Schreiber/Tschauner* in Hommel/Knecht/Wohlenberg, Hdb. Unternehmensrestrukturierung, 2006, S. 845 ff.; *K. Schmidt* in K. Schmidt/Uhlenbruck, Die GmbH in Krise, Sanierung und Insolvenz, Rn. 2.223; *Schmidt/Schlitt*, Der Konzern 2009, S. 279 (285); *Westpfahl* in Eilers/Koffka/Mackensen, Private Equity, 2009, III. 2., Rn. 10; *Wittig* in FS Uhlenbruck 2000, S. 685 (702 f.).

331 Siehe hierzu (grundlegend) *Lutter*, Kapital, Sicherung der Kapitalaufbringung und Kapitalerhaltung in den Aktien- und GmbH-Rechten der EWG, 1964, S. 283 ff.; sowie etwa BGH Urt. v. 14.03.1977 – II ZR 156/75 – BGHZ 68, 191 (195). Zur dogmatischen Grundlage der Differenzhaftung *Trölitzsch*, Differenzhaftung für Sacheinlagen in Kapitalgesellschaften, 1998, S. 102 ff.

332 Zu den Haftungsvoraussetzungen im Einzelnen *Ulmer* in Ulmer/Habersack/Winter, GmbHG Großkomm., § 56 Rn. 38 ff.; *Trölitzsch*, Differenzhaftung für Sacheinlagen in Kapitalgesellschaften, 1998, insb. S. 147 ff.

333 Vgl. *Zöllner/Fastrich* in Baumbach/Hueck GmbHG, § 56 Rn. 18.

334 *Ulmer* in Ulmer/Habersack/Winter, GmbHG Großkomm., § 56 Rn. 38.

335 *Bayer* in *Lutter/Hommelhoff*, GmbHG, § 9 Rn. 4; *Ulmer* in Ulmer/Habersack/Winter, GmbHG Großkomm., § 56 Rn. 38.

Inferenten einfordern[336]. Die Differenzhaftung wird ergänzt durch eine Ausfallhaftung der übrigen Gesellschafter nach § 24 GmbHG[337].

Für das Aktienrecht ist die Differenzhaftung zwar nicht gesetzlich geregelt, doch gilt die Regelung des GmbH-Rechts nach ständiger Rechtsprechung und heute allgemein anerkannter Ansicht im Aktienrecht entsprechend[338]. Die Differenzhaftung wurde hier aus dem Verbot der Unterpari-Emission (§§ 9 Abs. 1, 36a Abs. 2 S. 3 AktG) hergeleitet[339], das allerdings seinerseits nur eine Ausstrahlung des zugrunde liegenden Prinzips der realen Kapitalaufbringung darstellt[340]. Bei der AG haftet der Inferent verschuldensunabhängig auf die Wertdifferenz in bar, wenn der Wert der Sacheinlage zum Zeitpunkt der Anmeldung des Kapitalerhöhungsbeschlusses zur Handelsregistereintragung „nicht unwesentlich" hinter dem Nennbetrag, bei Stückaktien dem anteiligen Betrag des Grundkapitals der dafür zu gewährenden Aktien, zurückbleibt und die Kapitalerhöhung nach § 189 AktG durch Eintragung wirksam geworden ist[341]. Nach umstrittener Literaturansicht beschränkt sich die Differenzhaftung im Aktienrecht – anders als im GmbH-Recht – nicht auf den Nennbetrag (geringster Ausgabebetrag, § 9 Abs. 1 AktG), sondern erfasst auch ein Agio[342].

Das Risikos einer Differenzhaftung wirkt sich auf die Gestaltungsmöglichkeiten eines *Debt-Equity-Swap* (außerhalb des Insolvenzplanverfahrens) aus wie folgt:

Wird eine gegen eine AG oder GmbH gerichtete Forderung zur Umsetzung eines *Debt-Equity-Swap* als Sacheinlage eingebracht, so ist bei der Ermittlung des Einlagewerts der Forderung zum Zweck der Prüfung einer etwaigen Überbewertung der Sacheinlage nach Sachkapitalerhöhungsvorschriften nach Rechtsprechung und h.L. nicht der Nennbetrag dieser Forderung heranzuziehen,

---

336 Vgl. *Drukarczyk/Schöntag* in Gottwald, Insolvenzrechts-Hdb., § 3 Rn. 77.

337 *Zöllner/Fastrich* in Baumbach/Hueck GmbHG, § 56 Rn. 18.

338 Vgl. etwa BGH Urt. v. 27.02.1975 – II ZR 111/72 – BGHZ 64, 52 (62); *Wiedemann* in Hopt/Wiedemann, AktG Großkomm., § 185 Rn. 70 m.w.N.

339 BGH Urt. v. 27.02.1975 – II ZR 111/72 – BGHZ 64, 52 (62).

340 *K. Schmidt*, ZGR 1982, S. 519 (521 f.).

341 Zur Differenzhaftung bei der Aktiengesellschaft BGH Urt. v. 27.02.1975 – II ZR 111/72 – BGHZ 64, 52 (62); Hüffer/*Koch* AktG, § 183 Rn. 21 m.w.N. Nach verbreiteter Ansicht ist eine „unwesentliche" Wertdifferenz unerheblich; Hüffer/*Koch* AktG, a.a.O.; MüKo-AktG/*Peifer*, § 183 Rn. 72. Zur Frage wann eine nicht „unwesentliche Wertdifferenz" i.d.S. vorliegt, MüKo-AktG/*Peifer*, a.a.O., § 183 Rn. 67.

342 So etwa *Krieger* in Münchener Hdb. des Gesellschaftsrechts, Bd. 4 AG, § 56 Rn. 49 m.w.N.; Hüffer/*Koch* AktG, § 183 Rn. 21.

sondern ihr objektiver Vermögenswert unter Berücksichtigung der Liquidität der Gesellschaft (hierzu sogleich[343]). Bei der Einbringung der Forderungen als Sacheinlage bei überschuldeten oder drohend überschuldeten Gesellschaften sind daher – entsprechend der ermittelten Deckungsquote – Abschläge auf ihren Nennwert vorzunehmen, um die Folgen einer Überbewertung von Sacheinlagen zu vermeiden. Die hierbei vorzunehmenden Abschläge auf die Forderung sind (grob vereinfacht) umso höher, je gravierender die finanzielle Schieflage der Gesellschaft und je geringer ihre Rückzahlungsfähigkeit bzgl. der einzubringenden Forderung zu bewerten ist.

Die Ermittlung des objektiven Vermögenswerts der einzubringenden Forderung als ihrem maßgeblichen Einlagewert nach Maßgabe dieser Grundsätze wird gelegentlich als die „Hauptschwierigkeit“ bei der Umsetzung eines *Debt-Equity-Swap* im Wege einer Sachkapitalerhöhung nach deutschem Aktien- oder GmbH-Recht bezeichnet, weil ihr prognostische Entscheidungen zugrunde liegen, die bei gescheiterten Sanierungsbemühungen gegebenenfalls *ex post* in einem Prozess überprüft werden[344]. Das Hauptrisiko besteht hier darin, dass der Einlagewert der einzubringenden Forderung im Einbringungszeitpunkt angesichts der mit der Forderungsbewertung verbundenen Unsicherheiten überbewertet wurde. Realisiert sich dieses Risiko einer Überbewertung in der Weise, dass bei der Festsetzung des Nominalbetrages der an den forderungsumwandelnden Gläubiger/Inferenten auszugebenden Anteile ein Wert gewählt wurde, der vom Einlagewerts der einzubringenden Forderung – im Zeitpunkt der Anmeldung der Kapitalerhöhung zur Handelsregistereintragung – nicht unwesentlich unterschritten wird, und erfolgt somit ein Verstoß gegen das Verbot der Unterpari-Emission, hat dies die oben skizzierten Konsequenzen, die den Gesamterfolg der Sanierungsmaßnahme gefährden: Das Registergericht ist zur Ablehnung der für die Wirksamkeit der Kapitalerhöhung erforderlichen Eintragung des Erhöhungsbeschlusses verpflichtet; dem forderungsumwandelnden Gläubiger/Inferenten droht (bei dennoch erfolgter Eintragung) die Differenzhaftung, d.h. die Pflicht zur Leistung einer Bareinlage in Höhe des Fehlbetrages.

Für die Umsetzung eines *Debt-Equity-Swap* auf der Grundlage des Aktien- und GmbH-Rechts ist das Risiko einer Differenzhaftung des forderungsumwandelnden Gläubigers/Inferenten indes keine unüberwindbare Hürde, sondern minimierbar:

---

343 Kap. IV, II. 3.

344 So in diesem Kontext (für das GmbH-Recht) *K. Schmidt* in K. Schmidt/Uhlenbruck, Die GmbH in Krise, Sanierung und Insolvenz, Rn. 2.223: „*Die Hauptschwierigkeit liegt in der Forderungsbewertung*“.

Das Risiko einer Differenzhaftung des forderungsumwandelnden Gläubigers kann zunächst dadurch minimiert werden, dass bzgl. des Werts der einzubringenden Forderung mehrere Werthaltigkeitsgutachten von verschiedenen Wirtschaftsprüfern eingeholt werden und der bei den verschiedenen Gutachten als niedrigst ausgewiesene Wert bei der Festsetzung des Nominal- und Ausgabebetrages der an den forderungsumwandelnden Gläubiger/Inferenten auszugebenden Anteile zugrunde gelegt wird. Weil die Differenzhaftung verschuldensunabhängig ausgestaltet ist, kann sich der forderungsumwandelnde Gläubiger/Inferent bei der Differenzhaftung zwar nicht mit dem Hinweis darauf entlasten, dass er eines oder mehrere solcher Werthaltigkeitsgutachten eingeholt hat. Einem Insolvenzverwalter dürfte es in einem späteren Rechtsstreit über die Differenzhaftung aber schwer fallen, ein solches Werthaltigkeitsgutachten zu entkräften[345]. Zudem kann bei der Festsetzung des Nominal- und Ausgabebetrages der an den forderungsumwandelnden Gläubiger/Inferenten auszugebenden Anteile ein Wert gewählt werden, der auch dann noch unterhalb des Einlagewerts der als Sacheinlage einzubringenden Forderung liegt, wenn sich später herausstellt, dass der tatsächliche Wert der Forderung noch hinter ihrem angenommen Wert zurückblieb. Weil die Differenzhaftung ausgelöst wird, wenn der Wert des Forderung als Sacheinlage zum Zeitpunkt der Anmeldung des Kapitalerhöhungsbeschlusses zur Handelsregistereintragung nicht unwesentlich hinter dem Nominalbetrag der dafür zu gewährenden Anteile zurückbleibt, kann bei der Festsetzung des Nominalbetrages der auszugebenden Anteile ein Sicherheitsabschlag in einer Höhe vorgenommen werden, der eine Unterpari-Emission möglichst ausschließt.

Auch wenn das Risiko einer Differenzhaftung des forderungsumwandelnden Gläubigers/Inferenten bei der Umsetzung eines *Debt-Equity-Swap* auf der Grundlage deutschen Aktien- und GmbH-Recht – wie vorstehend skizziert – minimierbar ist, bleibt das reduzierte Rest-Risiko bestehen, dass der Sicherheitsabschlag auf den Wert des Nominal- und Ausgabebetrages der an den forderungsumwandelnden Gläubiger/Inferenten auszugebenden Anteile auf den angenommen Wert der Forderung aufgrund einer erst nachträglich offenkundigen Fehlbewertung des Forderungswerts zu gering gewählt wurde. Stellt sich dann in einem späteren Insolvenzverfahren bei Scheitern der Sanierungsbemühungen heraus, dass der tatsächliche Wert der eingebrachten Forderung auch noch hinter dem herabgesetzten Nominal- und (im Aktienrecht) eines etwaigen höheren Ausgabebetrages der Anteile zurückbleibt, kann der

345 Zu auch *Westpfahl* in Eilers/Koffka/Mackensen, Private Equity, 2009, III. 2., Rn. 10.

forderungsumwandelnde Gläubiger/Inferenten zur Barzahlung des Differenzbetrages in die Insolvenzmasse verpflichtet sein.

b. *Differenzhaftung bei Debt-Equity-Swaps innerhalb des Insolvenzplanverfahrens*

Für Fälle, in denen ein *Debt-Equity-Swap* gemäß § 225a Abs. 2 InsO auf der verfahrensrechtlichen Grundlage eines Insolvenzplanverfahrens implementiert wird, wurde die Problematik der Differenzhaftung des forderungsumwandelnden Gläubigers durch das ESUG mit Wirkung seit dem 01.03.2012 entschärft. Nach der Zielsetzung des ESUG soll die Bewertung der einzubringenden Forderung zur Steigerung der Kalkulationssicherheit für die beteiligten Gläubiger nur noch innerhalb des Insolvenzplanverfahrens angegriffen werden können[346]. § 254 Abs. 4 InsO n.F. stellt daher nunmehr klar, dass die Schuldnergesellschaft im Fall einer Umwandlung von Forderungen in Anteils- oder Mitgliedschaftsrechte nach der gerichtlichen Planbestätigung wegen einer Überbewertung der hiervon betroffenen Forderungen im Plan gegen die bisherigen Gläubiger keine Ansprüche mehr geltend machen kann.

Mit dieser Neuregelung durch das ESUG wurde faktisch ein neues Insolvenzprivileg geschaffen[347]. Denn während bei der Einbringung von Forderungen als Sacheinlage im Zuge der freien Sanierung weiterhin die Differenzhaftung des forderungsumwandelnden Gläubigers nach allgemeinen, gesellschaftsrechtlichen Maßstäben greift (s.o.), entfällt sie nun (unter den Voraussetzungen des § 254 Abs. 4 InsO) im Insolvenzverfahren.

Hirte, *Knof* und *Mock* ist darin zuzustimmen, dass der vorgenannte Lösungsansatz des ESUG zur Differenzhaftung „unter einer pragmatischen Maxime für die Sanierung Charme" hat[348], weil hierdurch in der Tat ein bisher bestehendes Sanierungshindernis bei der praktischen Umsetzung eines *Debt-Equity-Swap* zumindest auf der Grundlage eines Insolvenzplanverfahrens beseitigt wird. Der Verzicht auf die Differenzhaftung eröffnet jedoch die Gefahr einer Benachteiligung anderer Gläubiger und Gesellschafter im Fall der Überbewertung der als Sacheinlage eingebrachten Forderungen, die bislang gerade durch das Konzept der Differenzhaftung entschärft werden sollte. Der ESUG-Gesetzgeber begründet die hierin bestehende Absenkung des Schutzniveaus mit dem Hinweis auf den hinreichenden Schutz vor dieser Gefahr durch das Insolvenzplanverfahren,

---

346 Begr. RegE-ESUG in der Fassung v. 04.05.2011, BT-Drucks. 17/5712, S. 36.

347 So auch *K. Schmidt*, BB 2011, S. 1603 (1609).

348 *Hirte/Knof/Mock*, DB 2011, S. 632 (642).

durch Beschwerderechte und durch die Möglichkeit des Insolvenzverwalters, zur Minimierung eigener Haftungsrisiken das Bewertungsgutachten eines Sachverständigen einzuholen[349]. Zur Legitimation des aus der Einschränkung der Differenzhaftung resultierenden Schutzdefizits ist dieser Begründungsansatz nicht völlig überzeugend.

Schwerwiegender als dies ist die an der Befreiung von der Differenzhaftung durch § 254 Abs. 4 InsO geübte Kritik dergestalt, dass mit dieser Vorschrift die gläubigerschützenden Kapitalerhaltungsvorschriften erheblich zurückgedrängt werden[350]. Diese Zurückdrängung der gläubigerschützenden Kapitalerhaltungsvorschriften lässt sich wohl nur dann hinreichend legitimieren, wenn unter Zugrundelegung einer neuen Kapitalteleologie, wie von *Schall* aufgezeigt[351], die Kapitalaufbringungsregeln nur noch als bloßes Seriositätssignal verstanden werden[352]. Auch bei Heranziehung eines solchen Legitimationsansatzes bzgl. der Zurückdrängung der gläubigerschützenden Kapitalerhaltungsvorschriften im Insolvenzplanverfahren, lässt sich jedoch nicht widerspruchsfrei begründen, warum eine solche nicht auch für Sacheinlagen durch Gläubiger außerhalb des Insolvenzplanverfahrens eingeführt wird, sondern Gläubiger in diesem Fall weiterhin einer zehnjährigen Differenzhaftung unterliegen. Diesen Wertungswiderspruch, den man bei wohlwollender Betrachtungsweise als „insolvenzpolitischen Kompromiss"[353] akzeptieren kann, könnte letztlich nur eine einheitliche, d.h. eine gesellschafts- und insolvenzrechtliche Reform der Differenzhaftung auflösen.

3. Maßstab bei der Bewertung des Einlagewerts der Forderung

Um die nachteiligen Rechtsfolgen (s.o.) einer Überbewertung von Sacheinlagen bei der Umsetzung eines *Debt-Equity-Swap* im Wege einer Sachkapitalerhöhung zu vermeiden, muss bei der Festsetzung des Verhältnisses des Werts der einzubringenden Forderung des Gläubigers/Inferenten zum Nenn- und Ausgabebetrag der an diesen auszugebenden Aktien- oder Geschäftsanteile eine

---

349 Begr. RegE-ESUG in der Fassung v. 04.05.2011, BT-Drucks. 17/5712, S. 36.

350 Siehe hierzu etwa *Hölzle*, NZI 2011, S. 124 (129); *Brinkmann*, WM 2011, S. 97 (101).

351 *Schall*, ZGR 2009, S. 126; *ders.*, Kapitalgesellschaftsrechtlicher Gläubigerschutz, 2009, S. 101 ff.

352 So auch *Hirte/Knof/Mock*, DB 2011, S. 632 (642).

353 So (zum RegE-ESUG) *K. Schmidt*, BB 2011, S. 1603 (1609), der insoweit jedoch auch ein verbleibendes Legitimationsdefizit sieht und daher die Verankerung eines Mindestmaßes an Werthaltigkeitsprüfung für die als Sacheinlage einzubringenden Forderungen in den RegE-ESUG forderte.

Überbewertung der Forderung i.S.d. Sacheinlageregeln vermieden werden. In diesem Kontext stellt sich die zentrale Frage, ob bei der Bewertung der Sacheinlage in Gestalt der umzuwandelnden Forderung des Gläubigers/Inferenten der eindeutig feststellbare Nennwert dieser Forderungen maßgeblich ist, oder aber der wirtschaftliche Wert der Forderung unter Berücksichtigung der Vermögenslage und Liquidität der Schuldnergesellschaft. Ist Letzteres der Fall, so sind bei krisenbefangenen und gegebenenfalls bereits überschuldeten Gesellschaften bei der Forderungseinbringung Abschläge auf ihren Nennwert vorzunehmen, um eine Überbewertung zu vermeiden.

Nach gefestigter BGH-Rechtsprechung – im Einklang mit der h.L.[354] zur Rechtslage vor Inkrafttreten des ESUG – ist bei der Einbringung einer gegen eine AG oder GmbH gerichteten Forderung als Sacheinlage nicht der Nennbetrag der Forderung entscheidend, sondern der objektive wirtschaftliche Wert aus der Sicht des Gläubigers, die sogenannte „Vollwertigkeit" der Forderung: In der BGH-Leitentscheidung „IBH/Lemmerz"[355] aus dem Jahr 1990 führte der BGH für die Kapitalerhöhung einer AG aus, dass sich bei der Umwandlung von Verbindlichkeiten in haftendendes Kapital die Veränderung zwar nur auf der Passivseite der Bilanz vollziehe, dass dies aber nicht rechtfertige, die Forderung zu ihrem Nennwert umzuwandeln[356]. Der Aktionär könne eine Umwandlung seiner Darlehensforderung nur in einer Höhe verlangen, in der die Gesellschaft sie entsprechend ihrem Leistungsvermögen erfüllen könne; denn danach bemesse sich ihre Werthaltigkeit[357]. Mit dieser Ansicht folgte der BGH der bereits zuvor etablierten h.L.[358]. Dieser Ansicht liegt eine Sichtweise zugrunde, nach der nicht die

---

354 Statt aller *G. Müller*, ZGR 1995, S. 327 (334 f.); *Kindler* in FS Boujong 1996, S. 299 (306 f.); MüKo-AktG/*Pentz*, § 27 Rn. 29; *Lutter/Hommelhoff* in Lutter/Hommelhoff GmbHG, 16. Aufl., § 56 Rn. 9. Siehe auch die aktuelle Verteidigung des Vollwertigkeitserfordernisses – speziell mit Blick auf den *Debt-Equity-Swap* - gegen Gegenangriffe aus dem Schrifttum von *Priester*, DB 2010, S. 1445 ff.

355 BGH Urt. v. 15.1.1990 – II ZR 164/88 („IBH/Lemmerz") – BGHZ 110, 47 ff.

356 BGH, a.a.O., S. 61.

357 BGH, a.a.O., S. 61, mit Verweis auf „die anschaulichen Beispiele" bei *Gustavus*, Anm. zu LG Berlin, Beschl. v. 27.10.1976 – 98 T 30/76 - BB 1977, S. 213 (215) und m.w.N.

358 Siehe *Hefermehl/Bungeroth* in Geßler/Hefermehl/et al., AktG, Bd. IV, Stand 1989, § 183 Rn. 49; *Lutter* in FS Stiefel 1987, S. 505 (517); *ders.* in Kölner Kommentar z. AktG, Bd. 5/1, 2. Aufl., Stand 1989, § 183 Rn. 30; *Winter* in Scholz GmbHG, 7. Aufl. 1986, § 5 Rn. 48; *Baumbach/Hueck*, GmbHG, 15. Aufl. 1988, § 5 Rn. 28; sowie *Henze*, ZHR 154 (1990), S. 105 (120 f.) m.w.N.

Bilanz der Gesellschaft für die Forderungsbewertung maßgeblich ist, sondern der „objektive Vermögenswert" (oder „objektive Marktwert") der Forderung.

Den Kerngedanken dieser h.M. erläutert *Lutter*, in Festschrift für Ernst C. Stiefel zum 80. Geburtstag, 1987, S. 505 (517), wie folgt: *„Der Gedanke, in diesem Zusammenhang der Umwandlung von Forderungen in Kapital ausgerechnet die Regeln über Sacheinlagen beachten zu müssen, mag zunächst fernliegend, ja abwegig erscheinen; eine Geldforderung des Gesellschafters steht einer gleichen Forderung der Gesellschaft gegenüber, was soll es bei einer so einfachen Sachlage zu regeln geben? Tatsächlich ist das auch die Auffassung von Geßler[359]; nach ihm ist jede Geldschuld der Gesellschaft zum vollen Nominalwert zu bilanzieren; die Verrechnung mit der Bareinlage führt in der Bilanz der Gesellschaft mit Notwendigkeit zur Beseitigung eines Passivums in gleicher Höhe. Das ist richtig; und doch trifft der Schluß hieraus, mithin führe der Vorgang mit Notwendigkeit zur vollen Kapitaldeckung und bedürfe daher nicht des Schutzes der Sacheinlageregeln, nicht zu. Denn es kommt hier auf die Sichtweise, den Ort der Betrachtung an: Die Gesellschaft hat zwar zum vollen Nominalwert zu bilanzieren; aber kein Dritter würde, ginge es der Gesellschaft schlecht, diese Forderung zum vollen Wert erwerben. Das ist aber entscheidend; nicht die Bilanz ist maßgebend und nicht der zufällige Partner des Gegengeschäftes, sondern der objektive Vermögenswert, mithin die Sicht eines beliebigen Dritten, der die Forderung als solche sieht und nicht die eher zufällige Doppelstellung ihres Inhabers als Gläubiger sowie auch als Gesellschafter und Einlageschuldner. Die Lösung ist im übrigen nicht nur rechtens aus dem Gesetz abgeleitet, sondern auch sachlich richtig; denn sie zeigt an, daß die Gläubiger bereits Verluste erlitten haben, die jetzt nicht im Kapital verwandelt werden können: Die Verluste wären dadurch nicht geringer geworden, das Kapital wäre insoweit Luft, allenfalls ein Hoffnungswert. Die Überlegung zeigt, daß der Zeichner in seiner Doppelrolle als Gläubiger und Einlageschuldner (Gesellschafter) durch die Kapitalregeln gehalten ist, den eingetretenen Verlust durch Abwertung seiner Forderung zu beseitigen".*

Das vorstehend skizzierte, nach der h.M. maßgebliche Forderungsbewertung in Abhängigkeit zur Vermögenslage der Gesellschaft („Vollwertigkeitsprinzip") ist jedoch (in Ermangelung einer gesetzlichen Regelung hierzu) im Schrifttum umstritten. Eine bereits früher im Schrifttum vertretene Ansicht[360], die in den vergangen Jahren zunehmend Anhänger findet[361], greift das Vollwertigkeitsprinzip

---

359 Verweis auf *Geßler* in FS Möhring 1975, S. 188 ff. (191).

360 *Karollus*, ZIP 1994, S. 589 ff.; *Hannemann*, DB 1995, S. 2055 f.; *Hoffmann*, BB 1992, S. 575 ff.; *Koll-Möllenhoff*, Das Prinzip des festen Grundkapitals im europäischen Gesellschaftsrecht, 2005, S. 97 f., 104; *Krolop*, GmbHR 2007, S. 117 (119); *Meilicke*, DB 1989, S. 1067 ff. (insb. 1074 f.); S. 1119 ff. Differenzierend *Geßler* in FS Möhring 1975, S. 173 (192), der die Vollwertigkeit aber mit Blick auf die Thematik des Aufrechnungsproblems bei der Bareinlage diskutiert.

361 MüKo-InsO/*Eidenmüller*, § 225a Rn. 51 ff.; *Spliedt* in K. Schmidt InsO, § 225a Rn. 24; *Cahn/Simon/Theiselmann*, CF 2010, S. 238 ff.; *dies.*, DB 2010, S. 1629 ff.; *Wansleben*, WM 2012, S. 2083 ff.

mit unterschiedlichen Begründungen z.T. scharf an und fordert, dass eine Sacheinlage von Forderungen stattdessen (unabhängig von der Vermögenslage der Gesellschaft) stets zum Nennwert der einzubringenden Forderungen zulässig sein soll („Nennwertthese“).

Diese Ansicht beruht meist auf der Überzeugung, dass (insb. auch notleidende) Forderungen zu Einlagebewertungszwecken aus der bilanziellen Perspektive der Gesellschaft zu betrachten seien, d.h. der „subjektive“ Wertzuwachs für das Gesellschaftsvermögen maßgeblich sei. Auf dieser Grundlage sei dann zu berücksichtigen, dass (was für sich genommen unstreitig ist) ein *Debt-Equity Swap* aus der Sicht der Gesellschaft bilanziell nur einen Passivtausch bewirke[362]: Da eine als Sacheinlage eingebrachte Forderung unabhängig von ihrer wirtschaftlichen Werthaltigkeit erlischt und dann in der vollen Höhe des Nominalbetrages ausgebucht werden müsse, werde die Passivseite der Bilanz der Gesellschaft ungeachtet des wirtschaftlichen Werts der Forderung in deren voller Höhe entlastet. Demgegenüber erhöht sich das Eigenkapital um diesen Nominalbetrag. Dass eine Gesellschaft infolge des *Debt-Equity Swap* keinen effektiven Mittelzufluss verbuchen könne, sei für die bestehenden Gläubiger irrelevant und die Gefahr der Irreführung Dritter, die den Eindruck eines solchen Mittelzuflusses gewinnen könnten, rechtfertigte zwar die Anwendung der Sacheinlagevorschriften, aber nur bzgl. der Publizität der Einlage[363]. Zudem wird für die Nennwertanrechnung von Forderungen bei einem *Debt-Equity Swap* u.a. angeführt, dass sie (was zutreffend, aber insoweit auch unstreitig ist) *Debt-Equity Swaps* erleichtern würde, weil sie die mit der Forderungsbewertung nach dem Vollwertigkeitsprinzip verbundenen Prognoseprobleme, Risiken einer Differenzhaftung für Gläubiger, Kosten für Sachverständigengutachten und verfahrensverzögernde Effekte vermeiden würde und deutlich einfacher zu handhaben wäre[364]. Die (noch) h.M. im jüngeren Schrifttum hält demgegenüber an der Ablehnung der generellen Nennwertanrechnung von Forderungen beim *Debt-Equity Swap* fest, da diese mit den aus dem Erfordernis einer realen Kapitalaufbringung resultierenden Anforderungen nicht in Einklang zu bringen sei[365].

---

362 So etwa MüKo-InsO/*Eidenmüller*, § 225a Rn. 53; *Krolop*, GmbHR 2007, S. 117 (119); *Karollus*, ZIP 1994, S. 589 (595); *Meilicke*, DB 1989, S. 1067 (1074).

363 Statt aller MüKo-InsO/*Eidenmüller*, a.a.O.; *Cahn/Simon/Theiselmann*, CF 2010, S. 238 (247).

364 MüKo-InsO/*Eidenmüller*, a.a.O.; HambKomm/*Thies*, § 225a Rn. 24.; *Cavin*, Kapitalaufbringung in GmbH und AG, 2012, S. 308 ff.

365 Hüffer/*Koch* AktG, § 27 Rn. 17; *Ulmer/Casper* in Ulmer/Habersack/Löbbe, GmbHG Großkomm., § 5 Rn. 66; *Veil* in Scholz GmbHG, § 5 Rn. 46; *Fastrich* in Baumbach/

Für Fälle, in denen ein *Debt-Equity-Swap* gemäß § 225a Abs. 2 InsO auf der verfahrensrechtlichen Grundlage eines Insolvenzplanverfahrens implementiert wird, ist nicht deshalb ein von der Forderungsbewertung in Abhängigkeit zur Vermögenslage der Gesellschaft abweichender Maßstab maßgeblich, weil die Neuregelungen des ESUG eine diesbezügliche Neuorientierung gebieten würden. Denn die Neuregelungen der InsO durch das ESUG setzen die allgemeinen Regeln über die Kapitalaufbringung nicht außer Kraft[366]. Die Begründung des RegE-ESUG spricht, falls ihr überhaupt eine Festlegung des Gesetzgebers in der Bewertungsfrage entnommen werden kann[367], eher für eine Ablehnung der Nennwertthese durch den ESUG-Gesetzgeber:

In der Begründung des RegE-ESUG wird angeführt, dass die Werthaltigkeit der eingelegten Forderungen aufgrund der Insolvenz des Schuldners regelmäßig reduziert sei und der Wert nicht dem buchmäßigen Nennwert entspreche, sondern deutlich darunter liege, und zur Frage der Werthaltigkeit gegebenenfalls Gutachten einzuholen seien[368]. Vor diesem Hintergrund wird verbreitet davon ausgegangen, dass nach Ansicht des ESUG-Gesetzgebers bei der Bewertung des (Sach-)Einlagewerts von Forderungen im Rahmen eines *Debt-Equity Swap* offenbar der wirtschaftliche Forderungswert (nicht ihr Nennwert) maßgeblich sei[369]. Hierfür spricht, dass nach der durch das ESUG neu eingeführten Schutzvorschrift des § 254 Abs. 4 InsO bei einem *Debt-Equity Swap* Ansprüche des Schuldners gegen die bisherigen Gläubiger wegen einer Überbewertung von Forderungen nach der (rechtskräftigen) gerichtlichen Bestätigung nicht mehr geltend gemacht werden können. Dem liegt offensichtlich die Vorstellung des ESUG-Gesetzgebers zugrunde, dass bei einer Sacheinlage von Forderungen, die gegen einen im Insolvenzverfahren befindlichen Rechtsträger gerichtet sind,

---

Hueck GmbHG, § 5 Rn. 28; *Märtens* in MüKo-GmbHG, § 5 Rn. 127; *Altmeppen* in FS Hommelhoff 2012, S. 1 (13 ff.); *Kleindiek* in FS Hommelhoff 2012, S. 543 (551 ff.); *Arnold* in FS Hoffmann-Becking 2013, S. 29 ff. m.w.N.; *Wiedemann* in FS Hoffmann-Becking 2013, S. 1387 (1391 ff.); *Ekkenga*, DB 2012, S. 331 ff.; *Priester*, DB 2010, S. 1445 (1448 f.); *Müller*, KTS 2012, S. 419 (448); *Wertenbruch*, ZIP 2013, S. 1693 (1699).

366 Hierzu *Arnold* in FS Hoffmann-Becking 2013, S. 27 (35 ff.); *Kleindiek* in FS Hommelhoff 2012, S. 543 (553 f.).

367 Dies ablehnend *Arnold* in FS Hoffmann-Becking 2013, S. 27 (36 f.).

368 Begr. RegE-ESUG, BT-Drucks. 17/5712, S. 31 f.

369 So etwa HambKomm/*Thies*, § 225a Rn. 24; MüKo-InsO/*Eidenmüller*, § 225a Rn. 51; *Simon/Merkelbach*, NZG 2012, S. 121 (123); a.A. *Arnold* in FS Hoffmann-Becking 2013, S. 27 (36 f.), der der Ansicht ist, der Begründung des RegE-ESUG könne eine Festlegung des Gesetzgebers in der Bewertungsfrage nicht entnommen werden.

Bewertungsabschläge vorzunehmen sind und daher dem Gläubiger/Inferenten das Risiko einer hieraus resultierenden Differenzhaftung genommen werden müsse[370]. Denn bei einer Nominalwertanrechnung von Forderungen beim *Debt-Equity Swap* entfiele der Sinn dieser Schutzvorschrift.

Die vorstehenden Ausführungen zeigen auf, dass *de lege lata* beim (außerinsolvenzlichen und insolvenzplangestützten) *Debt-Equity Swap* nicht von der Zulässigkeit der generellen Nennwertanrechnung von Forderungen nach Maßgabe der Nennwertthese auszugehen ist.

Ist somit bei der Forderungsbewertung der Verkehrswert der einzulegenden Forderung maßgeblich, stellt sich die Folgefrage, wie dieser zu ermitteln ist. Diese Frage wird im Schrifttum ebenfalls uneinheitlich beantwortet[371]. Für Fälle, in denen ein *Debt-Equity-Swap* gemäß § 225a Abs. 2 InsO auf der verfahrensrechtlichen Grundlage eines Insolvenzplanverfahrens implementiert wird, wird bei der Forderungsbewertung entweder vom Liquidations-[372] oder der Fortführungswert[373] des Unternehmens ausgegangen, oder diesbezüglich je nach Einzelfall differenziert (Forderungsbewertung auf der Grundlage des Fortführungswert des Unternehmens falls der Insolvenzplan eine Fortführung des Unternehmens vorsieht, ansonsten Maßgeblichkeit des Liquidationswerts)[374].

4. Schranken der Gestaltungsmöglichkeiten zur Umsetzung von *Debt-Equity-Swaps* mittels einer Barkapitalerhöhung

a. Verbot der Aufrechnung/Verrechnung mit Altforderungen

Die vergleichsweise strengen deutschen Vorgaben, denen eine Einbringung von Sacheinlagen in Form von Forderungen gegen eine AG oder GmbH unterliegt, können aus der Sicht potentiell forderungsumwandelnder Gläubiger den

370 *Kleindiek* in FS Hommelhoff 2012, S. 543 (553 f.).; MüKo-InsO/*Eidenmüller*, § 225a Rn. 51 u. 55; *Wertenbruch*, ZIP 2013, S. 1693 (1699); jeweils m.w.N.

371 Siehe zum Meinungsstand statt vieler *Altmeppen* in FS Hommelhoff 2012, S. 1 (10 ff.); *Cavin*, Kapitalaufbringung in GmbH und AG, 2012, S. 305 f.; jeweils m.w.N.

372 So HK-InsO/*Haas*, § 225a Rn. 20; *Wellensiek/Schluck-Amend* in Römermann, Münchener Anwaltshandbuch GmbH-Recht, § 23 Rn. 340; *Altmeppen* in FS Hommelhoff 2012, S. 1 (15); *Kleindiek* in FS Hommelhoff 2012, S. 543 (554 ff.).; *Simon/Merkelbach*, NZG 2012, S. 121 (124); *Müller*, KTS 2012, S. 419 (448); *Wertenbruch*, ZIP 2013, S. 1693 (1699).

373 *K. Schmidt*, ZIP 2012, S. 2085 (2087).

374 MüKo-InsO/*Eidenmüller*, § 225a Rn. 52.

Anreiz zur Beteiligung an einem *Debt-Equity-Swap* im Wege einer ordnungsgemäß durchgeführten Sachkapitalerhöhung mindern. In der Praxis wird die Einhaltung der Sacheinlagevorschriften vielfach als lästig, zeitraubend und kostenintensiv empfunden. Den an der Umsetzung eines *Debt-Equity-Swap* bei einer AG oder GmbH maßgeblich beteiligten Akteuren kann es attraktiver erscheinen, den *Debt-Equity-Swap* unter Umgehung sämtlicher Sachkapitalerhöhungsregeln über eine isolierte Barkapitalerhöhung zu realisieren. In der Praxis wurde dies früher offenbar nicht selten versucht[375]. Nach Aktien- und GmbH-Recht ist die Konstruktion eines *Debt-Equity-Swap* über die bereits oben[376] aufgezeigten Gestaltungen einer Barkapitalerhöhung (Aufrechnung/Verrechnung; Hin- und Herzahlung) aber infolge spezifischer Ausprägungen des strikten Kapitalaufbringungsrechts stark eingeschränkt und risikobehaftet (dazu sogleich).

Das Gesetz regelt hinsichtlich der Zulässigkeit der Tilgung einer Bareinlageverpflichtung durch Aufrechnung mit einer Gegenforderung des Inferenten gegen die Gesellschaft nur einen Teilaspekt: Den Aufrechnungsverboten in § 19 Abs. 2 S. 2 GmbHG und § 66 Abs. 1 S. 2 AktG wird für das Aktien- und GmbH-Recht entnommen, dass jedenfalls die einseitig durch den Inferenten erklärten Aufrechnung grundsätzlich[377] stets unzulässig ist[378]. Eine danach verbotswidrig erklärte Aufrechnung ist unwirksam[379]. Der Zweck des Aufrechnungsverbots wird darin gesehen, zu verhindern, dass die reale Kapitalaufbringung unterlaufen

---

375 Vgl. *Lutter/Hommelhoff/Timm*, BB 1980, S. 737 (740): *„Oftmals wird aber auch eine Kapitalerhöhung gegen Bareinlage beschlossen, (…)"*.

376 Kap. III, I. 2. a.

377 Zulässig ist der Fall einer ordnungsgemäß vereinbarten und daher auch der Prüfung durch das Registergericht unterworfenen sog. „Sachübernahme", bei der vereinbart wird, dass die Gesellschaft vom Inferenten nach den Regeln des § 5 GmbHG Gegenstände erwirbt mit der Abrede, dass die Vergütung auf die Einlagepflicht des Inferenten gem. § 5 Abs. 4 S. 1 GmbHG angerechnet wird. Das Aufrechnungsverbot verbietet zudem nicht die Fälle, in denen der Inferent gerade die Einbringung einer Forderung gegen die Gesellschaft selbst als Sacheinlage unter Beachtung der Regeln der §§ 5, 56 GmbHG verspricht. In diesen Fällen darf der Inferent selbst die Aufrechnung erklären; *Fastrich* in Baumbach/Hueck GmbHG, § 19 Rn. 31.

378 MüKo-AktG/*Bayer*, § 66 Rn. 36; *Ulmer/Casper* in Ulmer/Habersack/Löbbe, GmbHG Großkomm., § 5 Rn. 72 ff.; jeweils m.w.N.

379 Eine Analogie zu § 19 Abs. 4 GmbHG scheitert an der ausdrücklichen Regelung in § 19 Abs. 2 S. 2 GmbHG und dem damit verbundenen Fehlen einer Regelungslücke; *Bayer* in *Lutter/Hommelhoff*, GmbHG, § 19 Rn. 25; *Ulmer/Casper* in Ulmer/Habersack/Löbbe, GmbHG Großkomm., § 19 Rn. 76.

wird, weil der Inferent seine Einlageverpflichtung erfüllen kann, indem er gegen eine werthaltige Einlageforderung der Gesellschaft mit einer nicht mehr vollwertigen Forderung aufrechnet[380].

Die Aufrechnung durch die Gesellschaft ist dagegen nach dem Wortlaut des § 66 Abs. 1 S. 2 AktG und des § 19 Abs. 2 S. 2 GmbHG nicht eingeschränkt und nach ständiger Rechtsprechung[381] grundsätzlich zulässig. Soweit eine einseitige Aufrechnung einer AG oder GmbH zur Tilgung der Bareinlageforderung zulässig ist, ist eine einvernehmliche Verrechnung durch Abschluss eines Aufrechnungsvertrages ebenfalls zulässig[382]. Nach den hierzu entwickelten Rechtsprechungsgrundsätzen ist aber auch die Aufrechnung durch die Gesellschaft oder ein Aufrechnungsvertrag zur Tilgung der Bareinlageforderung – über den Wortlaut des Gesetzes hinaus – nur unter sehr erheblichen Einschränkungen zulässig. Mit Blick auf das Erfordernis realer Kapitalaufbringung muss für das Aktien- und GmbH-Recht gewährleistet sein, dass die Gesellschaft bei der Aufrechnung/Verrechnung einer gegen sie gerichteten Forderung mit der Bareinlageforderung in gleicher Weise wie bei der Tilgung der Bareinlageverpflichtung durch Geldzahlung den vollen wirtschaftlichen Wert der geschuldeten Leistung tatsächlich erhält und die Wirkung der Aufrechnung/Verrechnung ausschließlich eine Abkürzung einer unnützen Hin- und Herzahlung von Geld ohne wirtschaftlichen Nachteil für die Gesellschaft ist[383]. Aus diesen Erwägungen heraus ist nach ständiger Rechtsprechung[384] und ganz herrschender Literaturansicht[385] die Aufrechnung durch eine AG oder GmbH grundsätzlich nur zulässig, wenn die Gegenforderung nach objektiven Maßstäben im Zeitpunkt der Aufrechnungserklärung oder dem dinglich wirkenden Aufrechnungsvertrag „fällig", „liquide" und „vollwertig" ist. Bereits in Ermangelung der „Vollwertigkeit"[386] der

---

380 Statt aller (für das Aktienrecht) MüKo-AktG/*Bayer*, § 66 Rn. 35 m.w.N.

381 St. Rspr.; vgl. nur BGH Urt. v. 21.02.1994 – II ZR 60/93 – BGHZ 125, 141 (143).

382 MüKo-AktG/*Bayer*, § 66 Rn. 53; *Ulmer/Casper* in Ulmer/Habersack/Löbbe, GmbHG Großkomm., § 5 Rn. 78.

383 Siehe (für die GmbH) bereits RGZ 85, S. 351 (354); BGH Urt. v. 13.10.1954 – II ZR 182/53 – BGHZ 15, 52 (57); vgl. (für die AG) MüKo-AktG/*Bayer*, § 66 Rn. 38 f. m.w.N.

384 BGH Urt. v. 16.09.2002 – II ZR 1/00 – BGHZ 152, 37 (42); BGH Urt. v. 21.02.1994 – II ZR 60/93 – BGHZ 125, 141 (143); BGH Urt. v. 13.10.1954 – II ZR 182/53 – BGHZ 15, 52 (57, 59).

385 MüKo-AktG/*Bayer*, § 66 Rn. 39; Hüffer/*Koch* AktG, § 66 Rn. 6; *Bayer* in *Lutter/Hommelhoff*, GmbHG, § 19 Rn. 27 ff.; jeweils m.w.N.

386 Nach st. Rspr. ist eine gegen eine AG oder GmbH gerichtete Forderung dann nicht „vollwertig" i.d.S., wenn ihr Vermögen im maßgeblichen Zeitpunkt nicht sicher

Gegenforderung des Inferenten wäre ein *Debt-Equity-Swap* im Wege einer Aufrechnung durch die Gesellschaft oder Verrechnung der Forderung des Gläubigers/Inferenten mit der Bareinlageforderung daher in der Krise der Gesellschaft regelmäßig unzulässig.

Hierauf kommt es jedoch im hier relevanten Kontext nicht an. Denn eine Aufrechnung durch die Gesellschaft oder Verrechnung der Forderung des Gläubigers/Inferenten mit der Bareinlageforderung zur Umsetzung eines *Debt-Equity-Swap* ist nach deutschen Kapitalaufbringungsregeln ohnehin deshalb unzulässig, weil es sich hierbei stets um die Aufrechnung/Verrechnung mit einer sog. „Altforderung"[387] handeln würde. Eine solche Altforderung ist nach ständiger BGH-Rechtsprechung unabhängig von ihrer Werthaltigkeit und unabhängig davon, auf welchem Rechtsgrund sie beruht, zwingend als Sacheinlage einzubringen; eine dennoch erfolgende Aufrechnung/Verrechnung wird als verdeckte Sacheinlage qualifiziert[388] (zu den Rechtsfolgen sogleich unter b)). Nach dem Leitgedanken dieser h.M. folgt aus der Möglichkeit des vorgezogenen Kapitalaufbringungsschutzes durch Sacheinlagevorschriften dessen Notwendigkeit, d.h. weil Altforderungen als Sacheinlage hätten eingebracht werden können, hätten sie als Sacheinlage eingebracht werden müssen.

---

ausreicht, um alle fälligen Forderungen ihrer Gläubiger, einschließlich der aufzurechnenden oder zu verrechnenden Forderung des Inferenten, zu erfüllen; (für die GmbH) BGH Urt. v. 21.02.1994 – II ZR 60/93 – BGHZ 125, 141 (145). Nach ganz h.M. folgt daraus, dass es dann an der Vollwertigkeit fehlt, wenn die Gesellschaft zahlungsunfähig oder überschuldet i.S.d. InsO ist. Dies gilt jedenfalls sofern die Gegenforderung nicht durch eine Sicherheit in voller Höhe gedeckt ist. Nach h.M. fehlt es darüber hinaus bereits dann an der Vollwertigkeit der Gegenforderung, wenn sich die Gesellschaft in „nachhaltigen" Zahlungsschwierigkeiten befindet; zum Ganzen statt vieler *Ulmer/Casper* in Ulmer/Habersack/Löbbe, GmbHG Großkomm., § 19 Rn. 82 ff.

387 D.h. für den Fall der Kapitalerhöhung eine solche Gegenforderung des Inferenten, die dieser vor dem Kapitalerhöhungsbeschlusses erworben hat.

388 BGH Urt. v. 15.01.1990 – II ZR 164/88 („IBH/Lemmerz") – BGHZ 110, 47 (insb. S. 60 ff.) für das Aktienrecht; BGH Urt. v. 18.02.1991 – II ZR 104/90 – BGHZ 113, 335 (341); BGH Beschl. v. 04.03.1996 – II ZB 8/95 – BGHZ 132, 141 (144); BGH Urt. v. 16.09.2002 – II ZR 1/00 – BGHZ 152, 37 (42) für das GmbH-Recht.

Dieser Grundsatz eines generellen Aufrechnungsverbots mit Altforderungen gilt auch nach Inkrafttreten des MoMiG[389] und des ARUG[390] weiterhin[391], auch wenn seitdem zur Vermeidung von Wertungswidersprüchen mit Blick auf die Rechtsfolgen eines Verstoßes Korrekturen erforderlich sind (dazu sogleich unter b)).

b. Lehre von der verdeckten Sacheinlage als Schranke der Gestaltungsmöglichkeiten

Nach ständiger BGH-Rechtsprechung ist eine unzulässige verdeckte Sacheinlage (nunmehr auch in § 19 Abs. 4 S. 1 GmbHG und § 27 Abs. 3 S. 1 AktG legaldefiniert) gegeben, wenn der wirtschaftlich einheitliche Vorgang der Sacheinlage in rechtlich getrennte Geschäfte aufgespalten wird, von denen eines eine Bareinlage zu sein scheint, während das andere dem Abfluss der Geldmittel bei der Gesellschaft und zugleich der Annahme anderer Vermögensgegenstände als Leistung auf die Einlageschuld dient[392]. Der BGH sieht in verdeckten Sacheinlagen eine unzulässige Umgehung der Sacheinlagevorschriften, nämlich der für Sacheinlagen geltenden präventiven Kapitalschutzregeln[393], und stützt das Verbot verdeckter Sacheinlagen damit im Ergebnis auf den Grundsatz der realen Kapitalaufbringung, auf den die Sacheinlagevorschriften zurückgehen[394].

Der Umsetzung eines *Debt-Equity-Swap* über Konstruktionen einer Barkapitalerhöhung und Aufrechnung/Verrechnung oder einer Hin- und Herzahlung zur Tilgung der Bareinlageforderung der Gesellschaft steht das Verbot verdeckter Sacheinlagen entgegen, weil diese beiden Gestaltungsmöglichkeiten nach

---

389 Gesetz zur Modernisierung des GmbH-Rechts und zur Bekämpfung von Missbräuchen (MoMiG) v. 23.10.2008, BGBl. I 2008, S. 2026 ff.

390 Gesetz zur Umsetzung der Aktionärsrechterichtlinie (ARUG) v. 30.7.2009, BGBl. I 2009, S. 2479 ff.

391 *Ulmer/Casper* in Ulmer/Habersack/Löbbe, GmbHG Großkomm., § 19 Rn. 89; *Bayer* in Lutter/Hommelhoff GmbHG, § 19 Rn. 28 u. 66; *Fastrich* in Baumbach/Hueck GmbHG, § 19 Rn. 35; Hüffer/*Koch* AktG, § 27 Rn. 17; jeweils m.w.N.

392 St. Rspr.; siehe nur BGH Urt. v. 04.03.1996 – II ZR 89/95 – BGHZ 132, 133 (135); BGH Urt. v. 16.01.2006 – II ZR 76/04 – BGHZ 166, 8 (11) m.w.N. zur BGH-Rspr.

393 Vgl. BGH Urt. v. 04.03.1996 – II ZR 89/95 – BGHZ 132, 133 (135).

394 So für das Aktienrecht BGH Urt. v. 15.01.1990 – II ZR 164/88 – BGHZ 110, 47 (57 f.); MüKo-AktG/*Pentz*, § 27 Rn. 89 ff. m.w.N. Für das GmbH-Recht wurde die Grundlage eines Verbots verdeckter Sacheinlagen früher zumeist entweder in der Vorschrift des § 19 Abs. 5 2. Alt. GmbHG a.F. oder direkt in dem dieser Norm zugrundeliegenden Grundsatzes der realen Kapitalaufbringung gesehen; siehe BGH Urt. v. 18.02.1991 – II ZR 104/90 – BGHZ 113, 335 (340) m.w.N.

h.M. den Tatbestand der verdeckten Sacheinlage in Gestalt der verdeckten Einbringung einer Altforderung erfüllen (siehe oben[395]), und so die Rechtsfolgen verdeckter Sacheinlagen für den Inferenten auslösen.

Die zuvor sehr viel gravierenderen[396] Rechtsfolgen einer Qualifikation als verdeckte Sacheinlage sind mit Inkrafttreten des MoMiG und des ARUG erheblich abgemildert worden.

Um den Inferenten in Höhe des Werts des als verdeckte Sacheinlage eingebrachten Vermögensgegenstandes vor einer weiteren Inanspruchnahme zu verschonen, vollzog der Gesetzgeber mit dem MoMiG und dem ARUG den Wechsel zu einer Beschränkung der haftungsrechtlichen Rechtsfolgen verdeckter Sacheinlagen für den Inferenten auf eine Differenzhaftung bei fehlender Vollwertigkeit des eingebrachten Vermögensgegenstandes[397]:

Nach der seither in § 19 Abs. 4 GmbHG und § 27 Abs. 3 AktG verankerten „Anrechnungslösung" wird der Wert des als verdeckte Sacheinlage eingebrachten Vermögensgegenstandes auf die fortbestehende Bareinlagepflicht des Gesellschafters im Zeitpunkt der Anmeldung der Gesellschaft zur Eintragung in das Handelsregister oder im Zeitpunkt seiner Überlassung an die Gesellschaft, falls diese später erfolgt, angerechnet; dies aber erst nach der Eintragung in das Handelsregister. Durch diese Regelung wurde klargestellt, dass auch in den Fällen verdeckter Sacheinlagen eine Bareinlageverpflichtung fortbesteht.

---

395 Kap. IV, II. 4. a. mit Nachweise in Fn. 388.

396 Nach alter Rechtslage waren nach st. Rspr. die Vorschriften über die Sacheinlage auf die vorgebliche Bareinlage anzuwenden und die geleistete Bareinlage galt als nicht wirksam erbracht. Die mangelnde Tilgungswirkung hatte zur Folge, dass die Bareinlage noch voll eingezahlt werden musste. Der schuldrechtliche Teil eines Verkehrsgeschäfts, das in unzulässiger Weise mit der Bareinlagepflicht gekoppelt wurde, und auch das Verfügungsgeschäft, war unwirksam (Doppelnichtigkeit). Hinsichtlich der Leistung des Inferenten, die als verdeckte Sacheinlage gewertet wurde, und daher die Bareinlageschuld nicht zu tilgen vermochte, bestand ein Anspruch aus ungerechtfertigter Bereicherung, der nicht gegen den Einlageanspruch der Gesellschaft aufgerechnet werden konnte und in der Insolvenz lediglich eine Insolvenzforderung war; zu den Rechtsfolgen verdeckter Sacheinlagen nach Rechtslage vor Inkrafttreten des MoMiG und des ARUG statt aller MüKo-AktG/*Pentz*, § 27 Rn. 97 ff. m.w.N.

397 Zu den Rechtsfolgen verdeckter Sacheinlagen nach Inkrafttreten des MoMiG etwa *Heinze*, GmbHR 2008, S. 1065 ff.; *Pentz* in FS K. Schmidt 2009, S. 1265 ff.; *Ulmer*, ZIP 2009, S. 293 ff.; *Roth* in Roth/Altmeppen, GmbHG, § 19 Rn. 72 ff.; *Schall*, Kapitalgesellschaftsrechtlicher Gläubigerschutz, 2009, S. 115 ff.

Die hier relevante Folge der Anrechnungslösung beschränkt die Haftung des Inferenten einer verdeckten Sacheinlage auf den Differenzbetrag, um welchen der Wert des eingebrachten Vermögensgegenstandes den Wert der Bareinlageforderung der Gesellschaft unterschreitet. Deshalb werden verdeckte Sacheinlagen nun erheblich milder sanktioniert als bisher. Weil der Fortbestand der ursprünglichen Geldeinlagepflicht im Ergebnis der Differenzhaftung im Fall offener Sacheinlagen entspricht, geht die früher gegebene Generalprävention der Folgen verdeckter Sacheinlagen verloren[398]. Insbesondere *Dauner-Lieb* sieht in der Hinwendung zur Differenzhaftung einen folgenreichen Paradigmenwechsel: Im Hinblick auf die Erfüllung der Einlageschuld werde nicht mehr auf den Regelverstoß reagiert, sondern erst auf die konkrete Gläubigerbenachteiligung, die durch die verletzte Regelung gerade von vornherein unterbunden werden soll[399]. Die Nichtoffenlegung der Sacheinlage selbst bliebe nach neuem Recht haftungsrechtlich weitgehend sanktionslos[400].

Hieraus könnte man folgern, dass das MoMiG den Weg zur Umsetzung eines *Debt-Equity-Swap* im Wege einer Barkapitalerhöhung (mit Aufrechnung/Verrechnung oder einer Hin- und Herzahlung zur Tilgung der Forderung des Inferenten und der Bareinlageforderung) eröffnet habe, weil dem forderungsumwandelnden Gläubiger bei Qualifikation der Transaktion als verdeckte Sacheinlage nur noch eine – für diesen ggf. wenig schmerzhafte – Differenzhaftung droht. Dem ist jedoch entgegenzuhalten, dass mit der Neuregelung kein Freibrief für verdeckte Sacheinlangen, die auch nach neuem Recht unzulässig sind[401], verbunden ist. Grund hierfür ist das verbleibende Sanktionsgefälle zwischen offenen und verdeckten Sacheinlagen[402]. In diesem Kontext sei auf den unveränderte Fortbestand der Registerkontrolle betreffend die Umgehung der Sacheinlagevorschriften gemäß § 9c Abs. 1 GmbHG und § 57a GmbHG hingewiesen. Hieraus folgt im Fall verdeckter Sacheinlagen, dass die Anmeldung

---

398 So auch *Heinze*, GmbHR 2008, S. 1065 (1067), der hierzu anmerkt: „*(…) denn die Forthaftung bei Unterdeckung dürfte verdeckten Sacheinlegern so bedrohlich erscheinen, wie einem Schwarzfahrer das Risiko, im Kontrollfall den einfachen Fahrpreis nachlösen zu müssen*".

399 So *Dauner-Lieb*, AG 2009, S. 217 (219).

400 Vgl. *Dauner-Lieb*, a.a.O., S. 219.

401 Siehe etwa *Pentz* in FS K. Schmidt 2009, S. 1265 (1274 f.).

402 Vgl. hierzu *Wolf*, Die verdeckte Sacheinlage in GmbH und AG, 2013, S. 128 ff.; *Roth* in Roth/Altmeppen, GmbHG, § 19 Rn. 72 ff. (83 ff.); RegE MoMiG v. 25.7.2007, BT-Drs. 16/6140, S. 40.

einer Barkapitalerhöhung als fehlerhaft zurückzuweisen ist[403]. Zum anderen ist das Ausweichen der Beteiligten auf verdeckte Sacheinlagen zum Zweck der Vermeidung der als lästig empfundenen Sacheinlagevorschriften „ein riskantes Spiel"[404], aufgrund der in § 82 Abs. 1 Nr. 1 und Nr. 3 GmbHG geregelten und fortbestehenden[405] Strafsanktion für Geschäftsführer mit Blick auf unrichtige Angaben zum Zwecke der Eintragung der Kapitalerhöhung.

Die vorstehenden Ausführungen gelten für das Aktien-Recht entsprechend. Auch für das Aktienrecht ist infolge eines zwar reduzierten, aber dennoch verbleibenden Sanktionsgefälles zwischen offenen und verdeckten Sacheinlagen[406], nicht ratsam, bei der Umsetzung eines *Debt-Equity-Swap* den Weg der verdeckten Sacheinlage als Gestaltungsmittel zur Vermeidung einer offenen Sacheinlage zu beschreiten.

Im Schrifttum wird demgegenüber vereinzelt vertreten, dass das MoMiG den Weg für eine von den bisherigen Grundsätzen abweichende Behandlung der Kapitalaufbringung beim *Debt-Equity-Swap* eröffnet habe[407]. Namentlich *Schall* vertritt die Ansicht, dass dem MoMiG bei einer Gesamtwürdigung der neuen Kapitalaufbringungsvorschriften mit Blick auf die Einführung der Unternehmergesellschaft mit beschränkter Haftung ohne Mindestkapital (§ 5a GmbHG) durch das MoMiG eine „neue Kapitalteleologie" zu entnehmen sei, die u.a. zu Rückwirkungen auf den Tatbestand der verdeckten Sacheinlage führen müsse. Nach dieser neuen Kapitalteleologie liege der Zweck des Mindestkapitals und der Kapitalaufbringungsregeln nicht mehr in der Legitimation der Haftungsbeschränkung wie bisher[408], sondern das Mindestkapital diene – statt als zwingendes Gläubigerschutzinstrument – nur noch der Aussendung eines fakultativen

---

403 Zur Kontrollfunktion des Handelsregisters als Hindernis der Erbringung verdeckter Sacheinlage *Roth* in Roth/Altmeppen, GmbHG, § 19 Rn. 83.

404 So das Fazit von *Ulmer*, ZIP 2009, S. 293 (301).

405 Zum Fortbestand dieser Strafsanktion etwa *Roth* in Roth/Altmeppen, GmbHG, § 19 Rn. 85a m.w.N.; ausführlich *Wolf*, Die verdeckte Sacheinlage in GmbH und AG, 2013, S. 232 ff.

406 Näher zu den verbleibenden nachteiligen Rechtsfolgen und Sanktionen verdeckter Sacheinlagen nach Inkrafttreten des ARUG *Habersack*, AG 2009, S. 557 (559 f.); *Heidinger/Benz* in Spindler/Stilz, AktG, § 27 Rn. 200 ff.; ausführlich *Wolf*, Die verdeckte Sacheinlage in GmbH und AG, 2013, S. 243 ff.

407 So *Schall*, ZGR 2009, S. 126 (148 ff.). In diese Richtung wohl auch *Heinze*, GmbHR 2008; S. 1065 (1068).

408 Dazu oben Kap. IV, I.

Seriositätssignals[409]. Die Hinwendung des Gesetzgebers zu dieser neuen Kapitalteleologie führe dazu, dass man das gesamte bisherige Kapitalaufbringungsrecht im Lichte der neuen Kapitalteleologie zu hinterfragen habe[410]. Aus der neuen Kapitalteleologie folgt nach *Schall*, dass die Aufrechnung der Gesellschaft mit der Gegenforderung des Inferenten künftig nicht mehr auf Fälle der Fälligkeit, Vollwertigkeit und Liquidität der Gegenforderung zu beschränken sei und dass künftig die Mittel einer Barkapitalerhöhung generell zur Bezahlung von Altschulden der Gesellschaft beim Inferenten verwendet werden dürften, d.h. nicht als verdeckte Sacheinlagen zu sanktionieren seien[411]. Der Verwendung der Mittel einer Barkapitalerhöhung zur Bezahlung von Altschulden der Gesellschaft beim Inferenten stehe unter Berücksichtigung dieser neuen Kapitalteleologie künftig nichts mehr im Wege, weil das Seriositätssignal durch Verrechnungen der Bareinlageforderung mit Altforderungen des Inferenten nicht (mehr) in Frage gestellt werde, da die insolvenzrechtliche Anfechtungsregel des § 135 Abs. 1 Nr. 2 InsO ausreiche, um zu gewährleisten, dass die Gesellschaft nur vollwertige Schulden begleiche[412]. Hierdurch werde der Weg für *Debt-Equity-Swaps* im Allgemeinen sowie in der Insolvenz im Besonderen geebnet[413].

Schall ist zuzugeben, dass mit der Einführung der UG das System des Mindestkapitals und infolgedessen auch die Bedeutung der realen Kapitalaufbringung partiell relativiert wurde. *Schalls* These einer hieraus abzuleitenden Zulässigkeit von Aufrechnungen/Verrechnungen der Bareinlageforderung mit Altforderungen des Inferenten entgegen der h.M.[414] begegnet jedoch Bedenken. Dies insbesondere, wenn man in den Neuregelungen des MoMiG Einzeleingriffe des Gesetzgebers sieht, bei denen es sich lediglich um punktuelle Korrekturen handelt, die aber das bisherige System der Kapitalaufbringung (trotz entstandener Wertungswidersprüche) insgesamt nicht in Frage stellen[415] und insbesondere die von der Rechtsprechung entwickelten tatbestandlichen Voraussetzungen der

---

409 *Schall*, Kapitalgesellschaftsrechtlicher Gläubigerschutz, 2009, S. 101 ff.; *ders.*, ZGR 2009, S. 126 (128 ff.).

410 *Schall*, Kapitalgesellschaftsrechtlicher Gläubigerschutz, 2009, S. 138 ff.

411 *Schall*, a.a.O, S. 144 ff.

412 *Schall*, a.a.O, S. 145 f.; *ders.*, ZGR 2009, S. 126 (149 f.).

413 *Schall*, Kapitalgesellschaftsrechtlicher Gläubigerschutz, 2009, S. 146.

414 *Ulmer/Casper* in Ulmer/Habersack/Löbbe, GmbHG Großkomm., § 19 Rn. 89; *Bayer* in Lutter/Hommelhoff GmbHG, § 19 Rn. 28 u. 66; *Fastrich* in Baumbach/Hueck GmbHG, § 19 Rn. 35; Hüffer/*Koch* AktG, § 27 Rn. 17; jeweils m.w.N.

415 Statt vieler *Fastrich* in Baumbach/Hueck GmbHG, § 19 Rn. 2 f.

verdeckten Sacheinlage unverändert ließen[416]. Diese Auffassung teilt auch der BGH und brachte sie in der *Qivive*-Entscheidung[417] wie folgt zum Ausdruck:

> *„Um eine verdeckte Sacheinlage handelt es sich nach der Rechtsprechung des Senats, wenn die gesetzlichen Regeln für Sacheinlagen dadurch unterlaufen werden, dass zwar eine Bareinlage vereinbart wird, die Gesellschaft aber bei wirtschaftlicher Betrachtung von dem Einleger auf Grund einer im Zusammenhang mit der Übernahme der Einlage getroffenen Absprache einen Sachwert erhalten soll. Entsprechendes gilt bei verdeckter Einbringung sonstiger Gegenstände, welche als Sacheinlage eingebracht werden könnten, wie zum Beispiel eine vor Begründung der Einlageschuld entstandene Altforderung des Inferenten. Die Neufassung des § 19 IV GmbHG durch das MoMiG ändert daran insoweit nichts. Wollen der oder die Gesellschafter eine Sacheinlage einbringen, sind sie auf die Beachtung der dafür geltenden Sondervorschriften der §§ 5 IV, 56 GmbHG verwiesen, um dem RegisterGer. eine Wertdeckungskontrolle gem. §§ 9c I 2, 57a GmbHG zu ermöglichen."*

Folgt man demgegenüber *Schall*, so ist das bisherige „einseitig auf den Umgehungsschutz ausgerichtete Credo", dass aus der Sacheinlagefähigkeit stets auch die Sacheinlagepflicht folgt, aufzugeben und stattdessen darauf abzustellen, mit welchem Verhalten das freiwillige Seriositätssignal, das in der Übernahme des Haftbeitrags liege, bei objektiver Betrachtung auf Basis der Verkehrsanschauung wirklich in Frage gestellt werde[418]. Nach hier vertretener Ansicht begegnet es jedoch erheblichen Einwänden, wenn man auf dieser Grundlage mit *Schall* davon ausginge, dass bzgl. der Aufrechnung der Gesellschaft oder Verrechnung mit der Gegenforderung des Inferenten zur Tilgung einer Bareinlageforderung das Seriositätssignal (angesichts des § 135 Abs. 1 Nr. 2 InsO) „nicht (mehr) in Frage gestellt" werde, und dies auch bei einer generellen Aufrechnung/Verrechnung zum Nennwert der Gegenforderung der Fall sei[419].

Denn selbst dann, wenn man das Mindestkapital nicht mehr als zwingendes Gläubigerschutzinstrument, sondern nur noch als Seriositätssignal betrachtet, setzt diese Seriositätsfunktion des Kapitals immer noch voraus, dass der Gesellschafter sich am Geschäftsrisiko des betriebenen Unternehmens auch tatsächlich mit einem relevanten Risikobeitrag beteiligt[420]. Wirtschaftlich stark abgewertete Forderungen des Bareinlegers gegen die Gesellschaft hat dieser jedoch bilanziell weitgehend abgeschrieben. Es kann daher nicht davon ausgegangen werden,

416 *Bayer* in Lutter/Hommelhoff GmbHG, § 19 Rn. 58; *Roth* in Roth/Altmeppen, GmbHG, § 19 Rn. 40.

417 BGH Urt. v. 16.02.2009 - II ZR 120/07 - NJW 2009, S. 2375 f.

418 *Schall*, ZGR 2009, S. 126 (148).

419 *Schall*, a.a.O., S. 126 (149 f.).

420 So auch *Drygala*, WM 2011, S. 1637 (1644) m.w.N.

das der Gläubiger in diesem Fall einen relevanten, d.h. dem Seriositätssignal genügenden Risikobeitrag erbringen würde, wenn er ein solche Forderung zu ihrem Nennwert mit der Bareinlageforderung der Schuldnergesellschaft verrechnen würde[421]. Es überzeugt nicht, mit *Schall* in diesem Kontext auf die Perspektive der Gesellschaft, die die Forderungen stets zum Nominalwert zu begleichen hat, abzustellen[422]. Denn im Rahmen der Bewertung des durch den Gläubiger – zur Wahrung des Seriositätssignals – zu erbringenden Risikobeitrags, kann die Perspektive der Gesellschaft nicht maßgeblich sein.

Nach hier vertretener Ansicht ist *Schall* daher (im Einklang mit der h.M.) insoweit zu widersprechen, als dieser für das geltende Recht annimmt, dass infolge der „neuen Kapitalteleologie" des reformierten GmbH-Rechts die Aufrechnung der Gesellschaft oder Verrechnung mit der Gegenforderung des Inferenten künftig nicht mehr auf Fälle der Fälligkeit, Vollwertigkeit und Liquidität der Gegenforderung zu beschränken sei, und dass künftig die Mittel einer Barkapitalerhöhung generell zur Bezahlung von Altschulden der Gesellschaft beim Inferenten verwendet werden dürften, d.h. nicht als verdeckte Sacheinlagen zu sanktionieren seien.

Vor dem Hintergrund vorstehender Ausführungen kann auch ein anderes Argument für eine Aufgabe des oben[423] skizzierten generellen Aufrechnungs-/Verrechnungsverbots mit „Altforderungen" infolge des MoMiG und des ARUG nicht durchgreifen:

Mit Blick auf die nunmehr maßgebliche Anrechnungslösung hinsichtlich der Rechtsfolgen von verdeckten Sacheinlagen wurde vorgeschlagen, die Aufrechnung der Gesellschaft oder Verrechnung mit einer „Altforderung" des Inferenten (soweit die Altforderung werthaltig ist) als Tilgungsmodalität der Bareinlageforderung generell zuzulassen[424]. Grund hierfür sei, dass bei einer verdeckten Verrechnung im Wege einer verdeckten Sacheinlage die Anrechnungswirkung des § 19 Abs. 4 GmbHG greifen würde und daher nicht einsichtig sei, der bloßen Aufrechnung durch die Gesellschaft die Befreiungswirkung zu versagen[425]. Dem wird jedoch zu Recht entgegengehalten, dass durch § 19 Abs. 4 GmbHG die verdeckte Sacheinlage nicht legitimiert wird (dazu oben[426]).

421 Zutreffend *Drygala*, a.a.O.

422 *Schall*, ZGR 2009, S. 126 (150).

423 Dazu oben Kap. IV, II. 4.

424 So etwa *Märtens* in MüKo-GmbHG, § 19 Rn. 110.

425 *Märtens* in MüKo-GmbHG, § 19 Rn. 110; *Veil* in Scholz GmbHG, § 19 Rn. 81.

426 *Ulmer/Casper* in Ulmer/Habersack/Löbbe, GmbHG Großkomm., § 19 Rn. 89; *Fastrich* in Baumbach/Hueck GmbHG, § 19 Rn. 35.

Weil – wie oben aufgezeigt – mit der h.M. daran festzuhalten ist, dass nach den geltenden Kapitalaufbringungsregeln aus der Sacheinlagefähigkeit stets auch die Sacheinlagepflicht folgt, können Altforderungen, weil sie unabhängig vom Entstehungsgrund sacheinlagefähig sind, auch nach Inkrafttreten des MoMiG nur im Wege einer Sacheinlage zur Begleichung einer Einlageschuld verwendet werden[427].

Zur Vermeidung von Wertungswidersprüchen mit Blick auf die Rechtsfolgen eines Verstoßes gegen das somit fortgeltende Aufrechnungsverbot bzgl. Altforderungen und einer solchen Aufrechnung/Verrechnung, die als verdeckte Sacheinlage i.S.d. § 19 Abs. 4 GmbHG zu behandeln ist, ist jedoch die Rechtsfolge eines Verstoßes gegen das generelle Aufrechnungsverbots mit Altforderungen in analoger Anwendung des § 19 Abs. 4 GmbHG eine Anrechnung des Werts der Forderung, soweit die Forderung werthaltig ist[428].

Die vorstehenden Grundsätze gelten entsprechend für die Umsetzung des *Debt-Equity-Swap* im Wege einer Barkapitalerhöhung und Tilgung der Bareinlageforderung durch Hin- und Herzahlung. Denn die Zulässigkeit einer solchen Hin- und Herzahlung wird den gleichen Voraussetzungen wie die Aufrechnung/Verrechnung unterworfen, damit diese Voraussetzungen nicht umgangen werden[429].

Daher ist für das geltende GmbH-Recht und Aktien-Recht festzuhalten, dass es unter den zur Rechtslage vor Inkrafttreten des MoMiG und ARUG seitens der Rechtsprechung entwickelten Voraussetzungen als unzulässige verdeckte Sacheinlage qualifiziert werden wird, wenn bei der Umsetzung eines *Debt-Equity-Swap* (1.) eine Barkapitalerhöhung durchgeführt wird, bei der die Bareinlageschuld durch Verrechnung/Aufrechnung mit einer gegen die Gesellschaft gerichteten Altforderung des Inferenten getilgt wird, oder wenn (2.) eine Barkapitalerhöhung durchgeführt wird, bei der eine Hin- und Herzahlung zur Tilgung von Bareinlageforderung und zur Tilgung der gegen die Gesellschaft gerichteten Geldforderung des Inferenten erfolgt. Die wesentlichen Neuerungen infolge des

---

427 So auch *Ulmer/Casper* in Ulmer/Habersack/Löbbe, GmbHG Großkomm., § 19 Rn. 89; *Fastrich* in Baumbach/Hueck GmbHG, § 19 Rn. 35.

428 *Ulmer/Casper* in Ulmer/Habersack/Löbbe, GmbHG Großkomm., § 19 Rn. 89; *Fastrich* in Baumbach/Hueck GmbHG, § 19 Rn. 35; *Bayer* in Lutter/Hommelhoff GmbHG, § 19 Rn. 66; OLG Köln, GmbHR 2010, S. 1213 ff.: Anrechnung des Werts der Forderung in Anwendung des § 19 Abs. 4 GmbHG für den Fall einer Barkapitalerhöhung und Tilgung der Bareinlageforderung durch Hin- und Herzahlung.

429 St. Rspr., siehe etwa BGH Urt. v. 21.02.1994 – II ZR 60/93 – BGHZ 125, 141 (143).

MoMiG und ARUG beschränken sich in diesem Kontext also auf die Abmilderung der Sanktion der verdeckten Sacheinlage auf der Rechtsfolgenseite.

III. Rechtliche Rahmenbedingungen der Forderungseinbringung nach englischem Recht

1. Grundlagen

Werden zur Umsetzung eines *Debt-Equity-Swap* bei einer *plc* oder *Ltd.* neue Anteile an die forderungsumwandelnde Gläubiger im Rahmen einer Erhöhung des *issued capital* der Gesellschaft ausgegeben, so spielt das englische Kapitalaufbringungsrecht (im Vergleich zum deutschen Kapitalaufbringungsrecht[430]) eine vergleichsweise zurückhaltende Rolle:

Die freie Festsetzung des Verhältnisses des Nominalbetrages neu auszugebender Anteile zum Einlagewert der im Gegenzug einzulegenden Bar- oder Sacheinlage (*cash consideration/non-cash consideration*) begrenzt auch das englische Kapitalgesellschaftsrecht, indem es – wie das Aktien- und GmbH-Recht[431] – die Ausgabe von Anteilen unter pari, d.h. für eine Gegenleistung mit einem Einlagewert unter dem Nominalwert der auszugebenden Anteile, bei Bar- oder Sacheinlage verbietet[432]. Dieser für *plc* und *Ltd.* gleichermaßen geltende Grundsatz des Verbots der Unterpari-Emission ist heute in sec. 580 CA 2006 verankert, war aber bereits im 19. Jh. durch die Rechtsprechung entwickelt worden[433]. Für das Recht der *plc* setzt die Vorschrift die Vorgabe des Verbots der Unterpari-Emission in Art. 8 Abs. 1 der Kapitalrichtlinie um. Werden Anteile unmittelbar oder mittelbar[434] unter Verstoß gegen sec. 580 CA 2006 ausgegeben, so sind

430 Kap. IV, II.

431 Vgl. oben Kap. IV, II. 1.

432 Siehe zur Einlageleistung für eine Ausgabe von Anteilen nach englischem Kapitalgesellschaftsrecht im Allgemeinen *Davies*, Gower and Davies' Principles of Modern Company Law, 7th ed. 2003, S. 233 ff.; *Ferran*, Principles of Corporate Finance Law, 2008, S. 101 ff.; *Hannigan*, Company Law, 2003, S. 578 ff.; *Pennington*, Company Law, 8th ed. 2001, S. 167 ff.

433 Siehe die Leitentscheidung des House of Lords *Ooregum Gold Mining Co. of India v. Roper* [1892] A.C., S. 125 ff.

434 Durch die Ausgabe von *convertible securities*, etwa Wandelschuldverschreibungen, die zu unter ihrem Nominalwert ausgegeben werden, aber zu einer zur Umwandlung in Anteile mit mindestens gleichem Nominalwert berechtigen, darf das Verbot der Unterpari-Emission z.B. nicht umgangen werden; *Mosely v. Koffyfontein Mines Ltd. (No. 1)* [1904] 2 Ch., S. 108 ff.; *Ferran*, Principles of Corporate Finance Law, 2008, S. 104 f.

der Zeichner und seine Rechtsnachfolger[435] zur Barzahlung des Differenzbetrages zuzüglich eines angemessenen Zinssatzes[436] verpflichtet und die *directors* schadensersatzpflichtig[437].

Im Recht der *Ltd.* wird das Verbot der Unterpari-Emission im Hinblick auf Sacheinlagen dadurch unterlaufen, dass hier – anders als bei der *plc* – kein Erfordernis einer externen Werthaltigkeitsprüfung von Sacheinlagen besteht, das eine Überbewertung von Sacheinlagen verhindert. Denn Ausfluss des traditionell deregulierten Ansatzes des englischen Kapitalaufbringungsrechts im Recht der *Ltd.*[438] ist unter anderem, dass für das Recht der *Ltd.* bis heute keine Werthaltigkeitsprüfung für Sacheinlagen kraft gesetzlicher Regelung oder durch Rechtsprechungsgrundsätze vorgeschrieben ist[439]. Ausgehend von der Prämisse, dass der im Vertrag über die Anteilsausgabe (*contract of allotment*) zwischen der Gesellschaft und dem Sacheinleger vereinbarte Wert als ihr zutreffender Verkehrswert anzusehen sei und eine unabhängige Bewertung der Sacheinlage daher nicht erforderlich sei[440], lehnen es die Gerichte im Grundsatz ab, die Vertragsfreiheit der Parteien bei dieser Vereinbarung zu beschränken und eine eigene Bewertung der Angemessenheit der Sacheinlageleistung vorzunehmen[441]. Ein Abweichen von diesen Grundsätzen zum Schutz der Gläubiger oder übrigen Gesellschafter vor einer Überbewertung der Sacheinlage und des damit verbundenen Wertverlustes bestehender Anteile, lehnen die Gerichte weitgehend ab; was im Schrifttum als „verwunderlich", „paradox" oder ähnlich kritisiert wird[442]. Eine äußerste Grenze der Gestaltungsfreiheit bei der Bewertung von Sacheinlagen im Recht der *Ltd.* markiert lediglich das Erfordernis, dass die Sacheinlage

435 Sec. 588 CA 2006.

436 Sec. 580(2) CA 2006.

437 *Hirsche v. Sims* [1894] A.C., S. 654.

438 Dazu oben unter Kap. IV, I.

439 Statt vieler *Davies*, AG 1998, S. 346 ff.

440 *Re Wragg Ltd* [1897] 1 Ch., S. 796 (831).

441 *Pennington*, Company Law, 8th ed. 2001, S. 175. Siehe bereits *Lord Watson* in *Ooregum Gold Mining Co. of India v. Roper* [1892] A.C., S. 125 (137): „*So long as the company honestly regards the consideration given as fairly representing the nominal value of the shares in cash, its estimate ought not to be critically examined*".

442 *Pennington*, Company Law, 8th ed. 2001, S. 175; ähnlich *Armour*, MLR, Vol. 63 (2000) No. 3, S. 355 (364): „*Paradoxically in the light of the insistence on the minimum issue price, if shares in private companies are allotted for non-cash consideration, then no serious attempt is made to ensure that the assets supplied are in fact worth the par value of the shares*".

nicht völlig wertlos ist[443], sowie praktisch kaum relevante Ausnahmefälle[444], in denen die Rechtsprechung den Einleger zur vollständigen oder teilweisen Bareinlage verpflichten kann.

Aus den vorstehenden Grundsätzen folgt i.E., dass die Anteile an einer *Ltd.* durch die Ausgabe neuer Anteile verwässert werden können, indem die Einbringung einer Sacheinlage mit geringerem Wert als dem Nominalwert der auszugebenden Anteile vereinbart wird[445]. Solange keiner der seltenen Ausnahmefälle greift, in denen die Bewertung der Sacheinlage doch angreifbar ist, wird auch im Fall einer faktischen Unterpari-Emission kein Verstoß gegen das Verbot der Unterpari-Emission (sec. 580 CA 2006) bejaht[446]. Der Geschäftsführung eröffnet sich so im Recht der *Ltd.* ein weiter Ermessensspielraum, der Überbewertungen von Sacheinlagen Tür und Tor öffnet[447].

Für das Recht der *plc* gelten zur Umsetzung der Vorgaben des Art. 27 Abs. 2 der Kapitalrichtlinie strengere Regeln zur Vermeidung einer Überbewertung von Sacheinlagen aus Gläubiger- und Anlegerschutzgründen: Bei der Ausgabe von Anteilen einer *plc* gegen Sacheinlage ist nach ss. 593-597[448] und ss. 1149-1153 CA 2006 eine Werthaltigkeitsprüfung von Sacheinlagen und die Erstellung

---

443 Eine Sacheinlageleistung, die überhaupt keinen wirtschaftlichen Wert verkörpert, wird nicht als zulässige Sacheinlageleistung angesehen; siehe etwa *Re Eddystone Marine Insurance Co.* [1893] 3 Ch., S. 9.

444 Die Bewertung der Sacheinlage kann nach der Rspr. nur beanstandet werden, wenn die Bewertung der Einlage offenkundig unangemessen ist, weil bereits aufgrund des offen benannten Nominalwerts der Einlage offenkundig ist, dass dieser Nominalwert entgegen dem Verbot der Unterpari-Emission den Nominalwert der auszugebenden Anteile unterschreitet, oder wenn offensichtlich ist, dass die *directors* jegliche Bewertungserwägungen unterließen, die Überbewertung vorsätzlich erfolgt, oder der Zeichnungsvertrag selbst wegen Betrug („*fraud*") anfechtbar ist. Näher zu diesen Fallgruppen *Pennington*, Company Law, 8th ed. 2001, S. 176 ff.; *Ferran*, Principles of Corporate Finance Law, 2008, S. 106 f.; jeweils m.w.N.

445 So auch *Davies*, Gower and Davies' Principles of Modern Company Law, 7th ed. 2003, S. 235.

446 Vgl. *Lewis/McVeigh* in Thorne/Prentice, Butterworths Company Law Guide, 4th ed. 2002, Kap. 4.4. Die Überbewertung von Sacheinlagen kann allerdings dazu führen, dass ein Verstoß der *directors* gegen ihre Treupflichten ggü. der Gesellschaft bejaht werden könnte; *Lewis/McVeigh*, a.a.O.

447 Siehe bereits *Lord Watson* in *Ooregum Gold Mining Co. Of India v. Roper* [1892] A.C., S. 125 (137): „*The rule is capable of being abused and I have little doubt that it has been liberally construed in practice*".

448 Diese Vorschriften bestätigen im Wesentlichen die Vorgängernormen in den ss. 103–111 CA 1985.

eines Bewertungsberichts durch einen externen Prüfer gesetzlich vorgeschrieben und das zugehörige Bewertungsverfahren detailliert geregelt, um eine Unterpari-Emission zu verhindern[449]. Werden Anteile gegen Sacheinlage unter Missachtung dieser Anforderungen ausgegeben, so trifft den Inferenten grds.[450] eine sofortige Bareinlagepflicht[451], wenn er keinen Bewertungsbericht erhalten hat oder er von einem anderen Verstoß gegen diese Vorschriften Kenntnis hatte oder hätte haben sollen[452]. Dies kann dazu führen, dass er zweifach zur Erfüllung der Einlageforderung leistet, nämlich zunächst durch Sacheinlage, die nach *common law*-Grundsätzen im Hinblick auf die Einlageforderung keine Erfüllungswirkung entfaltet, und später durch Bareinlage zur Erfüllung der fortbestehenden Einlageforderung[453]. Der Prüfer kann im Fall einer Überbewertung

---

449 Gemäß sec. 593(1) CA 2006 muss eine Bewertung der Sacheinlagen von einer Person durchgeführt werden, die qualifiziert ist als „*auditor*" Gesellschaften zu prüfen; Einzelheiten zur Person des Prüfers und zum Prüfungsverfahren sind in sec. 596(1) i.V.m. ss. 1150-1153 CA 2006 geregelt. Der Prüfer hat innerhalb von sechs Monaten vor Zuteilung der Anteile einen Bewertungsbericht zu erstellen, in dem er zu bescheinigen hat, dass der Wert der Sacheinlage dem auf die Einlageforderung angerechneten Wert entspricht, d.h. dass der Einlagewert der Sacheinlage den Nennwert und auch den Wert eines gegebenenfalls vereinbarten Agios erreicht. Weil die Regelung des CA die Bewertungspflicht für Sacheinlagen auch auf ein Agio (*share premium*) erstreckt, ist sie insoweit weitreichender als zur Umsetzung der Kapitalrichtlinie (die nur den Nennwert erfasst) erforderlich gewesen wäre. Die Anforderungen an die Bewertung und den Bewertungsbericht regelt sec. 596 CA 2006. Eine Kopie des Bewertungsberichts muss dem Zeichner vor der Zuteilung der Anteile zugestellt worden sein (sec. 593(1)(c) CA 2006), eine weitere Kopie ist dem *registrar of companies* zu übermitteln (sec. 597 CA 2006). Ein Bewertungsbericht ist auch im Recht der *plc* in Ausnahmefällen nicht erforderlich, nämlich bei Übernahmeangeboten und ähnlichen Vereinbarungen, die den Tausch oder die Annullierung von Aktien beinhalten („*takeover exemption*" gem. sec. 594 CA 2006), oder im Fall einer Bezahlung mit Aktien beim Kauf sämtlicher Vermögenswerte und Verpflichtungen einer Gesellschaft („*merger exemption*" gem. sec. 595 CA 2006). Näher zur Prüfung von Sacheinlagen bei der *plc* nach Maßgabe des CA 2006 *Ferran*, Principles of Corporate Finance Law, 2008, S. 109 ff.

450 Nur ausnahmsweise kann auf Antrag eine Befreiung von dieser Verpflichtung durch die Gerichte erfolgen; sec. 606 CA 2006. Siehe dazu *Re Bradford Investments plc* (No. 1) [1990] B.C.C., S. 740 ff.

451 D.h. er hat den Nominalwert der Anteile und ggf. das Aufgeld bar zu bezahlen und den Betrag zu verzinsen; vgl. *Re Bradford Investments plc* (No. 1) [1990] B.C.C., S. 740 ff.

452 Sec. 593(3) CA 2006.

453 Vgl. *Ferran*, Principles of Corporate Finance Law, 2008, S. 110.

für die hieraus entstehenden Schäden haften[454]; *directors* haften bei der Ausgabe junger Anteile unter Missachtung des vorgeschriebenen Bewertungsverfahren aufgrund einer Sorgfaltspflichtverletzung[455].

2. Qualifikation der Forderungseinbringung bei einem *Debt-Equity-Swap* als zulässige Tilgungsmodalität der Bareinlageforderung

a. *Funktionsweise der sec. 583(3)(c) CA 2006 mit Blick auf die Einlageleistung bei einem Debt-Equity-Swap*

Im Fall einer Anteilsausgabe gegen Sacheinlage droht dem Zeichner im Recht der *Ltd.* eine Nachzahlungspflicht infolge einer Überbewertung der Sacheinlagen nur in höchst seltenen Ausnahmefällen (s.o.), während ihm im Recht der *plc* im Falle einer Überbewertung von Sacheinlagevorschriften oder dem Verstoß gegen die Sacheinlageregeln eine Bareinlagepflicht droht (s.o.). Diese Grundsätze betreffen jedoch ausschließlich die Ausgabe von Anteilen gegen Sacheinlagen, nicht aber eine solche gegen Bareinlage[456]. Bei der Umsetzung eines *Debt-Equity-Swap* droht dem forderungsumwandelnden Gläubiger als Zeichner also auch bei der *plc* keine Nachzahlungspflicht aufgrund der Überbewertung der eingebrachten Forderungen nach Sacheinlagevorschriften, wenn die Sacheinlagevorschriften erst gar nicht anwendbar sind. Gerade dies ist aber bei der Anteilsausgabe im Zuge eines *Debt-Equity-Swap* üblicherweise der Fall. Denn wenn im Zuge eines *Debt-Equity-Swap* neue Anteile an Gläubiger ausgegeben werden, so wird diese Anteilsausgabe auf der Grundlage englischen Rechts – anders als nach deutschem Aktien- und GmbH-Recht[457] – in aller Regel als eine solche gegen Bareinlage behandelt[458]:

Werden an einen Gläubiger im Rahmen eines *Debt-Equity-Swap* neue Anteile der Schuldnergesellschaft ausgegeben, so kann er nach englischem Recht seine Gegenleistung für die von ihm gezeichneten Anteile entweder erbringen, indem er die Gesellschaft von einer der Höhe nach bestimmten Forderung ganz oder teilweise befreit, oder aber – was nach geltendem Recht ebenso zulässig, aber umständlicher ist – indem er als Gegenleistung für von ihm gezeichneten Anteile eine Barzahlung

---

454 Sec. 1153(2)-(4) CA 2006.

455 Sec. 607 CA 2006.

456 *Davies*, Gower and Davies' Principles of Modern Company Law, 7th ed. 2003, S. 235; *Sealy/Worthington*, Cases and Materials in Company Law, 8th ed. 2007, S. 388.

457 Hierzu oben Kap. IV, II.

458 *Bloxham* in Tolley's Insolvency Law, Issue 14 (Jan. 2001), Chapter C – Corporate Rescue, C4028; *Howard/Hedger*, Restructuring Law and Practice, 2008, Rn. 6.190.

leistet und die Gesellschaft die hieraus erhaltenen Mittel in der Folge dazu nutzt, ihre Verbindlichkeiten gegenüber dem betreffenden Gläubiger zu befriedigen („Hin- und Herzahlung")[459]. Während die Qualifikation der Einlageleistung als Bareinlage in letzterem Fall, d.h. bei einer tatsächlich erfolgten Barzahlung, keiner weiteren Erörterung bedarf, ergibt sich die Qualifikation der Einlageleistung als Bareinlage für die erstgenannte Konstruktion eines Forderungserlasses eines Gläubigers als Gegenleistung für die auszugebenden Anteile der Schuldnergesellschaft erst aus der Legaldefinition in sec. 583(3)(c) CA 2006[460]. Die Vorschrift definiert den Bareinlagebegriff für den Anwendungsbereich des CA 2006 extensiv und zählt unterschiedliche Fallgruppen auf, bei denen eine Einlage für die Anteilsausgabe als gegen Barzahlung eingezahlt oder zugeteilt gilt. Als Bareinlagen gelten danach u.a. die Befreiung der Gesellschaft von einer der Höhe nach bestimmten Verbindlichkeit („*a release of a liability of the company for a liquidated sum*")[461].

Der vorstehend genannte Passus der Bareinlagedefinition gelangt bei der Umsetzung eines *Debt-Equity-Swap* auf der Grundlage englischen Kapitalgesellschaftsrechts regelmäßig zur Anwendung und bewirkt dann, dass eine Anteilsausgabe gegen Bareinlage nicht nur bei tatsächlich erfolgter Barzahlung vorliegt, sondern (für den Anwendungsbereich des Companies Act) eben auch bei einer Anteilsausgabe gegen die Befreiung der Gesellschaft von einer der Höhe nach bestimmten Verbindlichkeit[462]. Aufgrund dieser Wirkungsweise wird

---

459 *Bloxham* in Tolley's Insolvency Law, Issue 14 (Jan. 2001), Chapter C – Corporate Rescue, C4024.

460 Siehe hierzu etwa *Hannigan*, Company Law, 2003, S. 579; *Bloxham* in Tolley's Insolvency Law, Issue 14 (Jan. 2001), Chapter C – Corporate Rescue, C4028. Eine der sec. 583(3)(c) CA 2006 entsprechende Vorgängerregelung war in sec. 738(2) CA 1985 verankert.

461 Wortlaut der sec. 583 CA 2006 „*Meaning of payment in cash*" (Auslassungen und Fettungen durch den Verfasser):
(1) The following provisions have effect for the purposes of the Companies Acts.
(2) A share in a company is deemed paid up (as to its nominal value or any premium on it) in cash, or allotted for cash, if the consideration received for the allotment or payment up is a cash consideration.
(3) A "cash consideration" means–
(…)
(c) a release of a liability of the company for a liquidated sum,
(…).

462 Vgl. *Bloxham* in Tolley's Insolvency Law, Issue 14 (Jan. 2001), Chapter C – Corporate Rescue, C4028; *Barham*, P.L.C., Oct. 2002, S. 21 (25); *Cameron Markby Hewitt*, Corporate Briefing, Vol. 7 (1993) No. 4, S. 99 (101); *Howard/Hedger*, Restructuring

sec. 583(3)(c) CA 2006 im englischen Schrifttum als nützliche Vorschrift bei der Umsetzung von *Debt-Equity-Swaps* bewertet[463].

b. Verrechnung als zulässige Tilgungsmodalität der Bareinlageforderung

Die Gleichstellung der Befreiung der Gesellschaft von einer Verbindlichkeit der Gesellschaft mit einer Bareinlage gemäß sec. 583(3)(c) CA 2006 mag aus deutscher Sicht befremdlich erscheinen, weil dem deutschen Aktien- und GmbH-Recht eine solche extensive Bareinlagedefinition unbekannt ist. Sec. 583(3)(c) CA 2006 wird erst vor dem Hintergrund verständlich, dass sie die Grundsätze aus der Leitentscheidung des Court of Appeal in *Re Harmony and Montague Tin and Copper Mining Co, „Spargo's Case"*[464] aus dem Jahr 1873 widerspiegelt[465]. In dieser Entscheidung wurde höchstrichterlich anerkannt, dass (1.) die Verrechnung der Einlageforderung einer Gesellschaft und einer gegen diese Gesellschaft gerichteten Forderung des Zeichners, wenn beide Forderungen fällig sind, eine zulässige Modalität der Tilgung der Einlageforderung sei[466], weil in einer solchen Konstellation die Tilgung beider Forderungen durch eine Hin- und Herzahlung als sinnlose Formalität nicht erforderlich sei[467], und dass (2.) bei einer (unter

---

Law and Practice, 2008, Rn. 6.190; *Kemp/Harris*, P.L.C., Aug. 1993, S. 19 (26); die jeweils bzgl. der Tilgungsmodalitäten der Einlageleistung bei der Ausgabe neuer Anteile im Zuge eines *Debt-Equity-Swap* auf diese Wirkungsweise der sec. 583(3)(c) CA 2006 (bzw. der Vorgängernorm sec. 738(2) CA 1985) verweisen.

463 So (zur Vorgängernorm sec. 738(2) CA 1985) *Davies*, Gower and Davies' Principles of Modern Company Law, 7th ed. 2003, S. 235; *Sealy/Worthington*, Cases and Materials in Company Law, 8th ed. 2007, S. 388.

464 *Re Harmony and Montague Tin and Copper Mining Co, „Spargo's Case"* [1873] 8 Ch. App., S. 407 ff. Siehe zur Entscheidung auch *Hannigan*, Company Law, 2003, S. 579; *dies.*, Annotated Guide to the Companies Act, 2001, sec. 738(2)-(4), S. 1092.

465 *Hannigan*, Company Law, 2003, S. 579 (zur Vorgängernorm sec. 738(2) CA 1985): *„This provision reflects the decision in Re Harmony and Montague Tin and Copper Mining Co, Spargo's Case which illustrates how an allotment which appears to be on a non-cash basis may in fact be regarded as being for cash"*.

466 *Sir G. Mellish, L.J.* in *Re Harmony and Montague Tin and Copper Mining Co, „Spargo's Case"* [1873] 8 Ch. App., S. 407 (414).

467 *Sir W. M. James, L.J.* in *Re Harmony and Montague Tin and Copper Mining Co, „Spargo's Case"* [1873] 8 Ch. App., S. 407 (412): *„But if a transaction resulted in this, that there was on the one side a bona fide debt payable in money at once for the purchase of property, and on the other side a bona fide liability to pay money at once on shares, so that if bank notes had been handed from one side of the table to the other in payment of calls, they might legitimately have been handed back in payment for the*

diesen Voraussetzungen zulässigen) Verrechnung beider Forderungen, die von der Gesellschaft ausgegebenen Anteile als in bar bezahlt gelten[468].

Infolge dieser in *„Spargo's Case"* aufgestellten Grundsätze, die in ständiger Rechtsprechung bestätigt wurden[469], ist heute für das englische Kapitalgesellschaftsrecht unbestritten, dass die Konstruktion einer Anteilsausgabe gegen Bareinlage und die nachfolgende Tilgung der Bareinlageschuld durch rechtsgeschäftlich vereinbarte Aufrechnung mit einer gegen die Gesellschaft gerichteten Forderung des Einlageschuldners im Grundsatz zulässig ist[470]. Voraussetzung einer zulässigen Tilgung der Bareinlageforderung durch Verrechnung ist dabei jedenfalls, dass sich zum Zeitpunkt, in dem die Einlage auf die ausgegebenen Anteile geleistet worden sein soll, die Einlageforderung und eine Forderung des Einlegers gegen die Gesellschaft wechselseitig gegenüberstehen und zudem eine wirksame vertragliche Vereinbarung besteht, wonach beide Forderungen miteinander verrechnet werden[471]. Durch einseitige Aufrechnung des Zeichners ohne Zustimmung der Gesellschaft kann die Einlageforderung also grundsätzlich nicht wirksam erbracht werden[472]; dies kann allenfalls im Prozess wirksam erfolgen, und auch dann nur solange nicht über das Vermögen der Gesellschaft ein Liquidationsverfahren eröffnet ist und bevor ein Urteil ergangen ist[473]. Die gegen die Gesellschaft gerichtete Forderung des Zeichners muss des Weiteren fällig

---

property, it did appear to me in Fothergill's Case, and does appear to me now, that this Act of Parliament did not make it necessary that the formality should be gone through of the money being handed over and taken back again; but that if the two demands are set off against each other the shares have been paid for in cash".

468 *Sir W. M. James, L.J.* a.a.O. Vgl. hierzu etwa *Hannigan*, Annotated Guide to the Companies Act, 2001, sec. 738(2)-(4), S. 1092.

469 Statt aller *Re Limehouse Works Co, „Coates' Case"* [1873] L.R. 17 Eq., S. 169 ff.; *Re Barrow-In-Furness and Northern Counties Land and Investment Co.* [1880] 14 Ch. D., S. 400 ff.; *Re Jones, Lloyd & Co., Limited* [1889] 41 Ch. D., S. 159 ff.

470 Näher hierzu *Wood*, English and International Set-Off, 1989, Rn. 12-150; *Pennington*, Company Law, 8th ed. 2001, S. 169 f.

471 Näher zu den Voraussetzungen einer wirksamen Tilgung der Einlageforderung durch Verrechnung nach englischem Recht *Pennington*, Company Law, 8th ed. 2001, S. 169 ff.; *Gansen*, Harmonisierung der Kapitalaufbringung im englischen und deutschen Kapitalgesellschaftsrecht – Vergleichende Studie zur Zweiten Gesellschaftsrechtlichen EG-Richtlinie, 1992, S. 35 ff.

472 *Pennington*, a.a.O., S. 169 mit Verweis auf *Re Government Security Fire Insurance Co, „White's Case"* [1879 12 Ch. D., S. 511 (517).

473 Siehe die Nachweise in Fn. 476.

und der Höhe nach bestimmt sein[474], während die Fälligkeit der Einlagenforderung der Gesellschaft keine Zulässigkeitsvoraussetzung der Verrechnung zur Tilgung der Bareinlageforderung ist[475]. Ist unter Berücksichtigung vorstehender Grundsätze die Zulässigkeit der Tilgung einer Bareinlageschuld durch Verrechnung mit einer gegen die Gesellschaft gerichteten Forderung grundsätzlich anerkannt, so gilt dies allerdings nur solange über das Vermögen der Gesellschaft kein Liquidationsverfahren („*winding-up*") eröffnet wurde[476].

Das Verhältnis der Regelung in sec. 583(3)(c) CA 2006 zu der vorstehend skizzierten *common-law*-Rechtsprechung, wonach die Tilgung der Einlageforderung durch Verrechnung im Grundsatz zulässig ist und als zulässige Tilgung durch Bareinlage behandelt wird, ist im Schrifttum nicht vertieft erörtert worden. Auch nach Inkrafttreten der Vorgängernormen der sec. 583(3)(c)

---

474 *Re Government Security Fire Insurance Co, „White's Case"* [1879] 12 Ch. D., S. 511 ff.; *Re Johannesburg Hotel Co., ex parte Zoutpansberg Prospecting Co.* [1891] 1 Ch., S. 119 ff.; *Pennington*, Company Law, 8th ed. 2001, S. 170 m.w.N.

475 *Re Jones, Lloyd & Co., Limited* [1889] 41 Ch. D., S. 159 ff.

476 In einem eröffneten Liquidationsverfahren (*winding-up*) über das Vermögen einer insolventen Gesellschaft kann der Zeichner mit einer Forderung gegen die Gesellschaft nicht mehr einseitig aufrechnen, sondern hat eine Einlageforderung, die bereits vor der Eröffnung des Liquidationsverfahrens geltend gemacht wurde (sog. *„pre-liquidation calls"*) und die nun der *liquidator* einfordert, durch Barzahlung zu erfüllen. Zur Zulässigkeit der Aufrechnung/Verrechnung im Fall solcher *pre-liquidation calls Derham*, The Law of Set-Off, 3rd ed. 2003, Rn. 8.50 ff.; *Wood*, English and International Set-Off, 1989, Rn. 12-160 ff.; *Pennington*, Pennington's Corporate Insolvency Law, 1997, S. 276 f. Entsprechendes gilt für den Fall der einvernehmlichen Verrechnung, wenn diese vor Eröffnung des Liquidationsverfahrens nicht wirksam vollzogen wurde; *Derham*, a.a.O., Rn. 8.50 m.w.N. Die Berechtigung des Zeichners zu einer einseitigen Aufrechnung erlischt auch, wenn er diese bereits in einem Verfahren vor der Eröffnung des Liquidationsverfahrens über das Vermögen der Gesellschaft erklärt hat, aber zur Zeit der Eröffnung des Liquidationsverfahrens insoweit noch keine rechtskräftige Entscheidung ergangen ist; *Wood*, a.a.O., Rn. 12-161 m.w.N. Die einseitige Aufrechnung des Zeichners gegen eine Einlageforderung der im Liquidationsverfahren befindlichen Gesellschaft, die erst nach der Eröffnung des Liquidationsverfahrens durch den Insolvenzverwalter geltend gemacht wurde (sog. *„post-liquidation calls"*), ist nach englischem Recht erst recht nicht mehr zulässig; *Derham*, a.a.O., Rn. 8.50 ff. Die skizzierten Grundsätze werden mit folgendem Merksatz zusammengefasst: *„Liquidation cuts off set-offs not previously exercised"*; *Wood*, a.a.O., Rn. 12-162 ff. m.w.N. Eine Ausnahme greift allerdings dann, wenn der Zeichner selbst insolvent ist; *Wood*, a.a. O., m.w.N.

CA 2006[477] wurde weiterhin auf die *common-law*-Rechtsprechung verwiesen. Es wird wohl überwiegend davon ausgegangen, dass durch die Regelung im Companies Act trotz der Verwendung des Terminus „*release of a liability*" die bisherigen Rechtsprechungsgrundsätze lediglich für den Anwendungsbereich des Companies Act kodifiziert wurden[478]. So sind im Schrifttum Stellungnahmen ersichtlich, denen zufolge mit der gesetzlichen Bezugnahme auf Zahlung der Einlage durch Befreiung der Gesellschaft von einer Verbindlichkeit („*release of a liability*") nichts anderes gemeint ist, als die einvernehmliche Befriedigung der Einlageforderung gegen den Inferenten im Wege der Verrechnung mit einer fälligen gegen die Gesellschaft gerichteten Forderung, und daher als Tilgung der Einlageforderung durch Barzahlung behandelt wird[479].

3. Maßstab bei der Bewertung des Einlagewerts der Forderung

Bei der Umsetzung eines *Debt-Equity-Swap* auf der Grundlage englischen Kapitalgesellschaftsrechts wird die Einlage der umzuwandelnden Forderung – anders als nach deutschem Aktien- und GmbH-Recht – als Bareinlage behandelt (s.o.). Wie bei Bareinlagen (und Sacheinlagen) im Allgemeinen ist aber auch bei diesem besonderen Bareinlagentypus eine Unterpari-Emission der auszugebenden Anteile unzulässig (sec. 580 CA 2006) und ein Verstoß gegen das Unterpari-Emissionsverbot geeignet die Pflicht des Einleger zur Barzahlung des Fehlbetrages auszulösen.

Entsprechend der oben[480] zum Aktien- und GmbH-Recht skizzierten Parallelproblematik, stellt sich daher auch bei der Umsetzung eines *Debt-Equity-Swap* auf der Grundlage englischen Kapitalgesellschaftsrechts die Frage, nach welchen Kriterien der Einlagewert der umzuwandelnden Forderung bei der Prüfung eines etwaigen Verstoßes gegen das Unterpari-Emissionsverbot zu bewerten ist. Fraglich ist genauer, ob bei der Umsetzung des *Debt-Equity-Swap* im Wege einer zulässigen Einlage der umzuwandelnden Forderung über ihre Verrechnung mit der Bareinlageforderung ein Verstoß gegen das Unterpari-Emissionsverbot anzunehmen ist, wenn der Nominalwert der an den Gläubiger/

477 Sec. 738(2) CA 1985; sec. 87(3)(a) CA 1980.

478 Zu diesem Befund gelangt auch *Koll-Möllenhoff*, Das Prinzip des festen Grundkapitals im europäischen Gesellschaftsrecht, 2005, S. 124.

479 So *Pennington*, Company Law, 8th ed. 2001, S. 171. In diesem Sinne auch *Morse et al.*, Charlesworth's Company Law, 17th ed. 2005, S. 143 f.: „*Issues for cash are defined in s. 738(2) so as to include (…) or the release of liability of the company for a defined sum (i.e. a set-off) (…)*".

480 Unter Kap. IV, II. 3.

Einleger auszugebenden Anteile zwar vom Nominalwert der zu verrechnenden Forderung gegen die Gesellschaft erreicht wird, wenn er aber vom objektiven Verkehrswert dieser Forderung nicht erreicht wird, weil dieser objektive Verkehrswert infolge einer (drohenden) Liquiditätskrise der Gesellschaft und der eingeschränkten Rückzahlungsfähigkeit der Gesellschaft unter dem Nominalwert dieser Forderung liegt. Ein Verstoß gegen das Unterpari-Emissionsverbot läge in dieser Konstellation nur dann nicht vor, wenn bei der Prüfung der Unterpari-Emission bei Einlage einer Forderung gemäß sec. 583(3)(c) CA 2006 unabhängig von der wirtschaftlichen Werthaltigkeit der Forderung stets ihr Nominalwert herangezogen werden dürfte.

Auf diese Fragestellung wird mit Blick auf das Unterpari-Emissionsverbot nach sec. 580 CA 2006 im englischen Schrifttum nur äußerst selten eingegangen. Eine zu dieser Frage unmittelbar einschlägige Entscheidung englischer Gerichte ist gegenwärtig ebenfalls nicht ersichtlich. Eine Erklärung hierfür könnte sein, dass die Problematik des Risikos einer Unterpari-Emission in der Praxis leicht vermieden werden kann, weil der Nennwert der auszugebenden Anteile beliebig niedrig angesetzt werden kann. Daher können die Anteile zu einem sehr niedrigen Nennwert ausgegeben werden, um Transaktionssicherheit mit Blick auf das Risiko einer Unterpari-Emission zu erlangen. Soweit ungeachtet dessen in vereinzelten, hierzu ersichtlichen Stellungnahmen auf die hier aufgeworfene Frage nach dem maßgeblichen Bewertungskriterium im Kontext der Voraussetzungen einer zulässigen Bareinlageleistung gemäß sec. 583(3)(c) CA 2006 eingegangen wird, wird die folgende Ansicht vertreten:

Unter der Voraussetzung, dass die Forderung des Gläubiger-Inferenten gegen die Gesellschaft wirksam im Rahmen der Geschäftstätigkeit der Gesellschaft entstanden ist und sofort fällig ist, kann diese Forderung zu ihrem Nominalwert gegen die Einlageforderung verrechnet werden; und zwar auch dann, wenn diese Forderung bei wirtschaftlicher Betrachtungsweise einen Wert unterhalb ihres Nominalwerts aufweist, weil Zweifel an der Fähigkeit der Gesellschaft zur Tilgung dieser Forderung bestehen[481]. Im Einklang mit dieser Ansicht führt *Davies* mit Blick auf die Anwendung der Vorgängernorm der sec. 583(3)(c) CA 2006 bei Anteilsausgaben im Rahmen eines *Debt-Equity-Swap* aus, dass es kein Verstoß gegen

481 So *Micheler/Birds/Graham* in Gore-Browne on Companies, Update 64 (May 2007), Chapter 24 – Maintenance of Capital, S. 24-4 Fn. 23 als Anmerkung zur Vorgängernorm der sec. 583(3)(c) CA 2006 (sec. 738(2) CA 1985): „*Provided that the debt was genuinely created in the course of the company's business and is immediately payable, it may be a set off in full against the nominal value of the shares even though in commercial terms it may be worth less because of doubts as to the company's ability to pay*".

das Unterpari-Emissionsverbot darstelle, wenn der Nominalwert der (umzuwandelnden) Forderungen zum Zweck der Einlageleistung für die Ausgabe neuer Anteile herangezogen wird, obwohl der Marktwert der Forderungen im Zeitpunkt des *Debt-Equity-Swap* aufgrund der Insolvenz der Schuldnergesellschaft geringer ist als ihr Nominalwert[482]. Zur Begründung der vorstehenden Ansicht verweisen einige Autoren[483] (wohl in Ermangelung einer einschlägigen Entscheidung englischer Gerichte) auf die australische Entscheidung *Pro-Image Studios v. Commonwealth Bank of Australia* [1991][484] des Supreme Court of Victoria.

Im zugrundeliegenden Sachverhalt hatte eine insolvente, aber nicht im Liquidationsverfahren befindliche Gesellschaft einen *Debt-Equity-Swap* durchgeführt, bei dem 92.684.398 voll eingezahlte Stammanteile (*ordinary shares*) zum Nominalwert von je 50c an zwei Banken ausgegeben wurden, die der Gesellschaft als Gegenleistung für die Anteilsausgabe fällige, gesicherte Forderungen mit einem Nennwert i.H.v. $46.342.199 erließen. Wäre die Gesellschaft zum Zeitpunkt der Entscheidung insolvenzbedingt liquidiert worden, so wäre für diese Forderungen eine Befriedigungsquote von etwa 91% zu erwarten gewesen. Dass Gericht entschied, dass eine Anteilsausgabe trotz mangelnder wirtschaftlicher Vollwertigkeit der erlassenen Forderungen nicht als Verstoß gegen das Verbot der Unterpari-Emission zu werten sei, weil insoweit nach Auffassung des Gerichts einzig der Nennwert der erlassenen Forderungen maßgeblich sei. *Fullagar J*, in *Pro-Image Studios v. Commonwealth Bank of Australia*, a.a.O.: „*It is the debt which is released that counts, not some assessed value to the creditor of the debt owed to him based upon prospects of realisation or execution of or upon the debt*". (…) „*In my opinion there is no authority for making the inquiry, opened up by the reasoning of Young J in Jarass, into the financial capacity of the issuing Company to pay the creditor-allottee the amount of the latter's presently payable debt, that is to say in the absence of some fraud or deceit*". (…) „*The value of a debt for all purposes of the present case is the face value of the legally and immediately enforceable obligation constituted by the debt itself*".

Die Entscheidung des Supreme Court of Victoria ist für englische Gerichte zwar nicht bindend, doch zeigt der wiederholt vorzufindende Verweis auf diese

482 *Davies*, Gower and Davies' Principles of Modern Company Law, 7th ed. 2003, S. 236: „*It seems that no infringement of the rule forbidding issuing shares at a discount to par value occurs where the face value of the debt is taken for the purposes of paying up the new shares, even though the market value of the debt at the time of the swap was less than its face value because of the debtor's insolvency*".

483 *Davies*, a.a.O., S. 236; *Micheler/Birds/Graham* in Gore-Browne on Companies, Update 64 (May 2007), Chapter 24 – Maintenance of Capital, S. 24-4 Fn. 23; *Derham*, The Law of Set-Off, 3rd ed. 2003, Rn. 8.62.

484 4 ACSR, S. 586 = 9 ACLC, S. 671. Bestätigt in *Re Keith Bray pty Ltd.* [1991] 5 ACSR, S. 450 ff.

Entscheidung in der Kommentarliteratur zum englischen Gesellschaftsrecht dass die Leitgedanken dieser Entscheidung offenbar als auch für das englische Recht maßgeblich erachtet werden. Dafür spricht auch, dass diese Leitgedanken in der Urteilsbegründung der Entscheidung aus der Interpretation der Rechtsprechung englischer Gerichte[485] heraus entwickelt wurden.

Der vorstehende Befund steht im Einklang mit der unter englischen Sanierungs- und Insolvenzpraktikern vorherrschenden Ansicht zu dieser Frage, wie dem Verfasser der vorliegenden Untersuchung durch erfahrene englische Sanierungs- und Insolvenzpraktiker bestätigt wurde[486]:

Bei der als Bareinlage zu behandelnden Befreiung der Gesellschaft von einer Verbindlichkeit zur Umsetzung eines *Debt-Equity-Swap* auf der Grundlage englischen Kapitalgesellschaftsrechts sei es nicht erforderlich, eine Werthaltigkeitsprüfung der umzuwandelnden Forderung gegen die Gesellschaft mit Blick auf die Einlageleistung für die auszugebenden Anteile vorzunehmen. Bei der Bewertung der Einlageleistung in Gestalt einer umzuwandelnden Forderung gegen die Gesellschaft sei allein der Nominalwert dieser Forderung gegen die Gesellschaft maßgeblich, nicht etwa ihr objektiver Verkehrswert. Zur Begründung dieser Ansicht wird von Praktikern ein Argument vorgebracht, das nicht nur aus der oben zitierten Entscheidung *Pro-Image Studios v. Commonwealth Bank of Australia* des Supreme Court of Victoria, sondern auch aus der Argumentation einer Minderansicht[487] mit Blick auf die Parallelproblematik nach deutschem Kapitalgesellschaftsrecht vertraut ist: Bei der Bewertung der Einlageleistung in Gestalt der umzuwandelnden Forderungen gegen die Gesellschaft selbst sei stets auf den Nominalwert dieser Forderungen abzustellen, weil die Bewertung aus einer Perspektive vorzunehmen sei, die auf die bilanziellen Effekte des *Debt-Equity-Swap* bei der Gesellschaft abstellt. Weil eine als Einlage eingebrachte Forderung unabhängig von ihrer wirtschaftlichen Werthaltigkeit erlischt, d.h. in der vollen Höhe des Nominalbetrages ausgebucht werden müsse, werde die Passivseite der Bilanz der Gesellschaft ungeachtet des wirtschaftlichen Werts der Forderung in deren voller Höhe entlastet. Weil die Forderung von der Schuldnergesellschaft zu ihrem Nominalwert zurückzuzahlen sei, und die Verpflichtung zur Tilgung der Forderung insbesondere auch dann noch in Höhe des

485 Insb. *Re Harmony and Montague Tin and Copper Mining Co, „Spargo's Case"* [1873] 8 Ch. App., S. 407.

486 So etwa von *Richard Barham*, Partner der Sozietät DentonWildeSapte (London), erfahrener Berater bei *Debt-Equity-Swap*-Restrukturierungen und Autor des Artikels „Debt equity swaps: A growing trend" in P.L.C., Oct. 2002, S. 21 ff.

487 Siehe oben Fn. 360 und Fn. 361.

Nominalwerts fortbestehe, wenn die Gesellschaft zur vollständigen Tilgung der Forderung nicht mehr in der Lage ist, habe die Forderung für die Gesellschaft auch diesen Wert.

In Ermangelung einer hierzu unmittelbar einschlägigen Entscheidung englischer Gerichte und solange eine solche, von den Leitgedanken der Entscheidung *Pro-Image Studios v. Commonwealth Bank of Australia* abweichende, Entscheidung englischer Gerichte nicht ergeht, ist bei der Bewertung der geltenden Rechtslage mit der in Literatur und Praxis vertretenen Ansicht nach alldem davon auszugehen, dass bei der Prüfung einer etwaigen Unterpari-Emission auch dann (noch) zulässigerweise auf den Nominalwert der nach sec. 583(3)(c) CA 2006 einzubringenden Forderung abzustellen ist, wenn der Verkehrswert dieser Forderung aufgrund der Liquiditätskrise der Schuldnergesellschaft im Zeitpunkt des *Debt-Equity-Swap* geringer ist als ihr Nominalwert.

4. Hin- und Herzahlung als zulässige Tilgungsmodalität der Bareinlageforderung

Fehlt es bei der Umsetzung eines *Debt-Equity-Swap* an einer der tatbestandlichen Voraussetzungen der Gleichstellung einer Befreiung der Gesellschaft von einer Verbindlichkeit gemäß sec. 583(3)(c) CA 2006, ein Szenario das praktisch kaum eine Rolle spielen wird, so könnte dies theoretisch zur Folge haben, dass die Tilgung der Einlageforderung nicht als Barzahlung gewertet wird und daher Sacheinlagevorschriften einschlägig sind. Für die *plc* wäre in diesem Fall das gesetzliche Prüfungsverfahren für Sacheinlagen gemäß sec. 593(1) CA 2006[488] durchzuführen. Die Anwendung von Sachkapitalvorschriften kann jedoch bei der Umsetzung des *Debt-Equity-Swap* nach englischem Kapitalgesellschaftsrecht nicht nur über die Erfüllung der Bareinlagedefinition sec. 593(1) CA 2006 problemlos ausgeschlossen werden, sondern auch durch eine schlichte Hin- und Herzahlung. Denn zur rechtstechnischen Umsetzung des *Debt-Equity-Swap* kann nach englischem *common law* und *statutory law* auch zulässigerweise eine Konstruktion gewählt werden, bei der der forderungsumwandelnde Gläubiger zunächst Anteile gegen Bareinlage zeichnet und die Gesellschaft die hierdurch erlangten Mittel anschließend dazu verwendet, ihre Verbindlichkeiten gegenüber dem zeichnendem Gläubiger ganz oder teilweise zu erfüllen[489].

---

488 Vgl. oben, Kap. IV, III. 1.

489 Siehe etwa *Bloxham* in Tolley's Insolvency Law, Issue 14 (Jan. 2001), Chapter C – Corporate Rescue, C4024: „*(…) a debt for equity swap can also be achieved by a subscription in cash and the use of the proceeds to repay the relevant debt*".

5. Schutz der Umgehung von Sacheinlagevorschriften im englischen Recht

Die Gestaltungsspielräume bei der Umsetzung von *Debt-Equity-Swaps* auf der Grundlage des Aktien- und GmbH-Rechts werden dadurch eingegrenzt, dass die Einbringung einer Altforderung im Wege einer Barkapitalerhöhung in Kombination mit einer Aufrechnung/Verrechnung oder einer Hin- und Herzahlung zur Tilgung der Bareinlageforderung und der Forderung des Gläubigers nach Judikatur und h.L. als unzulässige Umgehung der Sacheinlagevorschriften und als Fallgruppe der verdeckten Sacheinlage gewertet werden[490]. Mit Blick auf das englische Kapitalgesellschaftsrecht drängt sich daher die Frage auf, warum die skizzierten Gestaltungen der Einbringung einer gegen die Gesellschaft gerichteten Forderung im Wege einer Bareinlage und Verrechnung oder Hin- und Herzahlung auf der Grundlage englischen Kapitalgesellschaftsrechts nicht an einem, der deutschen Lehre von der verdeckten Sacheinlage entsprechendem Umgehungsschutz scheitern. Hierzu sei Folgendes angemerkt:

Im rechtsvergleichenden, deutschen Schrifttum wird häufig angeführt, dass dem englischen Kapitalgesellschaftsrecht eine der deutschen Lehre von der verdeckten Sacheinlage vergleichbare Rechtsprechungstendenz oder gesetzliche Regelung fremd sei[491]. Dies ist im Wesentlichen zutreffend, weil ein mit der deutschen Lehre von der verdeckten Sacheinlage vergleichbarer Schutz der Sacheinlagen vor Umgehung für das englische Kapitalgesellschaftsrecht weder gesetzlich verankert, noch durch die Rechtsprechung entwickelt wurde.

Eine zu oberflächliche Beantwortung dieser Frage birgt indes Gefahren (dazu sogleich). Nach den einschlägigen Vorschriften des CA 2006 ist es ohne weiteres zulässig, die Einbringung eines Gegenstandes, der bei seiner direkten Einbringung als Sacheinlagegegenstand zu qualifizieren wäre, so auszugestalten, dass Sacheinlagevorschriften, insbesondere die für Sacheinlagen im Recht der *plc* vorgesehenen Prüfungs- und Bewertungspflichten, nicht anwendbar sind. Ermöglicht wird dies, indem mit der Gesellschaft eine Vereinbarung getroffen wird,

---

490 Kap. IV, II. 4. b.

491 Vgl. etwa *Koll-Möllenhoff*, Das Prinzip des festen Grundkapitals im europäischen Gesellschaftsrecht, 2005, S. 127: „*Die Lehre von der verdeckten Sacheinlage oder ihr entsprechende Regelungen sind dem englischen Recht unbekannt*". In diesem Sinne auch *Otte*, Das Kapitalschutzsystem der englischen private limited company im Vergleich zur deutschen GmbH, 2006, S. 206; *Kasolowsky/Schall* in Hirte/Bücker, Grenzüberschreitende Gesellschaften, § 4 Rn. 88; *Windbichler/Krolop* in Riesenhuber, Europäische Methodenlehre – Grundfragen der Methoden des Europäischen Privatrechts, 2006, S. 357 (385).

wonach diese einen Vermögensgegenstand gegen Barzahlung erwirbt, und der Verkäufer zustimmt, die hieraus entstehende, gegen die Gesellschaft gerichtete Kaufpreisforderung zu verrechnen, wenn im Gegenzug neue Anteile an ihn ausgegeben werden[492]. Die Ausgabe der Anteile wäre in diesem Fall nach dem Wortlaut der sec. 583(3)(c) CA 2006 als eine solche gegen Bareinlage zu behandeln[493]. Nach Stellungnahmen im Schrifttum können die gesetzlichen Prüfungs- und Bewertungspflichten für Sacheinlagen durch die Umsetzung dieser Konstruktion in der Praxis verhältnismäßig einfach umgangen werden[494].

Bei näherer Untersuchung ist die Gefahr, dass solche Konstruktionen einer eingehenden gerichtlichen Prüfung nicht standhalten, aber richtigerweise nicht völlig von der Hand zu weisen[495]. Grund hierfür ist ein viel zitiertes *obiter dictum* des Richter *Hoffman J.* in der Entscheidung *Re Bradford Investments plc (No. 2)*[496] des High Court of Justice vom 19.4.1991, dessen Reichweite gegenwärtig nicht völlig geklärt ist und das künftig in Folgeentscheidungen aufgegriffen werden könnte. In dieser Entscheidung, die die Prüfungs- und Bewertungserfordernisse für Sacheinlagen im Recht der *plc* betrifft, deutete Richter *Hoffmann J.* in einem *obiter dictum* an, dass er es nicht für zulässig erachten würde, wenn die Prüfungs- und Bewertungsvorschriften für Sacheinlagen bei der *plc* gemäß sec. 103 CA 1985 (heute: sec. 593 CA 2006) wie oben beschrieben umgegangen werden, indem ein Dokument künstlich in zwei aufgespaltet wird, nur um sec. 583(3)(c) CA 2006 zur Anwendung bringen zu können[497]. In der Kommentarliteratur wird unter Verweis auf dieses *obiter dictum* vor der angesprochenen Transaktionsstruktur gewarnt, weil es bei ihr an den Voraussetzungen einer zulässigen Bareinlageleistung gemäß sec. 583(3)(c) CA 2006 mangeln könnte[498].

---

492 Vgl. hierzu *Ferran*, Principles of Corporate Finance Law, 2008, S. 111.

493 *Ferran*, a.a.O.

494 So etwa *Hannigan*, Annotated Guide to the Companies Act, 2001, sec. 738(2)-(4), S. 1092.

495 So auch *Ferran*, Principles of Corporate Finance Law, 2008, S. 111.

496 [1991] B.C.L.C., S. 688 ff.

497 *Hoffmann J.* in *Re Bradford Investments plc* (No. 2) [1991] B.C.L.C., S. 688 (695): „*I do not therefore need to consider what the position would have been if the parties had actually broken down the transaction into two stages: a liability to pay for the business in cash, followed by the substitution of an allotment of shares. I would not wish to give the impression that an artificial resort to two documents instead of one could be used to avoid the provisions of sec. 103*".

498 *Micheler/Birds/Graham* in Gore-Browne on Companies, Update 64 (May 2007), Chapter 24 – Maintenance of Capital, S. 24-4 Fn. 23; *Hannigan*, Annotated Guide to the Companies Act, 2001, sec. 738(2)-(4), S. 1092.

In vertiefenden Stellungnahmen wird angesichts des *obiter dictum* in *Re Bradford Investments plc (No. 2)* diskutiert, auf welcher Rechtsgrundlage ein englisches Gericht die Zulässigkeit der skizzierten Rechtskonstruktion zur Einlageleistung abweichend von der formalen Zulässigkeit nach Lage des Gesetzes überhaupt verneinen könnte[499]. Dies erfolgt vor dem Hintergrund einer Problematik, die dem deutschen Juristen befremdlich erscheinen mag: Der englische Richter ist in der über den Wortlaut einer Vorschrift hinausgehenden, teleologischen Auslegung traditionell ungeübt[500]. Lange Zeit galt, dass Richter bei der Anwendung englischen Rechts über eine am Wortlaut der Vorschrift orientierte Auslegung nicht hinausgehen; eine die Wortlautgrenze überschreitende Auslegung wurde als Überschreitung der Befugnisse der rechtsprechenden Gewalt gewertet[501]. Dass die Gestaltung einer Transaktion offensichtlich der Umgehung von Rechtsvorschriften dient oder konstruiert erscheint, begründet nach dieser Auslegungspraxis englischer Gerichte als solches keine ausreichende Rechtsgrundlage, der Transaktion ihre Wirksamkeit zu versagen[502]. Das genannte *obiter dictum* in *Re Bradford Investments plc (No. 2)* steht zu dieser traditionellen Auslegungspraxis der Rechtsprechung im Widerspruch.

Wie aber auch vor dem Hintergrund dieser traditionellen Auslegungspraxis englischer Gerichte eine dem *obiter dictum* in *Re Bradford Investments plc (No. 2)* folgende Gerichtsentscheidung dogmatisch zu begründen sein könnte, zeigte *Vella* auf. Nach Ansicht *Vellas* könnte die Übertragung eines dem sog. „*Ramsay Approach*“[503] aus dem Steuerrecht entsprechenden Auslegungsgrundsatzes

---

499 Siehe *Ferran*, Principles of Corporate Finance Law, 2008, S. 110 f.; *Vella*, Journal of Corporate Law Studies, Vol. 7 (2007) No. 2, S. 243 (270 f.).

500 *Vella*, a.a.O., S. 243 (244 f.); *Gansen*, Harmonisierung der Kapitalaufbringung im englischen und deutschen Kapitalgesellschaftsrecht, 1992, S. 178 m.w.N.

501 Vgl. *Magor and St. Mellons Rural District Council v. Newport Corporation* [1952] A.C., S. 189 (House of Lords): „*In the construction of a statute the duty of the court is limited to interpreting the words used by the legislature and it has no power to fill in any gaps disclosed. To do so would be to usurp the function of the legislature*“; S. 192: „*In so far as the intention of Parliament or of Ministers is revealed in Acts of Parliament or Orders, either by the language used or by necessary implication, the courts should, of course, carry these intentions out; but it is not the function of any judge to fill in what he conceives to be the gaps in an Act of Parliament. If he does so, he is usurping the function of the legislature*“.

502 *Vella*, Journal of Corporate Law Studies, Vol. 7 (2007) No. 2, S. 243 (244 und 270).

503 Der Begriff geht auf die Entscheidung *WT Ramsay Ltd. v. IRC* [1981] STC, S. 174, zurück, in der dieser Ansatz nach h.M. begründet wurde. Der *Ramsay Approach* ist im Wesentlichen ein in den 1980'er Jahren richterrechtlich ursprünglich zu

d.h. eine am Regelungszweck einer Norm orientierte Auslegung) auf kapitalgesellschaftsrechtliche Sachverhalte eine taugliche Rechtsgrundlage für eine dem *obiter dictum* in *Re Bradford Investments plc (No. 2)* entsprechende Gerichtsentscheidung begründen[504]. Eine dann zulässige teleologische Auslegung der Vorschriften sec. 583(3)(c) CA 2006) und sec. 593 CA 2006 erlaube dann eine einschränkende Auslegung der sec. 583(3)(c) CA 2006, wonach die dort geregelte Ausnahme von der für Sacheinlagen bei *plc's* geltenden Prüfungs- und Bewertungsvorschriften für Sacheinlagen gemäß sec. 593 CA 2006 im Fall der Befreiung der Gesellschaft von einer Verbindlichkeit nur dann greifen soll, wenn die betreffende Verbindlichkeit ursprünglich zu einem irgendwie gearteten Geschäftszweck eingegangen wurde, und nicht bloß als Teil und im Rahmen einer Gesamtkonstruktion begründet wurde, die der Vermeidung der Sacheinlagevorschriften gemäß sec. 593 CA 2006 dient[505].

Selbst wenn man aber mit *Vella* eine solche Auslegung der ss. 583(3)(c) und 593 CA 2006 befürwortet, und so jedenfalls im Ergebnis auch eine dem *obiter dictum* von *Hoffmann J.* in *Re Bradford Investments plc (No. 2)* entsprechende Entscheidung rechtfertigen könnte, so gilt es mit Blick auf die hier relevante Frage des Umgehungsschutzes bei der Einbringung einer gegen die Gesellschaft gerichteten Forderung im Rahmen einer Barkapitalerhöhung zu beachten: Das *obiter dictum* in *Re Bradford Investments plc (No. 2)* und die darauf bezogenen obigen Ausführungen betreffen eine Rechtskonstruktion, bei der eine Bareinlageleistung mit dem Verkauf eines Vermögensgegenstandes verknüpft wird, bei dem die Gesellschaft einen Vermögensgegenstand vom Inferenten erwirbt und im Gegenzug eine Kaufpreisforderung neu entsteht. Diese Fälle unterscheiden sich aber von der hier relevanten Rechtskonstruktion, die bei der Umwandlung von Forderungen gegen die Gesellschaft in Gesellschaftsanteile typischerweise vorliegt. Denn im Zuge der Umsetzung eines *Debt-Equity-Swap* entstehen die in Eigenkapital umzuwandelnden Verbindlichkeiten der Gesellschaft nicht im

---

Steuerrechtsfragen entwickelter Auslegungsgrundsatz, wonach englische Gerichte zur Verhinderung der Umgehung von steuerrechtlicher Vorschriften, bei der Auslegung von Rechtsgeschäften unter bestimmten Voraussetzungen eine am Regelungszweck orientierte, teleologische Auslegung umgangener Vorschriften vornehmen dürfen und müssen. Zum *Ramsay Approach* und den hiermit verbunden Streitfragen und Rechtsunsicherheit begünstigenden Faktoren *Freedman*, L.Q.R., Vol. 123 (2007), S. 53 ff.; *Hoffmann*, B.T.R. 2005 No. 2, S. 197 ff.; *Staveley*, B.T.R. 2005 No. 6, S. 609 ff.; *Vella*, a.a.O., S. 243 (247 ff.).

504 *Vella*, a.a.O., S. 270 f.

505 *Vella*, a.a.O., S. 271.

Rahmen eines Verkehrsgeschäfts neu, sondern es handelt sich in aller Regel um Altverbindlichkeiten der Gesellschaft, meist aus Kreditverträgen mit Gläubigerbanken oder aus der Emission von Anleihen. An einer, nach dem *obiter dictum* in *Re Bradford Investments plc (No. 2)* gekünstelten Konstruktion eines Verkehrsgeschäfts zur Begründung einer Forderung, die dann zur Umgehung der Sacheinlagevorschriften nach sec. 583(3)(c) CA 2006 erlassen oder verrechnet werden kann, fehlt es in diesen Fällen, weil die umzuwandelnde Geldforderung bereits im zeitlichem Vorfeld der Anteilsausgabe begründet war und der Entstehungsgrund der Forderung kein Verkehrsgeschäft war, das der Einbringung eines von der Forderung verschiedenen Vermögensgegenstandes in die Gesellschaft dient.

Dass auch in dieser Spezialkonstellation einer Kopplung aus Barkapitalerhöhung mit der Verrechnung oder Hin- und Herzahlung zur Tilgung von Einlageforderung und Geldforderung gegen die Gesellschaft eine unzulässige Konstruktion zur Vermeidung von Sacheinlagevorschriften gesehen werden kann, wird in Rechtsprechung und Literatur bislang nicht einmal in Betracht gezogen. Dies ist aus Sicht des englischen Rechts nur konsequent. Denn wenn die Verrechnung der Bareinlageforderung mit einer gegen die Gesellschaft gerichteten Forderung als zulässige Erfüllungsmodalität der Bareinlage gilt, wie dies nach der in „*Spargo's Case*"[506] entwickelten *common-law*-Judikatur und der gesetzlichen Regelung in sec. 583(3)(c) CA 2006 im englischen Recht der Fall ist, stellt sich im Grunde – wie es der Generalanwalt *Tesauro* im Verfahren „Meilicke" zutreffend ausdrückt[507] – „nicht einmal abstrakt die Frage einer Umgehung der Vorschriften über Sacheinlagen". In diesem Kontext stellt sich dann jedoch die Frage, ob der Ansatz des englischen Rechts, wonach gegen die Gesellschaft gerichtete Forderungen mit einer Bareinlageforderung als zulässiger Erfüllungsmodus der Bareinlage verrechnet werden dürfen, auf europäischer Ebene mit den Vorgaben der Kapitalrichtlinie bzgl. des zulässigen bzw. gebotenen Umgehungsschutzes vereinbar ist (dazu sogleich unter IV.).

IV. Europäische Harmonisierungsdefizite

Wie oben aufgezeigt, folgen die Regeln der Kapitalaufbringung des deutschen Kapitalgesellschaftsrecht und des englischen Kapitalgesellschaftsrechts mit Blick

506 *Re Harmony and Montague Tin and Copper Mining Co, „Spargo's Case"* [1873] 8 Ch. App., S. 407 ff.

507 Schlussanträge des Generalanwalt beim EuGH *Guiseppe Tesauro* v. 8.4.1992 in Rs. 83/91 – Meilicke/ADV-ORGA AG, abgedruckt in ZIP 1992, S. 1036 ff. Zum Verfahren „Meilicke" sogleich unter Kap. IV, IV.

auf die Qualifikation der Einlagenart (Bar- oder Sacheinlage) der Einbringung einer gegen die Gesellschaft gerichteten Forderung im Wege einer Kapitalerhöhung und mit Blick auf den Umgehungsschutz der Sachkapitalerhöhungsregeln grundlegend unterschiedlichen Ansätzen:

(1.) Nach der (vor Inkrafttreten des MoMiG und des ARUG) etablierten Judikatur und h.L. zum deutschen Aktien- und GmbH-Recht hat die Einbringung einer gegen die Gesellschaft gerichteten Altforderung als Sacheinlage unter Einhaltung der dafür vorgeschriebenen Wertprüfungs- und Offenlegungspflichten zu erfolgen, während die Forderungseinbringung im Wege einer Barkapitalerhöhung in Kombination mit einer Aufrechnung/Verrechnung oder einer Hin- und Herzahlung zur Tilgung der Bareinlageforderung und der Forderung des Gläubigers als unzulässige verdeckte Sacheinlage zu qualifizieren ist.

(2.) Demgegenüber erlaubt das liberalere Kapitalaufbringungsrecht der *plc* und *Ltd.* nach Maßgabe der in „*Spargo's Case*"[508] entwickelten *common-law*-Judikatur und der gesetzlichen Regelung in sec. 583(3)(c) CA 2006 grundsätzlich die Forderungseinbringung durch Barkapitalerhöhung und Verrechnung der Bareinlageforderung mit der gegen die Gesellschaft gerichteten Forderung, ohne diesen Vorgang als unzulässige Umgehung der Sachkapitalerhöhungsregeln zu sanktionieren.

Weil das deutsche Aktienrecht und das Recht der *plc* die Vorgaben der Kapitalrichtlinie[509] (im Folgenden auch: „KapRL"), die eine Angleichung der mitgliedstaatlichen Vorschriften über die Gründung der Aktiengesellschaft sowie über die Erhaltung und Änderung des Kapitals der Gesellschaft bezweckt[510], hinsichtlich der Kapitalaufbringung und Modalitäten der Leistung von Sacheinlagen bei der Kapitalerhöhung (vgl. Art. 3 lit. h, 7, 9, 10 Abs. 1–3, 11, 27 Abs. 1 und 2 KapRL) umzusetzen haben, stellt sich die Frage, wie die Divergenzen bei der Forderungseinbringung nach deutschem Aktienrecht und nach dem Recht der *plc* mit dem Harmonisierungsziel der KapRL vereinbar sind.

In diesem Kontext ist zum einen die Richtlinienkonformität des oben zu (1.) genannten Ansatzes des deutschen Aktienrechts im Hinblick auf die Vorgaben der KapRL in Frage gestellt worden, wobei zwei Fragenkreise zu unterscheiden

508 *Re Harmony and Montague Tin and Copper Mining Co, „Spargo's Case"* [1873] 8 Ch. App., S. 407 ff.

509 S. oben Fn. 274.

510 *Habersack*, Europäisches Gesellschaftsrecht, § 6 Rn. 3.

sind. Dies ist zum einen die – insb. in den neunziger Jahren des 20. Jh. hierzulande intensiv diskutierte – Frage, ob die deutsche Lehre von der verdeckten Sacheinlage als solche (d.h. unabhängig von der Fallgruppe der verdeckten Forderungseinbringung) richtlinienkonform ist[511]. Dies ist zum anderen die Frage, ob nach den Vorgaben der KapRL die Einbringung von gegen die Gesellschaft selbst gerichteten Forderungen als Sacheinlage zu behandeln und den verschärften Vorschriften für Sacheinlagen zu unterwerfen ist (dann wäre der oben zu (1.) genannte Ansatz des deutschen Aktienrechts insoweit richtlinienkonform), oder ob eine solche Forderungseinbringung nach den Vorgaben der KapRL als Bareinlage zu behandeln ist (dann bestünden insoweit Zweifel an der Richtlinienkonformität des oben zu (1.) genannten Ansatzes des deutschen Aktienrechts).

Zu einer Entscheidung beider Fragen durch den EuGH ist es bislang nicht gekommen, obwohl das LG Hannover[512] dem EuGH beide Fragen im „Meilicke"-Verfahren zur Entscheidung vorgelegt hatte. Weil der EuGH eine Entscheidung zur Vorlagefrage aus prozessualen Gründen ablehnte[513], sind die angesprochenen Fragen noch nicht abschließend entschieden worden[514]. Bei der Bewertung des geltenden Recht ist jedenfalls zu berücksichtigen, dass beide oben zu (1.) und (2.) genannten Ansätze des deutschen und englischen Kapitalgesellschaftsrecht einer Interpretation zugänglich sind, die mit der KapRL vereinbar ist:

(a) Treiber der Frage nach der Richtlinienkonformität der deutschen Lehre von der verdeckten Sacheinlage im Allgemeinen war im Kern der Umstand, dass die KapRL die Einbringung von Sacheinlagen bei Gründung und Kapitalerhöhung verschärften Voraussetzungen zu Publizität und dem Erfordernis der externen Werthaltigkeitsprüfung der Sacheinlagen unterwirft, um die tatsächliche Vermögenszufuhr im Sinne des Grundsatzes der realen Kapitalaufbringung zu gewährleisten, dass die KapRL aber andererseits einen weniger verdichteten Umgehungsschutz bietet als das deutsche Aktienrecht[515].

---

511 Siehe die Nachweise zur Diskussion um die EG-Konformität der Lehre von der verdeckten Sacheinlage bei *Kindler* in FS Boujong, 1996 S. 299 ff.; MüKo-AktG/*Pentz*, § 27 Rn. 87.

512 LG Hannover, Beschl. v. 15.1.1991 – 26 AktE 5/90 - ZIP 1991, S. 369 ff.

513 EuGH v. 16.7.1992 – Rs. 83/91 – Meilicke/ADV-ORGA AG, Slg. 1992, I-4871.

514 So auch das Fazit von *Windbichler/Krolop* in Riesenhuber, Europäische Methodenlehre – Grundfragen der Methoden des Europäischen Privatrechts, 2006, S. 357 (376).

515 Siehe hierzu *Schall*, Kapitalgesellschaftsrechtlicher Gläubigerschutz, 2009, S. 20 f.

Denn die höheren Anforderungen der KapRL an die Einbringung von Sacheinlagen (Art. 10, 27 Abs. 2 KapRL) werden nicht durch Regelungen zu verdeckten Sacheinlagen, sondern nur durch die Nachgründungsvorschrift des Art. 11 KapRL flankiert. Im deutschen Schrifttum wurde daher – gefolgt vom Generalanwalt beim EuGH *Tesauro* im Verfahren „Meilicke“[516] – vereinzelt vertreten, die Bestimmungen in Art. 10 und 11 KapRL, die sich mit der Sacheinlage und der Nachgründung befassen, seien in dem Sinne abschließend zu verstehen, dass sie einen Höchststandard setzten, über den die nationalen Gesetzgeber nicht hinausgehen dürften, und damit der Lehre von der verdeckten Sacheinlage entgegenstünden („Höchstnormtheorie“)[517]. Dem ist aber mit dem BGH[518] und der h.L.[519] entgegenzuhalten, dass die KapRL mit den einschlägigen Bestimmungen nur einen europäischen Mindeststandart an Gesellschafter- und Gläubigerschutz bezweckt und daher weitergehenden Anforderungen des nationalen Rechts nicht entgegensteht. Bereits aus der Entstehungsgeschichte der KapRL selbst folgt, dass die Richtlinie nicht von einer abschließenden Regelung der Problematik der Umgehung der Sacheinlagevorschriften in den Art. 10 und 11 KapRL ausgeht. Sie geht vielmehr

516 Schlussanträge des Generalanwalt beim EuGH *Guiseppe Tesauro* v. 8.4.1992 in Rs. 83/91 – Meilicke/ADV-ORGA AG, abgedruckt in ZIP 1992, S. 1036 ff mit Anm. *Joost*, a.a.O., S. 1033 ff.

517 So insb. *Meilicke*, Die „verschleierte“ Sacheinlage – eine deutsche Fehlentwicklung, 1989, passim.; in diese Richtung auch *Einsele*, NJW 1996, S. 2681 ff.

518 Dem BGH erschien die Annahme, Art. 11 KapRL enthalte eine Mindestregelung sogar so evident, dass er in „IBH/Lemmerz“ unter „beherztem Rückgriff“ (so *Habersack*, Europäisches Gesellschaftsrecht, § 6 Rn. 31) auf die *acte clair*-Doktrin (vgl. EuGH v. 6.10.1982 – Rs. C-283/81, Slg. 1982, I-3415) von einer Vorlage an den EuGH abgesehen hat; BGH Urt. v. 15.01.1990 – II ZR 164/88 („IBH/Lemmerz“) – BGHZ 110, 47 (68 ff.). Diese Nichtvorlage erfuhr im dt. Schrifttum durchaus Kritik; statt aller *Joost*, ZIP 1990, S. 549 (564 f.); *Kindler* in FS Boujong 1996, S. 299 (315 ff.). Nachdem der BGH seine Auffassung zur Europarechtskonformität zwischenzeitlich in einem Nichtzulassungsbeschluss (BGH Beschl. v. 04.12.2006 – II ZR 305/05 – DStR 2006, S. 2326) nochmals bekräftigt hat, ist mit einer Vorlage an den EuGH zur Vorabentscheidung nach Art. 267 AEUV kaum noch zu rechnen.

519 Statt aller *Habersack*, Europäisches Gesellschaftsrecht, § 6 Rn. 31 f.; *ders.*, AG 2009, S. 557 (559); *Lutter/Gehling*, WM 1989, S. 1445 (1456 ff.); *Bayer/Schmidt* in Bayer/Habersack, Aktienrecht im Wandel, Bd. I, 2007, S. 965 f.; *Kindler* in FS Boujong 1996, S. 299 (309 ff.); *Schall*, Kapitalgesellschaftsrechtlicher Gläubigerschutz, 2009, S. 21 f.

davon aus, dass die Mitgliedsstaaten ihre eigenen Abwehrmittel zur Verhinderung einer Umgehung der Sacheinlagevorschriften einsetzen werden[520].

(b) Im „Meilicke“-Verfahren vertrat Generalanwalt *Tesauro* die Ansicht, dass die Einbringung einer gegen die Gesellschaft gerichteten liquiden und fälligen Forderung selbst dann, wenn sie notleidend sei, stets als Bareinlage zu behandeln sei. Dies habe zur Folge, dass die Forderungseinbringung zur Umwandlung notleidender Forderungen in Eigenkapital im Wege einer Barkapitalerhöhung, anders als nach der Auffassung des BGH[521], nicht als unzulässige verdeckte Sacheinlage gewertet werden dürfe, so dass der oben zu (1.) genannte Ansatz des deutschen Aktienrechts insoweit mit der KapRL unvereinbar sei[522].

Diese Ansicht ist im deutschen Schrifttum überwiegend und zu Recht auf Ablehnung gestoßen, weil die Einbringung einer Forderung nicht unter den Begriff der Bareinlage subsumiert werden kann, da sie ohne Zweifel keine zur Annahme einer Bareinlage erforderliche Einzahlung eines Geldbetrages darstellt[523], und „Einlagen, die nicht Bareinlagen sind“ nach der Negativdefinition des Sacheinlagebegriffs der KapRL (Art. 10 Abs. 1) Sacheinlagen sind. Es sich also vielmehr die Frage, ob der oben zu (2.) genannte Ansatz des englischen Rechts mit der KapRL vereinbar ist, weil dieser die Forderungseinbringung durch Barkapitalerhöhung und Verrechnung der Bareinlageforderung mit der gegen die Gesellschaft gerichteten Forderung zulässt, ohne diesen Vorgang als unzulässige Umgehung der Sachkapitalerhöhungsregeln zu behandeln.

Wie *Schall* zutreffend ausgeführt hat, geht der eigentliche Streit an dieser Stelle aber nicht um Begriffe, sondern um die Frage, ob gegen die Gesellschaft gerichtete Forderungen mit einer Bareinlageforderung verrechnet werden dürfen, also um den zulässigen Erfüllungsmodus[524]. Dies ist eine Frage des auf europäischer

520 Siehe die Begr. der Kommission zu ihrem 1970 vorgelegten Entwurf, ABl. EG Nr. C 48/70 v. 24.4.1970, S. 11: „*Sicherlich kann man Mittel und Wege finden, auch das in Art. 8 (entspricht Art. 10 der verabschiedeten Fassung, Anm. d. Verf.) vorgesehene Verfahren zu umgehen; es kann aber den nationalen Gesetzgebern, nachdem sie das Verfahren in ihr Recht übernommen haben, überlassen bleiben, es gegebenenfalls weiter auszubauen*“. Siehe hierzu auch *Habersack*, Europäisches Gesellschaftsrecht, § 6 Rn. 32; *Schall*, Kapitalgesellschaftsrechtlicher Gläubigerschutz, 2009, S. 21.

521 BGH Urt. v. 15.01.1990 – II ZR 164/88 („IBH/Lemmerz“) – BGHZ 110, 47 ff.

522 Schlussanträge des Generalanwalt *Tesauro* v. 8.4.1992, s. oben Fn. 516.

523 Statt aller *Joost*, ZIP 1992, S. 1033 (1035); *Kindler* in FS Boujong 1996, S. 299 (303 ff., 308); *Schall*, Kapitalgesellschaftsrechtlicher Gläubigerschutz, 2009, S. 15 f.

524 *Schall*, Kapitalgesellschaftsrechtlicher Gläubigerschutz, 2009, S. 15 f.

Ebene zulässigen bzw. gebotenen Umgehungsschutzes[525]. Geht man zutreffend davon aus, dass die KapRL einen (ggü. dem ihr selbst immanenten Umgehungsschutz) weiter reichenden Schutz vor der Umgehung der Sacheinlagevorschriften durch nationales Recht der Mitgliedsstaaten zulässt (s.o.), bleibt es dennoch den Mitgliedsstaaten überlassen, inwieweit sie diesen weiter reichenden Umgehungsschutz zum Ansatz bringen und was sie als Gesetzesumgehung bewerten wollen[526].

Vor diesem Hintergrund ist mit Blick auf die Modalitäten der Einbringung einer gegen die Gesellschaft gerichteten Forderung sowohl der oben zu (1.) genannte Ansatz des deutschen Aktienrechts einer richtlinienkonformen Interpretation zugänglich, weil man die Barkapitalerhöhung und Verrechnung von Bareinlageforderung und Forderung gegen die Gesellschaft mit guten Gründen als unzulässige Umgehung der Sacheinlagenvorschriften verstehen kann[527]. Vor diesem Hintergrund spricht des Weiteren aus europarechtlicher Perspektive nichts dagegen, dass das deutsche Aktienrecht Umgehungen durch verdeckte Sacheinlagen nach Inkrafttreten des ARUG weiterhin sanktioniert (dieses aber nur noch in signifikant abgeschwächter Form tut)[528].

Vor diesem Hintergrund ist aber auch der oben zu (2.) genannte Ansatz des englischen Rechts einer richtlinienkonformen Interpretation zugänglich, wenn man die Regelung in sec. 583(3)(c) CA 2006 nicht als Bareinlagedefinition[529], sondern als Bestimmung der Zulässigkeitsvoraussetzungen einer Verrechnung von Bareinlageforderung mit der Forderung gegen die Gesellschaft als tauglichen Bareinlageerfüllungsmodus begreift. Denn es bleibt der englischen Rechtsordnung überlassen, diesen Vorgang auch in der Krise der Gesellschaft noch als zulässiges Verkehrsgeschäft zu werten, mit welchem lediglich das in der

---

525 *Schall*, a.a.O., S. 16.

526 So *Schall*, a.a.O., S. 22.

527 Hierzu *Schall*, a.a.O., S. 22.

528 So i.E. auch *Bayer/Schmidt*, ZGR 2009, S. 804 (833); *Habersack*, AG 2009, S. 557 (560).

529 Begreift man sec. 583(3)(c) CA 2006 als Bareinlagedefinition erscheint dies – angesichts des Befundes, dass die Einbringung einer Forderung gegen die Gesellschaft schwerlich unter den Begriff der Bareinlage subsumiert werden kann – mit Blick auf ihre Richtlinienkonformität problematisch. Die Vorschrift kann aber bei näherem Hinsehen als Bestimmung der Voraussetzungen, unter denen Bareinlageforderung und Forderung gegen die Gesellschaft verrechnet werden dürfen verstanden werden, also als Bestimmung des zulässigen Erfüllungsmodus; so auch *Schall*, Kapitalgesellschaftsrechtlicher Gläubigerschutz, 2009, S. 16 Fn. 96.

Gesellschaft bereits vorhandene Kapital (durch Passivtausch) zugunsten der anderen Gläubiger stärker gebunden wird[530].

Im Ergebnis sind so beide oben zu (1.) und (2.) genannte Ansätze des deutschen und englischen Kapitalgesellschaftsrechts einer Interpretation zugänglich, die mit der KapRL vereinbar ist. Eine Harmonisierung der oben erörterten Divergenzen des deutschen und englischen Rechts in Rechtsfragen zur Einlagenart und gebotenem Umgehungsschutz bei der Einbringung einer gegen die Gesellschaft gerichteten Forderung ist durch die KapRL nicht erfolgt.

V. Zusammenfassung und vergleichende Stellungnahme

1) Der Kernunterschied der, für die Gestaltungsmöglichkeiten von *Debt-Equity-Swaps* relevanten, Kapitalaufbringungsregeln deutschen und englischen Rechts ist darin zu sehen, dass das englische Recht der *plc* und *Ltd.* die Einbringung einer gegen die kapitalerhöhende Gesellschaft gerichteten Forderung im Wege einer Kapitalerhöhung als Bareinlage, das Aktien- und GmbH-Recht diese Forderungseinbringung hingegen nach ganz überwiegendem Verständnis als Sacheinlage behandelt:

a) Für das deutsche Recht gilt insoweit genauer und die diesbezüglichen Ausführungen in Kap. IV, II. zusammengefasst: Durch die extensive Auslegung des Aktien- und GmbH-rechtlichen Kapitalaufbringungsrechts hat die Rechtsprechung und h.L. Rechtsätze verfestigt, denen zufolge die Einbringung einer gegen die kapitalerhöhende Gesellschaft gerichteten Forderung als Sacheinlage zulässig, aber auch erforderlich ist. Von der Fortgeltung des Grundsatzes, dass aus der Möglichkeit des präventiven Kapitalaufbringungsschutzes durch Sacheinlagevorschriften dessen Notwendigkeit folgt und Altforderungen daher als Sacheinlage eingebracht werden müssen (weil sie als Sacheinlage eingebracht werden können), ist auch nach Inkrafttreten des MoMiG für die Praxis weiterhin auszugehen; Gestaltungen der Forderungseinbringung im Wege der Barkapitalerhöhung mit einer Aufrechnung/Verrechnung der Bareinlageforderung der Gesellschaft oder einer funktionell entsprechenden

530 Siehe hierzu *Schall*, Kapitalgesellschaftsrechtlicher Gläubigerschutz, 2009, S. 22, sowie *ders.*, a.a.O., S. 339 (Zusammenfassung in Thesen, Teil A, 1.): „*Sowohl die deutschen Verschärfungen (verdeckte Sacheinlage) als auch der liberalere englische Ansatz, die Verrechnung von Altforderungen mit der Bareinlage zu erlauben, sind mit der Richtlinie vereinbar*". Für die Vereinbarkeit der Qualifizierung der Forderungseinbringung beim *DES* als Bareinlage im englischen Recht mit der Kapitalrichtlinie auch *Wiedemann*, FS Hoffmann-Becking 2013, S. 1387 (1390).

Hin- und Herzahlung werden nach deutschem Recht weiterhin als unzulässige verdeckte Sacheinlagen sanktioniert. Infolge des durch das MoMiG und das ARUG zwar reduzierten, aber dennoch verbleibenden Sanktionsgefälles zwischen offenen und verdeckten Sacheinlagen, ist es nach geltendem Recht weiterhin nicht ratsam, bei der Umsetzung eines *Debt-Equity-Swap* den Weg der verdeckten Sacheinlage als Gestaltungsmittel zur Vermeidung einer offenen Sacheinlage zu beschreiten. Nach der Gegenansicht, wonach das MoMiG den Weg für eine von den bisherigen Grundsätzen abweichende Behandlung der Kapitalaufbringung beim *Debt-Equity-Swap* eröffnet habe und nunmehr auch die Mittel einer Barkapitalerhöhung generell zur Bezahlung von Altschulden der Gesellschaft beim Inferenten verwendet werden dürften (ohne als verdeckte Sacheinlagen sanktioniert zu werden), würden *Debt-Equity-Swaps* auf der Grundlage deutschen Rechts zwar deutlich erleichtert. Diese Auffassung hat sich jedoch für das deutsche Recht bisher nicht durchsetzen können und ist erheblichen Bedenken ausgesetzt.

b) Aus Sicht englischer Insolvenz- und Sanierungspraktiker ist der deutsche Ansatz, dass die Forderungseinbringung bei *Debt-Equity-Swaps* als Sacheinlage unter Beachtung sämtlicher Vorschriften und Rechtsprechungsgrundsätze für das Verfahren der Sachkapitalerhöhung zu erfolgen hat, eher befremdlich. Denn für das Recht der *plc* und *Ltd.* gilt, die diesbezüglichen Ausführungen in Kap. IV, III. und IV. zusammengefasst: Wenn zur Umsetzung eines *Debt-Equity-Swap* neue Anteile an Gläubiger ausgegeben werden, so wird diese Anteilsausgabe auf der Grundlage des englischen Rechts der *plc* und *Ltd.* als eine solche gegen Bareinlage behandelt. Dies gilt zum einen, weil die Verrechnung von Bareinlageforderung und gegen die Gesellschaft gerichteten Forderung des Gläubigers/Inferenten infolge der in „*Spargo's Case*"[531] entwickelten *common-law*-Rechtsprechung und der gesetzlichen Regelung in sec. 583(3) (c) CA 2006 im Ergebnis als zulässige Tilgungsmodalität der Bareinlageforderung angesehen wird. Zum anderen ist im Recht der *plc* und *Ltd.* – anders als nach deutschem Recht – die Umsetzung eines *Debt-Equity-Swap* über eine Barkapitalerhöhung und einer Hin- und Herzahlung zur Tilgung der Bareinlageforderung und der gegen die Gesellschaft gerichteten Forderung zulässig. In diesen Konstruktionen eines *Debt-Equity-Swap* wird nach Maßgabe englischen Kapitalgesellschaftsrechts insbesondere keine unzulässige Umgehung der Sachkapitalerhöhungsvorschriften gesehen, über der das

531 *Re Harmony and Montague Tin and Copper Mining Co, „Spargo's Case"* [1873] 8 Ch. App., S. 407 ff.

Damoklesschwert einer, der deutschen Lehre von der verdeckten Sacheinlage vergleichbaren Rechtsprechung oder gesetzlichen Regelung schweben würde[532].

2) Dass das deutsche Aktien- und GmbH-Recht zur Umsetzung des *Debt-Equity-Swap* im Wege einer Kapitalerhöhung den Weg der Einbringung der gegen die Schuldnergesellschaft gerichteten Forderung als Sacheinlage geradezu aufzwingt, hat neben den erhöhten Publizitätsanforderungen bzgl. des Sachkapitalerhöhungsbeschlusses insbesondere zur Folge, dass eine externe Werthaltigkeitsprüfung der einzubringenden Forderung als Sacheinlage erforderlich wird, die im Aktienrecht grundsätzlich den strengen Anforderungen für das Prüfungsverfahren (§§ 33 Abs. 3-5, 34, 35 i.V.m. § 183 Abs. 3 S. 2 AktG) genügen muss. Dieses Erfordernis trägt nicht nur dazu bei, dass die Durchführung des Sachkapitalerhöhungsverfahrens (im Vergleich zum Barkapitalerhöhungsverfahren) zu einem höheren Kostenaufwand führt. Darüber hinaus kann der Zeitraum, der für die – nach Maßgabe des Aktien- und GmbH-Rechts – schwierige Prüfung des Einlagewerts der Forderung notwendig ist, sich nachteilig auf den Erfolg des *Debt-Equity-Swap* als Sanierungsmaßnahme auswirken, weil sich die Effizienz der sanierungsfördernden Effekte dieser Maßnahme in der Krise der Gesellschaft typischerweise umso mehr steigert, je schneller die Maßnahme umgesetzt wird.

Wird ein *Debt-Equity-Swap* demgegenüber bei einer *Ltd.* oder *plc* englischen Rechts umgesetzt, so ist eine externe Prüfung des Einlagewerts der gegen die Gesellschaft gerichteten Forderung nach strengen Sachkapitalerhöhungsvorschriften nicht erforderlich. Denn für das Recht der *plc* bestehen zwar – anders als für das Recht der *Ltd.* – ebenfalls gesetzliche Vorschriften, die zur externen Werthaltigkeitsprüfung von Sacheinlagen verpflichten und das Prüfungsverfahren sowie Sanktionen detailliert regeln (ss. 593-597 CA 2006), doch sind diese Vorgaben bei der Anteilsausgabe zur Umsetzung eines *Debt-Equity-Swap* gerade nicht anzuwenden, weil diese als eine solche gegen Bareinlage behandelt wird (dazu oben 1)).

Infolge der Entbehrlichkeit der Werthaltigkeitsprüfung des Einlagewerts der einzubringenden Forderung des forderungsumwandelnden Gläubigers nach (im Vergleich zur Barkapitalerhöhung) strengeren Sachkapitalerhöhungsvorschriften und dem damit verbundenen geringeren Zeit- und Kostenaufwand stellt das englische Kapitalgesellschaftsrecht unter diesem Gesichtspunkt – im Vergleich zum deutschen Kapitalgesellschaftsrecht – erleichterte rechtliche

532 Dazu oben Kap. IV, III. 5. und IV.

Rahmenbedingungen zum Einsatz von *Debt-Equity-Swaps* als Sanierungsinstrument zur Verfügung.

3) Das Risiko einer Differenzhaftung des forderungsumwandelnden Gläubigers ist bei der Umsetzung von *Debt-Equity-Swaps* für das deutsche und englische Recht unterschiedlich zu bewerten:

Im Recht der *plc* und *Ltd.* ist die Ausgabe von Anteilen unter pari bei Bar- und Sachkapitalerhöhung verboten (sec. 580 CA 2006) und führt zu einer Haftung des Einlegers auf die Barleistung des Differenzbetrages zwischen dem Wert der Einlage und dem Nennwert der für diese ausgegeben Anteile. Bei der Umsetzung eines *Debt-Equity-Swap* nach englischem Recht ist eine Differenzhaftung des forderungsumwandelnden Gläubigers infolge einer Unterpari-Emission jedoch unproblematisch vermeidbar. Grund hierfür ist, dass nach englischem Recht im Rahmen der Prüfung eines Zurückbleibens des Einlagewerts hinter dem Nennbetrag der hierfür ausgegebenen Anteile zur Feststellung einer Unterpari-Emission – anders als nach deutschem Recht – stets auf den Nennwert der durch Aufrechnung/Verrechnung einzubringenden Forderung abgestellt wird; und zwar gerade auch dann noch, wenn diese Forderung bei wirtschaftlicher Betrachtung nicht mehr voll werthaltig ist, weil die Rückzahlungsfähigkeit der Gesellschaft aufgrund einer Liquiditätskrise oder Insolvenz reduziert oder beseitigt ist.

Weil der Nennwert der als Einlage einzubringenden Forderung eine (ohne aufwendige Werthaltigkeitsgutachten) eindeutig feststellbare Größe ist und auch bei Verschlechterung der Rückzahlungsfähigkeit der Gesellschaft infolge einer Intensivierung ihrer finanziellen Krise konstant bleibt, besteht das aus dem deutschen Recht bekannte Risiko eines Verstoßes gegen das Verbot der Unterpari-Emission aufgrund einer (meist erst nachträglich offenkundigen) Überbewertung des Einlagewerts der Forderung nicht. Denn die Vermeidung einer Unterpari-Emission und einer durch diese begründete Differenzhaftung des Einlegers kann bei einem *Debt-Equity-Swap* nach englischem Recht auch in Sanierungsfällen schlicht und zuverlässig dadurch ausgeschlossen werden, dass der Wert des Nennbetrages der an den forderungsumwandelnden Gläubiger auszugebenden Anteile unterhalb des Nennwerts der hierfür als Einlage (gemäß sec. 583(3)(c) CA 2006) einzubringenden Forderung festgesetzt wird.

Wird demgegenüber eine gegen eine AG oder GmbH gerichtete Forderung zur Umsetzung eines *Debt-Equity-Swap* als Sacheinlage eingebracht, so ist bei der Ermittlung des Einlagewerts der Forderung zum Zweck der Prüfung einer etwaigen Überbewertung der Sacheinlage nach Sachkapitalerhöhungsvorschriften nach Rechtsprechung und h.L. nicht der Nennbetrag dieser

Forderung heranzuziehen, sondern ihr objektiver Vermögenswert unter Berücksichtigung der Vermögenslage und Liquidität der Gesellschaft[533]. Die Begründung des RegE-ESUG spricht dafür, dass auch der ESUG-Gesetzgeber von der Fortgeltung dieses Grundsatzes ausgeht und die Gegenansicht (Nennwertthese) ablehnt[534]. Hier hätte der ESUG-Gesetzgeber entsprechend seiner Zielsetzung einen Wettbewerbsnachteil des deutschen Rechts noch weitergehender abmildern können. Falls dies nicht durch die Einführung des Nennwertprinzips erfolgen sollte, wofür gute Gründe sprechen, so hätte durch den ESUG-Gesetzgeber bei Beibehaltung des Vollwertigkeitsprinzips mittels einer gesetzlichen Klarstellung Rechtssicherheit bzgl. der Frage nach der dann maßgeblichen Art und Weise der Forderungsbewertung hergestellt werden können.

Zu begrüßen ist dagegen, dass das ESUG für *Debt-Equity-Swaps*, die gemäß § 225a Abs. 2 InsO auf der verfahrensrechtlichen Grundlage eines Insolvenzplanverfahrens implementiert werden, mit der Befreiung von der Differenzhaftung nach § 254 Abs. 4 InsO die nachteiligen Folgen des geltenden Vollwertigkeitsprinzips abmildert. Denn die Unwägbarkeiten bei der Forderungsbewertung unter Zugrundelegung des Vollwertigkeitsprinzips haben nunmehr im Fall einer aus ihnen resultierenden Überbewertung des Einlagewerts der Forderung so zumindest im Insolvenzplanverfahren keine Differenzhaftung des forderungsumwandelnden Gläubigers mehr zur Folge. Dies stellt eine echte Erleichterung des insolvenzplangestützten *Debt-Equity-Swaps* nach deutschem Recht gegenüber der vorherigen Rechtslage dar. Wie bei der Umsetzung eines *Debt-Equity-Swap* nach englischem Recht lässt sich nun für insolvenzplangestützte *Debt-Equity-Swaps* nach deutschem Recht die Gefahr einer Differenzhaftung des forderungsumwandelnden problemlos ausschließen und insoweit Transaktionssicherheit erzielen. Unter diesem Gesichtspunkt ist es partiell gelungen, durch das ESUG die als Wettbewerbsnachteile geltenden Defizite des deutschen Insolvenzrechts im Vergleich zum englischen Recht abzumildern, indem die deutschrechtlichen Rahmenbedingungen für *Debt-Equity-Swaps* verbessert werden.

Dies gilt jedoch nicht für *Debt-Equity-Swaps* nach deutschem Recht, die außerhalb eines Insolvenzplanverfahrens implementiert werden. Hier ist das ESUG eine Entschärfung der Differenzhaftung bei *Debt-Equity-Swaps* schuldig geblieben und hat diesbezüglich ein Insolvenzprivileg geschaffen. Für

533 Kap. IV, II. 3.
534 Kap. IV, II. 3.

außerinsolvenzliche *Debt-Equity-Swaps* nach deutschem Recht bleibt es daher dabei, dass Gläubiger weiterhin einer zehnjährigen Differenzhaftung unterliegen. Diesen Wertungswiderspruch könnte letztlich nur eine einheitliche, d.h. eine gesellschafts- und insolvenzrechtliche Reform der Differenzhaftung bei der Umsetzung von *Debt-Equity-Swaps* auflösen[535].

Als Fazit lässt sich mit Blick auf das Haftungsrisiko des forderungsumwandelnden Gläubigers aus einer Überbewertung des Einlagewerts seiner Forderung festhalten:

Bei der Umsetzung eines außerinsolvenzlichen *Debt-Equity-Swap* nach deutschem Recht ist das Risiko einer Differenzhaftung minimierbar, aber infolge von Unwägbarkeiten bei der Forderungsbewertung nicht gänzlich auszuschließen. Dieses Rest-Risiko einer Differenzhaftung sollte als Hürde für außerinsolvenzliche *Debt-Equity-Swaps* nach deutschem Recht nicht überbewertet werden, kann aber im Einzelfall dazu geeignet sein, einen Gläubiger von der Erbringung eines Sanierungsbeitrags durch Aufgabe seiner Forderung im Wege des *Debt-Equity-Swap* Abstand nehmen zu lassen. Zudem kann es den außerinsolvenzlichen *Debt-Equity-Swap* nach deutschem Recht in der Praxis zusätzlich verteuern, wenn zur Minimierung des Risikos einer Differenzhaftung des forderungsumwandelnden Gläubigers/Inferenten die Einholung mehrerer Werthaltigkeitsgutachten für notwendig erachtet wird. Weil diese Nachteile einer Differenzhaftung bei *Debt-Equity-Swaps* auf der Grundlage englischen Rechts stets einfach ausgeschlossen werden können, bei *Debt-Equity-Swaps* nach deutschem Recht hingegen nur innerhalb des Insolvenzplanverfahrens, stellt das englische Recht bei einer Fokussierung des Blicks auf diesen Aspekt auch nach Inkrafttreten des ESUG die vorteilhafteren rechtlichen Rahmenbedingungen für *Debt-Equity-Swaps* zur Verfügung.

535 Kap. IV, II. 2. b.

Kapitel V: Unterschiedliche Behandlung von Gesellschafterdarlehen in der Insolvenz nach deutschem und englischem Recht

I. Deutsche Sonderregeln für Gesellschafterdarlehen in der Insolvenz als potentielles Hemmnis für *Debt-Equity-Swaps*

1. Abschreckungspotential der §§ 39 Abs. 1 Nr. 5, 135 Abs. 1 InsO

Blickt man auf die rechtlichen Rahmenbedingungen für *Debt-Equity-Swaps* nach deutschem und nach englischem Recht, so stellt sich die Frage, wie die jeweilige Rechtsordnung Gesellschafterdarlehen in einer Insolvenz der Gesellschaft behandelt. Für das Gelingen der Entschuldung von Gesellschaften mittels eines *Debt-Equity-Swap* kann die Behandlung von Gesellschafterdarlehen in der Insolvenz entscheidend sein, weil die Bereitschaft eines Gläubigers (insb. der finanzierenden Banken) zur Beteiligung an einem *Debt-Equity-Swap* maßgeblich davon abhängen wird, welche Nachteile mit einem (erstmaligen[536]) Anteilserwerb infolge des *Debt-Equity-Swap* verbunden sein werden. Bringt der forderungsumwandelnde Gläubiger nur einen Teil seiner gegen die Schuldnergesellschaft gerichteten Forderung als Gegenleistung für den Anteilserwerb ein, so erlangt er eine Doppelstellung, in der er gleichzeitig Gesellschafter und Gläubiger der Schuldnergesellschaft ist. Hieraus könnten negative Konsequenzen des Anteilserwerbs mit Blick auf das Schicksal solcher Darlehensforderungen des Gläubigers resultieren, die nicht im Zuge des *Debt-Equity-Swap* aufgegeben wurden oder erst nach dem Anteilserwerb entstehen.

Als eines der Hauptrisiken für Gläubiger bei der Beteiligung an einem *Debt-Equity-Swap* auf der Grundlage deutschen Aktien- oder GmbH-Rechts galten vor Inkrafttreten des MoMiG am 1.11.2008 die Rechtsfolgen des

536 Hält ein forderungsumwandelnder Gläubiger bereits vor dem *DES* Anteile an der Gesellschaft, drohen ihm die nachfolgend skizzierten Risiken aus dem deutschem Recht zur Sonderbehandlung von Gesellschafterdarlehen entsprechend. Dies ist in dieser Konstellation dann aber keine Auswirkung der Beteiligung am *DES* als solche und wird daher im Rahmen der nachfolgenden Auswirkungen nicht in den Vordergrund gestellt wird.

deutschen Eigenkapitalersatzrechts[537]. Nachdem durch das MoMiG das Konzept des deutschen Eigenkapitalersatzrechts abgeschafft wurde[538], sind nach § 39 Abs. 1 Nr. 5 InsO sämtliche Gesellschafterdarlehen oder Forderungen aus Rechtshandlungen, die einem solchen Darlehen wirtschaftlich entsprechen, unabhängig vom Zeitpunkt ihrer Entstehung im Insolvenzverfahren nachrangig zu behandeln. Sofern nicht privilegierende Ausnahmetatbestände greifen[539], kann seither jedes Gesellschafterdarlehen sowie jede gleichgestellte Leistung eines Gesellschafters oder eines ihm gleichgestellten Dritten[540] nur noch eine nachrangige Insolvenzforderung generieren. Auf deren eigenkapitalersetzende

---

537 Vgl. *Müller*, Der Verband in der Insolvenz, 2002, S. 407 ff.; *Wittig*, NZI 1998, S. 49 (54 f.). Der Grund hierfür war, dass nach dem zuvor systemprägenden Grundtatbestand des § 32a Abs. 1 GmbHG a.F. i.V.m. § 39 Abs. 1 Nr. 5 InsO a.F. ein Gesellschafter, der der Gesellschaft in der „Krise" ein Darlehen gewährt hatte (das somit als „eigenkapitalersetzend" qualifiziert wurde), seinen Rückzahlungsanspruch im eröffneten Insolvenzverfahren über das Vermögen der Gesellschaft nur noch als nachrangige Forderung geltend machen konnte und damit in der Praxis *de facto* leer ausging. Nach Maßgabe der neben diesen „Novellenregeln" parallel anwendbaren Rechtsprechungsregeln des BGH, die auf einer analogen Anwendung der §§ 30, 31 GmbHG beruhten, folgten aus einer eigenkapitalersatzrechtlichen Verstrickung von Gesellschafterdarlehen und gleichgestellten Leistungen zusätzliche gravierende Konsequenzen: Bereits ausgezahlte eigenkapitalersetzende Gesellschafterdarlehen und diesen gleichgestellte Leistungen durften auch außerhalb eines Insolvenzverfahrens über das Vermögen der Gesellschaft in analoger Anwendung des § 30 Abs. 1 GmbHG nicht von der Gesellschaft zurückgewährt werden. Wurden gleichwohl (d.h. unter Verstoß gegen dieses Ausschüttungsverbot) Darlehensmittel von der Gesellschaft rückerstattet, unterlag der Gesellschafter unabhängig von der Eröffnung eines Insolvenzverfahrens einem aus § 31 Abs. 1 GmbHG analog hergeleiteten eigenkapitalersatzrechtlichen Rückzahlungsanspruch der Gesellschaft. Wegen der vergleichbaren Sachlage waren die Eigenkapitalersatzregeln und die eigenkapitalersatzrechtliche Rückzahlungssperre und Rückzahlungsanspruch analog §§ 30, 31 GmbHG a.F. entsprechend auf die AG anwendbar. Zum ganzen etwa *Löwisch*, Eigenkapitalersatzrecht, 2007, insb. Rn. 65-118 und Rn. 334 ff.

538 Mit dem MoMiG wurde das gesellschaftsrechtliche Konzept des Eigenkapitalersatzrechts in das Insolvenzrecht verlagert und in ein einheitliches, insolvenzrechtliches Nachrangigkeits- und Anfechtungskonzept umgestaltet. Zu den Änderungen im Sonderrecht der Gesellschafter-Fremdfinanzierung durch das MoMiG etwa *K. Schmidt* in Scholz GmbHG, Nachtrag MoMiG §§ 32a/b a.F. Rn. 1 ff.

539 Dazu sogleich Kap. V, I. 2. und 3.

540 Darlehen sowie gleichgestellte Rechtshandlungen Dritter mit gesellschafterähnlicher Stellung werden von der Regelung nicht explizit erfasst, unterliegen aber den Vorgaben des § 39 Abs. 1 Nr. 5 InsO.

Funktion kommt es dabei nicht mehr an. Insoweit ist – u.a. für die Rechtsformen der GmbH und der AG – eine Verschärfung des deutschen Sonderrechts der Behandlung von Gesellschafterdarlehen in der Insolvenz infolge des MoMiG zu konstatieren.

Gemäß § 135 Abs. 1 InsO kann seither jede Rechtshandlung, die für die Forderung eines Gesellschafters auf Rückgewähr eines Darlehens oder für eine gleichgestellte Forderung (i.S.d. § 39 Abs. 1 Nr. 5 InsO) innerhalb eines Jahres vor Stellung des Insolvenzeröffnungsantrags Befriedigung oder innerhalb von zehn Jahren vor Stellung des Insolvenzeröffnungsantrags Sicherheit gewährt hat, im Insolvenzverfahren angefochten werden, wobei auch dies unabhängig vom eigenkapitalersetzenden Charakter der Gesellschafterforderung gilt. Für Gesellschafter sind danach faktisch alle Darlehensgewährungen und gleichgestellte Finanzierungshilfen verloren, die innerhalb eines Jahres vor Stellung des Insolvenzeröffnungsantrags an die Gesellschaft erbracht wurden (sofern kein privilegierender Ausnahmetatbestand greift).

Diese faktische Entwertung droht folglich auch dem forderungsumwandelnden Gläubiger mit dem Einrücken in eine Gesellschafterstellung im Zuge des *Debt-Equity-Swap*, wodurch zugleich seine Handlungsspielräume verengt werden (z.B. bei der Entscheidung über die Gewährung eines neuen Sanierungskredits). Nachteilig ist für ihn insbesondere der Umstand, dass er sich nicht ohne das Risiko ihrer Entwertung in der Insolvenz einen Restbestand an Darlehensforderungen gegen die Gesellschaft zurückbehalten kann, um sich so die Möglichkeit zu erhalten, diese Restforderungen nach erfolgreicher Sanierung und Wiedererlangung ihrer Vollwertigkeit zum Nennwert verwerten zu können. Vor diesem Hintergrund kann das deutsche Sonderrecht der Behandlung von Gesellschafterdarlehen Abschreckungspotential im Hinblick auf die Bereitschaft eines Gläubigers zur Übernahme einer Beteiligung im Rahmen eines *Debt-Equity-Swap* entfalten[541].

---

541 Ähnlich das Fazit von *Paape*, DZWIR 2009, S. 9 (13): „*Auch durch das MoMiG wird es Investoren nicht leichter gemacht, sich an deutschen Unternehmen im Rahmen eines Debt-Equity-Swap zu beteiligen*". Das Abschreckungspotential könnte allerdings in der Praxis gelegentlich geringer zu bewerten sein: Werden die zurückgehaltenen Darlehensforderungen nicht nachträglich besichert und bestehen keine besicherten Forderungen aus anderen Darlehensverhältnissen (etwa einem Überbrückungskredit), bewirkt ein etwaiger Nachrang dieser Forderungen gemäß § 39 Abs. 1 Nr. 5 InsO nur den Verlust in Höhe der Differenz zwischen der völligen Entwertung dieser Forderungen in der Insolvenz und dem Erhalt der ohne Nachrang zu erwartenden Insolvenzquote, die aber sehr gering ausfallen kann. Das

Zur Vermeidung dieser unvorteilhaften Auswirkungen des Sonderrechts für Gesellschafterdarlehen für forderungsumwandelnde Gläubiger, können sich die beiden Ausnahmetatbestände des Kleinbeteiligungsprivilegs gemäß § 39 Abs. 5 InsO und des Sanierungsprivilegs gemäß § 39 Abs. 4 S. 2 InsO als hilfreich erweisen (dazu sogleich 2. und 3.).

2. Kleinbeteiligungsprivileg des § 39 Abs. 5 InsO

Zum Zweck der Freistellung nur geringfügig beteiligter Gesellschafter von mitunternehmerischer Finanzierungsfreiheit hat der Gesetzgeber im Jahr 1998 das Kleinbeteiligungsprivileg des § 32a Abs. 3 S. 2 GmbHG a.F eingeführt[542]. Nach der Vorschrift fanden die Regeln des gesamten Eigenkapitalersatzrechts auf nicht geschäftsführende Gesellschafter, die mit höchstens 10% am Stammkapital einer GmbH beteiligt sind, keine Anwendung[543]. Infolge des MoMiG wurde das Kleinbeteiligungsprivileg weitgehend unverändert in § 39 Abs. 5 InsO übernommen[544]. Während die Neuregelung für das GmbH-Recht keine Veränderung brachte, gilt ein Anderes für das Recht der AG: Entgegen der früheren Rechtsprechung, wonach die Eigenkapitalersatzregeln im Regelfall nur auf Aktionäre mit einer Stimmrechtsbeteiligung von mindestens 25% angewendet wurden, gilt seitdem auch für Aktiengesellschaften die 10%-Grenze[545].

Im Kontext der Umsetzung eines *Debt-Equity-Swap* bei einer sanierungsbedürftigen AG oder GmbH bringt das Kleinbeteiligungsprivileg des § 39 Abs. 5 InsO jedenfalls für solche Fälle eine Erleichterung, in denen ein forderungsumwandelnder Gläubiger nach dem *Debt-Equity-Swap* eine Beteiligung von höchstens 10% am Haftkapital hält. Denn in diesem Fall bewirkt die Vorschrift, dass die Nachrangigkeit von Gesellschafterforderungen (und

---

Risiko eines möglichen Verlusts einer sehr geringen, zu erwartenden Insolvenzquote mag für einen forderungsumwandelnden Gläubiger/Investor im Einzelfall akzeptabel sein.

542 Siehe Art. 2 Nr. 1 des Gesetzes zur Verbesserung der Wettbewerbsfähigkeit deutscher Konzerne an Kapitalmärkten und zur Erleichterung der Aufnahme von Gesellschafterdarlehen (Kapitalaufnahmeerleichterungsgesetz – KapAEG) v. 20.4.1998, BGBl. I 1998, S. 707 ff.

543 Ausführlich zu Tatbestand und Rechtsfolge des Kleinbeteiligungsprivilegs *Löwisch*, Eigenkapitalersatzrecht, 2007, S. 251 ff. Rn. 406 ff.

544 Vgl. zur Neuregelung des Kleinbeteiligungsprivilegs durch das MoMiG etwa *K. Schmidt* in Scholz GmbHG, Nachtrag MoMiG §§ 32a/b a.F. Rn. 25 ff.

545 Zu den Auswirkungen des § 39 Abs. 5 InsO auf Aktionärskredite und Zurechnungsproblemen in diesem Zusammenhang *K. Schmidt* in FS Hüffer 2010, S. 885 (899 ff.).

gleichgestellten Leistungen) sowie die Anfechtbarkeit von Rückzahlungen auf Gesellschafterdarlehen ausgeschlossen wird. In der Praxis wird die Beteiligungsquote von 10% jedoch regelmäßig überschritten, weil forderungsumwandelnde Gläubiger (insb. wenn dies aktive *Distressed-Debt*-Investoren sind[546]) bei einer Mitwirkung am *Debt-Equity-Swap* oftmals am Erwerb einer Mehrheitsbeteiligung über 50% oder 75% interessiert sind. Der Grund hierfür kann darin liegen, dass bei sanierungsbedürftigen Gesellschaften, bei denen ein *Debt-Equity-Swap* als Schlüsselelement des Restrukturierungskonzepts erwogen wird, typischerweise umfassende Kurskorrekturen erforderlich sind, die durch eine Blockadehaltung von Altgesellschafter mit einer Mehrheitsbeteiligung verhindert oder erschwert würden. Eine Privilegierung aufgrund des Kleinbeteiligungsprivilegs wird daher bei *Debt-Equity-Swaps* zur finanziellen Restrukturierung von Gesellschaften häufig nicht in Betracht kommen.

3. Sanierungsprivileg des § 39 Abs. 4 S. 2 InsO

a. Tatbestand und Rechtsfolge des Sanierungsprivilegs

Die sanierungsfeindlichen Auswirkungen des Eigenkapitalersatzrechts infolge seines Abschreckungspotentials für Gläubiger (insb. die finanzierenden Banken) mit Blick auf den Erwerb einer Beteiligung in Sanierungsfällen hat auch der Gesetzgeber erkannt und daher im Jahr 1998 das rechtpolitisch umstrittene Sanierungsprivileg des § 32a Abs. 3 S. 3 GmbHG a.F. eingeführt[547]. Regelungszweck der Vorschrift ist es, den Anteilserwerb zu Sanierungszwecken in der Krise der Gesellschaft zu privilegieren[548]. Dieses Sanierungsprivileg des § 32a Abs. 3 S. 3 GmbHG a.F. wurde durch das MoMiG mit geringen (z.T. auch nur deklaratorischen[549]) Änderungen in § 39 Abs. 4 S. 2 InsO übernommen, wobei es seither auch direkt auf die AG anwendbar ist[550]. Nach Maßgabe des

---

546 Dazu oben Kap. II, V.

547 Gesetz zur Kontrolle und Transparenz im Unternehmensbereich (KonTraG) v. 27.4.1998, BGBl. I 1998, S. 786 ff.

548 Vgl. Bericht des Rechtsausschusses, BT-Drs. 13/10038 v. 4.3.1998, S. 28.

549 Nämlich dem Abstellen auf „Gläubiger" statt auf „Darlehensgeber" oder der Erweiterung der Sanierungsprivilegierung auf darlehensähnliche Forderungen.

550 Aus § 39 Abs. 4 S. 1 InsO i.V.m. § 39 Abs. 4 S. 2 InsO folgt, dass die Übernahme des Sanierungsprivilegs in die InsO durch das MoMiG rechtsformübergreifend für alle Gesellschaften erfolgte, bei denen kein persönlich haftender Gesellschafter eine natürliche Person ist und zu deren persönlich haftenden Gesellschaftern auch keine Gesellschaft gehört, bei der ein persönlich haftender Gesellschafter eine natürliche Person ist.

§ 39 Abs. 4 S. 2 InsO führt es, wenn ein Gläubiger „bei drohender oder eingetretener Zahlungsunfähigkeit der Gesellschaft oder bei Überschuldung Anteil[e] zum Zweck ihrer Sanierung" erwirbt, bis zur „nachhaltigen Sanierung" der Gesellschaft nicht zur Anwendung des § 39 Abs. 1 Nr. 5 InsO auf seine Forderungen aus bestehenden oder neu gewährten Darlehen oder auf Forderungen au[s] Rechtshandlungen, die einem solchen Darlehen wirtschaftlich entsprechen.

Im Einzelnen ist das Eingreifen der Sanierungsprivilegierung von der Folgenden Voraussetzungen abhängig (die sich aus den fortgeltenden, zu § 32a Abs. 3 S. 3 GmbHG a.F. entwickelten Grundsätzen unter Berücksichtigung der Änderungen infolge der MoMiG-Fassung ergeben)[551]:

Der Gläubiger muss Gesellschaftsanteile erwerben, wobei die Höhe und die Art und Weise des Beteiligungserwerbs unerheblich ist, d.h. insbesondere sowohl der derivative Erwerb bestehender Anteile durch Übertragung durch die Altgesellschafter als auch der originäre Erwerb neuer Anteilen im Rahmen einer Kapitalerhöhung erfasst ist[552]. Dies gilt insbesondere auch für die hier relevanten Fallkonstellationen eines Anteilserwerbs im Zuge von *Debt-Equity-Swaps*. Ein Grund zur Ausklammerung eines solchen Anteilserwerbs aus dem Anwendungsbereich des Sanierungsprivilegs ist nicht ersichtlich[553]. Gelegentlich wird im *Debt-Equity-Swap* zu Sanierungszwecken sogar der Hauptanwendungsfall des Sanierungsprivilegs gesehen[554].

Der persönliche Anwendungsbereich des Sanierungsprivilegs erfasst jedenfalls Neugesellschafter, die sich vor der drohenden oder eingetretenen Zahlungsunfähigkeit oder der Überschuldung in keiner Gesellschafterstellung befinden[555]. Altgesellschafter, die vor Eintritt der drohenden oder eingetretenen Zahlungsunfähigkeit oder der Überschuldung bereits an der Gesellschaft beteiligt sind,

---

551 Zu den Voraussetzungen des Sanierungsprivilegs nach § 39 Abs. 4 S. 2 InsO i.d.F. nach Inkrafttreten des MoMiG *Hirte/Knof*, WM 2009, S. 1961 (1962 ff.); *Wittig* in FS K. Schmidt 2009, S. 1743 (1750 ff.). Zu den Voraussetzungen des Sanierungsprivilegs nach § 32a Abs. 3 S. 3 GmbHG a.F. etwa *Casper/Ullrich*, GmbHR 2000, S. 472 ff.; *Löwisch*, Eigenkapitalersatzrecht, 2007, Rn. 425 ff.; *Lehner*, Sanierungsprivileg (§ 32a Abs. 3 S. 3 GmbHG) für Gesellschaften mit beschränkter Haftung, 2001, *Pentz*, ZIP 2006, S. 1169 ff.; *v. Gerkan* in FS Röhricht 2005, S. 105 ff.

552 *Hirte/Knof*, WM 2009, S. 1961 (1966) m.w.N.

553 Wie hier *Müller*, Der Verband in der Insolvenz, 2002, S. 408; *Wittig* in FS Uhlenbruck 2000, S. 685 (701).

554 So *Müller*, Der Verband in der Insolvenz, 2002, S. 408.

555 Vgl. zu § 39 Abs. 4 S. 2 InsO *Wittig* in FS K. Schmidt 2009, S. 1743 (1753) m.w.N. Zu § 32a Abs. 3 S. 3 GmbHG a.F. etwa *Löwisch*, Eigenkapitalersatzrecht, 2007, Rn. 428; *Pentz*, ZIP 2006, S. 1169 (1173) m.w.N.

können sich nur dann auf das Sanierungsprivileg berufen, wenn sie vor dem Anteilserwerb als Kleingesellschafter nach § 39 Abs. 5 InsO von der Nachrangigkeit gemäß § 39 Abs. 1 Nr. 5 InsO freigestellt waren[556].

Durch das Erfordernis der „drohenden oder eingetretenen Zahlungsunfähigkeit“ und der „Überschuldung“ wird der Anwendungsbereich des Sanierungsprivilegs in zeitlicher Hinsicht eingeschränkt. Denn mit der frühestmöglichen Anknüpfung der Privilegierung an das Stadium der drohenden Zahlungsunfähigkeit kommt die Anknüpfung der Privilegierung an das Stadium der Kreditunwürdigkeit, die unter dem früher maßgeblichen Anknüpfungspunkt der „Krise“ möglich war, nicht mehr in Betracht. Weil die Kreditunwürdigkeit der drohenden Zahlungsunfähigkeit nicht zwingend, aber regelmäßig vorgelagert ist, greift das Sanierungsprivileg seit Inkrafttreten des MoMiG tendenziell später als zuvor[557].

§ 39 Abs. 4 S. 2 InsO verlangt, dass der Erwerb des Gesellschaftsanteils zum Zweck der Sanierung der Schuldnergesellschaft erfolgen muss. Mit Urteil vom 21.11.2005 erhöhte der BGH[558] diesbezüglich die Rechtssicherheit, indem er objektive Kriterien für dieses Tatbestandsmerkmal (nach früherer Fassung: „zum Zweck der Überwindung der Krise“) aufstellte: Der BGH führte hierzu aus, dass die subjektive Motivation der Übernahme einer Gesellschafterstellung zur Anwendung des Sanierungsprivilegs allein nicht ausreiche[559], sondern der Sanierungszweck i.S.d. § 32a Abs. 3 S. 3 GmbHG a.F. zusätzlich zu dem im Regelfall zu vermutenden Sanierungswillen erfordere, dass „nach der pflichtgemäßen Einschätzung eines objektiven Dritten im Zeitpunkt des Anteilserwerbs die Gesellschaft objektiv sanierungsfähig ist, und die für ihre Sanierung konkret in Angriff genommen Maßnahmen zusammen objektiv geeignet sind, die Gesellschaft in überschaubarer Zeit durchgreifend zu sanieren“[560]. Nach Ansicht des BGH kann die vorzunehmende *ex-ante*-Prognose zur objektiven Sanierungsfähigkeit der Gesellschaft

---

556 Näher hierzu *Hirte/Knof*, WM 2009, S. 1961 (1963); *Wittig* in FS K. Schmidt 2009, S. 1743 (1755) m.w.N. Vgl. zu § 32a Abs. 3 S. 3 GmbHG a.F. *Löwisch*, Eigenkapitalersatzrecht, 2007, Rn. 427; *Müller*, Der Verband in der Insolvenz, 2002, S. 409 f.

557 Zu diesem Aspekt auch *Wittig* in FS K. Schmidt 2009, S. 1743 (1753) m.w.N.

558 BGH Urt. v. 21.11.2005 – II ZR 277/03 – ZIP 2006, 279 ff. Siehe zur Entscheidung die Besprechung von *Pentz*, ZIP 2006, S. 1169 ff.

559 Insoweit folgte der BGH der Vorinstanz (OLG Rostock) nicht, die entschieden hatte, dass im zugrunde liegenden Sachverhalt ein Anteilserwerb zum Zweck der Überwindung der Krise i.S.d. § 32a Abs. 3 S. 3 GmbHG vorgelegen habe, da hierzu allein die subjektive Motivation ohne Rücksicht auf die objektive Sanierungsfähigkeit der Gesellschaft ausreiche.

560 BGH Urt. v. 21.11.2005 – II ZR 277/03 – ZIP 2006, 279.

und der objektiven Eignung der Maßnahmen zur Sanierung „regelmäßig" nur auf der Grundlage eines dokumentierten Sanierungskonzepts erforderlich sein[561]. Nach einem zusätzlichen, im Schrifttum herausgearbeiteten Erfordernis, dürfen unter Berücksichtigung aller Einzelfallumstände keine Zweifel an der Seriosität des Sanierungsversuchs bestehen[562]. Mit Blick auf das Erfordernis der objektiven Sanierungsfähigkeit, insbesondere auch hinsichtlich des Sanierungskonzepts[563], ist eine wünschenswerte Präzisierung durch den MoMiG-Gesetzgeber nicht erfolgt. Ein schriftliches Gutachten eines unabhängigen, außenstehenden Prüfers zu den Fragen der Sanierungsfähigkeit und der Sanierungseignung ist nach h.M. zwar nicht zwingend erforderlich, aber dringend empfehlenswert[564].

In der Begründung des Regierungsentwurfs des ESUG wird klargestellt, dass in Fällen, in denen ein Gläubiger Anteile infolge eines *Debt-Equity-Swap* auf der verfahrensrechtlichen Grundlage eines Insolvenzplans erwirbt, davon auszugehen sei, dass die Anteile „zum Zweck der Sanierung" i.S.d. § 39 Abs. 4 S. 2 InsO erworben wurden[565]. Die Rechtssicherheit für die Praxis hinsichtlich der Anwendbarkeit des Sanierungsprivilegs auf forderungsumwandelnde Gläubiger wurde hierdurch deutlich erhöht. Dies gilt allerdings nur für insolvenzplangestützte *Debt-Equity-Swaps*.

Auf der Rechtsfolgenseite bewirkt die Sanierungsprivilegierung gemäß § 39 Abs. 4 S. 2 InsO, dass die Forderungen des Gläubigers aus bestehenden oder neu gewährten Darlehen oder Forderungen aus Rechtshandlungen, die einem solchen Darlehen wirtschaftlich entsprechen, „bis zur nachhaltigen Sanierung" nicht gemäß § 39 Abs. 1 Nr. 5 InsO nachrangig sind[566]. Ist demnach § 39 Abs. 1 Nr. 5 InsO unanwendbar, so folgt daraus auch der Ausschluss der Anfechtbarkeit gemäß § 135 Abs. 1 InsO.

In zeitlicher Hinsicht ist die Wirkung des Sanierungsprivilegs wie folgt begrenzt: Scheitert die mit dem Anteilserwerb bezweckte Sanierung der Gesellschaft, so nimmt der Sanierungsgesellschafter infolge der Privilegierung als gewöhnlicher, nicht nachrangiger Insolvenzgläubiger in einem Insolvenzverfahren teil. Bei erfolgreicher Sanierung dauert die Privilegierung hingegen (nur) bis

561 BGH Urt. v. 21.11.2005 – II ZR 277/03 – ZIP 2006, 279 (281).

562 Statt vieler *Löwisch*, Eigenkapitalersatzrecht, 2007, Rn. 440.

563 Näher zu den Anforderungen an das Sanierungskonzept *Hirte/Knof*, a.a.O., S. 1967 f. m.w.N.

564 Denn hierdurch wird der später nachträglich zu erbringende Nachweis des seinerzeit tatsächlich vorhandenen Sanierungszwecks erleichtert.

565 Begr. RegE-ESUG, BT-Drucks. 17/5712, S. 32.

566 Näher zum Gegenstand der Privilegierung *Hirte/Knof*, WM 2009, S. 1961 (1970).

zum Zeitpunkt ihrer „nachhaltigen Sanierung" an[567]. Nach einer im Schrifttum vertretenen Ansicht ist eine „nachhaltigen Sanierung" nicht bereits bei Beseitigung der Insolvenzgründe zu bejahen, sondern erst dann, wenn die ergriffenen Maßnahmen zur Sicherung der Fortführungsfähigkeit im Sinne einer positiven Fortführungsprognose dazu geführt haben, dass die Bestandsgefährdung[568] des Unternehmens mindestens für das laufende und das gesamte folgende Geschäftsjahr abgewendet worden sind[569].

Angesichts der Tatsache, dass der Zeitpunkt der „nachhaltigen Sanierung" eine solch bedeutsame Zäsur darstellt, ist bedauerlich, dass sowohl das MoMiG als auch das ESUG keine gesetzliche Bestimmung des Begriffs der „nachhaltigen Sanierung" eingeführt haben. Dem ESUG-Gesetzgeber war dieses Problem zwar bekannt, er hat aber bewusst auf eine Präzisierung dieses Zeitpunkts verzichtet, da die Regelung erst durch das MoMiG eingefügt wurde und diesbezüglich zunächst die Auswirkungen des geltenden Sanierungsprivilegs auf das gestärkte Insolvenzplanverfahren beobachtet werden sollten[570]. Hierdurch hat der ESUG-Gesetzgeber eine gute Gelegenheit versäumt, der insoweit bestehenden Rechtsunsicherheit entgegenzuwirken, was jedoch der Gesamtkonzeption des ESUG entsprochen hätte.

b. Stellungnahme zur Funktion des Sanierungsprivilegs im spezifischen Kontext eines Debt-Equity-Swap

Mit der Einführung und Beibehaltung des Sanierungsprivilegs gemäß § 39 Abs. 4 S. 2 InsO hat der Gesetzgeber die rechtlichen Rahmenbedingungen für

567 Mit dem Begriff der „nachhaltigen Sanierung" knüpft der MoMiG-Gesetzgeber offenbar an die zuvor h.M. an, wonach die Privilegierung endet, wenn die Gesellschaft durchgreifend saniert ist; vgl. zum früheren Recht *Dauner-Lieb* in v. Gerkan/Hommelhoff, Hdb. des Kapitalersatzrechts, Rn. 4.60; *Löwisch*, Eigenkapitalersatzrecht, 2007, Rn. 444. Die Festlegung des Gesetzgebers auf das Kriterium der „nachhaltigen Sanierung" ist eine Reaktion auf die Kritik aus dem Schrifttum, der zufolge sich die Maßgeblichkeit des Zeitpunkts der „Beseitigung der drohenden Zahlungsunfähigkeit" (gemäß einem früheren RefE des MoMiG) nachteilig auf Sanierungsbemühungen auswirken könnte; vgl. *Bayer/Graff*, DStR 2006, S. 1654 ff. (1658); *Bormann*, DB 2006, S. 2616 (2618); *Noack*, DB 2006, S. 1475 (1481).

568 D.h. insbesondere die Gefahr des Eintritts von Zahlungsunfähigkeit oder Überschuldung.

569 So *Hirte/Knof*, WM 2009, S. 1961 (1969); für die Wiedererlangung der Kreditwürdigkeit der Gesellschaft als maßgebliches Kriterium zur Bestimmung der „nachhaltigen Sanierung" *Wittig* in FS K. Schmidt 2009, S. 1743 (1758 ff.).

570 Begr. RegE-ESUG, BT-Drucks. 17/5712, S. 18.

die Umsetzung von *Debt-Equity-Swaps* nach deutschem Recht jedenfalls verbessert. Dem forderungsumwandelnden Gläubiger/Investor wird hierdurch die Möglichkeit eröffnet, trotz des Anteilserwerbs infolge des *Debt-Equity-Swap*, unter den Voraussetzungen des Sanierungsprivilegs von einer drohenden Subordination gemäß § 39 Abs. 1 Nr. 5 InsO und Anfechtbarkeit gemäß § 135 Abs. 1 InsO und damit von einer faktischen Entwertung nicht umgewandelter Restforderungen und Forderungen aus neugewährten Krediten (einschließlich etwaiger Sicherheiten) freigestellt zu werden. Die Voraussetzungen des Sanierungsprivilegs sind dabei – wie oben skizziert – so ausgestaltet, dass sie im Fall eines Sanierungsbeitrags in Gestalt eines Anteilserwerbs des Gläubigers im Wege eines *Debt-Equity-Swap* bei (drohender) Zahlungsunfähigkeit und/oder Überschuldung der Gesellschaft regelmäßig erfüllt werden können. Als ein Nachteil des Sanierungsprivilegs gemäß § 39 Abs. 4 S. 2 InsO ist allerdings zu werten, dass es tendenziell erst in einem späteren Krisenstadium verfügbar ist, als nach früherem Recht.

Auch wenn das Sanierungsprivileg die rechtlichen Rahmenbedingungen der Umsetzung von *Debt-Equity-Swaps* verbessert, sollte seine Reichweite in diesem Kontext auch nicht überschätzt werden. Zum einen könnte der Umstand, dass der im Rahmen eines *Debt-Equity-Swap* in eine Gesellschafterposition einrückende Gläubiger die Beweislast für sämtliche, das Sanierungsprivileg begründenden Umstände trägt und damit eine *ex ante*-Sicht gegebenenfalls *ex post* beweisen muss, die Praktikabilität des Sanierungsprivilegs aus der Gläubigerperspektive schmälern. Zum anderen erstreckt sich die Reichweite des Sanierungsprivilegs nur auf Forderungen im Zusammenhang mit einer ersten drohenden oder eingetretenen Zahlungsunfähigkeit oder Überschuldung, nicht aber auf den zukünftigen erneuten Eintritt dieser Tatbestände, nach einer zwischenzeitlich erfolgten „nachhaltigen Sanierung" i.S.d. § 39 Abs. 4 S. 2 InsO (s.o.). Zur Vermeidung einer erneut drohenden Nachrangigkeit und Anfechtbarkeit der Gesellschafterdarlehen und gleichgestellten Leistungen in einem Insolvenzverfahren nach einer zwischenzeitlich erfolgten „nachhaltigen Sanierung", könnten sich forderungsumwandelnde Gläubiger in ihrer Eigenschaft als Sanierungsgesellschafter dazu gezwungen sehen, ein bereits gewährtes Darlehen abzuziehen oder die infolge des *Debt-Equity-Swap* erworbene Beteiligung nach einer zwischenzeitlich erfolgten „nachhaltigen Sanierung" wieder zu veräußern[571]. Ist eine eilige Veräußerung erforderlich, kann dies nicht nur das Vertrauen der Geschäftspartner in das sanierte Unternehmen beeinträchtigen, sondern auch die

571 Zu diesem Aspekt *Wittig* in FS K. Schmidt 2009, S. 1743 (1757).

Aussichten, einen angemessen Preis für die Anteile zu erzielen. Dieses verbleibende Rest-Risiko kann im Einzelfall dazu geeignet sein, Gläubiger/Investoren vor einem Anteilserwerb im Wege eines *Debt-Equity-Swap* abschrecken.

II. Nicht-Existenz einer generellen Subordination von Gesellschafterdarlehen nach englischem Recht

Das englische Recht kennt kein Rechtsinstitut, das den deutschen Nachrangigkeits- und Anfechtungsregeln für Gesellschafterdarlehen inhaltlich entspricht[572]. Zwar ordnen einzelne Rechtsvorschriften punktuell einen Rangrücktritt von Forderungen bestimmten Inhalts oder bestimmter Gläubiger an[573], doch existiert

---

572 So aus dem dt. Schrifttum auch *Bachner* in Lutter, Das Kapital der Aktiengesellschaft in Europa, 2006, S. 526 (540 ff.); *Fleischer*, DStR 2000, S. 1015 (1017); *Otte*, Das Kapitalschutzsystem der englischen private limited company im Vergleich zur deutschen GmbH, 2006, S. 113; *Rehm* in Eidenmüller, Ausländische Kapitalgesellschaften im deutschen Recht, 2004, § 10 Rn. 43 m.w.N.

573 Von geringer Praxisrelevanz ist die Regelung in sec. 74(2)(f) IA 1986, wonach die von einer insolventen Gesellschaft einem ihrer Gesellschafter in dessen Eigenschaft als Gesellschafter geschuldete Summe keine Verbindlichkeit der Gesellschaft begründet, der Gesellschafter also insoweit nicht in Konkurrenz zu den Gesellschaftsgläubigern tritt. Denn nach einer Entscheidung des *House of Lords* erfasst sec. 74(2)(f) IA 1986 nur solche Forderungen, die aufgrund der Satzung entstehen; *Soden & Anor v. British & Commonwealth Holdings plc (in administration)* [1997] B.C.C., S. 952. Forderungen aus einem gesonderten Vertrag zwischen dem Gesellschafter und der Gesellschaft (mag sein Abschluss auch durch die Mitgliedschaft motiviert sein) sind daher nicht betroffen. Sec. 215(4) IA 1986 sieht eine Möglichkeit der vom Willen des Gläubigers unabhängigen gerichtlichen Anordnung des Nachrangs von gegen die Gesellschaft gerichteten Forderungen in der Insolvenz vor. Hierbei handelt es sich allerdings nicht um eine eigenständige, an die Finanzierungsfolgenverantwortung des Gesellschafters oder einen vergleichbaren gesellschaftsrechtlichen Tatbestand anknüpfende Rechtsfolge, sondern um eine ergänzende, spezifisch insolvenzrechtliche und an den tragenden Erwägungen des *pari passu*-Prinzips orientierte Sanktion im Fall einer Verurteilung wegen *fraudulent trading* gem. sec. 213 IA 1986 oder *wrongful trading* gem. sec. 214 IA 1986. Anwendungsvoraussetzung der Vorschrift ist die höchst seltene Verurteilung des Gläubigers wegen *fraudulent trading* oder *wrongful trading*. Die zwangsweise Subordination gem. sec. 215(4) IA 1986 trägt dem Umstand Rechnung, dass der Gläubiger auf die Geschicke der nunmehr insolventen Gesellschaft erheblichen Einfluss genommen hat und es vor diesem Hintergrund nicht angeht, ihn in Wettbewerb zu den gewöhnlichen Insolvenzgläubigern treten zu lassen. In der Praxis spielt die Subordination von gegen die Gesellschaft gerichteten Forderungen offenbar keine Rolle; vgl. statt vieler

anders als nach deutschem Rechts keine generelle Subordination von Fremdkapital, das ein Gesellschafter der Gesellschaft in der Krise bzw. im Vorfeld der Insolvenz zur Verfügung gestellt hat. Gewährt ein Gesellschafter der Gesellschaft ein Darlehen, so gewährleistet nach englischem Recht allein die formale Ausgestaltung der Kapitalzuführung als Darlehen, dass der Gesellschafter in der Insolvenz der Gesellschaft im Hinblick auf seine Darlehensforderung als Gläubiger behandelt wird, dessen Darlehensforderung im Verhältnis zu den Forderungen anderer Gläubiger gleichrangig (*pari passu*) zu befriedigen ist[574]. Gesellschafterdarlehen werden nach englischem Recht m.a.W. grundsätzlich auch in der Insolvenz der Schuldnergesellschaft wie Darlehen Außenstehender behandelt, da das englische Recht jedenfalls keinen allgemeinen Tatbestand kennt, der eine Sonderbehandlung im Sinne einer Subordination von Gesellschafterdarlehen anordnet[575]. Anders als nach US-amerikanischem Recht existiert im englischen Recht auch keine *doctrine of equitable subordination*[576]. Ein Nachrang von Forderungen entgegen dem gesetzlich vorgesehenen Gleichrang kann nach englischem Recht lediglich vertraglich vereinbart werden („*subordination agreements*").

Eine spätere Umqualifizierung des Ranges eines Gesellschafterdarlehens gegen ihren Willen müssen Gesellschafter daher grundsätzlich[577] nicht

(mit Verweis auf die Vorschrift sec. 215(4) IA 1986) *Bailey/Groves*, Corporate Insolvency - Law and Practice, 3rd ed. 2007, Rn. 36.230: „*subordination of creditors' claims in England is virtually unknown, though it exists in theory*". Vgl. zum Ganzen auch *Bachner* in Lutter, Das Kapital der Aktiengesellschaft in Europa, 2006, S. 526 (540 f.); *Habersack*, ZGR 2000, S. 384 (392 f.).

574 *Scherer/Schimmelpenninck*, Tolley's Insolvency Law and Practice Journal, Vol. 20 (2004) Issue 2, S. 54.

575 So aus dem dt. Schrifttum auch *Bachner* in Lutter, Das Kapital der Aktiengesellschaft in Europa, 2006, S. 526 (542); *Fleischer in* Lutter, Europäische Auslandsgesellschaften in Deutschland, 2005, S. 49 (60), *ders*, DStR 2000, S. 1015 (1017); *Höhn*, Wahrung von Gläubigerinteressen in der Gesellschaftskrise, 2002, S. 180; *Kasolowsky/Schall* in Hirte/Bücker, Grenzüberschreitende Gesellschaften, § 4 Rn. 12.

576 Nach diesen in den USA geltenden Grundsätzen, nennt das Gesetz nicht selbst die Voraussetzungen eines Nachranges von Gesellschafterdarlehen in der Insolvenz, sondern die Gerichte können unter bestimmten Voraussetzungen (nach st. Rspr. z.B. unfaires Verhalten/„*inequitable conduct*") Forderungen abweichend von der üblichen Rangfolge auf einen schlechteren Rang verweisen. Siehe zum US-Recht etwa *Schulte*, The Company Lawyer, Vol. 18 (1997) No. 1, S. 2 (3 ff.).

577 Nämlich soweit nicht einer der oben in Fn. 573 aufgezeigten, seltenen Ausnahmefälle vorliegt.

befürchten[578]. Die Problematik einer etwaigen nachträglichen Umqualifizierung des Ranges eines Gesellschafterdarlehens in der Insolvenz wird infolgedessen im englischen Schrifttum kaum diskutiert. Die wenigen hierzu ersichtlichen Stellungnahmen gelangen regelmäßig zu dem Ergebnis, dass ein Prinzip der grundsätzlichen Nachrangigkeit von Gesellschafterdarlehen den Grundprinzipien englischen Rechts widerspricht und daher unzulässig sei[579]. Diese hiermit angesprochenen Grundprinzipien gehen zurück auf die Grundsatzentscheidung *Salomon v. A. Salomon & Co. Ltd* des *House of Lords* aus dem Jahr 1897[580]. In dieser Entscheidung begründete das *House of Lords* nicht nur höchstrichterlich das Trennungsprinzip[581], sondern es lehnte zudem ab, Schuldverschreibungen eines Gesellschafters als haftendes Eigenkapital anzusehen und in der Insolvenz als nachrangig hinter den Forderungen sonstiger Gesellschaftsgläubiger zu behandeln. Von der hiermit begründeten Rechtsprechungslinie wurde bislang nicht abgewichen[582], wodurch die Entwicklung eines ausdifferenzierten Eigenkapitalersatzrechts (nach deutschem Muster) verhindert wurde. Zwar hatte das *Cork Committee* zur Reform des Insolvenzrechts im Jahr 1982 eine Empfehlung für eine gesetzliche Zurückstufung von langfristigen (und somit nach deutschem Verständnis häufig „eigenkapitalersetzenden“) Forderungen nahe stehender Personen ausgesprochen, doch wurde diese Empfehlung vom Gesetzgeber nicht aufgegriffen[583]. Dass sich an diesem Unwillen zu legislativen Eingriffen

---

578 So auch *Scherer/Schimmelpenninck*, Tolley's Insolvency Law and Practice Journal, Vol. 20 (2004) Issue 2, S. 54.

579 So etwa *Scherer/Schimmelpenninck*, a.a.O., S. 54.

580 *Salomon v. Aaron Salomon & Co. Ltd* [1897] A.C., S. 22. Siehe zur Entscheidung etwa *Schall*, Kapitalgesellschaftsrechtlicher Gläubigerschutz, 2009, S. 257, 296, 316 ff.; *Höhn*, Wahrung von Gläubigerinteressen in der Gesellschaftskrise, 2002, S. 178 ff.

581 Dies, indem es die Selbstständigkeit einer *Ltd.* als juristische Person betonte und eine persönliche Haftung ihrer Gesellschafter ablehnte.

582 Neuere Fälle, in denen eine Überprüfung dieser hergebrachten Position nahe gelegen hätte, wurden ausschließlich unter dem Gesichtspunkt materieller Unterkapitalisierung gewürdigt und im Ergebnis negativ beschieden. Als Beispiel hierfür wird *Re Polly Peck International plc (in administration)* [1996] 2 All ER, S. 433 angeführt; so bei *Fleischer*, DStR 2000, S. 1015 (1017).

583 Report of the Review Committee (Cork Report), Her Majesty's Stationery Office, Cmnd. 8558 (1982), para. 1963; hierzu *Bachner* in Lutter, Das Kapital der Aktiengesellschaft in Europa, 2006, S. 526 (542); *Höhn*, Wahrung von Gläubigerinteressen in der Gesellschaftskrise, 2002, S. 178.

bis heute etwas geändert hat, ist nicht ersichtlich[584]. Nach geltender englischer Rechtslage ist es Gläubigern im Ergebnis nicht möglich zu verhindern, dass ein Gesellschafter im Hinblick auf sein gewährtes Gesellschafterdarlehen in der Insolvenz der Gesellschaft eine gleichrangige Befriedigung aus der Insolvenzmasse geltend macht[585].

III. Zusammenfassung und vergleichende Stellungnahme

1) Im Rahmen eines Vergleichs der rechtlichen Rahmenbedingungen für *Debt-Equity-Swaps* nach deutschem und nach englischem Recht ist die unterschiedliche Behandlung von Gesellschafterdarlehen in der Insolvenz der Schuldnergesellschaft durch beide Rechtsordnungen zu berücksichtigen. Die Unterschiede erlangen insbesondere vor dem Hintergrund Relevanz, dass die deutschen Nachrangigkeits- und Anfechtungsregeln für Gesellschafterdarlehen (§§ 39 Abs. 1 Nr. 5, 135 InsO) auf eine *plc* oder *Ltd.* englischen Rechts kollisionsrechtlich unzweifelhaft dann nicht anwendbar sind, wenn die Gesellschaft infolge ihres satzungsmäßigen Sitzes in England nach der maßgeblichen „Gründungstheorie" dem englischen Gesellschaftsstatut unterliegt und wenn die Gesellschaft zugleich infolge ihres ebenfalls in England befindlichen „Mittelpunkts der hauptsächlichen Interessen" („*COMI*") i.S.d. Art. 3 Abs. 1 S. 1 EuInsVO und der an die Eröffnungszuständigkeit englischer Insolvenzgerichte anknüpfenden Sachnormverweisung des Art. 4 Abs. 1 EuInsVO auf das Insolvenzrecht des Eröffnungsstaates (*lex fori concursus*) auch dem englischen Insolvenzstatut unterliegt[586]. Eine Migration einer deutschen

584 Wie hier *Bachner* in Lutter, Das Kapital der Aktiengesellschaft in Europa, 2006, S. 526 (542).

585 So auch das Fazit von *Scherer/Schimmelpenninck*, Tolley's Insolvency Law and Practice Journal, Vol. 20 (2004) Issue 2, S. 54 (55).

586 Äußerst umstritten war nach Rechtslage vor Inkrafttreten des MoMiG die Anwendbarkeit der Rechtsprechungs- und Novellenregeln des deutschen Eigenkapitalersatzrechts auf sog. „Scheinauslandsgesellschaften", d.h. (auf europäischer Ebene) solchen Gesellschaften, die nach dem Recht eines anderen EU-Mitgliedstaates gegründet wurden und dort ihren statutarischen Sitz haben, aber und ansonsten keine Verbindung zum Gründungsstaat haben, weil sie ihre geschäftliche Tätigkeit ausschließlich im deutschen Inland entfalten und im Inland ihren effektiven Verwaltungssitz haben (wie insb. die englische *Ltd.* mit ausschließlicher Geschäftstätigkeit in Deutschland). Fallen bei solchen Gesellschaften Gesellschaftsstatut und Insolvenzstatut auseinander, so hing die Anwendbarkeit der deutschen Rechtsprechungs- und Novellenregeln davon ab, ob diese kollisionsrechtlich gesellschaftsrechtlich

Kapitalgesellschaft durch transnationalen Rechtsformwechsel in die Rechtsform einer *plc* oder *Ltd.* englischen Rechts und eine *COMI*-Verlagerung nach England ist daher im Grundsatz dazu geeignet, der Anwendbarkeit der deutschen Nachrangigkeits- und Anfechtungsregeln für Gesellschafterdarlehen der InsO zu entgehen.

2) Welche der beiden Rechtsordnungen aus der Perspektive solcher Gläubiger, die eine Beteiligung an einem *Debt-Equity-Swap* erwägen, bei der Umsetzung des *Debt-Equity-Swap* unter dem Aspekt der Behandlung von Gesellschafterdarlehen die vorteilhafteren rechtlichen Rahmenbedingungen bereithält, ist nach obigen Ausführungen unschwer zu beantworten:

Im Hinblick auf das Schicksal von Gesellschafterdarlehen wird für (potentiell) forderungsumwandelnden) Gläubiger eine Beteiligung an einem *Debt-Equity-Swap* auf der Grundlage englischen Gesellschafts- und Insolvenzrechts attraktiver sein. Denn das Einrücken in die Gesellschafterposition infolge eines *Debt-Equity-Swap* birgt nach englischem Recht keine Gefahr, dass nicht umgewandelte Darlehensforderungen oder Forderungen aus neugewährten Darlehen bei Scheitern der Sanierungsbemühungen in einem späteren Insolvenzverfahren generell als nachrangige Forderungen behandelt werden.

Für Gläubiger einer *plc* oder *Ltd.*, auf die kollisionsrechtlich englisches Gesellschafts- und Insolvenzrecht anwendbar ist[587], besteht daher die Möglichkeit, gefahrlos einen Restbestand an Forderungen gegen die Gesellschaft zurückbehalten, um sich so die Chance zu erhalten, diese Restforderungen nach erfolgreicher Sanierung und damit einhergehender Wiedererlangung

oder insolvenzrechtlich zu qualifizieren waren. Diese Frage war hoch umstritten; zum Streitstand statt aller MüKo-AktG/*Altmeppen/Ego*, Bd. 7, Europ. Niederlassungsfreiheit Rn. 372 ff. sowie BGH Urt. v. 21.07.2011 – IX ZR 185/10 – BGHZ 190, 364 ff. Der BGH, a.a.O., folgt der differenzierenden Ansicht, wonach es sich bei den Novellenregeln zur Nachrangigkeit eigenkapitalersetzender Gesellschafterdarlehen um Insolvenzrecht, bei den Rechtsprechungsregeln hingehen um Gesellschaftsrecht, handelt; siehe hierzu etwa die Urteilsbesprechung von *Schall*, NJW 2011, S. 3745 ff.; *Teichmann*, BB 2012, S. 14 (18 f.). Dass die Nachrangigkeits- und Anfechtungsregeln durch das MoMiG im Insolvenzrecht verankert wurden, wird verbreitet dahin gedeutet, dass die Anwendbarkeit dieser Regeln auf Auslandsgesellschaften mit faktischem Inlandssitz nach Art. 3 Abs. 1 i.V.m. Art. 4 Abs. 1 EuInsVO nun zu bejahen sei; so auch BGH, a.a.O., m.w.N. Diese Ansicht entspricht den Motiven des Gesetzgebers, vgl. RegE MoMiG v. 25.7.2007, BT-Drs. 16/6140, S. 57. Nach a.A. ist diese Auffassung aus den schon zum Eigenkapitalersatzrecht vorgebrachten Gründen abzulehnen; zum Streitstand *Altmeppen/Ego*, a.a.O., Rn. 378 ff. m.w.N.

587 Siehe oben Fn. 586.

ihrer Vollwertigkeit zum Nennwert verwerten zu können. Scheitern die Sanierungsbemühungen dagegen, steht der Gläubiger infolge seiner (neu erlangten) Gesellschafterstellung in einem Insolvenzverfahren über das Vermögen der Gesellschaft mit diesen Forderungen nicht schlechter dar, als er ohne die Übernahme von Gesellschaftsanteilen im Rahmen des *Debt-Equity-Swap* stünde. Denn in beiden Fällen sind die zurückbehaltenen Forderungen im Insolvenzverfahren über das Vermögen der Gesellschaft nicht nachrangig gegenüber Forderungen anderer Gläubiger ohne Gesellschafterstellung, die gleichrangig besichert oder gleichermaßen unbesichert sind, so dass der Anteilserwerb infolge des *Debt-Equity-Swap* nicht als solcher die zu erwartende Befriedigungsquote reduziert.

Hat ein forderungsumwandelnder Gläubiger nach englischem Recht nicht aufgrund seiner Gesellschafterposition eine Subordination seiner Darlehensforderung in der Insolvenz zu befürchten, so wird des Weiteren seine Bereitschaft höher sein, der Gesellschaft einen gegebenenfalls dringend erforderlichen Überbrückungskredit zu gewähren und durch diese Bereitstellung zusätzlicher Liquidität den Sanierungserfolg zu fördern. Die Nicht-Subordination von Gesellschafterdarlehen in der Insolvenz einer *plc* oder *Ltd.* ist nach englischem Recht bei alldem unabhängig von der Höhe der Beteiligungsquote eines Gesellschafters, so dass es sich bei einem Anteilserwerb infolge eines *Debt-Equity-Swap* (anders als nach deutschem Recht mit Blick auf das Kleinbeteiligungsprivileg) nicht negativ auswirkt, wenn eine bestimmte Beteiligungsquote überschritten wird.

Wird der *Debt-Equity-Swap* dagegen zur Entschuldung einer deutschen AG oder GmbH umgesetzt, und sind auf diese kollisionsrechtlich die deutschen Nachrangigkeits- und Anfechtungsregeln für Gesellschafterdarlehen (§§ 39 Abs. 1 Nr. 5 und 135 InsO) anzuwenden[588], so stehen den skizzierten Vorzügen des englischen Rechts diejenigen Nachteile gegenüber, die nach deutschem Recht aus der generellen Nachrangigkeit von Gesellschafterdarlehen in der Insolvenz drohen:

Wie oben ausgeführt wird ein forderungsumwandelnder Gläubiger die faktische Entwertung nicht umgewandelter Darlehensforderungen oder Forderungen aus neugewährten Krediten in einem künftigen Insolvenzverfahren hier nur unter den Voraussetzungen des Kleinbeteiligungsprivilegs (§ 39 Abs. 5 InsO) oder des Sanierungsprivilegs (§ 39 Abs. 4 S. 2 InsO) vermeiden können. Beide Ausnahmetatbestände sind zwar für den Sanierungsprozess

588 Siehe oben Fn. 586.

potentiell hilfreiche Regelungen, sie sind aber – wie oben aufgezeigt – in ihrer Reichweite begrenzt. Beschränkt sich der Anteilserwerb des forderungsumwandelnden Gläubigers nicht auf den Erwerb einer Beteiligungsquote von höchsten 10% des Haftkapitals, wird er die Nachrangigkeit und Anfechtbarkeit nur unter den umfangreichen Voraussetzungen des Sanierungsprivilegs verhindern können, also u.a. im Zeitpunkt des Anteilserwerbs ein dokumentiertes Sanierungskonzept beibringen müssen. Die gezielte Nutzung des Sanierungsprivilegs birgt dabei die angesprochenen Risiken: Bei einem zu frühen Anteilserwerb, nämlich vor Eintritt einer drohenden oder eingetretenen Zahlungsunfähigkeit oder der Überschuldung, greift die Sanierungsprivilegierung nicht ein. Sind die Voraussetzungen der Sanierungsprivilegierung dagegen erfüllt, drohen aufgrund der begrenzten Privilegierungsdauer nach einer zwischenzeitlich erfolgten „nachhaltigen Sanierung" wieder Nachrangigkeit und Anfechtbarkeit der Gesellschafterdarlehen und gleichgestellten Leistungen in einem (erneuten) Insolvenzverfahren.

Gläubigern, denen die Vermeidung einer faktischen Entwertung ihrer nicht umgewandelter Darlehensforderungen in der Insolvenz von Bedeutung ist, könnten die somit begrenzten Gestaltungsspielräume, die das deutsche Recht für Gesellschafterdarlehen bei einem Anteilserwerb infolge des *Debt-Equity-Swap* eröffnet, zu eng erscheinen. Solche Gläubiger könnten bei einer Gesamtwürdigung der Ausführungen in diesem Kapitel eher motiviert sein, Forderungen im Rahmen eines *Debt-Equity-Swap* nach englischem Kapitalgesellschafts- und Insolvenzrecht umzuwandeln, weil sie so von der generellen Gleichbehandlung von Gesellschafterdarlehen und sonstigen Darlehen nach englischem Recht profitieren könnten.

3) Den vorstehenden Erwägungen liegt eine einseitige Betrachtungsweise aus der Perspektive der im Rahmen eines *Debt-Equity-Swap* (potentiell) forderungsumwandelnden Gläubiger der Schuldnergesellschaft zugrunde. Aus der Perspektive anderer am Sanierungsverfahren beteiligter Interessensgruppen wird eine Bewertung regelmäßig anders ausfallen. Angesprochen sind hiermit insbesondere andere ungesicherte Gläubiger, die eine Umwandlung ihrer gegen die Gesellschaft gerichteten Forderungen in Gesellschaftsanteile nicht beabsichtigen oder denen eine solche Beteiligung am *Debt-Equity-Swap* seitens der Schuldnergesellschaft nicht angeboten wurde. Diese Gläubiger profitieren bei der Umsetzung eines *Debt-Equity-Swap* gerade vom deutschen Nachrangigkeits- und Anfechtungskonzept der §§ 39 Abs. 1 Nr. 5 und 135 InsO, weil sie im Insolvenzverfahren als Insolvenzgläubiger (§ 38 InsO) infolge des Nachrangs von Gesellschafterdarlehen und gleichgestellten Leistungen vorrangig gegenüber diesen subordinierten Forderungen aus der

Aktivmasse befriedigt werden. Mit Blick auf die Behandlungen von Gesellschafterdarlehen in der Insolvenz ist für solche Gläubiger daher die Eröffnung eines Insolvenzverfahrens unter dem Regelungsregime der deutschen InsO vorteilhafter, als die Durchführung eines der Insolvenzverfahren des englischen Rechts. Ist die Schuldnergesellschaft in der Ausgangssituation eine AG oder GmbH mit *COMI* in Deutschland, so ist zu erwarten, dass Gläubiger dieser Kategorie jedenfalls unter diesem Aspekt einer Migration der Gesellschaft durch transnationalen Rechtsformwechsel in die Rechtsform einer *plc* oder *Ltd.* englischen Rechts und einer *COMI*-Verlagerung nach England wenig wohlwollend gegenüberstehen könnten.

Kapitel VI: Pflichtangebotsregelungen des deutschen WpÜG und des englischen City Code on Takeovers and Mergers als Hindernisse für *Debt-Equity-Swaps*

I. Relevanz übernahmerechtlicher Pflichtangebotsregelungen für *Debt-Equity-Swaps*

In Bezug auf sanierungsbedürftige Gesellschaften, bei denen eine Entschuldung über einen *Debt-Equity-Swap* in Betracht gezogen wird, sind typischerweise einschneidende Kurskorrekturen auch im Hinblick auf das operative Geschäft erforderlich. Weil diese Kurskorrekturen durch eine Blockadehaltung der Altgesellschafter verhindert oder zumindest erschwert würden, machen Gläubiger (insbesondere *Distressed-Debt*-Investoren[589]) ihre Beteiligung an einem *Debt-Equity-Swap* nicht selten von dem Erwerb einer Mehrheitsbeteiligung über 50% oder gar 75% abhängig. Soll Gläubigern die begehrte Beteiligungsquote angesichts der dringenden Notwendigkeit einer Entschuldung der Schuldnergesellschaft eingeräumt werden, so kann dies übernahmerechtliche Fragen aufwerfen.

Handelt es sich bei der sanierungsbedürftigen Gesellschaft um eine börsennotierte AG im Anwendungsbereich des WpÜG (Wertpapiererwerbs- und Übernahmegesetzes)[590] oder um eine *plc* oder *Ltd.* englischen Rechts im Anwendungsbereich des City Code on Takeovers and Mergers[591] (kurz: „Takeover Code“ oder „City Code“), so kann der Erwerber einer Stimmrechtsbeteiligung von mindestens 30%, die als Kontrollbeteiligung qualifiziert wird, dazu verpflichtet sein, an die übrigen Anteilseignern ein Angebot zum Erwerb aller übrigen Anteile der Gesellschaft abzugeben.

Die Angebotspflicht des Erwerbers einer Kontrollbeteiligung ist in den konzeptionell ähnlichen, aber im Detail unterschiedlichen Regelungen des § 35 Abs. 2 WpÜG und der Rule 9 City Code verankert. Die Ähnlichkeit der Grundkonzeption beider Pflichtangebotsregelungen erklärt sich vordergründig

589 Dazu Kap. II, V.

590 Gesetz zur Regelung von öffentlichen Angeboten zum Erwerb von Wertpapieren und von Unternehmensübernahmen v. 20.12.2001, BGBl. I 2001, S. 3822 ff.

591 Die aktuelle Fassung des City Code on Takeovers and Mergers (eleventh edition) vom 20.05.2013 ist abrufbar unter http://www.thetakeoverpanel.org.uk/wp-content/uploads/2008/11/code.pdf.

daraus, dass beide Regelungen die Anforderungen der Übernahmerichtlinie[592] in nationales Recht umsetzen[593]. Art 5 Abs. 1 der Übernahmerichtlinie verpflichtet die Mitgliedstaaten zur Regelung eines Pflichtangebots bei Kontrollerwerb über eine börsennotierte Gesellschaft i.S.d. Art. 1 Abs. 1 der Übernahmerichtlinie[594] sowie zur Gewährung eines in diesem Rahmen zu zahlenden angemessenen Preises.

Die Pflichtangebotsregelung in § 35 Abs. 2 WpÜG bestand indes schon seit Inkrafttreten des WpÜG am 1.1.2002; die erheblich ältere Pflichtangebotsregelung in Rule 9 des im Jahr 1968 erstmalig veröffentlichten City Code wurde bereits 1972 eingeführt und ist in ihrer Ausgestaltung von 1974 bis heute nicht wesentlich verändert worden[595]. Zur Umsetzung der Übernahmerichtlinie war daher weder in Deutschland noch im Vereinigten Königreich die Neueinführung einer Pflichtangebotsregelung erforderlich, sondern nur geringfügige Anpassungen der bestehenden Vorschriften in § 35 Abs. 2 WpÜG und Rule 9 City Code. Insbesondere hinsichtlich des Schwellenwerts, der das Pflichtangebot auslöst, bestand für WpÜG und City Code kein Änderungsbedarf, weil die Übernahmerichtlinie die Bestimmung der Kontrollschwelle und die Art der Berechnung der Stimmrechtsanteile den einzelnen Mitgliedstaaten überlässt,

---

592 Richtlinie 2004/25/EG des Europäischen Parlaments und des Rates v. 21.4.2004 betreffend Übernahmeangebote, ABl. EU Nr. L 142, S. 12 ff.

593 Die Umsetzung der Übernahmerichtlinie in das deutsche Recht erfolgte durch das Gesetz zur Umsetzung der RL 2004/25/EG des Europäischen Parlaments und des Rates v. 21. April 2004 betreffend Übernahmeangebote v. 8.7.2006 (Übernahmerichtlinie-Umsetzungsgesetz), BGBl. I 2006, S. 1426 ff.

594 Vom Anwendungsbereich der Übernahmerichtlinie erfasst sind gem. Art. 1 Abs. 1 RL alle Übernahmeangebote für stimmrechtsvermittelnde Wertpapiere (Art. 2 Abs. 1 lit. e RL) einer dem Recht eines Mitgliedstaats unterliegenden Gesellschaft, sofern alle oder ein Teil dieser Wertpapiere zum Handel auf einem geregelten Markt im Sinne der Richtlinie 93/22/EWG des Rates vom 10.5.1993 über Wertpapierdienstleistungen (ABl. EG L 141 v. 11.6.1993, S. 27); zuletzt geändert durch die Richtlinie 2002/87/EG des Europäischen Parlaments und des Rates, ABl. EU L 35 v. 11.2.2003, S. 1) in einem oder mehreren Mitgliedstaaten zugelassen sind. Vom Anwendungsbereich erfasste Übernahmeangebote sind an die Inhaber der Wertpapiere einer Gesellschaft gerichtete (nicht von der Zielgesellschaft selbst abgegebene) öffentliche Übernahmeangebote für eine Zielgesellschaft, also freiwillige Angebote, die auf den Erwerb der Kontrollerlangung abzielen, sowie öffentliche Pflichtangebote, die sich an den Kontrollerwerb anschließen (Art. 2 Abs. 1 lit. a RL).

595 Vgl. *Berger/Filgut*, AG 2004, S. 592 (601); *Gaede*, Koordiniertes Aktionärsverhalten im Gesellschafts- und Kapitalmarktrecht, 2008, S. 94.

in denen die Zielgesellschaft ihren Sitz hat[596]. Die Ähnlichkeit der Konzeption der Pflichtangebotsregelungen resultiert daher im Grunde nicht aus der Umsetzung der Übernahmerichtlinie, sondern war schon vor ihrem Inkrafttreten dadurch angelegt, dass die Pflichtangebotsregelung in Rule 9 City Code nicht nur das konzeptionelle Vorbild für die Übernahmerichtlinie, sondern auch für die Pflichtangebotsregelung des § 35 Abs. 2 WpÜG war[597].

Regelungszweck der Pflichtangebotsregelungen in WpÜG und City Code ist die Stärkung der rechtlichen Stellung der Minderheitsaktionäre bei Übernahmen der von ihrem Anwendungsbereich erfassten Gesellschaften[598]. Durch beide Pflichtangebotsregelungen soll den Minderheitsaktionären einer Zielgesellschaft bei einem Kontrollwechsel auch in den Fällen, in denen kein öffentliches Übernahmeangebot vorausgegangen ist, eine faire Austrittsmöglichkeit gewährt werden, indem ihnen die Möglichkeit eingeräumt wird, ihre Anteile an dem Unternehmen zu einem angemessenen Preis zu veräußern[599]. Zudem ist das Pflichtangebot Ausdruck des Grundsatzes der Gleichbehandlung, weil es sicherstellt, dass alle Aktionäre in gleicher Weise an einer Kontrollprämie partizipieren können[600].

Bei der Umsetzung eines *Debt-Equity-Swap* können sich die Pflichtangebotsregelungen in § 35 Abs. 2 WpÜG und Rule 9 City Code, soweit ihr Anwendungsbereich eröffnet ist, als eine der zentralen rechtlichen Hürden auswirken[601].

---

596 Art. 5 Abs. 3 RL.

597 Vgl. hierzu etwa *Gaede*, Koordiniertes Aktionärsverhalten im Gesellschafts- und Kapitalmarktrecht, 2008, S. 93 m.w.N.; *Raloff*, Acting in Concert, 2007, S. 34 ff.

598 Näher zur Funktion des Pflichtangebots nach WpÜG statt aller *Kleindiek*, ZGR 2002, S. 546 (554 ff.). Zum Regelungszweck der Rule 9 City Code *Jennings*, Journal of Corporate Law Studies, Vol. 5 (2005) Part 1, S. 37 (40 ff.); *Raloff*, Acting in Concert, 2007, S. 25 ff.

599 Vgl. zum WpÜG *Steinmeyer* in Steinmeyer, WpÜG, § 35 Rn. 7 m.w.N. Zum City Code *Gaede*, Koordiniertes Aktionärsverhalten im Gesellschafts- und Kapitalmarktrecht, 2008, S. 95; *Jennings*, Journal of Corporate Law Studies, Vol. 5 (2005) Part 1, S. 37 (40 ff.); *Pearson/Adams* in Button, A Practitioner's Guide to The City Code on Takeovers and Mergers 2008/2009, S. 136.

600 Zum WpÜG *Gaede*, Koordiniertes Aktionärsverhalten im Gesellschafts- und Kapitalmarktrecht, 2008, S. 164 ff. m.w.N.; Zum City Code *Gaede*, a.a.O., S. 95 m.w.N.; *Jennings*, Journal of Corporate Law Studies, Vol. 5 (2005) Part 1, S. 37 (40 ff.); *Pearson/Adams* in Button, A Practitioner's Guide to The City Code on Takeovers and Mergers 2008/2009, S. 136.

601 Zum Pflichtangebot nach § 35 Abs. 2 WpÜG im spezifischen Kontext des Einsatzes von *Debt-Equity-Swaps* als Sanierungsinstrument *Halász/Kloster*, WM 2006,

Grund hierfür ist, dass allein das Szenario des Erwerbs einer Stimmrechtsbeteiligung, die die Kontrollschwellen der Pflichtangebotsregelungen überschreitet und damit die Pflicht zur Abgabe eines auslöst, einen Gläubiger dazu veranlassen kann, von einer Beteiligung am *Debt-Equity-Swap* gänzlich Abstand zu nehmen. Dies ist i.d.R. dann der Fall, wenn für den Gläubiger der Erwerb einer Beteiligungsquote unterhalb der Kontrollschwelle unattraktiv, jedoch die Abgabe eines Pflichtangebots an alle übrigen Anteilseigner (aufgrund der hiermit verbundenen Kosten) ebenfalls unattraktiv ist. Für die Erfolgsaussichten eines *Debt-Equity-Swap* kann es daher entscheidend werden, unter welchen Voraussetzungen eine Pflicht des forderungsumwandelnden Gläubigers zur Abgabe eines Pflichtangebots vermeidbar ist, so dass die Verteuerung des *Debt-Equity-Swap* vermieden und die Attraktivität einer Beteiligung am *Debt-Equity-Swap* aus der Gläubigerperspektive gesteigert werden kann.

II. Grundzüge der Pflichtangebotsregelungen des WpÜG und City Code

1. Pflichtangebotsregelung des § 35 Abs. 2 S. 1 WpÜG

In Deutschland ergibt sich die skizzierte Hürde für *Debt-Equity-Swaps* börsennotierter Aktiengesellschaften aus der Pflichtangebotsregelung in § 35 Abs. 2 S. 1 WpÜG. Gemäß § 35 WpÜG ist derjenige, der unmittelbar oder mittelbar die Kontrolle an einer börsennotierten Zielgesellschaft[602] im Anwendungsbereich der Vorschrift erlangt, verpflichtet, diese Tatsache zu veröffentlichen (§ 35 Abs. 1

S. 2152 ff.; *Redeker*, BB 2007, S. 673 (678); *Schmidt/Schlitt*, Der Konzern 2009, S. 279 (285 f.); *v. Sydow/Beyer*, AG 2005, S. 635 ff.; *Westpfahl* in Eilers/Koffka/Mackensen, Private Equity, 2009, III. 2., Rn. 13 ff.; *v. Sydow/Rau*, Börsen-Zeitung v. 11.4.2007, S. 2, „Distressed Debt Investment kann Pflichtangebot auslösen: Gefahr des Acting in Concert nach Debt Equity Swap - Frühzeitige Abklärung mit der BaFin angeraten". Zum *„mandatory offer"* gemäß Rule 9 des City Code im spezifischen Kontext der Umsetzung von *Debt-Equity-Swaps* zu Sanierungszwecken *Howard/Hedger*, Restructuring Law and Practice, 2008, Rn. 6.174 ff.; *Barham*, P.L.C., Oct. 2002, S. 21 (26); *Bloxham* in Tolley's Insolvency Law, Issue 14 (Jan. 2001), Chapter C – Corporate Rescue, C4032.

602 Vom Anwendungsbereich der Vorschrift erfasste „Zielgesellschaften" sind Aktiengesellschaften und Kommanditgesellschaften auf Aktien mit Sitz im Inland sowie trotz fehlender ausdrücklicher Bestimmung die Societas Europaea (SE), sofern diese Gesellschaften Wertpapiere ausgegeben haben, die zumindest auch zum Handel an einem organisierten Markt im Inland zugelassen sind, sowie unter näher geregelten Voraussetzungen Zielgesellschaften mit Satzungssitz

S. 1 WpÜG) und im Anschluss daran ein öffentliches Angebot für den Erwerb aller Aktien der Zielgesellschaft abzugeben bzw. (genauer) innerhalb von vier Wochen nach der Veröffentlichung der Kontrollerlangung der BaFin (Bundesanstalt für Finanzdienstleistungsaufsicht) eine Angebotsunterlage zu übermitteln und nach Maßgabe des § 14 Abs. 2 S. 1 WpÜG zu veröffentlichen (§ 35 Abs. 2 S. 1 WpÜG).

Das Entstehen der Angebotspflicht aus § 35 Abs. 2 S. 1 WpÜG knüpft an das Entstehen der Pflicht zur Veröffentlichung der Erlangung einer Kontrollstellung nach § 35 Abs. 1 S. 1 WpÜG an, so dass der Auslöser der Angebotspflicht die mittelbare oder unmittelbare Erlangung der Kontrollstellung bei der Zielgesellschaft ist. Der hierbei maßgebliche Kontrolltatbestand ist in § 29 Abs. 2 WpÜG als „das Halten von mindestens 30% der Stimmrechte an der Zielgesellschaft“ legaldefiniert. Bei der Berechnung der Kontrollbeteiligung i.S.d. § 29 Abs. 2 WpÜG sind dem Bieter[603] unter den Voraussetzungen des § 30 WpÜG Stimmrechte Dritter zuzurechnen[604]. Die Art der Kontrollerlangung ist dabei unerheblich[605]. Erfasst ist insbesondere auch der Kontrollerwerb im Zuge des Erwerbs neuer Aktien im Rahmen einer Kapitalerhöhung der Zielgesellschaft[606], d.h. auch einer solchen, die der Umsetzung eines *Debt-Equity-Swap* dient. Auch ein mittelbarer Kontrollerwerb löst die Angebotspflicht aus[607].

Wird das Pflichtangebot gemäß § 35 Abs. 2 WpÜG ausgelöst, so ist es nach §§ 39, 32 WpÜG grundsätzlich[608] als Vollangebot auf den Erwerb sämtlicher

---

im Inland aber Handelszulassung der stimmberechtigten Aktien im Ausland, aber innerhalb des Europäischen Wirtschaftsraums; § 1 Abs. 2 WpÜG i.V.m. § 1 WpÜG-Anwendbarkeitsverordnung.

603 Der Begriff der „Bieter“ ist in § 2 Abs. 4 WpÜG legaldefiniert als „natürliche oder juristische Personen oder Personengesellschaften, die allein oder gemeinsam mit anderen Personen ein Angebot abgeben, ein solches beabsichtigen oder zur Abgabe verpflichtet sind“. Bieter in diesem technischen Sinne ist damit auch derjenige, der zur Abgabe des Pflichtangebots verpflichtet ist, aber i.E. von der Angebotspflicht befreit wird.

604 Näher hierzu unten Kap. VI, III. 1. und 2.

605 Statt aller MüKo-AktG/*Schlitt/Ries*, WpÜG § 35 Rn. 68 ff. m.w.N.

606 *Schlitt*, a.a.O., § 35 Rn. 70.

607 Näher hierzu *Steinmeyer* in Steinmeyer, WpÜG, § 35 Rn. 25 ff. Ein mittelbarer Kontrollerwerb kann insbesondere darin bestehen, dass der Bieter die kontrollevermittelnden Anteile an der Zielgesellschaft nicht selbst erwirbt, sondern über eine Tochtergesellschaft, oder dass die Kontrolle an einer Zielgesellschaft erworben wird, die ihrerseits eine oder mehrere börsennotierte Tochtergesellschaften hat (an denen dann mittelbar Kontrolle erlangt wird).

608 Vgl. die Ausnahmeregelungen in § 35 Abs. 2 S. 3 WpÜG.

Aktien der Zielgesellschaft zu richten und damit gegenüber allen Aktionären abzugeben („Vollangebotsgrundsatz")[609]. Entsteht die Angebotspflicht, so ist den Angebotsempfängern eine angemessene Gegenleistung anzubieten, die im Einzelnen in § 31 WpÜG i.V.m. §§ 3 ff. WpÜG-Angebotsverordnung näher bestimmt ist, und bei der für die Angemessenheit der durchschnittliche Börsenkurs und Vorerwerbe des Bieters oder mit diesem gemeinsam handelnder Personen maßgeblich sind. Grundsätzlich hat der Bieter die Wahl, ob er eine Geldleistung oder liquide und zum Handel an einem organisierten Markt zugelassene Aktien als Gegenleistung anbietet[610], unter näher geregelten Voraussetzungen kann der Bieter jedoch auch zum Angebot einer Geldleistung verpflichtet sein[611].

Die Angebotspflicht aus § 35 Abs. 2 WpÜG entfällt nur dann, wenn der Erwerb der zur Kontrolle über die Zielgesellschaft führenden Stimmrechte mittels eines öffentlichen Übernahmeangebots[612] nach § 29 Abs. 1 WpÜG erfolgte (§ 35 Abs. 3 WpÜG)[613], oder wenn der Kontrollerwerber durch die BaFin als zuständiger Aufsichtsbehörde auf der Grundlage des § 37 Abs. 1 WpÜG von der Angebotspflicht befreit wurde (worauf unten noch zurückzukommen ist).

Erfolgt im Rahmen der Umsetzung des *Debt-Equity-Swap* ein Kapitalherabsetzung auf Null, so führt diese zu einem Verlust der Börsenzulassung der Aktien, die Anwendungsvoraussetzung des WpÜG ist[614]. In diesem Fall ist das Risiko der Auslösung einer Angebotspflicht aus § 35 Abs. 2 WpÜG (mangels Anwendbarkeit der Vorschrift) ausgeschlossen und es gelten von den nachfolgenden Ausführungen in diesem Kapitel abweichende Grundsätze[615]. Bei der Umsetzung eines *Debt-Equity-Swap* einer börsennotierten AG muss es jedoch nicht zwingend zum Verlust der Börsenzulassung kommen. Sofern den Altgesellschaftern

609 Statt vieler *Steinmeyer* in Steinmeyer, WpÜG, § 35 Rn. 96. Dabei hat sich das Angebot auf Stamm- und auf Vorzugsaktien zu erstrecken, auch wenn diese kein Stimmrecht gewähren. Indem das WpÜG-Vollangebot sich auch auf stimmrechtslose Vorzugsaktien erstreckt, geht die deutsche Regelung über das in Art. 5 Abs. 1 Übernahmerichtlinie vorgegebene Erfordernis eines Vollangebots hinaus, das sich (nur) auf alle stimmrechtsvermittelnden Aktien zu erstrecken hat.

610 § 31 Abs. 2 S. 1 WpÜG.

611 § 31 Abs. 3 WpÜG.

612 Übernahmeangebote i.S.d. § 29 Abs. 1 WpÜG sind (im Gegensatz zum Pflichtangebot) freiwillige Angebote, die auf den Erwerb der Kontrolle der Zielgesellschaft gerichtet sind.

613 Näher hierzu *Steinmeyer* in Steinmeyer, WpÜG, § 35 Rn. 119 ff.

614 § 1 Abs. 1 WpÜG. Näher hierzu *Reger/Stenzel*, NZG 2009, S. 1210 (1213 f.).

615 Vgl. MüKo-InsO/*Eidenmüller*, § 225a Rn. 61; näher hierzu *Reger/Stenzel*, NZG 2009, S. 1210 (1213 f.).

nicht sämtliche Aktien entzogen werden, ist die Aufrechterhaltung der Börsennotierung möglich[616]. Die Aufrechterhaltung der Börsennotierung kann in diesem Fall u.a. den Vorteil haben, die Optionen der forderungsumwandelnden Gläubiger zur Verwertung ihrer mittels des *Debt-Equity-Swap* erworbenen Eigenkapitalbeteiligung zu erweitern und hierdurch das Spektrum von Gläubigern/Investoren zu erweitern, die sich zu einer Beteiligung an einem *Debt-Equity-Swap* bereitfinden[617].

Für den Fall der Umsetzung eines *Debt-Equity-Swap* einer börsennotierten AG auf der verfahrensrechtlichen Grundlage eines Insolvenzplanverfahrens (§ 225a Abs. 2 InsO), wird seit Inkrafttreten des ESUG von einigen Autoren die Auffassung vertreten, dass die Bestimmungen des WpÜG zur Angebotspflicht entbehrlich seien, da die Angebotspflicht nach Maßgabe des WpÜG dem Schutz der Kleinaktionäre diene und dieser im Insolvenzplanverfahren über § 251 InsO gewährleistet sei[618].

Dieser Ansicht wird hier nicht gefolgt, weil das Schutzniveau des § 251 InsO niedriger ist als dasjenige der Angebotspflicht aus § 35 Abs. 2 WpÜG. Denn während § 35 Abs. 2 WpÜG Minderheitsaktionären eine faire Austrittsmöglichkeit durch Veräußerung ihrer Anteile an dem Unternehmen zu einem angemessenen Preis gewährt, und für die Angemessenheit der durchschnittliche Börsenkurs und Vorerwerbe des Bieters oder mit diesem gemeinsam handelnder Personen maßgeblich sind (ein Preis der auch in der Insolvenz jedenfalls über Null liegen wird), kann § 251 InsO regelmäßig nicht verhindern, dass Aktionäre bei Eingriffen in ihre Anteils- oder Mitgliedschaftsrechte durch den Insolvenzplan völlig leer ausgehen. Grund hierfür ist, dass eine Pflicht zur Entschädigung eines Aktionärs aus § 251 InsO nur dann besteht, wenn dieser durch den Plan schlechter gestellt wird, als er ohne den Plan stünde[619]. Weil maßgeblich für die Entschädigung jedoch nur dasjenige ist, was der Anteilsinhaber bei Abwicklung des Rechtsträgers im Regelinsolvenzverfahren erhalten hätte (d.h. der Liquidationswert der Beteiligung), wird eine solche Abfindung regelmäßig nur in Fällen der drohenden Zahlungsunfähigkeit in Betracht kommen[620]. Vor diesem Hintergrund verwundert nicht, dass selbst Befürworter einer Verdrängung der

616 Näher zu den rechtlichen Möglichkeiten zum Erhalt der Börsennotierung beim *Debt-Equity-Swap* in der Insolvenz einer börsennotierten AG, *Wieneke/Hoffmann*, ZIP 2013, S. 697 ff.

617 Zu diesen und weiteren Vorteilen *Wieneke/Hoffmann*, ZIP 2013, S. 697 (698).

618 HambKomm/*Thies*, § 225a Rn. 45; HK-InsO/*Haas*, § 225a Rn. 25.

619 Statt vieler *Müller*, KTS 2012, S. 419 (432 f.).

620 Näher hierzu *Müller*, a.a.O.

übernahmerechtlichen Angebotspflicht im Insolvenzplanverfahren einräumen, dass der Planverfasser „vorsorglich" gehalten sei, eine Befreiung von der Angebotspflicht nach § 37 WpÜG (dazu unten) zu beantragen[621].

2. Pflichtangebotsregelung *(mandatory bid rule)* gemäß Rule 9 des City Code

Im Vereinigten Königreich ergibt sich die potentielle Hürde für *Debt-Equity-Swaps* aus der Pflichtangebotsregelung in Rule 9 des City Code[622]. Vom Anwendungsbereich des City Code sind Übernahmeangebote und andere zum Kontrollerwerb führende Transaktionen[623] erfasst, die *companies* oder Societas Europaea (SE) mit Satzungssitz im Vereinigten Königreich, den Channel Islands oder der Isle of Man betreffen, sofern von ihnen emittierte Wertpapiere zum Handel an einem geregelten Markt in diesem Gebiet zugelassen sind[624]. Unabhängig von einer Börsennotierung dieser Gesellschaften, findet der City Code zudem Anwendung auf Übernahmeangebote, die eine *plc* oder eine SE betreffen, deren Satzungs- und Verwaltungssitz sich im Gebiet des Vereinigten Königreichs, den Channel Islands oder der Isle of Man befindet[625]. Für eine *Ltd.* gilt selbiges nur unter den zusätzlichen Voraussetzungen, dass diese innerhalb der letzten zehn Jahre börsennotiert war oder ein sonstiger Bezug zum öffentlichen Kapitalmarkt besteht[626]. Von der Pflichtangebotsregelung können zudem Gesellschaften erfasst werden, die ihren Satzungssitz im Vereinigten Königreich haben, und deren Wertpapiere nicht im Sitzstaat, aber innerhalb des Europäischen Wirtschaftsraums an einem geregelten Markt zum Handel zugelassen sind[627]. Ein auffälliger Unterschied zum Anwendungsbereich des WpÜG, der

---

621 So HambKomm/*Thies*, § 225a Rn. 45.

622 Siehe zum „*mandatory offer*" gemäß Rule 9 City Code im spezifischen Kontext von *Debt-Equity-Swaps* bei Kapitalgesellschaften englischen Rechts die Nachweise oben in Fn. 601. Zum „*mandatory offer*" gem. Rule 9 des City Code im Allgemeinen *Pearson/Adams* in Button, A Practitioner's Guide to The City Code on Takeovers and Mergers 2008/2009, S. 133 ff.; *Jennings*, Journal of Corporate Law Studies, Vol. 5 (2005) Part 1, S. 37 (39 ff.); aus der deutschsprachigen Lit. *Raloff*, Acting in Concert, 2007, S. 63 ff.

623 Näher zu den vom Anwendungsbereich des City Code erfassen Transaktionen Abschnitt 3(b) der *introduction* zum City Code.

624 Vgl. Abschnitt 3(a)(i) der *introduction* zum City Code.

625 Vgl. Abschnitt 3(a)(ii) der *introduction* zum City Code.

626 Der in Abschnitt 3(a)(ii) der *introduction* zum City Code näher bestimmt ist.

627 Vgl. Abschnitt 3(a)(iii)(A) der *introduction* zum City Code.

stets eine Börsennotierung der Zielgesellschaft voraussetzt, besteht darin, dass die Anwendbarkeit des City Code auf *plc's* mit Satzungs- und Verwaltungssitz im Vereinigten Königreich nicht ihre Börsennotierung voraussetzt.

Mit Blick auf Gesellschaften in diesem Anwendungsbereich des City Code verpflichtet Rule 9.1(a) City Code denjenigen, der alleine oder im Zusammenwirken mit anderen (*persons acting in concert*[628]) eine Kontrollbeteiligung von mehr als 30% der Stimmrechte an einer solchen Gesellschaft erlangt, zur unverzüglichen Abgabe eines Angebots für sämtliche Anteile der Zielgesellschaft gleich welcher Art und Klasse (ausgenommen nur sog. „*treasury shares*"). Anders als nach der Pflichtangebotsregelung des WpÜG wird die Pflicht zur Abgabe eines Pflichtangebots gemäß Rule 9 City Code zudem auch für denjenigen ausgelöst, der alleine oder im Zusammenwirken mit anderen (*persons acting in concert*) bereits einen Stimmrechtsanteil zwischen 30% und 50% der Zielgesellschaft hält, und durch den Hinzuerwerb weiterer Anteile seinen Stimmrechtsanteil erhöht[629]. In beiden Tatbeständen wird die Angebotspflicht – anders als nach dem WpÜG – nur durch den Erwerb von Anteilen (bzw. genauer des Erwerbs eines „*interest in shares*"[630]) ausgelöst, d.h. es gilt das sog. Erwerbsprinzip[631]. Die Art und Weise des Beteiligungserwerbs ist für die Auslösung der Angebotspflicht

628 Dazu sogleich Kap. VI, III. 3.

629 Rule 9.1(b) City Code. In diesem Fall wird die Angebotspflicht ausnahmsweise in folgender Konstellation nicht ausgelöst: Wenn einzelne oder gemeinsam handelnde Anteilseigner Anteile verkaufen, ohne den Gesamtbestand unter eine Stimmrechtsbeteiligung von 30% zu bringen, können sie nachfolgend Anteile erwerben, sofern (1.) die Gesamtzahl der neu erworbenen Anteile innerhalb eines Zeitraums von zwölf Monaten nicht 1% der Stimmrechte der Gesellschaft übersteigt, und (2.) der Prozentsatz an Stimmrechten des einzelnen Anteilseigners oder der gemeinsam handelnden Anteilseigner nach dem Anteilserwerb nicht den höchsten Prozentsatz übersteigt, den diese innerhalb der letzten zwölf Monate hielten; Note 11 on Rule 9.1 City Code.

630 Der (erst mit dem City Code i.d.F. v. 20.5.2006 eingeführte) Begriff „*interests in shares*" ist in Teil C („*Definitions*"), Abschnitt „*interests in securities*" des City Code näher konkretisiert und erfasst neben anderen Rechten u.a. das Eigentum an Anteilen; näher hierzu *Pearson/Adams* in Button, A Practitioner's Guide to The City Code on Takeovers and Mergers 2008/2009, S. 133 (135).

631 Dies folgt schon aus dem Wortlaut der Rule 9(1) City Code („*acquires*"). Vgl. zur Geltung des Erwerbsprinzip im City Code auch *Gaede*, Koordiniertes Aktionärsverhalten im Gesellschafts- und Kapitalmarktrecht, 2008, S. 97; *Raloff*, Acting in Concert, 2007, S. 65.

nicht entscheidend[632]. Daher kann die Angebotspflicht auch bei einem Anteilserwerb durch Ausgabe neuer Anteile oder dem Erwerb bestehender Anteile von den Altgesellschaftern im Zuge eines *Debt-Equity-Swap* ausgelöst werden. Das Angebot ist (vorbehaltlich einer Befreiung hiervon durch das *Takeover Panel*) unter die Bedingung zu stellen, dass der Bieter und etwaige zuzurechnende Personen (*persons acting in concert*) mindestens 50% der Stimmrechte erlangen[633]; wird diese Schwelle nicht erreicht, hat der Bieter ein neues Angebot zu unterbreiten oder seine Beteiligungsquote wieder auf unter 30% zurückzuführen[634].

Der Bieter ist verpflichtet den Angebotsempfängern als Gegenleistung zumindest auch ein Barangebot zu unterbreiten[635]. In dieser Hinsicht sind die Regelungen des City Code also strenger als das im WpÜG verankerte Konzept, das dem Bieter im Grundsatz die Wahl lässt, ob er eine Geldleistung oder liquide und zum Handel an einem organisierten Markt zugelassene Aktien als Gegenleistung anbietet[636]. Hinsichtlich des Preises für das Barangebot regelt der City Code im Grundsatz, dass dieser nicht geringer sein darf, als der während der zwölf Monate vor der Veröffentlichung des Angebots vom Bieter (oder diesem zuzurechnende Personen) mit diesem gezahlte höchste Preis für Anteile derselben Klasse[637].

III. Risiko der Auslösung einer Angebotspflicht durch abgestimmtes Verhalten (*acting in concert*)

1. Stimmrechtszurechnung infolge abgestimmten Verhaltens

Die Anwendung und Auslegung der Pflichtangebotsregelungen in § 35 Abs. 2 S. 1 WpÜG und Rule 9 City Code wird in der Praxis gleichermaßen durch eine Problematik erschwert, die sich auch im Kontext der Umsetzung eines *Debt-Equity-Swap* stellt: Bei der Berechnung der pflichtangebotsauslösenden Kontrollbeteiligung (§ 29 Abs. 2 WpÜG/Rule 9.1 City Code), sind nicht nur die vom Bieter selbst gehaltenen Stimmrechte, sondern auch die ihm zuzurechnenden Stimmrechte zu berücksichtigen. Mit dem Regelungsziel der Verhinderung von

---

632 *Zinser*, Übernahmeangebote (takeover bids) im englischen und deutschen Recht, 2000, S. 124; *ders.*, NZG 2000, S. 573 (574).

633 Rule 9.3(a) City Code.

634 Näher hierzu Note 2 on Rule 9.3 City Code.

635 Rule 9.5(a) City Code.

636 § 31 Abs. 2 S. 1 WpÜG.

637 Rule 9.5 City Code. Nähere Erläuterungen zu den Anforderungen der Gegenleistung und ihrer Berechnung enthalten die Notes on Rule 9.5 City Code.

trategien zur Umgehung der mit dem Kontrollerwerb verbundenen Pflichen (insbesondere der Angebotspflicht)[638], sind in § 30 WpÜG und in Rule 9.1 City Code Zurechnungstatbestände verankert, bei deren Erfüllung dem Bieter Stimmrechte Dritter zugerechnet werden, als ob sie von diesem selbst gehalten würden. Im Rahmen des Anteilserwerbs und somit (potentiellen) Kontrollerwerbs im Zuge eines *Debt-Equity-Swap* kann aufgrund dieser Zurechnungstatbestände erhebliche Rechtsunsicherheit für die Beteiligten entstehen, weil einerseits gerade die Stimmrechtszurechnung zur Auslösung der Angebotspflicht führen kann, und andererseits die Anwendung und Auslegung der beiden Zurechnungstatbestände zu Recht als eine der komplexesten Probleme sowohl im deutschen als auch im britischen Übernahmerecht gilt[639]. Für den City Code stellt das *Takeover Panel* dies sogar ausdrücklich fest, indem den Anmerkungen (*Notes*) zu Rule 9.1 City Code der folgende Einleitungssatz vorangestellt ist: „*The majority of questions wich arise in the context of Rule 9 relate to persons acting in concert*".

2. Risiko des *acting in concert* im Anwendungsbereich des WpÜG

Im Anwendungsbereich des WpÜG erfasst § 30 Abs. 1 WpÜG Fälle, in denen der Bieter aufgrund einer bestimmten Rechtsstellung einseitig über die Ausübung fremder Stimmrechte bestimmen kann, während § 30 Abs. 2 WpÜG Konstellationen betrifft, in denen der Bieter (oder sein Tochterunternehmen) mit anderen Stimmrechtsinhabern aufgrund einer Abstimmung zusammenwirkt. In der Anwendung weitgehend unproblematisch ist § 30 Abs. 1 WpÜG, der in Satz 1 Nrn. 1-6 einen Katalog verhältnismäßig eng umgrenzter Zurechnungstatbestände enthält. Im Kontext der Umsetzung eines *Debt-Equity-Swap* gelten hier keine Besonderheiten, sondern es wird zu prüfen sein, ob einer dieser Zurechnungstatbestände erfüllt ist.

In seiner praktischen Anwendung äußerst problematisch ist dagegen der Zurechnungstatbestand des § 30 Abs. 2 WpÜG, das so genannte „*acting in concert*"[640].

---

638 Näher zum Regelungszweck des § 30 WpÜG *Gaede*, Koordiniertes Aktionärsverhalten im Gesellschafts- und Kapitalmarktrecht, 2008, S. 162 ff.; *Raloff*, Acting in Concert, 2007, S. 56 f. m.w.N.

639 Vgl. zum WpÜG etwa *Gaede*, Koordiniertes Aktionärsverhalten im Gesellschafts- und Kapitalmarktrecht, 2008, S. 143 f. Zum City Code sogleich.

640 Vertiefend zum *acting in concert* gem. § 30 Abs. 2 WpÜG a.F. (d.h. zur Rechtslage vor Inkrafttreten des Risikobegrenzungsgesetzes am 19.8.2008) *Berger/Filgut*, AG 2004, S. 592 ff.; *Casper*, ZIP 2003, 1469 ff.; *Gaede*, Koordiniertes Aktionärsverhalten im Gesellschafts- und Kapitalmarktrecht, 2008, S. 143 ff.; *Nelle*, ZIP 2006, S. 2057 ff.;

Gemäß § 30 Abs. 2 S. 1 WpÜG a.F.[641] wurden dem Bieter, der selbst keine Anteil halten muss, Stimmrechte Dritter zugerechnet, mit denen er „sein Verhalten in Bezug auf die Zielgesellschaft „aufgrund einer Vereinbarung oder in sonstige Weise“ abstimmt; ausgenommen davon sind allerdings „Vereinbarungen über die Ausübung von Stimmrechten in Einzelfällen“ (sog. „Einzelfallprivileg“ oder „Einzelfallausnahme“). Die Regelung des § 30 Abs. 2 S. 1 WpÜG a.F. wurde seit Inkrafttreten des WpÜG am 1.1.2002 angesichts des nicht klar fassbaren Anwendungsbereichs kritisiert[642]. Die Auslegung der unbestimmten Tatbestandsmerkmale, insbesondere des „abgestimmten Verhaltens in sonstiger Weise“ und der Einzelfallausnahme, bereitete wegen der uneinheitlichen Rechtsprechung und einer nicht immer konsistenten Aufsichtspraxis der BaFin Schwierigkeiten[643]. Als Minimalvoraussetzung hat sich in der Diskussion das Erfordernis eines bewussten geistigen Kontakts zwischen den beteiligten Aktionären herausgebildet, der die Koordination ihres Verhaltens zur Durchsetzung nicht unerheblicher Ziele in Bezug auf die Verhältnisse der Gesellschaft zum Gegenstand haben muss[644]. Welche Maßnahmen diese Kriterien erfüllen ist aber gerade streitig.

Am 19.08.2008 trat das Risikobegrenzungsgesetz[645] in Kraft, dass u.a. eine Erweiterung und Konkretisierung der Bestimmungen über die Stimmrechtszurechnung aufgrund abgestimmten Verhaltens in § 30 Abs. 2 WpÜG (und der Parallelvorschrift des § 22 Abs. 2 WpHG) vorsah[646]. Seither setzt ein abgestimmtes Verhalten nach § 30 Abs. 2 S. 2 WpÜG voraus, dass der Bieter oder sein Tochterunternehmen und der Dritte sich über die „Ausübung von Stimmrechten verständigen oder mit dem Ziel einer dauerhaften und erheblichen Änderung der unternehmerischen Ausrichtung der Zielgesellschaft in sonstiger Weise

---

Pentz, ZIP 2003, S. 1478 ff.; *Raloff*, Acting in Concert, 2007, insb. S. 157 ff.; *Schockenhoff/Schumann*, ZGR 2005, S. 568 ff.; *v. Bülow/Bücker*, ZGR 2004, S. 669 ff.; monographisch *Weiß*, Der wertpapierhandelsrechtliche und übernahmerechtliche Zurechnungstatbestand des acting in concert, 2007.

641 D.h. vor Inkrafttreten des Risikobegrenzungsgesetzes am 19.8.2008, dazu sogleich.

642 Statt vieler *Seibt/Heiser*, AG 2006, S. 301 (307 f.).

643 Vgl. *Gätsch/Schäfer*, NZG 2008, S. 846 (847) m.w.N.

644 *Gaede*, Koordiniertes Aktionärsverhalten im Gesellschafts- und Kapitalmarktrecht, 2008, S. 143 mit zahlreichen Nachweisen.

645 Gesetz zur Begrenzung der mit Finanzinvestitionen verbundenen Risiken (Risikobegrenzungsgesetz) v. 12.8.2008, BGBl. I 2008, S. 1666 ff.

646 Siehe zum abgestimmten Verhalten nach § 30 Abs. 2 WpÜG (und § 22 Abs. 2 WpHG) in der Fassung des Risikobegrenzungsgesetzes die Überblickdarstellungen von *Gätsch/Schäfer*, NZG 2008, S. 846 ff.; *v. Bülow/Stephanblome*, ZIP 2008, S. 1797 ff.

zusammenwirken". Das Einzelfallprivileg in § 30 Abs. 2 S. 1 Hs. 2 WpÜG wurde letztlich mit geringfügigen Änderungen beibehalten.

Mit Inkrafttreten des Risikobegrenzungsgesetzes wurden zwar einige bisher streitige Konstellationen geklärt (beispielsweise bestätigt, dass ein abgestimmter Aktienerwerb allein nicht zu einer Stimmrechtszurechnung führt), doch wurde die Rechtsunsicherheit durch die Einführung neuer auslegungsbedürftiger Tatbestandsmerkmale vertieft. Zwar gelten bei der Anwendung des § 30 Abs. 2 S. 1 WpÜG hinsichtlich der Abstimmung über die Ausübung von Stimmrechten die zuvor entwickelten Grundsätze fort[647], ohne dass in diesem Punkt die Rechtsicherheit wesentlich erhöht wurde[648]. Es entstanden jedoch neue Auslegungsschwierigkeiten mit Blick auf die neu eingeführten unbestimmten Rechtsbegriffe des Zusammenwirkens „in sonstiger Weise" und den Begriffen der „dauerhaften und erheblichen Änderung der unternehmerischen Ausrichtung"[649].

Das Risiko des Entstehens einer Angebotspflicht im Anwendungsbereich des WpÜG kann sich – anders als im Anwendungsbereich des City Code[650] – bereits in der Phase vor der eigentlichen Durchführung des *Debt-Equity-Swap* für den forderungsumwandelnden Gläubiger realisieren. Denn einer Zurechnung der Stimmen Dritter an den Bieter als Zurechnungssubjekt nach § 30 Abs. 2 WpÜG steht nicht entgegen, dass dieser selbst (noch) keine Aktien der Zielgesellschaft hält[651]. Grund hierfür ist, dass der deutsche Gesetzgeber bei der Konzeption § 30 Abs. 2 WpÜG nicht dem im City Code geregelten Erwerbsprinzip gefolgt ist, wonach die Zurechnung aufgrund abgestimmten Verhaltens den abgestimmten Erwerb von Aktien der Zielgesellschaft voraussetzt und eine Abstimmung ohne Aktienerwerb keine Stimmrechtszurechnung auslöst.

Bei der hier relevanten Frage, unter welchen Umständen der Erwerb neuer Aktien im Zuge eines *Debt-Equity-Swap* durch Forderungseinbringung im Rahmen einer Sachkapitalerhöhung von Aktiengesellschaften die Voraussetzungen eines abgestimmten Verhaltens i.S.d. § 30 Abs. 2 S. 1 WpÜG erfüllen könnte, ergeben sich Lösungsansätze aus Untersuchungen dieser Frage zum § 30 Abs. 2

---

647 Statt vieler *v. Bülow/Stephanblome*, ZIP 2008, S. 1797 (1798).

648 So auch *Gätsch/Schäfer*, NZG 2008, S. 846 (850).

649 So auch das Fazit von *Gätsch/Schäfer*, NZG 2008, S. 846 (851). Siehe aber die ersten Konkretisierungsbemühungen von *v. Bülow/Stephanblome*, ZIP 2008, S. 1797 (1798 f.).

650 Dazu sogleich unter Kap. VI, III. 3.

651 *Gaede*, Koordiniertes Aktionärsverhalten im Gesellschafts- und Kapitalmarktrecht, 2008, S. 274; *Redeker*, BB 2007, S. 673 (678); *v. Sydow/Beyer*, AG 2005, S. 635 (638 ff.).

S. 1 WpÜG a.F.[652]. Danach kommen bei einem *Debt-Equity-Swap* mehrere Anknüpfungspunkte für ein tatbestandsmäßiges abgestimmtes Verhalten i.S.d. § 30 Abs. 2 WpÜG in Betracht:

Als solcher Anknüpfungspunkt wird insbesondere die Einflussnahme des forderungsumwandelnden Gläubigers/Investors auf die Altgesellschafter zur Förderung der zum *Debt-Equity-Swap* erforderlichen Umsetzungsakte diskutiert. Insoweit ist seit Inkrafttreten des ESUG zu differenzieren, ob der *Debt-Equity-Swap* einer börsennotierten AG auf der verfahrensrechtlichen Grundlage eines Insolvenzplanverfahrens (§ 225a Abs. 2 InsO) umgesetzt wird oder nicht:

Falls die Umsetzung des *Debt-Equity-Swap* außerhalb des Insolvenzplanverfahrens erfolgt, erfordert sie die Fassung der auf die notwendigen Kapitalmaßnahmen (Sachkapitalerhöhung, Bezugsrechtsausschluss sowie i.d.R. eine Kapitalherabsetzung) gerichteten Hauptversammlungsbeschlüsse mit mindestens einer Drei-Viertel-Mehrheit[653]. Mit Blick auf diese Abstimmungsmehrheiten ist denkbar, dass forderungsumwandelnde Gläubiger/Investoren versuchen werden, im Vorfeld des *Debt-Equity-Swap* die Aktionäre hinsichtlich ihres Abstimmungsverhaltens zu beeinflussen. Denn hierdurch könnten Gläubiger die Wahrscheinlichkeit der Zustimmung zu den Kapitalmaßnahmen bei den Hauptversammlungsbeschlüssen erhöhen und damit die Transaktionssicherheit aus ihrer Sicht steigern.

Eine solche Abstimmung von Gläubigern mit den Aktionären in Bezug auf deren Abstimmungsverhalten bei den Hauptversammlungsbeschlüssen im Kontext eines *Debt-Equity-Swap* könnte nach verbreiteter Einschätzung grundsätzlich als ein zurechnungsrelevantes Verhalten i.S.d. § 30 Abs. 2 WpÜG bewertet werden[654]. Dem wird zu Recht entgegengehalten, dass typischerweise kein interaktiver Kommunikationsprozess zwischen Aktionären und Gläubigern stattfindet, weil die Verhandlungen zwischen den verschiedenen Gläubigergruppen

---

652 Siehe hierzu *Gaede*, Koordiniertes Aktionärsverhalten im Gesellschafts- und Kapitalmarktrecht, 2008, S. 273 ff.; *Halász/Kloster*, WM 2006, S. 2152 ff.; *v. Sydow/Beyer*, AG 2005, S. 635 ff.; vgl. ferner auch *v. Sydow/Rau*, Börsen-Zeitung v. 11.04.2007, S. 2, „Distressed Debt Investment kann Pflichtangebot auslösen: Gefahr des Acting in Concert nach Debt Equity Swap - Frühzeitige Abklärung mit der BaFin angeraten".

653 D.h. der Zustimmung einer Kapitalmehrheit von mindestens Drei-Viertel des bei der Beschlussfassung der Hauptversammlung vertretenen Grundkapitals bedürfen; dazu oben Kap. III. I. 1.

654 So auch (zu § 30 Abs. 2 S. 1 WpÜG a.F.) *Halász/Kloster*, WM 2006, S. 2152 (2157); *Redeker*, BB 2007, S. 673 (678); *v. Sydow/Beyer*, AG 2005, S. 635 (639 f.).

und dem Vorstand der Gesellschaft stattfinden und die Aktionäre dann regelmäßig über das Ergebnis informiert werden[655].

Erfolgt in diesem Kontext aber dennoch eine gemeinsame Willensbildung zwischen Gläubigern und Aktionären, so wird überwiegend vertreten, dass dies allein nicht zurechnungsbegründend sei, weil in diesen Fällen die Voraussetzungen des Einzelfallprivilegs gemäß § 30 Abs. 2 S. 1 Hs. 2 WpÜG erfüllt seien[656]. Dennoch besteht diesbezüglich Rechtsunsicherheit, weil umstritten ist, ob der „Einzelfall" formal oder materiell zu verstehen ist[657]. Die formale Betrachtungsweise stellt auf die Häufigkeit des Abstimmungsverhaltens ab, d.h. auf die Einmaligkeit des Abstimmungsverhaltens. Demgegenüber reicht nach dem materiellen Begriffsverständnisses zur Zurechnungsbegründung die Abstimmung über die einmalige Stimmrechtsausübung aus, sofern damit eine weitreichende Zielvereinbarung verbunden ist und somit entsprechend Einfluss auf die Gesellschaft genommen werden kann. Stellt man mit der h.M., dem BGH[658] und den Gesetzesmaterialien zum Risikobegrenzungsgesetz[659] mit dem formalen Begriffsverständnis auf die Einmaligkeit des Abstimmungsverhaltens ab, so

---

655 *Bücker/Peterson*, ZGR 2013, S. 802 (815), mit Blick auf das *acting in concert* gemäß § 22 Abs. 2 WpHG.

656 So auch *Gaede*, Koordiniertes Aktionärsverhalten im Gesellschafts- und Kapitalmarktrecht, 2008, S. 275; *Halász/Kloster*, WM 2006, S. 2152 (2158); *Schmidt/Schlitt*, Der Konzern 2009, S. 279 (286); *Westpfahl* in Eilers/Koffka/Mackensen, Private Equity, 2009, III. 2., Rn. 14. A.A. *v. Sydow/Beyer*, AG 2005, S. 635 (639 f.), die bezweifeln, dass die BaFin im Kontext eines *Debt-Equity-Swap* noch eine Abstimmung im Einzelfall gemäß § 30 Abs. 2 S. 1 Hs. 2 WpÜG annehmen würde, wenn neben den Beschlusstatbestand der Sachkapitalerhöhung noch ein weiterer Beschlusstatbestand (insb. der über einen Bezugsrechtsausschluss) hinzutritt, wodurch letztlich eine Abstimmung in Bezug auf zwei Beschlusstatbestände vorliege und dabei die Durchführung dieser Maßnahmen von nicht unerheblicher Bedeutung für das Schicksal der Gesellschaft sei.

657 Zum Streitstand *Gaede*, Koordiniertes Aktionärsverhalten im Gesellschafts- und Kapitalmarktrecht, 2008, S. 222 ff. mit zahlreichen Nachweisen.

658 Nach Ansicht des BGH spricht für eine formale Bestimmung des Einzelfalls nicht nur der Wortlaut der Norm, sondern auch der Aspekt der Rechtssicherheit. Denn würde man die Vereinbarung zu einer einzelnen Abstimmung bereits für ausreichend erachten, sofern diese Abstimmung nur eine hinreichend nachhaltige Wirkung in der Zukunft zeitige, so wäre unsicher, welchen Abstimmungsgegenständen eine derart hinreichende Bedeutung beizumessen wäre; BGH Urt. v. 18.09.2006 – II ZR 137/05 – BB 2006, S. 2432 (2435).

659 Bericht des Finanzausschusses v. 26.6.2008 zum RegE des Risikobegrenzungsgesetzes, BT-Drs. 16/9821, S. 12.

ist wiederum unklar, was Gegenstand der einmaligen Abstimmung sein muss; nämlich ob dies ein einzelner Beschlussgegenstand, ein einziger Lebenssachverhalt oder eine einzelne Hauptversammlung zu sein hat.

Diese Unsicherheit wirkt sich bei der Bewertung der Abstimmung in Bezug auf die Stimmrechtsausübung der Altaktionäre im Rahmen eines *Debt-Equity-Swap* aus, weil sich diese Abstimmung sukzessiv auf mehrere Beschlussgegenstände (Sachkapitalerhöhung, Bezugsrechtsausschluss, Kapitalherabsetzung) beziehen kann, aber in ihr zugleich ein einheitlicher Lebenssachverhalt erblickt werden kann[660]. Nach verbreiteter Auffassung, die auch in den Gesetzesmaterialien zum Risikobegrenzungsgesetz bestätigt wurde[661], handelt es sich auch bei der Abstimmung über mehrere Beschlussgegenstände auf derselben Hauptversammlung regelmäßig um eine Abstimmung im Einzelfall. Daher seien Maßnahmen, die einen einheitlichen Lebenssachverhalt betreffen, aber mehrerer Umsetzungsakte bedürfen, als Einzelfall im Sinne des § 30 Abs. 2 S. 1 Hs. 2 WpÜG anzusehen[662]. Auch diese Ansicht ist jedoch Zweifeln ausgesetzt[663].

Falls die Umsetzung des *Debt-Equity-Swap* gemäß § 225a Abs. 2 InsO auf der verfahrensrechtlichen Grundlage eines Insolvenzplanverfahrens erfolgt, vollzieht sich die Willensbildung der Anteilsinhaber seit Inkrafttreten des ESUG (wie unten in Kapitel VIII näher ausgeführt) nicht mehr im Wege der Beschlussfassung nach allgemeinen gesellschaftsrechtlichen Regeln, sondern die in den Plan aufgenommenen Beschlüsse der Anteilsinhaber oder sonstigen Willenserklärungen der Beteiligten gelten als in der vorgeschriebenen Form abgegeben (§ 254a Abs. 2 S. 1 InsO). Infolge der Ersetzung der Hauptversammlungsbeschlüsse durch den Insolvenzplan entfällt in diesem Fall auch eine Einflussnahme der forderungsumwandelnden Gläubiger/Investoren auf die Altaktionäre in Bezug auf ihr Abstimmungsverhalten bei Hauptversammlungsbeschlüssen als Anknüpfungspunkt für ein zurechnungsrelevantes Verhalten i.S.d. § 30 Abs. 2 WpÜG.

---

660 So stellen *Halász/Kloster*, WM 2006, S. 2152 (2157), in dieser Frage beispielsweise darauf ab, dass es bei dem *Debt-Equity-Swap* um einen einheitlichen Lebenssachverhalt handele.

661 Bericht des Finanzausschusses v. 26.6.2008 zum RegE des Risikobegrenzungsgesetzes, BT-Drs. 16/9821, S. 12.

662 So etwa *v. Bülow/Stephanblome*, ZIP 2008, S. 1797 (1799).

663 *König*, BB 2008, S. 1910 (1912), der bezweifelt, ob die Ausnahme von der Zurechnung auch dann noch gerechtfertigt ist, weil es sich in der Summe „ja um durchaus gewichtige, die unternehmerische Ausrichtung des Emittenten maßgeblich beeinflussende Maßnahmen handeln kann".

Dennoch ist auch bei der Umsetzung eines *Debt-Equity-Swap* auf der Grundlage eines Insolvenzplanverfahrens ein zurechnungsbegründendes *acting in concert* i.S.d. § 30 Abs. 2 WpÜG nicht ausgeschlossen, weil sich dieses aus anderen Anknüpfungspunkten ergeben kann. Dies kann dann der Fall sein, wenn sich die Beteiligten auf ein gemeinsames Vorgehen für die Reorganisation verständigen (sei es vertraglich oder im Wege einer unverbindlichen Absprache)[664]. Bei Absprachen über angestrebte gravierende Änderungen hinsichtlich Art und Umfang des betriebenen Geschäfts oder der Trennung von wesentlichen Geschäftsbereichen könnte ein zurechnungsbegründendes Zusammenwirken in sonstiger Weise mit dem Ziel einer „dauerhaften und erheblichen Änderung der unternehmerischen Ausrichtung" bejaht werden[665].

Neben den eindeutigen Fällen, in denen der forderungsumwandelnde Gläubiger gemäß § 35 Abs. 2 WpÜG zur Abgabe eines Pflichtangebots verpflichtet ist, weil er im Zuge der Anteilsausgabe bereits ohne eine Stimmrechtszurechnung oder aufgrund der Stimmrechtszurechnung gemäß § 30 Abs. 1 WpÜG die Kontrolle über die Zielgesellschaft erlangt, kann daher ein Risiko bestehen, dass die Angebotspflicht infolge einer Stimmrechtszurechnung i.S.d. § 30 Abs. 2 WpÜG ausgelöst wird. Zur Erzielung der Transaktionssicherheit ist daher nicht nur beim Kontrollerwerb in den erstgenannten Konstellationen, sondern auch dann, wenn ein Kontrollerwerb aufgrund des § 30 Abs. 2 WpÜG nur in Betracht kommt, dringend empfehlenswert, einen Antrag auf Befreiung von der Angebotspflicht bei der BaFin zu stellen. Die Voraussetzungen einer solchen Befreiung rücken dann in den Mittelpunkt des Interesses (dazu unten[666]).

3. Risiko des *acting in concert* im Anwendungsbereich des City Code

Im Anwendungsbereich des City Code besteht für forderungsumwandelnde Gläubiger, die nicht bereits ohne Stimmrechtszurechnung zur Abgabe eines Pflichtangebots gemäß Rule 9 des City Code verpflichtet sind, ebenfalls das Risiko der Auslösung der Angebotspflicht aufgrund einer Stimmrechtszurechnung[667]:

Gemäß Rule 9.1 City Code werden dem Bieter/Kontrollerwerber bei der Berechnung der Kontrollbeteiligung auch stimmrechtsvermittelnde „*interests in shares*" von Personen zugerechnet, die mit ihm in der Weise zusammenwirken,

664 MüKo-InsO/*Eidenmüller*, § 225a Rn. 61.

665 Vgl. *v. Bülow/Stephanblome*, ZIP 2008, S. 1797 (1798).

666 Kap. VI, IV.

667 Vgl. *Barham*, P.L.C., Oct. 2002, S. 21 (26).

dass ein „*acting in concert*" gegeben ist. Der bedeutendste Unterschied zur deutschen Parallelregelung des abgestimmten Verhaltens in § 30 Abs. 2 S. 1 WpÜG und dem *acting in concert* in Rule 9 City Code besteht darin, dass bei letzterem Voraussetzung einer Stimmrechtszurechnung in jedem Fall der Erwerb von Anteilen durch mindestens eine Person ist, d.h. nur ein Erwerbsvorgang das Pflichtangebot auslösen kann („Erwerbsprinzip"). Eine pflichtangebotsauslösende Zurechnung von Stimmrechten von Anteilseignern, die bereits investiert sind und keine Anteile zukaufen, kommt daher im Anwendungsbereich des City Code nicht in Betracht[668]. Der Tatbestand des *acting in concert* im City Code ist insoweit enger gefasst als der des abgestimmten Verhaltens nach dem WpÜG, weil bei ersterem nicht pauschal jedes abgestimmte Verhalten in Bezug auf die Zielgesellschaft (etwa ein abgestimmtes Stimmverhalten) zurechnungsbegründend wirken kann[669].

Nach der in Section C des City Code enthaltenen Grunddefinition zum Begriff des „*acting in concert*", die auch für die Pflichtangebotsregelung in Rule 9 City Code gilt, handeln Personen „*in concert*", wenn sie aufgrund einer Vereinbarung oder sonstiger Abstimmung zusammenarbeiten, um Kontrolle zu erlangen oder bereits vorhandene Kontrolle zu festigen[670]. Voraussetzung eines *acting in concert* ist danach eine gemeinsame Kontrollabrede der Zurechnungssubjekte untereinander, die nach vorstehenden Anmerkungen zum Erwerbsprinzip bereits im Zeitpunkt des Erwerbsvorgangs bestehen muss[671].

Weil sich aus der in Section C des City Code enthaltenen Grunddefinition aufgrund ihrer weiten Fassung nicht näher bestimmen lässt, welche Fallgruppen und Verhaltensweisen ein *acting in concert* begründen, enthält Section C des City Code einen Katalog von Konstellationen (ähnlich der deutschen Regelung in § 30 Abs. 1 WpÜG), in denen ein *acting in concert* widerleglich vermutet wird[672]. Danach wird ein *acting in concert* beispielsweise widerleglich vermutet

668 So auch *Gaede*, Koordiniertes Aktionärsverhalten im Gesellschafts- und Kapitalmarktrecht, 2008, S. 97.

669 Wie hier (zu § 30 Abs. 2 S. 1 WpÜG a.F.) *Casper*, ZIP 2003, S. 1469 (1470).

670 Wortlaut der Grunddefintion in Teil C („*Definitions*"), Seite C1 City Code: „*Persons acting in concert comprise persons who, pursuant to an agreement or understanding (whether formal or informal), co-operate to obtain or consolidate control (…) of a company or to frustrate the successful outcome of an offer for a company*".

671 *Gaede*, Koordiniertes Aktionärsverhalten im Gesellschafts- und Kapitalmarktrecht, 2008, S. 99 und 101.

672 Vgl. Teil C („*Definitions*"), Abschnitt „*Acting in Concert*" Nr. 1 bis 6 des City Code.

zwischen Personen und näher definierten[673] verbundenen Personen („*affiliated persons*") und weiteren Fallgruppen, die auch in den angefügten Anmerkungen („*Notes*") präzisiert werden. Bei der Umsetzung eines *Debt-Equity-Swap* gelten hier keine Besonderheiten, sondern es wird zu prüfen sein, ob eine von der Vermutungsregel erfassten Konstellationen einschlägig ist.

Entsprechendes gilt für die Anmerkungen („*Notes*") zu Rule 9.1 City Code: Aufgrund der herausragenden Bedeutung des Zurechnungstatbestands des *acting in concert* im Anwendungsbereich der Pflichtangebotsregelung der Rule 9 City Code, enthalten diese umfangreiche konkretisierende Ausführungen zum Tatbestand des *acting in concert.* Diese beziehen sich nur auf die Pflichtangebotsregel und finden neben den allgemeinen Ausführungen in Section C des City Code Anwendung. Die Notes zu Rule 9.1 City Code werden durch das *Takeover Panel* aktualisiert und sind keinesfalls als abschließende Regelungen, sondern lediglich als Illustration der Auslegungspraxis des *Takeover Panel* zu verstehen[674]. Bei Unklarheiten im Einzelfall ist vorrangig das *Takeover Panel* zu konsultieren.

In den Notes zu Rule 9.1 City Code sind typische Fallgestaltungen umschrieben, in denen ein pflichtangebotsauslösendes *acting in concert* widerleglich vermutet wird. Auch hier finden sich keine spezifischen Hinweise mit Blick auf den Erwerb einer Kontrollbeteiligung im Zuge eines *Debt-Equity-Swap*, sondern es wird im Vorfeld des *Debt-Equity-Swap* zu prüfen sein, ob vor dem Hintergrund dieser Anmerkungen eine Bewertung einer Konstellation oder Verhaltensweise als *acting in concert* qualifiziert werden könnte. Herauszuheben ist allerdings, dass Note 2 zu Rule 9.1 City Code, die Anmerkungen zur Beweisbarkeit enthält, klarstellt, dass die Abstimmung hinsichtlich einzelner Gesellschafterbeschlüsse im Grundsatz[675] keine Vermutung für ein *acting in concert* begründet. Hinsichtlich des spezifischen Kontextes der Umsetzung eines *Debt-Equity-Swap* lassen die Notes offen, ob bzw. unter welchen Voraussetzungen die Abstimmung

---

673 Siehe hierzu die Definition des Begriffs der „*affiliated persons*" in Teil C („*Definitions*"), Note 2 zum Abschnitt „*Acting in Concert*".

674 *Gaede*, Koordiniertes Aktionärsverhalten im Gesellschafts- und Kapitalmarktrecht, 2008, S. 99.

675 In diesem Fall soll aber unter engen Voraussetzungen ausnahmsweise eine Vermutung für ein *acting in concert* sprechen, wenn im Fall eines sog. „*board control-seeeking proposal*", die vorgeschlagenen *board*-Mitglieder im Lager eines der Aktionäre stehen und es um die Auswechslung der Mehrheit der *board*-Mitglieder geht; hierzu Note 2 zu Rule 9.1 City Code.

bezüglich mehrerer Gesellschafterbeschlüsse ein zurechnungsbegründendes *acting in concert* indiziert.

Im Anwendungsbereich der Rule 9 City Code ist zudem problematisch, dass ein zurechnungsbegründendes *acting in concert* durch das subjektive Merkmal einer Vereinbarung mit Kontrollabsicht begründet wird und hierdurch Nachweisschwierigkeiten entstehen, denen der City Code mit umfangreichen Vermutungsregeln begegnet[676]. Dass diese Vermutungsregeln einerseits nicht abschließend sind, und andererseits ständig erweitert werden, erhöht die Rechtsunsicherheit[677]. Bei der Umsetzung eines *Debt-Equity-Swap* kann daher im Einzelfall Unsicherheit darüber bestehen, ob und unter welchen Umständen der Anteilserwerbs des forderungsumwandelnden Gläubigers ein *acting in concert* begründet. In der Praxis wird dem Rechnung getragen, indem im Vorfeld eines *Debt-Equity-Swap* bei Gesellschaften im Anwendungsbereich des City Code zur Klärung von Unsicherheiten über das Vorliegen der Voraussetzungen eines pflichtangebotsauslösenden *acting in concert* das *Takeover Panel* konsultiert wird.

IV. Befreiung von der Angebotspflicht nach WpÜG und City Code beim Einsatz eines *Debt-Equity-Swap* als Sanierungsinstrument

1. Zustimmender Gesellschafterbeschluss als Befreiungstatbestand

a. Whitewash procedure als Befreiungstatbestand im Anwendungsbereich des City Code

Für die Erfolgsaussichten eines *Debt-Equity-Swap* kann es entscheidend werden, unter welchen Voraussetzungen eine Pflicht des forderungsumwandelnden Gläubigers zur Abgabe eines Pflichtangebots vermeidbar ist[678]. Wenn das Entstehen der Angebotspflicht bei Umsetzung des *Debt-Equity-Swap* sicher oder nicht auszuschließen ist, kommt als einziger Weg der Vermeidung der Angebotspflicht

---

676 *Gaede*, Koordiniertes Aktionärsverhalten im Gesellschafts- und Kapitalmarktrecht, 2008, S. 101.

677 So auch das Fazit von *Gaede*, Koordiniertes Aktionärsverhalten im Gesellschafts- und Kapitalmarktrecht, 2008, S. 101. Vgl. auch das Fazit der rechtsvergleichenden Untersuchung von *Weiß*, Der wertpapierhandelsrechtliche und übernahmerechtliche Zurechnungstatbestand des acting in concert, 2007, S. 80, dem zufolge der Tatbestand des *acting in concert* im City Code „nicht abschließend geklärt ist" und „noch erhebliche Probleme verursacht".

678 Siehe oben Kap. VI, I.

eine Befreiungserteilung durch die zuständigen Aufsichtsbehörden (BaFin/ *Takeover Panel*) in Betracht.

Im Anwendungsbereich des City Code steht die Entstehung der Pflicht zur Abgabe eines Pflichtangebots nach dem Wortlaut der Rule 9.1 City Code unter dem Vorbehalt einer Befreiung durch das *Takeover Panel* („*except with the consent of the panel*"). In den Dispensation Notes zu Rule 9 City Code[679] sind (ähnlich wie in § 9 S. 1 WpÜG-AngVO, dazu unten) sechs Fallgruppen näher geregelt, in denen das *Takeover Panel* eine Befreiung von der Angebotspflicht erteilen kann und regelmäßig auch erteilen wird. Im Zuge der Durchführung eines *Debt-Equity-Swap* zur bilanziellen Sanierung einer Gesellschaft im Anwendungsbereich des City Code können zwei dieser Befreiungstatbestände eine Schlüsselfunktion erlangen. Dies sind die Befreiung von der Angebotspflicht aufgrund der Durchführung einer sog. „*whitewash procedure*" (dazu sogleich) oder eine solche Befreiung aufgrund der Umsetzung von Sanierungsmaßnahmen („*rescue operations*"[680]).

Ein hilfreiches Instrument im Kontext des potentiell pflichtangebotsauslösenden Kontrollerwerbs des forderungsumwandelnden Gläubigers im Zuge eines *Debt-Equity-Swap* ist die *whitewash procedure*[681]. Denn mit der Durchführung dieses Verfahrens kann in diesem Kontext eine Befreiung von der Angebotspflicht erzielt werden. Das Verfahren ist geregelt in Note 1 der Dispensation Notes zu Rule 9 City Code i.V.m. der Whitewash Guidance Note (Appendix 1 zum City Code). Eine *whitewash procedure* kann durchgeführt werden, wenn neue Anteile ausgegeben werden und dies normalerweise ein Pflichtangebot nach Rule 9 City Code auslösen würde[682].

Voraussetzung einer erfolgreichen *whitewash procedure* und Kernelement dieses Verfahrens ist ein Gesellschafterbeschluss, mit dem diejenigen Anteilseigner, die an der Transaktion nicht beteiligt und vom potentiellen Erwerber der Kontrollbeteiligung unabhängig sind (*independent shareholders*), der Anteilsausgabe, die das Pflichtangebot auslösen würde, ihre Zustimmung erteilen und hierdurch auf ein Pflichtangebot verzichten[683].

---

679 Die die Rule 9 City Code als Anhang ergänzen.

680 Dazu unten Kap. VI, IV. 2. b.

681 Vgl. zur Nutzung der *whitewash procedure* im spezifischen Kontext der Umsetzung von *Debt-Equity-Swaps Howard/Hedger*, Restructuring Law and Practice, 2008, Rn. 6.176 ff.; ferner *Barham*, P.L.C., Oct. 2002, S. 21 (26); *Bloxham* in Tolley's Insolvency Law, Issue 14 (Jan. 2001), Chapter C – Corporate Rescue, C4032.

682 Note 1, Dispensation from Rule 9 des City Code.

683 Note 1, Dispensation from Rule 9 des City Code und Sec. 2(d) Whitewash Guidance Note.

Die Erteilung der Zustimmung hat durch einfachen Gesellschafterbeschluss (*ordinary resolution*) zu erfolgen[684]. Dabei ist im Wahlverfahren (*poll*) abzustimmen[685], so dass der Gesellschafterbeschluss der Zustimmung von mehr als 50% der abgegebenen Stimmen (die mehr als 50% der Stimmrechte der Gesellschaft vertreten müssen) bedarf[686]. Des Weiteren muss das sog. *whitewash circular*, mit dem die Anteilseigner zur Gesellschafterversammlung einberufen werden, umfangreiche inhaltliche Anforderungen erfüllen[687], wobei das *Takeover Panel* in Sanierungsfällen eine Befreiung von bestimmten Informationspflichten erteilen kann[688]. Das *whitewash circular* ist eines der wenigen Dokumente, die das *Takeover Panel* vor ihrer Versendung zu genehmigen hat[689].

Das *Takeover Panel* erteilt regelmäßig keine Befreiung von der Angebotspflicht, wenn die Person, an die die neuen Anteile ausgegeben werden sollen (oder *persons acting in concert*) in den zwölf Monaten vor der Versendung des *whitewash circular* an die Gesellschafter, aber nach Verhandlungen oder Absprachen mit den *directors* der Gesellschaft in Bezug auf die betreffende Anteilsausgabe, bereits Anteile der betreffenden Gesellschaft erworben hat (sog. *disqualification transaction*)[690]. Falls solche Personen in der Zeit zwischen der Versendung des *whitewash circular* zur Einberufung der Gesellschafterversammlung und dem Termin der Gesellschafterversammlung zur Abstimmung über die betreffende Anteilsausgabe Anteile erwerben, hat das *Takeover Panel* eine bereits erteilte Befreiung von der Angebotspflicht zu widerrufen (weitere Fallgruppe einer *disqualification transaction*)[691].

Wurde das Verfahren der *whitewash procedure* ordnungsgemäß durchgeführt, so erteilt das *Takeover Panel* in aller Regel eine Befreiung von der Angebotspflicht aus Rule 9 City Code[692]. Dies erfolgt vor dem Hintergrund, dass den vom Bieter

---

684 Vgl. etwa *CAS (Nominees) Ltd & Ors v. Nottingham Forest plc &* Ors [2002] B.C.C., S. 145 (162).

685 Note 1, Dispensation from Rule 9 des City Code.

686 Sec. 282(4) CA 2006.

687 Das *whitewash circular* muss insbesondere umfassend über die intendierte Transaktion informieren sowie verschiedene Warnhinweise enthalten. Die umfangreichen Informationspflichten regelt sec. 4 Whitewash Guidance Note.

688 So *Howard/Hedger*, Restructuring Law and Practice, 2008, Rn. 6.182.

689 Sec. 2(c) Whitewash Guidance Note.

690 Sec. 3(a) Whitewash Guidance Note.

691 Sec. 3(b) Whitewash Guidance Note.

692 Note 1, Dispensation from Rule 9 des City Code. Vgl. auch *Pearson/Adams* in Button, A Practitioner's Guide to The City Code on Takeovers and Mergers 2008/2009, S. 142.

unabhängigen Anteilseignern durch das Erfordernis eines Mehrheitsbeschlusses die Möglichkeit eingeräumt wird, dem Kontrollwechsel ihre Zustimmung zu verweigern, bevor dieser umgesetzt wird[693]. Im Falle einer mehrheitlich erteilten Zustimmung geht das *Takeover Panel* davon aus, dass die Minderheitsanteilseigner des besonderen Schutzes durch ein Pflichtangebot nicht mehr bedürfen[694].

b. *Whitewash procedure im spezifischen Kontext von Debt-Equity-Swaps*

In seinem Jahresbericht 1992-1993 erörterte das *Takeover Panel* seinen Umgang mit Anfragen auf die Erteilung einer Befreiung von der Angebotspflicht aus Rule 9 City Code, die auf eine *whitewash procedure* gestützt werden und im Kontext eines *Debt-Equity-Swap* erfolgen[695]. Dies erfolgte vor dem Hintergrund, dass das *Takeover Panel* in den vorangegangen Jahren regelmäßig zu Transaktionen konsultiert wurde, bei denen Banken im Rahmen der Restrukturierung krisenbefangener Gesellschaften mittels eines *Debt-Equity-Swap* Gesellschaftsanteile erwarben[696]. In diesem Kontext benötigten Banken, die im Verhältnis untereinander die Voraussetzungen des *acting in concert* erfüllten, gelegentlich eine Befreiung von der Angebotspflicht aus Rule 9 auf Grundlage der Durchführung einer *whitewash procedure*, weil sie im Zuge des *Debt-Equity-Swap* eine Stimmrechtsbeteiligung von mindestens 30% an der sanierungsbedürftigen Zielgesellschaft erwarben[697].

Das *Takeover Panel* wies aus diesem Anlass darauf hin, dass es sich bemüht, die Fälle eines zu Sanierungszwecken intendierten *Debt-Equity-Swaps* so pragmatisch wie möglich zu behandeln[698]. In der Erkenntnis, dass Banken meist eher zurückhaltend dabei sind, im Zuge der Restrukturierung in eine Gesellschafterposition einzurücken, ist das *Takeover Panel* zu einer Lockerung die Anwendung bestimmter Regelungen des City Code, die normalerweise auf *whitewash procedures* Anwendung finden, bereit[699]. Dies ist dann der Fall, wenn das *Takeover Panel* der Ansicht ist, dass diese Regeln im Einzelfall eine unnötig

---

693 Siehe hierzu *Pearson/Adams* in Button, A Practitioner's Guide to The City Code on Takeovers and Mergers 2008/2009, S. 143.

694 Siehe hierzu aus der deutschsprachigen Lit. etwa *Zinser*, NZG 2000, S. 573 (574).

695 The Takeover Panel, Annual Report 1992-1993, S. 10 f. (online abrufbar unter http://www.thetakeoverpanel.org.uk/new/reports/DATA//Report1993.pdf).

696 The Takeover Panel, Annual Report 1992-1993, S. 10.

697 The Takeover Panel, Annual Report 1992-1993, a.a.O.

698 The Takeover Panel, Annual Report 1992-1993, S. 11.

699 The Takeover Panel, Annual Report 1992-1993, a.a.O.

beschwerliche oder unangemessene Wirkung entfalten[700]. So war das *Takeover Panel* beispielsweise in Fällen der Involvierung einer Vielzahl von Gläubigerbanken bereit, bestimmte Anforderungen der *whitewash procedure* zu ändern oder zu lockern[701]. Das *Takeover Panel* weist aber auch darauf hin, dass es hinsichtlich solcher Änderungen oder Lockerungen in Sanierungssituationen keine festen Kriterien gebe. Vielmehr sei stets eine Ermessensentscheidung unter Berücksichtigung der konkreten Einzelfallumstände maßgeblich[702]. Aus diesem Grund sei es dringend empfohlen, das *Takeover Panel* im Zusammenhang mit der Vorbereitung eines *Debt-Equity-Swap* als Bestandteil eines Sanierungsplans so früh wie möglich zu konsultieren, wenn nicht sicher ausgeschlossen werden könne, dass ein Pflichtangebot nach Rule 9 City Code ausgelöst werden könnte[703].

Die Ausführungen des *Takeover Panel*s verdeutlichen, dass es in Fällen eines *Debt-Equity-Swap* zu Sanierungszwecken einer Befreiungserteilung auf der Grundlage einer durchgeführten *whitewash procedure* regelmäßig positiv gegenüberstehen wird und dabei einem sanierungsfreundlichen Ansatz folgt. Dass sich an dieser Aufsichtspraxis des *Takeover Panel* in den vergangen Jahren etwas geändert hat, ist nicht ersichtlich. Bei möglichst früher Konsultation des *Takeover Panel* wird die Problematik der Auslösung eines Pflichtangebots nach Rule 9 City Code daher regelmäßig in den Griff zu bekommen sein, indem eine Befreiungserteilung auf der Grundlage einer *whitewash procedure* erzielt wird.

c. *Whitewash procedure im Anwendungsbereich des WpÜG*

Ob ein mit der *whitewash procedure* des City Code vergleichbares Verfahren auch im Anwendungsbereich des WpÜG zu einer Befreiung vom Pflichtangebot führen kann, wird im deutschen Schrifttum uneinheitlich beantwortet. Eine entsprechende Regelung enthält das WpÜG jedenfalls nicht. Mit Blick auf Konstellationen eines Kontrollerwerbs durch Verschmelzung nach Maßgabe des UmwG wird im Schrifttum dennoch vertreten, dass die Aktionäre in Anlehnung an die *whitewash procedure* des City Code nicht schutzbedürftig seien, wenn eine qualifizierte Mehrheit der außenstehenden Aktionäre nach Offenlegung der Tatsache, dass der Bieter durch die zur Abstimmung stehende Maßnahme die Kontrolle

---

700 The Takeover Panel, Annual Report 1992-1993, a.a.O.

701 Dies etwa hinsichtlich bestimmter Erlärungs- und Dokumentationspflichten gemäß der Whitewash Guidance Note (Appendix 1 zum City Code).

702 The Takeover Panel, Annual Report 1992-1993, a.a.O.

703 The Takeover Panel, Annual Report 1992-1993, a.a.O.

erlangt und eine Befreiung von der Verpflichtung zur Abgabe eines Pflichtangebots gemäß § 37 Abs. 1 WpÜG beantragt hat, der Verschmelzung zugestimmt und die Befreiung des Bieters von der Angebotspflicht gebilligt hat[704]. Vertreter dieser Ansicht befürworten diese Beurteilung auch in Bezug auf den Hauptversammlungsbeschluss zur ordentlichen Kapitalerhöhung unter Ausschluss des Bezugsrechts[705], die auch zur Umsetzung eines *Debt-Equity-Swap* erforderlich sind. Nach anderer Ansicht ist bereits zweifelhaft, ob ein *whitewash*-Beschluss der Hauptversammlung *de lege lata* zulässigerweise gefasst werden kann[706]; jedenfalls fehle es an der befreienden Wirkung eines solchen Hauptversammlungsbeschluss und der Eignung desselben, eine Befreiung durch die BaFin zu rechtfertigen[707].

Für die Praxis dürfte indes die Ansicht und Aufsichtspraxis der BaFin relevanter als Literaturansichten sein. Die BaFin hat eine Übertragung der Regelung einer *whitewash-procedure* aus dem englischen City Code, nach denen die Zielgesellschaft, durch einen Gesellschafterbeschluss die Anwendbarkeit des Übernahmerechts ausschließen kann, ausdrücklich abgelehnt[708]. Grund hierfür sei, dass der Anwendungsbereich des WpÜG nicht in der Dispositionshoheit der Aktionäre stehe[709]. Der Gläubiger, der durch einen Anteilserwerb im Kontext der Umsetzung eines *Debt-Equity-Swap* zur Sanierung einer Gesellschaft im Anwendungsbereich des WpÜG die Kontrollschwelle überschreitet und daher die Angebotspflicht nach § 35 Abs. 2 WpÜG auslöst, kann daher jedenfalls nicht darauf vertrauen, von die BaFin aufgrund eines zustimmenden Gesellschafterbeschlusses von der Angebotspflicht befreit zu werden.

---

704 So *Versteegen* in KK-WpÜG, § 37 Rn. 44; MüKo-AktG/*Schlitt/Ries*, WpÜG § 37 Rn. 26.

705 So *Versteegen* in KK-WpÜG, § 37 Rn. 44 f.; *Schlitt/Ries* in MüKo-AktG, WpÜG § 37 Rn. 27; *Hecker* in Baums/Thoma, WpÜG, § 37 Rn. 89.

706 So etwa *Steinmeyer* in Steinmeyer, WpÜG, § 35 Rn. 12 (Fn. 26).

707 *Krause/Pötzsch/Seiler* in Assmann/Pötzsch/Schneider, WpÜG, § 37 Rn. 35 f.; *Steinmeyer* in Steinmeyer, WpÜG, § 35 Rn. 12 (Fn. 26); *Hasselbach* in KK-WpÜG, § 35 Rn. 124 (unter Aufgabe der abweichenden Meinung in der Vorauflage, aber im Widerspruch zu *Versteegen* in KK-WpÜG, § 37 Rn. 44).

708 Dies jedenfalls nach der Erläuterung der Sichtweise der BaFin durch *Klaus-Jürgen Strunk* (Leitender Regierungsdirektor bei der BaFin im Juni 2004) und *Ulf Linke* (Oberregierungsrat bei der BaFin im Juni 2004) in Veil/Drinkuth, Reformbedarf im Übernahmerecht, 2005, S. 3 (16).

709 *Strunk/Linke*, a.a.O., S. 3 (16).

2. Befreiung von der Angebotspflicht aufgrund übernahmerechtlicher Sanierungsprivilegien

a. *„Sanierungsbefreiung" nach dem WpÜG*

Im Anwendungsbereich des WpÜG kann die BaFin auf der Grundlage der Generalklausel des § 37 Abs. 1 WpÜG von der Angebotspflicht aus § 35 Abs. 2 WpÜG und von der Pflicht zur Veröffentlichung des Kontrollerwerbs an der Zielgesellschaft aus § 35 Abs. 1 WpÜG nach ihrem Ermessen eine Befreiung erteilen, sofern dies im Hinblick auf die Art der Erlangung, die mit der Erlangung der Kontrolle beabsichtigte Zielsetzung, ein nach der Erlangung der Kontrolle erfolgendes Unterschreiten der Kontrollschwelle, die Beteiligungsverhältnisse an der Zielgesellschaft oder die tatsächliche Möglichkeit zur Ausübung der Kontrolle, unter Berücksichtigung der Interessen des Antragstellers und der Inhaber der Aktien der Zielgesellschaft gerechtfertigt erscheint.

Das Befreiungsverfahren ist in den §§ 8, 10 – 12 WpÜG-AngVO[710] näher geregelt. Die nach h.M. abschließenden Befreiungsgründe in § 37 Abs. 1 WpÜG werden durch die in § 9 S. 1 WpÜG-AngVO aufgezählten Befreiungstatbestände nicht abschließend (vgl. „insbesondere") konkretisiert.

Als einer dieser Befreiungstatbestände ist in § 9 S. 1 Nr. 3 WpÜG-AngVO das übernahmerechtliche Sanierungsprivileg verankert. Der Befreiungstatbestand ermöglicht auf Antrag des Bieters[711] eine Befreiung (sog. „Sanierungsbefreiung") von der Angebotspflicht durch die BaFin, wenn die Erlangung der Kontrollbeteiligung von 30% „im Zusammenhang mit der Sanierung der Zielgesellschaft" durch den Bieter erfolgt. Das gilt gleichermaßen für Fälle, in denen der Kontrollerwerb auf einem Paketkauf beruht, wie für Fälle, in denen der Investor die Kontrolle durch eine Kapitalerhöhung erlangt[712]. Der Regelungszweck der Vorschrift besteht darin, zu vermeiden, dass in Fällen eines Aktienerwerbs des Bieter im Rahmen der Sanierung der Zielgesellschaft eine ausnahmslose Verpflichtung zur Abgabe eines Pflichtangebots unerwünschte Auswirkungen auf die Bereitschaft zur Beteiligung an Sanierungsbemühungen hat[713]. Denn dies

---

710 Verordnung über den Inhalt der Angebotsunterlage, die Gegenleistung bei Übernahmeangeboten und Pflichtangeboten und die Befreiung von der Verpflichtung zur Veröffentlichung und zur Abgabe eines Angebots (WpÜG-Angebotsverordnung) v. 27.12.2001, BGBl. I 2001, S. 4263 ff.

711 Vgl. § 8 WpÜG-AngVO zur Antragsberechtigung und Antragsfrist sowie §§ 10 und 11 WpÜG-AngVO zum erforderlichen Antragsinhalt unter der Antragsunterlagen.

712 *Klepsch* in Steinmeyer, WpÜG, § 37 Rn. 25.

713 RegE WpÜG BT-Drs. 14/7034, S. 81.

würde auch den Interessen der Minderheitsaktionäre und Arbeitnehmer entgegenstehen[714]. Die Praxisrelevanz der Sanierungsbefreiung zeigt sich darin, dass auf sie gerichtete Anträge in der Aufsichtspraxis der BaFin den größten Teil der insgesamt gestellten Befreiungsanträge ausmachen[715].

Nach der Verwaltungspraxis der BaFin und der überwiegenden Literaturansicht erfordert eine Sanierungsbefreiung durch die BaFin gemäß § 37 Abs. 1 WpÜG i.V.m. § 9 S. 1 Nr. 3 WpÜG-AngVO die Erfüllung der folgenden drei Voraussetzungen[716]:

(1.) Zunächst muss die Zielgesellschaft sanierungsbedürftig sein, wobei die Unterlagen, aus denen sich die Sanierungsbedürftigkeit ergibt, bei der Antragstellung einzureichen sind[717]. Mangels einer klarstellenden Legaldefinition wird das Erfordernis der Sanierungsbedürftigkeit der Zielgesellschaft in der Literatur sehr unterschiedlich interpretiert[718]. Die BaFin legt den Begriff der Sanierungsbedürftigkeit – im Einklang mit einer verbreiteten Literaturansicht[719] – verhältnismäßig restriktiv aus und verlangt zur Bejahung einer solchen das Vorliegen von bestandsgefährdenden Risiken i.S.v. § 322 Abs. 2 S. 3 und S. 4 HGB, die

---

714 RegE WpÜG BT-Drs. 14/7034, a.a.O.

715 Siehe BaFin-Jahresbericht 2009, S. 205; BaFin-Jahresbericht 2008, S. 183; BaFin-Jahresbericht 2007, S. 195; sowie die Grafik bei *Strunk/Linke* in Veil/Drinkuth, Reformbedarf im Übernahmerecht, 2005, S. 3 (36).

716 *Klepsch* in Steinmeyer, WpÜG, § 37 Rn. 25 m.w.N. Ausführliche Darstellungen der Voraussetzungen einer Befreiung vom Pflichtangebot aufgrund eines Sanierungsfalls finden sich bei *Wieneke/Hoffmann*, ZIP 2013, S. 697 (702 ff.); *Hasselbach/Hoffmann*, DB 2009, S. 327 ff.; *Holzborn/Israel*, WM 2004, S. 309 ff.; *Heuber*, Die Befreiung vom Pflichtangebot nach dem Wertpapiererwerbs- und Übernahmegesetz (WpÜG), 2006, S. 187 ff.; *Klepsch/Kiesewetter*, BB 2007, S. 1403 ff.; *Rogall*, AG 2004, S. 492 ff.; *Wiesbrock*, NZG 2005, S. 294 ff.; *Wittig* in FS Kirchhof 2003, S. 533 (542 ff.). Zur Sicht der BaFin *Strunk/Linke* in Veil/Drinkuth, Reformbedarf im Übernahmerecht; 2005, S. 3 (37 ff.).

717 Wie sich aus § 11 i.V.m. § 10 Nr. 5 WpÜG-AngVO ergibt.

718 Statt vieler *Klepsch* in Steinmeyer, WpÜG, § 37 Rn. 27 (Fn. 102) m.w.N. So wurde zT (auch noch nach Inkrafttreten des MoMiG) eine Orientierung an der gesellschaftsrechtlichen „Krise" i.S.v. § 32a Abs. 3 S. 3 GmbHG a.F. befürwortet; vgl. *Hasselbach/Hoffmann*, DB 2009, S. 327 (330).

719 *Holzborn/Israel*, WM 2004, S. 309 (317); *Klepsch/Kiesewetter*, BB 2007, S. 1403 (1404); *Lenz/Linke*, AG 2002, S. 361 (367); *Noack* in Schwark, Kapitalmarkrechts-Kommentar, § 37 WpÜG Rn. 5; *Süßmann*, WM 2003, S. 1453 (1458); *Strunk/Linke* in Veil/Drinkuth, Reformbedarf im Übernahmerecht, 2005, S. 3 (38 f.).

durch den Lagebericht oder einen aktuellen Bestätigungsvermerk eines Wirtschaftsprüfers nachzuweisen sind[720].

(2.) Voraussetzung einer Befreiungserteilung durch die BaFin nach § 37 Abs. 1 WpÜG i.V.m. § 9 S. 1 Nr. 3 WpÜG-AngVO ist des Weiteren die Vorlage eines Sanierungskonzepts durch den Antragsteller. Dieses muss nach einer Ansicht die Sanierungsfähigkeit der Zielgesellschaft[721], nach anderer Ansicht lediglich die Sanierungsabsicht des Bieters[722] dokumentieren, wobei sich der Unterschied beider Ansichten in der Praxis kaum auswirken dürfte. Jedenfalls sind an die Feststellung der Erfolgsaussichten des Sanierungskonzepts nach Ansicht der BaFin keine strengen Anforderungen zu stellen[723]. Denn es wird berücksichtigt, dass es sich bei dieser Feststellung um eine Prognose hinsichtlich des Geschehensablaufs auf der Basis der bis zum Zeitpunkt der Antragstellung ermittelten Daten handelt und dass eine solche Feststellung der Erfolgsaussichten lediglich die Plausibilität der Sanierungsmaßnahmen prüfen kann[724]. Eine Prüfung, ob mit alternativen Sanierungskonzepten bessere Erfolge erzielt werden können, wird nicht verlangt[725]. Maßgeblich ist im Ergebnis, ob das Sanierungskonzept grundsätzlich zur Sanierung der Zielgesellschaft geeignet ist, nicht

---

720 Ein „Sanierungsfall" liegt genauer nach Ansicht der BaFin dann vor, „wenn sich die Gesellschaft in einer Krise befindet, also ein am Markt erfolgreiches Unternehmen sein wirtschaftliches oder finanzielles Gleichgewicht verloren hat." Dazu müssten konkret bestandsgefährdende Risiken i.S.v. § 322 Abs. 2 S. 2 HGB a.F. (jetzt § 322 Abs. 2 S. 3 und S. 4 HBG) vorliegen oder unmittelbar bevorstehen. Vgl. zum Ganzen den BaFin-Jahresbericht 2004, S. 209: *„Ein Sanierungsfall ist dann anzunehmen, wenn bei der Gesellschaft bestandsgefährdende Risiken im Sinne des § 322 Abs. 2 Satz 2 Handelsgesetzbuch (HGB) vorliegen oder unmittelbar bevorstehen. Es muss sich also um Risiken handeln, die der Annahme einer Unternehmensfortführung entgegenstehen oder diese zumindest als bedroht erscheinen lassen. Der Nachweis solcher Risiken kann anhand des letzten Lageberichts der Zielgesellschaft geführt werden. Liegt die Erstellung des Lageberichts schon längere Zeit zurück, ist das Vorliegen des Sanierungsfalls durch einen aktuellen Bestätigungsvermerk eines Wirtschaftsprüfers nachzuweisen"*.

721 *Meyer* in Geibel/Süßmann, WpÜG, § 37 Rn. 42 u. 44; *Strunk/Linke* in Veil/Drinkuth, Reformbedarf im Übernahmerecht, 2005, S. 3 (39 f.); *Wittig* in FS Kirchhof 2003, S. 533 (548 f.).

722 *Klepsch*, Steinmeyer, WpÜG, § 37 Rn. 29; *Versteegen* in KK-WpÜG, Anh. § 37 Rn. 21.

723 *Strunk/Linke* in Veil/Drinkuth, Reformbedarf im Übernahmerecht, 2005, S. 3 (40).

724 *Strunk/Linke*, a.a.O.

725 *Klepsch/Kiesewetter*, BB 2007, S. 1403 (1407); *Strunk/Linke* in Veil/Drinkuth, Reformbedarf im Übernahmerecht, 2005, S. 3 (40).

über, ob dies auch mit an Sicherheit grenzender Wahrscheinlichkeit zu erwarten ist[726]. In der aufsichtsrechtlichen Praxis ist dies regelmäßig durch ein vom Antragsteller beizubringenden Gutachten eines unabhängigen Wirtschaftsprüfers zu belegen[727]. Es ist davon auszugehen, dass die BaFin auch bei einem insolvenzplangestützten *Debt-Equity-Swap* an diesem Erfordernis festhalten wird[728].

(3.) Schließlich setzt die Sanierungsbefreiung unbestritten voraus, dass der Antragsteller einen Sanierungsbeitrag leistet, wobei nicht völlig geklärt ist, wie dieser im Einzelnen ausgestaltet sein muss[729]. Einigkeit besteht offenbar soweit als Mindestvoraussetzung gefordert wird, der Antragsteller müsse der Zielgesellschaft einen wirtschaftlich messbaren Vorteil zuwenden, der Teil des Sanierungskonzepts ist und nicht nur eine untergeordnete Rolle in diesem spiele[730]. Unbestritten ist, dass das Bereitstellen von Liquidität, auch durch die Beteiligung an einer Barkapitalerhöhung, einen ausreichenden Sanierungsbeitrag darstellt[731]. Bringt der Antragsteller im Rahmen einer Kapitalerhöhung mit Bar- und Sacheinlagekomponente eine gegen die Gesellschaft gerichtete Forderung (zur Entschuldung der Gesellschaft) als Sacheinlage ein und führt er gleichzeitig Liquidität durch die Beteiligung an der Barkapitalerhöhung zu, so wertet die BaFin dies jedenfalls als wesentlichen Sanierungsbeitrag des Antragstellers und erteilt auf dieser Grundlage einer Sanierungsbefreiung gemäß § 37 Abs. 1 WpÜG i.V.m. § 9 S. 1 Nr. 3 WpÜG-AngVO[732].

---

726 *Klepsch/Kiesewetter*, a.a.O.; *Strunk/Linke*, a.a.O.

727 *Klepsch/Kiesewetter*, a.a.O.

728 So auch die Einschätzung von *Wieneke/Hoffmann*, ZIP 2013, S. 697 (702), die dieses Erfordernis bei insolvenzplangestützten *Debt-Equity-Swaps* allerdings für ungerechtfertigt halten.

729 Siehe hierzu *Krause/Pötzsch/Seiler* in Assmann/Pötzsch/Schneider, WpÜG, § 9 WpÜG-AngVO Rn. 29 f.; MüKo-AktG/*Schlitt/Ries*, §§ 8-12 WpÜG-AVO Rn. 23 ff.

730 BaFin-Jahresbericht 2004, S. 209; *Klepsch* in Steinmeyer, WpÜG, § 37 Rn. 30 m.w.N.; *Strunk/Linke* in Veil/Drinkuth, Reformbedarf im Übernahmerecht, 2005, S. 3 (40 ff.).

731 Statt vieler *Hasselbach/Hoffmann*, DB 2009, S. 327 (331); *Strunk/Linke* in Veil/Drinkuth, Reformbedarf im Übernahmerecht, 2005, S. 3 (41).

732 So etwa im Fall der Erteilung einer Sanierungsbefreiung zugunsten der Antragsteller (Julius Textile Investments S.à.r.l.; H.A.R.D.T. GROUP Opportunities Fund; Kingsbridge Capital Management GP 2 Limited; Kingsbridge Capital Holdings Limited) im Kontext der Kontrollerlangung der Antragsteller an der Kunert AG durch die BaFin mit Bescheid v. 19.2.2009; siehe Meldung v. 23.2.2009 veröffentlicht unter http://www.bafin.de/cln_108/nn_722564/SharedDocs/Downloads/DE/

Würde die Bereitstellung von Liquidität notwendige Voraussetzung eines ausreichenden Sanierungsbeitrag sein, so könnte auf dieser Grundlage bezweifelt werden, ob die isolierte Einbringung von gegen die Gesellschaft gerichteten Forderungen als Sacheinlage (zur Umsetzung eines *Debt-Equity-Swap*) ohne gleichzeitige Barkapitalerhöhung, die der Gesellschaft keine Liquidität zuführt, als ausreichender Sanierungsbeitrag für eine Sanierungsbefreiung zu qualifizieren ist. Weil jedoch nach Ansicht der BaFin[733] und herrschender Literaturansicht[734] auch ein Forderungsverzicht als ausreichender Sanierungsbeitrag des Antragstellers in Betracht kommt, und der Sanierungseffekt dieser Maßnahme – wie beim *Debt-Equity-Swap* – einzig in der Reduktion von Verbindlichkeiten der Gesellschaft (nicht der Zuführung von Liquidität) zu sehen ist, kann davon ausgegangen werden, dass auch der *Debt-Equity-Swap* mittels einer isolierten Sachkapitalerhöhung (d.h. ohne Barkapitalerhöhungskomponente) als für die Sanierungsbefreiung ausreichender Sanierungsbeitrag des Antragstellers geeignet ist.

Im Kontext der Umsetzung eines *Debt-Equity-Swap* bei sanierungsbedürftigen Zielgesellschaften können sämtliche oben genannten Voraussetzungen einer Befreiungserteilung auf der Grundlage der § 37 Abs. 1 WpÜG i.V.m. § 9 S. 1 Nr. 3 WpÜG-AngVO erfüllt werden. Ist dies der Fall, so steht es im Ermessen der BaFin eine Befreiung von der Angebotspflicht durch Befreiungsbescheid zu erteilen. Hierbei handelt es sich um ein gebundenes Ermessen der BaFin, so dass bei Vorliegen der genannten Kriterien nur in atypischen Fällen eine Versagung der Befreiungserteilung durch die BaFin zu befürchten ist; eine Ansicht die im Schrifttum allerdings nicht unbestritten ist[735]. In der Praxis bietet es sich aus Sicht der potentiell forderungsumwandelnden Gläubiger/Investoren an, die Verträge über ihren Einstieg und die Kapitalmaßnahmen zur Umsetzung des *Debt-Equity-Swap* unter der aufschiebenden Bedingung der Befreiung von einem Pflichtangebot durch die BaFin abzuschließen.

Verbraucher/Befreiungsentscheidungen/julius__textile.html (Veröffentlichte Entscheidungen nach §§ 36, 37 WpÜG).

733 Vgl. BaFin-Jahresbericht 2004, S. 209: „*Je nach Fallgestaltung kommt als Sanierungsbeitrag auch (…) oder die Erklärung von Forderungsverzichten in Betracht*".

734 Statt aller *Hasselbach/Hoffmann*, DB 2009, S. 327 (332); *Klepsch/Kiesewetter*, BB 2007, S. 1403 (1407); *Strunk/Linke* in Veil/Drinkuth, Reformbedarf im Übernahmerecht, 2005, S. 3 (40).

735 Siehe hierzu die Nachweise zum Streitstand bei *Hommelhoff/Witt* in Haarmann/Schüppen, Frankfurter Komm. z. WpÜG, § 37 Rn. 56.

b. *Befreiungstatbestand der Durchführung von „rescue operations" nach dem City Code*

Der City Code enthält ebenfalls einen speziellen Befreiungstatbestand für Sanierungsfälle, der in Note 3 der Dispensation Notes zu Rule 9 City Code unter der Überschrift „*rescue operations*" geregelt ist. Die Regelung sieht vor, dass das *Takeover Panel* in solchen Fallkonstellationen eine Befreiung von der Angebotspflicht aus Rule 9 City Code erteilen kann, in denen sich eine Gesellschaft in einer derart desolaten Finanzlage („*such a serious financial position*") befindet, dass die einzige Rettungsmöglichkeit in der eiligen Durchführung von Sanierungsmaßnahmen besteht[736]. Beinhaltet in solchen Fällen die erforderliche Sanierungsmaßnahme entweder eine Ausgabe neuer Anteile im Zuge einer Kapitalerhöhung ohne die vorherige Zustimmung der unabhängigen Anteilseigner oder einen Erwerb bestehender Anteile durch einen Investor, und würde hierdurch die Pflicht zur Abgabe eines Pflichtangebots gemäß Rule 9 City Code ausgelöst, so kann dass *Takeover Panel* eine Befreiung von der Angebotspflicht unter zusätzlichen Voraussetzungen erteilen. Diese zusätzlichen Voraussetzungen sind, dass (1.) die unabhängigen Anteilseigner der betreffende Sanierungsmaßnahme nach ihrer Durchführung so schnell wie möglich ihre Zustimmung erteilen, oder (2.) das *Takeover Panel* davon überzeugt ist, dass andere Regelungen getroffen wurden, um den Schutz der unbeteiligten und vom Kontrollerwerber unabhängigen Anteilseigner zu gewährleisten[737].

Weitere Konkretisierungen dieser Voraussetzungen enthält der City Code nicht, was dem *Takeover Panel* einen weiten Ermessensspielraum belässt. Eine Befreiung von der Angebotspflicht auf der Grundlage von *rescue operations* setzt aber erkennbar voraus, dass aufgrund der akuten Krisensituation keine Zeit mehr

736 Note 3 der Dispensation Notes zu Rule 9 City Code (Auszug): „*Rescue operations. There are occasions when a company is in such a serious financial position that the only way it can be saved is by an urgent rescue operation which involves the issue of new shares without approval by a vote of independent shareholders or the acquisition of existing shares by the rescuer which would otherwise fall within the provisions of this Rule and normally require a general offer. The Panel may, however, waive the requirements of the Rule in such circumstances provided that either: (a) approval for the rescue operation by a vote of independent shareholders is obtained as soon as possible after the rescue operation is carried out; or (b) some other protection for independent shareholders is provided which the Panel considers satisfactory in the circumstances. Where neither the approval of independent shareholders nor any other form of protection can be provided, a general offer under this Rule will be required*".

737 Siehe vorstehende Fn.

verbleibt, das Verfahren der *whitewash procedure* gemäß Note 1 der Dispensation Notes zu Rule 9 City Code i.V.m. der Whitewash Guidance Note[738] ordnungsgemäß durchzuführen[739]. Anders als der deutsche Ausnahmetatbestand einer übernahmerechtlichen Sanierungsprivilegierung (§ 37 Abs. 1 WpÜG i.V.m. § 9 S. 1 Nr. 3 WpÜG-AngVO) kann der Befreiungstatbestand der *rescue operations* gemäß Note 3 der Dispensation Notes zu Rule 9 City Code also regelmäßig erst nachrangig greifen, wenn die Voraussetzungen des vorrangig anzuwendenden Befreiungstatbestands der *whitewash procedure* nicht mehr rechtzeitig erfüllt werden können. Wird eine Sanierungsbefreiung durch das *Takeover Panel* auf der Grundlage der Note 3 der Dispensation Notes zu Rule 9 City Code nur unter der Voraussetzung erteilt, dass die unabhängigen Anteilseigner der betreffende Sanierungsmaßnahme nach ihrer Durchführung so schnell wie möglich ihre Zustimmung erteilen, kann die nachträgliche Durchführung einer *whitewash procedure* erforderlich sein.

Das *Takeover Panel* folgt mit Blick auf die Voraussetzungen einer Befreiungserteilung auf der Grundlage des Befreiungstatbestandes der *rescue operations* einem sehr restriktiven Ansatz: Nach Ansicht des *Takeover Panel* liegt der Normzweck des Befreiungstatbestandes darin, dass die Rechtsposition der Anteilseigner, ihre Kontrollbeteiligung nicht ohne ein Angebot zur Aufrechterhaltung der Kontrollbeteiligung oder eines zustimmenden Mehrheitsbeschlusses der unabhängigen Anteilseigner zu verlieren, nur beeinträchtigt werden darf, wenn ein Beharren auf dieser Rechtsposition wahrscheinlich in die Insolvenz der Gesellschaft und dem Totalverlust der Investitionen sämtlicher Anteilseigner führen würde[740]. Die Ausnahmenregelung der *rescue operations* stellt nach Ansicht des *Takeover Panel* klar, dass eine Befreiung von der Angebotspflicht auf ihrer Grundlage voraussetzt, dass dies die einzige Möglichkeit zur Rettung der Gesellschaft darstellt[741].

---

738 Dazu oben Kap. VI, IV. 1. a. und b.

739 So auch *Pearson/Adams* in Button, A Practitioner's Guide to The City Code on Takeovers and Mergers 2008/2009, S. 144.

740 Takeover Panel Statement v. 4.2.2004, Dispensations from Rule 9, Note 3 (Rescue Operation), in der Sache: *Ronson plc*, (online abrufbar unter: http://www.thetakeoverpanel.org.uk/wp-content/uploads/2008/12/2004-04.pdf), S. 2.

741 Takeover Panel Statement v. 4.2.2004, Dispensations from Rule 9, Note 3 (Rescue Operation), in der Sache: *Ronson plc* (online abrufbar unter: http://www.thetakeoverpanel.org.uk/wp-content/uploads/2008/12/2004-04.pdf), S. 2: „*The Note makes it clear that the dispensation can be given only if that is the only way the company can*

Im Kontext der Umsetzung eines *Debt-Equity-Swap* bei sanierungsbedürftigen Gesellschaften im Anwendungsbereich des City Code gilt daher: Der Befreiungstatbestand für Sanierungsfälle gemäß Note 3 der Dispensation Notes zu Rule 9 City Code kann sich zwar als hilfreiche Ausnahmeregelung erweisen, weil gerade die zur Umsetzung des *Debt-Equity-Swap* erforderliche Ausgabe neuer Anteile im Zuge einer Kapitalerhöhung oder der Erwerb bestehender Anteile durch Investoren (einschließlich bisheriger Gläubiger) privilegiert wird[742]. Nach obigen Ausführungen wird aber auch bei der Umsetzung eines *Debt-Equity-Swap* stets zu berücksichtigen sein, dass eine Befreiungserteilung auf der Grundlage dieses Befreiungstatbestand stets nur als Ultima Ratio erfolgen kann. Daher ist insbesondere zu prüfen ist, ob eine Befreiung von der Angebotspflicht aus Rule 9 City Code durch das *Takeover Panel* im Wege der ordnungsgemäßen Durchführung der *whitewash procedure* erzielt werden kann.

V. Zusammenfassung und vergleichende Stellungnahme

Hinsichtlich der Frage, ob sich im Kontext von *Debt-Equity-Swaps* zur Entschuldung sanierungsbedürftiger Kapitalgesellschaften im Anwendungsbereich des WpÜG und des City Code die jeweils anwendbaren Pflichtangebotsregelungen in gleicher Weise nachteilig auf die Erfolgsaussichten des *Debt-Equity-Swap* auswirken, oder ob diesbezüglich Unterschiede bestehen, lassen sich nach einer Auswertung der Ausführungen in diesem Kapitel die folgenden Untersuchungsergebnisse festhalten:

1) Auf der Ebene der jeweiligen tatbestandlichen Voraussetzungen einer Angebotspflicht nach § 35 Abs. 2 S. 1 WpÜG und Rule 9.1 City Code setzt sich der weitgehende konzeptionelle Gleichlauf beider Pflichtangebotsregelungen (infolge der Vorbildfunktion der englischen Regelung für das WpÜG) insoweit fort, als bei der Berechnung der pflichtangebotsauslösenden Kontrollbeteiligung nicht nur vom Bieter selbst gehaltenen Stimmrechte, sondern auch die ihm auf der Grundlage von Zurechnungstatbeständen zuzurechnenden

---

be saved. (…) Extreme urgency in dealing with such an application is to be expected if not inevitable“.

742 Im Schrifttum wird der *Debt-Equity-Swap* daher als eine der Sanierungsmaßnahmen genannt, deren Umsetzung grundsätzlich zur Erteilung einer Befreiung von der Angebotspflicht durch das Takeover Panel auf der Grundlage von Note 3 der Dispensation Notes zu Rule 9 City Code führen kann; vgl. *Pearson/Adams* in Button, A Practitioner's Guide to The City Code on Takeovers and Mergers 2008/2009, S. 143.

Stimmrechte Dritter zu berücksichtigen sind. Die praktische Anwendung der relevanten Zurechnungstatbestände beider Regelungswerke ist im Kontext der Umsetzung eines *Debt-Equity-Swap* mit einem ähnlich hohen Maß an Rechtsunsicherheit für die Beteiligten verbunden:

Im Anwendungsbereich des WpÜG ist insoweit zu differenzieren: Während der Katalog eng umgrenzter Zurechnungstatbestände des § 30 Abs. 1 WpÜG eine vergleichsweise verlässliche Bewertung der Frage ermöglicht, ob im Rahmen eines *Debt-Equity-Swaps* einer dieser Zurechnungstatbestände erfüllt ist oder erfüllt zu werden droht, ist dies mit Blick auf den Zurechnungstatbestand des abgestimmten Verhaltens gemäß § 30 Abs. 2 S. 1 WpÜG (*acting in concert*) infolge der problematischen Auslegung seiner unbestimmten Rechtsbegriffe nicht immer möglich. Zwar ist für den Fall der Implementierung eines insolvenzplangestützten *Debt-Equity-Swap* seit Inkrafttreten des ESUG aufgrund der Ersetzung der Hauptversammlungsbeschlüsse durch den Insolvenzplan die Einflussnahme der forderungsumwandelnden Gläubiger auf die Altaktionäre in Bezug auf ihr Abstimmungsverhalten bei Hauptversammlungsbeschlüssen als Anknüpfungspunkt für ein *acting in concert* entfallen. Wie oben[743] aufgezeigt wurde, bleibt jedoch Rechtsunsicherheit darüber bestehen, welche sonstigen Verhaltensweisen bei der Umsetzung eines *Debt-Equity-Swap* im Einzelnen geeignet sind, eine Zurechnung von Stimmrechten i.S.d. § 30 Abs. 2 WpÜG zu begründen.

Bei der Parallelproblematik im Anwendungsbereich des City Code ist die Transaktionssicherheit mit Blick auf das Risiko einer Angebotspflicht des forderungsumwandelnden Gläubigers aufgrund einer Stimmrechtszurechnung nicht wesentlich höher: Der Tatbestand des *acting in concert* i.S.d. Rule 9.1 City Code ist zwar insoweit enger gefasst als derjenige des abgestimmten Verhaltens nach § 30 Abs. 2 S. 1 WpÜG, als nur bei Ersterem ausschließlich der abgestimmte Aktienerwerb zurechnungsbegründend wirken kann. Zudem scheint der Tatbestand des *acting in concert* i.S.d. Rule 9.1 City Code bei vordergründiger Betrachtung eine höherere Rechtsicherheit (als § 30 Abs. 2 S. 1 WpÜG) zu vermitteln, weil Section C des City Code und die Notes zu Rule 9.1 City Code detaillierte Fallgruppen enthalten, bei deren Vorliegen ein *acting in concert* widerleglich vermutet wird. Rechtsunsicherheit hinsichtlich der Frage, ob ein *acting in concert* i.S.d. Rule 9.1 City Code im konkreten Einzelfall erfüllt ist oder erfüllt zu werden droht, resultiert hier jedoch daraus,

743 Kap. VI, III. 2.

dass diese umfangreichen Vermutungsregeln nicht abschließend sind und ständig erweitert werden.

2) Der Gleichlauf der Pflichtangebotsproblematik bei *Debt-Equity-Swaps* zur Entschuldung sanierungsbedürftiger Gesellschaften im Anwendungsbereich des WpÜG und im Anwendungsbereich des City Code setzt sich mit Blick die Handlungsspielräume bei der Lösung dieser Problematik fort: Um in diesen Fällen eine sichere oder mögliche Entstehung einer Angebotspflicht forderungsumwandelnder Gläubiger auszuschließen, ist nach WpÜG und City Code gleichermaßen eine Befreiung von der Angebotspflicht durch die zuständige Aufsichtsbehörde (BaFin/*Takeover Panel*) zu beantragen.

3) Erst hinsichtlich der Frage, auf welchen Befreiungsantrag ein Erfolg versprechender Antrag auf Befreiung von der Angebotspflicht durch die zuständigen Aufsichtsbehörden bei Umsetzung eines *Debt-Equity-Swap* regelmäßig zu stützen sein wird, wird der weitgehende Gleichlauf der Pflichtangebotsproblematik nach WpÜG und City Code durchbrochen:

Denn im Anwendungsbereich des WpÜG ist im Kontext der Umsetzung eines *Debt-Equity-Swap* einer sanierungsbedürftigen Gesellschaft regelmäßig[744] ein Antrag auf Sanierungsbefreiung nach § 37 Abs. 1 WpÜG i.V.m. § 9 S. 1 Nr. 3 WpÜG-AngVO am ehesten Erfolg versprechend. Dieser in der Aufsichtspraxis der BaFin relevanteste Befreiungstatbestand des WpÜG ist bei der Entschuldung einer krisenbefangenen Gesellschaft mittels eines *Debt-Equity-Swap* als der „Standard-Befreiungstatbestand" anzusehen, weil die Voraussetzungen dieses Befreiungstatbestands in diesem Kontext – wie oben aufgezeigt[745] – regelmäßig erfüllbar sein werden.

Der City Code enthält demgegenüber mit dem Befreiungstatbestand der „*rescue operations*" gemäß Note 3 der Dispensation Notes zu Rule 9 City Code zwar ebenfalls einen speziellen Befreiungstatbestand für Sanierungsfälle, dieser ist aber bei *Debt-Equity-Swaps* zu Sanierungszwecken als der „Ausnahme-Befreiungstatbestand" anzusehen. Weil die Befreiungserteilung auf der Grundlage dieses Befreiungstatbestands stets nur als Ultima Ratio erfolgen kann, d.h. wenn dies angesichts der außergewöhnlichen Dringlichkeit der Sanierungsmaßnahmen die einzige Möglichkeit zur Abwendung einer insolvenzbedingten Liquidation der Gesellschaft ist, ist vorrangig eine Befreiungserteilung auf der Grundlage der *whitewash procedure* zu suchen. In WpÜG

744 D.h. soweit nicht ausnahmsweise ein anderer Befreiungsgrund der Generalklausel des § 37 Abs. 1 WpÜG oder der in § 9 S. 1 WpÜG-AngVO aufgezählten Fallgruppen in Betracht kommt.

745 Dazu oben Kap. VI, IV. 2. a.

und WpÜG-AngVO ist hingegen kein der *whitewash procedure* entsprechender Befreiungstatbestand enthalten und zumindest die BaFin steht der Anerkennung eines solchen Befreiungstatbestands ablehnend gegenüber[746].

Hieraus folgt für die Restrukturierungspraxis, dass die Erzielung der Befreiung forderungsumwandelnder Gläubiger von der Angebotspflicht im Anwendungsbereich des WpÜG und des City Code i.d.R. von der Erfüllung der gänzlich unterschiedlichen Voraussetzungen der Sanierungsbefreiung nach WpÜG/WpÜG-AngVO und der *whitewash procedure* des City Code abhängig ist.

4) Ein Vergleich der jeweiligen Voraussetzungen einer Befreiungserteilung auf der Grundlage der Sanierungsbefreiung nach WpÜG/WpÜG-AngVO und der *whitewash procedure* des City Code lässt nicht den Schluss zu, dass einer der beiden Befreiungstatbestände eine Befreiungserteilung unter erheblich niedrigeren Anforderungen ermöglicht, als der jeweils andere Befreiungstatbestand. Vielmehr enthalten beide Befreiungstatbestände im Vergleich jeweils erleichternde und erschwerende Anforderungen an eine Befreiungserteilung durch die Aufsichtsbehörde. Zur Praxisrelevanz der Unterschiede dieser Anforderungen im Kontext der Umsetzung von *Debt-Equity-Swaps* sei Folgendes angemerkt:

Nach deutschem Recht kann die Umsetzung von *Debt-Equity-Swaps* – außerhalb des Insolvenzplanverfahrens[747] – erschwert werden, weil die Altgesellschafter das Erfordernis ihrer mehrheitlichen Zustimmung dazu missbrauchen, für ihre Zustimmung und Kooperation eine Gegenleistung aus dem verbliebenen Unternehmenswert zu erzwingen. Vor diesem Hintergrund wird die Erzielung einer Sanierungsbefreiung nach WpÜG/WpÜG-AngVO im Kontext von *Debt-Equity-Swaps* dadurch erleichtert, dass diese (anders als die Befreiungserteilung auf der Grundlage der *whitewash procedure*) keinen zustimmenden Gesellschafterbeschluss erfordert. Dieser Vorteil einer Sanierungsbefreiung nach WpÜG/WpÜG-AngVO wird allerdings dadurch relativiert, dass sich die Problematik der Zustimmungserfordernisse der Altgesellschafter – außerhalb des Insolvenzplanverfahrens – ohnehin mit Blick auf die zur Umsetzung des *Debt-Equity-Swap* erforderlichen Kapitalmaßnahmen stellt[748].

---

746 Dazu oben Kap. VI, IV. 1. c.

747 Näher zu dieser Differenzierung hinsichtlich des Blockadepotentials der Altgesellschafter unten Kap. VIII.

748 S. unten Kap. VIII.

Demgegenüber ist das Erfordernis eines zustimmenden Gesellschafterbeschlusses bei der *whitewash procedure* des City Code zwar ein dem deutschen Befreiungstatbestand der Sanierungsbefreiung fremdes Erfordernis, doch resultieren hieraus im Vergleich beider Befreiungstatbestände auch Vorteile: Denn bei der *whitewash procedure* gilt die Befreiungserteilung durch das *Takeover Panel* als durch den zustimmenden Gesellschafterbeschluss legitimiert. Dies hat zur Folge, dass die Befreiungserteilung hier ansonsten nur die Erfüllung vergleichsweise geringer Anforderungen voraussetzt, nämlich (nur) das Fehlen einer *disqualification transaction*, die Genehmigung des *whitewash circular* vor der Versendung durch das *Takeover Panel* und die Erfüllung der Informationspflichten mit Blick auf den Inhalt des *whitewash circular*, wobei das *Takeover Panel* in Sanierungsfällen eine Befreiung von bestimmten Anforderungen an diese Informationspflichten erteilen kann.

Anders als bei der Sanierungsbefreiung nach WpÜG/WpÜG-AngVO sind die Dokumentation der Sanierungsfähigkeit der Gesellschaft, die Vorlage eines Sanierungskonzepts durch den Antragsteller sowie die Leistung eines Sanierungsbeitrages des Antragstellers, dagegen keine zwingenden Voraussetzungen einer *whitewash procedure.* Mit Blick auf die Erfordernisse der Vorlage eines Sanierungskonzepts und der Leistung eines Sanierungsbeitrages des Antragstellers dürfte die Sanierungsbefreiung nach WpÜG/WpÜG-AngVO gegenüber der Befreiungserteilung auf der Grundlage der *whitewash procedure* in der hier relevanten Konstellation der Umsetzung eines *Debt-Equity-Swap* zur Entschuldung einer sanierungsbedürftigen Gesellschaft allerdings nicht wesentlich erschwert sein. Denn die Befreiungserteilung auf der Grundlage der *whitewash procedure* wird faktisch ebenfalls häufig von der Erfüllung entsprechender Anforderungen abhängen, weil die erforderliche Zustimmung der Gesellschafter in Ermangelung eines Sanierungskonzepts und der Leistung eines bedeutenden Sanierungsbeitrages des Antragstellers nicht erzielt werden kann.

Als Erleichterung der Anforderungen einer Befreiungserteilung auf der Grundlage der *whitewash procedure* im Vergleich zu den Anforderungen einer Sanierungsbefreiung nach WpÜG/WpÜG-AngVO könnte angesehen werden, dass die Sanierungsbefreiung – anders als die *whitewash procedure* – die Sanierungsbedürftigkeit der Gesellschaft voraussetzt, die nach dem restriktiven Begriffsverständnis der BaFin das Vorliegen von bestandsgefährdenden Risiken i.S.v. § 322 Abs. 2 S. 3 und S. 4 HGB voraussetzt. In der Praxis werden jedoch aber auch Gesellschaften im Anwendungsbereich des City Code, bei denen die Entschuldung über einen *Debt-Equity-Swap* in Betracht gezogen wird, sich häufig bereits in einem Krisenstadium befinden, in denen die Sanierungsbedürftigkeit nach entsprechenden Kriterien zu bejahen wäre. Die Möglichkeit der Befreiungserteilung auf der Grundlage der *white-wash procedure* in einem früheren Krisenstadium wird sich in diesen Fällen daher regelmäßig nicht vorteilhaft auswirken können.

5) Die Ausführungen in diesem Kapitel zeigen auf, dass die Pflichtangebotsproblematik im spezifischen Kontext des Einsatzes von *Debt-Equity-Swaps* als Sanierungsinstrument sowohl im Anwendungsbereich des WpÜG als auch im Anwendungsbereich des City Code beherrschbar ist: Weil die Voraussetzungen der Schlüssel-Befreiungstatbestände zwar unterschiedlich, aber im Grundsatz erfüllbar sind, ist der Erwerb einer Kontrollbeteiligung des forderungsumwandelnden Gläubigers im Zuge eines *Debt-Equity-Swap* daher i.d.R. im Anwendungsbereich beider Pflichtangebotsregelungen auch ohne die Auslösung einer Angebotspflicht möglich. Dies gilt insbesondere auch vor dem Hintergrund, dass die beide relevanten Aufsichtsbehörden (BaFin/ *Takeover Panel*) in ihrer Aufsichtspraxis einem sanierungsfreundlichen Ansatz folgen und einer Befreiungserteilung in Sanierungsfällen im Grundsatz positiv gegenüberstehen.

Eine Gesamtwürdigung der obigen Ausführungen führt zu dem Ergebnis, dass hinsichtlich der bestehenden rechtlichen Hürden der Umsetzung von *Debt-Equity-Swaps* bei Kapitalgesellschaften im Anwendungsbereich des WpÜG einerseits und bei Kapitalgesellschaften im Anwendungsbereich des City Code andererseits jedenfalls unter dem Aspekt der Pflichtangebotsproblematik kein wesentliches Gefälle festzustellen ist.

Kapitel VII: Verfahrensrechtliche Instrumentarien des deutschen und englischen Rechts zur Einbindung dissentierender Gläubiger

I. Relevanz verfahrensrechtlicher Instrumentarien zur Einbindung dissentierender Gläubiger im Rahmen eines *Debt-Equity-Swap*

Wird ein *Debt-Equity-Swap* zur bilanziellen Sanierung einer Kapitalgesellschaft erwogen, werden die Verfahrensbeteiligten stets intensiv zu prüfen haben, ob dieser außergerichtlich auf rein vertraglicher Grundlage („freie Sanierung"/„*out-of-court restructuring*") durchgeführt werden sollte und durchgeführt werden kann, ob eine Wahlmöglichkeit zwischen der Nutzung unterschiedlicher Verfahrenstypen zur Implementierung des *Debt-Equity-Swap* besteht, und (wenn dies der Fall ist) welche Vor- und Nachteile die Durchführung der in Betracht kommenden Verfahren jeweils mit sich bringt. Ein solch umfassender Vergleich würde indes den Rahmen der vorliegenden Untersuchung sprengen und ist nicht Gegenstand dieser. In diesem und im folgenden Kapitel beschränkt sich der Blick auf einen einzelnen – jedoch sehr praxisrelevanten – Aspekt, den es in diesem Kontext bei der Vorbereitung und Umsetzung eines *Debt-Equity-Swap* zu erwägen gilt: Dies ist ein Vergleich der Eignung der verfügbaren gesellschafts- und insolvenzrechtlichen Instrumentarien des deutschen und englischen Rechts zur Lösung von Kollektivhandlungsproblemen bei der Umsetzung von *Debt-Equity-Swaps.*

Ein Scheitern der Implementierung eines Restrukturierungskonzepts, das u.a. einen *Debt-Equity-Swap* vorsieht, kann nicht nur durch mangelnde Kooperationsbereitschaft seitens der Altgesellschafter verursacht werden (dazu Kapitel VIII). Es liegt auf der Hand, dass ein *Debt-Equity-Swap* ebenfalls aufgrund mangelnder Kooperationsbereitschaft seitens der potentiell forderungsumwandelnden Gesellschaftsgläubiger scheitern kann, weil zur Umsetzung ihre Mitwirkung erforderlich ist. Denn eine schuldrechtliche Abrede, in der die Gesellschaft und bestimmte Gläubiger die Umsetzung eines *Debt-Equity-Swap* vereinbaren, bedarf ebenso der Zustimmung dieser Gläubiger in Gestalt der Abgabe schuldrechtlicher Willenserklärungen wie einzelne schuldrechtliche Umsetzungsakte des *Debt-Equity-Swap* (z.B. Erlassvertrag/Abtretung zur Einbringung der Forderung als Sacheinlage und Zeichnungsvertrag zur Übernahme der neuen Anteile bei der Kapitalerhöhung).

Das Erfordernis von Zustimmungs- und Mitwirkungshandlungen der forderungsumwandelnden Gläubiger bei der Umsetzung eines *Debt-Equity-Swap* zur Entschuldung einer sanierungsbedürftigen Kapitalgesellschaft erlangt auch vor dem Hintergrund einer Problematik Relevanz, die unter dem Schlagwort des „Trittbrettfahrer"-Verhaltens einzelner Gläubiger erörtert wird[749]: Hierunter versteht man eine Taktik einzelner Gläubiger, persönlich auf volle Befriedigung zu bestehen, in der Hoffnung, dass die anderen Gläubiger die erforderlichen Sanierungsbeiträge schon erbringen werden. Wenden nur einzelne Gläubiger eine solche Taktik an, müssen Reorganisationsmaßnahmen nicht zwingend scheitern. Das Scheitern der Reorganisationsbemühungen wird jedoch umso wahrscheinlicher, je mehr Gläubiger diese „Trittbrettfahrer"-Haltung einnehmen. Im Ergebnis kann daher ein individuell rationales Verhalten – nämlich der Anreiz persönlich auf größtmögliche Befriedigung zu bestehen – zu einem Ergebnis führen, das für das Kollektiv der Gläubiger suboptimal ist[750]. Diese Problematik kann entschärft werden, wenn das Gläubigerhandeln in einer Weise koordiniert werden kann, die notfalls auch die zwangsweise rechtliche Bindung einer Gläubigerminderheit an einen Sanierungsplan aufgrund einer zustimmenden Entscheidung einer Gläubigermehrheit ermöglicht.

Die zu einer solchen Koordination des Gläubigerhandelns geeigneten verfahrensrechtlichen Instrumentarien rücken bei der Planung eines *Debt-Equity-Swap* zur Entschuldung einer sanierungsbedürftigen Kapitalgesellschaft regelmäßig in den Mittelpunkt des Interesses. Dabei müssen derartige Instrumente nicht notwendig zur Anwendung gelangen. Ihre Funktion kann auch darin bestehen, dass einzelnen Gläubigern durch die bloße Androhung ihrer Anwendung die Sinnlosigkeit ihrer Verweigerungshaltung aufgezeigt wird und hierdurch die Chancen der freiwilligen Vornahme der Zustimmungs- und Mitwirkungshandlungen im Rahmen der Umsetzung des *Debt-Equity-Swap* auf rein vertraglicher Grundlage erhöht werden.

Wird ein *Debt-Equity-Swap* allein auf vertraglicher Grundlage außerhalb eines gerichtlich überwachten Verfahrens zwischen der Schuldnergesellschaft und einem bestimmten Gläubigerkreis umgesetzt, so ist die zwangsweise Verpflichtung einer Gläubigerminderheit zur Vornahme der hierfür erforderlichen Zustimmungs- und Mitwirkungshandlungen nur ausnahmsweise und nur mit

749 Siehe hierzu *Eidenmüller*, Unternehmenssanierung zwischen Markt und Gesetz, 1999, S. 126 f.; *ders.* ZHR 160 (1996), S. 343 (350 ff.); *Bitter*, ZGR 2010, S. 147 (149 f.).

750 *Eidenmüller*, Unternehmenssanierung zwischen Markt und Gesetz, 1999, S. 126; ähnlich MüKo-InsO/*Drukarczyk*, § 245 Rn. 1.

Blick auf eine bestimmte Gläubigergruppe möglich. Dies gilt für das deutsche und das englische Recht gleichermaßen:

Das deutsche Recht stellt zur effektiven Koordination des Gläubigerhandelns außerhalb des förmlichen Insolvenzverfahrens, mit Ausnahme des Schuldverschreibungsgesetzes[751], keinerlei gesetzliches Instrumentarium zur Verfügung, mit dem für Sanierungsmaßnahmen erforderliche Mitwirkungshandlungen von Gläubigerminderheiten erzwungen werden können[752]. Dies gilt nach der Einführung des sog. „Schutzschirmverfahrens" gemäß § 270b InsO durch das ESUG weiterhin, weil dieses keinen Eingriff in Gläubigerrechte ermöglicht[753]. Der BGH entschied in der gelegentlich kritisierten[754], aber immer noch maßgeblichen „Akkordstörer"-Entscheidung[755] aus dem Jahr 1991, dass ein außergerichtlicher Sanierungsvergleich nur für diejenigen Gläubiger rechtliche Bindungswirkung entfaltet, die ihn geschlossen haben, also freiwillig mitwirken. In der Entscheidung heißt es u.a.: „*So genannte Akkordstörer sind grundsätzlich auch dann nicht gehindert ihre Ansprüche gegen den Schuldner uneingeschränkt durchzusetzen, wenn eine ganz überwiegende Mehrheit der Gläubiger einen derartigen Vergleich befürwortet*". Die übrigen Gläubiger haben nach dieser BGH-Entscheidung auch keine Ansprüche gegen den Akkordstörer (etwa aus ungerechtfertigter Bereicherung oder Geschäftsführung ohne Auftrag) für den Fall, dass die Sanierung glückt und der Akkordstörer erst im Anschluss daran seine Forderungen in voller Höhe gegen die Gesellschaft durchsetzen kann.

Infolge dieser Grundsätze erfordern Sanierungsbeiträge der Gläubiger im Allgemeinen, sowie die Umwandlung von Fremd- in Eigenkapital im Besonderen, außerhalb des eröffneten Insolvenzverfahrens über das Vermögen der Schuldnergesellschaft auf der Grundlage deutschen Zivilrechts die Zustimmung jedes einzelnen Gläubigers, der einen Sanierungsbeitrag leisten soll. Im außergerichtlichen Sanierungsverfahren können Kollektivhandlungsprobleme auf Gläubigerseite zwar durch kautelarische Gestaltung von Fremdkapitalpositionen

---

751 Dazu sogleich unter Kap. VII, II. 1.

752 Hierzu statt vieler *Eidenmüller*, ZIP 2007, S. 1729 (1731 f.).

753 Kap. VII, IV.

754 Vgl. *Eidenmüller*, ZIP 2007, S. 1729 (1732). Nach *Eidenmüller* besteht zwischen den Gläubigern eines notleidenden Unternehmens eine gesellschaftsähnliche Verbindung, aus der sich in einer Restrukturierungssituation ein System von Kooperationspflichten entwickeln lasse; *Eidenmüller*, ZHR 160 (1996), S. 343 (367 ff.); *ders.*, Unternehmenssanierung zwischen Markt und Gesetz, 1999, Kap. 6; ablehnend *Müller*, Der Verband in der Insolvenz, 2002, S. 273 ff.

755 BGH Urt. v. 12.12.1991 – IX ZR 178/91 – BGHZ 116, S. 319 ff.

reduziert werden, insbesondere indem Mehrheitsklauseln in einen Konsortialkreditvertrag[756] oder in Anleihebedingungen[757] aufgenommen werden. Derartige Klauseln können Kollektivhandlungsprobleme auf Gläubigerseite jedoch nur innerhalb einer bestimmten Gläubigergruppe (d.h. nicht gruppenübergreifend) und nur im Rahmen der rechtlich zulässigen Änderungskompetenzen beseitigen oder reduzieren[758].

Wird ein Konzept zur Sanierung einer Kapitalgesellschaft allein auf der Grundlage englischen Vertragsrechts in einem außergerichtlichen[759] Sanierungsverfahren und ohne die Implementierung eines *Company Voluntary Arrangement* (*CVA*) oder eines *Scheme of Arrangement* (s. dazu unten[760]) umgesetzt, so kann durch ein solches Sanierungsverfahren – ebenso wie nach deutschem Recht – nur in die Rechtsstellung derjenigen Gläubiger eingegriffen werden, die dem Sanierungsvertrag individuell zustimmen[761]. Ein Instrument zur Koordination des Gläubigerhandelns kann sich auch hier, beschränkt auf eine bestimmte Gläubigergruppe, aus der kautelarischen Gestaltung von Fremdkapitalpositionen ergeben. Hat die Schuldnergesellschaft beispielsweise Anleihen emittiert und soll der Sanierungsbeitrag in einer Änderung der Rechte der Anleihegläubiger aus Anleihen bestehen, ermöglichen gegebenenfalls die Anleihebedingungen die Erzwingung des Sanierungsbeitrags des einzelnen Anleihegläubigers. Denn wenn die Ausgabe von Anleihen englischer Anleiheemittenten allein auf der Grundlage einer Treuhandkonstruktion nach Maßgabe

756 Zu den Gestaltungsmöglichkeiten zur Verringerung der Kollektivhandlungsprobleme bei Unternehmenssanierungen durch Regelungen in Konsortialkreditverträgen *Eidenmüller*, Unternehmenssanierung zwischen Markt und Gesetz, 1999, S. 185 ff. m.w.N.

757 Zu den Gestaltungsmöglichkeiten zur Verringerung der Kollektivhandlungsprobleme bei Unternehmenssanierungen durch Bestimmungen in den Anleihebedingungen *Eidenmüller*, a.a.O., S. 196 ff. m.w.N.

758 *Eidenmüller*, ZIP 2007, S. 1729 (1731).

759 Das *Company Voluntary Arrangement* (*CVA*), dazu unten Kap. VII, III. 2., wird – trotz der Verfahrensbeteiligung des Gerichts – häufig als „außergerichtlicher" Sanierungsvergleich bezeichnet, weil die Wirksamkeit des *CVA* ohne gerichtliche Bestätigung eintritt. Mit „außergerichtlichen Sanierungsverfahren" sind hier aber nicht auch solche Fälle gemeint, in denen ein *CVA* durchgeführt wird.

760 Kap. VII, III. 2. und 3.

761 Vgl. hierzu etwa *Harner*, Fordham Law Review, Vol. 77 (2008) No. 2, S. 703 (749); *Howard/Hedger*, Restructuring Law and Practice, 2008, Rn. 1.6; *Finch*, Corporate Insolvency Law, 2nd ed. 2009, S. 479.

eines Treuhandvertrages („*trust deed*"[762]) englischen Rechts erfolgt ist, sind die Anleihegläubiger üblicherweise an vertraglich verankerte *collective action clauses* gebunden. Diese ermöglichen in der Regel, dass in einer Abstimmung der Anleihegläubiger die Rechte und Pflichten sämtlicher Anleihegläubiger bei Zustimmung einer Abstimmungsmehrheit von 75% mit Wirkung für sämtliche Anleihegläubiger modifiziert und beschränkt werden können. Weil auf der vertraglichen Grundlage eines *trust deed* nach englischem Recht auch die Umwandlung der Hauptforderungen aus der Anleihe in Gesellschaftsanteile Gegenstand eines solchen Mehrheitsbeschlusses sein kann[763], kann ein einzelner Anleihegläubiger auf dieser Grundlage gegebenenfalls auch gegen seinen Willen durch qualifizierten Mehrheitsbeschluss zur Forderungsumwandlung im Zuge eines *Debt-Equity-Swap* verpflichtet werden. In Ermangelung solcher vertraglicher Mehrheitsbeschluss-Klauseln bleibt es in außergerichtlichen, nicht-förmlichen Sanierungsverfahren auf der Grundlage englischen Rechts bei dem Erfordernis der individuellen Zustimmung des einzelnen Gläubigers, in dessen Rechtstellung zur Umsetzung des Sanierungsplans eingegriffen werden soll. Auch der sog. *London Approach*, ein an Gläubigerbanken eines notleidenden Unternehmens adressierter Verhaltenskodex zur Unterstützung außergerichtlicher Unternehmensreorganisationen in England, ermöglicht keine Erzwingung von Mitwirkungs- und Zustimmungshandlungen dissentierender Gläubigerbanken[764]. Weil die individuelle Zustimmung der Gläubiger (außer bei Anwendung vertraglicher Mehrheitsbeschluss-Klauseln) bei Umsetzung des *Debt-Equity-Swap* allein auf vertraglicher Grundlage erforderlich ist, wird ein solcher *Debt-Equity-Swap*

---

762 Einen Überblick zur Rechtsgrundlage und den typischen Konstruktionen der Ausgabe von Anleihen auf der Grundlage englischen Rechts bietet etwa *Lachlan* in Baums/Cahn, Die Reform des Schuldverschreibungsrechts, 2004, S. 219 ff.

763 Vgl. *Wilkinson/Lucas*, P.L.C., Dec. 2003, S. 15 (20); *Pennington*, Pennington's Corporate Insolvency Law, 1997, S. 406 f.

764 Die Prinzipien des *London Approach* sind nicht rechtsverbindlich und haben auch keinen gewohnheitsrechtlichen Status nach deutschem Verständnis; vgl. *Armour/Deakin*, Journal of Corporate Law Studies, Vol. 1 (2001) Part 1, S. 21 (22): „*Whilst the resulting restructuring agreements are legally binding, creditors are not legally obliged to engage in any part of the process leading up to them*". Daher gibt es keine Möglichkeit, Banken oder Gruppen von Banken an den Verhandlungstisch zu zwingen, wenn diese ihr Verhalten nicht freiwillig an dem Verhaltenskodex des *London Approach* ausrichten. Zum Ganzen auch *Eidenmüller*, Unternehmenssanierung zwischen Markt und Gesetz, 1999, S. 240. Zum *London Approach* im Allgemeinen etwa *Howard/Hedger*, Restructuring Law and Practice, 2008, Rn. 1.20-1.34.

in der englischen Restrukturierungspraxis typischerweise nur mit einzelnen und überschaubaren Gläubigergruppen in einem solchen Verfahren umgesetzt[765].

Vor dem Hintergrund der vorstehenden Ausführungen drängt sich die Frage auf, ob und ggf. welche verfahrensrechtlichen Instrumente zur effektiven Koordination des Gläubigerhandelns bei einem *Debt-Equity-Swap* die Gesetzgeber zur Verfügung stellen.

Das sowohl in Deutschland als auch in England häufig als tatsächlich oder nur vermeintlich vorbildlich diskutierte Reorganisationsverfahren gemäß Chapter 11 des US-amerikanischen Bankcruptcy Code (BC) stellt zur Lösung der Problematik des Blockadepotentials dissentierender Gläubiger und Anteilseigner ein wirksames Instrumentarium zur Verfügung:

Exkurs: Im Reorganisationsverfahren nach Chapter 11 BC benötigt der *plan of reorganization*, der auch einen *Debt-Equity-Swap* vorsehen kann[766], eine gerichtliche Bestätigung. Diese wird erteilt, wenn die Voraussetzungen des 11 U.S.C. § 1129 erfüllt sind. Voraussetzung der Planbestätigung ist u.a., dass dem Plan nicht zustimmende Gläubiger durch den Plan mindestens so gestellt werden, wie sie im Liquidationsfall („*bancruptcy liquidation*" nach Chapter 7 BC) stünden (sog. „*best interests test*"). Stimmen nicht alle vom Planinhalt betroffenen Abstimmungsklassen[767] dem Plan mit der erforderlichen Mehrheit zu, kann ein *cram-down*-Verfahren gemäß 11 U.S.C. § 1129(b) eingeleitet werden, wonach das Gericht die fehlende Zustimmung einer planbetroffenen Abstimmungsklasse ersetzen kann, wenn mindestens eine nicht aus Insidern bestehende Abstimmungsklasse dem Plan zugestimmt hat, der Planersteller das *cram-down*-Verfahren beantragt hat und wenn die ablehnenden Klassen angemessen („*fair and equitable*") beteiligt und durch den Plan nicht unbillig diskriminiert („*does not discriminate unfairly*") werden[768]. Das Insolvenzgericht kann unter den Voraussetzungen des 11 U.S.C. § 1129(b) seine „*cram-down power*" ausüben, womit die Rechtsmacht bezeichnet wird, einer den Plan nicht annehmenden Abstimmungsklasse den Plan gerichtlich

---

765 So etwa im Fall der Restrukturierung der *Jarvis plc* im Jahr 2005; hierzu *Harner*, Fordham Law Review, Vol. 77 (2008) No. 2, S. 703 (723 ff. und 749). Weil *Jarvis plc* eng mit einer kleinen Gruppe gesicherter Gläubiger zusammenarbeitete und ihre Zustimmung zu einem Moratorium, der Zuführung frischen Kapital und dem vertraglichen Sanierungsvertrag gewinnen konnte, war es bei der erfolgreichen Umsetzung eines *Debt-Equity-Swap* nicht erforderlich ein *CVA* oder *Scheme of Arrangement* zur Einbindung dissentierender Gläubiger einzuleiten; vgl. *Harner*, a.a.O., S. 703 (749).

766 Siehe 11 U.S.C. § 1123 (a)(5)(J).

767 Sog. „*impaired classes*" i.S.d. 11 U.S.C. § 1129(a).

768 Zu den Voraussetzungen des *cram-down* nach 11 U.S.C. § 1129(b) im Einzelnen *Fassbach*, Die cram down power des amerikanischen Konkursgerichtes im Reorganisationsverfahren nach Chapter 11 des Bankruptcy Code, 1997, S. 49 ff.

aufzuzwingen[769]. Weil das *cram-down*-Verfahren aber nicht von Amts wegen durch das Insolvenzgericht eingeleitet wird, sondern auf Initiative des Schuldners, wird auch von einer „*cram-down power*“ des Schuldners gesprochen[770]. Das *cram-down*-Verfahren gemäß 11 U.S.C. § 1129(b) ermöglicht im Ergebnis, dass die rechtliche Bindungswirkung des *plan of reorganization* sich auch auf solche Gläubigerklassen erstrecken kann, die dem Plan nicht mit der erforderlichen Mehrheit zustimmten, sowie auch auf Anteilseigner der Schuldnergesellschaft, deren Abstimmungsklasse dem Plan ebenfalls nicht mit der erforderlichen Mehrheit zustimmte[771].

II. Verfahrensrechtliche Instrumentarien des deutschen Rechts zur Einbindung dissentierender Gläubiger bei *Debt-Equity-Swaps*

1. Schuldverschreibungsgesetz (SchVG) als Instrument zur Einbindung dissentierender Gläubiger bei *Debt-Equity-Swaps*

Ist die Schuldnergesellschaft zugleich Anleiheemittentin und soll der Sanierungsbeitrag in einer Änderung der Rechte der Anleihegläubiger aus Anleihen bestehen, erlangt das Problem des Blockadepotentials dissentierender Gläubiger typischerweise besondere Relevanz, weil die erforderliche Zustimmung jedes einzelnen Anleihegläubigers bei im Streubesitz befindlichen Anleihen und typischerweise breitem Anlegerpublikum praktisch niemals erreichbar sein wird.

Das inzwischen abgelöste Schuldverschreibungsgesetz (SchVG)[772] vom 4.12.1899 (im Folgenden: „SchVG v. 1899“) enthielt ein Instrumentarium zur Lösung von Kollektivhandlungsproblemen bei Eintritt der Sanierungsbedürftigkeit des Anleiheschuldners. Das Gesetz ermöglichte in seinem Anwendungsbereich,

769 Vgl. zum Begriff „*cram-down*“ etwa *Tabb*, The Law of Bankruptcy, 1997, S. 854: „*Confirmation of a plan over a class dissent is known as cram down of the plan*“; *Friedman*, Cardozo L. Rev., Vol. 14 (1993), S. 1495 (1496): „*In Chapter 11, judges have extraordinary power to approve plans of reorganization that impose significant concessions on dissenting creditors, shareholders, and others. Colloquially, this power is called 'cram down.' It is the common parlance used by judges and practitioners when referring to the forcing of modifications down the throat of an unwilling party*“.

770 Statt vieler *Baird*, The Elements of Bankruptcy, 1992, S. 17: „*the debtor's,cram down' power*“.

771 Zu den Voraussetzungen des *cram-down* von Anteilseignern nach 11 U.S.C. § 1129(b) *Fassbach*, Die cram down power des amerikanischen Konkursgerichtes im Reorganisationsverfahren nach Chapter 11 des Bankruptcy Code, 1997, S. 53 ff.

772 Gesetz betreffend die gemeinsamen Rechte der Besitzer von Schuldverschreibungen (Schuldverschreibungsgesetz) vom 4.12.1899, RGBl. 1899, S. 691.

dass ein mit der erforderlichen Mehrheit[773] gefasster Beschluss einer einberufenen Versammlung der Anleihegläubiger bindende Wirkung für alle gegenwärtigen und künftigen Anleihegläubiger entfaltet, unabhängig davon, ob sie dem Beschluss zugestimmt haben oder bei der Beschlussfassung anwesend waren[774]. Obstruierende Anleihegläubiger konnten so durch Majorisierung zur Aufgabe und Beschränkung ihrer Rechte gezwungen und in das Sanierungsverfahren eingebunden werden. Dennoch erlangte das SchVG v. 1899 als Sanierungsinstrument nur geringe praktische Relevanz[775]. Der Hauptgrund hierfür war (neben dem eingeschränkten Anwendungsbereich des Gesetzes), dass die Aufgabe oder Beschränkung von Rechten der Anleihegläubiger auf der Grundlage des SchVG v. 1899 nur innerhalb sehr enger sachlicher Grenzen möglich war: So durfte insbesondere weder ein Verzicht auf die Hauptforderung[776], noch eine Umwandlung der Hauptforderung in Eigenkapital oder Eigenkapitalsurrogate beschlossen werden, weil ein solcher *Debt-Equity-Swap* zwingend mit einer Aufhebung von Ansprüchen aus der Hauptforderung einhergeht[777]. Infolgedessen wurde das SchVG v. 1899 zwar in den 2000er Jahren nach einer langen Phase der praktischen Bedeutungslosigkeit in Restrukturierungsfällen von Anleiheemittenten zur Anwendung gebracht (wie den Fällen der *EM.TV Merchandising AG*, *Augusta Technologie AG* und *Rinol AG*), in denen die Umwandlung der Hauptforderungen aus Anleihen in Eigenkapital erfolgreich umgesetzt wurde oder zumindest beabsichtigt war. In diesen Fällen konnten jedoch durch Mehrheitsbeschluss nach dem SchVG v. 1899 nur Änderungen der Anleihebedingungen umgesetzt werden, die entweder für eine erfolgreiche Restrukturierung nicht hinreichend war (Beispiel: *EM.TV Merchandising AG*[778]) oder sich auf

773 Der Beschluss zur Aufgabe und Beschränkung von Rechten der Anleihegläubiger erforderte eine Dreiviertelmehrheit der abgegebenen Stimmen und grundsätzlich mindestens die einfache Mehrheit des Nennwerts der im Umlauf befindlichen Schuldverschreibungen, § 11 Abs. 2 SchVG v. 1899. Betrug der Nennwert weniger als EUR 12 Mio. oder zwischen EUR 12 Mio. und EUR 16 Mio. regelte § 11 Abs. 2 SchVG v. 1899 abweichende Erfordernisse. Wurde dieser Nennwert nicht erreicht, konnte gem. § 11 Abs. 5 SchVG v. 1899 eine zweite Gläubigerversammlung einberufen werden, die ohne Rücksicht auf den vertretenen Nennwert beschlussfähig war.

774 § 1 Abs. 1 SchVG v. 1899.

775 So auch *Bredow/Vogel*, ZBB 2008, S. 221 (222); *Horn*, ZHR 173 (2009), S. 12 (27).

776 § 12 Abs. 3 SchVG v. 1899.

777 Vgl. *Bredow/Vogel*, ZBB 2008, S. 221 (223); *Leuering, NZI 2009, S. 638 (639); Schlitt/ Schäfer*, AG 2009, S. 477 (478).

778 Siehe zum Fall der *EM.TV Merchandising AG* etwa *Bredow/Vogel*, ZBB 2008, S. 221 (223).

begleitende Maßnahmen zur Vorbereitung eines *Debt-Equity-Swap* beschränken (Beispiel: *Augusta Technologie AG*[779]).

Dass es in derartigen Fällen die Sanierungschancen erhöht, wenn eine Majorisierung von dissentierenden Anleihegläubigern auch mit Blick auf einen *Debt-Equity-Swap* und andere Sanierungsmaßnahmen möglich ist, und dass u.a. diesbezüglich Reformbedarf bestand[780], hat der Gesetzgeber erkannt und mit dem am 5.8.2009 in Kraft getretenen „Gesetz über Schuldverschreibungen aus Gesamtemissionen" (Schuldverschreibungsgesetz – SchVG)[781] Abhilfe geschaffen. Eines der Hauptziele des SchVG ist die inhaltliche Erweiterung der Mehrheitsbefugnisse der Anleihegläubigerversammlung, um Sanierungen von Anleiheemittenten zu erleichtern[782]. Neben weiteren Änderungen legt § 5 SchVG daher erweiterte inhaltliche Grenzen fest, innerhalb derer Anleihegläubiger mit Wirkung für alle Gläubiger der jeweils selben Anleihe Mehrheitsbeschlüsse fassen können. Im Anwendungsbereich des SchVG können Anleihegläubiger seitdem – vorbehaltlich einer abweichenden Regelung in den Anleihebedingungen – grundsätzlich jeglicher Änderung der Anleihebedingungen mit qualifizierter Mehrheit zustimmen; ausgenommen ist nur die Begründung von Leistungspflichten[783]. Aus der (nicht abschließenden) Aufzählung der zulässigen Inhalte von Mehrheitsbeschlüssen in § 5 Abs. 3 S. 1 SchVG resultiert

---

779 Im Vorfeld des *Debt-Equity-Swap* zur außergerichtlichen Restrukturierung der Industrieholding *Augusta Technologie AG* war eine Gläubigerversammlung nach dem SchVG v. 1899 durchgeführt worden, in der die Anleihegläubiger Beschlüssen zustimmten, die auf die Verlängerung der Laufzeit der Anleihe und die Reduktion der Zinsbelastung gerichtet waren. Mit diesen Beschlüssen der Gläubigerversammlung sollte sichergestellt werden, dass selbst dann, wenn nicht sämtliche Anleihegläubiger das Angebot zum Umtausch ihrer Anleihen in Aktien annehmen, keine kurzfristige Liquiditätsbelastung der Gesellschaft aus der Bedienung der Rückzahlungsansprüche dieser Anleihegläubiger entsteht; *Augusta Technologie AG*, Geschäftsbericht 2005, S. 16.

780 Vgl. statt vieler zur umfangreichen Reformdiskussion auf deutscher, europäischer und internationaler Ebene *Horn*, ZHR 173 (2009), S. 12 (15) m.w.N.; *ders.*, Europäisches Finanzmarktrecht, 2003, S. 74 ff.; *Baums/Cahn*, Die Reform des Schuldverschreibungsrechts, 2004.

781 Art. 1 des Gesetzes zur Neuregelung der Rechtsverhältnisse bei Schuldverschreibungen aus Gesamtemissionen und zur verbesserten Durchsetzbarkeit von Ansprüchen von Anlegern aus Falschberatung v. 31.7.2009, BGBl. I 2009, S. 2512 ff.

782 Vgl. Bundesministerium der Justiz, Entwurf eines Gesetzes zur Neuregelung der Rechtsverhältnisse bei Schuldverschreibungen aus Anleihen und zur Anpassung kapitalmarktrechtlicher Verjährungsvorschriften v. 9.8.2008; ZBB 2008, S. 200 (204).

783 § 5 Abs. 1 S. 3 SchVG.

ein gegenüber dem SchVG v. 1899 erheblich erweitertes Ausmaß der Eingriffskompetenzen durch Mehrheitsbeschlüsse. So kann nach dem Wortlaut der Vorschrift von der Gläubigerversammlung unter anderem die „Umwandlung oder der Umtausch der Schuldverschreibungen in Gesellschaftsanteile, andere Wertpapiere oder andere Leistungsversprechen“[784] beschlossen werden. Innerhalb seines Anwendungsbereichs ermöglicht das SchVG damit die Umsetzung eines *Debt-Equity-Swap* durch eine Mehrheitsentscheidung[785], die auch für majorisierte dissentierende Anleihegläubiger Wirkung entfaltet. Dies ist aus einer an der Maximierung der Sanierungschancen einer sanierungsbedürftigen Anleiheemittentin orientierten Perspektive sehr zu begrüßen: Indem das SchVG die Umwandlung der Anleiheforderungen in Gesellschaftsanteile dem Mehrheitsprinzip unterwirft und somit die Bedingungen für eine erfolgreiche finanzielle Restrukturierung der Anleiheemittentin durch *Debt-Equity-Swaps* verbessert, trägt es zur Steigerung der Effizienz des deutschen Restrukturierungsrechts bei.

2. Insolvenzplanverfahren als Instrument zur Einbindung dissentierender Gläubiger bei *Debt-Equity-Swaps*

a. Mehrheitsprinzip (§ 244 InsO) und Obstruktionsverbot (§ 245 InsO)

Wie unter anderem das Beispiel der Sanierung der im Jahr 2004 insolventen *Senator Entertainment AG* zeigte[786], konnte ein *Debt-Equity-Swap* bereits vor Inkrafttreten des ESUG am 1.3.2012 auf der verfahrensrechtlichen Grundlage eines Insolvenzplanverfahrens gemäß §§ 217 ff. InsO im eröffneten Insolvenzverfahren erfolgreich umgesetzt werden. Seit Inkrafttreten des ESUG wird die Zulässigkeit des *Debt-Equity-Swap* im Insolvenzplanverfahren sogar ausdrücklich in § 225a Abs. 3 InsO klargestellt. Als Instrument zur Durchsetzung der

---

784 § 5 Abs. 3 S. 1 Nr. 5 SchVG.

785 Gläubigerbeschlüsse, durch welche der „wesentliche Inhalt der Anleihebedingungen geändert wird“, insbesondere solche in den Fällen des § 5 Abs. 3 Nr. 1-9 SchVG bedürfen zu ihrer Wirksamkeit gemäß § 5 Abs. 4 S. 2 SchVG einer Mehrheit von mindestens Drei-Viertel der teilnehmenden Stimmrechte, wobei die Anleihebedingungen für einzelne oder alle Maßnahmen eine höhere Mehrheit vorsehen können (§ 5 Abs. 4 S. 2 SchVG) und sich das Stimmrecht nach § 6 SchVG bestimmt. Hinzukommen muss die Beschlussfähigkeit der Versammlung, die nur bei Anwesenheit eines bestimmten Quorums der Gläubiger gegeben ist (nämlich im Grundsatz, wenn die wertmäßig Anwesenden mind. die Hälfte der ausstehenden Schuldverschreibungen vertreten).

786 Siehe hierzu *Fritze*, DZWIR 2007, S. 89 ff.; sowie zu den einzelnen Sanierungsmaßnahmen den Überblick in *Senator Entertainment AG*, Geschäftsbericht 2004, S. 6 f.

Forderungsumwandlung gegen den Willen obstruierender Gläubigerminderheiten ist das Insolvenzplanverfahren jedoch nur begrenzt geeignet. Dies wird im Folgenden aufgezeigt.

Das deutsche Recht stellt im eröffneten Insolvenzverfahren mit dem Insolvenzplanverfahren gemäß §§ 217 ff. InsO ein grundsätzlich taugliches Instrument zur gläubigergruppenübergreifenden zwangsweisen rechtlichen Einbindung von Gläubigerminderheiten und damit zur Linderung von Kollektivhandlungs- und Trittbrettfahrer-Problemen zur Verfügung. Die InsO ermöglicht die Erstreckung der rechtlichen Bindungswirkung eines wirksamen Insolvenzplans auf einzelne, dem Plan ihre Zustimmung verweigernde (und nicht gemäß § 246 InsO nachrangige[787]) Gläubiger, in zwei Konstellationen: Zum einen, wenn alle Gruppen dem Insolvenzplan die Zustimmung erteilt haben, und daher die Ablehnung des einzelnen Gläubigers aufgrund der im Abstimmungsverfahren maßgeblichen Abstimmungsmehrheiten unerheblich ist (dazu sogleich unter (1)), sowie zum anderen, wenn eine oder mehrere Gruppen, denen der betreffende Gläubiger angehört, dem Insolvenzplan nicht mit der erforderlichen Mehrheit zugestimmt hat, aber dies der Wirksamkeit des Insolvenzplans nicht entgegensteht (d.h. das Insolvenzgericht den Plan dennoch zu bestätigen hat), weil die fehlende Zustimmung der Abstimmungsgruppe unter den Voraussetzungen des Obstruktionsverbots gemäß § 245 InsO fingiert wird (dazu sogleich unter (2)).

(1) Die Rechtswirksamkeit eines Insolvenzplans setzt voraus, dass er von den „Beteiligten", u.a. den Gläubigern, angenommen wurde (§§ 244-246a InsO), der Schuldner ihm zustimmte (§ 247 InsO) und das Insolvenzgericht die erforderliche Bestätigung erteilte (§ 248 Abs. 1 InsO). Bereits aus dem im Abstimmungsverfahren maßgeblichen Mehrheitsprinzip (und nicht erst aus dem Obstruktionsverbot in § 245 InsO) folgt, dass die erforderliche gerichtliche Planbestätigung die Zustimmung aller Gläubiger nicht voraussetzt: Die Abstimmung der stimmberechtigten Gläubiger hat gemäß § 243 InsO innerhalb der Abstimmungsgruppen zu erfolgen, die durch den Insolvenzplan gebildet worden sind (§ 222 Abs. 1 InsO). Für die Annahme eines Insolvenzplans durch die Gläubiger ist es erforderlich, aber auch ausreichend, wenn

787 Der Gläubiger, der einer Abstimmungsgruppe von „nachrangigen" Insolvenzgläubigern i.S.d. § 246 InsO angehört, kann trotz mangelnder individueller Zustimmung an den Planinhalt gebunden werden, wenn seine Abstimmungsgruppe dem Plan zwar nicht mit erforderlicher Mehrheit zustimmt, aber die Erteilung der Zustimmung der Abstimmungsgruppe unter den Voraussetzungen des § 246 InsO kraft Gesetzes fingiert wird.

in jeder Gläubigergruppe die Mehrheit der abstimmenden Gläubiger dem Insolvenzplan zustimmt (Kopfmehrheit), und die Summe der Ansprüche der zustimmenden Gläubiger mehr als die Hälfte der Summe der Ansprüche der abstimmenden Gläubiger beträgt (Summenmehrheit)[788]. Indem das doppelte Mehrheitserfordernis einer Kopfmehrheit und einer Summenmehrheit innerhalb jeder Gläubigergruppe maßgeblich ist, ist es spiegelbildlich hierzu für die wirksame Planannahme durch die Gläubiger unerheblich, wenn innerhalb einer jeden Gläubigergruppe eine Minderheit der abstimmenden Gläubiger, die die genannte Kopf- und Summenmehrheit nicht erreicht, gegen den Plan stimmte. Haben sämtliche Gläubigergruppen dem Plan mit den erforderlichen Mehrheiten zugestimmt, beschränkt sich der Minderheitenschutz für den einzelnen, überstimmten Gläubiger auf das Schlechterstellungsverbot des § 251 InsO[789].

(2) Falls der Insolvenzplan zwar die Zustimmung der Mehrheit der Gläubigergruppen erhält, aber nicht die Zustimmung aller Gläubigergruppen[790], kann die Zustimmung der mehrheitlich dissentierenden Abstimmungsgruppe(n) unter den Voraussetzungen des in § 245 InsO verankerten sog. Obstruktionsverbots für die wirksame Planbestätigung ausnahmsweise entbehrlich sein. Nach der am Vorbild des *cram-down*-Verfahrens in § 1129(b) des Chapter 11 US-Bankcruptcy Code orientierten Regelung in § 245 InsO[791], kann die Zustimmung der Gläubigergruppen, in denen die erforderliche Abstimmungsmehrheit nicht erreicht wurde, kraft Gesetzes fingiert werden.

---

788 § 244 Abs. 1 InsO.

789 Die Vorschrift eröffnet dem einzelnen überstimmten Gläubiger die Möglichkeit, auf Antrag die erforderliche Bestätigung des Insolvenzplans durch das Insolvenzgerichts zu verhindern, wenn er dem Plan spätestens im Abstimmungstermin widersprochen hat und er „durch den Plan voraussichtlich schlechter gestellt wird, als er ohne einen Plan stünde“. Ausführlich zu den Voraussetzungen des Schlechterstellungsverbots in § 251 Abs. 1 Nr. 2 InsO und dem Verhältnis zum Schlechterstellungsverbot in § 245 Abs. 1 Nr. 1 InsO *Jungmann*, KTS 2006, S. 135 ff.

790 D.h. in mindestens einer Gläubigergruppe die Zustimmung der gemäß § 244 Abs. 1 InsO erforderlichen Abstimmungsmehrheit nicht erreicht wird.

791 Zur *cram-down*-Regelung des US-amerikanischen Bankcruptcy Code s. oben Kap. VII, I. Aufgrund der Ähnlichkeiten zum *cram-down*-Verfahren des Chapter 11 des US-Bankcruptcy Code (BC) wird die Regelung in § 245 InsO im deutschen Schrifttum auch als „deutsche Version der cram-down procedure“ oder ähnlich bezeichnet; so etwa bei *Smid/Rattunde*, Der Insolvenzplan, Rn. 13.1 ff.

Dies ist jedoch nur unter äußerst engen Voraussetzungen der Fall. Die Zustimmung einer den Plan mehrheitlich ablehnenden Gläubigergruppe gilt nach § 245 InsO erst dann als erteilt, wenn kumulativ erfüllt ist, dass die Gläubiger dieser Gruppe durch den Insolvenzplan „voraussichtlich nicht schlechter gestellt werden, als sie ohne einen Plan stünden"[792], die Mehrheit der abstimmenden Gruppen dem Plan mit der erforderlichen Mehrheit zugestimmt hat[793] und die Gläubiger dieser Gruppe angemessen an dem wirtschaftlichen Wert beteiligt werden, der auf der Grundlage des Plans den Beteiligten zufließen soll[794]. Eine „angemessene Beteiligung" i.d.S. ist zu bejahen, wenn die Voraussetzungen des § 245 Abs. 2 InsO kumulativ[795] erfüllt sind. Danach liegt eine „angemessene Beteiligung" der Gläubiger einer Gruppe nur dann vor, wenn nach dem Planinhalt kein anderer Gläubiger wirtschaftliche Werte erhält, die den vollen Betrag seines Anspruchs übersteigen (§ 245 Abs. 2 Nr. 1 InsO), weder ein Gläubiger, der ohne einen Plan mit Nachrang gegenüber den Gläubigern einer Gruppe zu befriedigen wäre, noch der Schuldner oder eine an ihm beteiligte Person einen wirtschaftlichen Wert erhält (§ 245 Abs. 2 Nr. 2 InsO), und kein Gläubiger, der ohne einen Plan gleichrangig mit den Gläubigern der Gruppe zu befriedigen wäre, besser gestellt wird als diese Gläubiger (§ 245 Abs. 2 Nr. 3 InsO).

Nahezu jede dieser Voraussetzungen ist in der Praxis problematisch, so dass der „Planarchitekt" bei der Gestaltung des Insolvenzplans vor erhebliche Herausforderungen gestellt wird, wenn die Konstruktion des Plans die Überwindung der potentiellen Obstruktion einer Abstimmungsgruppe gemäß § 245 InsO ermöglichen soll, um die Chancen für ein erfolgreichen Insolvenzplanverfahren zu erhöhen. Schwer handhabbar ist insbesondere das Verbot der Schlechterstellung nach § 245 Abs. 1 Nr. 1 InsO, das komplexe Bewertungsfragen aufwirft, weil das Gericht hier eine vergleichende Prognose vornehmen muss, die eine wirtschaftliche Bewertung der Befriedigungswege erfordert[796]. Besonders problematisch ist des Weiteren das (am Vorbild der sog. „*absolute priority rule*" des 11 U.S.C. § 1129(b)(2)(A)-(C) orientierte) Verbot des § 245 Abs. 2 Nr. 2 InsO, wonach u.a. weder der Schuldner noch eine an ihm beteiligte Person einen wirtschaftlichen Wert erhalten darf: Würde man die Vorschrift so verstehen, dass bereits in der Widererlangung der Verwaltungs- und Verfügungsbefugnis

---

792 § 245 Abs. 1 Nr. 1 InsO.

793 § 245 Abs. 1 Nr. 3 InsO.

794 § 245 Abs. 1 Nr. 2 InsO.

795 Vgl. OLG Köln, Beschl. v. 5.1.2001 - 2 W 228/00 - NZI 2001, S. 660 (661 f.).

796 Näher hierzu etwa *Braun* in Gottwald, Insolvenzrechts-Hdb., § 68 Rn. 61 ff; MüKo-InsO/*Drukarczyk*, § 245 Rn. 48 ff.

nach Verfahrensbeendigung die Zuwendung eines wirtschaftlichen Werts liegen würde, wäre die Voraussetzungen des Obstruktionsverbots in diesen Fällen nicht erfüllt und damit eine erhaltende Sanierung in den Händen des Schuldners (Reorganisation), auf der Grundlage des Insolvenzplans gegen den Willen einer dissentierenden Gläubigergruppe nicht möglich[797]. Grund hierfür ist, dass eine erfolgreiche Reorganisation voraussetzt, dass dem Schuldner ein Teil seines Vermögens belassen wird. Die Problematik, welche Auslegung des § 245 Abs. 2 Nr. 2 InsO zur Ermöglichung der Anwendbarkeit des Obstruktionsverbots auf Fortführungsinsolvenzpläne erforderlich ist, ist umstritten und kann hier nicht vertieft werden[798]. Im Ergebnis ist die Ermöglichung der Anwendbarkeit des Obstruktionsverbots auf Fortführungsinsolvenzpläne trotz § 245 Abs. 2 Nr. 2 InsO möglich, doch differieren die Ansichten zu den hierbei maßgeblichen Voraussetzungen erheblich voneinander[799]. Dabei ist insbesondere streitig, nach welchen Kriterien die Wertzuwendung i.S.d. § 245 Abs. 2 Nr. 2 InsO festzustellen ist, und ob bzw. unter welchen Umständen eine Kompensation der Wertzufuhr nach dem Vorbild der sog. *„new value exception“*[800] als Ausnahme bei der Anwendung der *„absolute priority rule“* des 11 U.S.C. § 1129(b)(2)(A)-(C) erforderlich ist. Die komplexe Regelung in § 245 InsO erschwert im Ergebnis zwar die Einnahme taktischer Störpositionen dissentierender Gläubigerminderheiten im Verhandlungs- und Abstimmungsprozess, sie schafft aber Bewertungs-, Auslegungs- und Entscheidungsprobleme für Insolvenzgerichte und Verfahrensbeteiligte[801].

b. *Ineffizienz des Insolvenzplanverfahrens als Instrument zur Einbindung dissentierender Gläubiger bei Debt-Equity-Swaps*

Eine zwangsweise, rechtliche Bindung von dissentierenden Gläubigern an den Insolvenzplan gemäß §§ 217 ff. InsO ist – wie vorstehend skizziert – aufgrund der Mehrheitserfordernisse im Abstimmungsverfahren und des Obstruktionsverbots gemäß § 245 InsO grundsätzlich möglich. Dennoch kann ein einzelner Gläubiger nach geltendem Recht nicht mittels eines Insolvenzplans gegen seinen

797 Vgl. *Müller*, KTS 2002, S. 209 (230).

798 Zu diesem Problemkreis *Braun* in Gottwald, Insolvenzrechts-Hdb., § 68 Rn. 76 ff; MüKo-InsO/*Drukarczyk*, § 245 Rn. 74 ff.; *Eidenmüller*, ZGR 2001, S. 680 (698 ff.); *Müller*, KTS 2002, S. 209 (230 ff.).

799 S. hierzu die Nachweise in vorstehender Fn.; LG Traunstein, Beschl. v. 27.8.1999 – 4 T 2966/99 – NZI 1999, S. 461.

800 Zur *„new value exception“* etwa *Müller*, Der Verband in der Insolvenz, 2002, S. 313 f. m.w.N.

801 So auch MüKo-InsO/*Drukarczyk*, § 245 Rn. 2.

Willen zur Übernahme von Anteilen im Zuge eines *Debt-Equity-Swap* gezwungen werden. Einer solchen Zwangsbeteiligung von Gläubigern an der Schuldnergesellschaft stehen bei zulässiger Vereinbarung eines *Debt-Equity-Swap* als Planinhalt gemäß § 225a Abs. 2 S. 1 InsO die Ausnahmevorschriften des § 225a Abs. 2 S. 2 InsO und des § 230 Abs. 2 InsO entgegen:

Anders als noch im Diskussionsentwurf zum ESUG vorgesehen[802], sieht die InsO in der durch das ESUG reformierten Fassung nicht vor, dass die Zustimmung der Gläubiger fingiert wird, wenn ihnen die anvisierten Maßnahmen erläutert worden sind und sie nicht fristgemäß widersprochen haben. Vielmehr stellt § 225a Abs. 2 S. 2 InsO seither ausdrücklich klar, dass ein *Debt-Equity-Swap* gegen den Willen der betroffenen Gläubiger ausgeschlossen ist, also insbesondere auch durch einen zustimmenden Mehrheitsbeschluss anderer Gläubiger nicht entbehrlich wird. Die Vorschrift trägt verfassungsrechtlichen Bedenken mit Blick auf die durch Art. 9 Abs. 1 GG garantierte negative Vereinigungsfreiheit Rechnung[803].

Darüber hinaus stand einer zwangsweisen Verpflichtung einzelner Gläubiger zur Forderungsumwandlung auf der Grundlage eines Insolvenzplanverfahrens bereits vor Einführung des § 225a Abs. 2 S. 2 InsO durch das ESUG die Vorschrift des § 230 Abs. 2 InsO entgegen. Dies gilt nach Inkrafttreten des ESUG weiterhin:

Nach dem Wortlaut der Vorschrift ist dem Insolvenzplan die zustimmende Erklärung eines jeden Gläubigers beizufügen, der Anteils-, Mitgliedschafts- oder Beteiligungsrechte an einer juristischen Person, einem nicht rechtsfähigen Verein oder einer Gesellschaft ohne Rechtspersönlichkeit übernehmen soll. Die Vorschrift soll nach ihrem Normzweck sicherstellen, dass keinem Gläubiger anstelle der Insolvenzquote/Geldbefriedigung, die die Regelabwicklung vorsieht, gegen seinen Willen die genannten Beteiligungsrechte aufgedrängt werden können[804]. Ebenso wie § 225a Abs. 2 S. 2 InsO wird die Vorschrift als Ausprägung der verfassungsmäßig garantierten negativen Vereinigungsfreiheit gemäß Art. 9 Abs. 1 GG, in die die Aufdrängung einer Zwangsmitgliedschaft in einer Kapitalgesellschaft eingreifen würde, verstanden[805]. § 230 Abs. 2 InsO steht nicht zur Disposition der Gläubigermehrheit, sondern soll verhindern, dass einem Gläubiger durch die bei der Planabstimmung erfolgende Mehrheitsentscheidung nach den § 244 ff. InsO

802 Vgl. Diskussionsentwurf für ein Gesetz zur weiteren Erleichterung der Sanierung von Unternehmen (ESUG) vom 01.09.2010, S. 5.

803 Vgl. HambKomm/*Thies*, § 225a Rn. 33 m.w.N.

804 Statt vieler *Braun* in Nerlich/Römermann InsO, § 230 Rn. 4 m.w.N.

805 So etwa MüKo-InsO/*Eidenmüller*, § 230 Rn. 48.

durch die Zuteilung von Anteils- oder Mitgliedschafts- oder Beteiligungsrechten gegen seinen Willen unternehmerische Risiken aufgezwungen werden[806]. Die Vorschrift entzieht im Ergebnis die Übernahme von Beteiligungsrechten der Gläubiger den Mehrheitsbeschlüssen im Insolvenzplanverfahren[807].

Daraus folgt: Hat der Gläubiger einem ihn zur Übernahme von Beteiligungsrechten verpflichtenden Plan nicht im Abstimmungsverfahren explizit zugestimmt[808], sondern wäre seine Nicht-Zustimmung nur infolge einer Majorisierung in seiner Abstimmungsgruppe oder einer Zustimmungsfiktion nach § 245 InsO für die erforderliche Planannahme unschädlich, kann der Plan ohne seine Zustimmung gemäß §§ 225a Abs. 2 S. 2, 230 Abs. 2 InsO nicht bestätigt werden. Dies wird in der Begründung des Regierungsentwurfs zum ESUG wie folgt klargestellt[809]: „*Das Recht, einer Umwandlung seiner Forderung nicht zuzustimmen, stellt ein Individualrecht jedes einzelnen Gläubigers dar. Die Zustimmung kann damit nicht im Wege der mehrheitlichen Abstimmung innerhalb der Gruppen ersetzt werden*". Bei einem Verstoß gegen §§ 225a Abs. 2 S. 2, 230 Abs. 2 InsO wäre der Insolvenzplan daher gemäß § 231 Abs. 1 Nr. 1 InsO vom Insolvenzgericht zurückzuweisen, oder es wäre (wenn diese Zurückweisung unterbleibt) spätestens im Bestätigungsverfahren gemäß § 250 Nr. 1 InsO die Planbestätigung durch das Insolvenzgericht zu versagen[810].

Bei alldem ist zu beachten, dass die §§ 225a Abs. 2 S. 2, 230 Abs. 2 InsO nur verhindern, dass Gläubiger gegen ihren Willen zur Übernahme von Beteiligungsrechten gezwungen werden[811]. Mit Blick auf die Umsetzung eines *Debt-Equity-Swap* im Insolvenzplanverfahren kann hieraus gefolgert werden, dass jedenfalls dann keine Zustimmungserklärung gemäß §§ 225a Abs. 2 S. 2, 230 Abs. 2 InsO erforderlich ist, wenn dem einzelnen Gläubiger die Wahl zwischen der Übernahme von Beteiligungsrechten und einer Nicht-Beteiligung (z.B.

---

806 *Braun/Frank* in Braun InsO, § 230 Rn. 2.

807 HK-InsO/*Haas*, § 230 Rn. 5.

808 Hat der betroffene Gläubiger dem Plan im Abstimmungsverfahren explizit zugestimmt, scheidet eine Bestätigungsversagung dagegen aus. Die Zustimmung kann dann gleichzeitig als Zustimmungserklärung gemäß § 230 Abs. 2 InsO gewertet werden, so dass der Mangel nachträglich geheilt wäre; MüKo-InsO/*Eidenmüller*, § 230 Rn. 65.

809 Begr. RegE-ESUG, BT-Drucks. 17/5712, S. 31.

810 Zu den Rechtsfolgen eines Verstoßes gegen § 230 Abs. 2 InsO MüKo-InsO/*Eidenmüller*, § 230 Rn. 64 f.

811 Vgl. den Wortlaut des § 225a Abs. 2 S. 2 InsO („*...gegen den Willen...*") und des § 230 Abs. 2 InsO („*Sollen ... übernehmen*").

Barabfindungen, Wandelschuldverschreibungen, Wandelgenussrechte) überlassen wird[812]. Bei einem solchen Planinhalt ist ausreichend, wenn die Gläubiger nach Verabschiedung des Plans entscheiden, ob sie von ihrem Recht zur Forderungsumwandlung Gebrauch machen[813]. Einschränkungen der Gestaltungsspielräume hinsichtlich solcher Planregelungen ergeben sich aus den Anforderungen aus § 251 InsO und § 245 InsO[814].

III. Verfahrensrechtliche Instrumentarien des englischen Rechts zur Einbindung dissentierender Gläubiger bei *Debt-Equity-Swaps*

1. Insolvenz- und Sanierungsverfahren des englischen Rechts

Das englische Gesellschafts- und Insolvenzrecht kennt eine Mehrzahl unterschiedlicher gesetzlich geregelter Insolvenzverfahren und/oder Sanierungsverfahren im weiteren Sinne. Je nach Zählweise[815] ist zwischen fünf bis sieben dieser Verfahrenstypen, die isoliert oder in verschiedenen Kombinationen durchgeführt werden können, zu differenzieren. Bis auf das *Scheme of Arrangement* nach Maßgabe des CA 2006 sind sämtliche Verfahrenstypen im Insolvency Act 1986 (IA 1986) geregelt. Mit Blick auf die hier aufgeworfene Frage nach den verfügbaren verfahrensrechtlichen Instrumentarien zur Lösung von Kollektivhandlungsproblemen auf der Gläubigerseite im Kontext der Umsetzung von *Debt-Equity-Swaps* bei sanierungsbedürftigen Kapitalgesellschaften, beschränken sich die nachfolgenden Ausführungen in diesem Kapitel auf diejenigen Verfahrenstypen, die die Implementierung eines bindenden Sanierungsplans mit dem Ziel der Reorganisation (d.h. der Sanierung des Unternehmens in den Händen des bisherigen Unternehmensträgers) ermöglichen.

Außer Betracht bleiben daher *compulsory winding-up* (synonym: *„winding-up by the court“*)[816], *creditors' voluntary winding-up*[817] und *members' voluntary winding-up*[818], weil es sich bei diesen drei *winding-up*-Verfahren trotz ihrer

---

812 So bzgl. § 230 Abs. 2 InsO auch *Braun* in Nerlich/Römermann InsO, § 230 Rn. 7; MüKo-InsO/*Eidenmüller*, § 230 Rn. 57; *Müller*, KTS 2002, S. 209 (234).

813 Bzgl. § 230 Abs. 2 InsO *Müller*, a.a.O., S. 234.

814 Näher hierzu bzgl. § 230 Abs. 2 InsO *Müller*, a.a.O., S. 209 (234 f.).

815 Nämlich abhängig davon, ob man die drei unterschiedlichen Liquidationsverfahren (*winding-up*-Verfahren) gesondert zählt oder nicht.

816 Geregelt in ss. 117–162 IA 1986.

817 Geregelt in ss. 84–90 und ss. 97–116 IA 1986.

818 Geregelt in ss. 84–96 und ss. 107–116 IA 1986.

Verschiedenheiten[819] jeweils um Liquidationsverfahren handelt, die auf eine Abwicklung statt auf eine Reorganisation der Gesellschaft abzielen[820].

Außer Betracht bleibt daher auch das *administrative receivership*[821], weil dieses ein spezielles Zwangsvollstreckungsverfahren ist, das nicht der Sanierung/Reorganisation der Gesellschaft, sondern der Verwertung der Vermögenswerte der Gesellschaft zur Befriedigung der durch eine *floating charge*[822] gesicherten Forderungen dient. Zudem wurde dieses Verfahren infolge der Reform des IA 1986 durch den Enterprise Act 2002 faktisch abgeschafft[823].

Gegenstand der nachfolgenden Ausführungen ist insbesondere auch nicht das Verfahren der *administration* (oder auch: „*administration order*") gemäß sec. 8 IA 1986 i.V.m. Schedule B1 IA 1986, obwohl dieses nach Inkrafttreten des Enterprise Act 2002 das Hauptverfahren zur Sanierung von Gesellschaften darstellen soll[824]. Dies ist ohne einen Blick auf die Grundzüge der *administration* nicht verständlich:

---

819 Die *winding-up*-Verfahren unterscheiden sich im Kern dadurch voneinander, dass ein *compulsary winding-up* (oder „*winding-up by the court*") auf Antrag durch ein Gericht eingeleitet wird, während ein *voluntary winding-up* ohne Einschaltung des Gerichts durch die Anteilseigner in Gang gesetzt wird. Ein *members' voluntary winding-up* wird dann durchgeführt, wenn die *directors* der Gesellschaft eine Erklärung mit dem Inhalt abgeben, die Forderungen gegen das Unternehmen in einem darin festgelegten Zeitraum (maximal 12 Monate) zu begleichen. Dieses Verfahren setzt also eine solvente Gesellschaft voraus. Fehlt diese Solvenzerklärung, so kann nur ein *creditors' voluntary winding-up* oder ein *compulsary winding-up* stattfinden. Vertiefend zu den einzelnen *winding-up*-Verfahren und ihrer Abgrenzung zueinander etwa *Keay/Walton*, Insolvency Law – Corporate and Personal, 2003, Part IV, S. 193 ff.; *Bork*, Sanierungsrecht in Deutschland und England, 2011, S. 63 ff.

820 Verfahrensziel der *winding-up*-Verfahren ist die Einstellung des Geschäftsbetriebs und die Bestellung eines Verwalters (*liquidator*), der das Schuldnervermögen veräußert und den Verwertungserlös verteilt.

821 Geregelt in ss. 28–49 und sec. 72 IA 1986.

822 Die *floating charge* ist das wichtigste besitzlose Sicherungsmittel englischen Rechts und erfasst, ohne dass es zu einem Eigentumsübergang kommt, bestimmte Vermögensgegenstände oder Klassen von Vermögensgegenständen in ihrem wechselnden Bestand, bis mit dem Sicherungsfall eine Konkretisierung („*crystallisation*") eintritt.

823 Vgl. *Goode*, Principles of Corporate Insolvency Law, 3rd ed. 2005, S. 318 ff.; *Bork*, Sanierungsrecht in Deutschland und England, 2011, S. 66 f.

824 Siehe vertiefend zum *administration*-Verfahren gemäß sec. 8 IA 1986 i.V.m. Schedule B1 IA 1986 etwa *Bailey/Groves*, Corporate Insolvency – Law and Practice, 3rd ed. 2007, Chapter 10 Administration (Rn. 10.1 ff.); *Finch*, Corporate Insolvency Law, 2nd ed. 2009, S. 363 ff.; *Goode*, Principles of Corporate Insolvency Law,

Ein *administration*-Verfahren kann als sog. „*in-court administration*" durch gerichtliche Bestellung eines *administrators* auf Antrag der Gesellschaft, ihrer *director*, der Gläubiger oder eines *liquidator* eröffnet werden, oder als sog. „*out-of-court administration*" durch eine *administrator*-Bestellung durch die Gesellschaft oder durch ihre *director* oder durch den Inhaber einer *qualifying floating charge*[825]. Die Insolvenz[826] der Gesellschaft ist dabei nur Voraussetzung der *in-court* Eröffnung der *administration* durch das Gericht[827], nicht aber der *out-of-court*-Eröffnung[828]. Mit der Bestellung eines *administrators* geht die Verwaltung- und Verfügungsbefugnis über das Schuldnervermögen auf diesen über[829]. Geschäftsführer bleiben nur im Amt, solange der *administrator* sie nicht absetzt[830]. Zudem tritt ein Moratorium in Kraft, das Gläubiger daran hindert, ihre Forderungen und Sicherheiten gegen die Gesellschaft durchzusetzen[831].

3rd ed. 2005, S. 311 ff.; *Parry*, Corporate Rescue, 2008, S. 23 ff. Aus der dt. Lit. *Müller-Seils*, Rescue Culture und Unternehmenssanierung in England und Wales nach dem Enterprise Act 2002, 2006, S. 76 ff.; *Bork*, Sanierungsrecht in Deutschland und England, 2011, S. 56 ff.

825 „Qualifizierend" ist eine *floating charge*, wenn sie den Inhaber zur Einleitung einer *administration* berechtigt. Dies setzt insbesondere voraus, dass sie sich nahezu auf das gesamte Vermögen erstreckt (para. 14(3) Sch. B1 IA 1986), durchsetzbar ist (para. 16 Sch. B1 IA 1986) und die Sicherungsvereinbarung die Ernennung eines *administrators* vorsieht (para. 14(2) Sch. B1 IA 1986).

826 Gemäß para. 11(a) Sch. B1 IA 1986 muss die Gesellschaft zahlungsunfähig i.S.d. Legaldefinition der sec. 123 IA 1986 sein oder es muss Zahlungsunfähigkeit drohen.

827 Voraussetzung für eine *in-court* Eröffnung durch das Gericht ist die Insolvenz der Gesellschaft und die Überzeugung des Gerichts, dass das Erreichen eines der in para. 3 Sch. B1 IA 1986 genannten Verfahrensziele wahrscheinlich ist, para. 11(b) Sch. B1 IA 1986.

828 Bei einer *out-of-court*-Eröffnung durch einen *floating charge holder* reicht zur Verfahrenseröffnung das Einreichen der gemäß para. 18 Sch. B1 IA 1986 erforderlichen Dokumente bei Gericht. Für eine *out-of-court*-Verfahrenseröffnung durch die Gesellschaft (d.h. durch Beschluss der Gesellschafterversammlung) oder ihre *directors* ist eine Bekanntmachung der Einsetzungsabsicht eines *administrators* und zweitens die eigentliche Einsetzung desselben erforderlich; *Müller-Seils*, Rescue Culture und Unternehmenssanierung in England und Wales nach dem Enterprise Act 2002, 2006, S. 94 ff. m.w.N.

829 Die Befugnisse des *administrators* sind in para. 59 ff. Sch. B1 IA 1986 geregelt.

830 Vgl. para. 61 Sch. B1 IA 1986. Die Ausübung ihrer Befugnisse ruht aber soweit sie mit der Tätigkeit des *administrators* kollidiert, vgl. para. 64 Sch. B1 IA 1986.

831 Para. 43 Sch. B1 IA 1986. Bei allen Eröffnungsvarianten (*in-court*-Eröffnung/*out-of-court*-Eröffnung) kann auch ein vorläufiges Moratorium ausgelöst werden, para. 42-44 und para. 29 f. Sch. B1 IA 1986.

Auch darf nunmehr kein Liquidationsverfahren (*winding-up*) und kein weiteres *administration*-Verfahren eröffnet werden[832]. Während des Moratoriums hat der *administrator* den Gläubigern einen Planvorschlag (*proposal*) zum Erreichen des Verfahrensziels vorzulegen, nach dessen Maßgabe er bei positiver Abstimmung verfährt[833]. Das Verfahren endet mit der Erreichung der bestimmten Verfahrensziele. Können diese nicht erreicht werden, kann das Verfahren in ein Liquidationsverfahren (*winding-up*) übergehen oder die Gesellschaft wird sofort aufgelöst[834].

Die zulässigen Verfahrensziele der *administration* sind (gemäß para. 3(1)(a)-(c) Sch. B1 IA 1986) (a) die Sanierung des bisherigen Rechtsträgers bei Aufrechterhaltung des laufenden Geschäftsbetriebes („*rescuing the company as a going concern*"), (b) die Ereichung eines vorteilhafteren Ergebnisses für die Gesamtheit der Gläubiger als bei Verwertung des Gesellschaftsvermögens im Fall der Liquidation (*winding-up*) zu erwarten ist, und (c) die Verwertung des Unternehmensvermögens zur Befriedigung von gesicherten oder bevorrechtigten Gläubigern. Die vorgenannten Verfahrensziele stehen dabei in einem Stufenverhältnis, d.h. das unter (a) genannte Ziel ist vorrangig anzustreben, das nächstniedrigere Ziel darf der *administrator* nur dann wählen, wenn das nächsthöhere Ziel seiner Ansicht nach „*not reasonable practical*" ist und/oder weitere in para. 3(3) und (4) Sch. B1 IA 1986 bestimmte Kriterien erfüllt sind.

Auch wenn das vorrangig zu fördernde Verfahrensziel der *administration* die Sanierung des bisherigen Rechtsträgers bei Aufrechterhaltung des laufenden Geschäftsbetriebes ist, ist das *administration*-Verfahren selbst kein Reorganisationsverfahren[835]. Es ist vielmehr ein Verfahren, das mehrere unterschiedliche Verfahrensausgänge (auch die Liquidation) zur Verfügung stellt. Denn es ist konzeptionell darauf ausgerichtet, die Einleitung unterschiedlicher anderer Verfahrensarten zu ermöglichen und findet in der Einleitung dieser Verfahren

---

832 Dies folgt für das *winding-up*-Verfahren aus para. 8 und 40 ff. Sch. B1 IA 1986 und für eine weitere *administration* aus para. 7 Sch. B1 IA 1986.

833 Zur Durchführung der Abstimmungen der Gläubigerversammlung, der Stimmberechtigung der Gläubiger und den erforderlichen Mehrheiten siehe *Müller-Seils*, Rescue Culture und Unternehmenssanierung in England und Wales nach dem Enterprise Act 2002, 2006, S. 104 ff.

834 Vgl. para. 84 f. Sch. B1 IA 1986. Näher zu diesen und weiteren Beendigungsmöglichkeiten des *administration*-Verfahrens *Todd*, Insolvency Intelligence, Vol. 19 (2006) Issue 2, S. 17 ff.

835 So statt vieler *Goode*, Principles of Corporate Insolvency, 3rd ed. 2005, S. 326 f.; *Townsend*, Insolvency Law & Practice, Vol. 23 (2007) No. 3, S. 66 (67).

seinen Ausgang[836]. Das Verfahren kann daher als Einstieg zur Einleitung eines Liquidationsverfahrens (*winding-up*), eines *Company Voluntary Arrangement* (*CVA)* nach ss. 1-7B IA 1986 oder eines *Scheme of Arrangement* (*SoA*) gemäß ss. 895-901 CA 2006 genutzt werden[837]. Bei isolierter Durchführung (ohne Einleitung eines dieser Verfahren) kann es als Verfahren zur Auflösung der Gesellschaft genutzt werden[838]. Die Hauptfunktion des *administration*-Verfahrens besteht aber meist darin, dass mit dem Inkraftsetzen des Moratoriums eine Atempause organisiert wird, damit frei vom Druck drohender Vollstreckungsmaßnahmen der Gläubiger bei zunächst fortlaufendem Geschäftsbetrieb über den weiteren Verfahrensverlauf und die Einleitung eines anderen Verfahrens entschieden werden kann[839].

Wird im *administration*-Verfahren die Reorganisation der Schuldnergesellschaft unter den verschiedenen Verfahrensausgängen ausgewählt, was in der Praxis entgegen der Intention des Gesetzgebers eher selten ist[840], so muss ein anderes Verfahren zur Reorganisation eingeleitet werden, nämlich ein *CVA* oder ein *Scheme of Arrangement* (*SoA*)[841]. Grund hierfür ist, dass diese beiden Verfahren – anders als das *administration*-Verfahren selbst – die Umsetzung

---

836 Vgl. hierzu etwa *Townsend*, Insolvency Law & Practice, Vol. 23 (2007) No. 3, S. 66 (67).

837 So auch *Qi*, Insolvency Intelligence, Vol. 20 (2007) Issue 9, S. 129 f.

838 Vgl. *McGormack*, International and Comparative Law Quarterly, Vol. 56 (2007) Issue 3, S. 515 (520): „*The new procedure, however, offers the possibility that administrations may function on a stand-alone basis, since companies can now pass directly from administration to dissolution or to a very short formal liquidation followed by dissolution*".

839 Statt vieler *Rajani* in Tolley's Company Law Service, Insolvency: Administrations I — Preliminary and Initiation Process, Issue 76, Aug. 2004, Rn. I3202.

840 Siehe hierzu *Evans*, I.F.L.R., Supplement – The 2009 Guide to Insolvency and Restructuring, March 2009, S. 74 (77).

841 Vgl. *Goode*, Principles of Corporate Insolvency, 3rd ed. 2005, S. 327. Siehe hierzu auch *Lord Hoffmann* in *Centre Reinsurance International Co v. Freakley and others Freakley and others v. Centre Reinsurance International Co and others* [2006] UKHL, S. 45 (para. 6) zum *administration*-Verfahren: „*It was introduced to enable a court to give insolvent companies a moratorium on the enforcement of debts and securities while the possibility of some form of rescue or arrangement with creditors was explored. Unlike Chapter 11 of the US Bankruptcy Code, with which it is sometimes compared, administration did not involve a reconstruction of the company. It usually looked forward to some kind of reconstruction, but that took place under different statutory provisions such as Part I of the 1986 Act (corporate voluntary arrangement) or section 425 of the Companies Act 1985*".

bestimmter in die Gläubigerrechte eingreifenden Reorganisationsmaßnahmen (z.B. einen *Debt-Equity-Swap*) durch die Implementierung eines für sämtliche betroffene Gläubiger rechtsverbindlichen Sanierungsplans ermöglichen. Anders als das Reorganisationsverfahren gemäß Chapter 11 des US-amerikanischen Bankcruptcy Code (BC) und das deutsche Insolvenzplanverfahren ermöglicht ein isoliertes *administration*-Verfahren also nicht gleichzeitig das Inkraftsetzen eines Moratoriums und die Implementierung eines gerichtlich bestätigten Reorganisationsplans[842].

Zur Lösung von Kollektivhandlungsproblemen auf der Gläubigerseite bei der Umsetzung von *Debt-Equity-Swaps* zur Reorganisation der Gesellschaft sind unter den unterschiedlichen gesetzlich geregelten Insolvenzverfahren und/oder Sanierungsverfahren englischen Rechts letztlich nur das *Company Voluntary Arrangement (CVA)* nach ss. 1–7B IA 1986 oder eines *Scheme of Arrangement* (*SoA*) gemäß ss. 895-901 CA 2006 geeignet. Dies gilt unabhängig davon, ob diese Verfahren isoliert durchgeführt oder innerhalb eines *administration*-Verfahrens eingeleitet werden. Aus diesem Grund beschränken sich die nachfolgenden Ausführungen in diesem Kapitel auf das *CVA* und das *SoA*.

2. *Company Voluntary Arrangement (CVA)* als Instrument zur Einbindung dissentierender Gläubiger bei *Debt-Equity-Swaps*

a. *Company Voluntary Arrangement (CVA)*

Das *Company Voluntary Arrangement* (*CVA*)[843] wurde mit den Vorschriften des Part I, ss. 1-7B Insolvency Act 1986 (IA 1986) als ein neues Verfahren in das

---

842 So auch *Goode*, Principles of Corporate Insolvency, 3rd ed. 2005, S. 328.

843 Einen ausführlichen Überblick zum *CVA*-Verfahren bieten etwa *Bailey*, Voluntary Arrangements, 2nd ed. 2007; *Weisgard*, Company Voluntary Arrangements, 2003; *Bewick/Fennessy/Marks* in Olivares-Caminal, Expedited Debt Restructuring - An International Comparative Analysis, 2007, Chapter 6, England & Wales, S. 195 ff.; *Ashford/Burton* in Tolley's Insolvency Law Service, (Issue 42, Oct. 2005), Division V, Voluntary Arrangements (Company), V4001 ff.; *Finch*, Corporate Insolvency Law, 2nd ed. 2009, S. 488 ff.; *Parry*, Corporate Rescue, 2008, S. 131 ff.; *Tribe*, J.B.L. 2009, S. 454 ff.; aus der dt. Lit. *Windsor/Müller-Seils/Burg*, NZI 2007, S. 7 ff.; *Müller-Seils*, Rescue Culture und Unternehmenssanierung in England und Wales nach dem Enterprise Act 2002, 2006, S. 136 ff.; *Bork*, Sanierungsrecht in Deutschland und England, 2011, S. 54 ff.

englische Gesellschaftsrecht eingeführt[844] und seitdem mehrfach reformiert[845]. Nach der gesetzgeberischen Intention wurde mit der Einführung des *CVA* ein im Vergleich zum *Scheme of Arrangement* gemäß ss. 895 ff. CA 2006 praktikableres Verfahren mit ähnlichem Anwendungsbereich zur Verfügung gestellt, da das *Scheme of Arrangement* nach verbreiteter Ansicht zu langwierig, aufwendig und kostenintensiv ist[846].

Das *CVA* ist ein Vergleich zwischen einer Gesellschaft und ihren Gläubigern und kann isoliert oder in Verbindung mit anderen Insolvenzverfahren durchgeführt werden, um auch vor der materiellen Insolvenz Sanierungsmaßnahmen zu implementieren. Ein *CVA* kann als verfahrensrechtliche Grundlage zur Reorganisation einer Gesellschaft genutzt werden[847], ist aber auch zur Umsetzung anderer Verfahrensziele geeignet, etwa um eine in verschiedener Hinsicht vorteilhaftere Liquidation einer Gesellschaft zu erzielen, indem beispielsweise das Unternehmen bei fortlaufendem Geschäftsbetrieb veräußert wird und anschließend ein liquidierendes *winding-up*-Verfahren zur Abwicklung der Schuldnergesellschaft durchgeführt wird[848]. Die Durchführung eines liquidierenden *CVA* ist aber in der Praxis auf Ausnahmefälle begrenzt, da eine Liquidierung des Gesellschaftsvermögens regelmäßig einfacher durch die Durchführung eines *winding-up*-Verfahrens erzielt werden kann[849]. Ein *CVA* wird daher meistens als verfahrensrechtliche Grundlage für eine Fortführung des Geschäftsbetriebs einer Gesellschaft genutzt[850].

Die Voraussetzungen eines isoliert durchzuführenden *CVA*-Verfahrens sind gering: Dass die Gesellschaft überschuldet oder zahlungsunfähig ist oder zu werden droht, ist nicht erforderlich[851]. Dies ist Ausdruck der gesetzgeberischen

---

844 *Sealy/Milman*, Annotated Guide to the Insolvency Legislation 2005/2006, 8th ed. 2005, S. 19.

845 Der Regelungskomplex zum *CVA* in Part I, IA 1986 wurde insb. durch die ss. 1 und 2 und die Schedules 1 und 2 des Insolvency Act 2000 erheblich modifiziert. In Folge der Neuregelungen wurde insb. ein neues dispositives *CVA*-Verfahren für sog. „*small companies*" eingeführt, das ein gesetzliches Moratorium vorsieht, aber auch das generelle *CVA*-Verfahren wurde Gegenstand einiger Gesetzesänderungen.

846 Siehe hierzu *Sealy/Milman*, Annotated Guide to the Insolvency Legislation 2005/2006, 8th ed. 2005, S. 19.

847 Vgl. *Goode*, Principles of Corporate Insolvency, 3rd ed. 2005, S. 396.

848 *Goode*, a.a.O., S. 396.

849 *Goode*, a.a.O., S. 388.

850 *Goode*, a.a.O., S. 388.

851 Siehe *Goode*, Principles of Corporate Insolvency, 3rd ed. 2005, S. 387; *Sealy/Milman*, Annotated Guide to the Insolvency Legislation 2005/2006, 8th ed. 2005,

Intention, mit dem *CVA* ein Verfahren zur Verfügung zu stellen, das auch im Vorfeld der Stadium der materiellen Insolvenz anwendbar ist und somit eine frühe Verfahrenseinleitung zur Vermeidung einer Überschreitung des Zeitraums der Sanierbarkeit ermöglicht. Die Einleitung eines *CVA*-Verfahrens beginnt mit der Ausarbeitung des Vorschlags für das *CVA*, dem sog. *proposal*. Einleitungsberechtigt sind nur die *directors*, der *administrator* im Rahmen eines *administration*-Verfahrens und der *liquidator* im Rahmen eines *winding-up*-Verfahrens[852]. Diese schlagen einen sog. *nominee* vor, der der *administrator* in einer eröffneten *administration*, der *liquidator* in einem *winding-up*-Verfahren oder ein hiervon verschiedener Dritter ist. Die Gläubiger, die Gesellschafter oder das Insolvenzgericht sind dagegen nicht zur Einleitung eines *CVA* berechtigt[853].

Von der Person des Einleitungsberechtigten im konkreten Einzelfall ist das Einleitungsverfahren abhängig: Bei einer Verfahrenseinleitung durch die *directors* finden die strengeren Vorschriften der sec. 2 IA 1986 Anwendung, wonach die *directors* zunächst einer, zur Handlung als *nominee* bevollmächtigten Person, ein *proposal* für ein *CVA* und ein „*statement of the company's affairs*"[854] zuzuleiten haben[855]. In der Praxis beauftragen die *directors* jedoch i.d.R. bereits im Vorfeld einen *insolvency practitioner*, um gemeinsam mit diesem ein *proposal* zu entwerfen[856]. Daraufhin hat der *nominee* dem zuständigen Gericht Bericht über die Sanierungschancen zu erstatten[857]. Befindet sich die Gesellschaft bereits in einem eröffneten *administration*-Verfahren oder in einem eröffneten *winding-up*-Verfahren, so verlieren die *directors* ihr Recht zur Ernennung eines *nominee* und die *administrators* bzw. die *liquidators* werden zugleich auch in der Funktion des *nominee* tätig[858]. Das *proposal* dient einerseits der Information des *nominee* und andererseits als Diskussionsgrundlage der Gläubiger- und

---

S. 20; *Lowry/Mistelis* in Crystal et al., Butterworths Insolvency Law Handbook, 8th ed. 2006, Chapter 4, S. 18.

852 Sec. 1(1) und (3) IA 1986.

853 *Goode*, Principles of Corporate Insolvency, 3rd ed. 2005, S. 391; *Sealy/Milman*, Annotated Guide to the Insolvency Legislation 2005/2006, 8th ed. 2005, S. 21.

854 Informationen über das Schuldnervermögen und die Gläubiger gemäß sec. 2(3) IA 1986.

855 Sec. 2(3) IA 1986.

856 *Keay/Walton*, Insolvency Law – Corporate and Personal, 2003, Part II, Chapter 8, S. 130; Sealy/Milman, Annotated Guide to the Insolvency Legislation 2005/2006, 8th ed. 2005, S. 21.

857 Sec. 2(2) IA 1986.

858 In diesem Fall setzen die *administrators* bzw. die *liquidators* das Verfahren fort, indem sie, ohne dass hierzu eine vorherige Berichterstattung an das Gericht

Gesellschafterversammlung[859]. An den Inhalt eines *proposal* stellt das Gesetz nur geringe Anforderungen; notwendiger Bestandteil des *proposal* ist entweder eine „*composition of debts*“ oder ein „*scheme of arrangement*“[860].

Nachdem ein *proposal* ausgearbeitet wurde, haben in einer hierzu einberufenen Gläubigerversammlung sowie einer Gesellschafterversammlung die Gläubiger und Gesellschafter (jeweils getrennt) über das *proposal* abzustimmen[861]. Ein *CVA* tritt gemäß sec. 5 IA 1986 wirksam in Kraft, wenn das *proposal* im Abstimmungsverfahren gemäß sec. 4A IA 1986 von der Gläubigerversammlung mit der erforderlichen Mehrheit angenommen wurde (näher hierzu unten[862]).

Während des gesamten *CVA*-Verfahrens nimmt das zuständige Gericht eine passive, lediglich verwaltende Rolle ein. Es wird nicht aus eigener Initiative tätig, sondern nur auf Antrag der Verfahrensbeteiligten (etwa zur Entscheidung über eine Anfechtung)[863]. Ein gerichtliches Eröffnungsverfahren ist demnach nicht vorgesehen. Das *proposal* eines *CVA* ist zwar bei Gericht einzureichen, doch benötigt ein *CVA* – anders als das deutsche Insolvenzplanverfahren – zur seiner Wirksamkeit keine gerichtliche Bestätigung. Im deutschen Schrifttum wird das *CVA* daher meist als „außergerichtlicher“ Vergleich charakterisiert[864], obwohl das Gericht am Verfahren beteiligt ist.

Ein wirksames *CVA* entfaltet im Wesentlichen die folgenden allgemeinen Rechtswirkungen: Ein im Abstimmungsverfahren angenommenes *proposal* hat vertraglichen Charakter und entfaltet Bindungswirkung für den unten näher dargestellten Personenkreis[865]. Die Rechtsfolgen eines wirksamen *CVA* bestimmen sich dabei nach dem konkreten Inhalt des angenommenen *proposal*[866].

---

erforderlich ist, eine Gläubiger- und Gesellschafterversammlung zur Abstimmung über das *proposal* einberufen; Sec. 3(2) IA 1986.

859 Vgl. *Müller-Seils*, Rescue Culture und Unternehmenssanierung in England und Wales nach dem Enterprise Act 2002, 2006, S. 142.

860 Siehe hierzu unten Kap. VII, III. 2. c.

861 Sec. 4(1) IA 1986. Näher zum Abstimmungsverfahren beim *CVA* etwa *Parry*, Corporate Rescue, 2008, S. 131 ff. sowie unten Kap. VII, III. 2. b.

862 Kap. VII, III. 2. b.

863 Vgl. hierzu *Bewick/Fennessy/Marks* in Olivares-Caminal, Expedited Debt Restructuring - An International Comparative Analysis, 2007, Chapter 6, England & Wales, S. 197 f.

864 So etwa *Westpfahl/Janjuah*, Beil. zu ZIP Heft 3/Jan. 2008, S. 1 (2); *Westphal/Goetker/Wilkens*, Grenzüberschreitende Insolvenzen, 2008, Rn. 1321; *Vallender*, NZI 2007, S. 129 (133).

865 Näher hierzu unter Kap. VII, III. 2. b.

866 *Goode*, Principles of Corporate Insolvency, 3rd ed. 2005, S. 388.

Die Ausführung des beschlossenen *CVA* ist Aufgabe des sog. *supervisor*[867]. Die Funktion des *supervisor* übernimmt üblicherweise der *nominee*[868]. Vorbehaltlich einer hiervon abweichenden Bestimmung im *CVA* bleiben die *directors* einer Gesellschaft während der Durchführung des *CVA* weiterhin zur Geschäftsführung und zur Veräußerung von Vermögenswerten der Gesellschaft berechtigt[869]. Falls sich die Gesellschaft in einem *winding-up*-Verfahren befindet, wird dieses *winding-up*-Verfahren vom Gericht regelmäßig eingestellt, sobald das *CVA* wirksam wird[870]. Im Falle eines eröffneten *administration*-Verfahrens wird das Gericht regelmäßig den *administrator* entlassen[871]. Das *CVA* endet nach Maßgabe seiner inhaltlichen Ausgestaltung, regelmäßig jedoch nach Verwertung des Vermögens, der Eröffnung eines Liquidationsverfahrens oder dem Ablauf einer in ihm bestimmten Frist[872].

Von großer praktischer Bedeutung ist, dass ein Moratorium zwar zulässigerweise in einem *CVA* vereinbart werden kann, es jedoch (anders als bei der *administration*) nicht automatisch mit der Verfahrenseröffnung kraft Gesetzes ausgelöst wird. Wird im *proposal* das Inkrafttreten eines Moratoriums nicht vertraglich bestimmt, so können bei einer isolierten Durchführung eines *CVA* die Sanierungschancen reduziert werden, weil Gläubiger in diesem Fall nicht an der Einzelzwangsvollstreckung gehindert sind und so durch die Durchsetzung ihrer Interessen einen erfolgreiche Sanierung auf der Grundlage eines *CVA* schon in der Anfangsphase vereiteln können. In der englischen Literatur wird der Mangel einer gesetzlichen Anordnung eines Moratoriums (in Fällen außerhalb des Anwendungsbereichs des optionalen Moratoriums für *small companies*, dazu sogleich) daher verbreitet als größter Schwachpunkt des *CVA*-Verfahrens empfunden[873]. Infolge dieser Schwäche des *CVA* wird häufig empfohlen, dass *CVA*

---

867 Auch der *supervisor* muss eine Person mit der Qualifikation eines „*insolvency practitioner*" sein.

868 *Bailey*, Voluntary Arrangements, 2nd ed. 2007, S. 124. Denkbar ist aber auch, dass Hauptgläubiger ihre Unterstützung des *CVA* davon abhängig machen, dass ein anderer – von ihnen bevorzugter – Kandidat zum *supervisor* wird; *Bailey*, a.a.O.

869 *Goode*, Principles of Corporate Insolvency, 3rd ed. 2005, S. 387.

870 *Keay/Walton*, Insolvency Law – Corporate and Personal, 2003, Part II, Chapter 8, S. 140.

871 *Keay/Walton*, a.a.O.

872 Nach Rule 2.3(e) und (l) IR 1986 muss das *proposal* Regelungen für die Dauer und vorzeitige Beendigung des *CVA* enthalten. Vertiefend zur Beendigung des *CVA* *Parry*, Corporate Rescue, 2008, S. 217 ff.

873 Vgl. *Goode*, Principles of Corporate Insolvency, 3rd ed. 2005, S. 340; *Keay/Walton*, Insolvency Law – Corporate and Personal, 2003, Part II, Chapter 8, S. 127; *Sealy/*

in der Praxis mit einer *administration* zu kombinieren, bei der allein durch die Verfahrenseröffnung ein umfassendes Moratorium in Kraft tritt, welches den *status quo* fixiert[874]. Vollstreckungsmaßnahmen gegen die Gesellschaft sind bei einer solchen Vorgehensweise nur noch im Einzelfall aufgrund der Zustimmung des *administrators* oder des Insolvenzgerichts zulässig[875]. Die Kombination aus *CVA* und *administration* ermöglicht es ohne Druck seitens der Gläubiger einen Sanierungsplan auszuarbeiten. Den zur Ausarbeitung eines *proposals* berechtigten Akteuren wird so in zeitlicher Hinsicht eine Atempause gewährt.

Für kleinere Gesellschaften war es faktisch besonders schwierig ein *CVA* unter dem Schutz eines gesetzlichen Moratoriums durchzuführen, weil die Kombination mit einem *administration*-Verfahren für diese Gesellschaften regelmäßig zu aufwendig und kostenintensiv gewesen wäre. Um das *CVA* als selbständiges Sanierungsverfahren zu fördern und eine Kombination mit der *administration* entbehrlich werden zu lassen, wurde durch die Einführung der sec. 1A und Schedule A1 in den IA 1986 (Reform des Insolvency Act 2000) zumindest für bestimmte „kleine Gesellschaften" („*small companies*" gemäß Sch. A1 IA 1986[876]) ein *CVA* mit gesetzlich angeordneten Moratorium eingeführt. Hierbei handelt es sich um ein optionales 28-tägiges Moratorium, das (unter den engen Voraussetzungen der sec. 1A IA 1986 und Schedule A1, IA 1986) nur auf Antrag der *directors* durch Einreichung der hierfür erforderlichen Dokumente beim Gericht angeordnet wird. Für Gesellschaften, die nicht zu diesen „*small companies*" gehören, wird weiterhin nur eine Kombination aus *CVA* und *administration* bereits kraft Gesetzes ein Moratorium auslösen. Zu beachten ist aber, dass die Vorteile einer solchen Verfahrenskombination dadurch relativiert werden, dass sie erheblich aufwendiger und kostenintensiver ist als die isolierte Anwendung eines *CVA*. Insbesondere die Vorzüge des *CVA*, die sich aus der

---

Milman, Annotated Guide to the Insolvency Legislation 2005/2006, 8th ed. 2005, S. 19.

874 Siehe hierzu *Sealy/Milman*, Annotated Guide to the Insolvency Legislation 2005/2006, 8th ed. 2005, S. 19 f.; *Broude/Amengual/Grell/Houghton/Redway*, An Overview of Global Insolvency Regimes in The Guide to Distressed Debt and Turnaround Insvesting, S. 42.

875 Para. 43 Sch. B1 IA 1986.

876 Für die Bestimmung der „*eligible companies*" ist nach Para. 3(2)(a) Sch. A1 IA 1986 maßgeblich, ob die betreffende Gesellschaft mindestens zwei der folgenden Kriterien einer „*small company*" i.S.d. sec. 382(3) CA 2006 erfüllt: Ein Jahresumsatz von maximal £6.5 Mio., eine Bilanzsumme von maximal £ £3.26 Mio. und maximal 50 Arbeitnehmer.

sehr geringen Verfahrensbeteiligung der Gerichte ergeben, können sich in diesem Fall nicht auswirken. Die Vereinbarung eines Moratoriums für die Dauer bis zum Abschluss des *CVA*-Verfahrens durch eine entsprechende Ausgestaltung des *proposals* ist daher im Fall einer isolierten Durchführung eines *CVA* sehr zu empfehlen.

Hinsichtlich der Anwendbarkeit der EuInsVO auf das *CVA* gilt, dass das *CVA* (als *voluntary arrangement under insolvency legislation*) im Anhang A der EuInsVO aufgelistet ist und somit nach Maßgabe des Art. 2 lit. a EuInsVO zu den Verfahren im Anwendungsbereich der EuInsVO i.S.d. Art. 1 Abs. 1 EuInsVO zählt. Es besteht insoweit jedoch eine Diskrepanz zwischen der formalen Nennung im Anhang A und den materiellen Kriterien des Art. 1 Abs. 1 EuInsVO, wonach die EuInsVO nur für „Gesamtverfahren" (*collective insolvency proceedings*) gilt, welche die Insolvenz des Schuldners voraussetzen und den vollständigen oder teilweisen Vermögensbeschlag gegen den Schuldner sowie die Bestellung eines Verwalters zur Folge haben[877]. In diese Definition des Art. 1 Abs. 1 EuInsVO passt das *CVA* nicht, weil es nicht die Insolvenz der Gesellschaft voraussetzt, nicht zu einem Vermögensbeschlag führt und zudem die Mehrheitsentscheidung der Gläubiger nicht gerichtlich bestätigt werden muss (auch wenn sie gerichtlich anfechtbar ist)[878]. Wie *Piekenbrock* aufgezeigt hat, passen *CVA* daher nur dann in den Anwendungsbereich der EuInsVO, wenn sie in ein *administration*-Verfahren eingebettet werden[879]. Ungeachtet dessen wird auch ein von den *directors* im Falle der Insolvenz beantragte *CVA* als Verfahren im Anwendungsbereich der EuInsVO angesehen[880].

b. Erforderliche Abstimmungsmehrheiten im CVA-Verfahren und Reichweite der rechtlichen Bindungswirkung eines CVA

Nachdem ein *proposal* zum *CVA* ausgearbeitet wurde, haben in einer hierzu einberufenen Gläubigerversammlung sowie einer Gesellschafterversammlung, die Gläubiger und Gesellschafter (jeweils getrennt) über das *proposal* abzustimmen[881]. Ein *CVA* tritt gemäß sec. 5 IA 1986 wirksam in Kraft, wenn das *proposal*

---

877 Art. 1 Abs. 1 EuInsVO.

878 *Piekenbrock*, ZIP 2014, S. 250 (254) mit Anmerkungen zu den historischen Hintergründen.

879 *Piekenbrock*, ZIP 2014, S. 250 (254 f.).

880 Vgl. rule 1.3(2)(q) IR 1986 (ergänzt durch rule 4(2)(b) Insolvency (Amendment) Rules 2002), wonach der *CVA*-Vorschlag (*proposal*) der *directors* darauf hinzuweisen hat, ob die EuInsVO anwendbar ist oder nicht; hierzu auch *Piekenbrock*, a.a.O.

881 Sec. 4(1) IA 1986.

im Abstimmungsverfahren gemäß sec. 4A IA 1986 mit der erforderlichen Mehrheit (hierzu sogleich) angenommen wurde. Dabei ist zu beachten, dass – trotz der gesetzlich vorgeschriebenen Abstimmung der Gesellschafterversammlung über das *proposal* – gemäß sec. 4A(2)(b) IA 1986[882] auch dann als wirksam angenommen gilt, wenn nur die Gläubigerversammlung zustimmt. Weil somit ein ablehnendes Votum der Gesellschafterversammlung der Wirksamkeit des *CVA* (im Falle der Zustimmung durch die Gläubigerversammlung) nicht entgegensteht, liegt die Entscheidungshoheit im *CVA*-Verfahren faktisch bei den Gläubigern[883]. Den überstimmten Gesellschaftern bleibt dagegen nur die Möglichkeit einer Anfechtung des *CVA* unter den Voraussetzungen der sec. 4A(3) IA 1986 und sec. 6 IA 1986 (dazu unten[884]). Eine komplizierte Einteilung der Gläubiger in Gläubigerklassen zum Zweck der getrennten Abstimmung über das *proposal* zum *CVA* ist, anders als beim *Scheme of Arrangement* gemäß ss. 895 ff. CA 2006 oder dem deutschen Insolvenzplanverfahren nach §§ 217 ff. InsO, nicht erforderlich.

Die Entscheidung der Gläubigerversammlung über die Annahme oder Modifikation eines *proposal* bedarf der Zustimmung einer Mehrheit von über 75% der abstimmenden Gläubiger gemessen an der Höhe ihrer Forderungen gegen die Gesellschaft (Dreiviertel-Summenmehrheit)[885]. Erforderlich ist überdies hinaus, dass die ablehnenden Stimmen betragsmäßig nicht mehr als 50% des Nennwerts aller Forderungen derjenigen benachrichtigten und stimmberechtigten Gläubiger, die keine mit der Gesellschaft verbundenen Personen[886] sind, repräsentieren[887]. Die (für die wirksame Annahme allerdings entbehrliche) Zustimmung der Gesellschafterversammlung zum *proposal* erfordert, vorbehaltlich hiervon abweichender Satzungsbestimmungen, eine Mehrheit von mehr als 50% der anwesenden oder vertretenen Gesellschafter[888], die sich nach den Stimmrecht aus den von ihnen gehaltenen Gesellschaftsanteilen bestimmt[889].

---

882 Die Vorschrift wurde mit dem Enterprise Act 2000 neu eingeführt.

883 Hierzu statt vieler *Bailey*, Voluntary Arrangements, 2nd ed. 2007, S. 123 sowie Kap. VIII, III. 2.

884 Kap. VIII, III. 2.

885 Rule 1.19(1) IR 1986. Sonstige Beschlüsse, die nicht die Annahme oder Modifikation eines *proposals* betreffen, können mit einfacher Summenmehrheit gefasst werden; Rule 1.19(2) IR 1986.

886 Genauer: „*connected persons*" i.S.d. sec. 249 IA 1986.

887 Rule 1.19(4) IR 1986. Mit dieser Regelung ist eine Privilegierung der unabhängigen Gläubiger beabsichtigt; *Müller-Seils*, Rescue Culture und Unternehmenssanierung in England und Wales nach dem Enterprise Act 2002, 2006, S. 160.

888 Rule 1.20(1) IR 1986.

889 Rules 1.18(1) und 1.20(1) IR 1986.

Tritt das *CVA* nach Annahme im Abstimmungsverfahren wirksam in Kraft, entfaltet es die in sec. 5 IA 1986 geregelten Rechtsfolgen. Ein wirksam angenommenes *CVA* hat vertraglichen Charakter und bindet neben der Gesellschaft selbst gemäß sec. 5(2) IA 1986 alle stimmberechtigten Gläubiger[890]. Die Rechtsfolge eines wirksamen *CVA* ist m.a.W., dass die Gesellschaft und sämtliche stimmberechtigten Gläubiger so zu behandelt sind, als sei zwischen ihnen ein Vertrag mit den Bestimmungen des *CVA* entsprechendem Inhalt geschlossen worden[891]. Die Stimmberechtigung der Gläubiger in der Gläubigerversammlung regeln die rules 1.17 und 1.17A IR 1986. Unter Berücksichtigung dieser Vorschriften erfasst die Bindungswirkung des *CVA* im Einzelnen: Die abstimmungsberechtigten Gläubiger der Gesellschaft, auch wenn diese von der Gläubigerversammlung zur Abstimmung über das *proposal* nicht benachrichtigt wurden und nicht anderweitig Kenntnis von ihr erlangten[892], sowie die abstimmungsberechtigten

---

890 Zur Reichweite der rechtlichen Bindungswirkung des *CVA Bailey*, Voluntary Arrangements, 2nd ed. 2007, S. 151 ff.; *Finch*, Corporate Insolvency Law, 2nd ed. 2009, S. 489 f.; *Keay/Walton*, Insolvency Law - Corporate and Personal, 2nd ed. 2008, S. 155 ff.; *Sealy/Milman*, Annotated Guide to the Insolvency Legislation 2005/2006, 8th ed. 2005, S. 29 f. Sec. 5(2) IA 1986 lautet: „*The voluntary arrangement -*
(a) takes effect as if made by the company at the creditors' meeting, and (b) binds every person who in accordance with the rules –
(i) was entitled to vote at that meeting (whether or not he was present or represented at it), or
(ii) would have been so entitled if he had had notice of it, as if he were a party of the voluntary arrangement".

891 *Blackburne J* in *Re Brelec Installations Ltd* [2001] B.C.C., S. 421 (423): „*a species of statutory contract between the creditors bound by the arrangement on the one hand and the debtor on the other*". Vgl. auch *Allison/Braithwaite/u.a. in* Gore-Browne on Companies, Update 68 (Dec. 2007), Chapter 51, S. 51-31.

892 Infolge der Neufassung der sec. 5(2)(b) IA 1986 durch den Insolvency Act 2000 ordnet die Vorschrift nun explizit an, dass auch solche Personen von der Bindungswirkung des *CVA* erfasst werden, die nach den Vorschriften der IR 1986 abstimmungsberechtigt gewesen wären, aber keine Kenntnis von der Abstimmung hatten. Die Stimmberechtigung bleibt auch in diesem Fall stets Voraussetzung der Rechtsbindung an das *CVA*, so dass die Bindungswirkung des *CVA* solche Gläubiger nicht erfasst, die keine Kenntnis von der Gläubigerversammlung erlangten, aber im Falle ihrer Kenntnis ebenfalls nicht abstimmungsberechtigt gewesen wären; *Goode*, Principles of Corporate Insolvency, 3rd ed. 2005, S. 400. Der Begriff der Kenntnis i.S.d. Norm wurde von der Rspr. extensiv ausgelegt: In *Beverly Group plc v. McClue* [1995] B.C.C., S. 751 bejahte das Gericht z.B. die Kenntnisnahme eines Gläubigers, der zwar keine förmliche Benachrichtigung erhalten hatte, aber anderweitig von der

Gläubiger der Gesellschaft, die zwar Kenntnis erlangten, aber entweder in der Gläubigerversammlung nicht erschienen und nicht abstimmten[893], oder die gegen das *proposal* abstimmten[894]. Von der Bindungswirkung erfasst sind auch unbekannte stimmberechtigte Gläubiger, d.h. Gläubiger, die zwar stimmberechtigt gewesen wären, aber nicht ermittelt werden konnten[895].

Das *CVA* eignet sich indes nicht zur zwangsweisen rechtlichen Bindung gesicherter Gläubiger an den Planinhalt[896]: Gemäß sec. 4(3) IA 1986 darf einem *proposal*, das eine nachteilige Veränderung der Verwertungsrechte gesicherter Gläubiger[897] vorsieht, keine Zustimmung erteilt werden[898]. Ein solches *proposal* wäre daher unzulässig, sofern nicht die betroffenen Gläubiger einer solchen Maßnahme zur Beschränkung ihrer Verwertungsmöglichkeiten individuell ihr Einverständnis erteilen[899]. Dies hat zur Folge, dass gesicherte Gläubiger ein Scheitern des *CVA*-Verfahrens bewirken können indem sie ihre Sicherheiten

---

Gläubigerversammlung Kenntnis erlangt hatte. Die gesetzliche Einbeziehung der unbenachrichtigten Gläubiger in die Bindungswirkung des *CVA* nach neuem Recht kann Probleme aufwerfen, etwa wenn diese Gläubiger Ansprüche in erheblicher Höhe haben, die die Ausgestaltung der Bestimmungen des *CVA* wesentlich beeinflusst hätten, wenn sie bei der Ausarbeitung des *proposals* bekannt gewesen wären. Durch entsprechende Regelungen im *CVA* selbst kann jedoch auch der Eintritt dieses Falles berücksichtigt werden; zu diesem Aspekt *Goode*, a.a.O., S. 399 (Fn. 35) und S. 400 ff.

893 *Sealy/Milman*, Annotated Guide to the Insolvency Legislation 2005/2006, 8th ed. 2005, S. 29.

894 *Goode*, Principles of Corporate Insolvency, 3rd ed. 2005, S. 399.

895 Dies gilt erst seit der Neuregelung der sec. 5(2)(b) IA 1986 durch den Insolvency Act 2000. Nach sec. 5 IA 1986 a.F. bestand hier das Problem, dass unbekannte Gläubiger von der rechtlichen Bindungswirkung des *CVA* nicht erfasst wurden und daher an einer Durchsetzung ihrer Ansprüche bis hin zu einem Antrag auf ein Liquidationsverfahren (*winding-up*) nicht gehindert werden konnten.

896 Hierzu statt vieler *Bewick/Fennessy/Marks* in Olivares-Caminal, Expedited Debt Restructuring - An International Comparative Analysis, 2007, Chapter 6, England & Wales, S. 210 f.

897 Der hier maßgebliche Begriff der „*secured creditors*“ wird in sec. 248 IA 1986 legaldefiniert. Gesicherte Gläubiger i.d.S. sind zwar zur Abstimmung über das *proposal* berechtigt, doch werden ihre Stimmen bei der Ermittlung des Abstimmungsergebnisses nicht berücksichtigt; Rules 1.19(3)(b) und 1.52(4) IR 1986.

898 *Mayson/French/Ryan*, Company Law, 23rd ed. 2006-2007, S. 805; *Hannigan*, Company Law, 2003, S. 709; *Sealy/Milman*, Annotated Guide to the Insolvency Legislation 2005/2006, 8th ed. 2005, S. 22 und S. 27.

899 Sec. 4(3) IA 1986.

verwerten. Angesichts dieses Blockadepotentials stimmen ungesicherte Gläubiger in der Praxis regelmäßig erst dann über ein *proposal* ab, wenn die gesicherten Gläubiger dessen Inhalt unterstützen[900].

Eine ähnliche Beschränkung der rechtlichen Bindungswirkung (wie bzgl. der gesicherten Gläubiger) besteht hinsichtlich bestimmter vorrangig zu bedienender Gläubiger: Gemäß sec. 4(4) IA 1986 können Gläubiger mit kraft Gesetzes vorrangig zu befriedigenden Forderungen (*preferential creditors*)[901], ebenfalls nicht ohne ihre Zustimmung an ein *CVA* gebunden werden, wenn dieses inhaltlich ihrer Vorrangigkeit widersprechende Befriedigungsmodalitäten vorsieht oder innerhalb dieser Forderungskategorie differenziert.

Dass die Reichweite der rechtlichen Bindungswirkung des *CVA* in der skizzierten Weise beschränkt ist, nämlich insbesondere eine zwangsweise Bindung gesicherter Gläubiger an das *CVA* gegen deren Willen nicht ermöglicht, schmälert den praktischen Anwendungsbereich des *CVA*-Verfahren erheblich und wird in der Praxis verbreitet (neben dem mangelnden gesetzlichen Moratorium) als das größte Defizit des *CVA*-Verfahrens gewertet[902].

Anders als das deutsche Insolvenzplanverfahren aufgrund der Wirkungsweise des § 245 InsO[903] (und anders als das US-amerikanische Chapter 11-Verfahren aufgrund der Wirkungsweise des 11 U.S.C. § 1129(b)) eignet sich das *CVA* nicht zur zwangsweisen rechtlichen Bindung (*cram-down*) einer ganzen Gläubigergruppe, die das *CVA* mehrheitlich ablehnt, weil zu Abstimmungszwecken nur eine einzige Gläubigergruppe zu bilden ist und diese als Wirksamkeitsvoraussetzung des *CVA* mit den oben genannten Mehrheiten zustimmen muss.

Aus den vorstehenden Ausführungen folgt jedoch, dass ungesicherte, abstimmungsberechtigte Gläubiger oder Gläubigergruppen, die weniger als 25% der ungesicherten Forderungen gegen die Gesellschaft halten, und nicht zu den *„preferential creditors"* zählen, trotz ihrer Ablehnung des *CVA-proposal* in der Gläubigerversammlung durch Majorisierung zwangsweise der rechtlichen Bindungswirkung des *CVA* unterworfen werden können. Nach im englischen Schrifttum häufig verwendeter Terminologie eignet sich das *CVA* m.a.W. zum *cram-down* hinsichtlich dieser dissentierenden Minderheiten ungesicherter

---

900 *Hannigan*, Company Law, 2003, S. 709.

901 Diese werden in sec. 386 IA 1986 i.V.m. Schedule 6 zum IA 1986 näher bestimmt werden (z.B. Lohnforderungen der Arbeitnehmer).

902 Statt vieler *Bewick/Fennessy/Marks* in Olivares-Caminal, Expedited Debt Restructuring - An International Comparative Analysis, 2007, Chapter 6, England & Wales, S. 195; *Shandro/Derrik*, P.L.C., Jan./Febr. 2002, S. 19 (23).

903 Dazu oben Kap. VII, II. 2. a.

Gläubiger[904]. Grenzen dieser Möglichkeit ergeben sich mit Blick auf die inhaltlichen Bestimmungen des *CVA* nur aus dem Verbot unfairer Benachteiligung („*unfair prejudices*") und aus dem Tatbestand erheblicher Verfahrensverstöße („*material irregularity*") als Anfechtungsgründe gemäß sec. 6 IA 1986.

c. *Nutzungsmöglichkeit des „Cram-Down-Potentials" eines CVA bei Debt-Equity-Swaps*

Das vorstehend skizzierte „*Cram-Down*-Potential" des *CVA* hinsichtlich dissentierender Gläubiger, kann bei der Umsetzung eines *Debt-Equity-Swap* genutzt werden. Dies ist deshalb der Fall, weil im *proposal* für das *CVA* zulässigerweise Bestimmungen mit intendierter Wirkung für die Gesellschaft und bestimmte Gläubiger getroffen werden können, die auf die Umsetzung eines *Debt-Equity-Swap* gerichtet sind, und solche Bestimmungen geradezu typischer Inhalt eines auf die Reorganisation der Schuldnergesellschaft gerichteten *CVA* sind[905].

Dies ermöglicht das *CVA*-Verfahren, auch wenn die gesetzlichen Regelungen zum *CVA* keine ausdrückliche Bestimmungen über *Debt-Equity-Swaps* enthalten, weil hinsichtlich des zulässigen Inhalts des *proposals* ein weiter Gestaltungsspielraum besteht. Das Gesetz beschränkt sich auf die Anordnung der absoluten Mindestanforderungen an das *proposal*, indem sec. 1(1) IA 1986 festlegt, dass das *proposal* Bestimmungen zwischen der Gesellschaft und ihren Gläubigern enthalten muss, die als „*composition in satisfaction of its debts*" oder als ein „*scheme of arrangement of its affair*" anzusehen sind. Eine „*composition of debts*" wird dabei als Vereinbarung einer nur quotalen Befriedigung zwischen Gläubiger und Gesellschaft verstanden und erfordert folglich, dass der Gläubiger nicht gänzlich auf eine Barzahlung oder andere Zuwendung verzichtet[906]. Der Begriff des „*schemes of arrangement*" (nicht zu verwechseln mit dem *Scheme of Arrangement* gemäß ss. 895 ff. CA 2006) wird extensiver ausgelegt, muss nicht zwingend einen (Teil-)Erlass beinhalten und kann letztlich inhaltlich uneingeschränkte,

---

904 Vgl. etwa *Barham*, P.L.C., Oct. 2002, S. 21 (23); *Paterson/Vickers* in The International Comparative Legal Guide to: Corporate Recovery & Insolvency 2009, Chapter 12 England & Wales, S. 63 (Rn. 6.1).

905 Siehe *Parry*, Corporate Rescue, 2008, S. 154; *Norley/Lane*, Chapter 8, Legal Analysis: England and Wales in Norley/Marshall/Swanson, A Practitioner's Guide to Corporate Restructuring, 2008, S. 245: „*The usual effect of the proposals in a CVA are a rescheduling or reduction in the company's debts and/or a debt-for-equity swap*". Aus der dt. Lit. *Bork*, Sanierungsrecht in Deutschland und England, 2011, Rn. 15.26; *Piekenbrock*, NZI 2012, S. 905 (907).

906 Siehe hierzu *Bailey*, Voluntary Arrangements, 2nd ed. 2007, S. 10.

auch innovativere Vereinbarungen vorsehen[907]. Die Schranken der inhaltlich zulässigen Gestaltungen setzt auch hier nur das Verbot unfairer Benachteiligung („*unfair prejudices*") als Anfechtungsgrund gemäß sec. 6 IA 1986. In Ermangelung näherer gesetzlicher Bestimmungen des zulässigen Inhalt des *proposal* ist faktisch einzig relevant, ob die im *proposal* vorgesehenen Bestimmungen in der Lage sind, das zur Wirksamkeit des *CVA* erforderliche Maß an Zustimmung der Gesellschaft und ihren Gläubigern zu generieren[908]. Aufgrund der insgesamt weiten Spielräume bei der Ausgestaltung des *proposals*, wird hierin ein „*laissez-faire*"-Ansatz des Regelwerks gesehen[909]. Vereinbarungen zwischen der Gesellschaft und bestimmten Gläubigern im *proposal*, die auf die Umsetzung eines „echten" *Debt-Equity-Swap* oder eines *Debt-for-NewCo-Equity-Swap*[910] gerichtet ist, steht nach alldem nichts im Wege, so dass die Nutzungsmöglichkeit des *CVA* als Instrument der zwangsweisen Verpflichtung ungesicherter, abstimmungsberechtigten Minderheitsgläubiger zur Umwandung ihrer Forderungen in Gesellschaftsanteile eröffnet ist.

d. Beispiel: Schefenacker AG/plc (2007)

Die praktische Anwendung dieser spezifischen Nutzungsmöglichkeit eines *CVA* veranschaulicht das viel diskutierte Restrukturierungskonzept des Automobilzulieferers *Schefenacker plc* (Rechtsnachfolgerin der *Schefenacker AG*) aus dem Jahr 2007[911], das eine Migration der *Schefenacker AG* in das englische Gesellschaft- und Insolvenzrecht beinhaltete[912]. Der Fall gilt als Beispiel für die erfolgreiche Vereinbarung eines *Debt-Equity-Swap* im isoliert durchgeführten[913] *CVA*,

---

907 *Bailey*, a.a.O., S. 10 m.w.N.

908 Ähnlich wie hier Palmer's Company Law, (Stand: Aug. 2007), 14.412 m.w.N.

909 Vgl. Palmer's Company Law, (Stand: Aug. 2007), 14.412.

910 Siehe zur hier als *Debt-for-NewCo-Equity-Swap* bezeichneten Konstruktion oben Kap. III, I. 2. d. (zur dt. Praxis) und Kap. III, II. 2. (zur engl. Praxis).

911 Siehe zum *Debt-Equity-Swap* im Fall *Schefenacker* auch *Bewick*, International Corporate Rescue, Vol. 5 (2008) Issue 2, S. 103 ff.; *Harner*, Fordham Law Review, Vol. 77 (2008) No. 2, S. 703 (721 ff.); sowie die Nachweise zum Fall *Schefenacker* in Fn. 21.

912 Vgl. zur Migration der *Schefenacker AG* bereits oben Kap. I.

913 Anders als im Fall der *Deutsche Nickel*, in dem ein *CVA* in einem eröffneten *administration*-Verfahren gemäß sec. 8 IA 1986 i.V.m. Schedule B1 IA 1986 eingeleitet wurde, wurde das *CVA*-Verfahren im Fall *Schefenacker* isoliert als sog. „*free-standing CVA*" (oder „*stand-alone CVA*") außerhalb eines *administration*-Verfahrens eingeleitet und durchgeführt.

mit der auch dissentierende, ungesicherte Gläubiger zur Umwandlung ihrer Forderungen in Gesellschaftsanteile verpflichtet werden.

Das (modifizierte) *proposal* für das *CVA* vom 5.4.2007 (das dem Verfasser der vorliegenden Arbeit wohlbekannt ist) sah als Kernelement einen *Debt-Equity-Swap* der sanierungsbedürftigen *Schefenacker plc* mit der Hauptgruppe ihrer ungesicherten Gläubiger, den Anleihegläubigern, vor[914]. Zur Umsetzung des *Debt-Equity-Swap* bestimmte das *proposal*, dass alle Anleihegläubiger einen vollständigen Forderungsverzicht auf sämtliche aus der Anleihe mit einem Nennwert i.H.v. EUR 200 Mio. resultierenden Ansprüche gegen die *Schefenacker plc* leisten. Im Gegenzug hierfür erhalten die Anleihegläubiger nach dem Inhalt des *proposal* im Zuge einer Kapitalerhöhung einen Anteil von insgesamt 5% des erhöhten gezeichneten Kapitals in Form von neu auszugebenden *ordinary shares* der *Schefenacker plc*, die entsprechend dem Verhältnis ihrer (zu erlassenden) Forderungen an sie ausgegeben werden[915].

---

914 Ein erstes *proposal* wurde am 9.3.2007 von den *directors* der *Schefenacker plc* vorgelegt. Insbesondere die Anleihegläubiger der Gesellschaft wurden aufgefordert diesem ersten *proposal* in einer Gläubigerversammlung zuzustimmen. Neben Regelungen zur Rechtsposition *Dr. Schefenackers* (dem damaligen Alleingesellschafter) hatte bereits dieses erste *proposal* im Wesentlichen zum Inhalt, dass die Forderungen der Anleihegläubiger i.H.v. EUR 200 Mio. ersetzt werden durch eine Eigenkapitalbeteiligung in Form von *ordinary shares*, die insgesamt einer Beteiligungsquote von 5% des gezeichneten Kapitals der *Schefenacker plc* entsprechen. Die Zustimmung der Anleihegläubiger zu diesem *Debt-Equity-Swap* auf der Grundlage des *CVA* war nach Unternehmensangaben für das Überleben der Gesellschaft entscheidend, da es bei einer Ablehnung des Angebots zu einer Zerschlagung des Unternehmens käme. Nachdem einige Anleihegläubiger ihre Ablehnung des *proposal* v. 9.3.2007 signalisiert hatten, wurde dieses überarbeitet und durch ein modifizierendes *proposal* v. 5.4.2007 ergänzt. Die zur Abstimmung über das *proposal* erforderliche Gläubiger- und Gesellschafterversammlung fand daher nicht wie zunächst geplant am 30.3.2007, sondern erst am 2.5.2007 in London statt. Das zweite *proposal* bezieht sich inhaltlich auf das erste *proposal* und bildet mit diesem eine rechtliche Einheit. Inhaltlich sieht das modifizierte *proposal* im Kern ein verbessertes Angebot an die Anleihegläubiger vor, um die Wahrscheinlichkeit ihrer Zustimmung zu erhöhen. Siehe zum Ganzen auch die Pressemitteilung der *Schefenacker plc* v. 12.3.2007, „Schefenacker enters second phase of restructuring"; sowie die Pressemitteilung der *Schefenacker plc* v. 30.3.2007, „Schefenacker update on financial restructuring".

915 Daneben wurde den Anleihegläubigern (was hier von untergeordneten Interesse ist) im Gegenzug für den Forderungsverzicht eine einmalige Barzahlung der *Schefenacker plc* i.H.v. insgesamt EUR 7,5 Mio. angeboten sowie Optionsscheine (*warrants*), die bei Erreichen festgelegter Schwellenwerte ausgeübt werden können und

Nachdem auf der Gläubigerversammlung zur Abstimmung über das *proposal* am 2.5.2007 in London 86,6% aller anwesenden und abstimmenden Gläubiger (und 75,9% der anwesenden und abstimmenden Anleihegläubiger[916]) dem modifizierten *proposal* ihre Zustimmung erteilten, war die gesetzlich erforderliche Zustimmung einer Dreiviertel-Mehrheit der abstimmenden Gläubiger, gemessen an der Höhe ihrer Ansprüche gegen die Gesellschaft erzielt worden[917], und das *CVA* konnte am 29.6.2007 wirksam werden[918]. Angesicht der im *proposal* detailliert aufgezeigten Liquidationsszenarien für den Fall eines Scheitern des *CVA*, bei denen die gesicherten Gläubiger ihre Sicherheiten verwertet hätten und die Anleihegläubiger völlig leer ausgegangen wären, war die Zustimmung der Anleihegläubiger nicht verwunderlich. In der Gesellschafterversammlung wurde dem *proposal* ebenfalls mit der erforderlichen Mehrheit zugestimmt[919]. Jedoch war dies gemäß sec. 4A(2) IA 1986 keine Wirksamkeitsvoraussetzung des *CVA*[920].

---

den Anteil der Anleihegläubiger bei vollständiger Ausübung der Optionen um 10% (also von 5% auf 15%) erhöhen.

916 Obwohl nach Maßgabe der gesetzlichen Vorschriften die Zustimmung einer Drei-Viertel-Summenmehrheit aller abstimmungsberechtigten Gläubiger zur Annahme des *CVA* ausreicht, enthält das *proposal* im Fall *Schefenacker* zusätzlich das Erfordernis der Zustimmung einer Drei-Viertel-Mehrheit der Anleihegläubiger als Bedingung für den Eintritt der Wirksamkeit. Dies ist eine Vorsichtsmaßnahme der Planverfasser: Neben den Anleihegläubigern gab es weitere ungesicherte Gläubiger, die abstimmungsberechtigt waren, obwohl ihre Rechtsstellung durch das *CVA* nicht berührt wurde. Um keine Angriffsfläche für eine Anfechtung des *CVA* durch Anleihegläubiger aufgrund einer unfairen Benachteiligung („*unfair prejudice*“) mit dem Rechtsbehelf der sec. 6 IA 1986 zu bieten, wollten die Planverfasser durch diese Bedingung vermeiden, dass ausreichend vom Planinhalt nicht betroffene abstimmungsberechtigte Gläubiger dem Plan durch ihre Zustimmung zur Wirksamkeit verhelfen, ohne dass die Interessen der vom Planinhalt betroffenen Anleihegläubigern hinreichend gewahrt würden. Zum Ganzen auch *Bewick*, International Corporate Rescue, Vol. 5 (2008) Issue 2, S. 103 (104 f.). Im Ergebnis wurde das *CVA* vor englischen Gerichten jedenfalls nicht angefochten; *Goetker/Quenby*, I.F.L.R., Sept. 2007, S. 48 (49).

917 Zu den erforderlichen Mehrheitsvoraussetzungen oben Kap. VII, III. 2. b.

918 Pressemitteilung des Unternehmens auf http://www.visiocorp.com/pages/investors/overview.php.

919 Da *Dr. Schefenacker* zu diesem Zeitpunkt Alleingesellschafter war und den Sanierungsplan befürwortete, war die Zustimmung der Gesellschafter gewährleistet.

920 Vgl. oben Kap. VII, III. 2. b.

Mit Wirksamkeit des *CVA* wurden alle Anleihegläubiger (infolge ihrer Abstimmungsberechtigung gemäß sec. 5(2) IA 1986) von der rechtlichen Bindungswirkung des *CVA* erfasst. An die im *CVA* vorgesehenen, auf die Umsetzung des *Debt-Equity-Swap* gerichteten, Regelungen, wurden folglich sämtliche Anleihegläubiger gebunden, obwohl 24,1% der anwesenden und abstimmenden Anleihegläubiger dem *proposal* in der Gläubigerversammlung ihre Zustimmung verweigert hatten. Die *Schefenacker*-Restrukturierung verdeutlicht unter diesem Gesichtspunkt die typische Funktionsweise des *CVA* als Instrument zur zwangsweisen Verpflichtung dissentierender (ungesicherter) Gläubigerminderheiten bei *Debt-Equity-Swaps*.

e. *Nicht-Existenz einer den §§ 225a Abs. 2 S. 2, 230 Abs. 2 InsO entsprechenden Vorschrift im CVA-Verfahren*

Mit Blick auf das *cram-down*-Potential hinsichtlich obstruierender Gläubigerminderheiten wird die Attraktivität der Implementierung eines *Debt-Equity-Swap* durch ein *CVA* im Vergleich zur Implementierung eines insolvenzplangestützten *Debt-Equity-Swap* durch den folgenden Aspekt erhöht: Wie oben aufgezeigt wurde, ist ein *cram-down* von Gläubigern im Insolvenzplanverfahren gemäß §§ 217 ff. InsO zwar grundsätzlich möglich, doch ist es aufgrund der Sondervorschriften der §§ 225a Abs. 2 S. 2, 230 Abs. 2 InsO unzulässig, einen Gläubiger durch den Insolvenzplan gegen seinen Willen zur Übernahme von Anteilen infolge eines *Debt-Equity-Swap* zu verpflichten[921]. Dieser Aspekt wird für das englische Insolvenzrechts nicht als Problem behandelt; die Übernahme von Beteiligungsrechten in Umsetzung eines *CVA* wird keiner vergleichbaren Restriktion unterworfen[922]:

Eine den §§ 225a Abs. 2 S. 2, 230 Abs. 2 InsO im Regelungsgehalt entsprechende Vorschrift, die im *CVA*-Verfahren Anwendung findet, ist weder im IA 1986 noch anderweitig gesetzlich verankert. Auch die Rechtsprechung hat keine den §§ 225a Abs. 2 S. 2, 230 Abs. 2 InsO im Regelungsgehalt entsprechende Grenze für das *CVA* entwickelt. Ob im *CVA* theoretisch eine Verpflichtung eines Gläubigers zur Übernahme von Anteilen der Schuldnergesellschaft begründet werden kann, und ob dies verfassungsrechtlich mit Blick auf die Begründung

---

921 Unter Kap. VII, II. 2.

922 Diese Ansicht bestätigten *Prof. Paul Davies*, London School of Economics and Political Science (LSE), in einem persönlichen Gespräch mit dem Verfasser am 10.3.2009 in London, sowie *Prof. John Armour*, University of Oxford, in einem persönlichen Gespräch mit dem Verfasser am 13.3.2009 in Oxford.

einer Zwangsmitgliedschaft problematisch sein könnte, wird nicht diskutiert und insbesondere nicht als verfassungsrechtlich problematisch erörtert. Der Hintergrund hierfür könnte zum einen darin zu sehen sein, dass liquide Anteile sofort veräußert werden können und in ihrer Zuweisung an betroffene Gläubiger daher keine Schlechterstellung dieser gesehen wird. Zum anderen könnte hierfür bei liquiden und auch bei nicht liquiden Anteilen der Umstand maßgeblich sein, dass in der Zuteilung von Gesellschaftsanteilen primär die Zuteilung eines Vermögenswerts erblickt wird, und so der Aspekt der potentiellen Begründung einer Zwangsmitgliedschaft in einer Kapitalgesellschaft aus dem Fokus rückt.

In der Praxis spielen Erwägungen einer den §§ 225a Abs. 2 S. 2, 230 Abs. 2 InsO im Regelungsgehalt entsprechenden Restriktion bei der Umsetzung eines *Debt-Equity-Swap* auf der Grundlage eines *CVAs* offenbar keine Rolle. Dies mag daran liegen, dass *CVAs* in der Praxis häufig aus kommerziellen Gründen dem potentiell forderungsumwandelnden Gläubiger inhaltlich nicht einzig die Option der „Umwandlung“ von Forderungen in Eigenkapital der Schuldnergesellschaft anbieten, sondern diesem häufig unterschiedliche Optionen einräumen. Aus rechtlichen Gründen ist dies aber in Ermangelung einer den §§ 225a Abs. 2 S. 2, 230 Abs. 2 InsO im Regelungsgehalt entsprechenden Vorschrift oder Rechtsprechung nicht zwingend erforderlich, so dass es nicht unzulässig ist einen Gläubiger durch das *CVA* gegen seinen Willen zur Beteiligung am *Debt-Equity-Swap* zu verpflichten. Zulässig ist insbesondere auch ein *CVA*, dass dem einzelnen Gläubiger im Gegenzug für seinen Forderungsverzicht ohne Angebot einer Alternativleistung der Schuldnergesellschaft zur Übernahme von Anteilsrechten berechtigt[923]. Der Gläubiger hat dann nach dem Inhalt des *CVA* die Wahl entweder auf seine Forderungen zu verzichten und im Gegenzug hierfür Anteile der Schuldnergesellschaft zu übernehmen, oder Letzteres bleiben zu lassen und ohne Gegenleistung einseitig auf seine Forderung zu verzichten.

3. *Scheme of Arrangement (SoA)* als Instrument zur Einbindung dissentierender Gläubiger bei *Debt-Equity-Swaps*

a. *Scheme of Arrangement gemäß ss. 895 ff. CA 2006*

Eine Überwindung der Obstruktion dissentierender Gläubiger gegen einen *Debt-Equity-Swap* auf der Grundlage englischen Rechts ermöglicht nicht nur

923 Diese Ansicht teilte *Prof. Paul Davies*, London School of Economics and Political Science (LSE), in einem persönlichen Gespräch mit dem Verfasser am 10.3.2009 in London.

das *CVA*-Verfahren: Zur Umsetzung des *Debt-Equity-Swap* und gleichzeitiger Lösung von Kollektivhandlungsproblemen mit Blick auf die forderungsumwandelnden Gläubiger kann auch ein *Scheme of Arrangement* gemäß der ss. 895-901 CA 2006[924] (im Folgenden auch kurz: „*SoA*" oder „*scheme*") genutzt werden.

Das *Scheme of Arrangement* ist ein formalisiertes Vergleichsplanverfahren, dass es einer Gesellschaft ermöglicht, durch Mehrheitsbeschlüsse und rechtskräftiger Entscheidung durch ein zwingend anzurufendes Gericht eine rechtsverbindliche Vereinbarungen mit Gläubigern oder einzelnen Gläubigergruppen, und/oder Gesellschaftern und einzelnen Gesellschaftergruppen, oder einer Kombination aus beidem zu treffen[925]. Ein *SoA* wird häufig zur finanziellen Restrukturierung insolventer oder drohend insolventer Unternehmen genutzt[926], ist aber auch zur Erzielung vielfältiger anderer Vorhaben nutzbar[927].

Wird ein *SoA* zur Implementierung eines Restrukturierungkonzepts krisenbefangener Kapitalgesellschaften genutzt, dient es häufig zugleich auch als

924 Das Rechtsinstitut des heute in ss. 895 ff. CA 2006 verankerten *Scheme of Arrangement* ist wesentlich älter als das *CVA*-Verfahren. Vorläuferregelungen bestanden bereits seit der zweiten Hälfte des 19. Jh. Vertiefend zur historischen Entwicklung des *SoA Prinz,* Umstrukturierungen durch Schemes of Arrangement mit Gesellschaftern im englischen Recht – ein Vorbild?, 2004, S. 65 ff.

925 Zum Begriff „*schemes of arrangement*" (der nicht legaldefiniert ist) aus der dt. Lit. *Chudzick*, Schemes of Arrangements mit Gläubigern nach englischem Kapitalgesellschaftsrecht, 2007, S. 47 f.

926 Übersichtsdarstellungen zum *Scheme of Arrangement* gemäß ss. 895 ff. CA 2006 (bzw. den Vorgängervorschriften der ss. 425 ff. CA 1985) unter besonderer Berücksichtigung seiner Nutzung als verfahrensrechtliches Instrument der Unternehmensrestrukturierung bieten etwa *Bewick/Fennessy/Marks* in Olivares-Caminal, Expedited Debt Restructuring - An International Comparative Analysis, 2007, Chapter 6, England & Wales, S. 171 ff.; *Parry,* Corporate Rescue, 2008, S. 233 ff.; *Finch*, Corporate Insolvency Law, 2nd ed. 2009, S. 479 ff.; *Bork*, Sanierungsrecht in Deutschland und England, 2011, Rn. 6.2 ff.

927 Wie z.B. zur Durchführung von Übernahmen und Verschmelzungen, zur Abwicklung („*winding-up*") von Versicherungsgesellschaften, zur Ermöglichung einer Veränderung der Gläubigerrechte in einem *winding-up*-Verfahren, zur Umsetzung einer Kapitalherabsetzung, bei der Gesellschafter einer Klasse unterschiedlich behandelt werden sollen oder zur innergesellschaftlichen Umstrukturierung der Eigenkapitalstruktur; siehe zu Letzterer Funktionsweise auch *Prinz,* Umstrukturierungen durch Schemes of Arrangement mit Gesellschaftern im englischen Recht – ein Vorbild?, 2004, S. 182 ff.

verfahrensrechtliche Grundlage zur Umsetzung eines *Debt-Equity-Swap*[928]. Dabei wird auf der Grundlage des *SoA* jedoch häufig kein *Debt-Equity-Swap* im engeren Sinne, d.h. ein solcher, bei dem Gläubiger Gesellschaftsanteile an der reorganisierten ursprünglichen Schuldnergesellschaft erwerben, umgesetzt, obwohl auch dies möglich ist. Vielmehr dient das *SoA* in der englischen Sanierungspraxis häufig zur Umsetzung einer Konstruktion, die – aufgrund einer primär auf den wirtschaftlichen Effekt auf Seiten der beteiligten Gläubiger abstellenden Sichtweise – unpräzise als *Debt-Equity-Swap* bezeichnet wird. Treffender zur Bezeichnung dieser Konstruktion ist der gelegentlich[929] verwendete Begriff „*Debt-for-NewCo-Equity-Swap*"[930]. Bei dieser Konstruktion wird auf der verfahrensrechtlichen Grundlage eines *SoA* (in diesem Fall auch „*transfer scheme*" genannt) das Unternehmen und sämtliche Vermögenswerte der Schuldnergesellschaft auf eine neugegründete Gesellschaft („*new company*"/„*NewCo*") übertragen. Sodann wird die Schuldnergesellschaft liquidiert und bestimmte Gläubigergruppen erhalten im Gegenzug für ihren Forderungsverzicht neue Anteile an der *NewCo* mit einer als mehrheitlich konsensfähig ausgehandelten Beteiligungsquote. Dabei wird die Beteiligungsquote der Altgesellschafter an der *NewCo* im Vergleich zu derjenigen an der Schuldnergesellschaft üblicherweise deutlich herabgesetzt[931]. Bestimmte Gläubigergruppen – i.d.R. ungesicherte Gläubiger – deren Zustimmung zum *SoA* nicht erforderlich war, können bei dieser Konstruktion gegebenenfalls in der Weise übergangen werden, dass sie an der *NewCo* nicht beteiligt werden und sie mit ihren (wertlosen) Forderungen gegen die vermögenslose, zu liquidierende ursprüngliche Schuldnergesellschaft zurückbleiben (näher hierzu unten[932]).

Als Beispiele für die erfolgreiche Umsetzung eines solchen *Debt-for-NewCo-Equity-Swap* auf der verfahrensrechtlichen Grundlage eines *SoA* seien aus der englischen Restrukturierungspraxis die Sanierungsfälle *Crest Nicholson plc*[933],

---

928 Vgl. *Brown*, Corporate Rescue, 1996, Rn. 20.67; *Cotton/Klineberg*, J.I.B.F.L., April 2007, S. 226; *Harner*, Fordham Law Review, Vol. 77 (2008) No. 2, S. 703 (748); *Lovell White Durrant*, The In-House Lawyer, Oct. 1993, S. 50 f.

929 Etwa bei *Parry*, Corporate Rescue, 2008, S. 235.

930 Hierzu oben Kap. III, II. 2.

931 Siehe zur typischen Konstruktion eines solchen „*transfer Scheme*" zur Umsetzung eines *Debt-for-NewCo-Equity-Swap O'Dea*, J.I.B.F.L., Nov. 2009, S. 583 (585 ff.); vgl. ferner auch *Parry*, Corporate Rescue, 2008, S. 235.

932 Kap. VII, III. 3. c.

933 Siehe hierzu *Crest Nicholson*, Pressemitteilung v. 11.2.2009, „Crest Nicholson confirms overwhelming support from lenders for groundbreaking financial

McCarthy & Stone plc[934], *IMO Car Wash Group*[935] und *Countrywide plc*[936] sowie die Restrukturierung der *Telewest Communications plc*[937] im Jahr 2003/2004 genannt. Im viel diskutierten Fall der Restrukturierung des sanierungsbedürftigen Reiseveranstalters *MyTravel Group plc* beschäftigte ein *transfer SoA* nach diesem Muster im Jahr 2004 englische Gerichte[938], doch konnte das Ergebnis eines *Debt-for-NewCo-Equity-Swap* letztlich aufgrund einer Einigung außerhalb des *SoA* erzielt werden[939]. Auch im komplexen Restrukturierungsverfahren der *Marconi*-Gruppe, einem international tätigen Telekommunikationskonzern, der im Jahr 2003 auf der Grundlage zweier *SoA* saniert werden konnte, wurde das *SoA* zur Umsetzung eines *Debt-for-NewCo-Equity-Swap* genutzt[940]. Zu diesem Zweck wurden zwei *SoA* implementiert; eines zur Verteilung der Vermögenswerte der Muttergesellschaft *Marconi plc,* die letztlich liquidiert werden sollte, und eines für ihre 100%-Tochtergesellschaft *Marconi Corporation plc,* die nach Abschluss des Restrukturierungsverfahrens zur neuen (börsennotierten)

---

restructuring"; *Crest Nicholson*, Pressemitteilung v. 25.3.2009, „Crest Nicholson completes financial restructuring and secures banking covenants through to March 2012"; (jeweils online abrufbar auf http://www.crestnicholson.com).

934 Siehe zur gerichtlichen Bestätigung des *Scheme of Arrangement* in diesem Fall *Re McCarthy & Stone Plc* [2009] EWHC, S. 1116 (High Court of Justice Chancery Division).

935 Siehe zur gerichtlichen Bestätigung des *SoA Re Bluebrook Ltd* [2009] EWHC, S. 2114 (High Court of Justice Chancery Division) sowie unten Kap. VII, III. 3. c. m.w.N.

936 Vgl. hierzu www.reuters.com v. 5.3.2009, „Lenders approve UK Countrywide's debt swap".

937 Siehe zur Restrukturierung der *Telewest Group* auf der Grundlage eines *Scheme of Arrangement Stephenson/Maunder/Evans/Derrick*, P.L.C., Nov. 2004, S. 15 ff.; sowie *Re Telewest Communications plc (No.2)* [2005] B.C.C., S. 36.

938 *Re MyTravel Group plc* [2005] B.C.C., S. 457 (erstinstanzlich); *Re MyTravel Group plc* [2005] 2 B.C.L.C., S. 123 (Court of Appeal).

939 Zum *SoA* der *MyTravel Group plc* unten Kap. VII, III. 3. c. sowie *Crystal/Mokal*, International Corporate Rescue, Vol. 3 (2006) Issue 3, S. 123 ff.; *Derrik*, Insolvency Intelligence, Vol. 18 (2005) Issue 9, S. 136-138; *Segal*, Insolvency Intelligence, Vol. 20 (2007) Issue 4, S. 49 ff.; *Sheldon/Stonefrost*, International Corporate Rescue, Vol. 2 (2005) Issue 2, S. 82-86; *Underhill/Edwards*, I.F.L.R., March 2007, S. 33 ff.

940 Ausführlich zur Restrukturierung der *Marconi*-Gruppe durch zwei *SoA*-Verfahren *Bewick*, International Corporate Rescue, Vol. 4 (2007) Issue 4, S. 186 ff.; *Frome/Brown*, I.F.L.R., Sept. 2003, S. 19 ff.; *Griffith/Weeks*, P.L.C., Okt. 2003, S. 19 ff.; *Maunder*, Insolvency Intelligence, Vol. 16 (2003) Issue 10, S. 73 ff.; *Wedderburn-Day/Phelps*, J.I.B.F.L., Dec. 2003, S. 421 ff.

Holdinggesellschaft der *Marconi*-Gruppe wurde. Auf der Grundlage des *SoA* für *Marconi Corporation plc* erhielten ihre Gläubiger (insbesondere Kreditgeber und Anleihegläubiger) für ihren Forderungsverzicht unter anderem 99.5% des gezeichneten Kapitals, während den Altgesellschafter der *Marconi plc* die verbleibenden 0,5% zugewiesen wurden[941]. Im Gegenzug für diese Änderung der Eigenkapitalstruktur konnten auf der Grundlage der *schemes* die Gesamtverbindlichkeiten der *Marconi*-Gruppe i.H.v. ca. £ 5,6 Mrd. auf Gesamtverbindlichkeiten i.H.v. ca. £ 800 Mio. reduziert werden[942].

Die Anwendbarkeit eines *SoA* – wie die eines *CVA* – nicht zwingend die Insolvenz oder drohende Insolvenz der betreffenden Gesellschaft voraus; das Verfahren kann sowohl für insolvente als auch für solvente Gesellschaften genutzt werden[943]. Dabei handelt es sich um ein sog. „solvent *SoA*", wenn die *SoA*-Gesellschaft (noch) solvent ist und sich auch nicht in einem förmlichen Insolvenzverfahren befindet. Um ein „insolvent *SoA*" handelt es sich demgegenüber, wenn die *SoA*-Gesellschaft bereits insolvent ist, sich aber noch nicht in einem förmlichen Insolvenzverfahren befindet. Ein *SoA*-Verfahren kann in einem bereits eröffneten Liquidation- oder *administration*-Verfahren oder auch völlig isoliert eingeleitet und durchgeführt werden[944]. Ein *SoA* kann gemäß sec. 895(2)(b) CA 2006 jede „*company*" implementieren, die nach dem Insolvency Act 1986 oder Insolvency (Northern Ireland) Order 1989 zu liquidieren ist[945].

Das *SoA* ist kein dem Anwendungsbereich der EuInsVO unterworfenes „Gesamtverfahren" („*collective insolvency proceedings*") i.S.d. Art. 1 Abs. 1, Art. 2 lit. a i.V.m. Anhang A EuInsVO[946]. Dies wird verbreitet damit begründet, dass

941 Auch die Gläubiger der *Marconi plc* erhielten Anteile (*ordinary shares*) an der *Marconi Corporation plc*, dies allerdings auf Umwegen: Nach dem Inhalt des *SoA* der *Marconi plc* waren sie im Verhältnis ihrer Forderungen bei der Verteilung sämtlicher verbliebenen Vermögenswerte der *Marconi plc* zu berücksichtigen. Zu diesen Vermögenswerten zählten auch neue Anteile an der *Marconi Corporation plc*, die der *Marconi plc* gemäß dem *SoA* für die *Marconi Corporation plc* aufgrund von *intercompany*-Darlehen an diese zustanden.

942 Vgl. *Griffith/Weeks*, P.L.C., Okt. 2003, S. 19 (22).

943 *Goode*, Principles of Corporate Insolvency, 3rd ed. 2005, S. 406; *Finch*, Corporate Insolvency Law, 2nd ed. 2009, S. 482.

944 Vgl. *Shandro/Derrik*, P.L.C., Jan./Febr. 2002, S. 19 (24).

945 Sec. 895(2)(b) CA 2006. Näher zu Fragen der Zuständigkeit englischer Gerichte zur Bestätigung eines *SoA Ho*, Corporate Rescue and Insolvency, Vol. 2 (2009) Issue 1, S. 3.

946 Statt vieler *Bork*, Sanierungsrecht in Deutschland und England, 2011, S. 52 Fn. 9; *ders.*, IILR 2012, S. 477 (488); *Thole*, ZGR 2013, S. 109 (114); *Swierczok*, Das

das *SoA* nach geltender Fassung der EuInsVO nicht im Anhang A zur EuInsVO aufgelistet wird[947]. Zu Recht wird auf das Problem gegenwärtig bestehender Rechtsunsicherheit bzgl. der Frage hingewiesen, ob die materiellen Kriterien des Art. 1 Abs. 1 EuInsVO oder die formale Nennung im Anhang A für die Einordnung eines Verfahrens unter die EuInsVO entscheidend sind[948]. Diese Problematik hat aber in Bezug auf die Qualifikation des *SoA* keine große Relevanz, da dieses weder im Anhang A zur EuInsVO aufgelistet ist, noch die „abstrakt“[949] definierten, materiell-rechtlichen Kriterien des Art. 1 Abs. 1 EuInsVO erfüllt[950]. Letzteres ist unter anderem deshalb der Fall, weil es bei einem *SoA* nicht zu einem vollständigen oder teilweisen Vermögensbeschlag kommt, sondern die Verwaltungs- und Verfügungsbefugnis über das Gesellschaftsvermögen allein

---

englische Scheme of Arrangement und seine Rezeption in Deutschland, 2013, S. 80 f. Im englischen Schrifttum wird dies nicht anders gesehen, vgl. *Marks* in Tolley's Insolvency Law, Issue 50 (Febr. 2007), Division E - European Insolvency Issues, E8004.1; Buckley on the Companies Acts, Companies Act 2006, Part 26 Arrangements and reconstructions, 895 Rn. 16. Auch die Regierung des Vereinigten Königreichs scheint der Auffassung gewesen zu sein, dass *SoA* nicht in den sachlichen Anwendungsbereich der EuInsVO fallen; *Marks* in Moss/Fletcher/Isaacs, The EC Regulation on Insolvency Proceedings, 2nd Ed., Oxford 2009, Rdn. 7.162. Der BGH hat in seinem Urteil vom 15. 2. 2012 – IV ZR 194/09 (OLG Celle), NJW 2012, S. 2113 (2115) die Anerkennung eines *SoA* nach § 343 InsO verweigert, da dies ein Insolvenzverfahren voraussetze und es sich bei dem*SoA* im zu entscheidenden Fall nicht um ein solches handele. Dies wird seitens des BGH u.a. damit begründet, dass ein *SoA* einen breiten Anwendungsbereich habe, der auch Verfahrensgestaltungen außerhalb von Insolvenzverfahren abdecke, dass die Verfahrenseröffnung im *SoA*-Verfahren an keine tatbestandlichen Voraussetzungen gebunden sei und keinen Insolvenztatbestand erfordere, dass der Inhalt des konkreten *SoA* nicht eine Gesamtregelung gegenüber allen Gläubigern sei und dass das *SoA* nicht in Anhang A zur EuInsVO genannt wird; BGH a.a.O., m.w.N.

947 Statt vieler *Thole*, ZGR 2013, S. 109 (114).

948 Vgl. dazu *Hess* in Hess/Oberhammer/Pfeiffer (Hrsg.), European Insolvency Law – The Heidelberg-Luxembourg-Vienna Report, 2013, S. 25 ff.

949 „Abstrakt“ bedeutet hier, dass das Verfahren seiner gesetzlichen Grundkonzeption nach die genannten materiell-rechtlichen Kriterien stets aufweisen muss. Nicht ausreichend ist hingegen, wenn das Verfahren die materiell-rechtlichen Kriterien im Einzelfall aufweisen kann. Eine „abstrakte“ Betrachtungsweise ist im Rahmen der EuInsVO zur Wahrung der Rechtssicherheit und -klarheit geboten; *Swierczok*, Das englische Scheme of Arrangement und seine Rezeption in Deutschland, 2013, S. 80 Fn. 237.

950 *Swierczok*, Das englische Scheme of Arrangement und seine Rezeption in Deutschland, 2013, S. 80 f.

bei der Schuldnergesellschaft verbleibt[951]. Des Weiteren erfasst das *SoA* auch nicht immer alle Gläubiger, wie es die Definition in Art. 1 Abs. 1 EuInsVO jedoch voraussetzt[952]. Nach gegenwärtigen Reformvorschlägen könnte das *SoA* jedoch künftig in den Anhang A zur EuInsVO aufgenommen werden[953].

Inhalt und zwingende Voraussetzung eines *SoA* ist gemäß sec. 895(1) CA 2006 ein „*compromise*" oder „*arrangement*" zwischen der Gesellschaft und ihren Gesellschaftern (oder Gesellschaftergruppen) und/oder ihren Gläubigern (oder Gläubigergruppen)[954]. Nach heute gefestigter Rechtsprechung kann unter „*compromise*" jede Form des Vergleichs verstanden werden, bei dem eine Meinungsverschiedenheit, ein Interessenkonflikt oder ein Regelungsbedarf im konkreten Einzelfall besteht und dies durch ein Entgegenkommen beider Parteien im Sinne eines gegenseitigen Nachgebens geregelt wird[955]. Die vollständige Aufgabe eines Rechts erfüllt diese Voraussetzungen eines „*compromises*" demnach nicht[956]. Der Begriff des „*arrangement*" wird durch die Gerichte sehr viel extensiver als der des „*compromise*" ausgelegt. Die Rechtsprechung brachte zum Ausdruck, dass der Begriff des „*arrangement*" im Verhältnis zum Begriff „*compromise*" als Auffangtatbestand und Generalklausel zu verstehen ist und grundsätzlich geeignet ist, jede gesetzlich zulässige Vereinbarung zu erfassen, die durch ein *SoA* mit Gläubigern oder Gesellschaftern getroffen werden kann[957]. Allerdings bedarf

---

951 *Swierczok*, a.a.O., S. 81, m.w.N.

952 Statt vieler *Piekenbrock*, ZIP 2014, S. 250 (256).

953 Vgl. Report from the Commission to the European Parliament, the Council and the European Economic and Social Committee on the application of Council Regulation (EC) No 1346/2000 of 29 May 2000 on insolvency proceedings, COM(2012) 743 final v. 12.12.2012; Proposal for a Regulation of the European Parliament and of the Council amending Council Regulation (EC) No 1346/2000 on insolvency proceedings, COM(2012) 744 final v. 12.12.2012; zum Anwendungsbereich der EuInsVO de lege ferenda *Piekenbrock*, ZIP 2014, S. 250 ff.

954 Zur Auslegung der Begriffe „*compromise*" und „*arrangement*" aus der dt. Lit. *Chudzick*, Schemes of Arrangements mit Gläubigern nach englischem Kapitalgesellschaftsrecht, 2007, S. 51 ff.; *Prinz*, Umstrukturierungen durch Schemes of Arrangement mit Gesellschaftern im englischen Recht – ein Vorbild?, 2004, S. 87 ff.

955 *Re N.F.U. Development Trust Ltd.* [1972] 1 W.L.R., S. 1548 (1555).

956 Vgl. *Brightman J.* in *Re N.F.U. Development Trust Ltd.* [1972] 1 W.L.R., S. 1548 (1555): *„The word ‚compromise' implies some element of accommodation on each side. It is not apt to describe total surrender"*. Dies entspricht weitgehend der deutschen Legaldefinition eines Vergleichs in § 779 Abs. 1 BGB.

957 *Re Guardian Assurance Co.* [1917] 1 Ch., S. 431; *Singer Manufactoring Co. v. Robinow* [1971] S.C., S. 11; *Mercantile Investment and General Trust Co. v. International Co. of Mexico* [1891] 1 Ch., S. 484 (491).

auch das *arrangement* eines „*element of give and take*", so dass – wie bei einem *compromise* – die vollständige Aufgabe eines Rechts nicht hiervon erfasst wird[958]. Ein *Debt-Equity-Swap* oder ein *Debt-for-NewCo-Equity-Swap* zur Entschuldung einer Kapitalgesellschaft ist anerkanntermaßen sowohl ein „*compromise*" als auch ein „*arrangement*" und kann daher zulässigerweise als Inhalt eines *SoA* vereinbart werden[959].

Das Verfahren zur Implementierung eines wirksamen *Scheme of Arrangement* kann in drei Phasen unterteilt werden[960]:

Verfahrensphase 1: Im ersten Schritt ist beim zuständigen Gericht ein Antrag einzureichen, um einen gerichtlichen Beschluss zu erwirken, durch den eine oder mehrere Gläubiger-Versammlung(en) oder eine oder mehrere Gesellschafterversammlung(en) zur Abstimmung über das *SoA* einberufen werden[961]. Antragberechtigt ist nach der abschließenden Aufzählung in sec. 896(2) CA 2006 die Gesellschaft selbst (vertreten durch das *board of directors*), jeder Gläubiger, jeder Gesellschafter, jeder *administrator* in einem eröffneten *administration*-Verfahren und jeder *liquidator* in einem eröffneten *winding-up*-Verfahren. Bereits mit dem Antrag hat der Antragsteller dem Gericht die Einteilung der für das Abstimmungsverfahren zu bildenden Abstimmungsgruppen mitzuteilen. Dies erfordert die Identifikation und Einteilung der unterschiedlichen Abstimmungsgruppen von Gläubigern und Gesellschaftern, wenn solche nach den Einzelfallumständen zu bilden sind, da unterschiedliche Gruppen in getrennten Versammlungen abzustimmen haben[962]. Erforderlich ist nur die Bildung von Abstimmungsgruppen solcher Gläubiger oder Gesellschafter, die durch die Bestimmungen des *SoA* betroffen („*affected*") sind, d.h. eine unmittelbare Änderung

---

958 *Brightman J.* in *Re N.F.U. Development Trust Ltd.* [1972] 1 W.L.R., S. 1548 (1555); *Nourse J.* in *Re Savoy Hotel Ltd.* [1981] Ch., S. 351 (359): „*All that case shows that there must be some element of give and take. Beyond that it is neither necessary nor desirable to attempt a definition of‚arrangement*".

959 So etwa *O'Dea*, J.I.B.F.L., Nov. 2009, S. 583 (584) mit zahlreichen Rspr.-Nachweisen.

960 Ausführlich zu den einzelnen Verfahrensphasen *Fidler* in Fletcher/Higham/Trower, Corporate Administrations and Rescue Procedures, 2nd ed. 2004, S. 321 ff.; *Parry*, Corporate Rescue, 2008, S. 236 ff.; *Chudzick*, Schemes of Arrangements mit Gläubigern nach englischem Kapitalgesellschaftsrecht, 2007, S. 63 ff.; *Prinz*, Umstrukturierungen durch Schemes of Arrangement mit Gesellschaftern im englischen Recht – ein Vorbild?, 2004, S. 97 ff.

961 Vgl. sec. 896(1) CA 2006.

962 *Morse et al.*, Charlesworth's Company Law, 17th ed. 2005, S. 663.

ihrer Rechtstellung hinnehmen müssen[963]. Nach einer Grundformel, die englische Gerichte in ständiger Rechtsprechung anwenden, hat eine (Gläubiger- oder Gesellschafter-)Gruppe aus denjenigen Personen zu bestehen, „deren Rechte nicht derart verschieden sind, dass sie es ihnen unmöglich machen würden, sich untereinander mit Blick auf ihre gemeinsamen Interessen zu beraten“[964]. Im Einzelnen ist die Entscheidung über die ordnungsgemäße Zusammenstellung der Abstimmungsgruppen auf der Grundlage dieses Prüfungsmaßstabes in der Praxis höchst problematisch[965]. Die komplexen Rechtsfragen, die es bei der aufwendigen Aufgabe der korrekten Gruppenbildung zu beachten gilt[966], können hier nicht vertieft werden (s. aber unten[967] zur Sonderproblematik der *„economic interest issue“*). Die korrekte Identifikation und Einteilung der Abstimmungsgruppen ist von zentraler Bedeutung für den Erfolg des Verfahrens, weil die Rechtsfolgen einer fehlerhaften Gruppenbildung gravierend sind: Das Gericht kann in diesem Fall die erforderliche Bestätigung eines *SoA* (vgl. Verfahrensphase 3) trotz der Zustimmung durch die Versammlungen verweigern[968]. Gegner eines *SoA* erhoffen sich daher nicht selten dieses verhindern zu können, indem sie geltend machen, die Abstimmungsgruppen wären fehlerhaft gebildet worden[969].

Verfahrensphase 2: Im nächsten Verfahrensschritt muss nach Maßgabe der sec. 897 CA 2006 eine Benachrichtigung über die Versammlung an Gläubiger und Gesellschafter erfolgen, der eine Erklärung beizufügen ist, in der die

963 Vgl. hierzu *Prinz,* Umstrukturierungen durch Schemes of Arrangement mit Gesellschaftern im englischen Recht – ein Vorbild?, 2004, S. 126.

964 St. Rspr. seit *Bowen L.J.* in *Sovereign Life Assurance Society Co v. Dodd* [1892] 2 Q.B., S. 573 (583): *„It must be confined to those whose rights are not so dissimilar as to make it impossible for them to consult together with a view to their common interest“.*

965 Vgl. *Davies*, Gower and Davies' Principles of Modern Company Law, 7th ed. 2003, S. 796.

966 Näher zu den Anforderungen einer Gruppenbildung im *SoA*-Verfahren *Re Hawk Insurance Co Ltd* [2001] 2 B.C.L.C., S. 480; *Re Equitable Life Assurance Society* [2002] B.C.L.C., S. 510 (535); *Re BTR plc* [2000] 1 B.C.L.C., S. 740; *Re Hellenic and General Trust Ltd* [1975] 1 W.L.R., S. 123; sowie aus dem Schrifttum *Hertz/Steinberg/Best* in Tolley's Insolvency Law Service, (Issue 43, Dec. 2005), S3014/1 ff.; *Chudzick*, Schemes of Arrangements mit Gläubigern nach englischem Kapitalgesellschaftsrecht, 2007, S. 78 ff.; *Prinz*, Umstrukturierungen durch Schemes of Arrangement mit Gesellschaftern im englischen Recht – ein Vorbild?, 2004, S. 121 ff.

967 Kap. VII, III. 3. c.

968 *Davies*, Gower and Davies' Principles of Modern Company Law, 7th ed. 2003, S. 796.

969 *Hannigan*, Company Law, 2003, S. 904.

Rechtswirkungen des *arrangements* oder *compromises* detailliert erläutert werden (*explanatory statement*). Sodann ist die erforderliche Versammlung oder sind die erforderlichen Versammlungen entsprechend des gerichtlichen Beschlusses (vgl. Verfahrensphase 1) abzuhalten und dem *proposal* zum *SoA* mit den erforderlichen Abstimmungsmehrheiten (dazu sogleich[970]) zuzustimmen.

Verfahrensphase 3: Wurde dem *SoA* in den Versammlungen der gebildeten Abstimmungsgruppen die erforderliche Zustimmung erteilt, muss ein weiterer Antrag beim zuständigen Gericht eingereicht werden, mit dem die Erteilung der gerichtlichen Bestätigung des *SoA* begehrt wird. Erst wenn das Gericht diese Bestätigung erteilt hat und dem *Registrar of Companies* zum Zwecke der Eintragung eine versiegelte Kopie des Bestätigungsbeschlusses zugeleitet wurde, wird das *SoA* rechtswirksam[971]. Im Rahmen der Bestätigungsentscheidung, einer Ermessensentscheidung des Gerichts, kann das Gericht die Bestätigung des *SoA* im Wesentlichen dann verweigern, wenn (1.) verfahrensrechtliche Voraussetzungen nicht eingehalten wurden, (2.) die einzelnen Abstimmungsklassen nicht angemessen durch diejenigen repräsentiert wurden, die auf den Versammlungen anwesend waren und abstimmten, und (3.) das Gericht nicht davon überzeugt ist, dass die inhaltlichen Bestimmungen des *SoA* als *„fair"* anzusehen sind[972]. Werden die beteiligten Gläubiger als geschäftserfahren und gut beraten eingeschätzt, werten die Gerichte ihre mehrheitliche Zustimmung im Abstimmungsverfahren üblicherweise als starkes Indiz dafür, dass die Bestimmungen des *SoA* als *„fair"* anzusehen sind[973]. Entsprechendes gilt, wenn die erforderlichen Abstimmungsmehrheiten sehr deutlich überschritten wurden[974].

---

970 Kap. VII, III. 3. b.

971 Sec. 899(4) CA 2006.

972 Mit Blick auf den letztgenannten Punkt muss das Gericht (als Voraussetzung zur Erteilung der Bestätigung) überzeugt sein, dass das *SoA* ein solches ist, dem ein „intelligenter und ehrlicher Mensch, ein Angehöriger der betreffenden Abstimmungsgruppe und entsprechend seinen Interessen Handelnder, vernünftigerweise zustimmen würde". St. Rspr., siehe etwa *Maugham J.* in *Re Dorman Long & Co* [1934] Ch., S. 635 (657); *Plowman J.* in *Re National Bank* [1966] 1 W.L.R., S. 819 (829); *Lloyd J.* in *Re Equitable Life Assurance Society* [2002] B.C.C., S. 319 (335); *Rimer J.* in *Re Systems Union Group Plc* [2006] EWHC, S. 2064 (Ch). Näher zu diesen Bestätigungsvoraussetzungen *Parry,* Corporate Rescue, 2008, S. 244 ff.; *Prinz,* Umstrukturierungen durch Schemes of Arrangement mit Gesellschaftern im englischen Recht – ein Vorbild?, 2004, S. 137 ff.

973 *Parry,* Corporate Rescue, 2008, S. 246 m.w.N.

974 Wenn ein *SoA* in den Versammlungen die Zustimmung der erforderliche Abstimmungsmehrheit erhielt und diese Abstimmungsmehrheit von 75% erheblich

Wird das *SoA* wirksam, so entfaltet es eine Rechtswirkung, die als „quasi-gesetzlich" charakterisiert wird, weil sie durch eine vertragliche Einigung der beteiligten Parteien allein nicht mehr verändert werden kann[975]. Die Rechtswirkungen eines rechtswirksamen *SoA* richten sich grundsätzlich allein nach seinen inhaltlichen Bestimmungen[976]. Die Durchführung oder das Inkrafttreten eines *SoA* löst nicht kraft Gesetzes ein Moratorium aus. Dies wird verbreitet als Nachteil bei der Nutzung des Verfahrens als Sanierungsverfahren gewertet wird und führt dazu, dass insolvente Gesellschaften nicht selten ein *SoA* mit einem *administration*-Verfahren kombinieren (weil Letzteres ein Moratorium auslöst).

Die Hauptunterschiede des *SoA* zu einem *CVA* liegen darin, dass die Wirksamkeit eines *SoA*, anders als die eines *CVA*, von einer gerichtlichen Bestätigungsentscheidung abhängig ist und eine komplexe Bildung von Abstimmungsgruppen erforderlich ist, die zeit- und kostenintensiv ist und das Risiko des Scheiterns des *SoA* im Fall einer fehlerhaften Gruppenbildung birgt. Insgesamt ist die Implementierung eines *SoA* erheblich zeit- und kostenintensiver, als die Implementierung eines *CVA*.

b. Nutzungsmöglichkeit des „Cram-Down-Potentials" eines SoA bei Debt-Equity-Swaps

Ein Schlüsselmerkmal des *SoA* ist es, dass sich seine rechtliche Bindungswirkung auch auf Gläubiger und Anteilseigner[977] erstrecken kann, die im *SoA*-Verfahren nicht individuell zugestimmt haben. Dies ergibt sich aus dem Zusammenspiel der erforderlichen Abstimmungsmehrheiten im Abstimmungsverfahren und der Reichweite der rechtlichen Bindungswirkung des *SoA*[978]:

Ein wirksames *SoA* setzt gemäß sec. 899(1) CA 2006 in jeder Abstimmungsgruppe die Zustimmung einer einfachen Mehrheit der abgegeben Stimmen (*majority in number*), die zudem eine Dreiviertel-Mehrheit gemessen am *„value"*

übertroffen wird, ist es unüblich, dass einem *SoA* in diesem Stadium die gerichtliche Bestätigung versagt wird, vgl. hierzu die Argumentation von *Lloyd J.* in *Re Equitable Life Assurance Society* [2002] B.C.C., S. 319.

975 *Fidler* in *Fletcher/Higham/Trower*, Corporate Administrations and Rescue Procedures, 2nd ed. 2004, S. 330.

976 *Paterson/Vickers* in The International Comparative Legal Guide to: Corporate Recovery & Insolvency 2009, Chapter 12 England & Wales, S. 63 (69, Rn. 4.4).

977 Näher zur rechtlichen Bindungswirkung des *SoA* für die Anteilseigner unten Kap. VIII, III. 3.

978 Siehe hierzu auch *Fidler* in *Fletcher/Higham/Trower*, Corporate Administrations and Rescue Procedures, 2nd ed. 2004, Rn. 13.16 ff.

repräsentiert, derjenigen voraus, die zur Abstimmung berechtigt sind und an der Abstimmung teilnahmen. Das Bemessungskriterium des „*value*" meint im Zusammenhang der Gläubigerabstimmungen die Höhe der Forderung einzelner Gläubiger im Verhältnis zu der Gesamtsumme der Forderungen der jeweiligen Gläubigergruppe. Wurden zu Abstimmungszwecken unterschiedliche Gläubigergruppen gebildet, die jeweils in getrennten Versammlungen über das *proposal* abstimmen, so muss diese Abstimmungsmehrheit in der Versammlung einer jeden Gläubigergruppe erreicht werden[979]. Mit Blick auf die Gesellschafterversammlung bezieht sich das Bemessungskriterium des „*value*" auf die Höhe der Beteiligung eines jeden Gesellschafters[980].

Wird das *SoA* rechtswirksam, so erstreckt sich seine rechtliche Bindungswirkung auf die Gesellschaft selbst[981], auf alle Gläubiger der Gesellschaft[982], deren Bindung nach der inhaltlichen Ausgestaltung beabsichtigt ist (und die daher einer Abstimmungsgruppe zuzuteilen sind) und (sofern eine oder mehrere Abstimmungsgruppen dieser gebildet wurde) auf die Anteilseigner[983]. Aus dem Zusammenspiel der erforderlichen Abstimmungsmehrheiten und der Reichweite der rechtlichen Bindungswirkung folgt, dass innerhalb einer jeden Abstimmungsgruppe Minderheitsgläubiger (und -Anteilseigner, dazu unten[984]) zwangsweise der rechtlichen Bindungswirkung eines *SoA* unterworfen werden können[985], wenn sie diesem nicht zustimmten, aber ihre Abstimmungsgruppe mit der erforderlichen Mehrheit zustimmte.

Im Unterschied zum *CVA*-Verfahren[986] besteht im *SoA*-Verfahren auch die Möglichkeit einer zwangsweisen Einbindung einer Minderheit gesicherter Gläubiger durch ihre Majorisierung innerhalb ihrer Abstimmungsgruppe[987].

Eine ganze Abstimmungsgruppe, die dem *SoA* im Abstimmungsverfahren nicht mit der erforderlichen Mehrheit zustimmt, kann nicht durch gerichtliche

---

979 Siehe etwa *Fidler*, a.a.O., Rn. 13.16.

980 *Morse et al.*, Charlesworth's Company Law, 17th ed. 2005, S. 666.

981 Sec. 899(3)(b) CA 2006.

982 Sec. 899(3)(a) CA 2006.

983 Sec. 899(3)(a) CA 2006.

984 Kap. VIII, III. 3.

985 Vgl. hierzu etwa das Fazit von *Morse et al.*, Charlesworth's Company Law, 17th ed. 2005, S. 667: „*(…) as we have seen, dissenting shareholders or creditors can be compelled to accept a scheme wich changes their rights (…)*".

986 Dazu oben Kap. VII, III. 2. b.

987 *Brown*, Corporate Rescue, 1996, S. 620; *Hertz/Steinberg/Best* in Tolley's Insolvency Law Service, (Issue 43, Dec. 2005), S3016.

Bestätigung des *SoA* seiner rechtlichen Bindungswirkung unterworfen werden; m.a.W. ist ein *cram-down* einer dissentierenden Abstimmungsgruppe durch ein *SoA* nicht möglich[988]. Vielmehr muss grundsätzlich jede gebildete Abstimmungsgruppe dem *SoA* mit der erforderlichen Mehrheit zustimmen[989]. Hierin liegt ein entscheidender Unterschied des *SoA* nicht nur zum *plan of reorganization* nach Chapter 11 des US-Bancruptcy Code, sondern auch zum deutschen Insolvenzplanverfahren gemäß §§ 217 ff. InsO, das den *cram-down* einer ganzen dissentierenden Gläubigergruppe unter den Voraussetzungen des Obstruktionsverbots (§ 245 InsO) ermöglicht[990]. In Sanierungsfällen könnte der Grundsatz, dass eine zwangsweise Einbindung einer ganzen dissentierenden Abstimmungsgruppe von Gläubigern und Gesellschaftern im *SoA*-Verfahren nicht möglich ist, allerdings unter besonderen Voraussetzungen unter dem Aspekt der Rechtsprechung zur Problematik der sog. *„economic interest issue"* ausgehebelt sein (dazu sogleich).

Mit Blick auf die Lösungswege zur Bewältigung von Kollektivhandlungsproblemen bei der Umsetzung eines *Debt-Equity-Swap* (oder eines *Debt-for-NewCo-Equity-Swap*) folgt aus dem vorstehend skizzierten Abstimmungsmechanismus: Sieht das *SoA* inhaltlich vor, dass eine bestimmte Abstimmungsgruppe der Gläubiger im Gegenzug für die Befreiung der Schuldnergesellschaft von Verbindlichkeiten Anteile an der Schuldnergesellschaft (oder an einer die Vermögenswerte der Schuldnergesellschaft übernehmende *NewCo*) übernehmen sollen, so werden im Fall der Zustimmung aller gebildeten Abstimmungsgruppen (mit einfacher Kopf und qualifizierter Summenmehrheit) auch solche Minderheitsgläubiger dieser Abstimmungsgruppe durch ein wirksames *SoA* zur Forderungsumwandlung verpflichtet, die im Abstimmungsverfahren ihre Zustimmung verweigerten. Das *SoA* ermöglicht folglich die zwangsweise Verpflichtung von Minderheitsgläubigern, die individuell oder als Gruppe weniger als 25% der Gesamtsumme der Forderungen Gläubigergruppe halten, zur Forderungsumwandlung im Zuge des *Debt-Equity-Swap* oder des *Debt-for-NewCo-Equity-Swap.* Dies gilt für ungesicherte Gläubiger und gesicherte Gläubiger gleichermaßen.

---

988 So etwa *Paterson* in Global Legal Group, The International Comparative Legal Guide to: Corporate Recovery & Insolvency 2009, S. 1 f.; *Harner*, Fordham Law Review, Vol. 77 (2008) No. 2, S. 703 (748); *Segal*, Brooklyn Journal of International Law, Vol. 32 (2007) No. 3, S. 927 (976); *ders.*, Insolvency Intelligence, Vol. 20 (2007) Issue 4, S. 49 (51); *Hertz/Steinberg/Best* in Tolley's Insolvency Law Service, (Issue 43, Dec. 2005), S3014/1.

989 *Segal*, Brooklyn Journal of International Law, Vol. 32 (2007) No. 3, S. 927 (976).

990 Dazu oben Kap. VII, II. 2. a.

Eine solche *SoA*-Regelung scheitert nicht an einer dem Regelungsgehalt der §§ 225a Abs. 2 S. 2, 230 Abs. 2 InsO entsprechenden Vorschrift oder einem Rechtsprechungsgrundsatz, wonach Gläubiger nicht ohne ihre individuelle Zustimmung zur Übernahme einer Beteiligung verpflichtet werden können. Dieser Aspekt wird für das *SoA* weder in Literatur noch Rechtsprechung erörtert. Die Ausführungen zum *CVA*-Verfahren[991] gelten für das *SoA* insoweit entsprechend, d.h. die Übernahme von Beteiligungsrechten in Umsetzung eines *SoA* wird (wie beim *CVA*) keiner den Beschränkungen aus den §§ 225a Abs. 2 S. 2, 230 Abs. 2 InsO vergleichbaren Restriktion unterworfen.

c. *Sonderproblematik: „Economic interest issue"*

Ein *SoA* gemäß ss. 985 ff. CA 2006 entfaltet rechtliche Bindungswirkung nur bezüglich derjenigen Gläubiger, die zu Parteien des *SoA* gemacht wurden[992]. Die Schuldnergesellschaft kann indes ein *SoA* auch nur mit einer bestimmten Gläubigergruppe oder einigen Gläubigergruppen durchführen[993]. In diesem Fall sind ausschließlich die als *SoA*-Parteien ausgewählten Gläubiger zur Abstimmung über das *SoA* berechtigt[994], während hinsichtlich der Gläubiger und/oder Anteilseigner, deren Rechtsposition durch das *SoA* nicht verändert wird, eine Beteiligung im Abstimmungsverfahren nicht erforderlich ist[995]. Mit Blick auf die Rechtsprechung zur sog. *„economic interest issue"* stellt sich jedoch die Frage, ob in Sanierungsfällen – abweichend von den allgemeinen Grundsätzen – eine Gläubigergruppe bei der Gruppenbildung und im Abstimmungsverfahren ignoriert werden darf, obwohl die Gläubiger dieser Gruppe nach dem Inhalt des *SoA* in ihrer Rechtsstellung betroffen werden:

Nach umstrittenen Entscheidungen englischer Gerichte steht es der Bestätigung eines sog. *„transfer scheme of arrangement"*, mit dem das Unternehmen und sämtliche Vermögenswerte der Schuldnergesellschaft auf einen anderen Rechtsträger übertragen werden[996], nicht entgegen, wenn eine Gläubiger- und/

991 Siehe oben Kap. VII, III. 2. e.

992 Siehe vorstehendes Kap. VII, III., 3. b. sowie *Segal*, Insolvency Intelligence, Vol. 20 (2007) Issue 4, S. 49 (50).

993 *Re Bluebrook Ltd* [2009] EWHC, S. 2114 (High Court of Justice Chancery Division); *Segal*, a.a.O., S. 49 (50); *Paterson* in Global Legal Group, The International Comparative Legal Guide to: Corporate Recovery & Insolvency 2009, S. 1 (2).

994 *Segal*, a.a.O., S. 49 (50).

995 *Bewick/Fennessy/Marks* in Olivares-Caminal, Expedited Debt Restructuring - An International Comparative Analysis, 2007, Chapter 6, England & Wales, S. 184.

996 Siehe zum *„transfer SoA"* bereits Kap. VII, III. 3. a.

oder Anteilseignergruppe nicht konsultiert und ihre Abstimmungen über da *SoA* nicht berücksichtigt wurde, sofern diese Gruppe keine „*economic interests*" in der Schuldnergesellschaft mehr hat. Diese Voraussetzung kann nach der Rechtsprechung englischer Gerichte insbesondere dann erfüllt sein, wenn Anteilseigner einer insolventen Gesellschaft aufgrund ihres Nachrangs keinerlei Partizipation bei der Verteilung der Vermögenswerte der Gesellschaft zu erwarten haben, weil sämtliche noch vorhandenen Vermögenswerte der Gesellschaft zur Befriedigung vorrangiger Gläubiger aufgezehrt werden[997].

Entsprechende Grundsätze wurden seitens der Rechtsprechung mit Blick auf die Gläubiger entwickelt[998]: Im viel diskutierten Fall der Restrukturierung der *MyTravel-Gruppe* im Jahr 2004 wurde (nach dem Scheitern des Versuchs einer freien Sanierung auf rein vertraglicher Grundlage) über ein *transfer scheme* der sanierungsbedürftigen Holding *MyTravel Group Plc* abgestimmt, das einen *Debt-for-NewCo-Equity-Swap* vorsah[999]. Nach dem Inhalt des *SoA* sollte das Unternehmen und sämtliche Vermögenswerte der *MyTravel Group Plc* auf eine neu gegründete Holding-Gesellschaft (*MyTravel Holdings Plc*) übertragen und 94% der Anteile an der *MyTravel Holdings Plc* im Gegenzug für einen Forderungsverzicht an bestimmte Gläubiger (Kreditgeber) ausgegeben werden. Einige Verbindlichkeiten der *MyTravel Group Plc* gegenüber ihren Hauptkreditgebern

---

997 *Re Tea Corporation Ltd.* [1904] Ch., S. 12. In diesem Fall war ein *SoA* für eine Gesellschaft im insolvenzbedingten Liquidationsverfahren vorgeschlagen worden, nach dessen Inhalt die Stammanteilseigner (*ordinary shareholder*) ihre Anteile im Gegenzug für Anteile an einer neuen Gesellschaft aufzugeben haben. Die Abstimmungsgruppe der *ordinary shareholder* stimmte gegen das *SoA*, die anderen Abstimmungsgruppen, insbesondere die der Vorzugsanteilseigner (*preference sharehoders*) stimmten für das *SoA*. Weil die Anteilseigner aufgrund ihres Nachrangs in der Insolvenz keinerlei Partizipation bei der Verteilung der verbleibenden Vermögenswerte der Gesellschaft zu erwarten hätten, entschied *Vaughan Williams LJ* in *Re Tea Corporation Ltd.* [1904] Ch., S. 12 (23): „(…) *if you have the assent to the scheme of all those classes who have an interest in the matter, you ought not to consider the votes of those classes who have really no interest at all*". Siehe zum Ganzen auch die ähnlichen Erwägungen in *Re Oceanic Steam Navigation Co. Ltd.* [1939] Ch., S. 41.

998 Vgl. *Re British & Commonwealth Holdings plc.* (No. 3) [1992] 1 W.L.R., S. 672; sowie die *MyTravel*- und *Bluebrook*-Rechtsprechung, dazu sogleich.

999 Siehe zum *Scheme of Arrangement* der *MyTravel Group plc Crystal/Mokal*, International Corporate Rescue, Vol. 3 (2006) Issue 3, S. 123 ff.; *Derrik*, Insolvency Intelligence, Vol. 18 (2005) Issue 9, S. 136 ff.; *Segal*, Insolvency Intelligence, Vol. 20 (2007) Issue 4, S. 49 ff.; *Sheldon/Stonefrost*, International Corporate Rescue, Vol. 2 (2005) Issue 2, S. 82 ff.; *Underhill/Edwards*, I.F.L.R., March 2007, S. 33 ff.

sollten von der *MyTravel Holdings Plc* übernommen werden. Die Verbindlichkeiten der Anleihegläubiger zählten nicht hierzu, so dass ihre Rechtsposition durch das *SoA* zwar formal nicht beeinträchtigt worden wäre, sie aber mit ihren wertlosen Forderungen gegen die vermögenslose, zu liquidierende *MyTravel Group Plc* zurückblieben. Im *SoA*-Verfahren wurde keine Abstimmungsgruppe der Anleihegläubiger gebildet. Sie wurden schlicht ignoriert, mit der Begründung, dass ihre Rechte durch das *SoA* unberührt blieben. Trotz des massiven Widerstands der übergangen Anleihegläubiger entschied Richter *Mann* in *Re MyTravel Group Plc* (in erster Instanz), dass eine Abstimmung der Anleihegläubiger nicht erforderlich sei, weil diese aufgrund ihres Nachrangs in einem drohenden Liquidationsverfahren („*winding-up*") keine Befriedigung zu erwarten hätten, so dass ihr wirtschaftliches Interesse an den Vermögenswerten der Gesellschaft zu verneinen sei[1000].

In der Entscheidung *Re Bluebrook Ltd*[1001] über ein dem *MyTravel-SoA* inhaltlich ähnliches *transfer SoA* wurde diese Rechtsprechungslinie durch denselben Richter fortgesetzt. Das Gericht bestätigte, dass ungesicherten Gläubiger, die nicht zu Abstimmungszwecken am *SoA*-Verfahren beteiligt wurden, zwar grundsätzlich berechtigt seien, das *SoA* als „*unfair*" anzufechten. Ein erfolgreiche Anfechtung setze aber voraus, dass die anfechtenden Gläubiger noch über „*economic interests*" verfügen[1002]. Letzteres verneinte das Gericht im konkreten Fall.

Im Rahmen der Prüfung, ob eine Gläubigergruppe solche „*economic interest*" noch hat oder aber „*out-of-the-money*" ist, soll nach der Entscheidung *Re MyTravel Group Plc* maßgeblich sein, was die betroffene Gläubigergruppe im Fall der Liquidation und Verwertung der vorhandenen Vermögenswerte erhalten würde[1003]. Die Frage, ob diese Ausführungen in *Re MyTravel Group Plc* zutreffend sind oder bei dieser Prüfung auf den Fortführungswert statt auf den

---

1000 *Mann J.* in *Re MyTravel Group plc* [2005] B.C.C., S. 457 (483): „*It follows, therefore, that were it necessary to make a finding as to whether the bondholders have an economic interest in the company sufficient to require them to be a party to the scheme or a member of a relevant class then I would have concluded that they did not*".

1001 [2009] EWHC, S. 2114 (Ch): „*Next, in promoting and entering into a scheme, it is not necessary for the company to consult any class of creditors (or contributories) who are not affected, either because their rights are untouched or because they have no economic interest in the company*".

1002 Siehe zu *Re Bluebrook Ltd* [2009] EWHC, S. 2114 (Ch) die Anmerkungen von *Katz/Wood*, Corporate Rescue and Insolvency, Vol. 2 (2009) Issue 6, S. 247 ff.; *Ellis/Dusic*, Insolvency Intelligence, Vol. 22 (2009) Issue 10, S. 157 f.; *Griffiths/Bull*, International Corporate Rescue, Vol. 6 (2009) Issue 6, S. 343 ff.

1003 *Mann J.* in *Re MyTravel Group plc* [2005] B.C.C., S. 457.

Liquidationswert abzustellen ist, ist seitdem Gegenstand eines Meinungsstreits und Auslöser von Rechtsunsicherheit[1004]. In der Entscheidung *Re Bluebrook Ltd* wurde anders als in *Re MyTravel Group Plc* eine am Fortführungswert der Gesellschaft orientierte Bewertung als zulässig gewertet[1005], jedoch ist die Begründung dieses Ansatzes einzelfallbezogen und nicht verallgemeinerungsfähig. Rechtsunsicherheit besteht des Weiteren auch darüber, auf welche rechtliche Grundlage ein Grundsatz (*economic interest doctrine*) gestützt werden könnte, dem zufolge die Gerichte berechtigt sind, Gläubigerklassen, die *„out-of-the-money"* sind, bei der Entscheidung über die Bestätigung des *SoA* unberücksichtigt zu lassen[1006].

Für die Praxis steht gegenwärtig dennoch fest: Gläubiger und Anteilseigner, die aufgrund ihres Nachrangs keinerlei Partizipation bei der Verteilung der verbleibenden Vermögenswerte der Gesellschaft zu erwarten haben (*„out-of-the-money"*-Gläubiger/-Anteilseigner), müssen angesichts der skizzierten Rechtsprechung damit rechnen, dass ihre Nicht-Beteiligung am Abstimmungsverfahren der gerichtlichen Bestätigung eines *transfer SoA* nicht entgegensteht und daher ein *SoA* umgesetzt werden kann, das sie bei der Umsetzung des Sanierungskonzepts leer ausgehen lässt[1007].

1004 Siehe *Paterson* in Global Legal Group, The International Comparative Legal Guide to: Corporate Recovery & Insolvency 2009, S. 1 ff.; *O'Dea*, J.I.B.F.L., Nov. 2009, S. 583 (587 ff.); *Segal*, Brooklyn Journal of International Law, Vol. 32 (2007) No. 3, S. 927 (932, 977). Anderer Ansicht als *Mann J.* in *Re MyTravel Group plc* [2005] B.C.C., S. 457 sind insb. *Crystal/Mokal*, International Corporate Rescue, Vol. 3 (2006) Issue 2, S. 63 ff. (Part I); Issue 3, S. 123 ff. (Part II).

1005 *Re Bluebrook Ltd* [2009] EWHC, S. 2114 (High Court of Justice Chancery Division).

1006 Der gesetzliche Regelungskomplex zum *SoA*-Verfahren (ss. 985 ff. CA 2006) enthält jedenfalls keinerlei Anhaltspunkte, aus denen sich ein solches Prinzip herleiten ließe. Sofern das Gericht seine Befugnisse in dem Stadium der Entscheidung der Bestätigung des (von den Abstimmungsgruppen angenommenen) *SoA* ausübt, wird es für zulässig gehalten, dass die Gerichte im Rahmen ihrer Ermessensentscheidung über die Bestätigung prüfen, ob Gläubiger, die nicht zur Partei des *SoA* wurden und die nach dem Inhalt des *SoA* keinerlei Zuwendungen erhalten, fair behandelt wurden, und dabei ihrer mangelnden wirtschaftlichen Interessen in der Schuldnergesellschaft berücksichtigt werden; so *Segal*, Brooklyn Journal of International Law, Vol. 32 (2007) No. 3, S. 927 (933).

1007 Vgl. statt vieler *Cohen/Bridge*, J.I.B.F.L., Oct. 2009, S. 526 (529): *„As MyTravel, which referred to a line of authority including Re Tea Corporation, and most recently (IMO) Car Wash (where the same judge Mann J also presided) confirmed, a scheme of arrangement may exclude a class of creditors where such creditors no longer have an economic interest"*.

Problematisch ist aber, ob die Rechtsprechung zur *„economic interest issue"* derart extensiv interpretiert werden kann, dass eine aus *„out-of-the-money"*-Gläubigern oder -Anteilseignern gebildete, aber dem *transfer scheme* nicht zustimmende Abstimmungsgruppe, trotz ihrer Ablehnung des *SoA* von dessen rechtlichen Bindungswirkung erfasst werden kann. Dies würde insoweit über die Rechtsprechungsgrundsätze zur *„economic interest issue"* hinausgehen, dass diese lediglich die Möglichkeit einer Nicht-Beteiligung von *„out-of-the-money"*-Gläubigern/-Anteilseigner am *SoA*-Verfahren betreffen. Im Schrifttum finden sich dennoch vereinzelt Stimmen, wonach die Rechtsprechung in *Re Tea Corporation Ltd.* und der erstinstanzlichen Entscheidung in *Re MyTravel Group Plc* wahrscheinlich in der Weise zu verstehen ist, dass auch die Rechte einer, dem *SoA* nicht zustimmenden Abstimmungsgruppe von Gläubigern oder Anteilseignern durch ein *SoA* geändert werden können, wenn sie keine wirtschaftlichen Interessen i.S.d. der *„economic interest"*-Rechtsprechung an dem Vermögen der Schuldnergesellschaft mehr haben[1008]. Die Rechtfertigung einer solchen Grundsatzes bereitet jedenfalls erhebliche Schwierigkeiten[1009]. Denn er würde dem allgemeinen Grundsatz widersprechen, wonach eine ganze Abstimmungsgruppe, die dem *SoA* im Abstimmungsverfahren nicht mit der erforderlichen Mehrheit zustimmt, nicht durch gerichtliche Bestätigung des *SoA* seiner rechtlichen Bindungswirkung unterworfen werden kann (dazu oben[1010]). Insoweit passt es ins Bild, dass sich diese Auffassung (zugunsten der Möglichkeit der rechtlichen Einbindung einer ganzen dissentierenden *„out-of-the-money"*-Abstimmungsgruppe) bisher nicht durchsetzen konnte.

Auch englische Insolvenz- und Sanierungspraktiker beklagen die Rechtsunsicherheit mit Blick auf die Reichweite und Folgen der Rechtsprechung zur *„economic interest issue"* in Sanierungskonstellationen und die Folgefrage,

---

1008 Siehe *Ho*, Corporate Rescue and Insolvency, Vol. 2 (2009) Issue 1, S. 3 f.: *„Some have argued that Tea Corporation does not stand for the proposition that a scheme may modify the rights of a dissenting class of creditors or members even if they have no economic interest in the company's assets. This argument is most probably wrong in light of recent case-law. Instead of viewing the shareholders in Tea Corporation as having been given a gift, the first instance judge in Re Mytravel Group [2004] EWHC 2741 (Ch); [2005] 1 WLR 2365 at [46] held that the shareholders ‚were affected by the scheme'"*.

1009 *Segal*, Brooklyn Journal of International Law, Vol. 32 (2007) No. 3, S. 927 (933): *„However, it seems more difficult to justify a rule that allows the court to impose the plan on a class of creditors who have been made a party to the scheme and voted against it"*.

1010 Kap. VII, III. 3. b.

ob eine gebildete Abstimmungsgruppe von *„out-of-the-money"*-Gläubigern oder -Anteilseignern bei ihrer mehrheitlicher Ablehnung des *SoA* nach geltendem Recht zwangsweise der rechtlichen Bindungswirkung des *SoA* unterworfen werden kann. Aus diesem Grund[1011] und zur Beseitigung dieser Rechtsunsicherheit drängte beispielsweise die *European High Yield Association* (*EHYA*) seit 2007 auf eine Reform, wonach das englische Insolvenzrecht um ein neues gerichtlich überwachtes Sanierungsverfahren zu ergänzen ist, mit dem ein neues *cram-down*-Konzept zur zwangsweisen rechtlichen Bindung von *„out-of-the-money"*-Gläubigern oder –Anteilseigner eingeführt wird[1012] (dazu noch unten[1013]).

Ein *transfer scheme* nach dem Muster *MyTravel Group Plc* wäre – abhängig vom Rang der Anleihegläubiger – auch im Anwendungsbereich der InsO als insolvenzplangestützte übertragende Sanierung umsetzbar, ohne dass es der Zustimmung der Anleihegläubiger bedurft hätte:

Falls die Anleihegläubiger aufgrund einer Nachrangvereinbarung (§ 39 Abs. 2 InsO) als nachrangige Insolvenzgläubiger gemäß § 39 InsO zu behandeln wären, würden ihre Forderungen bei Implementierung eines Insolvenzplans gemäß § 225 Abs. 1 InsO als erlassen gelten, wenn im Insolvenzplan nichts anderes bestimmt ist. In diesem Fall wäre für diese Nachranggläubiger auch keine Gruppe zu bilden, so dass sie an der Abstimmung über den Insolvenzplan nicht beteiligt wären[1014]. Allerdings wären diese Nachranggläubiger hierdurch nicht rechtlos

---

1011 *EHYA*, Submission on Insolvency Law Reform, v. 23.4.2007, S. 1 (5); online abrufbar auf der Seite http://www.sifma.org/regulatory/comment_letters/UKTreasury.pdf. Vgl. auch *Finch*, J.B.L. 2008, S. 756 (775): *„The EHYA put forward its reform as a way to cut down on the uncertainties associated with the current judicial position on shareholder approvals (...)"*.

1012 *EHYA*, Submission on Insolvency Law Reform, v. 23.4.2007, S. 1 ff.; *EHYA*, Outline of New Procedure (draft), v. 30.9.2008, online abrufbar auf der Seite http://www.ehya.com/committees/insolvency.shtml. Siehe hierzu auch *Hamilton* (co-chair of the EHYA European Insolvency Reform Committee), in RECOVERY, Winter 2008, S. 54 (55): *„Although schemes of arrangement are a wonderfully flexible tool and you can carry out schemes of certain groups of creditors, ignoring a junior group of creditors and shareholders, the effect of that is merely that the scheme does not bind that group, it doesn't actually cram them down. We would suggest that if you get a proper valuation, you can have a proper cram down and continue to keep your corporate structures in place"*.

1013 Kap. VIII, III. 4.

1014 §§ 222 Abs. 1 S. 2 Nr. 3, 243 InsO; hierzu *Spliedt* in K. Schmidt InsO, § 225 Rn. 1; BGH Urt. v. 15.04.2010 - IX ZR 188/09 - NZI 2010, S. 603 (605) mit

gestellt, weil sie gleichwohl gemäß § 251 InsO vorgehen und den dort geregelten Minderheitenschutz in Anspruch nehmen könnten[1015].

Für eine Anwendung des § 246 Nr. 1 InsO, einer Erleichterung der Voraussetzungen des Obstruktionsverbots des § 245 InsO für Gruppen nachrangiger Insolvenzgläubiger, bliebe in diesem Fall dagegen kein Raum: Nach Maßgabe des § 246 Nr. 1 InsO gilt die Zustimmung der Gläubigergruppen mit einem Rang hinter § 39 Abs. 1 Nr. 3 InsO als erteilt, wenn kein Insolvenzgläubiger durch den Plan besser gestellt wird, als die Gläubiger dieser Gruppen. Die Anwendung der Vorschrift setzt jedoch voraus, dass Gläubiger dieser Gruppen überhaupt am Abstimmungsverfahren beteiligt werden. Sie findet daher keine Anwendung, wenn es infolge der Erlassfiktion nach § 225 Abs. 1 InsO gemäß § 222 Abs. 1 S. 2 Nr. 3 InsO keiner Gruppenbildung hinsichtlich dieser Nachranggläubiger bedarf[1016]. Weil eine Zustimmungsfiktion gemäß § 246 Nr. 1 InsO zudem voraussetzt, dass kein Insolvenzgläubiger durch den Plan besser gestellt wird, als die Gläubigergruppen mit einem Rang hinter § 39 Abs. 1 Nr. 3 InsO, scheitert die Zustimmungsfiktion, wenn für diese Nachranggläubiger nicht mindestens dieselbe Planquote vorgesehen ist, wie für die nicht nachrangigen Gläubiger[1017]. Dies ist regelmäßig ohne eine Kürzung der Quote der nicht nachrangigen Gläubiger zugunsten der nachrangigen Insolvenzgläubiger nicht möglich, so dass die Erfüllung der Voraussetzungen des § 246 Nr. 1 InsO in der Praxis kaum denkbar ist[1018]. In Fällen, in denen keine Erlassfiktion nach § 225 Abs. 1 InsO mit Blick auf nachrangige Insolvenzgläubiger erfolgt und diese daher abstimmungsberechtigt sind, ist eine Überwindung der Obstruktion (Nicht-Zustimmung) der aus ihnen gebildeten Abstimmungsgruppe, nur unter den Voraussetzungen des § 245 InsO möglich[1019].

Die Regelung des § 225 Abs. 1 InsO beruht auf dem Gedanken, dass der auf die Gläubiger zu verteilende Unternehmenswert in aller Regel nicht einmal ausreichen wird, um die nicht nachrangigen Insolvenzgläubiger voll zu befriedigen[1020]. In diesem Regelfall steht den nachrangigen Insolvenzgläubigern auf Grund ihrer Rechtsstellung kein Anteil am Verwertungserlös zu, so dass ihre

---

Blick auf Ansprüche von Vorzugsaktionären auf Nachzahlungen nicht geleisteter Vorzugsdividenden.

1015 BGH, a.a.O., m.w.N.

1016 HambKomm/*Thies*, § 246 Rn. 5.

1017 HambKomm/*Thies*, a.a.O.

1018 *Spliedt* in K. Schmidt InsO, § 246 Rn. 3; HambKomm/*Thies*, § 246 Rn. 5.

1019 *Spliedt* in K. Schmidt InsO, § 246 Rn. 3.

1020 Statt vieler *Braun/Frank* in Braun InsO, § 225 Rn. 1.

Forderungen als erlassen gelten sollen. Die Rechtsfolge der nach der *„economic interest“*-Rechtsprechung in *Re MyTravel Group Plc* zulässigen Nichtberücksichtigung von *„out-of-the-money“*-Gläubigern/-Anteilseignern bei der Gruppenbildung und im Abstimmungsverfahren eines *transfer SoA* entspricht funktional dieser Rechtsfolge des § 225 Abs. 1 InsO in Verbindung mit der weiteren hieran genüpften Folge einer Nichtberücksichtigung der betreffenden Gläubiger im Abstimmungsverfahren. Dem Obstruktionsverbot des § 245 InsO würde die *„economic interest“*-Rechtsprechung dagegen nur dann funktional entsprechen, wenn sie künftig derart extensiv interpretiert würde, dass eine aus *„out-of-the-money“*-Gläubigern oder -Anteilseignern gebildete, am Abstimmungsverfahren teilnehmenden Gläubigergruppe, trotz ihrer Nicht-Zustimmung zum *transfer SoA,* von dessen rechtlichen Bindungswirkung erfasst werden kann (dazu oben).

IV. Zusammenfassung und vergleichende Stellungnahme

Je weitreichender die Instrumentarien einer zwangsweisen Verpflichtung einzelner Gläubiger zur Umwandung ihrer Forderungen sind, desto höher sind die Chancen, dass die Implementierung eines *Debt-Equity-Swap* zur bilanziellen Sanierung der Schuldnergesellschaft nicht am Widerstand einzelner Gläubiger oder Gläubigerminderheiten scheitert. Vor dem Hintergrund der Diskussion um die Effizienz des deutschen Insolvenzrechts im Wettbewerb mit dem englischen Insolvenzrecht wurde daher untersucht, unter welchen Voraussetzungen einzelne Gläubiger nach deutschem und englischen Recht zur Umwandlung ihrer gegen die Gesellschaft gerichteten Forderungen in Gesellschaftsanteile gezwungen werden können. Nach einer Auswertung der Ausführungen in diesem Kapitel lassen sich die folgenden Untersuchungsergebnisse festhalten:

1) Wird ein *Debt-Equity-Swap* allein auf vertraglicher Grundlage außerhalb eines gerichtlich überwachten Verfahrens (d.h. im Rahmen einer „freien Sanierung“/*„out-of-court restructuring“*) zwischen der sanierungsbedürftigen Schuldnergesellschaft und einem bestimmten Gläubigerkreis vereinbart und umgesetzt, so erfordert dies nach allgemeinen zivilrechtlichen Grundsätzen des deutschen und englischen Rechts die Zustimmung jedes einzelnen Gläubigers, der einen Sanierungsbeitrag in Gestalt einer Beteiligung am *Debt-Equity-Swap* leisten soll. In diesen Fällen können Kollektivhandlungsprobleme auf Gläubigerseite zwar durch kautelarische Gestaltung von bestimmten Fremdkapitalpositionen entschärft sein, etwa weil vorsorglich Mehrheitsklauseln (*„collective action clauses“*) in einen Konsortialkreditvertrag oder

in Anleihebedingungen aufgenommen wurden. Derartige Klauseln können Kollektivhandlungsprobleme auf Gläubigerseite aber nicht gläubigergruppenübergreifend, sondern nur innerhalb einer bestimmten Gläubigergruppe (z.B. den Gläubiger derselben Anleihe) beseitigen oder reduzieren.

Das deutsche Recht stellt für den Fall der Umsetzung eines *Debt-Equity-Swap* außerhalb eines gerichtlich überwachten Verfahrens darüber hinaus mit dem SchVG ein gesetzliches Instrument zur Verfügung, das einen auch für überstimmte Anleihegläubiger bindenden Beschluss einer Umwandlung der Anleiheforderungen in Gesellschaftsanteile durch Mehrheitsentscheidung der Anleihegläubiger ermöglicht. Mit dem SchVG, das (anders als das abgelöste SchVG v. 1899) in seinem Anwendungsbereich die Umwandlung der Anleiheforderungen in Gesellschaftsanteile dem Mehrheitsprinzip unterwirft, hat der deutsche Gesetzgeber die Rahmenbedingungen für eine erfolgreiche Entschuldung einer Anleiheemittentin mittels eines *Debt-Equity-Swap* mit den Anleihegläubigern erheblich verbessert. Dies ist zwar zu begrüßen, doch kann auch das SchVG Kollektivhandlungsprobleme auf Gläubigerseite bei der Umsetzung eines *Debt-Equity-Swap* nur mit Blick auf Anleihegläubiger in seinem Anwendungsbereich entschärfen und ist daher kein taugliches Instrument zur gläubigergruppenübergreifenden Bewältigung von Kollektivhandlungsproblemen beim *Debt-Equity-Swap*.

2) Wird ein *Debt-Equity-Swap* der Schuldnergesellschaft dagegen auf der Grundlage eines förmlichen Verfahrens des deutschen oder des englischen Insolvenz- oder Gesellschaftsrechts[1021] implementiert, so bestehen (im Vergleich zur freien Sanierung) erheblich effektivere Instrumente zur Erzwingung einer Forderungsumwandlung von dissentierenden Gläubigern im Rahmen des *Debt-Equity-Swap*. Die Gesetzgeber haben die Problematik von Kollektivhandlungsproblemen in Sanierungsfällen erkannt und mit den hier untersuchten Verfahren Mechanismen zur Linderung dieser Problematik zur Verfügung gestellt. Dabei bestehen beim deutschen Insolvenzplanverfahren gemäß §§ 217 ff. InsO, dem *Company Voluntary Arrangement* (*CVA*) gemäß ss. 1 ff. IA 1986 und dem *Scheme of Arrangement* (*SoA*) gemäß ss. 895 ff. CA 2006 aber erhebliche Unterschiede bei der Ausgestaltung der Instrumente zur Lösung von Kollektivhandlungsproblemen auf Gläubigerseite. Infolgedessen ist auch die Effizienz dieser drei Verfahren als Mittel zur

1021 Es wird hier nicht einzig auf das „englische Insolvenzrecht" abgestellt, weil das Verfahren des *Scheme of Arrangement* gemäß ss. 895 ff. CA 2006 nicht als insolvenzrechtliches, sondern als gesellschaftsrechtliches Verfahren angesehen wird.

notfalls zwangsweisen Verpflichtung einzelner Gläubiger der Schuldnergesellschaft zur Forderungsumwandlung sehr unterschiedlich zu bewerten:

3) Das *CVA*-Verfahren ist in mehrfacher Hinsicht ein weniger effizientes Instrument zur zwangsweisen rechtlichen Bindung dissentierender (Minderheits-) Gläubiger an einen Sanierungsplan als das deutsche Insolvenzplanverfahren:

   Dies gilt vor allem mit Blick auf die Eignung beider Verfahren zur zwangsweisen rechtlichen Bindung von Gläubigern aus einer den Sanierungsplan im Abstimmungsverfahren ablehnenden Gläubigergruppe; m.a.W. mit Blick auf die Eignung beider Verfahren zum *cram-down* einer ganzen dissentierenden Gläubigergruppe. Während das Insolvenzplanverfahren unter den Voraussetzungen des Obstruktionsverbots (§ 245 InsO) eine zwangsweise rechtliche Bindung der Gläubiger aus einer den Sanierungsplan im Abstimmungsverfahren ablehnenden Gläubigergruppe ermöglicht, ist Entsprechendes im *CVA*-Verfahren nicht möglich. Weil im *CVA*-Abstimmungsverfahren nur eine einzige Gläubigergruppe zu bilden ist und diese als Wirksamkeitsvoraussetzung des *CVA* mit der erforderlichen Mehrheit zustimmen muss, ist das *CVA* zum *cram-down* einer ganzen Gläubigergruppe untauglich.

   Dass sowohl das *CVA* als auch das *SoA* (dazu unten unter 5)), also die beiden einzigen zur Reorganisation geeigneten Verfahren englischen Rechts, den *cram-down* einer ganzen dissentierenden Gläubigergruppe nicht ermöglichen, wird von englischen Insolvenz- und Restrukturierungspraktikern z.T. als unbefriedigend gewertet. Anhänger dieser Auffassung fordern die Einführung eines auf Komponenten des *CVA* und des *SoA* basierenden neuen Reorganisationsverfahrens englischen Rechts, das nach dem US-amerikanischen Vorbild des *cram-down*-Verfahrens gemäß 11 U.S.C. § 1129(b) im Reorganisationsverfahren nach Chapter 11 BC den *cram-down* einer ganzen dissentierenden Gläubigergruppe ermöglicht[1022]. Damit wird ein Instrument gefordert, das das (insoweit ebenfalls am Vorbild des 11 U.S.C. § 1129(b) entwickelte) deutsche Insolvenzplanverfahren mit § 245 InsO bereits zur Verfügung stellt. Dieser Aspekt wurde in der deutschen Diskussion um die bei einem Vergleich von *CVA* und Insolvenzplanverfahren vermeintlich bestehenden Defizite des Insolvenzplanverfahrens nicht hinreichend gewürdigt.

   Weniger effizient als das Insolvenzplanverfahren ist das *CVA* auch hinsichtlich der Eignung zur Überwindung der Obstruktion solcher dissentierender (Minderheits-)Gläubiger an den Planinhalt, die gesicherte Forderungen halten: Denn während das Insolvenzplanverfahren mittels des Mehrheitsprinzips

1022 So etwa die Forderung von *O'Dea*, J.I.B.F.L., Nov. 2009, S. 583 (588 ff.).

und des Obstruktionsverbots im Abstimmungsverfahren auch die zwangsweise rechtlichen Bindung gesicherter Gläubiger an den Planinhalt ermöglicht, eignet sich das *CVA* nicht zur zwangsweisen rechtlichen Bindung gesicherter Gläubiger. Dass das *CVA* eine zwangsweise Bindung gesicherter Gläubiger an das *CVA* nicht ermöglicht hat zur Folge, dass gesicherte Gläubiger bei mangelnder Kooperationsbereitschaft ein Scheitern der Ziele des *CVA* bewirken können, indem sie ihre Sicherheiten verwerten. Dies schmälert den praktischen Anwendungsbereich des *CVA* erheblich und wird im englischen Schrifttum zu Recht als Defizit des *CVA*-Verfahrens gewertet.

4) Die vorstehend unter 3) aufgezeigten Effizienzvorteile des deutschen Insolvenzplanverfahrens im Vergleich zum *CVA* mit Blick auf die Eignung beider Verfahren zur Überwindung der Obstruktion dissentierender (Minderheits-) Gläubiger sind gerade in der Sonderkonstellation, in der die zwangsweise Verpflichtung einzelner Gläubiger zur Umwandlung ihrer gegen die Gesellschaft gerichteten Forderungen in Gesellschaftsanteile beabsichtigt ist, nicht oder nur eingeschränkt nutzbar. Ein Vergleich der Effizienz des Insolvenzplanverfahrens und des *CVA* als Instrument zur notfalls zwangsweisen Verpflichtung einzelner Gläubiger zur Forderungsumwandlung führt daher zu einer von den allgemeinen[1023] Ausführungen unter 3) abweichenden Bewertung. Grund hierfür sind die Auswirkungen der deutschen Sonderregelungen in § 225a Abs. 2 S. 2 InsO und § 230 Abs. 2 InsO, denen im *CVA*-Verfahren kein Äquivalent gegenübersteht:

   Trotz des Mehrheitsprinzips innerhalb jeder Abstimmungsgruppe und des Obstruktionsverbots im Abstimmungsverfahren kann ein einzelner Gläubiger nicht mittels eines Insolvenzplans gegen seinen Willen zur Übernahme von Anteilen im Zuge eines *Debt-Equity-Swap* zu gezwungen werden, weil dem seit Inkrafttreten des ESUG die Ausnahmeregelung in § 225a Abs. 2 S. 2 InsO entgegensteht. Infolge des Zustimmungserfordernisses der Gläubiger in § 225a Abs. 2 S. 2 InsO verliert der *Debt-Equity-Swaps* im Vergleich zur Lage vor Inkrafttreten des ESUG – entgegen anders lautender Stimmen – nicht an Attraktivität[1024]. Denn vor Inkrafttreten des ESUG stand einer zwangsweisen

---

1023 D.h. für andere Inhalte des Insolvenzplans oder des *CVA* als den eines *Debt-Equity-Swap* geltende Ausführungen.

1024 Dem pessimistischen Ausblick von *Pape*, ZInsO 2011, S. 1033 (1040), wonach infolge des Zustimmungserfordernisses der Gläubiger in § 225a Abs. 2 S. 2 InsO fraglich sei, ob dieses Rechtsinstitut überhaupt noch eine Bedeutung habe, weil sich gesicherte Gläubiger nicht bereitfinden würden, im Zuge des *Debt-Equity-Swap* ihre Sicherung aufzugeben, ist entgegenzuhalten: Dass eine Beteiligung an

Verpflichtung einzelner Gläubiger zur Forderungsumwandlung im Rahmen eines *Debt-Equity-Swap* auf der Grundlage eines Insolvenzplanverfahrens bereits § 230 Abs. 2 InsO entgegen. Allerdings hat der ESUG-Gesetzgeber es versäumt, die Attraktivität der Kombination von *Debt-Equity-Swap* und Insolvenzplanverfahren dadurch zu steigern, dass der *Debt-Equity-Swap* im Insolvenzplanverfahren (statt von der Zustimmung einzelner Gläubiger) von einem zustimmenden Mehrheitsbeschluss abhängig gemacht wird.

Im *CVA*-Verfahren findet keine den §§ 225a Abs. 2 S. 2, 230 Abs. 2 InsO im Regelungsgehalt entsprechende Vorschrift oder Rechtsprechungsregel Anwendung. Dies hat zur Folge, dass das *CVA*-Verfahren zwar anders als das Insolvenzplanverfahren u.a. nicht zur zwangsweisen rechtlichen Bindung einer den Sanierungsplan im Abstimmungsverfahren ablehnenden Gläubigergruppe oder einzelner gesicherter Gläubiger geeignet ist (dazu oben unter 3)), dass die Implementierung eines *Debt-Equity-Swap* mittels eines *CVA* mit Blick auf Kollektivhandlungsprobleme auf Gläubigerseite aber trotz dieser Einschränkungen attraktiver sein kann, als die Implementierung eines *Debt-Equity-Swap* auf der Grundlage eines deutschen Insolvenzplanverfahrens. Denn während das Potential des Insolvenzplanverfahrens zur zwangsweisen rechtlichen Bindung dissentierender Gläubiger zwar im Grundsatz weitreichender ist, aber gerade zur Erzwingung der zwangsweisen Verpflichtung einzelner Gläubiger zur Forderungsumwandlung durch §§ 225a Abs. 2 S. 2, 230 Abs. 2 InsO beschränkt wird, ist das verfügbare Obstruktionsreduktionspotential des *CVA* in Ermangelung einer den §§ 225a Abs. 2 S. 2, 230 Abs. 2 InsO entsprechenden Regel auch beim *Debt-Equity-Swap* uneingeschränkt nutzbar.

Weil eine komplizierte Gruppenbildung zur Abstimmung über das *CVA* nicht erforderlich ist, sondern ein *CVA* – ohne gerichtliche Bestätigung – vertragliche Bindungswirkung für alle stimmberechtigten Gläubiger entfaltet, wenn in der einzigen durchzuführenden Gläubigerversammlung eine Dreiviertel-Summenmehrheit[1025] dem *CVA* zustimmt, folgt hieraus für die Umsetzung eines *Debt-Equity-Swap* im *CVA*-Verfahren: Wird im *CVA*

---

einem *Debt-Equity-Swap* für gesicherte Gläubiger aufgrund ihres höheren Verlustrisikos (anders als für ungesicherte Gläubiger) i.d.R. nicht in Frage kommt, war auch bislang stets ein prägendes Merkmal dieses Restrukturierungsinstruments und hat dennoch erfolgreiche Restrukturierungen im Wege eines *Debt-Equity-Swap* nicht verhindert.

1025 Erforderlich ist überdies hinaus, dass die ablehnenden Stimmen betragsmäßig nicht mehr als 50% des Nennwerts aller Forderungen derjenigen benachrichtigten

zulässigerweise ein *Debt-Equity-Swap* durch Ausgabe neuer Anteile der Schuldnergesellschaft im Rahmen einer Kapitalerhöhung (wie im Beispiel *Schefenacker*) oder ein *Debt-for-NewCo-Equity-Swap*[1026] vereinbart, so können einzelne, abstimmungsberechtigte Gläubiger oder eine Gruppe solcher Gläubiger, die in der Gläubigerversammlung keine Sperrminorität von 25% der Gesamtforderungen halten, notfalls gegen ihren Willen zur Umwandlung ihrer Forderungen gegen die Schuldnergesellschaft verpflichtet werden[1027]. Aus dem Mangel einer den §§ 225a Abs. 2 S. 2, 230 Abs. 2 InsO in Regelungsgehalt und Auswirkung entsprechenden Restriktion folgt, dass hierfür die individuelle Zustimmung jedes Gläubigers, der nach dem Inhalt des *CVA* Gesellschaftsanteile übernehmen soll, nicht erforderlich ist.

Im Vergleich zum deutschen Insolvenzplanverfahren eröffnet das *CVA* unter Berücksichtigung dieses Aspekts größere Handlungs- und Gestaltungsspielräume zur Erzwingung einer Forderungsumwandlung von einzelnen dissentierenden Minderheitsgläubigern und senkt zugleich die Hürden für die Bewältigung von Kollektivhandlungsproblemen auf Gläubigerseite beim *Debt-Equity-Swap*.

5) Ein wirkungsvolles Instrument zur notfalls zwangsweisen Verpflichtung einzelner (Minderheits-)Gläubiger zur Umwandlung ihrer gegen die Schuldnergesellschaft gerichteten Forderungen in Gesellschaftsanteile stellt das englische Recht – neben dem *CVA* – mit dem Verfahren des *Scheme of Arrangement* (*SoA*) gemäß ss. 895 ff. CA 2006 zur Verfügung: Wurden die erforderlichen Abstimmungsgruppen von Gläubigern und Anteilseignern fehlerfrei gebildet und hat jede der gebildeten Abstimmungsgruppen, mit einer Drei-Viertel-(Summen- bzw. Kapital-)Mehrheit und einer einfachen Mehrheit der abgegebenen Stimmen dem *SoA* zugestimmt, entfaltet dieses bei Wirksamkeit (nach erforderlicher gerichtlicher Bestätigung) rechtliche Bindungswirkung für die Gesellschaft und alle Gläubiger und Anteilseigner, die einer Abstimmungsgruppe angehörten. Daraus folgt, dass einzelne Minderheitsgläubiger durch ein *SoA* ohne ihre individuelle Zustimmung zur Umwandlung ihrer

---

und stimmberechtigten Gläubiger, die keine mit der Gesellschaft verbundenen Personen sind, repräsentieren, Kap. VII, III. 2. b.

1026 Zu Begriff und Konstruktion des *Debt-for-NewCo-Equity-Swap* Kap. III, I. 2. d. (zur dt. Praxis) und Kap. III, II. 2. (zur engl. Praxis).

1027 Dies jedoch nur, sofern es sich nicht um gesicherte Gläubiger oder bestimmte bevorrechtigte Gläubiger handelt, in deren Rechtstellung – wie aufgezeigt wurde – durch ein *CVA* nicht ohne ihre individuelle Zustimmung eingegriffen werden darf.

Forderungen im Zuge eines *Debt-Equity-Swap* oder *Debt-for-NewCo-Equity-Swap* verpflichtet werden können, indem das *SoA* entsprechende Bestimmungen enthält. Anders als im *CVA*-Verfahren ist dies im *SoA*-Verfahren auch hinsichtlich gesicherter Gläubiger möglich. Im Vergleich zum Insolvenzplanverfahren ermöglicht das *SoA*-Verfahren allerdings nur eine Majorisierung von einzelnen Gläubigern innerhalb ihrer Abstimmungsgruppe mit gegenüber der Majorisierung im Insolvenzplanverfahren höheren Mindestquoren (Summenmehrheit von 75% im *SoA*-Verfahren statt der 50% Kopf- und Summenmehrheit im Insolvenzplanverfahren).

Wird ein *Debt-Equity-Swap* auf der Grundlage eines *SoA* umgesetzt, so können sich im Vergleich zur Umsetzung im deutschen Insolvenzplanverfahren die oben (unter 4)) zum *CVA*-Verfahren skizzierten Vorteile aus der Nicht-Existenz einer den §§ 225a Abs. 2 S. 2, 230 Abs. 2 InsO im Regelungsgehalt entsprechenden Vorschrift oder Rechtsprechungsregel ergeben. Anders als im Insolvenzplanverfahren ist das *cram-down*-Potential des *SoA*-Verfahrens daher auch beim *Debt-Equity-Swap* uneingeschränkt nutzbar.

Auch das *SoA* hat jedoch mit Blick auf seine Eignung zur zwangsweisen rechtlichen Bindung dissentierender (Minderheits-)Gläubiger an seine inhaltlichen Bestimmungen ein bedeutendes Effizienzdefizit: Das *cram-down*-Potential des *SoA* ist auf die Majorisierung Einzelner durch mehrheitliche Zustimmung in den einzelnen Gläubigergruppen beschränkt. Der *cram-down* einer ganzen Abstimmungsgruppe von Gläubigern, die dem *SoA* nicht mit erforderlicher Mehrheit zustimmt, ist (wie im *CVA*, aber anders als im Insolvenzplanverfahren) nicht möglich, so dass einer ganzen Abstimmungsgruppe eine Beteiligung an einem *Debt-Equity-Swap* nicht aufgezwungen werden kann.

Nach der Rechtsprechung zur *„economic interest issue"* kann eine ganze Gläubigergruppe im *SoA*-Verfahren in Fällen übergangen werden, in denen ein sog. *transfer scheme* mit höherrangigen Gläubigergruppen vereinbart wird, d.h. das Unternehmen und Vermögenswerte der Schuldnergesellschaft auf eine neugegründete Gesellschaft übertragen werden. Werden in diesem Fall *„out-of-the-money"*-Gläubiger oder -Anteilseigner bei der Bildung der Abstimmungsgruppen ignoriert und diese ohne Beteiligung an der *NewCo* mit ihren (wertlosen) Ansprüchen gegen die vermögenslose Schuldnergesellschaft zurückgelassen, so steht dies nach den Rechtsprechungsgrundsätzen zur *„economic interest issue"* der gerichtliche Bestätigung und Wirksamkeit des *SoA* grundsätzlich nicht entgegen. Die *„economic interest issue"* wird jedoch nur mit Blick auf *transfer schemes* diskutiert und hat zudem nicht zur

Folge, dass eine ganze am Abstimmungsverfahren beteiligte Gläubigergruppe trotz ihrer mehrheitlicher Ablehnung durch das *SoA* in ihren Rechtspositionen beeinträchtigt werden kann.

6) Die vorstehenden Ausführungen (unter 3)-5)) beziehen sich auf die Mechanismen des Insolvenzplanverfahrens, des *CVA* und des *SoA* zur Erzwingung der Beteiligung einzelner Gläubiger an einem *Debt-Equity-Swap* als solche. Die Effizienz und der praktische Nutzen dieser Mechanismen bei der Umsetzung eines *Debt-Equity-Swap* sind aber nicht nur von der Ausgestaltung dieser Mechanismen, sondern zudem auch davon abhängig, welche Anforderungen das deutsche und das englische Recht an die Verfügbarkeit dieser Mechanismen stellen. Unter diesem Gesichtspunkt eröffnet das englische Recht Möglichkeiten zur Bewältigung von Kollektivhandlungsproblemen auf Gläubigerseite bei der Umsetzung des *Debt-Equity-Swap*, die das deutsche Recht nicht eröffnet:

   Mit dem *CVA* und dem *SoA* stellt das englische Recht zwei verfahrensrechtliche Instrumente zur Verfügung, die als vorinsolvenzliche Verfahren nutzbar sind und eine zwangsweise Verpflichtung einzelner Minderheitsgläubiger zur Umwandlung ihrer gegen die Schuldnergesellschaft gerichteten Forderungen bereits in einem Stadium ermöglichen, in dem die Schuldnergesellschaft (noch) nicht überschuldet oder zahlungsunfähig ist oder zu werden droht. Demgegenüber sind die Mechanismen zur Bewältigung von Kollektivhandlungsproblemen auf der Gläubigerseite des deutschen Insolvenzplanverfahrens (Mehrheitsprinzip und Obstruktionsverbot im Abstimmungsverfahren), erst bei Vorliegen von Zahlungsunfähigkeit, drohender Zahlungsunfähigkeit oder Überschuldung i.S.d. §§ 17-19 InsO verfügbar, weil das Insolvenzplanverfahren Teil des einheitlichen Insolvenzverfahrens ist und die Eröffnung eines solchen das Vorliegen eines der genannten Eröffnungsgründe voraussetzt (§ 16 InsO)[1028]. Im Stadium vor Eröffnung eines Insolvenzverfahrens ist ein verfahrensrechtliches Instrument zur zwangsweisen Bindung einzelner Minderheitsgläubiger – außer im eng umgrenzten Anwendungsbereich des SchVG – nach deutschem Recht nicht verfügbar.

   Etwas anderes folgt nicht aus der Einführung des sog. „Schutzschirmverfahrens" gemäß § 270b InsO durch das ESUG: Das Schutzschirmverfahren stellt ein neues Mittel zur Vorbereitung der Sanierung des Rechtsträgers in Form der Kombination von Eigenverwaltung und Insolvenzplan dar. Dies

1028 Siehe zum frühestmöglichen Zeitpunkt einer Planvorlage MüKo-InsO/*Eidenmüller*, § 218 Rn. 112 ff.

indem es im Kern ermöglicht, dass – sofern die Sanierung nicht offensichtlich aussichtslos ist – im Fall eines Eröffnungsantrags bei drohender Zahlungsunfähigkeit und/oder Überschuldung in Kombination mit einem Antrag auf Anordnung der Eigenverwaltung durch den Schuldner, auf zusätzlichen Antrag des Schuldners, durch das Insolvenzgericht eine maximal dreimonatige Frist zur Vorlage eines Insolvenzplans bestimmt wird, ein vorläufigen Sachwalter ernannt wird und das Gericht die im Schutzschirmverfahren möglichen Sicherungsmaßnahmen anordnen kann. Obwohl nach der Gesetzesbegründung zum ESUG dem Schuldner mit § 270b InsO im Zeitraum zwischen Eröffnungsantrag und Verfahrenseröffnung ein „eigenständiges Sanierungsverfahren"[1029] zur Verfügung gestellt und § 270b InsO gelegentlich auch als „vorinsolvenzliches" Verfahren bezeichnet wird, handelt es sich bei diesem *de facto* nicht um ein echtes außer- oder vorinsolvenzliches Verfahren mit möglichen Eingriffen in Gläubigerrechte[1030]. Treffender ist vielmehr die Charakterisierung des Schutzschirmverfahren als eine besondere Form des Eröffnungsverfahrens[1031], weswegen diesbezüglich u.a. die Verwendung des Begriffs „sanierungsvorbereitendes Eröffnungsverfahren" vorgeschlagen wird[1032]. Grund hierfür ist, dass der Weg unter den „Schutzschirm" erst innerhalb des normalen Eröffnungsverfahrens offen steht, weil die Anordnung von Maßnahmen nach § 270b InsO einen Eröffnungsantrag des Schuldners wegen drohender Zahlungsunfähigkeit und/oder Überschuldung voraussetzt. Vor Eintritt drohender Zahlungsunfähigkeit und/oder Überschuldung ist der Antrag auf Anordnung von Maßnahmen nach § 270b InsO unzulässig. Eine weitergehende Vorverlagerung des frühesten Zeitpunkts des Eingreifens des Schutzschirmverfahrens sieht das ESUG nicht vor[1033]. Bereits aus diesem Zeitelement folgt, dass das Schutzschirmverfahren kein taugliches verfahrensrechtliches Instrument zur Überwindung der Obstruktion dissentierender Gläubiger vor dem Eintritt eines Insolvenzgrundes ist. Dies folgt zugleich

---

1029 Begr. RegE-ESUG v. 04.05.2011, BT-Drucks. 17/5712, S. 40.

1030 So auch *Thole*, ZGR 2013, S. 109 (154 f.); ähnlich *Riggert* in Braun InsO, § 270b Rn. 4.

1031 Statt vieler *Desch*, BB 2013, S. 841; *Undritz* in K. Schmidt InsO, § 270b Rn. 7.

1032 So *Undritz* in K. Schmidt InsO, § 270b Rn. 1.

1033 Kritisch hierzu etwa *Hirte*, ZInsO 2011, S. 401 (402); *Eidenmüller*, ZHR 175 (2011), S. 11 (35 f.). Zutreffend wird aber darauf hingewiesen, dass das Erfordernis des Eintritts drohender Zahlungsunfähigkeit wegen der geringen Anforderungen an den Nachweis der drohenden Zahlungsunfähigkeit in der Praxis keine allzu hohe Hürde darstellt, HambKomm/*Fiebig*, § 270b Rn. 4.

aber auch daraus, dass das Schutzschirmverfahren selbst keine Eingriffe in Gläubigerrechte ermöglicht, sondern derartige Eingriffsrechte dem – durch das Schutzschirmverfahren lediglich begünstigten – Insolvenzplanverfahren vorbehalten sind. Das Insolvenzplanverfahren greift aber erst innerhalb des eröffneten Insolvenzverfahrens[1034], so dass mit der Einführung des Schutzschirmverfahrens keine vorinsolvenzliche Möglichkeit zum Eingriff in Gläubigerrechte (und somit auch keine *cram-down*-Mechanismen) geschaffen wurde.

Beim Einsatz als verfahrensrechtliche Grundlage zur Umsetzung eines *Debt-Equity-Swap* sind *CVA* und *SoA* insoweit – auch nach Inkrafttreten des ESUG – besser als das deutsche Insolvenzplanverfahren zur Bewältigung von Kollektivhandlungsproblemen auf der Gläubigerseite und gleichzeitiger Vermeidung einer Überschreitung des Zeitpunkts der Sanierbarkeit geeignet, als sie die Bewältigung von Kollektivhandlungsproblemen auf der Gläubigerseite in einem früheren Krisenstadium ermöglichen.

Bei alldem kann ein isoliert durchzuführendes *CVA*-Verfahren (ohne paralleles *administration*-Verfahren) als verfahrensrechtliche Grundlage zur Umsetzung eines *Debt-Equity-Swap* im Vergleich zum *SoA* und zum deutschen Insolvenzplanverfahren besonders attraktiv sein, weil es eine Kombination einer Bewältigung von Kollektivhandlungsproblemen auf der Gläubigerseite mit weiteren attraktiven Merkmalen des *CVA*-Verfahrens ermöglicht, die *SoA* und Insolvenzplanverfahren nicht aufweisen. Angesprochen ist hiermit insbesondere die Charakteristik des *CVA* als ein im Wesentlichen „außergerichtliches" Verfahren mit deutlich geringerer Verfahrensbeteiligung der Gerichte als im *SoA* und im Insolvenzplanverfahren, und dass die Wirksamkeit des *CVA* (anders als die des *SoA* und des Insolvenzplans) nicht von einer gerichtlichen Bestätigungsentscheidung abhängig ist. Des Weiteren ist hiermit u.a. angesprochen, dass im *CVA*-Verfahren anders als im *SoA*-Verfahren und im Insolvenzplanverfahren keine komplexe Einteilung der Gläubiger in Abstimmungsgruppen erforderlich ist, die zeit- und kostenintensiv ist und das Risiko einer fehlerhaften Gruppenbildung birgt.

1034 Bei einem innerhalb der Dauer des Schutzschirmverfahrens dem Gericht vorgelegten Insolvenzplan handelt es sich zwar um einen Insolvenzplan im Sinne eines „*pre-packaged plan*", d.h. eines vorab erstellten Insolvenzplans. Ungeachtet dessen wird über den Insolvenzplan jedoch erst im eröffneten Insolvenzverfahren nach den allgemeinen Vorschriften über den Insolvenzplan abgestimmt; vgl. Begr. RegE-ESUG v. 04.05.2011, BT-Drucks. 17/5712, S. 41.

Kapitel VIII: Verfahrensrechtliche Instrumentarien zur Überwindung der Obstruktion dissentierender Altgesellschafter

I. Relevanz des strategischen Blockadepotentials der Altgesellschafter bei der Umsetzung von *Debt-Equity-Swaps*

Bei der Umsetzung von *Debt-Equity-Swaps* zur Entschuldung sanierungsbedürftiger Kapitalgesellschaften erlangt (neben dem Blockadepotential dissentierender Gläubiger[1035]) regelmäßig das Blockadepotential der vorhandenen Anteilseigner der Schuldnergesellschaft („Altgesellschafter"[1036]) besondere Relevanz. Dieses resultiert aus dem grundsätzlich bestehenden Erfordernis von Mitwirkungs- und Zustimmungshandlungen der Altgesellschafter. Denn Voraussetzung der Umsetzung eines *Debt-Equity-Swap* bei einer deutschen AG oder GmbH im Wege einer Sachkapitalerhöhung, die nicht notwendig aber regelmäßig mit einer vereinfachten Kapitalherabsetzung und einem Bezugsrechtsausschluss verbunden ist, sind Gesellschafterbeschlüsse zur Umsetzung dieser Kapitalmaßnahmen[1037]. Soll der *Debt-Equity-Swap* durch die Übertragung bestehender Anteile von Aktionären oder GmbH-Gesellschaftern auf Gläubiger (mit nachfolgendem Forderungsverzicht) umgesetzt werden[1038], sind die zur Übereignung/Abtretung der Aktien oder Geschäftsanteile erforderlichen Willenserklärungen der Altgesellschafter erforderlich.

Bei der Umsetzung eines *Debt-Equity-Swap* bei einer *plc* oder einer *Ltd.* im Anwendungsbereich des CA 2006 ist die Zustimmung der Altgesellschafter ebenfalls regelmäßig erforderlich. Denn die Ausgabe neuer Anteile einer *plc* oder *Ltd.* zur Umsetzung des *Debt-Equity-Swap* erfordert nach Maßgabe des CA 2006 zwar keinen Gesellschafterbeschluss zur Erhöhung des *authorised share capital* mehr[1039], doch können Gesellschafterbeschlüsse erforderlich werden, um

1035 Dazu Kap. VII.

1036 Die vor dem *Debt-Equity Swap* vorhandenen Anteilseigner der Schuldnergesellschaft werden im Folgenden – in Abgrenzung von den im Zuge des *Debt-Equity-Swap* in die Gesellschafterstellung einrückenden „Neugesellschaftern" – als „Altgesellschafter" bezeichnet werden.

1037 Dazu oben Kap. III, I. 1.

1038 S. oben Kap. III, I. 2. b.

1039 Als Folge der Abschaffung des Konzepts des *authorised share capital* mit dem CA 2006; Kap. III, II. 1. b.

den *directors* die erforderliche Ermächtigung zur Anteilsausgabe zu erteilen (wenn eine solche Ermächtigung nicht bereits in hinreichendem Maße besteht oder erneuert werden muss)[1040], die erforderliche Zustimmung zu einer der Veränderung der *class rights* der Altgesellschafter einzuholen[1041], und/oder das gesetzliche Bezugsrecht der Altgesellschafter aus sec. 561 CA 2006 durch besonderen Gesellschafterbeschluss gemäß ss. 570, 571 CA 2006 auszuschließen[1042] Bei börsennotierten Gesellschaften im Anwendungsbereich der UKLA Listing Rules der Kapitalmarktaufsichtsbehörde *FSA* (*Financial Services Authority*) in ihrer Funktion als *UKLA* (*United Kingdom Listing Authority*) kann zudem ein zustimmender Gesellschafterbeschluss der Altgesellschafter nach Maßgabe des Chapter 10 der UKLA Listung Rules erforderlich werden, wenn die Transaktion in die Kategorie einer sog. *class 1-transaction* fällt und die *FSA* keine Befreiung von diesem Erfordernis erteilt[1043].

Aus dem Erfordernis von Mehrheitsbeschlüssen zur Umsetzung eines *Debt-Equity-Swap* resultiert die in der Restrukturierungspraxis bekannte Problematik, dass einzelne Altgesellschafter oder eine Gruppe von Altgesellschaftern, die über eine Sperrminorität verfügen, bei fehlenden entgegenwirkenden Mechanismen, in der Lage sind, die zur Umsetzung des *Debt-Equity-Swap* notwendigen Gesellschafterbeschlüsse zu blockieren. Die Gefahr, dass Altgesellschafter dieses Blockadepotential möglichst weitgehend ausnutzen, ist dabei nicht zu unterschätzen[1044]. Denn diese hoffen nicht selten darauf, dass die Fremdkapitalgeber (aufgrund der im Insolvenzfall drohenden Verluste) einen ausreichenden Sanierungsbeitrag schon erbringen werden, während sie selbst – ohne einen eigenen Sanierungsbeitrag zu erbringen – im Fall des Erfolgs der Sanierungsbemühungen durch die Wertsteigerung ihrer Beteiligung profitieren. Angesichts des Blockadepotentials der Altgesellschafter stellt sich bei Reorganisationskonzepten,

---

1040 S. oben Kap. III, II. 1. c.

1041 S. oben Kap. III, II. 1. d.

1042 S. oben Kap. III, II. 1. e.

1043 Allerdings kann von dem Erfordernis der Zustimmung der Gesellschafter nach Maßgabe der UKLA Listing Rules unter bestimmten Voraussetzungen eine Befreiung durch die UK Listing Authority erteilt werden, wenn die Gesellschaft darlegen kann, dass sie sich in *„severe financial difficulties“* befindet. Die Einzelheiten der Anforderungen an eine Befreiungserteilung erläutert Listing Rules Guidance Note No. 05/2000, (online abrufbar unter http://www.fsa.gov.uk/pubs/ukla/GN05.pdf).

1044 Zum Blockadepotential der Altgesellschafter in Sanierungsfällen im Allgemeinen (d.h. ohne spezifischen Bezug zum *DES*) etwa *Bitter*, ZGR 2010, S. 147 (161 ff.) m.w.N.

und insbesondere wenn ein *Debt-Equity-Swap* intendiert ist, regelmäßig die Frage, ob insolvenz- oder gesellschaftsrechtliche Mechanismen zur Verfügung stehen, mittels derer dissentierende Gesellschafterminderheiten zu einer Mitwirkung an Kapitalmaßnahmen gezwungen werden können oder die Zustimmungserfordernisse verdrängen können.

Im Rahmen der in Deutschland entbrannten Diskussion um die Effizienz des deutschen Insolvenz- und Sanierungsrechts und im Wettbewerb insbesondere mit dem englischen Insolvenz- und Sanierungsrecht, wurde vor Inkrafttreten des ESUG zum 01.03.2012 nicht selten das Blockadepotential der Altgesellschafter bei *Debt-Equity-Swaps* auf der Grundlage deutschen Rechts als ein Motiv für Migrationsbestrebungen in das englische Insolvenzrecht genannt[1045]. Dieser Befund war bereits mit Blick auf die Rechtslage vor Inkrafttreten des ESUG in Zweifel zu ziehen, weil die Eignung der relevanten verfahrensrechtlichen Instrumentarien des englischen Rechts als Instrument zur Überwindung der Obstruktion von Altgesellschaftern (jedenfalls bzgl. des *CVA*) hierzulande gelegentlich überschätzt wurde[1046]. Nach der durch das ESUG erfolgten Einbeziehung der Rechte der Gesellschafter in das Insolvenzverfahren nach Maßgabe der InsO hat sich in diesem Kontext die Diskussionsgrundlage fundamental geändert. Dies zeigt die nachfolgende Gegenüberstellung der Instrumentarien des deutschen und englischen Recht zur Überwindung oder Reduktion der Obstruktion dissentierender Altgesellschafter bei der Umsetzung von *Debt-Equity-Swaps*.

1045 So nennt mit Blick auf die Rechtslage vor Inkrafttreten des ESUG *Eidenmüller* in diesem Zusammenhang die Rahmenbedingungen von *Debt-Equity-Swaps* – genauer: die starke Stellung der Altgesellschafter und ihr Blockadepotential – nach deutschem Recht einen Faktor, der „maßgeblichen Einfluss auf die derzeit geringe Attraktivität des Insolvenzstandortes Deutschland hat"; *Eidenmüller*, ZIP 2007, S. 1729 (1736). *Jaffé/Friedrich*, ZIP 2008, S. 1849 (1853), sehen (ohne hiermit explizit die Rahmenbedingungen des *DES* anzusprechen) in dem „fehlenden Zugriff auf die wertlosen Geschäftsanteile" der Altgesellschafter im deutschen Insolvenzplanverfahren, ein „unbefriedigendes Ergebnis, welches ein maßgeblicher Grund für den bisherigen sehr begrenzten Erfolg des Insolvenzplanverfahrens und für das forum shopping nach England ist". Vgl. auch *Tashiro/Beissenhirtz*, International Corporate Rescue, Vol. 4 (2007) Issue 4, S. 171 (176): *„Still, there are also other reasons to ‚migrate' the respective groups of companies' COMI to England. One reason surely is the need for unanimous shareholders' approval in case of a debt-to-equity-swap"*.

1046 Dazu unten Kap. VIII, III. 2. mit Nachweisen in Fn. 1101.

II. Instrumente des deutschen Rechts zur Überwindung der Obstruktion dissentierender Altgesellschafter bei *Debt-Equity-Swaps*

1. Gesellschaftsrechtliche Treupflichten

Als Korrektiv zum Blockadepotential der Altgesellschafter bei der Umsetzung der zum *Debt-Equity-Swap* einer deutschen AG oder GmbH erforderlichen Kapitalmaßnahmen können sich theoretisch gesellschaftsrechtliche Treupflichten auswirken[1047]. Vor dem Hintergrund der im wegweisenden „Girmes-Urteil" des BGH aus dem Jahr 1995[1048] und in der BGH-Entscheidung „Sanieren oder Ausscheiden" aus dem Jahr 2009[1049] aufgestellten Grundsätze, steht heute im

1047 Vgl. *Eidenmüller/Engert*, ZIP 2009, S. 541 (543); *Westpfahl/Janjuah*, Beil. zu ZIP Heft 3/Jan. 2008, S. 14; die aber zugleich auf die zweifelhafte Praxistauglichkeit des Rückgriffs auf die gesellschaftsrechtlichen Treupflichten zu diesem Zweck hinweisen. Zu den gesellschaftsrechtlichen Treupflichten im Allgemeinen statt vieler *Häsemeyer*, ZHR 160 (1996), S. 109 ff.; *Henze*, ZHR 162 (1998), S. 186 ff.; *Lutter*, ZHR 162 (1998), S. 164 ff.; mit Blick auf Sanierungsbeiträge der Gesellschafter in der Insolvenz *Bitter*, ZGR 2010, S. 147 (164 ff.).

1048 BGH Urt. v. 20.03.1995 – II ZR 205/94 („Girmes") – BGHZ 129, 136. In der Entscheidung, die Schadensersatzansprüche aufgrund eines gescheiterten außergerichtlichen Sanierungsversuchs betrifft, führte der BGH aus, dass die gesellschaftsrechtliche Treupflicht von Minderheitsaktionären gegenüber Mehrheitsaktionären den Minderheitsaktionär verpflichte, seine Mitwirkungs- und Kontrollrechte unter angemessener Berücksichtigung der gesellschaftsbezogenen Interessen der anderen Aktionäre auszuüben und es einem Minderheitsaktionär nicht erlaubt sei, eine sinnvolle und mehrheitlich angestrebte Sanierung aus eigennützigen Gründen zu verhindern. Mit Blick auf die im zugrunde liegenden Fall erfolgte Versagung der Zustimmung der Minderheitsaktionäre zu einer Kapitalherabsetzung entschied der BGH, dass diese Zustimmungsversagung treuwidrig sei, wenn die vorgeschlagene Sanierungsmaßnahme sinnvoll und Erfolg versprechend sei, eine schonendere Sanierungsalternative nicht zur Verfügung stehe, bei Scheitern des Beschlusses zur Sanierungsmaßnahme der Zusammenbruch der Gesellschaft unvermeidlich sei, und die Stellung des einzelnen Gesellschafters im Falle des Zusammenbruchs dann ungünstiger wäre als bei einem Austritt aus der Gesell-schaft.

1049 BGH Urt. v. 19.10.2009 – II ZR 240/08 („Sanieren oder Ausscheiden") – BGHZ 183, 1: Beschließen die Gesellschafter einer zahlungsunfähigen und überschuldeten Publikumspersonengesellschaft mit der im Gesellschaftsvertrag für Vertragesänderungen vereinbarten Mehrheit die Gesellschaft in der Weise zu sanieren, dass das Kapital herabgesetzt und jedem Gesellschafter frei gestellt wird,

Grundsatz außer Frage, dass sich die gesellschaftsrechtlichen Treupflichten in Sanierungsfällen in Ausnahmenfällen zu positiven Stimmpflichten der Minderheitgesellschafter bei der Beschlussfassung der einzig in Betracht kommenden, zumutbaren, zur Sanierung erforderlichen Kapitalmaßnahmen verdichten kann[1050]. Dies gilt für die AG und die GmbH gleichermaßen.

Die praktische Relevanz der gesellschaftsrechtlichen Treupflichten zur Erzwingung der Mitwirkung der Altgesellschafter bei der Umsetzung des *Debt-Equity-Swap* ist jedoch nicht zu überschätzen:

Sofern der *Debt-Equity-Swap* mittels einer Übertragung bestehender Anteilen der Altgesellschafter auf Gläubiger umgesetzt werden soll, helfen gesellschaftsrechtliche Treupflichten zur Erzwingung der Mitwirkung der Altgesellschafter bereits deshalb nicht weiter, weil diese Treupflichten keine Verpflichtung eines Minderheitsgesellschafters zur Mitwirkung an Maßnahmen begründen können, die ihn zur Abtretung seiner Gesellschaftsanteile zwingen[1051].

Sofern der *Debt-Equity-Swap* („klassisch“) durch die Forderungseinbringung im Rahmen einer Sachkapitalerhöhung mit Bezugsrechtsausschluss und vorgeschalteter Kapitalherabsetzung umgesetzt wird, kommt zwar das Entstehen einer positiven Stimmpflicht einzelner Gesellschafter zu den erforderlichen Kapitalmaßnahmen in Betracht, doch ist der praktische Nutzen dieser

---

eine neue Beitragspflicht im Rahmen einer Kapitalerhöhung einzugehen, dass ein nicht sanierungswilliger Gesellschafter aber aus der Gesellschaft ausscheiden muss, so sind – so die Entscheidung des BGH – die nicht zahlungsbereiten Gesellschafter aus gesellschafterlicher Treuepflicht dann verpflichtet, dem Gesellschafterbeschluss zuzustimmen, wenn sie infolge ihrer mit dem Ausscheiden verbundenen Pflicht, den auf sie entfallenden Auseinandersetzungsfehlbetrag zu leisten, finanziell nicht schlechter stehen, als sie im Falle der sofortigen Liquidation stünden.

1050 Vgl. Hüffer/*Koch* AktG, § 179 Rn. 30; *Bayer* in *Lutter/Hommelhoff*, GmbHG, § 53 Rn. 38, jeweils m.w.N. Näher hierzu *Müller*, Der Verband in der Insolvenz, 2002, S. 330 ff.; *v. Schorlemer/Stupp*, NZI 2003, S. 345 ff.; *Pujol*, Die Sanierung der Schuldnergesellschaft vor dem Hintergrund der gesellschaftsrechtlichen Neutralität des Insolvenzrechts nach deutschem und französischem Recht, 2006, S. 106 ff.

1051 So auch *Westphal/Goetker/Wilkens*, Grenzüberschreitende Insolvenzen, 2008, Rn. 1327. Vertiefend *Pujol*, Die Sanierung der Schuldnergesellschaft vor dem Hintergrund der gesellschaftsrechtlichen Neutralität des Insolvenzrechts nach deutschem und französischem Recht, 2006, S. 121 ff. m.w.N. Für die mangelnde Verpflichtung jedenfalls einer entschädigungslosen Abtretung der Geschäftsanteile der Minderheitsgesellschafter einer GmbH aufgrund gesellschaftsrechtlicher Treupflichten *Lutter*, ZHR 162 (1998), S. 164 (170).

Zustimmungspflichten zur Überwindung der Obstruktion einzelner Gesellschafter äußerst zweifelhaft. Der Grund hierfür ist insbesondere[1052] darin zu sehen, dass Treupflichten der Gesellschafter zwar untereinander sowie im Verhältnis zur Gesellschaft anerkannt sind, jedoch nicht zwischen Gesellschaftern und Gläubigern[1053]. Die klassische gesellschaftsrechtliche Treupflicht ist daher kein taugliches Instrument, um in einer Sanierungssituation Gläubigerinteressen gegenüber dem Alleingesellschafter oder mehreren einvernehmlich handelnden Altgesellschaftern zum Durchbruch zu verhelfen[1054]. Das Institut der gesellschaftsrechtlichen Treupflichten ist folglich auch als ein ineffizientes Instrument zur Erzwingung der Zustimmung und Mitwirkung eines kooperationsunwilligen Altgesellschafters bei den zur Umsetzung eines *Debt-Equity-Swap* erforderlichen Kapitalmaßnahmen zu bewerten.

Nach einer von *Bitter* entwickelten These können Gesellschafter allerdings in Fällen der Reorganisation einer insolventen Schuldnergesellschaft aufgrund einer von ihm angenommen Aufopferungspflicht verpflichtet sein, die eigene Rechtsposition gegen Wertausgleich zugunsten der Gläubiger herzugeben, obwohl eine vertragliche Verbindung zwischen den Altgesellschaftern und den Gläubigern (anders als zwischen Gesellschaftern) nicht besteht[1055]. Grundlage dieser Inpflichtnahme unter dem Gedanken der Aufopferung sei die

---

1052 Hinzu tritt, dass die prozessuale Durchsetzbarkeit der Zustimmungspflichten problematisch ist, *Häsemeyer*, ZHR 160 (1996), S. 109 (119 ff.).

1053 Hierzu etwa *Bitter*, ZGR 2010, S. 147 (171 f.).

1054 *Bitter*, a.a.O., S. 171. Dass bezüglich der Praktikabilität des Instituts der positiven Zustimmungspflichten aus gesellschaftsrechtlichen Treupflichten bei der Umsetzung von Kapitalmaßnahmen bei dringend sanierungsbedürftigen Kapitalgesellschaften Zweifel angebracht sind, hat auch der Gesetzgeber bestätigt. Denn vor diesem Hintergrund ist die Einführung des § 7 Abs. 7 FMStBG mit dem FMStErgG vom 7.4.2009 zu sehen. § 7 Abs. 7 FMStBG statuiert – für den eng begrenzten Geltungsbereich des FMStBG - eine verschuldensunabhängige Schadensersatzpflicht für Aktionäre, die eine für den Fortbestand der Gesellschaft erforderliche Kapitalmaßnahme verzögern oder vereiteln. Nach der Begründung des Regierungsentwurfs zum FMStErgG „konkretisiert" die Regelung die Treupflicht der Aktionäre gegenüber der Gesellschaft, die sich zur Pflicht verdichten kann, das Stimmrecht in der Hauptversammlung so auszuüben, dass eine für den Fortbestand der Gesellschaft notwendige Kapitalmaßnahme nicht vereitelt wird, vgl. Begr. RegE-FMStErgG v. 3.3.2009, BT-Drs. 16/12100, S. 12. Im Schrifttum ist die Schadensersatzregelung in § 7 Abs. 7 FMStBG auf Kritik gestoßen; vgl. *Ziemons*, NZG 2009, S. 369 (373 f.); *Böckenförde*, NJW 2009, S. 2484 (2485).

1055 *Bitter*, ZGR 2010, S. 147 (172 ff.).

Einwirkungsmacht auf das Vermögen einer oder mehrerer anderer Personen, die nicht (gesellschafts-)vertraglich miteinander verbunden sein müssen. Da die Gesellschafter bei einer Zerschlagung des Unternehmens nicht nur ihre Beteiligung verlören (wegen der gleichzeitigen Zwangsliquidation der Gesellschaft), sondern auch keinerlei Auszahlung auf ihre Eigenkapitalforderungen bekämen, hätten sie kein schützenswertes Interesse daran, eine Sanierung durch einen Dritten zu verhindern[1056]. Diese von *Bitter* (vor Inkrafttreten des ESUG) entwickelte Ansicht war ein innovativer Ansatz zur Korrektur des aus der gesellschaftsrechtlichen Neutralität der InsO resultierenden Blockadepotentials der Altgesellschafter in Reorganisationsfällen. Dennoch wurde mit Blick auf die Rechtslage vor Inkrafttreten des ESUG zu Recht darauf hingewiesen, dass der Wille des Gesetzgebers bei der Insolvenzrechtsreform in eine andere Richtung ging, indem die Möglichkeit zwangsweiser Eingriffe in die Rechte der Gesellschafter im Insolvenzverfahren ausdrücklich abgelehnt wurde (dazu sogleich[1057]) und eine diesbezügliche Korrektur daher durch den Gesetzgeber erfolgen müsse[1058]. Diese Korrektur durch den Gesetzgeber ist mittels des ESUG inzwischen erfolgt (dazu unten[1059]).

2. Insolvenzplanverfahren als Instrument zur Überwindung der Obstruktion dissentierender Altgesellschafter

a. *Gesellschaftsrechtliche Neutralität der InsO vor Inkrafttreten des ESUG*

Vor Inkrafttreten des ESUG am 01.03.2012 war im eröffneten Insolvenzverfahren nach Maßgabe der InsO kein taugliches Instrumentarium verfügbar, um von kooperationsunwilligen Altgesellschaftern Zustimmungs- und Mitwirkungshandlungen zu erzwingen, die zur Umsetzung des *Debt-Equity-Swap* erforderlich sind. Die InsO stellte – infolge der Grundentscheidung des Gesetzgebers für ihre gesellschaftsrechtliche Neutralität[1060] – keinerlei Vorschrif-

1056 *Bitter*, ZGR 2010, S. 147 (191 ff.).

1057 Kap. VIII, II. 2. a.

1058 So etwa *Brinkmann*, WM 2011, S. 97 (98 f.).

1059 Kap. VIII, II. 2. b.

1060 Mit dem Begriff der „gesellschaftsrechtlichen Neutralität" oder der „verbandsrechtlichen Enthaltsamkeit" des Insolvenzrechts wird eine rechtspolitische Grundentscheidung beschrieben, wonach auch in der Insolvenz fremdbestimmte Eingriffe in die Verbandsstruktur und in die Mitgliedschaftsrechte der Gesellschafter grundsätzlich unterbleiben. Zu den Auswirkungen der vor Inkrafttreten des ESUG geltenden gesellschaftsrechtlichen Neutralität der InsO in Fällen der

ten zur Verfügung, die einen zwangsweisen Eingriff in die Kapitalstruktur der Schuldnergesellschaft zulassen oder durch die ein Anteilseigner im Insolvenzplanverfahren nach §§ 217 ff. InsO zur Aufgabe seiner Beteiligung gezwungen werden konnte[1061]. Altgesellschafter waren nicht als „Beteiligte" i.S.v. § 217 InsO a.F., deren Rechtsstellung durch den gestaltenden Teil des Insolvenzplans geändert werden kann, anzusehen. Sie wurden folglich von der gemäß § 254 Abs. 1 S. 1 InsO für und gegen alle „Beteiligten" wirkenden Rechtskraft eines bestätigten Insolvenzplans nicht erfasst[1062]. Im Gesetzgebungsverfahren zur InsO hatte die Insolvenzrechtskommission im Jahr 1985 noch Vorschläge eines an den Regelungen des Chapter 11 des US-Bancruptcy Code orientierten Reorganisationsverfahrens veröffentlicht, das zwangsweise Eingriffe in die Kapital- und Finanzstruktur sowie in die gesellschaftsrechtlichen Verhältnisse des Schuldnerunternehmens ermöglichen und die Möglichkeit eines Zwangsausschlusses der Gesellschafter (bei Wertlosigkeit ihrer Anteile) durch Beschluss des Insolvenzgerichts einführen sollte[1063]. Diese Vorschläge konnten sich jedoch im weiteren Gesetzgebungsverfahren nicht durchsetzen.

Unternehmenssanierung statt aller *Uhlenbruck* in FS Lüer 2008, S. 461 ff.; *Pujol*, Die Sanierung der Schuldnergesellschaft vor dem Hintergrund der gesellschaftsrechtlichen Neutralität des Insolvenzrechts nach deutschem und französischem Recht, 2006, S. 13 ff.

1061 *Eidenmüller*, ZGR 2001, S. 680 (687); HK-InsO/*Flessner*, 5. Aufl. 2008, § 221 Rn. 3 f.; *Müller*, KTS 2002, S. 209 (236); *Noack in* FS Röhricht 2005, S. 455 (458 f.); *Sassenrath*, ZIP 2003, S. 1517 (1519); *Westpfahl/Janjuah*, Beil. zu ZIP Heft 3/ Jan. 2008, S. 1 (14 f.); *Achsnick*, Options-Modelle im Insolvenzplanverfahren, 2002, S. 110 f.

1062 *Eidenmüller* in MüKo-InsO, 2. Aufl. 2008, § 217 Rn. 65; *ders.*, ZGR 2001, S. 680 (682 ff.). Überwiegend abgelehnt wurde ein von *Braun* vertretener Ansatz, wonach die Altgesellschafter rechtlich verpflichtet sein könnten, sich „freiwillig" der Bindungswirkung des Insolvenzplans zu unterwerfen, weil der Insolvenzverwalter bei überschuldeten Kapitalgesellschaften einen schuldrechtlichen Anspruch auf Abtretung der Gesellschaftsanteile habe, wenn diese wertlos sind und Vermögensgegenstände in der Insolvenzmasse ohne ein Fortbestehen des Rechtsträgers nicht verwertet werden könnten; *Braun* in Nerlich/Römermann InsO (EL 9 März 2005), § 217 Rn. 41 ff. Ablehnend statt vieler *Eidenmüller* in MüKo-InsO, 2. Aufl. 2008, § 217 Rn. 74; *Jaffé/Friedrich*, ZIP 2008, S. 1849 (1854); *Noack in* FS Röhricht 2005, S. 455 (460).

1063 Erster Bericht der Kommission für Insolvenzrecht (EB), Bundesministerium der Justiz (Hrsg.), Köln 1985. Siehe zum Gesetzgebungsverfahren zur InsO mit Blick auf die Möglichkeit eines zwangsweisen Eingriffs in Gesellschafterrechte

Vor der Zäsur durch das ESUG folgte hieraus für die Umsetzung von *Debt-Equity-Swaps* auf der verfahrensrechtlichen Grundlage des Insolvenzplanverfahrens: Wenn keine anderen rechtlichen (z.B. wegen bestehender Pfandrechte an den Gesellschaftsanteilen[1064]) oder wirtschaftlichen Druckmittel gegen die Altgesellschafter zur Verfügung standen, blieb nur die Möglichkeit einer freiwilligen Einbindung der Altgesellschafter im Planverfahren, um ihre zur Umsetzung des *Debt-Equity-Swap* erforderlichen Mitwirkungshandlungen mit dem Insolvenzplanverfahren zu verzahnen[1065].

Die vor der Zäsur durch das ESUG fehlende Möglichkeit einer notfalls zwangsweisen Verpflichtung von Altgesellschaftern zur Mitwirkung an erforderlichen Kapitalmaßnahmen – insb. einem *Debt-Equity-Swap* – zur Unternehmensreorganisation[1066] im Insolvenzplanverfahren, und das dahinterstehende Konzept der gesellschaftsrechtlichen Neutralität der InsO, wurde häufig als ein „Geburtsfehler" des Insolvenzplanverfahrens kritisiert und zu Recht verbreitet als rechtspolitisch verfehlt gewertet[1067]. Kernargument der Kritik war u.a., dass es aufgrund der fehlenden Eingriffsmöglichkeit in die Gesellschafterrechte im Insolvenzplanverfahren Altgesellschaftern, die nicht bereit oder in der Lage sind, die Eröffnung des Insolvenzverfahrens durch die Beseitigung eines einge-

---

im Insolvenzplanverfahren *Müller*, Der Verband in der Insolvenz, 2002, S. 315 ff.; *Sassenrath*, ZIP 2003, S. 1517 (1519 ff.).

1064 Ist die gegen die Schuldnergesellschaft gerichtete Forderung des (bzgl. der Anteile) erwerbswilligen Gläubigers mit Pfandrechten an den Anteilen der Altgesellschafter besichert, so kann parallel zum Insolvenzverfahren die Pfandverwertung betrieben werden. In diesen Fällen reicht häufig bereits die Ankündigung der Pfandverwertung aus, um die Altgesellschafter zur Aufgabe ihrer Rechtsposition zu motivieren.

1065 Für die Verzahnung der Gesellschafterbeschlüsse mit dem Insolvenzplan sieht die InsO in § 249 InsO die Möglichkeit vor, im Insolvenzplan dessen Bestätigung davon abhängig zu machen, dass vorher Maßnahmen wie ein Fortsetzungsbeschluss, eine Kapitalerhöhung oder eine Auswechselung von Gesellschaftern erfolgt sind; vertiefend hierzu *Krull*, Bedingter Insolvenzplan und Kapitalschnitt, 2000, S. 91 ff.; *Achsnick*, Options-Modelle im Insolvenzplanverfahren, 2002, S. 112 ff.; *Müller*, KTS 2002, S. 209 (238 f.).

1066 D.h. der Sanierung des notleidenden/krisenbefangenen Unternehmens in den Händen des bisherigen Unternehmensträgers.

1067 *Eidenmüller/Engert*, ZIP 2009, S. 541 ff.; *Eidenmüller*, ZIP 2007, S. 1729 (1736 f.); *ders.* in MüKo-InsO, 2. Aufl. 2008, § 217 Rn. 75; *Ehlers*, ZInsO 2009, S. 320 (323 f.); HK-InsO/*Flessner*, 5. Aufl. 2008, § 221 Rn. 4 f.; *Jaffé/Friedrich*, ZIP 2008, S. 1849 (1854); *Sassenrath*, ZIP 2003, S. 1517 (insb. 1528 ff.); *Westpfahl/Janjuah*, Beil. zu ZIP Heft 3/Jan. 2008, S. 1 (15 ff.).

tretenen Insolvenzgrunds mit eigenen Mitteln zu verhindern, ermöglicht werde, den Ausgang des Insolvenzplanverfahrens maßgeblich zu bestimmen, weil sie die zur Unternehmensreorganisation erforderlichen Kapitalmaßnahmen blockieren können. Zudem wurde zu Recht kritisiert, dass nicht einzusehen ist, warum die Altgesellschafter nach einer erfolgreichen finanzwirtschaftlichen Sanierung über einen *Debt-Equity-Swap* von einer Revalutierung ihrer völlig oder fast wertlosen Gesellschaftsanteile profitieren sollen, obwohl sie keine eigenen Opfer erbracht haben, sondern der entscheidende Sanierungsbeitrag durch eine Beeinträchtigung von Gläubigerrechten erfolgt.

b. Rechtslage nach Inkrafttreten des ESUG

Mit dem am 01.03.2012 in Kraft getretenen ESUG ist der Gesetzgeber der Forderung nach Eingriffsmöglichkeiten in die Anteilseignerrechte im Insolvenzplanverfahren nachgekommen. Durch das ESUG wurde das Insolvenzplanverfahren in der Weise grundlegend reformiert, dass der Grundsatz der gesellschaftsrechtlichen Neutralität der InsO aufgegeben wurde. Dies erfolgt indem die Regelungen zum Insolvenzplanverfahren in der durch das ESUG geänderten Fassung erstmals die Änderung von Anteils- und Mitgliedschaftsrechten gegen den Willen der hiervon jeweils nachteilig betroffenen Altgesellschafter zulassen. Ausweislich der Begründung des ESUG wird hierdurch das Blockadepotential der Gesellschaftsorgane und insbesondere der Anteilsinhaber minimiert und eine zügige und effektive Sanierung des schuldnerischen Unternehmens ermöglicht[1068]. In der Aufgabe des Grundsatzes der gesellschaftsrechtlichen Neutralität der InsO und Verankerung des Grundsatzes „Insolvenzrecht verdrängt Gesellschaftsrecht" durch das ESUG wird zu Recht eine durchaus spektakuläre Reform des deutschen Insolvenzrechts gesehen[1069].

Die Einbeziehung von Anteils- und Mitgliedschaftsrechten gegen den Willen der hiervon jeweils nachteilig betroffenen Altgesellschafter im Insolvenzplanverfahren erzielt das ESUG dadurch, dass der bislang nur mit Blick auf Gläubiger vorhandene Abstimmungsmechanismus auch für die im Rahmen eines *Debt-Equity-Swap* oder anderer gesellschaftsrechtlicher Sanierungsmaßnahmen vorzunehmenden Beschlüsse anzuwenden ist. Zu diesem Zweck wurde § 217 InsO ein neuer Satz 2 angefügt, wonach im Fall einer juristischen Person als Schuldner auch die Anteils- oder Mitgliedschaftsrechte der am Schuldner beteiligten

1068 Begr. RegE-ESUG in der Fassung v. 04.05.2011, BT-Drucks. 17/5712, S. 1.

1069 Vgl. etwa *K. Schmidt*, BB 2011, S. 1603 (1607): *„Das ist, verglichen mit der geltenden Fassung der Insolvenzordnung von 1994, geradezu revolutionär"*.

Personen in den Plan einbezogen werden können. Der Möglichkeit einer solchen Einbeziehung der Anteilsinhaber tragen Anpassungen, wie die durchgehende Ersetzung des Begriffs „Gläubiger“ durch den Begriff „Beteiligte“, Rechnung.

Die im Rahmen der vorliegenden Untersuchung mit Blick auf Deutschland mehrfach angesprochene gesteigerte Praxisrelevanz des *Debt-Equity-Swap* als Sanierungsinstrument sowie auch die zunehmende rechtswissenschaftliche Diskussion um seine rechtlichen Rahmenbedingungen hierzulande, haben den ESUG-Gesetzgeber veranlasst, die Zulässigkeit des *Debt-Equity-Swap* im Insolvenzplanverfahren ausdrücklich festzuschreiben. Dies erfolgte durch die Einführung des § 225a Abs. 3 InsO, wonach im Insolvenzplan jede Regelung getroffen werden kann, die gesellschaftsrechtlich zulässig ist. Der Aussagegehalt dieser Bestimmung wird mit Blick auf den *Debt-Equity-Swap* durch § 225a Abs. 2 InsO näher präzisiert. Die Vorschrift stellt explizit klar, dass der gestaltende Teil des Insolvenzplans die Umwandlung von Forderungen von Gläubigern in Anteils- oder Mitgliedschaftsrechte am Schuldner (§ 225a Abs. 2 S. 1 InsO) und insbesondere eine Kapitalherabsetzung oder -erhöhung, die Leistung von Sacheinlagen, den Ausschluss von Bezugsrechten oder die Zahlung von Abfindungen an ausscheidende Anteilsinhaber (§ 225a Abs. 2 S. 3 InsO) vorsehen kann. Erfasst sind von dieser Klarstellung also gerade diejenigen Kapitalmaßnahmen, die im Zuge eines *Debt-Equity-Swap* regelmäßig umgesetzt werden bzw. die diesen in ihrer Gesamtheit bewirken.

Auch die alternative Umsetzung eines *Debt-Equity-Swap* im Wege eines Erwerbs bestehender Anteile der Altgesellschafter durch die forderungsumwandelnden Gläubiger (mit nachfolgendem Forderungsverzicht)[1070] kann nunmehr gegen den Willen der hiervon nachteilig betroffenen Altgesellschafter erfolgen. Denn nach § 225a Abs. 3 InsO kann der Insolvenzplan (als gesellschaftsrechtlich zulässige Regelung) insbesondere auch die Übertragung von Anteils- oder Mitgliedschaftsrechten vorsehen, wobei hiervon auch Beteiligungen an der Schuldnergesellschaft erfasst sind[1071].

Werden gesellschaftsrechtliche Maßnahmen nach § 225a Abs. 2 und 3 InsO in den Insolvenzplan aufgenommen, so vollzieht sich die Willensbildung der Anteilsinhaber nicht mehr im Wege der Beschlussfassung nach allgemeinen gesellschaftsrechtlichen Regeln. Stattdessen haben in diesem Fall die einbezogenen Anteilsinhaber dem Insolvenzplan (wie die Gläubiger) nach §§ 243, 244 InsO zuzustimmen, so dass für die einbezogenen Anteilsinhaber eine eigene

---

1070 Siehe zu dieser Gestaltung oben Kap. III, I. 2. d. aa.

1071 *Spliedt* in K. Schmidt InsO, § 225a Rn. 43.

Abstimmungsgruppe zu bilden ist[1072]. Möglich ist auch die Bildung mehrerer aus Anteilseignern bestehenden Abstimmungsgruppen[1073]. Dabei gilt es zu beachten, dass zur Entlastung des Verfahrens eine eigene Gruppe der sogenannten „Kleinbeteiligten" zu bilden ist[1074].

Stimmen die einbezogenen Anteilsinhaber innerhalb einer gebildeten Abstimmungsgruppe in der Weise ab, dass die Summe der Beteiligungen der zustimmenden Anteilsinhaber die Hälfte der Summe der Beteiligungen der abstimmenden Anteilsinhaber übersteigt, so hat die Gruppe dem Insolvenzplan zugestimmt. Haben in diesem Fall alle anderen Abstimmungsgruppen dem Insolvenzplan ebenfalls zugestimmt oder wird die Zustimmung einer bzw. sämtlicher ablehnenden Abstimmungsgruppe(n) unter den Voraussetzungen des § 245 InsO n.F. (dazu sogleich) fingiert, so können folglich einzelnen Anteilseignern die Wirkungen der beschlossenen gesellschaftsrechtlichen Maßnahmen durch Majorisierung innerhalb ihrer Abstimmungsgruppe aufgezwungen werden. Dies gilt insbesondere auch für einen *Debt-Equity-Swap*.

Sollte die erforderliche Abstimmungsmehrheit innerhalb einer gebildeten Abstimmungsgruppe von Anteilsinhabern verfehlt worden sein, so ermöglicht das ESUG auch die zwangsweise rechtliche Bindung dieser gesamten Abstimmungsgruppe an den Planinhalt. Erzielt wird ein solcher *cram-down*[1075] indem das oben[1076] bzgl. der Gläubiger dargestellte Obstruktionsverbot des § 245 InsO nun auch auf jede gebildete, nicht zustimmende Anteilsinhaber-Abstimmungsgruppe Anwendung findet. Deren Zustimmung wird folglich unter den Voraussetzungen des § 245 InsO n.F. fingiert, so dass die Ablehnung dieser Abstimmungsgruppe der wirksamen Planbestätigung nicht entgegensteht. Dies setzt u.a. voraus, dass kein dieser Abstimmungsgruppe zugehöriger Anteilsinhaber schlechter gestellt wird, als er ohne den Plan stünde[1077], und dass kein Anteilsinhaber, der ohne den Insolvenzplan den Anteilsinhabern der Abstimmungsgruppe gleichgestellt wäre, bessergestellt wird als diese[1078]. Das erstgenannte Schlechterstellungsverbot wird mit Blick auf die Anteilsinhaber regelmäßig problemlos eingehalten werden

1072 § 222 Abs. 1 S. 2 Nr. 4 InsO n.F.
1073 § 222 Abs. 2 InsO n.F.
1074 § 222 Abs. 3 S. 2 InsO n.F.
1075 Vgl. zum hier verwendeten Begriff des „*cram-down*" im Sinne der Rechtsmacht, einer den Plan nicht annehmenden Abstimmungsklasse diesen Plan gerichtlich aufzwingen zu können, oben Fn. 769.
1076 Kap. VII, II. 2. a.
1077 § 245 Abs. 1 Nr. 1 InsO n.F.
1078 § 245 Abs. 3 Nr. 2 InsO n.F.

können, weil die drohenden Alternativen (übertragende Sanierung oder Verwertung) zum wirtschaftlichen Totalverlust für die Anteilsinhaber führen würden. Beteiligt sich keines der Mitglieder einer gebildeten Abstimmungsgruppe der Anteilsinhaber an der Abstimmung, so wird die Zustimmung dieser Gruppe gemäß § 246a InsO fingiert.

Für alle vorstehend genannten Fallkonstellationen gilt: § 254a Abs. 2 S. 1 und 2 InsO regelt nunmehr, dass im Fall der Einbeziehung von Anteils- oder Mitgliedschaftsrechten der am Schuldner beteiligten Personen in den Plan nach § 225a InsO, die in den Plan aufgenommenen Beschlüsse der Anteilsinhaber oder sonstigen Willenserklärungen der Beteiligten als in der vorgeschriebenen Form abgegeben gelten und gesellschaftsrechtlich erforderliche Ladungen, Bekanntmachungen und sonstige Maßnahmen zur Vorbereitung von Beschlüssen der Anteilsinhaber als in der vorgeschriebenen Form bewirkt gelten. Zudem ist der Insolvenzverwalter berechtigt, die erforderlichen Anmeldungen beim jeweiligen Registergericht und die in den Plan aufgenommenen Verpflichtungserklärungen, die einer gesellschaftsrechtlichen Maßnahme zu Grunde liegen, vorzunehmen[1079]. Das vormals geltende Erfordernis zur Einhaltung der allgemeinen, gesellschaftsrechtlichen Maßstäbe wird hierdurch ausgehebelt und z.T. durch insolvenzrechtliche Maßstäbe ersetzt. Entsprechendes gilt mit Blick auf die Stimmrechte der Anteilsinhaber im Abstimmungsverfahren, da der neu eingeführte § 238a Abs. 1 InsO (entgegen allgemeiner gesellschaftsrechtlicher Maßgaben) vorsieht, dass sich das Stimmrecht der Anteilsinhaber allein nach deren Beteiligung am gezeichneten Kapital oder Vermögen des Schuldners bestimmt, wobei Stimmrechtsbeschränkungen, Sonder- oder Mehrstimmrechte außer Betracht bleiben.

Gegen einen Eingriff in seine Anteils- oder Mitgliedschaftsrechte durch die vorgenannten Regelungen wird der einzelne Anteilsinhaber nur unter den Voraussetzungen des § 251 InsO n.F. geschützt, mit dem das ESUG anstelle der noch im ESUG-Diskussionsentwurf[1080] vorgesehenen „Entschädigungsklausel" den Minderheitenschutz für nachteilig betroffene Anteilsinhaber gewährleistet. § 251 InsO n.F. verlangt hierzu im Kern, dass kein Beteiligter (womit nun eben auch die in den Plan einbezogen Anteilsinhaber erfasst werden) schlechter gestellt werden darf, als er ohne den Plan stünde. Hieraus folgt eine Enschädigungspflicht; wird der Anteilsinhaber durch den Plan schlechter gestellt, als er ohne den Plan stünde, dann muss hierfür ein Ausgleich vorgesehen werden[1081]. Weil maßgeblich

1079 § 254a Abs. 2 S. 3, Abs. 3 InsO n.F.

1080 Vgl. § 225a Abs. 4 ESUG-DiskE.

1081 Statt vieler *Müller*, KTS 2012, S. 419 (432 f.).

für die Entschädigung jedoch nur dasjenige ist, was der Anteilsinhaber bei Abwicklung des Rechtsträgers im Regelinsolvenzverfahren erhalten hätte (d.h. der Liquidationswert der Beteiligung), wird eine solche Abfindung regelmäßig nur in Fällen der drohenden Zahlungsunfähigkeit in Betracht kommen[1082].

Die vorstehend skizzierten Neuregelungen zur Einbeziehung der Gesellschafter mit ihren Anteils- und Mitgliedschaftsrechten im Insolvenzplanverfahren lösten neue Diskussionen und Fragestellungen aus[1083]. Dies insbesondere hinsichtlich ihrer überwiegend für unproblematisch befundener Verfassungsmäßigkeit[1084] und Vereinbarkeit der Derogation der Hauptversammlungszuständigkeit mit der Kapitalrichtlinie (Zweite Richtlinie des Rates vom 13.12.1976 (77/91/EWG))[1085]. In der Praxis werden die Neuregelungen zur Einbeziehung der Gesellschafter mit ihren Anteils- und Mitgliedschaftsrechten im Insolvenzplanverfahren indes bereits erfolgreich genutzt, um finanzielle Restrukturierungen umzusetzen, und zwar insbesondere auch insolvenzplangestützte *Debt-Equity-Swaps*. Dies zeigten beispielsweise das Insolvenzplanverfahren der *Pfleiderer AG*, in dem das AG (Insolvenzgericht) Düsseldorf Anträge von, ihrer Ansicht nach, im Zuge eines *Debt-Equity-Swaps* „kalt enteigneten" Aktionären auf Versagung der gerichtlichen Bestätigung des Insolvenzplans zurückwies[1086], sowie das Insolvenzplanverfahren der *IVG Immobilien AG* (dazu sogleich).

c. Beispiel: Insolvenzplanverfahren der IVG Immobilien AG (2014)

Im Insolvenzplanverfahren der börsennotierten *IVG Immobilien AG* (2014), gemessen am Volumen der Verbindlichkeiten i.H.v. mehr als 4 Milliarden Euro

---

1082 Näher hierzu *Müller*, a.a.O.; A.A. MüKo-InsO/*Eidenmüller*, § 225a Rn. 46 ff, für die Maßgeblichkeit des Fortführungswertes des Unternehmens bei der Bewertung der Entschädigung, sofern die Fortführung gerplant ist.

1083 Vgl. etwa *Simon/Merkelbach*, NZG 2012, S. 121 ff.; *Müller*, KTS 2012, S. 419 ff.; *Piekenbrock*, NZI 2012, S. 905 ff.; *Decher/Voland*, ZIP 2013, S. 103 ff.

1084 Siehe hierzu die Verfassungsmäßigkeit bejahend Begr. RegE-ESUG v. 04.05.2011, BT-Drucks. 17/5712, S. 18 sowie etwa *Decher/Voland*, ZIP 2013, S. 103 (108 ff.); *Spliedt* in K. Schmidt InsO, § 225 Rn. 7 ff.; HambKomm/*Thies*, § 225a Rn. 9; dagegen kritisch mit Blick auf die Verfassungsmäßigkeit *Müller*, KTS 2012, S. 419 (425 ff.); *Madaus*, ZGR 2011, S. 749 ff. (zum RegE-ESUG).

1085 Für Vereinbarkeit mit der Kapitalrichtlinie Begr. RegE-ESUG v. 04.05.2011, BT-Drucks. 17/5712, S. 20 f. sowie etwa *Spliedt* in K. Schmidt InsO, § 225 Rn. 15; kritisch etwa *Müller*, KTS 2012, S. 419 (429 ff.); *Madaus*, ZGR 2011, S. 749 (767 ff.).

1086 AG Düsseldorf v. 18.10.2012 – 501 IN 84/12; hierzu *Decher/Voland*, ZIP 2013, S. 103 ff.

eine der größten deutschen Unternehmensinsolvenzen der vergangenen Jahre, sieht der Insolvenzplan als eines seiner Kernelemente die Entschuldung im Wege eines *Debt-Equity-Swap* vor. Dies indem den Gläubigern eines syndizierten Kredits von ca. 1,35 Milliarden Euro, eines bilateralen Kredits von ca. 100 Millionen Euro und einer Wandelanleihe mit einem Gesamtnennbetrag von 400 Millionen Euro innerhalb einer Ausübungsfrist die Möglichkeit zum Umtausch ihrer Forderungen in neue Aktien angeboten wird[1087]. Zur Umsetzung des *Debt-Equity-Swap* sieht der Insolvenzplan (unter Nutzung der neuen Möglichkeit zur Aufnahme gesellschaftsrechtlicher Maßnahmen nach § 225a Abs. 2 und 3 InsO) – stark vereinfacht – zunächst eine vereinfachte Kapitalherabsetzung auf Null, eine zeitgleiche Barkapitalerhöhung sowie eine gemischte Bar-/ Sachkapitalerhöhung vor, wobei die Sachkapitalerhöhungskomponente der Einbringung von Forderungen im Wege der Sacheinlage dient. Dabei gehen die Altaktionäre nach Maßgabe des Insolvenzplans völlig leer aus; sie verlieren ihre Aktien im Zuge der Kapitalherabsetzung auf Null, ihr Bezugsrecht bei den Kapitalerhöhungen wird ausgeschlossen und der Insolvenzplan sieht hierfür keinerlei Ausgleichszahlungen vor. Begründet wird dies im Insolvenzplan damit, dass aufgrund der erheblichen Überschuldung der *IVG Immobilien AG* den Anteils- und Mitgliedschaftsrechten der Altaktionäre kein wirtschaftlicher Wert mehr innewohne und Altaktionäre im Fall der Durchführung eines Regelinsolvenzverfahrens mit Abwicklung der Gesellschaft keinerlei Aussicht auf Teilhabe an etwaigen Verwertungserlösen haben würden. Im Erörterungs- und Abstimmungstermin am 20.03.2014 am AG (Insolvenzgericht) Bonn (in dem der Verfasser anwesend war) stimmten alle im Zuge des Insolvenzplanverfahrens gebildeten Gruppen dem Insolvenzplan zu[1088]. Dabei stimmten die Gläubiger dem Insolvenzplan insgesamt mit 99,47% zu. Die Aktionäre stimmten dem Insolvenzplan innerhalb ihrer Abstimmungsgruppe mit 56,93% der Stimmen zu, so dass insofern die für die Zustimmung gemäß § 244 Abs. 1 und 3 InsO erforderliche einfache Kapitalmehrheit erreicht wurde. Ein echter *cram-down* der gebildeten Aktionärs-Abstimmungsgruppe nach Maßgabe des § 245 InsO (Obstruktionsverbot) wurde somit nicht erforderlich. Es zeigte sich aber hier die praktische Eignung

1087 Nach Maßgabe des Insolvenzplans werden zur technischen Erleichterung der Abwicklung der Umwandlung von Verbindlichkeiten in Eigenkapital Aktienerwerbsgesellschaften zwischengeschaltet, die die neu geschaffenen Aktien an der *IVG Immobilien AG* erwerben.

1088 http://www.ivg.de/investor-relations/news/ad-hoc-mitteilungen/ad-hoc-mitteilungen-detail/info/glaeubiger-und-aktionaere-stimmen-dem-insolvenzplan-zu/.

des reformierten Insolvenzplanverfahrens zur Durchführung von großvolumigen *Debt-Equity-Swaps* mit einer Majorisierung der Aktionäre innerhalb ihrer Abstimmungsgruppe unter Ausnutzung von (gegenüber der Majorisierung bei Hauptversammlungsbeschlüssen nach allgemeinen, kapitalgesellschaftsrechtlichen Grundsätzen) herabgesetzten Mindestquoren (50% statt 75%).

III. Instrumente des englischen Rechts zur Überwindung der Obstruktion dissentierender Altgesellschafter bei *Debt-Equity-Swaps*

1. Mangel einer positiven Zustimmungspflicht der Altgesellschafter einer *plc* oder *Ltd.*

Wird ein Konzept zur Sanierung einer englischen *plc* oder *Ltd.* in einem außergerichtlichen Sanierungsverfahren (ohne die Implementierung eines *Company Voluntary Arrangement* oder eines *Scheme of Arrangement*) allein auf vertraglicher Grundlage umgesetzt, so können die Altgesellschafter im Regelfall nicht dazu gezwungen werden, den zur Umsetzung von sanierenden Kapitalmaßnahmen erforderlichen Gesellschafterbeschlüssen zuzustimmen. Der Grundsatz der freien Stimmrechtsausübung[1089] sowie der Grundsatz, dass ein Gesellschafter nach englischem Kapitalgesellschaftsrecht keinen Pflichten der Gesellschaft oder anderen Gesellschaftern gegenüber unterliegt[1090], gelten nicht uneingeschränkt. Sie unterliegen Einschränkungen aus allgemeinen Grundsätzen des *common law* im weiteren Sinne sowie aus der allgemeinen Regelung zum Schutz von Minderheitsgesellschaftern in sec. 994 CA 2006[1091]. Englische Gerichte haben jedoch aus diesem Schrankensystem keinen, den Grundsätzen aus

1089 Siehe hierzu *Walton J* in *Re Northern Counties Securities Ltd. v. Jackson & Steeple Ltd.* [1974] 1 W.L.R., S. 1133 (1144): „*When a shareholder is voting for or against a particular resolution he is voting as a person owing no fiduciary duty to the company and who is exercising his own right of property, to vote as he thinks fit. The fact that the result of the voting at the meeting (or at a subsequent poll) will bind the company cannot affect the position that, in voting, he is voting simply in exercise of his own property rights*". Näher zum Grundsatz der freien Stimmrechtsausübung nach englischem Recht *Hannigan*, J.B.L. 2000, S. 493 ff.

1090 Zur dogmatischen Begründung dieses Grundsatzes *Flannigan*, J.B.L. 2004, S. 277 (285 ff.).

1091 Vgl. hierzu bereits die Nachweise oben in Fn. 240, etwa *Tuffnell*, Company Lawyer, Vol. 14 (1993) No. 5, S. 90 ff.; *Kreß*, Gerichtliche Beschlußkontrolle im Kapitalgesellschaftsrecht, 1996, S. 86 ff. m.w.N.

der Girmes-Entscheidung des BGH[1092] entsprechenden, allgemeinen Grundsatz abgeleitet, demzufolge Altgesellschafter in Sanierungsfällen unter bestimmten Voraussetzungen zur Zustimmung bei der Beschlussfassung über zur Sanierung erforderliche Kapitalmaßnahmen verpflichtet sein können. Die zur Umsetzung eines *Debt-Equity-Swap* einer *plc* oder *Ltd.* im Anwendungsbereich des CA 2006 erforderlichen Kapitalmaßnahmen bedürfen daher auch in der Krise der Gesellschaft der Zustimmung der Altgesellschafter nach allgemeinen, kapitalgesellschaftsrechtlichen Grundsätzen, ohne dass der einzelne Altgesellschafter bei der Beschlussfassung zur Zustimmung verpflichtet wäre.

In diesem Zusammenhang ist allerdings auf die Entscheidung *Standard Chartered Bank v. Walker and another, TSB Bank plc v. Walker*[1093] des High Court aus dem Jahr 1991 hinzuweisen, die aber aufgrund des atypischen Sachverhalts nicht ohne weiteres verallgemeinerungsfähig ist[1094]. In diesem Fall, der als Höhepunkt der richterlichen Intervention in die Freiheit der Stimmrechtsausübung gewertet wird[1095], hatte das Gericht den Grundsatz der freien Stimmrechtsausübung in einer Sanierungskonstellation eingeschränkt. Dies indem es einem Gesellschafter und einer diesem nahe stehenden Gesellschaft, die eine Stimmrechtsbeteiligung von etwa 10% an der dringend sanierungsbedürftigen *Brent Walker Group plc* hielten, durch den Erlass einer *freezing injunction*[1096] dazu verpflichtete, auf einer außerordentlichen Gesellschafterversammlung für oder zumindest nicht gegen einen bestimmten Gesellschafterbeschluss abzustimmen. Der Gesellschafterbeschluss war auf die Auswechslung des betreffenden Gesellschafters und zwei weiterer Personen als *directors* gerichtet und zur Sanierung der *Brent Walker Group plc* notwendig, weil die zwei Hauptgläubigerbanken ihren erforderlichen Sanierungsbeitrag von der Auswechslung dieser Personen als *directors* abhängig machten. Weil der betreffende Gesellschafter und die diesem nahe stehende Gesellschaft von den zwei Hauptgläubigerbanken als Garanten in Anspruch genommen und verklagt worden

---

1092 Dazu oben Kap. VIII, II. 1.

1093 [1992] 1 W.L.R., S. 561. Siehe zur Entscheidung *Bloxham* in Tolley's Insolvency Law, Issue 14 (Jan. 2001), Chapter C – Corporate Rescue, C4037; *Tuffnell*, Company Lawyer, Vol. 14 (1993) No. 5, S. 90 (92 f.).

1094 Auch im Schrifttum wurde die Entscheidung als „*unusual case*" bewertet; so *Hannigan*, J.B.L. 2000, S. 493 (495 Fn. 14).

1095 So *Tuffnell*, Company Lawyer, 1993, Vol. 14 (1993) No. 5, S. 90 (92).

1096 Die englische *freezing injunction* (oder nach alter Terminologie „*Mareva*") ist ein Instrument zur Sicherung der Vollstreckung gerichtlicher Entscheidungen und Schiedssprüche. Eine *freezing injunction* zielt darauf ab, die wirksame Vollstreckung eines erwarteten oder ergangenen Urteils oder Schiedsspruchs zu sichern, indem sie dem Antragsgegner (Schuldner) als *in personam* wirkende Anordnung untersagt, bestimmte Teile seines Vermögens dem Hoheitsgebiet englischer Gerichte zu entziehen oder über sie zu verfügen.

waren, ihre Anteile an der *Brent Walker Group plc* ihre einzigen nennenswerten Vermögenswerte waren, und das Gericht der Überzeugung war, dass bei Scheitern des Gesellschafterbeschlusses zugleich die Sanierungsbemühungen scheitern und damit sämtliche Anteile an der *Brent Walker Group plc* (d.h. auch die der Beklagten) wertlos werden würden, wertete das Gericht die zu erwartende Obstruktion der beklagten Gesellschafter bei der Beschlussfassung als derart *„pointlessly harmful"*, dass sie einer absichtlichen Verschleuderung („*wilful* dissipation") von Vermögenswerten der Beklagten zum Nachteil der Kläger gleichkomme[1097]. Eine solche gelte es durch die erlassene *freezing injunction* zu verhindern[1098]. Allerdings räumt das Gericht ein, dass die Freiheit eines Gesellschafters bei der Ausübung seiner Stimmrechte durch eine gerichtliche Intervention mittels einer *freezing injunction* nur in Fällen in Betracht komme, die sehr selten seien und bei denen es sich um einen *„extreme case"* handele[1099]. Es verwundert daher nicht, dass eine ähnliche Entscheidung seitdem nicht mehr ergangen ist.

2. Eignung des *Company Voluntary Arrangement (CVA)* als Instrument zur Überwindung der Obstruktion dissentierender Altgesellschafter

In der deutschen Literatur finden sich Stellungnahmen, die dahingehend verstanden werden könnten, dass das *CVA* gemäß ss. 1 ff. IA 1986[1100] einen zwangsweisen Zugriff auf die Anteile der Altgesellschafter ermögliche oder ihre Zustimmung zu den für den *Debt-Equity-Swap* erforderlichen Kapitalmaßnahmen substituieren könne[1101]. Dieser Ansicht wird hier entgegengetreten. Denn

1097 *Vinelott J.* in *Standard Chartered Bank v. Walker and another, TSB Bank plc v. Walker* [1992] 1 W.L.R., S. 561 (566): *„To my mind, opposing or in any way obstructing the reconstruction proposals would be so pointlessly harmful that, whatever motive inspired it, it would amount to the wilful dissipation of assets which the court has jurisdiction, consistently with the Mareva principles, to prevent"*.

1098 *Vinelott J.*, a.a.O., S. 566.

1099 *Vinelott J.*, a.a.O., S. 566.

1100 Siehe zum *CVA*-Verfahren im Allgemeinen den Überblick in Kap. VII, III. 2.

1101 *Eidenmüller*, ZIP 2007, S. 1729 (1736); *„(...) Ein solches Blockadepotential haben die Altgesellschafter eines notleidenden Unternehmens nach englischem Sanierungsrecht nicht. Die Umwandlung von Forderungen in Eigenkapital ist ein typischer Inhalt eines CVA. Wie bereits erwähnt, ist die Zustimmung der Altgesellschafter für dessen Annahme nicht erforderlich. Diese können lediglich einen Antrag auf gerichtliche Entscheidung stellen (section 4A(3) Insolvency Act 1986). (...) De lege ferenda sollte auch in Deutschland die Möglichkeit geschaffen werden, im Insolvenzplanverfahren gesellschaftsrechtliche Kapitalmaßnahmen durch Beschluss der Gläubiger gegen den Willen der Altgesellschafter zu treffen"*. Vgl. auch *Schelo*, NZI Heft 12/2006, NZI aktuell (Gastkommentar): *„(...) nach englischem Recht (wie auch nach US-amerikanischem Recht) ist es möglich, selbst gegen den Willen des*

wie im Folgenden aufgezeigt wird, ermöglicht das *CVA* keinen zwangsweisen Eingriff in die Anteilsrechte, so dass ein „echter" *Debt-Equity-Swap*[1102] auf der verfahrensrechtlichen Grundlage eines *CVA* allenfalls mit der erforderlichen Zustimmung der Altgesellschafter umgesetzt werden kann[1103].

Zunächst enthält der Regelungskomplex zum *CVA*-Verfahren kein Äquivalent zu den *cram-down*-Verfahren des deutschen Insolvenzplanverfahrens in der durch das ESUG geänderten Fassung (Obstruktionsverbot gemäß § 245 insO[1104]) oder 11 U.S.C. § 1129(b) des US-amerikanischen Reorganisationsverfahrens nach Chapter 11 BC[1105], wonach sich die rechtliche Bindungswirkung unter bestimmten Voraussetzungen auch auf Gesellschafter erstrecken kann, deren Abstimmungsklasse dem Plan nicht mit der erforderlichen Mehrheit zustimmt.

Um einen zwangsweisen Zugriff auf die Anteile der Altgesellschafter zu ermöglichen oder ihre Zustimmung zu den für den *Debt-Equity-Swap* erforderlichen Kapitalmaßnahmen zu ersetzen, müssten die Gesellschafter – notfalls gegen ihren Willen – der rechtlichen Bindungswirkung eines wirksam zustande gekommenen *CVA* unterworfen sein. Nach dem Wortlaut der sec. 1(1) IA 1986 ist der Gegenstand eines *CVA* jedoch auf Vereinbarungen zwischen der Gesellschaft und ihren Gläubiger beschränkt[1106]. Hierin liegt ein Unterschied des *CVA* zum *Scheme of Arrangement* (*SoA*) gemäß ss. 895 ff. CA 2006, denn der

---

Altgesellschafters Forderungen der Gläubiger in Eigenkapital umzuwandeln". *Weller*, ZGR 2008, S. 835 (840 f.): „*Eine für Kapitalmaßnahmen an sich erforderliche Zustimmung der Gesellschafter ist – wenn Kapitalmaßnahmen zum Gegenstand des CVA gemacht werden (z.B. Debt-Equity-Swaps) – entbehrlich, weil das CVA seit dem Enterprise Act 2002 auch ohne Zustimmung der Gesellschafter wirksam wird*". Ebenso *Breuninger/Ernst*, GmbHR 2009, S. 861 (862).

1102 Zu unterscheiden vom *Debt-for-NewCo-Equity-Swap*; zu diesem sogleich im Text.

1103 So auch *Bork*, Sanierungsrecht in Deutschland und England, 2011, Rn. 15.27; *Westpfahl/Janjuah*, Beil. zu ZIP Heft 3/Jan. 2008, S. 1 (S. 3 Fn. 3); *Westphal/Goetker/Wilkens*, Grenzüberschreitende Insolvenzen, 2008, Rn. 1327: „*Entgegen einer in Deutschland weit verbreiteten Mär ermöglicht übrigens auch das englische Insolvenzrecht – im Gegensatz zum amerikanischen Recht (…) – keinen gegen die Altgesellschafter rechtlich erzwingbaren Debt/Equity-Swap*".

1104 Dazu oben Kap. VIII, II. 2. b.

1105 Zum *cram-down*-Verfahren gemäß 11 U.S.C. § 1129(b) des US-amerikanischen Reorganisationsverfahrens nach Chapter 11 BC oben Kap. VII, I. (Exkurs).

1106 Sec. 1(1) IA 1986 lautet: „*The directors of a company (other than one which is in administration or being wound up) may make a proposal under this Part to the company and to its creditors for a composition in satisfaction of its debts or a scheme of arrangement of its affair (from here on referred to, in either case, as a "voluntary arrangement")*.

rechtlichen Bindungswirkung eines wirksamen *SoA* können ausweislich des Gesetzestextes auch Gesellschafter unterworfen sein[1107]. Das *CVA* wirkt dagegen anerkanntermaßen wie ein Vertrag zwischen der Gesellschaft und ihren Gläubigern[1108]. Nach dem Wortlaut der sec. 5(2) IA 1986 bindet ein *CVA* alle auf der Gläubigerversammlung abstimmungsberechtigten Personen[1109], d.h. einen Personenkreis zu dem die (auf der Gesellschafterversammlung abstimmungsberechtigten) Gesellschafter nicht zu zählen sind. Insoweit passt es ins Bild, dass im englischen Schrifttum mit Blick auf die von der rechtlichen Bindungswirkung des *CVA* erfasste Personengruppen stets nur die unterschiedlichen Gläubigergruppen, jedoch nicht die Gesellschafter, Erwähnung finden[1110]. Sofern vereinzelt von einer rechtlichen Bindung der Gesellschafter durch das *CVA* die Rede ist, wird klargestellt, dass eine solche allenfalls darin gesehen werden könnte,

---

1107 Nach sec. 899(3)(a) CA 2006 können ausdrücklich auch Gesellschafter der rechtlichen Bindungswirkung eines wirksamen *Scheme of Arrangement* unterworfen sein.

1108 Statt aller *Bewick/Fennessy/Marks* in Olivares-Caminal, Expedited Debt Restructuring - An International Comparative Analysis, 2007, Chapter 6, England & Wales, S. 198; *Weisgard*, Company Voluntary Arrangements, 2003, Rn. 1.94.

1109 Sec. 5(2) IA 1986 lautet: „*The voluntary arrangement - (a) takes effect as if made by the company at the creditors' meeting, and (b) binds every person who in accordance with the rules –*
(i) was entitled to vote at that meeting (whether or not he was present or represented at it), or
(ii) would have been so entitled if he had had notice of it,
as if he were a party of the voluntary arrangement". Von der rechtlichen Bindungswirkung des *CVA* erfasst sind nach diesem Wortlaut nur auf der Gläubigerversammlung abstimmungsberechtigten Personen, vgl. „*that meeting*" (nicht: „*the meetings*", eine Formulierung, die auch die auf der Gesellschafterversammlung abstimmungsberechtigten Personen, d.h. die Gesellschafter, erfassen würde).

1110 Vgl. hierzu etwa *Finch*, Corporate Insolvency Law, 2nd ed. 2009, S. 489 f.; *Goode*, Principles of Corporate Insolvency Law, 3rd ed. 2005, S. 398 ff.; *Bailey/Groves*, Corporate Insolvency - Law and Practice, 3rd ed. 2007, Chapter 9 Rn. 9.67 ff.; *Tribe*, J.B.L. 2009, S. 454 (475 f.); *Sealy/Milman*, Annotated Guide to the Insolvency Legislation 2008/2009, 11th ed. 2008, Vol. 1, S. 32 in Bezug auf sec. 5(2) IA 1986: „*This subsection makes the scheme binding on all the company's creditors entitled to vote, including absentees and dissentients. (…) A voluntary arrangement does not bind a person who was not entitled to vote at the creditor's meeting, and such a person cannot take advantage of the arrangement*".

dass die Gesellschaft selbst an das *CVA* gebunden ist[1111]. Auch bei einer solchen Betrachtungsweise sei aber klar, dass die individuellen Gesellschafter keinfalls eine eigene, von der rechtlichen Bindungswirkung des *CVA* erfasste Partei bilden[1112]. Aus der vorstehend skizzierten, auf eine Bindung der Gläubiger und der Gesellschaft beschränkten Bindungswirkung des *CVA* gemäß sec. 5(2) IA 1986 folgt, dass die Rechte der Gesellschafter durch ein *CVA* nicht geändert oder beeinträchtigt werden können.

Etwas anderes folgt auch nicht aus der – insoweit offenbar gelegentlich missverstandenen[1113] – Regelung in sec. 4A(2)(b) IA 1986, wonach es im Fall der Zustimmung der Gläubigerversammlung unbeachtlich ist, wenn die Zustimmung der Gesellschafterversammlung ausbleibt[1114]: Regelungszweck der durch den Insolvency Act 2000 mit Wirkung zum 01.01.2003 eingeführten sec. 4A IA 1986 ist es, die zuvor bestehende Möglichkeit der Gesellschafterversammlung zur erfolgreichen Blockade des *CVA* durch Ablehnung des *proposal* abzuschaffen[1115]. Das Erfordernis der Zustimmung der Gesellschafterversammlung wurde daher aufgegeben und im Gegenzug ein neues Anfechtungsrecht einzelner Gesellschafter gemäß sec. 4A(3) IA 1986 eingeführt. Nach dieser Vorschrift können Gesellschafter im Fall einer Abweichung der Abstimmungsergebnisse in Gläubiger- und Gesellschafterversammlung (d.h. insb. bei Zustimmung der Gläubigerversammlung und Ablehnung der Gesellschafterversammlung) innerhalb einer 28-tägigen Frist eine gerichtliche Intervention beantragen. Im Fall eines solchen Antrags ist das Gericht berechtigt, dem Beschluss der Gesellschafterversammlung anstelle desjenigen der Gläubigerversammlung Geltung zu verschaffen oder eine andere Ermessensentscheidung zu treffen[1116]. Bezüglich des Anwendungsbereichs dieser Regelung besteht Rechtsunsicherheit, weil die Rechtsprechung kaum Hinweise lieferte, unter welchen Umständen eine

---

1111 Vgl. *Brown*, Corporate Rescue, 1996, Rn. 15.8.

1112 *Brown*, a.a.O.

1113 Vgl. *Weller*, ZGR 2008, S. 835 (840 f.): „*Eine für Kapitalmaßnahmen an sich erforderliche Zustimmung der Gesellschafter ist – wenn Kapitalmaßnahmen zum Gegenstand des CVA gemacht werden (z.B. Debt-Equity-Swaps) – entbehrlich, weil das CVA seit dem Enterprise Act 2002 auch ohne Zustimmung der Gesellschafter wirksam wird*". Ebenso *Breuninger/Ernst*, GmbHR 2009, S. 861 (862).

1114 D.h. die erforderliche 50%-Mehrheit (Rule 1.20 IR 1986) nicht erzielt wurde.

1115 Hierzu etwa *Bailey*, Voluntary Arrangements, 2nd ed. 2007, Rn. 7.13.

1116 Sec. 4A(6) IA 1986 im Wortlautet: „*On an application under subsection (3), the court may — (a) order the decision of the company meeting to have effect instead of the decision of the creditors' meeting, or (b) make such other order as it thinks fit*".

gerichtliche Intervention gemäß sec. 4A(3) IA 1986 in Betracht kommt[1117]. In der Praxis heben Gerichte eine dem *proposal* zustimmende Entscheidung der Gläubigerversammlung auf der Grundlage dieses Rechtsbehelf nur selten auf[1118]. Neben dem Vorgehen aus sec. 4A(3) IA 1986 steht es Gesellschaftern (wie auch den abstimmungsberechtigten Gläubigern und dem *nominee*) offen, das *CVA* gemäß sec. 6 IA 1986 gestützt auf eine unfairer Benachteiligung („*unfair prejudices*") oder einen wesentlich Verfahrensverstoß („*material irregularity*") anzufechten.

Im hier relevanten Kontext ist entscheidend, dass die Regelung in sec. 4A(2) (b) IA 1986 (Entbehrlichkeit der Zustimmung der Gesellschafterversammlung), sowie die Rechtsbehelfe der Gesellschafter aus sec. 4A(3) IA 1986 und sec. 6 IA 1986, die Wirksamkeitsvoraussetzungen eines *CVA* betreffen. Hiervon zu unterscheiden ist die Frage nach der Reichweite der rechtlichen Bindungswirkung eines wirksamen *CVA*, die sec. 5(2) IA 1986 regelt. Aus der Entbehrlichkeit der Zustimmung der Gesellschafterversammlung im Abstimmungsverfahren kann daher nicht geschlussfolgert werden, dass mit einem *CVA* in Gesellschafterrechte eingegriffen werden kann. Diese Möglichkeit besteht – wie oben aufgezeigt – im *CVA*-Verfahren nicht.

Aus alldem folgt, dass das *CVA*-Verfahren nicht dazu geeignet ist, einen *Debt-Equity-Swap* gegen den mehrheitlichen Willen der Altgesellschafter umzusetzen, wenn ein zwangsweiser Zugriff auf deren Anteile oder ein zustimmender Gesellschafterbeschlüsse nach allgemeinen kapitalgesellschaftsrechtlichen Vorgaben des CA 2006 erforderlich sein sollte (z.B. zur Ermächtigung der *directors* zur Anteilsausgabe, zur Zustimmung zu einem Bezugsrechtsausschluss, oder zur Zustimmung zur Änderung bestehender Anteilsgattungsrechte/*class rights*)[1119]. Dies steht im Einklang mit einem entsprechenden Befund des *Financial Law Committee* der *City of London Law Society*[1120]: „*A CVA has a number of limitations: (a)(...) In addition, a CVA cannot be used to carry out a debt for equity*

1117 Vgl. *Bewick/Fennessy/Marks* in Olivares-Caminal, Expedited Debt Restructuring - An International Comparative Analysis, 2007, Chapter 6, England & Wales, S. 198.

1118 *Bailey*, Voluntary Arrangements, 2nd ed. 2007, Rn. 7.13.

1119 Diese Ansicht teilten *Prof. Paul Davies*, London School of Economics and Political Science (LSE), in einem Gespräch mit dem Verfasser am 10.3.2009 in London, sowie *Prof. John Armour*, University of Oxford, in einem Gespräch mit dem Verfasser am 13.3.2009 in Oxford.

1120 Die *City of London Law Society* repräsentiert rd. 13,000 Londoner Anwälte einschließlich einiger der größten internationalen Anwaltssozietäten; nähere Informationen hierzu unter www.citysolicitors.org.uk.

swap or otherwise to restructure the company's equity without the consent of the necessary majority of shareholders"[1121].

In der Praxis hat dies zur Folge, dass dann, wenn eine Gesellschaft mit bestimmten Gläubigern auf der Grundlage eines *CVA* einen *Debt-Equity-Swap* vereinbaren will, i.d.R. eine Gesellschafterversammlung stattzufinden hat, in der die Gesellschafter nicht nur dem *proposal* des *CVA* nach Maßgabe des IA 1986 und der IR 1986 sondern zudem den nach kapitalgesellschaftsrechtlichen Vorgaben des CA 2006 notwendigen Beschlüssen mit den erforderlichen Mehrheiten zustimmen sollen. Gespräche des Verfassers mit erfahrenen englischen Insolvenz- und Sanierungspraktikern, die selbst als *nominee/supervisor* des *CVA* in bekannten Restrukturierungsverfahren tätig waren, bestätigten dies: Diese äußerten, dass ihnen keine Fälle bekannt seien, in denen versucht wurde das *CVA* zu nutzen, um die Ausgabe neuer Anteile zur Umsetzung eines *Debt-Equity-Swap* ohne die hierzu nach allgemeinen kapitalgesellschaftsrechtlichen Vorgaben erforderlichen Beschlussfassungen durchzusetzen. Wenn im Zuge der Implementierung des *CVA* eine Ausgabe neuer Anteile zur Umsetzung eines *Debt-Equity-Swap* erfolgt sei, habe vielmehr stets eine Kooperation zwischen den *directors* der Gesellschaft und den Gesellschaftern stattgefunden, damit die Anteilsausgabe durchgeführt werden konnte.

Anders kann sich die Lage allenfalls dann darstellen, wenn die Zustimmung der Altgesellschafter zur Umsetzung des *Debt-Equity-Swap* nicht erforderlich ist:

Dies kann der Fall sein, wenn die zur Umsetzung der Kapitalmaßnahmen nach Maßgabe des CA 2006 oder der UKLA Listung Rules erforderlichen Gesellschafterbeschlüsse bei Implementierung des *CVA* bereits vorliegen (z.B. die *directors* bereits in der Ausgangssituation wirksam zur Anteilsausgabe ermächtigt sind, ein wirksamer Bezugsrechtsausschluss bereits vorliegt etc.). Dies kann zudem dann der Fall sein, wenn das *CVA* inhaltlich Gestaltungen vorsieht, die die Rechtsposition der Altgesellschafter formal unberührt lassen, aber dazu führen, dass diese im Ergebnis leer ausgehen. Hiermit ist insbesondere der Fall angesprochen, dass ein dem *Debt-Equity-Swap* ähnliches Ergebnis erzielt wird, indem die Schuldnergesellschaft ihre noch vorhandenen Vermögenswerte im Wege eines *asset deal* auf eine andere, regelmäßig neu gegründete Gesellschaft

---

1121 *Financial Law Committee, The City of London Law Society*, Response of the City of London Law Society's Financial Law Committee to the consultation document 'Encouraging Company Rescue' issued by The Insolvency Service, 9.9.2009, (online abrufbar unter http://www.citysolicitors.org.uk), S. 4. Ähnlich *Barham*, P.L.C., Oct. 2002, S. 21 (23): „*Although (…), it would not be possible to restructure share capital under a voluntary arrangement*".

(„*NewCo*") überträgt, an der die bisherigen Gläubiger der Schuldnergesellschaft, aber nicht ihre Gesellschafter, beteiligt werden[1122]. Solche Gestaltungsmöglichkeiten eines *CVA* werden für zulässig und geradezu typisch erachtet[1123]. Ist in solchen Konstellationen die Zustimmung der Altgesellschafter zur Umsetzung des *Debt-Equity-Swap* oder *Debt-for-NewCo-Equity-Swap* nach kapitalgesellschafts- und kapitalmarktrechtlichen Vorgaben nicht erforderlich, so können diese Maßnahmen theoretisch auf der Grundlage eines *CVA* umgesetzt werden, ohne dass hierzu die mehrheitliche Zustimmung der Altgesellschafter im *CVA*-Verfahren erforderlich ist. Mit Blick auf die oben skizzierten Rechtsbehelfe der Gesellschafter gemäß sec. 4A(3) IA 1986 und sec. 6 IA 1986 stellt sich aber dann die Frage, ob ein *CVA* mit nachteiligem Inhalt für die Gesellschafter mittels dieser Rechtsbehelfe erfolgreich angefochten werden kann. Insoweit besteht Rechtsunsicherheit, weil die Rechtsprechung diesbezüglich wenig Hinweise lieferte[1124]. In Gesprächen des Verfassers mit englischen Restrukturierungspraktikern wurde mit Blick auf diese Rechtsbehelfe vorsichtig die Einschätzung geäußert, dass die Umsetzung eines *CVA* ohne die Zustimmung der Anteilseigner wahrscheinlich die Überzeugung der Beteiligten voraussetzt, dass der *Debt-Equity-Swap* oder *Debt-for-NewCo-Equity-Swap* den Anteilseignern ein besseres oder zumindest kein schlechteres Ergebnis anbietet als Alternativszenarien. Dies komme *de facto* wohl nur dann in Betracht, wenn die Gesellschaft andernfalls insolvent wäre und die Anteilseigner ohnehin voraussichtlich ausgehen leer würden.

3. Eignung des *Scheme of Arrangement (SoA)* als Instrument zur Überwindung der Obstruktion dissentierender Altgesellschafter

Ein *Scheme of Arrangement* gemäß ss. 895 ff. CA 2006 (im Folgenden auch: „*SoA*") verändert nicht zwingend die Rechte der Gesellschafter, sondern nur dann, wenn es inhaltlich entsprechend ausgestaltet ist[1125]. Ein *SoA* kann daher auch als sog.

1122 Siehe zur Umsetzung eines (hier sog.) *Debt-for-NewCo-Equity-Swap* im Allgemeinen oben Kap. III, II. 2. (zur engl. Praxis).

1123 So etwa die Einschätzung von *Prof. John Armour*, University of Oxford, geäußert am 13.3.2009 in einem Gespräch mit dem Verfasser der vorliegenden Untersuchung. Vgl. zu dieser Konstruktion auch *Bork*, Sanierungsrecht in Deutschland und England, 2011, Rn. 15.27.

1124 Dazu bereits oben mit Verweis auf *Bewick/Fennessy/Marks* in Olivares-Caminal, Expedited Debt Restructuring - An International Comparative Analysis, 2007, Chapter 6, England & Wales, S. 198.

1125 So auch *Paterson/Vickers* in The International Comparative Legal Guide to: Corporate Recovery & Insolvency 2009, Chapter 12 England & Wales, S. 63 (69).

„*creditor scheme*" mit Wirkung nur für ausgewählte oder alle Gläubiger durchgeführt werden. Wird ein *Debt-Equity-Swap* oder ein *Debt-for-NewCo-Equity-Swap* auf der verfahrensrechtlichen Grundlage eines *SoA* umgesetzt[1126], und werden dabei die Gesellschafter in das *SoA* einbezogen, so kann das *SoA* – in Grenzen – zur Erzwingung der erforderlichen Zustimmungs- und Mitwirkungshandlungen von einzelnen, kooperationsunwilligen Altgesellschaftern genutzt werden.

Denn nach den oben[1127] zum Abstimmungsverfahren und zur Reichweite der rechtlichen Bindungswirkung des *SoA* skizzierten Grundsätzen gilt mit Blick auf die Gesellschafter: Wurde im *SoA*-Verfahren auch eine (oder mehrere) Abstimmungsgruppe von Gesellschaftern gebildet, und hat jede der insgesamt gebildeten Abstimmungsgruppen mit einer Drei-Viertel-(Summen- bzw. Kapital-) Mehrheit und einer einfachen Mehrheit der abgegebenen Stimmen dem *SoA* zugestimmt, so entfaltet dieses bei Wirksamkeit (nach gerichtlicher Bestätigung) rechtliche Bindungswirkung für die Gesellschaft und alle Gläubiger oder Gesellschafter, die einer Abstimmungsgruppe angehörten. Einzelne Gesellschafter (die keine Sperrminorität von 25% der Stimmrechte halten) können daher durch Majorisierung innerhalb ihrer Abstimmungsgruppe auch gegen ihren Willen der rechtlichen Bindungswirkung eines *SoA*, das inhaltlich einen *Debt-Equity-Swap* oder einen *Debt-for-NewCo-Equity-Swap* vorsieht, unterworfen werden. Nach Ansicht der englischen *Insolvency Lawyers' Association* (*ILA*) stellt es einen entscheidenden Vorteil des *SoA* im Vergleich zum *CVA* dar, dass das *SoA* – anders als das *CVA* – eine effiziente Einbindung der Gesellschafter und Modifikation ihrer Rechte ermöglicht; hierin sei (neben der mangelnden Eignung des *CVA* zur Bindung der gesicherten Gläubiger) einer der Gründe für die bislang häufigere Nutzung des *SoA* in Groß-Restrukturierungsverfahren zu sehen[1128].

Mit Blick auf die Problematik des Obstruktionspotentials der Altgesellschafter bei der zur Umsetzung des *Debt-Equity-Swap* erforderlichen Kapitalmaßnahmen ist die vorstehend skizzierte Auswirkung des Mehrheitsprinzips im *SoA*-Verfahren allerdings nicht notwendigerweise ein Vorteil gegenüber der Umsetzung des *Debt-Equity-Swap* auf allein vertraglicher Grundlage, weil die Zustimmung zu den erforderlichen Kapitalmaßnahmen ohnehin bereits nach allgemeinen kapitalgesellschaftsrechtlichen Vorgaben regelmäßig eine Drei-Viertel-Kapitalmehrheit erfordert.

1126 Zur Möglichkeit dieser Konstruktion oben Kap. VII, III. 3. a. und b.

1127 Kap. VII, III. 3. b.

1128 *Insolvency Lawyers' Association* (*ILA*), Encouraging Company Rescue - A Consultation (June 2009): Response of Insolvency Lawyers' Association, v. 7.9.2009, Rn. 2.5 und Rn. 3.2.

Hinsichtlich der Grenzen der zulässigen inhaltlichen Ausgestaltung des *SoA* gilt es aber zu beachten: Auch bei Zustimmung der Anteilseigner mit der erforderlichen Mehrheit ermöglicht es ein *SoA* nicht, die Anteilseigner dazu zu verpflichten, ihre Beteiligungsrechte und Gesellschafterstellung vollständig und entschädigungslos aufzugeben. Denn in diesem Fall würde es bereits an einem „*compromise*" oder „*arrangement*" i.S.d. sec. 895 CA 2006 fehlen[1129]. Daher wird den Altgesellschaftern bei der Umsetzung eines *Debt-Equity-Swap* oder eines *Debt-for-NewCo-Equity-Swap* auf der Grundlage eines *SoA* regelmäßig eine – allerdings stark reduzierte – Beteiligungsquote an der reorganisierten Schuldnergesellschaft bzw. bei einem *Debt-for-NewCo-Equity-Swap* am neuen Rechtsträger des Unternehmens gewährt.

Jenseits der Konstellation der Zustimmung aller Abstimmungsgruppen stellt sich die Frage, ob mittels eines *SoA* auch solche Gesellschafter gegen ihren Willen zur Mitwirkung an den zur Umsetzung des *Debt-Equity-Swap* erforderlichen Kapitalmaßnahmen gezwungen werden können, die einer das *SoA* ablehnenden Abstimmungsgruppe angehören. Voraussetzung hierfür wäre, dass eine gebildete, aber dem *SoA* nicht zustimmende Abstimmungsgruppe von Gesellschaftern trotz ihrer Ablehnung des *SoA* von dessen rechtlichen Bindungswirkung erfasst werden kann. Diese Frage wurde bereits oben[1130] im Kontext der Parallelproblematik auf Gläubigerseite und den Rechtsprechungsgrundsätzen zur „*economic interest issue*" miterörtert, so dass hier auf die obigen Ausführungen verwiesen wird. Als Fazit der Untersuchung dieser Frage lässt sich nach obigen Ausführungen festhalten:

Das *SoA* ermöglicht die zwangsweise rechtliche Bindung einzelner Gesellschafter oder Gläubiger nur durch ihre Überstimmung innerhalb einer jeden (dem *SoA* zustimmenden) Abstimmungsgruppe. Der *cram-down* einer ganzen Abstimmungsgruppe von Gesellschaftern, die dem *SoA* nicht mit der erforderlichen Mehrheit zustimmt, ist nicht möglich. Eine ganze dissentierende

---

1129 S. hierzu *Brightman J.* in *Re N.F.U. Development Trust Ltd.* [1972] 1 W.L.R., S. 1548 (1555) zur Vorgängerregelung der sec. 895 CA 2006: „*The word 'compromise' implies some element of accommodation on each side. It is not apt to describe total surrender. A claimant who abandons his claim is not compromising it. Similarly, I think that the word 'arrangement' in this section implies some element of give and take. Confiscation is not my idea of an arrangement. A member whose rights are expropriated without any compensating advantage is not, in my view, having his rights rearranged in any legitimate sense of that expression*".

1130 Kap. VII, III. 3. c.

Abstimmungsgruppe von Gesellschaftern kann daher mittels eines *SoA* nicht zur Beteiligung an einem *Debt-Equity-Swap* verpflichtet werden.

Unter dem Gesichtspunkt der Rechtsprechung zur *„economic interest issue"* kann eine ganze Gruppe von sog. *„out-of-the-money"*-Anteilseignern allenfalls in Fällen übergangen werden, in denen statt einer Reorganisation ein sog. *transfer SoA* mit höherrangigen Gläubigergruppen vereinbart wird, mit dem das Unternehmen und sämtliche Vermögenswerte der Schuldnergesellschaft auf eine neu gegründete Gesellschaft (*„NewCo"*) übertragen werden. Werden in diesem Fall sog. *„out-of-the-money"*-Gläubiger oder -Anteilseigner bei der Bildung der Abstimmungsgruppen ignoriert, und diese ohne Beteiligung an der *NewCo* mit ihren Ansprüchen gegen die vermögenslose, zu liquidierende Schuldnergesellschaft zurückgelassen, so steht dies nach den Rechtsprechungsgrundsätze zur *„economic interest issue"* der gerichtlichen Bestätigung und Wirksamkeit des *SoA* grundsätzlich nicht entgegen (dazu oben[1131]).

4. Reformvorschläge für das englische Insolvenzrecht

Die Effizienz und Reformbedürftigkeit des vorhandenen insolvenzverfahrensrechtlichen Instrumentariums zur Bewältigung von Kollektivhandlungsproblemen auf Gläubiger- und Gesellschafterseite in Sanierungsfällen wurde in den vergangenen Jahren nicht nur für das deutsche Insolvenzrecht intensiv diskutiert. Auch mit Blick auf das englische Insolvenzrecht waren Reformbestrebungen verschiedener Interessengruppen zu beobachten, denen die verfügbaren verfahrensrechtlichen Instrumente (*CVA* und *SoA*) zur Reduktion des Blockadepotentials der Altgesellschafter (und bestimmter Gläubigergruppen) bei der Umsetzung von Kapitalmaßnahmen zu Sanierungszwecken nicht effizient genug sind:

So hat die *European High Yield Association* (*EHYA*), deren Mitglieder Banken, Institutionelle Investoren und Anwaltssozietäten sind, im Jahr 2007 viel diskutierte Vorschläge veröffentlicht[1132], die u.a. das Instrumentarium zur Bewältigung von Kollektivhandlungsproblemen in Sanierungsfällen betreffen.

1131 Kap. VII, III. 3. c.

1132 *EHYA*, Submission on Insolvency Law Reform, v. 23.4.2007, S. 1 ff.; online abrufbar unter http://www.sifma.org/regulatory/comment_letters/UKTreasury.pdf; *EHYA*, Outline of New Procedure (draft), v. 30.9.2008, online abrufbar unter http://www.ehya.com/committees/insolvency.shtml. Siehe zu diesen Vorschlägen die kritischen Anmerkungen von *Finch*, J.B.L. 2008, S. 756 (773 ff.); ferner (unkritisch) *Hiestand/Pilkington*, I.F.L.R., Sept. 2008, S. 40 ff.; *Szekely/Richardson/Gallagher*, J.I.B.F.L., Oct. 2008, S. 457 ff.

Nach Auffassung der *EHYA* ist das verfügbare Arsenal der in England zur Verfügung stehenden Rechtsgrundlagen für Unternehmenssanierungen angesichts der zunehmenden Komplexität der Fremd- und Eigenkapitalstruktur sanierungsbedürftiger Gesellschaften veraltert und unzureichend, um den neuen Herausforderungen in der Insolvenz- und Restrukturierungspraxis gerecht zu werden[1133]. Daher ist nach den Vorschlägen der *EHYA* ein gerichtlich überwachtes Sanierungsverfahren einzuführen, das unter anderem ein neuartiges *cram-down*-Verfahren enthält. Dieses Verfahren sollte nicht als eigenständiges Verfahren neben die bestehenden Verfahren treten, sondern bei der Umsetzung eines *CVA* oder *SoA* genutzt werden können, indem es (durch entsprechende Modifikationen) in diese Verfahren integriert wird[1134].

Durch die gewünschte *cram-down*-Regelung soll nach Auffassung der *EHYA* vermieden werden, dass am Sanierungsverfahren beteiligte sog. *„out-of-the-money-parties"* den Erfolg des Sanierungsverfahrens gefährden, indem sie ihre Zustimmung zu erforderlichen Sanierungsmaßnahmen verweigern. Als *„out-of-the-money-parties"* seien dabei solche nachrangigen Gläubiger und Anteilseigner anzusehen, die auf der Grundlage einer gerichtlich überprüften Unternehmensbewertung kein wirtschaftliches mehr Interesse haben, d.h. im Insolvenzverfahren voraussichtlich leer ausgehen würden, weil die vorhandenen Vermögenswerte nur zur Befriedigung vorrangiger Gläubiger ausreichen. Nach dem *EHYA*-Reformvorschlag soll durch die vorgeschlagene *cram-down*-Regelung in einem gerichtlich überwachten Verfahren die Möglichkeit eröffnen werden, das Sanierungsverfahren durchzuführen, ohne dass die Einholung der Zustimmung solcher Anteilseignern oder Gläubigerklassen erforderlich wäre[1135]. Mit Blick auf das *SoA* führt eine solche Reform nach Auffassung der *EHYA* zu einer Erweiterung des gegenwärtig verfügbaren *cram-down*-Potentials des *SoA*, weil nach geltenden Recht[1136] zwar *„out-of-the-money"*-Gläubiger oder -Anteilseigner bei der Bildung der Abstimmungsgruppen ignoriert werden könnten, ohne dass dies der gerichtliche Bestätigung und Wirksamkeit des *SoA* entgegenstehe, dass diese *„out-of-the-money"*-Gläubiger oder -Anteilseigner aber nicht ohne die Zustimmung ihrer Abstimmungsgruppe zwangsweise der rechtlichen Bindung des

1133 *EHYA*, Submission on Insolvency Law Reform, 2007, S. 1 ff.

1134 Vgl. *EHYA*, Outline of New Procedure (draft), v. 30.9.2008, S. 1.

1135 *EHYA*, Submission on Insolvency Law Reform, 2007, S. 5.

1136 Dies bezieht sich auf die oben unter Kap. VII, III. 3. c. skizzierten Rechtsprechungsgrundsätze zur *„economic interest issue"* für die Fallgruppe des *„transfer scheme"*.

SoA unterworfen werden könnten[1137]. In dem von der *EHYA* vorgeschlagenen Verfahren soll Letzteres hingegen möglich sein. Zudem soll das vorgeschlagene Verfahren eine Kapitalerhöhung oder die Aufhebung oder Änderung der Rechte der vorhandenen Anteilseigner ohne die Zustimmung der Anteilseigner ermöglichen, sofern das Gericht davon überzeugt wurde, dass die Anteile der Anteilseigner wertlos geworden sind[1138]. Für das *CVA*-Verfahren wäre die Unterscheidung von *„in-the-money-parties"* und *„out-of-the-money-parties"* ein völlig neuer Ansatz, weil die Rechtsprechungsgrundsätze zur *„economic interest issue"* im *SoA*-Verfahren bislang nicht auf das *CVA* übertragen wurden.

Den Reformvorschlägen der *EHYA* ähnelnde Reformvorschläge kamen auch von anderer Seite: In einer Rede am 15.07.2008 zu der *Confederation of Business and Industry* (*CBI*) sprach sich *David Cameron* für eine Reform des englischen Insolvenzrechts aus, bei der zur Beseitigung der Mängel des bisherigen Instrumentariums zur Unternehmenssanierung die besten Eigenschaften des US-amerikanischen Chapter 11-Verfahrens in ein neu einzuführendes, gesetzliches Reorganisationsverfahren übernommen werden sollten[1139]. Dazu zähle auch[1140] ein Abstimmungsverfahren, das zur Reduktion des Obstruktionspotentials von *„unscrupulous creditors"* bei einer gerichtlichen Bestätigungsentscheidung und der Zustimmung einer (nicht näher präzisierten) Gläubigermehrheit, die rechtliche Einbindung aller Gläubiger und Anteilseigner ermögliche[1141].

Ein weiterer Reformvorschlag in diesem Kontext zielt drauf ab, das bestehende *CVA*-Verfahren in der Weise zu ändern, dass es künftig auch die notfalls

---

1137 Vgl. hierzu etwa *EHYA*, Outline of New Procedure (draft), v. 30.9.2008, S. 3, sowie *Hamilton* (co-chair of the EHYA European Insolvency Reform Committee), RECOVERY, Winter 2008, S. 54 (55): „*Although schemes of arrangement are a wonderfully flexible tool and you can carry out schemes of certain groups of creditors, ignoring a junior group of creditors and shareholders, the effect of that is merely that the scheme does not bind that group, it doesn't actually cram them down. We would suggest that if you get a proper valuation, you can have a proper cram down and continue to keep your corporate structures in place*".

1138 *EHYA*, Outline of New Procedure (draft), v. 30.9.2008, S. 1.

1139 Siehe http://www.conservatives.com/News/Speeches/2008/07/David_Cameron_Speech_to_the_CBI.aspx (Wortlaut der Rede).

1140 Neben der Einführung eines erweiterten *automatic stays* und der Einführung eines der *debtor-in-possession*-Finanzierung („*DIP-financing*") des Chapter 11 US-Bancruptcy Code entsprechenden Instruments.

1141 Siehe zu diesen umstrittenen Vorschlägen *Hiestand/Pilkington*, I.F.L.R., Sept. 2008, S. 40 ff.; *Szekely/Richardson/Gallagher*, J.I.B.F.L., Oct. 2008, S. 457 ff.; *Sharp*, Corporate Rescue and Insolvency, Vol. 1 (2008) Issue 6, S. 174 f.

zwangsweise rechtliche Bindung von gesicherten und bevorrechtigten Gläubigern und von Anteilseignern ermöglicht[1142].

Die Reaktionen auf diese Reformvorschläge, die verbreitet als Versuch der Einführung eines dem Chapter 11 des US-Bancruptcy Code sehr ähnlichen Reorganisationsverfahrens gewertet werden, in Wissenschaft und Praxis fielen bisher häufig ablehnend aus. Gegenstand der Kritik ist u.a., dass das von der *EHYA* vorgeschlagene Verfahren Hedgefonds und andere wirtschaftlich einflussreiche Akteure im Sanierungsverfahren einseitig begünstigen könnte, oder dass die Differenzierung zwischen solchen Parteien, die *„in-the-money"* und solchen, die *„out-of-the-money"* sind, schwierige Abgrenzungs- und Bewertungsfragen aufwerfen könne, die in aufwendigen Gerichtsverfahren geklärt werden müssten und dadurch das Sanierungsverfahren verlangsamen könnten[1143]. Allgemeiner wurde häufig kritisiert, dass die Reformvorschläge zu unausgegoren seien und im Detail zahlreiche ungeklärte Fragen aufwerfen würden, dass der Reformbedarf in den betroffenen Punkten insgesamt fraglich sei, oder dass Reformbedarf zwar im Grundsatz bestehe, dass gegenwärtig aber der falsche Zeitpunkt für die Umsetzung der genannten Vorschläge sei, weil das englische Insolvenzrecht nach etwa zwanzig Jahren ständiger Reformen in diesem Bereich dringend eine Phase der Nicht-Intervention des Gesetzgebers benötige, um der Praxis die mit der Einführung eines neuen Sanierungsverfahrens verbundene Rechtsunsicherheit zu ersparen[1144].

IV. Zusammenfassung und vergleichende Stellungnahme

Im Rahmen einer zusammenfassenden und vergleichenden Gesamtwürdigung der Untersuchungsergebnisse dieses Kapitels zeigt sich, dass sich die in Deutschland und England zur Reorganisation[1145] sanierungsbedürftiger Kapitalgesellschaften verfügbaren förmlichen Verfahren, d.h. das Insolvenzplanverfahren gemäß §§ 217 ff. InsO, das *Company Voluntary Arrangement* (*CVA)* gemäß ss. 1 ff. IA 1986 und das *Scheme of Arrangement* (*SoA*) gemäß ss. 895-901 CA 2006, hinsichtlich ihrer Eignung zur Reduktion des Blockadepotentials der Altgesellschafter bei der Umsetzung eines *Debt-Equity-Swap* erheblich unterscheiden:

1142 So etwa die Forderung von *O'Dea*, J.I.B.F.L., Nov. 2009, S. 583 (588 f.).

1143 Siehe *Finch*, J.B.L. 2008, S. 756 (773 ff.) m.w.N.

1144 So etwa *Evans*, I.F.L.R., Supplement – The 2009 Guide to Insolvency and Restructuring, March 2009, S. 74 ff.; *Sharp*, Corporate Rescue and Insolvency, Vol. 1 (2008) Issue 6, S. 174 f.

1145 D.h. die Sanierung eines notleidenden Unternehmens in den Händen des bisherigen Unternehmensträgers.

1) Nach der Abkehr vom Grundsatz der gesellschaftsrechtlichen Neutralität der InsO und Verankerung des Grundsatzes „Insolvenzrecht überlagert Gesellschaftsrecht" durch das ESUG lässt sich nunmehr durch die Implementierung eines Insolvenzplanverfahrens nach §§ 217 ff. InsO bei Umsetzung eines insolvenzplangestützten *Debt-Equity-Swap* das Blockadepotential der Altgesellschafter reduzieren. Denn das Insolvenzplanverfahren in der durch das ESUG geänderten Fassung ermöglicht die Einbeziehung von Anteils- und Mitgliedschaftsrechten gegen den Willen der hiervon jeweils nachteilig betroffenen Altgesellschafter im Insolvenzplanverfahren. Werden gemäß § 225a Abs. 2 S. 1 und 3 InsO zulässigerweise einen *Debt-Squity-Swap* bewirkende Kapitalmaßnahmen im gestaltenden Teil des Insolvenzplans vorgesehen, so vollzieht sich die Willensbildung der Altgesellschafter nicht mehr im Wege der Beschlussfassung nach allgemeinen gesellschaftsrechtlichen Regeln, sondern diese werden wie Gläubiger am Abstimmungsverfahren beteiligt. Weil dies nunmehr auch die Anwendung des *cram-down*-Mechanismus (§ 245 InsO) auf Gesellschafter-Abstimmungsgruppen zur Folge hat, kann nicht nur einzelnen Gesellschaftern, durch Majorisierung innerhalb ihrer Abstimmungsgruppe, sondern auch einer ganzen mehrheitlich dissentierenden Gesellschafter-Abstimmungsgruppe ein *Debt-Equity-Swap* aufgezwungen werden, der zum Verlust ihrer Anteils- und Mitgliedschaftsrechte führt.
2) Anders als das Insolvenzplanverfahren gemäß §§ 217 ff. InsO i.d.F. des ESUG ist das *CVA* zur effizienten Reduktion des Blockadepotentials der Altgesellschafter bei der Umsetzung eines *Debt-Equity-Swap* im Zuge einer Reorganisation der Schuldnergesellschaft nicht geeignet. Denn kooperationsunwillige Gesellschafter können – wie aufgezeigt[1146] – im *CVA*-Verfahren nicht zwangsweise zur Übertragung ihrer Anteile oder zur Vornahme von Zustimmungs- und Mitwirkungshandlungen bei den zur Umsetzung des *Debt-Equity-Swap* erforderlichen Kapitalmaßnahmen verpflichtet werden. Wenn zustimmende Gesellschafterbeschlüsse nach allgemeinen kapitalgesellschaftsrechtlichen Vorgaben des CA 2006 erforderlich sein sollten, ermöglicht es das *CVA*-Verfahren daher nicht, den *Debt-Equity-Swap* gegen den mehrheitlichen Willen der Altgesellschafter umzusetzen. In der Praxis zwingt dies bei isolierter Implementierung eines *CVA* und erwartetem Widerstand der Altgesellschafter häufig zu einem Ausweichen auf alternative Gestaltungen einer übertragenden Sanierung, indem statt einer Reorganisation der ursprünglichen Schuldnergesellschaft ihre Vermögenswerte im Wege eines *asset deal*

1146 Dazu oben Kap. VIII, 2.

auf einen anderen Rechtsträger übertragen werden, an der ihre bisherigen Gläubiger beteiligt werden.

Bereits mit Blick auf die Rechtslage vor Inkrafttreten des ESUG war das *CVA* zur Reduktion des Blockadepotentials der Altgesellschafter bei der Umsetzung eines *Debt-Equity-Swap* im Zuge einer Reorganisation der Schuldnergesellschaft nicht besser geeignet als das deutsche Insolvenzplanverfahren, weil beide Verfahren hierzu gleichermaßen ungeeignet waren. Aufgrund dieses Gleichstands war bereits nach damaliger Rechtslage einer hierzulande verbreiteten Ansicht zu widersprechen, der zufolge das *CVA*-Verfahren einen zwangsweisen Zugriff auf die Anteile der Altgesellschafter ermögliche oder ihre Zustimmung zu den für den *Debt-Equity-Swap* erforderlichen Kapitalmaßnahmen substituieren könne. Mit dem ESUG wurde dieser Gleichstand in einen klaren Vorteil des Insolvenzplanverfahrens verwandelt, indem das Insolvenzplanverfahren nunmehr (anders als das *CVA*) den *cram-down* von Gesellschaftern, gerade auch zur Umsetzung von *Debt-Equity-Swaps*, ermöglicht. Aus diesem Grund ist festzustellen: Unter dem Gesichtspunkt des Blockadepotentials der Altgesellschafter bei der Umsetzung eines *Debt-Equity-Swap* kann es nicht als sinnvolles angesehen werden, für eine sanierungsbedürftige deutsche Kapitalgesellschaft eine „Flucht“ in das englische Recht mit dem Ziel der Implementierung eines *CVA* anzustreben.

3) Mit dem *SoA* stellt das englische Recht ein Verfahren zur Verfügung, das (in Grenzen) auch zur Erzwingung erforderlicher Zustimmungs- und Mitwirkungshandlungen von einzelnen, kooperationsunwilligen Altgesellschaftern bei der Umsetzung eines *Debt-Equity-Swap* genutzt werden kann. Grund hierfür ist die Möglichkeit der Einbeziehung der Gesellschafter in das *SoA*-Verfahren. Wurde im *SoA*-Verfahren eine oder mehrere aus Gesellschaftern bestehende Abstimmungsgruppe(n) gebildet, so können Gesellschafter die über keine Sperrminorität verfügen, daher durch ihre Majorisierung innerhalb ihrer Abstimmungsgruppe gegen ihren Willen den Wirkungen des *SoA* unterworfen werden.

   Dennoch ist auch das *SoA*-Verfahren unter dem Gesichtspunkt des Blockadepotentials der Altgesellschafter bei der Umsetzung eines *Debt-Equity-Swap* im Vergleich zum Insolvenzplanverfahren i.d.F. des ESUG ineffizienter. Denn das *SoA*-Verfahren ermöglicht, anders als das Insolvenzplanverfahren, keine zwangsweise rechtliche Bindung (*cram-down*) einer ganzen Abstimmungsgruppe von Gesellschaftern, die dem *SoA* nicht mit erforderlicher Mehrheit zustimmt. Unter dem Gesichtspunkt der Rechtsprechung zur *„economic interest issue“* kann eine ganze Gruppe von *„out-of-the-money“*-Anteilseignern allenfalls in solchen Fällen übergangen werden, in denen statt einer Reorganisation ein sog. *transfer SoA* vereinbart wird, mit dem das Unternehmen und Vermögenswerte der Schuldnergesellschaft auf einen anderen Rechtsträger übertragen werden und die Altgesellschafter an diesem nicht beteiligt werden. Darüber hinaus ermöglicht ein *SoA* regelmäßig keine im Vergleich zur freien Sanierung weitergehende Reduktion des Obstruktionspotentials der Altgesellschafter, weil eine solche Majorisierung auch nach allgemeinem Kapitalgesellschaftsrecht bei Gesellschafterbeschlüssen über die erforderlichen Kapitalmaßnahmen erfolgt. Zudem ermöglicht das reformierte Insolvenzplanverfahren eine Majorisierung der Anteilseigner innerhalb ihrer Abstimmungsgruppe mit gegenüber der Majorisierung im *SoA*-Verfahren niedrigeren Mindestquoren (Kapitalmehrheit von 50% im Insolvenzplanverfahren statt 75% im *SoA*-Verfahren).

Unabhängig davon, dass ein die Gesellschafterrechte beeinträchtigendes *SoA* (anders als bisherige *creditor schemes* deutscher Gesellschaften, die nur Gläubigerrechte modifizierten, etwa in den Fällen *Tele Columbus*, *Rodenstock* und *PrimaCom*) mit Blick auf die internationale Zuständigkeit englischer Gerichte und die Anerkennungsfähigkeit für eine deutsche Gesellschaft nicht ohne transnationalen Rechtsformwechsel in eine Gesellschaft englischen Rechts erzielbar sein wird[1147], ist das *SoA* daher mit Blick auf *cram-down*-Mechanismen bzgl. der Gesellschafter nicht geeignet, im Vergleich zum Insolvenzplanverfahren Anreizwirkung zu entfalten.

4) Ausweislich der Begründung des ESUG zielt dieses darauf ab, das zuvor bestehende Blockadepotential der Gesellschafter insbesondere auch vor dem Hintergrund zu minimieren, dass in der rechtspolitischen Diskussion hierin „*ein erhebliches Sanierungshindernis und ein Standortnachteil im Vergleich zum Recht Englands (…) gesehen*“ werde[1148]. Die vorstehenden Ausführungen zeigen auf, dass dieses Ziel durch das ESUG im Verhältnis zum englischen Recht in der Tat erreicht wurde. Denn unter dem Aspekt der verfahrensrechtlichen Instrumente zur Reduktion des Blockadepotentials der Altgesellschafter bei der Umsetzung eines *Debt-Equity-Swap* (oder anderer Sanierungsmaßnahmen) ist kein Standortnachteil des deutschen Rechts im Vergleich zum englischen Recht feststellbar.

1147 Werden in einem *SoA* (anders als in einem *creditor scheme*) inhaltlich Kapitalmaßnahmen vorgesehen, bestätigen die englischen Gerichte solche *schemes* nur, wenn die Gesellschaft im Vereinigten Königreich registriert ist, *O'Dea/Long/Smyth*, Schemes of Arrangement, 2012, Rn. 2.03; *Piekenbrock*, ZIP 2014, S. 250 (256).

1148 Begr. RegE-ESUG v. 04.05.2011, BT-Drucks. 17/5712, S. 30.

Dem ließe sich als fortbestehender Vorteil des englischen Rechts allenfalls entgegenhalten, dass dieses mit dem *SoA* ein vorinsolvenzliches Verfahren zur Verfügung stellt, das eine Modifikation von Rechten der Gesellschafter durch Mehrheitsentscheidung – anders als das Insolvenzplanverfahren – bereits in einem Stadium ermöglicht, in dem die Schuldnergesellschaft (noch) nicht überschuldet oder zahlungsunfähig ist oder zu werden droht. Weil aber die zur Umsetzung des *Debt-Equity-Swap* notwendigen Kapitalmaßnahmen nach deutschem Kapitalgesellschaftsrecht regelmäßig ohnehin nur der Zustimmung der Altgesellschafter mit einer Drei-Viertel-Kapitalmehrheit bedürfen und die Mehrheitserfordernisse des *SoA* demgegenüber im Regelfall keine nennenswerte Erleichterung der Zustimmungserfordernisse bewirken, ist in der vorinsolvenzlichen Verfügbarkeit des *SoA* kein Vorteil des englischen Rechts zu sehen[1149]. Darüber hinaus entfalten die neuen *cram-down*-Vorschriften des Insolvenzplanverfahren gemäß §§ 217 ff. InsO i.d.F. des ESUG eine Vorwirkung in Krisenstadien vor Eintritt von Insolvenzgründen und erleichtern so *Debt-Equity-Swaps* im Rahmen außergerichtlicher Restrukturierungen. Denn die praktische Umsetzbarkeit von *Debt-Equity-Swaps* in Deutschland wird seit Inkrafttreten des ESUG auch dadurch begünstigt, dass Altgesellschafter angesichts der bloßen Möglichkeit eines gegen ihren Willen durchsetzbaren *Debt-Equity-Swaps* im eröffneten Insolvenzverfahren im Rahmen von außergerichtlicher Restrukturierungen mit Blick auf sämtliche in Betracht kommenden Sanierungsbemühungen kooperativer sein werden.

Sämtliche vorgenannten Untersuchungsergebnisse zeigen auf, dass zumindest hinsichtlich der Effizienz der verfahrensrechtlichen Instrumente zur Reduktion des Blockadepotentials der Altgesellschafter bei der Umsetzung von *Debt-Equity-Swaps* (oder anderer Sanierungsmaßnahmen) nicht nur kein Standortnachteil des deutschen Rechts im Vergleich zum englischen Recht mehr erkennbar ist, sondern vielmehr umgekehrt ein Standortnachteil des englischen Rechts im Vergleich zum deutschen Recht besteht. Dies ist als Verdienst des ESUG zu werten, das insoweit Effizienzdefizite des deutschen Insolvenzplanverfahrens erfolgreich abgebaut hat, während entsprechende Reformvorschläge für das englische Recht bisher erfolglos blieben[1150].

1149 Anders als mit Blick auf verfahrensrechtliche Instrumente zur Bewältigung von Kollektivhandlungsproblemen auf der Gläubigerseite. Zu diesem zeitlichen Aspekt mit Blick auf Mechanismen zur Bewältigung von Kollektivhandlungsproblemen auf der Gläubigerseite oben Kap. VII, IV.

1150 Dazu oben Kap. VIII, III. 4.

Kapitel IX: Zusammenfassung der gesamten Untersuchungsergebnisse und Schlussbetrachtung

I. Zusammenfassung der wesentlichen Untersuchungsergebnisse in Thesen

Die vorliegende Arbeit enthält jeweils am Ende ihrer Kernkapitel (Kap. IV-VIII) eine Zusammenfassung der wesentlichen Untersuchungsergebnisse und Stellungnahmen. Die wichtigsten Ergebnisse lassen sich thesenartig wie folgt zusammenfassen:

1. Der Hauptunterschied der für *Debt-Equity-Swaps* relevanten Kapitalaufbringungsvorschriften deutschen und englischen Rechts besteht darin, dass die Forderungseinbringung im Recht der *plc* und *Ltd.* als Bareinlage, im deutschem Aktien- und GmbH-Recht dagegen nach ganz h.M. als Sacheinlage behandelt wird (S. 158 ff. sowie nachfolgend 2. und 3.).
2. Nach deutschem Aktien- und GmbH-Recht ist die Einbringung einer gegen die kapitalerhöhende Gesellschaft gerichteten Forderung als Sacheinlage zulässig, aber infolge extensiv ausgelegter Kapitalaufbringungsregeln auch erforderlich (S. 126 ff., 158). Eine Gegenansicht, wonach das MoMiG den Weg für eine von den bisherigen Grundsätzen abweichende Behandlung der Kapitalaufbringung beim *Debt-Equity-Swap* eröffnet habe und nunmehr auch die Mittel einer Barkapitalerhöhung generell zur Bezahlung von Altschulden der Gesellschaft beim Inferenten verwendet werden dürften (ohne als verdeckte Sacheinlagen sanktioniert zu werden) ist erheblichen Bedenken ausgesetzt und daher abzulehnen (S. 129 ff.).
3. Auf der Grundlage des englischen Rechts der *plc* und *Ltd.* wird die Forderungseinbringung bei einem *Debt-Equity-Swap* im Wege einer Kapitalerhöhung als zulässige Tilgungsmodalität der Bareinlageforderung qualifiziert (S. 138 ff.). Hierin wird nach englischem Recht keine unzulässige Umgehung der Sachkapitalerhöhungsvorschriften gesehen, über der das Damoklesschwert einer, der deutschen Lehre von der verdeckten Sacheinlage vergleichbaren Rechtsprechungstendenz oder gesetzlichen Regelung schweben würde (S. 148 ff.).
4. Im Vergleich zum deutschen Kapitalgesellschaftsrecht mit dem Erfordernis der Einhaltung strengerer Sachkapitalerhöhungsvorschriften stellt das englische Kapitalgesellschaftsrecht mit der Entbehrlichkeit der Werthaltigkeitsprüfung

des Einlagewerts der einzubringenden Forderung und dem damit verbundenen geringeren Zeit- und Kostenaufwand (unter diesem Gesichtspunkt) erleichterte rechtliche Rahmenbedingungen für *Debt-Equity-Swaps* zur Verfügung (S. 160).

5. Hinsichtlich der Forderungseinbringung bei einem *Debt-Equity-Swap* nach Maßgabe des englischen Kapitalgesellschaftsrechts ist davon auszugehen, dass bei der Prüfung einer etwaigen Unterpari-Emission auch dann (noch) zulässigerweise auf den Nominalwert der nach sec. 583(3)(c) CA 2006 einzubringenden Forderung abzustellen ist, wenn der Verkehrswert dieser Forderung aufgrund der Liquiditätskrise der Schuldnergesellschaft im Zeitpunkt des *Debt-Equity-Swap* geringer ist als ihr Nominalwert (S. 143 ff.). Im Vergleich hierzu erschwert es *Debt-Equity-Swaps* nach deutschem Kapitalgesellschaftsrecht, dass hier *de lege lata* beim (außerinsolvenzlichen und insolvenzplangestützten) *Debt-Equity Swap* nicht von der Zulässigkeit der generellen Nennwertanrechnung von Forderungen nach Maßgabe der Nennwertthese auszugehen ist, sondern bei der Forderungsbewertung der Verkehrswert der einzulegenden Forderung maßgeblich ist (S. 117 ff.).
6. Durch die Einführung der Befreiung von der Differenzhaftung nach § 254 Abs. 4 InsO ist es dem ESUG partiell gelungen, als Wettbewerbsnachteile geltenden Defizite des deutschen Insolvenzrechts im Vergleich zum englischen Recht abzumildern, weil sich nach deutschem Recht – wie bei *Debt-Equity-Swaps* nach englischem Recht – nunmehr zumindest für insolvenzplangestützte *Debt-Equity-Swaps* die Gefahr einer Differenzhaftung des forderungsumwandelnden Gläubigers ausschließen und insoweit Transaktionssicherheit erzielen lässt (S. 161 ff.). Weil die Gefahr einer Differenzhaftung bei *Debt-Equity-Swaps* nach deutschem Recht jedoch (anders als nach englischem Recht) nur innerhalb des Insolvenzplanverfahrens einfach ausgeschlossen werden kann, stellt das englische Recht bei einer Fokussierung des Blicks auf diesen Aspekt auch nach Inkrafttreten des ESUG die vorteilhafteren rechtlichen Rahmenbedingungen für *Debt-Equity-Swaps* zur Verfügung (S. 161 ff.).
7. Das Einrücken in die Gesellschafterposition infolge eines *Debt-Equity-Swap* birgt nach englischem Recht keine Gefahr, dass nicht umgewandelte Darlehensforderungen oder Forderungen aus neu gewährten Darlehen bei Scheitern der Sanierungsbemühungen in einem späteren Insolvenzverfahren generell als nachrangige Forderungen behandelt werden (S. 175 ff.). Bei der Umsetzung von *Debt-Equity-Swaps* zur Entschuldung einer AG oder GmbH stehen den hieraus resultierenden Vorzügen des englischen Rechts (S. 179 f.) diejenigen

Nachteile für forderungsumwandelnde Gläubiger gegenüber, die ihnen nach deutschem Recht aus den Nachrangigkeits- und Anfechtungsregeln für Gesellschafterdarlehen (§§ 39 Abs. 1 Nr. 5 und 135 InsO) drohen (S. 165 ff.). Die deutschen Ausnahmetatbestände des Kleinbeteiligungsprivilegs und des Sanierungsprivilegs verringern diese Nachteile zwar, dies jedoch mit spezifischen Einschränkungen (S. 168 f., S. 169 ff.).

8. Aus 7. folgt: Mit Blick auf den Aspekt des rechtlichen Schicksals von Gesellschafterdarlehen im Fall der Insolvenz der Gesellschaft wird es für Gläubiger/Investoren attraktiver sein, ihre gegen die Gesellschaft gerichteten Forderungen im Rahmen eines *Debt-Equity-Swap* auf der Grundlage englischen Kapitalgesellschafts- und Insolvenzrechts in Anteile an der Schuldnergesellschaft umzuwandeln, als sich an einem *Debt-Equity-Swap* auf der Grundlage deutschen Rechts zu beteiligen (S. 179 f.). Denjenigen Gläubigern/Investoren, für die die Vermeidung des Risikos einer faktischen Entwertung nicht umgewandelter Darlehensforderungen von zentraler Bedeutung ist, könnten die begrenzten Handlungsspielräume, die das deutsche Sonderrecht für Gesellschafterdarlehen bei einem Anteilserwerb im Zuge des *Debt-Equity-Swap* eröffnet, zu eng erscheinen (S. 179 f.). Unter diesem Gesichtspunkt erschwert das deutsche Recht die Umsetzung von *Debt-Equity-Swaps* im Vergleich zum englischen Recht (S. 179 f.).
9. Im Kontext der Umsetzung von *Debt-Equity-Swaps* bei Gesellschaften im Anwendungsbereich des deutschen WpÜG und im Anwendungsbereich des englischen City Code, können sich die – konzeptionell sehr ähnlichen – Pflichtangebotsregelungen in § 35 Abs. 2 S. 1 WpÜG und Rule 9 City Code gleichermaßen nachteilig auf die Erfolgsaussichten des *Debt-Equity-Swap* auswirken (S. 183 ff.).
10. Die seit Inkrafttreten des ESUG von einigen Autoren vertretene Ansicht, dass im Fall der Umsetzung eines *Debt-Equity-Swap* einer börsennotierten AG auf der verfahrensrechtlichen Grundlage eines Insolvenzplanverfahrens die Bestimmungen des WpÜG zur Angebotspflicht entbehrlich seien, da die Angebotspflicht nach Maßgabe des WpÜG dem Schutz der Kleinaktionäre diene und dieser im Insolvenzplanverfahren über § 251 InsO gewährleistet sei, ist abzulehnen (S. 189 f.).
11. Die praktische Anwendung der Zurechnungstatbestände des abgestimmten Verhaltens gemäß § 30 Abs. 2 S. 1 WpÜG (*acting in concert*) und des *acting in concert* i.S.d. Rule 9.1 City Code ist im Kontext der Umsetzung eines *Debt-Equity-Swap* mit einem ähnlich hohen Maß an Rechtsunsicherheit für die Beteiligten verbunden (S. 193 ff., S. 199 ff., S. 215 f.).

12. Die Erzielung der Befreiung forderungsumwandelnder Gläubiger von der Angebotspflicht im Anwendungsbereich des WpÜG und des City Code ist regelmäßig von der Erfüllung der gänzlich unterschiedlichen Voraussetzungen der Sanierungsbefreiung nach WpÜG/WpÜG-AngVO und der *whitewash procedure* des City Code abhängig (S. 217 f.). Dies u.a., weil im Anwendungsbereich des City Code der Sanierungs-Befreiungstatbestand der *rescue operations* gemäß Note 3 der Dispensation Notes zu Rule 9 City Code bei *Debt-Equity-Swaps* zu Sanierungszwecken lediglich subsidiär zur *whitewash procedure* Anwendung findet (S. 218).
13. Weil die Voraussetzungen der Schlüssel-Befreiungstatbestände des WpÜG/WpÜG-AngVO und des City Code zwar unterschiedlich, aber im Grundsatz erfüllbar sind, ist der Erwerb einer Kontrollbeteiligung des forderungsumwandelnden Gläubigers im Zuge eines *Debt-Equity-Swap* i.d.R. im Anwendungsbereich beider Pflichtangebotsregelungen auch ohne das Auslösen einer Angebotspflicht möglich (S. 218 ff.). Hinsichtlich der bestehenden rechtlichen Hürden der Umsetzung von *Debt-Equity-Swaps* bei Kapitalgesellschaften im Anwendungsbereich des WpÜG einerseits und bei Kapitalgesellschaften im Anwendungsbereich des City Code andererseits ist jedenfalls unter dem Aspekt der Pflichtangebotsproblematik kein wesentliches Gefälle festzustellen (S. 220).
14. Das Insolvenzplanverfahren gemäß §§ 217 ff. InsO, das *Company Voluntary Arrangement* (*CVA*) gemäß ss. 1 ff. IA 1986 und das *Scheme of Arrangement* (*SoA*) gemäß ss. 895 ff. CA 2006 enthalten zwar allesamt Mechanismen zur Linderung von Kollektivhandlungsproblemen auf Gläubigerseite, jedoch sind diese Verfahren als Mittel zur notfalls zwangsweisen Verpflichtung einzelner dissentierender Gläubiger zur Forderungsumwandlung unterschiedlich effizient (S. 279 ff. sowie nachfolgend 15.-19.).
15. Das *CVA* ist im Allgemeinen, d.h. ohne Berücksichtigung der Sonderkonstellation des *Debt-Equity-Swaps*, ein weniger effizientes Instrument zur zwangsweisen rechtlichen Bindung dissentierender Minderheitsgläubiger an einen Sanierungsplan, als das deutsche Insolvenzplanverfahren. Denn – anders als das Insolvenzplanverfahren – ermöglicht das *CVA* keine zwangsweise rechtliche Bindung (*cram-down*) einer ganzen, den Sanierungsplan im Abstimmungsverfahren mehrheitlich ablehnenden Gläubigergruppe und von Gläubigern mit gesicherten Forderungen (S. 280 f.).
16. Die Effizienzvorteile des deutschen Insolvenzplanverfahrens im Vergleich zum *CVA* mit Blick auf die Eignung beider Verfahren zur Überwindung der Obstruktion dissentierender Minderheitsgläubiger sind in der Sonderkonstellation, in der die zwangsweise Verpflichtung einzelner Gläubiger zur

Umwandlung ihrer gegen die Gesellschaft gerichteten Forderungen in Gesellschaftsanteile beabsichtigt ist, nicht nutzbar (S. 281 ff.). Grund hierfür sind die Auswirkungen der individuellen Zustimmungserfordernisse bei *Debt-Equity-Swaps* nach § 225a Abs. 2 S. 2 InsO und (wie bereits vor Inkrafttreten des ESUG) nach § 230 Abs. 2 InsO, denen im *CVA*-Verfahren kein Äquivalent gegenübersteht (S. 281 ff.). Im Vergleich zum deutschen Insolvenzplanverfahren eröffnet das *CVA* insoweit größere Handlungs- und Gestaltungsspielräume zur Erzwingung einer Forderungsumwandlung von einzelnen dissentierenden Minderheitsgläubigern beim *Debt-Equity-Swap* (S. 242 ff., S. 282 f.).

17. Wird ein *Debt-Equity-Swap* auf der Grundlage eines *Scheme of Arrangement* (*SoA*) gemäß ss. 895 ff. CA 2006 umgesetzt, so können sich im Vergleich zur Umsetzung im deutschen Insolvenzplanverfahren die bereits zum *CVA*-Verfahren skizzierten Vorteile aus der Nicht-Existenz einer den §§ 225a Abs. 2 S. 2, 230 Abs. 2 InsO im Regelungsgehalt entsprechenden Vorschrift oder Rechtsprechungsregel ergeben (S. 284).
18. Das *cram-down*-Potential des *SoA* ist auf die Majorisierung Einzelner durch mehrheitliche Zustimmung in den einzelnen Gläubigergruppen beschränkt; der *cram-down* einer ganzen Abstimmungsgruppe von Gläubigern, die dem *SoA* nicht mit erforderlicher Mehrheit zustimmt, ist (wie im *CVA*-Verfahren) nicht möglich, so dass einer ganzen Abstimmungsgruppe eine Beteiligung an einem *Debt-Equity-Swap* nicht aufgezwungen werden kann (S. 268 ff., S. 284). Etwas anderes folgt nicht aus der Rechtsprechung englischer Gerichte zur *„economic interest issue“* (S. 271 ff., S. 284).
19. Beim Einsatz als verfahrensrechtliche Grundlage eines *Debt-Equity-Swap* sind *CVA* und *SoA* – auch nach Inkrafttreten des ESUG – insoweit besser als das deutsche Insolvenzplanverfahren zur Bewältigung von Kollektivhandlungsproblemen auf der Gläubigerseite und gleichzeitiger Vermeidung einer Überschreitung des Zeitpunkts der Sanierbarkeit geeignet, als sie die Bewältigung von Kollektivhandlungsproblemen auf der Gläubigerseite in einem früheren Krisenstadium ermöglichen (S. 285 ff.). Etwas anderes folgt nicht aus der Einführung des „Schutzschirmverfahrens“ gemäß § 270b InsO durch das ESUG, denn das Schutzschirmverfahren als lediglich „sanierungsvorbereitendes Eröffnungsverfahren“ ermöglicht keine Eingriffe in Gläubigerrechte (und somit auch keinen *cram-down*) im Zeitraum vor Eröffnung des Insolvenzverfahrens (S. 285 ff.).
20. Das *CVA* ist zur effizienten Reduktion des Blockadepotentials der Altgesellschafter bei der Umsetzung eines *Debt-Equity-Swap* im Zuge einer Reorganisation der Schuldnergesellschaft nicht geeignet und insofern ineffizienter

als das Insolvenzplanverfahren gemäß §§ 217 ff. InsO in der durch das ESUG reformierten Fassung (S. 306 ff., 319 f.).

21. Das *SoA* ist unter dem Gesichtspunkt des Blockadepotentials der Altgesellschafter bei der Umsetzung eines *Debt-Equity-Swap* im Vergleich zum Insolvenzplanverfahren i.d.F. des ESUG ineffizienter, weil es – anders als das Insolvenzplanverfahren – keine zwangsweise rechtliche Bindung (*cram-down*) einer ganzen Abstimmungsgruppe von Gesellschaftern, die dem *SoA* nicht mit erforderlicher Mehrheit zustimmt, ermöglicht (S. 312 ff., 320 f.).
22. Hinsichtlich der Effizienz der verfahrensrechtlichen Instrumente zur Reduktion des Blockadepotentials der Altgesellschafter bei der Umsetzung von *Debt-Equity-Swaps* (oder anderer Sanierungsmaßnahmen) ist seit Inkrafttreten des ESUG nicht nur kein Standortnachteil des deutschen Rechts im Vergleich zum englischen Recht mehr feststellbar, sondern vielmehr umgekehrt ein Standortnachteil des englischen Rechts im Vergleich zum deutschen Recht (S. 321 f.). Dies ist als Verdienst des ESUG zu werten, das insoweit Effizienzdefizite des deutschen Insolvenzplanverfahrens erfolgreich abgebaut hat, während entsprechende Reformvorschläge für das englische Recht bisher erfolglos blieben (S. 322).

II. Schlussbetrachtung

Der vorliegenden Untersuchung liegt das Bestreben zugrunde, Antworten auf die Frage danach zu finden, ob die Umsetzung von *Debt-Equity-Swaps* zur Entschuldung sanierungsbedürftiger Kapitalgesellschaften auf der Grundlage englischen Rechts unter erleichterten rechtlichen Rahmenbedingungen erzielt werden kann, als die Umsetzung von *Debt-Equity-Swaps* auf der Grundlage deutschen Rechts. Die Arbeit verdeutlicht, dass zur Beantwortung dieser Frage eine differenzierte Untersuchung im Wege eines punktuellen Vergleichs einzelner, relevanter Rechtsfragen und Problemkreise hinsichtlich ihrer Behandlung jeweils nach deutschem und englischem Recht erforderlich ist. Die – unter Befolgung dieses Ansatzes gewonnenen – Untersuchungsergebnisse dieser Arbeit zeigen auf:

Mit Blick auf einige der hier untersuchten Problemkreise sind *Debt-Equity-Swaps* auf der Grundlage englischen Rechts in der Tat unter erleichterten rechtlichen Rahmenbedingungen umsetzbar, als auf der Grundlage deutschen Rechts. Dies gilt entweder, weil spezifische Risiken bei Geltung deutschen Rechts nach englischem Recht nicht in entsprechender Weise bestehen, oder weil das englische Recht für *Debt-Equity-Swaps* Gestaltungen ermöglicht, die das deutsche Recht nicht zulässt. Hervorzuheben sind diesbezüglich die fehlenden

Einschränkungen aus einer der deutschen Lehre von der verdeckten Sacheinlage vergleichbaren Rechtsprechungstendenz oder gesetzlichen Regelung im englischen Recht (Kap. IV), die Erleichterungen im Zusammenhang mit der Entbehrlichkeit der Beachtung strengerer Sachkapitalerhöhungsvorschriften bei der Anteilsausgabe zur Umsetzung des *Debt-Equity-Swap* nach englischem Recht (Kap. IV), die (im Vergleich zu außergerichtlichen *Debt-Equity-Swaps* nach deutschem Recht) geringere Gefahr einer Differenzhaftung des forderungsumwandelnden Gläubiger infolge einer Überbewertung des Einlagewerts seiner Forderung nach englischem Recht (Kap. IV), die Erleichterungen infolge der mangelnden Subordinierung von Gesellschafterdarlehen nach englischem Recht (Kap. V) und die potentiellen Effizienzvorteile des *Company Voluntary Arrangement* und des *Scheme of Arrangement* im Vergleich zum deutschrechtlichen Insolvenzplanverfahren mit Blick auf die Eignung dieser Verfahren als Instrument zur zwangsweisen Verpflichtung dissentierender Minderheitsgläubiger zur Forderungsumwandlung (Kap. VII).

Die Untersuchung hat andererseits aber auch aufgezeigt, dass *Debt-Equity-Swaps* auf der Grundlage englischen Rechts nicht unter jedem untersuchten Aspekt unter erleichterten rechtlichen Rahmenbedingungen umsetzbar sind, als auf der Grundlage deutschen Rechts. Dies verdeutlichen insbesondere die Untersuchungsergebnisse zur übernahmerechtlichen Pflichtangebotsproblematik (Kap. VI). Mit der übernahmerechtlichen Pflichtangebotsproblematik wurde eine rechtliche Hürde identifiziert, die infolge einer (Teil-)Harmonisierung der maßgeblichen Rechtsgrundlagen bei der Umsetzung von *Debt-Equity-Swaps* nach deutschem und nach englischem Recht gleichermaßen bestehen kann, aber auch gleichermaßen beherrschbar ist.

Hinsichtlich der seit Inkrafttreten des ESUG bestehenden Effizienzvorteile des Insolvenzplanverfahrens im Vergleich zum *Company Voluntary Arrangement* und zum *Scheme of Arrangement* als verfahrensrechtliches Instrument zur Reduktion des Blockadepotentials der Altgesellschafter wurden jedoch auch Erleichterungen beim *Debt-Equity-Swap* nach deutschem Recht festgestellt, die beim *Debt-Equity-Swap* nach englischem Recht nicht bestehen (Kap. VIII, sowie sogleich).

Vor diesem Hintergrund lässt sich bei einer Gesamtwürdigung der Untersuchungsergebnisse nicht pauschal resümieren, dass *Debt-Equity-Swaps* zur Entschuldung sanierungsbedürftiger Kapitalgesellschaften auf der Grundlage englischen Rechts unter erleichterten rechtlichen Rahmenbedingungen umsetzbar sind, als auf der Grundlage deutschen Rechts. Mit Blick auf die Rechtslage seit Inkrafttreten des ESUG ist daher Stellungnahmen zu widersprechen, die dem englischen Recht pauschal die vorteilhafteren rechtlichen Rahmenbedingungen für die Implementierung von *Debt-Equity-Swaps* unterstellen und hierin einen Wettbewerbsnachteil des deutschen Insolvenzrechts erblicken (dazu Kap. I).

Es ist als Verdienst der Fälle *Deutsche Nickel* und *Schefenacker* zu werten, dass sie in Deutschland die Diskussion um die Wettbewerbsfähigkeit und Effizienz des deutschen Insolvenz- und Restrukturierungsrechts befeuert haben. Sie haben erkennen lassen, dass der deutsche Gesetzgeber mit Blick auf Defizite der deutschrechtlichen Rahmenbedingungen für *Debt-Equity-Swaps* zur Entschuldung sanierungsbedürftiger Kapitalgesellschaften einem ständigen Überprüfungsdruck und gegebenenfalls auch Verbesserungsdruck ausgesetzt ist. Die Untersuchung hat aufgezeigt, dass der deutsche Gesetzgeber die rechtlichen Rahmenbedingungen zur Umsetzung von *Debt-Equity-Swaps* in den vergangenen Jahren punktuell erheblich verbessert hat, wie etwa an der Einführung eines Mehrheitsbeschlusses zur Reduktion des Obstruktionspotentials der Anleihegläubiger bei *Debt-Equity-Swaps* nach § 5 Abs. 3 S. 1 SchVG (2009) erkennbar wird. Diese Entwicklung mündete vorläufig in der Reform durch das ESUG.

Im Rahmen einer Gesamtbetrachtung als positive Errungenschaft des ESUG hervorzuheben sind insbesondere die gesetzliche Klarstellung der Zulässigkeit des *Debt-Equity-Swap* im Insolvenzplanverfahren, die Beseitigung der Differenzhaftung des forderungsumwandelnden Gläubigers für insolvenzplangestützte *Debt-Equity-Swaps*, die Erhöhung der Rechtssicherheit für die Praxis hinsichtlich der Anwendbarkeit des Sanierungsprivilegs gemäß § 39 Abs. 4 S. 2 InsO für insolvenzplangestützte *Debt-Equity-Swaps* sowie die Einführung der Möglichkeit einer zwangsweisen Durchsetzung von *Debt-Equity-Swaps* (und anderen Restrukturierungsmaßnahmen) gegen den Willen der hiervon jeweils nachteilig betroffenen Anteilseigner.

Trotz ebenfalls identifizierter Regelungsdefizite des ESUG bewirken die vorgenannten Neuerungen eine Erleichterung der deutschrechtlichen Rahmenbedingungen hinsichtlich der Umsetzung von *Debt-Equity-Swaps* zur Entschuldung krisenbefangener Kapitalgesellschaften und führen insoweit zu einer erheblichen Steigerung der Rechts- und Transaktionssicherheit für die Restrukturierungspraxis.

Mit Blick auf die (vermeintlichen oder tatsächlichen) Wettbewerbsnachteile des deutschen Insolvenz- und Sanierungsrechts in Gestalt von unvorteilhafterer Rahmenbedingungen für *Debt-Equity-Swaps* auf der Grundlage deutschen Rechts, im Vergleich zu solchen auf der Grundlage englischen Rechts, wurden durch das ESUG punktuell Vorteile des englischen Rechts nivelliert (etwa bei der Differenzhaftung für insolvenzplangestützte *Debt-Equity-Swaps*) oder sogar deutschrechtliche Hürden abgebaut, die nach englischem Recht fortbestehen. Letzteres gilt – wie aufgezeigt – hinsichtlich der Eignung der verfahrensrechtlichen

Instrumente zur effizienten Reduktion des Blockadepotentials obstruierender Anteilseigner im Interesse der Erleichterung von *Debt-Equity-Swaps*.

Das ESUG wird nach hier vertretener Einschätzung aufgrund der vorgenannten Aspekte im internationalen Wettbewerb der nationalen Insolvenzrechte eine Stärkung des Insolvenz- und Restrukturierungsstandorts Deutschland bewirken und Bestrebungen in der Praxis zur Nutzung ausländischer Restrukturierungsverfahren durch deutsche Unternehmen entgegenwirken. Wünschenswert ist dennoch eine fortlaufende Diskussion und Überprüfung der Frage, wie der mit dem ESUG durch den Gesetzgeber richtigerweise beschrittene Weg durch einen weiteren Abbau der auch nach der Reform durch das ESUG fortbestehenden Regelungsdefizite und rechtlichen Sanierungshindernissen fortzusetzen ist.

Literaturverzeichnis

I. Deutschsprachige Literatur

Achsnick, Jan, Options-Modelle im Insolvenzplanverfahren, Diss., Berlin 2002

Altmeppen, Holger, Das neue Recht der Gesellschafterdarlehen in der Praxis, NJW 2008, S. 3601-3607

Altmeppen, Holger, Zur Rechtsstellung der Gläubiger im Konkurs gestern und heute, in Erle, Bernd et al. (Hrsg.), Festschrift für Peter Hommelhoff zum 70. Geburtstag, Köln 2012, S. 1-20

Amend, Angelika, Das Finanzmarktstabilisierungsergänzungsgesetz oder der Bedeutungsverlust des Insolvenzrechts, ZIP 2009, S. 589-599

Amend, Angelika, Die „eingeschränkte Insolvenz" oder die Kunst, ein bisschen schwanger zu sein, ZIP 2009, S. 395

Andres, Dirk / Grund, Andreas, Die Flucht vor deutschen Insolvenzgerichten nach England, NZI 2007, S. 137-143

Arnold, Arnd, Nennwertanrechnung beim Debt Equity Swap – Paradigmenwechsel durch das ESUG und die Aktienrechtsnovelle 2012?, in Krieger, Gerd et al. (Hrsg.), Festschrift für Michael Hoffmann-Becking zum 70. Geburtstag, München 2013, S. 29-44

Assmann, Heinz-Dieter / Pötzsch, Thorsten / Schneider, Uwe H. (Hrsg.), Wertpapiererwerbs- und Übernahmegesetz Kommentar, 2. Aufl., Köln 2013

Bachner, Thomas, Gläubigerschutz durch Insolvenzrecht in England, in Lutter, Marcus (Hrsg.), Das Kapital der Aktiengesellschaft in Europa, Berlin 2006, S. 526-574

Bagel, Friderike, Der Ausschluß des Bezugsrechts in Europa, Diss., Köln (u.a.) 1999

Ballmann, Alexander, Der High Court of Justice erschwert die Flucht deutscher Unternehmen ins englische Insolvenzrecht – Der Fall Hans Brochier – Hintergründe und Folgen, BB 2007, S. 1121-1125

von Bar, Christian / Mankowski, Peter, Internationales Privatrecht, 2. Aufl., München 2003

Baum, Harald, Funktionale Elemente und Komplementaritäten des britischen Übernahmerechts, RIW 2003, S. 421-433

Baumbach, Adolf / Hueck, Alfred, GmbH-Gesetz, 20. Aufl., München 2013

Baums, Theodor, Umwandlung und Umtausch von Finanzinstrumenten im Aktien- und Kapitalmarktrecht, in Heldrich, Andreas et al. (Hrsg.), Festschrift für Claus-Wilhelm Canaris zum 70. Geburtstag, Band II, München 2007, S. 1-40

Baums, Theodor / Cahn, Andreas (Hrsg.), Die Reform des Schuldverschreibungsrechts, Berlin 2004

Baums, Theodor / Thoma, Georg F. (Hrsg.), WpÜG - Kommentar zum Wertpapiererwerbs- und Übernahmegesetz, Loseblattausg., Köln 2004-

Bayer, Walter, Neue und neueste Entwicklungen zur verdeckten GmbH-Sacheinlage, ZIP 1998, S. 1985-1993

Bayer, Walter, Kapitalerhöhung mit Bezugsrechtsausschluß und Vermögensschutz der Aktionäre nach § 255 Abs. 2 AktG, ZHR 163 (1999), S. 505-553

Bayer, Walter / Graff, Simone, Das neue Eigenkapitalersatzrecht nach dem MoMiG, DStR 2006, S. 1654-1659

Bayer, Walter / Habersack, Mathias (Hrsg.), Aktienrecht im Wandel, Bd. I, Tübingen 2007

Bayer, Walter / Schmidt, Jessica, Die Reform der Kapitalaufbringung bei der Aktiengesellschaft durch das ARUG, ZGR 2009, S. 804-846

Becker, Ulrich, Heilung verdeckter Sacheinlagen bei der GmbH, RNotZ 2005, S. 569-591

Beck'sches Notar-Handbuch, hrsg. von *Brambring, Günter / Jerschke, Hans-Ulrich*, 5. Aufl., München 2009

Berger, Klaus Peter / Filgut, Esther, „Acting in Concert" nach § 30 Abs. 2 WpÜG, AG 2004, S. 592-603

Bernsau, Georg / Höpfner, Alexander / Rieger, Stefan / Wahl, Michael, Handbuch der übertragenden Sanierung, Neuwied (u.a.) 2002

Bitter, Georg, Sanierung in der Insolvenz – Der Beitrag von Treue- und Aufopferungspflichten zum Sanierungserfolg, ZGR ZGR 2010, S. 147-200

Bitter, Georg / Röder, Sebastian, Insolvenz und Sanierung in Zeiten der Finanz- und Wirtschaftskrise, ZInsO 2009, S. 1283-1292

Böckenförde, Björn, Unternehmenssanierung, 2. Aufl., Stuttgart 1996

Böckenförde, Thomas, Die getarnte Enteignung, NJW 2009, S. 2484-2491

Bork, Reinhard, Abschaffung des Eigenkapitalersatzrechts zugunsten des Insolvenzrechts?, ZGR 2007, S. 250-270

Bork, Reinhard, Sanierungsrecht in Deutschland und England, 2011

Bormann, Michael, Kapitalerhaltung bei Aktiengesellschaft und GmbH nach dem Referentenentwurf zum MoMiG, DB 2006, S. 2616-2621

Born, Alexander, Aktuelle Steuerfragen im Zusammenhang mit Debt-Equity-Swap Transaktionen, BB 2009, S. 1730-1735

Braun, Eberhard (Hrsg.), Insolvenzordnung (InsO) - Kommentar, 5. Aufl., München 2012

Bredow, Günther M. / Vogel, Hans-Gert, Unternehmenssanierung und Restrukturierung von Anleihen – welche Verbesserungen bringt das neue Schuldverschreibungsgesetz?, ZBB 2008, S. 221-231

Breuninger, Gottfried E. / Ernst, Markus, Center of Main Interests – Rechtliche und steuerliche Überlegungen bei Verlegung des insolvenzrechtlichen Anknüpfungspunkts ins Ausland, GmbHR 2009, S. 861-867

Brinkmann, Moritz, Wege aus der Insolvenz eines Unternehmens, WM 2011, S. 97-103

von Bülow, Christoph / Bücker, Thomas, Abgestimmtes Verhalten im Kapitalmarkt- und Gesellschaftsrecht, ZGR 2004, S. 669-720

von Bülow, Christoph / Stephanblome, Markus, Acting in Concert und neue Offenlegungspflichten nach dem Risikobegrenzungsgesetz, ZIP 2008, S. 1797-1806

Bungert, Hartwin, Die Treupflicht des Minderheitsaktionärs, DB 1995, S. 1749-1756

Buth, Andrea K. / Hermanns, Michael (Hrsg.), Restrukturierung, Sanierung, Insolvenz, 3. Aufl., München 2009

Bücker, Thomas / Petersen, Sven, Kapitalmarkttransparenz bei Restrukturierungen, ZGR 2013, S. 802-831

Büttner, Holger, Der neue Überschuldungsbegriff und die Änderung des Insolvenzstrafrechts, ZInsO 2009, S. 841-857

Cahn, Andreas / Simon, Stefan / Theiselmann, Rüdiger, Forderungen gegen die Gesellschaft als Sacheinlage?, CF 2010, S. 238-250

Cahn, Andreas / Simon, Stefan / Theiselmann, Rüdiger, Dept Equity Swap zum Nennwert!, DB 2010, S. 1629-1632

Casper, Matthias, Acting in Concert – Grundlagen eines neuen kapitalmarktrechtlichen Zurechnungstatbestandes, ZIP 2003, S. 1469-1477

Casper, Matthias / Ullrich, Kristin, Zur Reichweite des Sanierungsprivilegs in § 32a Abs. 3 S. 3 GmbHG, GmbHR 2000, S. 472-481

Cavin, Adrian, Kapitalaufbringung in GmbH und AG, Diss., Berlin 2012

Chudzick, Frank, Schemes of Arrangements mit Gläubigern nach englischem Kapitalgesellschaftsrecht, Diss., Frankfurt a.M. 2007

Cramer, Carsten, Das genehmigte Kapital der GmbH nach dem MoMiG, GmbHR 2009, S. 406-412

Dahl, Michael, Die Änderung des Überschuldungsbegriffs durch Art. 5 des Finanzmarktstabilisierungsgesetzes (FMStG), NZI 2008, S. 719-721

Dauner-Lieb, Barbara, Die Auswirkungen des MoMiG auf die Behandlung verdeckter Sacheinlagen im Aktienrecht, AG 2009, S. 217-227

Decher, Christian / Voland, Thomas, Kapitalschnitt und Bezugsrechtsausschluss im Insolvenzplan – Kalte Enteignung oder Konsequenz des ESUG?, ZIP 2013, S. 103-114

Desch, Wolfram, Schutzschirmverfahren nach dem RegE-ESUG in der Praxis, BB 2011, S. 841-846

Diekmann, Hans, Acting in Concert: Absprachen zur Besetzung des Aufsichtsrats - Besprechung des BGH-Urteils vom 18.9.2006, DStR 2007, S. 445-448

Diekmann, Hans, Änderungen im Wertpapiererwerbs- und Übernahmegesetz anlässlich der Umsetzung der EU-Übernahmerichtlinie in das deutsche Recht, NJW 2007, S. 17-21

Domke, Frank / Sperlich, Anika, Verkauf notleidender Kredite – zivilrechtliche und strafrechtliche Fragestellungen BB 2008, S. 342-353

Dörrie, Robin, Das Sanierungsprivileg des § 32a Abs. 3 Satz 3 GmbHG, ZIP 1999, S. 12-17

Drouven, Ralph, Neue Wege: “Reverse Debt-to-Equity-Swap”, ZIP 2009, S. 1052-1053

Drouven, Ralph / Nobiling, Jesko, Reverse Debt-Equity-Swaps - Auch steuerlich eine Alternative?, DB 2009, S. 1895-1900

Drygala, Tim, Wandelanleihen mit Wandlungsrecht des Anleiheschuldners nach dem Entwurf für eine Aktienrechtsnovelle 2011, WM 2011, S. 1637-1645

Duursma-Kepplinger, Henriette-Christine, Aktuelle Entwicklungen zur internationalen Zuständigkeit für Hauptinsolvenzverfahren – Erkenntnisse aus Staubitz-Schreiber und Eurofood, ZIP 2007, S. 896-903

Duursma-Kepplinger, Henriette-Christine / Duursma, Dieter / Chalupsky, Ernst, Europäische Insolvenzverordnung - Kommentar, Wien (u.a.) 2002

Ehlers, Harald, Die Überschuldungssituation einer GmbH, ihre Rechtsfolgen und deren Abwendung, DStR 1998, S. 1756-1761

Ehlers, Harald, Noch eine Reform - § 224 Abs. 2-5 InsO, ZInsO 2009, S. 320-325

Ehricke, Ulrich / Köster, Malte / Müller-Seils, Carsten O., Neuerungen im englischen Unternehmensinsolvenzrecht durch den Enterprise Act 2002, NZI 2003, S. 409-416

Eidenmüller, Horst, Die Banken im Gefangenendilemma: Kooperationspflichten und Akkordstörungsverbot im Sanierungsrecht, ZHR 160 (1996), S. 343-373

Eidenmüller, Horst, Unternehmenssanierung zwischen Markt und Gesetz, Köln 1999

Eidenmüller, Horst, Gesellschafterstellung und Insolvenzplan, ZGR 2001, S. 680-711

Eidenmüller, Horst (Hrsg.), Ausländische Kapitalgesellschaften im deutschen Recht, München 2004

Eidenmüller, Horst, Leveraged Buyouts und die Effizienz des deutschen Restrukturierungsrechts, ZIP 2007, S. 1729-1737

Eidenmüller, Horst, Rechtsmissbrauch im Europäischen Insolvenzrecht, KTS 2009, S. 137-161

Eidenmüller, Horst, Recht als Produkt, JZ 2009, S. 641-653

Eidenmüller, Horst, Neues Verfahren ist nicht zwingend erforderlich, INDat-Report Heft 1/2010, S. 19-21

Eidenmüller, Horst / Engert, Andreas, Reformperspektiven einer Umwandlung von Fremd- in Eigenkapital (Debt-Equity Swap) im Insolvenzplanverfahren, ZIP 2009, S. 541-554

Eidenmüller, Horst / Frobenius, Tilmann, Die internationale Reichweite eines englischen Scheme of Arrangement, WM 2011, S. 1210-1219

Eidenmüller, Horst, Die Eigenverwaltung im System des Restrukturierungsrechts, ZHR 175 (2011), S. 11-37

Eilers, Stephan / Koffka, Nils Matthias / Mackensen, Marcus (Hrsg.), Private Equity, München 2009

Einsele, Dorothee, Verdeckte Sacheinlage, Grundsatz der Kapitalaufbringung und Kapitalerhaltung, NJW 1996, S. 2681-2689

Ekkenga, Jens, Sachkapitalerhöhung gegen Schuldbefreiung, ZGR 2009, S. 581-622

Falk, Ulrich / Schäfer, Carsten, Insolvenz- und gesellschaftsrechtliche Haftungsrisiken der übertragenden Sanierung, ZIP 2004, S. 1337-1346

Fassbach, Burkhard, Die cram down power des amerikanischen Konkursgerichtes im Reorganisationsverfahren nach Chapter 11 des Bankruptcy Code Diss., Frankfurt a.M. (u.a.) 1997

Fleischer, Holger, Gläubigerschutz in der kleinen Kapitalgesellschaft: Deutsche GmbH versus englische private limited company, DStR 2000, S. 1015-1021

Fleischer, Holger, Zur aktienrechtlichen Verantwortlichkeit faktischer Organe, AG 2004, S. 517-528

Fleischer, Holger, Kapitalschutz und Durchgriffshaftung bei Auslandsgesellschaften, in Lutter, Marcus (Hrsg.), Europäische Auslandsgesellschaften in Deutschland, Köln 2005, S. 49-129

Flume, Werner, Die Rechtsprechung des II. Zivilsenats des BGH zur Treupflicht des GmbH-Gesellschafters und des Aktionärs, ZIP 1996, S. 161-167

Frind, Frank, Der Einfluss von Gläubigern bei der Auswahl des und der Aufsicht über den Insolvenzverwalter, ZInsO 2007, S. 643-649

Fritze, Marc, Sanierung von Groß- und Konzernunternehmen durch Insolvenzpläne – Der Fall Senator Entertainment AG, DZWIR 2007, S. 89-93

Gaede, Bettina, Koordiniertes Aktionärsverhalten im Gesellschafts- und Kapitalmarktrecht, Diss., Baden-Baden 2008

Gansen, Georg, Harmonisierung der Kapitalaufbringung im englischen und deutschen Kapitalgesellschaftsrecht – Vergleichende Studie zur Zweiten Gesellschaftsrechtlichen EG-Richtlinie, Diss., Frankfurt a.M. (u.a.) 1992

Gätsch, Andreas / Schäfer, Frank A., Abgestimmtes Verhalten nach § 22 II WpHG und § 30 II WpÜG in der Fassung des Risikobegrenzungsgesetzes, NZG 2008, S. 846-851

Gehrlein, Markus, Die Behandlung von Gesellschafterdarlehen durch das MoMiG, BB 2008, S. 846-853

Geibel, Stephan / Süßmann, Rainer, Wertpapiererwerbs- und Übernahmegesetz (WpÜG) Kommentar, 2. Aufl., München 2008

von Gerkan, Hartwin, Dauer und Wegfall des Sanierungsprivilegs bei Scheitern der Sanierung, in Crezelius, Georg et al. (Hrsg.), Festschrift für Volker Röhricht zum 65. Geburtstag, Köln 2005, S. 105-113

von Gerkan, Hartwin / Hommelhoff, Peter (Hrsg.), Handbuch des Kapitalersatzrechts, 2. Aufl., Köln 2002

Gesell, Harald, Verdeckte Sacheinlage & Co. im Lichte des MoMiG, BB 2007, S. 2241-2247

Geßler, Ernst, Die Umwandlung von Krediten in haftendes Kapital, in Hefermehl, Wolfgang (Hrsg.), Festschrift für Philipp Möhring zum 75. Geburtstag, München 1975, S. 173-196

Geßler, Ernst / Hefermehl, Wolfgang / Eckardt, Ulrich / Kropff, Bruno, Aktiengesetz Kommentar, Bd. IV, München 1989 ff.

Gottwald, Peter (Hrsg.), Insolvenzrechts-Handbuch, 4. Aufl., München 2010

Grechenig, Kristoffel / Lembeck, Eva-Désirée / Oelkers, Janine, Rückerwerbbare Aktien – Eine rechtsvergleichende Betrachtung mit Berichten aus England, Spanien und Italien, Zeitschrift für Europarecht, Internationales Privatrecht und Rechtsvergleichung (ZfRV) 2004, S. 143-155

Greven, Michael, Debt to Equity Swaps zur bilanziellen Sanierung bei Unternehmenskrisen, in Schalast, Christoph (Hrsg.), Aktuelle Aspekte des M&A-Geschäftes, Frankfurt a.M. 2008, S. 137-160

Groß, Paul J., Die Umwandlung von Forderungen gegen eine notleidende GmbH in Gesellschaftskapital, GmbHR 1983, S. 290-297

Groß, Paul J., Sanierung durch Fortführungsgesellschaften, 2. Aufl., Köln 1988

Grundmann, Stefan, Europäisches Gesellschaftsrecht, Heidelberg 2004

Gustavus, Eckhart, Anmerkung zu: Kapitalerhöhung durch Einbringung von Darlehensforderungen gegen die Gesellschaft – Landgericht Berlin, Beschluß vom 27.10.1976 – 98 T 30/76, BB 1977, S. 214-216

Haarmann, Wilhelm / Schüppen, Matthias (Hrsg.), Frankfurter Kommentar zum Wertpapiererwerbs- und Übernahmegesetz, 3. Aufl., Frankfurt a.M. 2008

Habersack, Mathias, Grundfragen der freiwilligen oder erzwungenen Subordination von Gesellschafterkrediten, ZGR 2000, S. 384-419

Habersack, Mathias, Rückerwerbbare Aktien auch für deutsche Gesellschaften!, in Schneider, Uwe H. et al. (Hrsg.), Festschrift für Marcus Lutter zum 70. Geburtstag, Köln 2000, S. 1329-1346

Habersack, Mathias, Europäisches Gesellschaftsrecht, 3. Aufl., München 2006

Habersack, Mathias, Gesellschafterdarlehen nach MoMiG: Anwendungsbereich, Tatbestand und Rechtsfolgen der Neuregelung, ZIP 2007, S. 2145-2153

Habersack, Mathias, Die Erstreckung des Rechts der Gesellschafterdarlehen auf Dritte, insbesondere im Unternehmensverbund, ZIP 2008, S. 2385-2391

Habersack, Mathias, Verdeckte Sacheinlage und Hin- und Herzahlung nach dem ARUG – gemeinschaftsrechtlich betrachtet, AG 2009, S. 557-563

Habersack, Mathias / Verse, Dirk A., Wrongful Trading – Grundlage einer europäischen Insolvenz-verschleppungshaftung?, ZHR 168 (2004), S. 174-215

Halász, Christian / Kloster, Lars, Abgestimmtes Verhalten im Sinne des § 30 Abs. 2 WpÜG im Zusammenhang mit einem Debt-Equity Swap, WM 2006, S. 2152-2160

Halfpap, Patrick, Kapitalmarktaufsicht in Europa und den USA, Diss., Frankfurt a.M. (u.a.) 2008

Hamburger Kommentar zum Insolvenzrecht, *Schmidt, Andreas* (Hrsg.), 4. Aufl., Köln 2012

Hannemann, Hans D., Zur Bewertung von Forderungen als Sacheinlagen bei Kapitalgesellschaften, DB 1995, S. 2055 f.

Häsemeyer, Ludwig, Obstruktion gegen Sanierungen und gesellschaftsrechtliche Treupflichten, ZHR 160 (1996), S. 109-132

Häsemeyer, Ludwig, Insolvenzrecht, 4. Aufl., Köln (u.a.) 2007

Hasselbach, Kai / Hoffmann, Nils, Die Sanierungsbefreiung nach § 37 WpÜG bei der Übernahme börsennotierter Unternehmen, DB 2009, S. 327-333

Heckschen, Heribert / Heidinger, Andreas, Die GmbH in der Gestaltungs- und Beratungspraxis, Köln (u.a.) 2009

Heidel, Thomas (Hrsg.), Aktienrecht und Kapitalmarktrecht, 4. Aufl., Baden-Baden 2014

Heidenhain, Martin, Katastrophale Rechtsfolgen verdeckter Sacheinlagen, GmbHR 2006, S. 455-459

Heim, Justus, Aufrechnung von Geldeinlageforderungen aus einer GmbH-Kapitalerhöhung gegen Gesellschafterforderungen (Zu § 19 Abs. 3 GmbHG), DNotZ 1955, S. 358-367

Heim, Justus, Verwendungsgebundene Einlagezahlung bei einer GmbH, NJW 1959, S. 1413-1415

Heinemann, Stephan M. / Rothley, Oliver / Niederle, Christian, Debt-Equity-Swaps als alternatives kapitalmarktbasiertes Finanzierungsinstrument, Präsentation anlässlich des Deutschen Eigenkapitalforums am 12.-14. Nov. 2007 in Frankfurt a.M. (online abrufbar unter www.taylorwessing.com)

Heinze, Christian A., IPRax 2007, Grenzüberschreitende Vollstreckung englischer freezing injunctions, S. 343-348

Heinze, Harald, Verdeckte Sacheinlagen und verdeckte Finanzierungen nach dem MoMiG, GmbHR 2008, S. 1065-1073

Henze, Hartwig, Zur Problematik der „verdeckten (verschleierten) Sacheinlage" im Aktien- und GmbH-Recht, ZHR 154 (1990), S. 105-127

Henze, Hartwig, Treupflichten der Gesellschafter im Kapitalgesellschaftsrecht, ZHR 162 (1998), S. 186-196

Hess, Harald, Sanierungs-handbuch, 4. Aufl., Köln 2009

Heuber, Martin Philipp, Die Befreiung vom Pflichtangebot nach dem Wertpapiererwerbs- und Übernahmegesetz (WpÜG), Diss., Göttingen 2006

Hey, Wolfgang O., Die Kapitalerhöhung bei der GmbH unter Verwendung von Geldforderungen, Diss., Frankfurt a.M. (u.a.) 1992

Himmelsbach, Rainer / Achsnick, Jan, Investments in Krisenunternehmen im Wege sanierungsprivilegierter Debt-Equity-Swaps, NZI 2006, S. 561-564

Hirte, Heribert, Bezugsrechtsausschluß und Konzernbildung, Diss., Köln (u.a.) 1986

Hirte, Heribert / Bücker, Thomas (Hrsg.), Grenzüberschreitende Gesellschaften, 2. Aufl., Köln (u.a.) 2006

Hirte, Heribert / Knof, Béla, Das „neue" Sanierungsprivileg nach § 39 Abs. 4 Satz 2 InsO, WM 2009, S. 1961-1971

Hirte, Heribert / Knof, Béla / Mock, Sebastian, Das Gesetz zur weiteren Erleichterung der Sanierung von Unternehmen, DB 2011, S. 632-643 (Teil I) und S. 693-698 (Teil II)

Hirte, Heribert, Anmerkungen zum von § 270b RefE-InsO ESUG vorgeschlagenen „Schutzschirm", ZInsO 2011, S. 401-410

Hofert, Sebastian / Möller, Christian, GmbH-Finanzierung: Debt Mezzanine Swap - der bessere Debt Equity Swap für Unternehmen in der Krise, GmbHR 2009, S. 527-531

Hoffmann, Wolf-Dieter, Sind wertlose Forderungen gegen Kapitalgesellschaften zum Nennwert einlagefähig?, BB 1992, S. 575-581

Hofmann, Matthias, Die Eigenverwaltung insolventer Kapitalgesellschaften im Konflikt zwischen Gesetzeszweck und Insolvenzpraxis, ZIP 2007, S. 260-264

Höhn, Christine, Wahrung von Gläubigerinteressen in der Gesellschaftskrise, Diss., Frankfurt a.M. (u.a.) 2003

Holzborn, Timo / Israel, Alexander, Die Befreiung vom Pflichtangebot aufgrund eines Sanierungsfalls, WM 2004, S. 309-317

Holzer, Johannes, Die Änderung des Überschuldungsbegriffs durch das Finanzmarktstabilisierungsgesetz, ZIP 2008, S. 2108-2111

Hölzle, Gerrit, Unternehmenssanierung außerhalb der Insolvenz – Überlegungen zu einem Sanierungsvergleichsgesetz, NZI 2010, S. 207-214

Hölzle, Gerrit, Die „erleichterte Sanierung von Unternehmen" in der Nomenklatur der InsO - ein hehres Regelungsziel des RefE-ESUG, NZI 2011, S. 124-131

Hommel, Ulrich / Knecht, Thomas C. / Wohlenberg, Holger (Hrsg.), Handbuch Unternehmensrestrukturierung, Wiesbaden 2006

Honsell, Heinrich, Umwandlung von Kredit in Haftkapital – „verschleierte" Sacheinlage?", in Enzinger, Michael et al. (Hrsg.), Aktuelle Probleme des Unternehmensrechts - Festschrift Gerhard Frotz zum 65. Geburtstag, Wien 1993, S. 307-318

Hopt, Klaus J. / Wiedemann, Herbert (Hrsg.), Aktiengesetz Großkommentar, 6. Bd., 4. Aufl., Berlin 1992 ff.

Horn, Norbert, Europäisches Finanzmarktrecht, München 2003

Horn, Norbert, Die Stellung der Anleihegläubiger nach dem neuen Schuldverschreibungsgesetz und allgemeinem Privatrecht im Licht aktueller Marktentwicklungen, ZHR 173 (2009), S. 12-66

Hüffer, Uwe / Koch, Jens (Bearb.), Aktiengesetz, 11. Aufl., München 2014

Huber, Ulrich, Gesellschafterdarlehen in der Inlandsinsolvenz von Auslandsgesellschaften, in Lutter, Marcus (Hrsg.), Europäische Auslandsgesellschaften in Deutschland, Köln 2005, S. 131-221

Huber, Ulrich, Finanzierungsverantwortung de lege lata und de lege ferenda, in Hommelhoff, Peter / Schmidt, Karsten et al. (Hrsg.), Festschrift für Hans-Joachim Priester zum 70. Geburtstag, Köln 2007, S. 259-283

Huber, Peter, Probleme der Internationalen Zuständigkeit und des forum shopping aus deutscher Sicht, in Gottwald, Peter (Hrsg.), Europäisches Insolvenzrecht – Kollektiver Rechtsschutz, Bielefeld 2008, S. 1-37

Jacoby, Florian, Der ordre public-Vorbehalt beim forum shopping im Insolvenzrecht, Zeitschrift für Gemeinschaftsprivatrecht (GPR) 2007, S. 200-206

Jaeger, Ernst (Begr.) / *Henckel, Wolfram* (Hrsg.), Insolvenzordnung Großkommentar, Bd. I, 1. Aufl., Berlin 2004

Jaffé, Michael / Friedrich, Andreas, Verbesserung der Wettbewerbsfähigkeit des Insolvenzstandorts Deutschland, ZIP 2008, S. 1849-1858

Joost, Detlev, Verdeckte Sacheinlagen, ZIP 1990, S. 549-566

oost, Detlev, Generalanwalt beim EuGH zur Verdeckten Sacheinlage, ZIP 1992, S. 1033-1036

ungmann, Carsten, Schlechterstellungsverbote im Insolvenzplanverfahren – Zum Verhältnis und Verständnis der §§ 245 und 251 InsO, KTS 2006, S. 135-150

Karollus, Martin, Die Umwandlung von Geldkrediten in Grundkapital – eine verdeckte Sacheinlage?, ZIP 1994, S. 589-599

Kebekus, Frank, Anmerkung zu: Zuständigkeit des deutschen Insolvenzgerichts im Verfahren der Brochier Holdings Ltd. trotz satzungsmäßigen Sitzes in England – AG Nürnberg, Beschl. v. 1.10.2006 – 8034 IN 1326/06, ZIP 2007, S. 84-87

Kestler, Matthias / Striegel, Andreas / Jesch, Thomas A., Distressed Debt Investments – Insolvenzrechtliche Instrumentarien der Unternehmenssanierung über Fremdkapital, NZI 2005, S. 417-424

Kestler, Matthias / Striegel, Andreas / Jesch, Thomas A., Distressed Debt Investments, Köln 2006

Kindler, Peter, Verdeckte Sacheinlage und Kapitalschutzrichtlinie – Zur Umwandlung von Geldkrediten in Nennkapital der AG, in Ebenroth, Carsten Thomas et al. (Hrsg.), Verantwortung und Gestaltung, Festschrift für Karlheinz Boujong zum 65. Geburtstag, München 1996, S. 299-318

Kleindiek, Detlef, Funktion und Geltungsanspruch des Pflichtangebots nach dem WpÜG, ZGR 2002, S. 546-578

Kleindiek, Detlef, Debt-Equity-Swap im Insolvenzplanverfahren, in Erle, Bernd et al. (Hrsg.), Festschrift für Peter Hommelhoff zum 70. Geburtstag, Köln 2012, S. 543-563

Klepsch, Oliver / Kiesewetter, Matthias, Befreiung vom Pflichtangebot beim Erwerb zur Sanierung, BB 2007, S. 1403-1408

Klerx, Oliver / Penzlin, Dietmar, Schuldverschreibungsgesetz von 1899 – ein Jahrhundertfund?, BB 2004, S. 791-794

Knebel, Andreas / Schmidt, Thomas, Gestaltungen zur Eigenkapital-Optimierung vor dem Hintergrund der Finanzkrise, BB 2009, S. 430-434

Knof, Béla, Der Ordre-public-Vorbehalt nach Art. 26 EuInsVO, ZInsO 2007, S. 629-637

Köchling, Marcel, Notleidende Kredite im Spannungsverhältnis zwischen Insolvenzverwalter und Finanzinvestor, ZInsO 2008, S. 232-242

Koll-Möllenhoff, Rainer, Das Prinzip des festen Grundkapitals im europäischen Gesellschaftsrecht – Kapitalaufbringung und –erhaltung im EU-Recht und in den Rechten Deutschlands, Frankreichs und Englands, Diss. Baden-Baden 2005

Kölner Kommentar zum Aktiengesetz, hrsg. von *Zöllner, Wolfgang*, 2. Aufl., Köln (u.a.) 1988 (Bd. 1), 1995 (Bd. 5/1)

Kölner Kommentar zum WpÜG, hrsg. von *Hirte, Heribert / von Bülow, Christoph*, 2. Aufl., Köln (u.a.) 2010

König, Wolfgang, Das Risikobegrenzungsgesetz - offene und gelöste Fragen, BB 2008, S. 1910-1914

Köster, Malte, Die Bestellung des Insolvenzverwalters – Eine rechtsvergleichende Untersuchung des deutschen und englischen Rechts, Diss., Baden-Baden 2005

Kreft, Gerhart (Hrsg.), Insolvenzordnung - Heidelberger Kommentar, 7. Aufl., Heidelberg 2014

Kreß, Simone, Gerichtliche Beschlußkontrolle im Kapitalgesellschaftsrecht – Eine rechtsvergleichende Untersuchung zum deutschen, französischen und englischen Recht, Diss., München 1996

Krieger, Gerd, Beschlußkontrolle bei Kapitalherabsetzungen: Besprechung der Entscheidungen BGHZ 138, 71 - Sachsenmilch und BGH ZIP 1999, 1444 – Hilgers, ZGR 2000, S. 885-907

Kristen, Sebastian / Kreppel, Ulf, NPL-Transaktionen aus Sicht des Verkäufers – Risiken und Lösungsansätze, BKR 2005, S. 123-134

Krolop, Kaspar, Deregulierung bei der Sacheinlage durch Regulierung der Gesellschafteraufrechnung – Vorschlag für eine Erleichterung der Umwandlung von Fremdkapital in Eigenkapital, GmbHR 2007, S. 117-125

Krolop, Kaspar / Pleister, Christian C.-W., Die entdeckte verdeckte Sacheinlage – Rücktritt vom „Versuch" ohne Beteiligung der Hauptversammlung, AG 2006, 650-659

Krull, Helge, Bedingter Insolvenzplan und Kapitalschnitt, Diss., Berlin 2000

Kunz, Hartmut / Ehnert, Thoralf, Debt for Equity Swaps - Turnaround Investment in Deutschland, Finanz Betrieb (FB) 2007, S. 395-406

Lambrecht, Martin, Das Scheme of Arrangement zur Glaubhaftmachung des Insolvenzgrundes, ZInsO 2011, S. 124-129

Langenbucher, Katja, Zum Tatbestand der verdeckten Sacheinlage bei der GmbH, NZG 2003, S. 211 f.

Langenbucher, Katja, Zur Rechtsfolge der verdeckten Sacheinlage bei der GmbH - Zugleich eine Anmerkung zu BGH v. 7.7.2003, II ZR 235/01, DStR 2003, S. 1838-1844

Lehner, Andrea, Sanierungsprivileg (§ 32a Abs. 3 S. 3 GmbHG) für Gesellschaften mit beschränkter Haftung, Diss., Frankfurt a.M. (u.a.) 2000

Lenz, Jürgen / Linke, Ulf, Die Handhabung des WpÜG in der aufsichtsrechtlichen Praxis, AG 2002, S. 361-369

Leuering, Dieter, Das neue Schuldverschreibungsgesetz, NZI 2009, S. 638 f.

Liebert, Ulrike, Der Bezugsrechtsausschluss bei Kapitalerhöhungen von Aktiengesellschaften, Diss., Baden-Baden 2003

Löwisch, Gottfried, Eigenkapitalersatzrecht – Kommentar zu §§ 32a, 32b GmbHG, München 2007

Lutter, Marcus, Kapital, Sicherung der Kapitalaufbringung und Kapitalerhaltung in den Aktien- und GmbH-Rechten der EWG, Karlsruhe 1964

Lutter, Marcus, Verdeckte Leistungen und Kapitalschutz, in Lutter, Marcus et al. (Hrsg.), Festschrift für Ernst C. Stiefel zum 80. Geburtstag, München 1987, S. 505-533

Lutter, Marcus, Das Girmes-Urteil, JZ 1995, S. 1053-1056

Lutter, Marcus, Treupflichten und ihre Anwendungsprobleme, ZHR 162 (1998), S. 164-185

Lutter, Marcus (Hrsg.), Europäische Auslandsgesellschaften in Deutschland, Köln 2005

Lutter, Marcus / Hommelhoff, Peter / Timm, Wolfram, Finanzierungsmaßnahmen zur Krisenabwehr in der Aktiengesellschaft, BB 1980, S. 737-750

Lutter, Marcus / Gehling, Christian, Verdeckte Sacheinlagen – Zur Entwicklung der Lehre und zu den europarechtlichen Aspekten, WM 1989, S. 1445-1460

Lutter, Marcus / Hommelhoff, Peter (Hrsg.), GmbH-Gesetz Kommentar, 16. Aufl., Köln 2004 / 18. Aufl., Köln 2012

Madaus, Stephan, Keine Reorganisation ohne die Gesellschafter, ZGR 2011, S. 749–775

Maier-Reimer, Georg / Wenzel, Axel, Nochmals: Die Anrechnung der verdeckten Sacheinlage nach dem MoMiG ZIP 2009, S. 1185-1196

Mankowski, Peter, Anerkennung englischer Solvent Schemes of Arrangement in Deutschland, WM 2011, S. 1201-1210

Marsch-Barner, Reinhard, Treupflicht und Sanierung, ZIP 1996, S. 853-857

Maser, Peter / Sommer, Alexander, Die Neuregelung der‚Sanierenden Kapitalherabsetzung' bei der GmbH, GmbHR 1996, S. 22-32

Maul, Silja, Die EU-Übernahmerichtlinie - ausgewählte Fragen, NZG 2005, S. 151-158

Meilicke, Wienand, Die „verschleierte" Sacheinlage – eine deutsche Fehlentwicklung, Stuttgart 1989

Meilicke, Wienand, Die Kapitalaufbringungsvorschriften als Sanierungsbremse – Ist die deutsche Interpretation des § 27 Abs. 2 AktG richtlinienkonform?, DB 1989, S. 1067-1075 (Teil I) und S. 1119-1124 (Teil II)

Merkt, Hanno, Der Kapitalschutz in Europa - ein rocher de bronze?, ZGR 2004, S. 305-323

Merkt, Hanno / Binder, Jens-Hinrich, Änderungen im Übernahmerecht nach Umsetzung der EG-Übernahmerichtlinie: Das deutsche Umsetzungsgesetz und verbleibende Problemfelder, BB 2006, S. 1285-1292

Meyer, Susanne, Die Verantwortlichkeit des Geschäftsführers für Gläubigerinteressen – Veränderungen durch das MoMiG, BB 2008, S. 1742-1748

Möhlmann-Mahlau, Thomas / Schmitt, Jens, Der „vorübergehende" Begriff der Überschuldung, NZI 2009, S. 19-24

Möhring, Philipp, Erbringung von Stammeinlagen bei einer GmbH durch Aufrechnung, in Reichert-Facilides, Fritz (Hrsg.), Festschrift für Reimer Schmidt, Karlsruhe 1976, S. 85-100

Morzfeld, Kurt, Debt-Equity-Swap: In steuerlicher Daumenschraube, Status Recht 03/2009, S. 95-97

Mückl, Norbert, Der Debt-Equity-Swap als Sanierungsinstrument im Steuerrecht, Finanz-Rundschau 2009, S. 497-506

Mülbert, Peter O., Das „Magische Dreieck der Barkapitalaufbringung" – Verdeckte Sachleistungen im GmbH- und Aktienrecht, ZHR 154 (1990), S. 145-195

Mülbert, Peter O., Umsetzungsfragen der Übernahmerichtlinie - erheblicher Änderungsbedarf bei den heutigen Vorschriften des WpÜG, NZG 2004, S. 633-642

Müller, Gerd, Zur Umwandlung von Geldkrediten in Grundkapital fallierender Gesellschaften – Besprechung der Entscheidung BGHZ 125, 141, ZGR 1995, S. 327-340

Müller, Hans-Friedrich, Gesellschaftsrechtliche Regelungen im Insolvenzplan, KTS 2002, S. 209-260

Müller, Hans-Friedrich, Der Verband in der Insolvenz, Köln (u.a.) 2002

Müller, Hans-Friedrich, Gesellschaftsrechtliche Maßnahmen im Insolvenzplan, KTS 2012, S. 419-452

Müller, Welf, Die Verwendung von Gesellschafterforderungen zur Erfüllung von Einlageverpflichtungen bei Gründung und von Übernahmeverpflichtungen bei Erhöhung des Stammkapitals einer GmbH, Die Wirtschaftsprüfung (WPg), 1968, S. 173-179

Müller-Eising, Karsten, Die verdeckte Sacheinlage, Diss., München 1993

Müller-Seils, Carsten Oliver, Rescue Culture und Unternehmenssanierung in England und Wales nach dem Enterprise Act 2002, Diss., Baden-Baden 2006

Münchener Handbuch des Gesellschaftsrechts, Band. 4 Aktiengesellschaft, hrsg. von *Hoffmann-Becking, Michael*, 3. Aufl., München 2007

Münchener Kommentar zum Aktiengesetz, Bd. 1, Bd. 4, Bd. 6 und Bd. 7, hrsg. von *Goette, Wulf / Habersack, Mathias*, 3. Aufl., München 2008 (Bd. 1), 2011 (Bd. 4 und Bd. 6) und 2012 (Bd. 7)

Münchener Kommentar zur Insolvenzordnung, hrsg. von *Kirchhof, Hans-Peter / Eidenmüller, Horst / Stürner, Rolf*, 3. Aufl., München 2013 (Bd. 1) und 2014 (Bd. 3)

Nelle, Andreas, Stimmrechtszurechnung und Pflichtangebot nach Umsetzung der Übernahmerichtlinie, ZIP 2006, S. 2057-2063

Nerlich, Jörg / Römermann, Volker (Hrsg.), Insolvenzordnung (InsO) – Kommentar, Losebl.-Ausg., München 2014

Noack, Ulrich, Reorganisation der Schuldnergesellschaft nach neuem Insolvenzrecht, in Lieb, Manfred et al. (Hrsg.), Festschrift für Wolfgang Zöllner zum 70. Geburtstag, Köln (u.a.) 1998, S. 411-428

Noack, Ulrich, Unternehmensinsolvenz: Reorganisation des Rechtsträgers oder Vertragsnachfolge bei übertragender Sanierung, in Crezelius, Georg et al. (Hrsg.), Festschrift für Volker Röhricht zum 65. Geburtstag, Köln 2005, S. 455-466

Noack, Ulrich, Reform des deutschen Kapitalgesellschaftsrechts: Das Gesetz zur Modernisierung des GmbH-Rechts und zur Bekämpfung von Missbräuchen, DB 2006, S. 1475-1483

Noack, Ulrich, Das Aktienrecht der Krise – das Aktienrecht in der Krise?, AG 2009, S. 227-236

Noack, Ulrich / Bunke, Casper, Gläubigerbeteiligung an Sanierungserträgen und Vertragsüberleitung bei übertragender Sanierung in der Gesellschaftsinsolvenz, KTS 2005, S. 129-153

Nobbe, Gerd, Der Verkauf von Krediten, ZIP 2008, S. 97-106

Obermüller, Manfred, Insolvenzrecht in der Bankpraxis, 7. Aufl., Köln 2007

Oelke, Herbert / Wöhlert, Helge-Torsten / Degen, Stephan, Debt Mezzanine Swap – Königsweg für die Restrukturierungsfinanzierung?, BB 2010, S. 299-303

Otte, Sabine, Das Kapitalschutzsystem der englischen private limited company im Vergleich zur deutschen GmbH, Diss., Hamburg 2006

Paape, Anna Lena, Die Regeln des Eigenkapitalersatzes beim Debt-Equity-Swap, DZWIR 2009, S. 9-14

Paetzmann, Karsten, Zur Übertragung von US-Konzepten eines Distressed Debt Investing auf Deutschland, Zeitschrift für das gesamte Kreditwesen 2003, S. 968-973

Pannen, Klaus (Hrsg.), Europäische Insolvenzverordnung, Berlin 2007

Pape, Gerhard, Gesetz zur weiteren Erleichterung der Sanierung von Unternehmen, ZInsO 2011, S. 1033-1041

Paulus, Christoph G., Notwendige Änderungen im Insolvenzrecht!?, ZIP 2005, S. 2301 f.

Paulus, Christoph G., Europäische Insolvenzverordnung, 2. Aufl., Frankfurt a.M. 2008

Paulus, Christoph G., Die EuInsVO – wo geht die Reise hin?, NZI 2008, S. 1-6

Paulus, Christoph G., Das englische Scheme of Arrangement - ein neues Angebot auf dem europäischen Markt für außergerichtliche Restrukturierungen, ZIP 2011, S. 1077-1083

Paulus, Roman, Die ausländische Sanierung über einen Debt-Equity-Swap als Angriff auf das deutsche Insolvenzrecht, DZWIR 2008, S. 6-14

Pentz, Andreas, Die Änderungen und Ergänzungen der Kapitalersatzregeln im GmbH-Gesetz, GmbHR 1999, S. 437-451

Pentz, Andreas, Acting in Concert - Ausgewählte Einzelprobleme zur Zurechnung und zu den Rechtsfolgen, ZIP 2003, S. 1478-1492

Pentz, Andreas, Sanierungsprivileg und Zurechnung, ZIP 2006, S. 1169-1174

Pentz, Andreas, Verdeckte Sacheinlagen nach dem MoMiG und prozessuale Folgen des Übergangsrechts, GmbHR 2009, S. 126-132

Pentz, Andreas, Die verdeckte Sacheinlage im GmbH-Recht nach dem MoMiG, in Bitter, Georg et al. (Hrsg.), Festschrift für Karsten Schmidt zum 70. Geburtstag, Köln 2009, S. 1265-1286

Penzlin, Dietmar / Klerx, Oliver, Das Schuldverschreibungsgesetz – Insolvenzrechtliche Sonderregeln für Anleihegläubiger, ZInsO 2004, S. 311-314

Pesch, Jürgen, Restrukturierung von Unternehmen durch Distressed Debt-Investoren – Beispiele und Probleme, in Moll, Wilhelm (Hrsg.), Festschrift für Hans-Jochem Lüer zum 70. Geburtstag, München 2008, S. 77-91

Pfaff, Karl, Die Rückkehr zur Fortführungsbewertung im Überschuldungstatbestand, Diss., Köln (u.a.) 2009

Picot, Gerhard (Hrsg.), Unternehmenskauf und Restrukturierung, 3. Aufl., München 2004

Piekenbrock, Andreas, Das ESUG – fit für Europa?, NZI 2012, S. 905-912

Piekenbrock, Andreas, Der Anwendungsbereich der EuInsVO de lege ferenda, ZIP 2014, S. 250-258

Piepenburg, Manfred, Mitgliedschaftliche Treupflichten der Aktionäre, Diss., Hamburg 1996

Plepelits, Marc / Weiß, Simon, Debt Equity Swaps – Chancen und Risiken der Umwandlung von Fremd- in Eigenkapital, AG 2009, R160-R162

Priester, Hans-Joachim, Die Verwendung von Gesellschafterforderungen zur Kapitalerhöhung bei der GmbH, DB 1976, S. 1801-1806

Priester, Hans-Joachim, Heilung verdeckter Sacheinlagen, ZIP 1996, S. 1025-1032

Priester, Hans-Joachim, „Squeeze out" durch Herabsetzung des Stammkapitals auf Null?, DNotZ 2003, S. 592-602

Priester, Hans-Joachim, Das MoMiG beschert uns einen neuen § 55a GmbHG, GmbHR 2008, S. 1177-1183

Priester, Hans-Joachim, Debt-Equity-Swap zum Nennwert?, DB 2010, S. 1445-1450

Prinz, Udo, Umstrukturierung durch Schemes of Arrangement mit Gesellschaftern im englischen Recht – ein Vorbild?, Diss., Frankfurt a.M. (u.a.) 2004

Pujol, Michael, Die Sanierung der Schuldnergesellschaft vor dem Hintergrund der gesellschaftsrechtlichen Neutralität des Insolvenzrechts nach deutschem und französischem Recht, Diss., München 2006

Raloff, Anke, Acting in Concert, Diss., Jena 2007

Redeker, Rouven, Kontrollerwerb an Krisengesellschaften: Chancen und Risiken des Debt-Equity-Swap, BB 2007, S. 673-680

Reger, Gerald / Stenzel, Igor, Der Kapitalschnitt auf Null als Mittel zur Sanierung von Unternehmen – Gesellschaftsrechtliche, börsenzulassungsrechtliche und kapitalmarktrechtliche Konsequenzen, NZG 2009, S. 1210-1214

Reuter, Alexander / Buschmann, Marco, Sanierungsverhandlungen mit Krediterwerbern: Strategien „alternativer Investoren" auf dem rechtlichen Prüfstand, ZIP 2008, S. 1003-1011

Reuter, Peter, London Calling – Wie gefährdet der Insolvenzstandort Deutschland ist, INDat-Report Heft 3/2007, S. 8-14

Reuter, Peter, Schon begraben, oder wächst es noch heran? Das vorinsolvenzliche Sanierungsverfahren, INDat-Report Heft 1/2010, S. 8-18

Riesenhuber, Karl (Hrsg.), Europäische Methodenlehre – Grundfragen der Methoden des Europäischen Privatrechts, Berlin 2006

Rogall, Matthias, Befreiung von der Übernahmeangebotspflicht nach § 37 WpÜG in Sanierungsfällen, AG 2004, S. 492-496

Rophol, Florian / Freck, Sarah, Die Anwachsung als rechtliches und steuerliches Gestaltungsinstrument, GmbHR 2009, S. 1076-1083

Roth, Jürg, Reform des Kapitalersatzrechts durch das MoMiG, GmbHR 2008, S. 1184-1192

Roth, Günter H. / Altmeppen, Holger, Gesetz betreffend die Gesellschaften mit beschränkter Haftung (GmbHG), Kommentar, 7. Aufl., München 2012

Rowedder, Heinz / Schmidt-Leithoff, Christian (Hrsg.), GmbHG - Kommentar, 4. Aufl., München 2002

Sassenrath, Gerd, Der Eingriff in Anteilseignerrechte durch den Insolvenzplan, ZIP 2003, S. 1517-1530

Schalast, Christoph, Veräußerung von Einzelforderungen (Single Names) und Portfolios notleidender Kredite – Markttrends und Entwicklungen, BKR 2006, S. 193-198

Schalast, Christoph / Daynes, Christian, Distressed Debt-Investing in Deutschland – Geschäftsmodelle und Perspektiven, Arbeitsbericht Nr. 66 der HfB-Business School of Finance and Management Frankfurt a.M. 2005

Schall, Alexander, Kapitalgesellschaftsrechtlicher Gläubigerschutz, München 2009

Schall, Alexander, Kapitalaufbringung nach dem MoMiG, ZGR 2009, S. 126-155

Schall, Alexander, Deutscher Gläubigerschutz und Europarecht - Lehren aus dem PIN-Fall des BGH, NJW 2011, S. 3745-3749

Schelo, Sven, Flucht aus Deutschland oder der Wettbewerb der Insolvenzordnungen, NZI Heft 12/2006, NZI aktuell (Gastkommentar), S. VII f.

Scheunemann, Marc P. / Hoffmann, Guido, Debt-Equity-Swap - Steuerliche Strukturierung und zivilrechtliche Rahmenbedingungen, DB 2009, S. 983–986

Schiessl, Maximilian / Rosengarten, Joachim, Heilung einer verdeckten Sacheinlage im GmbH-Recht, GmbHR 1997, S. 772-778

Schimansky, Herbert / Bunte, Hermann-Josef / Lwowski, Hans-Jürgen, Bankrechts-Handbuch, 3. Aufl. 2007

Schlitt, Michael / Schäfer, Susanne, Die Restrukturierung von Anleihen nach dem neuen Schuldverschreibungsgesetz, AG 2009, S. 477-487

Schmidt, Karsten, Konkursgründe und präventiver Gläubigerschutz, AG 1978, S. 334-340

Schmidt, Karsten, Vom Konkursrecht der Gesellschaften zum Insolvenzrecht der Unternehmen, ZIP 1980, S. 233-238

Schmidt, Karsten, Organverantwortlichkeit und Sanierung im Insolvenzrecht der Unternehmen, ZIP 1980, S. 328-337

Schmidt, Karsten, Sinnwandel und Funktion des Überschuldungstatbestandes – Rechtspolitische Perspektiven der Verfahrenseröffnung im Insolvenzrecht, JZ 1982, S. 165-174

Schmidt, Karsten, Die sanierende Kapitalerhöhung im Recht der Aktiengesellschaft, GmbH und Personengesellschaft, ZGR 1982, S. 519-538

Schmidt, Karsten, Zurechnungsprobleme um das Zwerganteilsprivileg des § 32a Abs. 3 S. 2 GmbHG, GmbHR 1999, S. 1269-1273

Schmidt, Karsten, Gesellschaftsrecht, 4. Aufl., Köln (u.a.) 2002

Schmidt, Karsten, Eigenkapitalersatz, oder: Gesetzesrecht versus Rechtsprechungsrecht?, ZIP 2006, S. 1925-1934

Schmidt, Karsten, Normzwecke und Zurechnungsfragen im Recht der Gesellschafter-Fremdfinanzierung – Grundfragen zur Neufassung der §§ 39, 135 InsO durch das MoMiG, GmbHR 2009, S. 1009-1019

Schmidt, Karsten, Aktionärskredite vor und nach dem MoMiG – Versuch eines kasuistischen Testlaufs im Laboratorium der Rechtspolitik, in Kindler, Peter et al. (Hrsg.), Festschrift für Uwe Hüffer zum 70. Geburtstag, München 2010, S. 885-903

Schmidt, Karsten, Gesellschaftsrecht und Insolvenzrecht im ESUG-Entwurf, BB 2011, S. 1603-1610

Schmidt, Karsten / Lutter, Marcus (Hrsg.), Aktiengesetz, Köln 2008

Schmidt, Karsten / Uhlenbruck, Wilhelm (Hrsg.), Die GmbH in Krise, Sanierung und Insolvenz, 4. Aufl., Köln 2009

Schmidt, Karsten (Hrsg.), Insolvenzordnung, 18. Aufl., München 2013

Schmidt, Mario / Schlitt, Michael, Debt Equity Swap: Eine attraktive Form der Restrukturierung?, Der Konzern 2009, S. 279-290

Schneider, Uwe H., Acting in Concert: Vereinbarung oder Abstimmung über Ausübung von Stimmrechten? - Zugleich Besprechung der Entscheidung BGH AG 2006, 883, ZGR 2007, S. 440-445

Schockenhoff, Martin / Schumann, Alexander, Acting in Concert - geklärte und ungeklärte Rechtsfragen, ZGR 2005, S. 568-610

Scholz, Franz (Begr.), Kommentar zum GmbH-Gesetz, 11. Aufl., Köln 2012/2014 (Bde. I/II); 10. Aufl., Köln 2010 (Bd. III)

Schöpflin, Martin, Die Lehre von der verdeckten Sacheinlage – eine gelungene Rechtsfortbildung?, GmbHR 2003, S. 57-66

von Schorlemer, Benedikt / Stupp, Matthias, Kapitalerhöhung zu Sanierungszwecken – zur Reichweite der Zustimmungspflicht des Minderheitsgesellschafters mit Sperrminorität, NZI 2003, S. 345-354

Schröer, Marcus / Schuppener, Jörg, Der Verkauf von Non-Performing-Loans: Work-Out-Alternative für Kreditinstitute, KSI 2006, S. 134-139

Schwark, Eberhard (Hrsg.), Kapitalmarkrechts-Kommentar, 3. Aufl., München 2004

Schwemmer, Anja-Sophia, Die Verlegung des centre of main interests (*COMI*) im Anwendungsbereich der EuInsVO, NZI 2009, S. 355-359

Seibert, Ulrich, GmbH-Reform: Der Referentenentwurf eines Gesetzes zur Modernisierung des GmbH-Rechts und zur Bekämpfung von Missbräuchen – MoMiG, ZIP 2006, S. 1157-1168

Seibt, Christoph H. / Heiser, Kristian J., Analyse der EU-Übernahmerichtlinie und Hinweise für eine Reform des deutschen Übernahmerechts, ZGR 2005, S. 200-251

Seibt, Christoph H. / Heiser, Kristian J., Analyse des Übernahmerichtlinie-Umsetzungsgesetzes (Regierungsentwurf), AG 2006, S. 301-320

Simon, Stefan / Merkelbach, Matthias, Gesellschaftsrechtliche Strukturmaßnahmen im Insolvenzplanverfahren nach dem ESUG, NZG 2012, S. 121-129

Smid, Stefan, Deutsches und Europäisches Internationales Insolvenzrecht - Kommentar, Stuttgart (u.a.) 2004

Smid, Stefan / Rattunde, Rolf, Der Insolvenzplan, 2. Aufl., Stuttgart 2005

Stadler, Markus, Die Sanierung von Aktiengesellschaften unter Einsatz von Wandelgenussrechten, NZI 2003, S. 579-588

Steinmeyer, Roland (Hrsg.), Wertpapiererwerbs- und Übernahmegesetz Kommentar, 3. Aufl., Berlin 2013

Streit, Georg, Maßnahmen zur Restrukturierung der Passivseite, Status Recht 3/2009, S. 94 f.

Strümpell, Philipp, Die übertragende Sanierung innerhalb und außerhalb der Insolvenz, Diss., München 2006

Strunk, Klaus-Jürgen / Linke, Ulf, Erfahrungen mit dem Übernahmerecht aus Sicht der Bundesanstalt für Finanzdienstleistungsaufsicht, in Veil, Rüdiger / Drinkuth, Henrik (Hrsg.), Reformbedarf im Übernahmerecht, Köln (u.a.) 2005, S. 3-42

Süßmann, Rainer, Anwendungsprobleme des WpÜG, WM 2003, S. 1453-1465

Swierczok, Artur, Das englische Scheme of Arrangement und seine Rezeption in Deutschland, Diss., Tübingen 2013

von Sydow, Christian / Beyer, Oliver, Erwerb von notleidenden Krediten und anschließende Kapitalerhöhung mit Sacheinlage – Rechte und Pflichten nach dem WpÜG, AG 2005, S. 635-644

Thonfeld, Henning, Der „instabile Überschuldungsbegriff" des Finanzmarktstabilisierungsgesetzes, NZI 2009, S. 15-19

Tillmann, Tobias, Der Entwurf des „MoMiG" und die Auswirkungen auf Gesellschafterfremdfinanzierung – Verstrickte und privilegierte Darlehen, GmbHR 2006, S. 1289-1295

Thole, Christoph, Sanierung mittels Scheme of Arrangement im Blickwinkel des Internationalen Privat- und Verfahrensrechts, ZGR 2013, S. 109-163

Toth-Feher, Geza M. / Schick Olaf, Distressed Opportunities – Rechtliche Probleme beim Erwerb notleidender Forderungen von Banken, ZIP 2004, S. 491-497

Trölitzsch, Thomas, Differenzhaftung für Sacheinlagen in Kapitalgesellschaften, Diss., Köln 1998

Uhlenbruck, Wilhelm, Von der Notwendigkeit eines eigenständigen Sanierungsgesetzes, NZI 2008, S. 201-206

Uhlenbruck, Wilhelm, Gesellschaftsrechtliche Defizite der Insolvenzordnung, in Moll, Wilhelm (Hrsg.), Festschrift für Hans-Jochem Lüer zum 70. Geburtstag, München 2008, S. 461-477

Ulmer, Peter, Die gesellschaftsrechtlichen Regelungsvorschläge der Kommission für Insolvenzrecht, ZHR 149 (1985), S. 541-574

Ulmer, Peter, Verdeckte Sacheinlagen im Aktien- und GmbH-Recht, ZHR 154 (1990), S. 128-144

Ulmer, Peter, Die „Anrechnung" (MoMiG) des Wertes verdeckter Sacheinlagen auf die Bareinlageforderung der GmbH – ein neues Erfüllungssurrogat?, ZIP 2009, S. 293-302

Ulmer, Peter / Habersack, Mathias / Winter, Martin (1. Aufl.) / *Löbbe, Marc* (2. Aufl.) (Hrsg.), GmbHG Großkommentar, 2. Aufl., Tübingen 2013 (Bd. I), 1. Aufl., Tübingen 2006 (Bd. II) und 2008 (Bd. III)

Vallender, Heinz, Gefahren für den Insolvenzstandort Deutschland, NZI 2007, S. 129-137

Veil, Rüdiger, Eigenkapitalersetzende Aktionärsdarlehen, ZGR 2000, S. 223-257

Wackerbarth, Ulrich, Überschuldung und Fortführungsprognose, NZI 2009, S. 145-149

Wälzholz, Eckhard, Die insolvenzrechtliche Behandlung haftungsbeschränkter Gesellschaft nach der Reform durch das MoMiG, DStR 2007, S. 1914-1921

Wansleben, Till, Werthaltigkeitsprüfung und Offenlegung beim Debt Equity Swap, WM 2012, S. 2083-2092

Weiß, Daniel, Der wertpapierhandelsrechtliche und übernahmerechtliche Zurechnungstatbestand des acting in concert, Diss., Frankfurt a.M. (u.a.) 2007

Weitnauer, Wolfgang, Der „GAU" der Unternehmensfinanzierung durch Dritte - Die Umqualifizierung in Eigenkapital, BKR 2005, S. 43-50

Wentzler, Jochen, Debt Equity Swap als Teil der finanziellen Unternehmenssanierung, Finanz Betrieb (FB) 2009, S. 446-452

Wertenbruch, Johannes, Die Personengesellschaft im Vergleich zur AG und GmbH im insolvenzplanverfahren, ZIP 2013, S. 1693-1704

Westphal, Lars / Goetker, Uwe / Wilkens, Jochen, Grenzüberschreitende Insolvenzen, Köln 2008

Westpfahl, Lars / Janjuah, Riaz K., Zur Modernisierung des deutschen Sanierungsrechts, Beilage zu ZIP Heft 3/2008

Wellensiek, Jobst, Übertragende Sanierung, NZI 2002, S. 233-239

Weller, Marc-Philippe, Die Verlegung des Center of Main Interest von Deutschland nach England, ZGR 2008, S. 835-866

Wicke, Hartmut, GmbHG, München 2008

Wiedemann, Herbert, Gesellschaftsrecht, Bd. I, München 1980

Wiedemann, Herbert, Debt Equity Swap – Gedanken zur Umwandlung von Schulden in Eigenkapital, in Krieger, Gerd et al. (Hrsg.), Festschrift für Michael Hoffmann-Becking zum 70. Geburtstag, München 2013, S. 1387-1396

Wiedenhofer, Marco (Hrsg.), Non Performing Loans (NPL), Stuttgart 2006

Wieneke, Laurenz / Hoffmann, Thomas, Der Erhalt der Börsennotierung beim echten und unechten Debt Equity Swap in der Insolvenz der börsennotierten AG, ZIP 2013, S. 697-708

Wiesbrock, Michael R., Rechtsfragen der Befreiung vom Pflichtangebot nach WpÜG in Sanierungsfällen, NZG 2005, S. 294-301

Wimmer, Klaus (Hrsg.), Frankfurter Kommentar zur Insolvenzordnung, 2. Aufl., Neuwied (u.a.) 1999

Windsor, Jo / Müller-Seils, Carsten O. / Burg, Michael, Unternehmenssanierung nach englischem Recht – Das Company Voluntary Arrangement, NZI 2007, S. 7-12

Wittig, Arne, Beseitigung der Insolvenzgründe mit Bankenbeiträgen als Voraussetzung der freien Unternehmenssanierung, NZI 1998, S. 49-57

Wittig, Arne, Obstruktionsverbot und Cram Down, ZInsO 1999, S. 373-379

Wittig, Arne, Übernahme der Gesellschafterstellung an Krisenunternehmen als Sanierungsbeitrag der finanzierenden Kreditinstitute, in Prütting, Hanns / Vallender, Heinz (Hrsg.), Insolvenzrecht in Wissenschaft und Praxis – Festschrift für Wilhelm Uhlenbruck zum 70. Geburtstag, Köln 2000, S. 685-722

Wittig, Arne, Das Sanierungsprivileg im Übernahmerecht, in Gerhardt, Walter et al. (Hrsg.), Insolvenzrecht im Wandel der Zeit – Festschrift für Hans-Peter Kirchhof zum 65. Geburtstag, Recklinghausen 2003, S. 533-553

Wittig, Arne, Das Sanierungsprivileg für Gesellschafterdarlehen im neuen § 39 Abs. 4 Satz 2 InsO, in Bitter, Georg et al. (Hrsg.), Festschrift für Karsten Schmidt zum 70. Geburtstag, Köln 2009, S. 1743-1760

Wolf, Frank, Die verdeckte Sacheinlage in GmbH und AG, Diss., Baden-Baden 2013

Ziemons, Hildegard, Kritische Anmerkungen zu den aktien- und kapitalmarktrechtlichen Regelungen des Regierungsentwurfs eines FMStErgG, NZG 2009 S. 369-376

Zinser, Alexander, Übernahmeangebote (takeover bids) im englischen und deutschen Recht, Diss., Frankfurt a.M. (u.a.) 2000

Zinser, Alexander, Pflichtangebotsregelungen in europäischen Staaten NZG 2000, S. 573-578

Zöllner, Wolfgang, Die Schranken mitgliedschaftlicher Stimmrechtsmacht bei den privatrechtlichen Personenverbänden, München 1963

Zöllner, Wolfgang, Gerechtigkeit bei der Kapitalerhöhung, AG 2002, S. 585-592

II. Englischsprachige Literatur

Alcock, Alistair / Birds, John / Gale, Steve, Companies Act 2006: The New Law, Bristol 2007

Armour, John, Share Capital and Creditor Protection: Efficient Rules for a Modern Company Law, Modern Law Review (MLR), Vol. 63 No. 3 (May 2000), S. 355-378

Armour, John, Legal Capital: An Outdated Concept?, European Business Organization Law Review (EBOR) Vol. 7 (2006), S. 5-27

Armour, John / Deakin, Simon, Norms in Private Insolvency: the ‚London Approach' to the Resolution of Financial Distress, Journal of Corporate Law Studies, Vol. 1 Part 1 (June 2001), S. 21-51

Bailey, Edward, Voluntary Arrangements, 2nd ed., London (u.a.) 2007

Bailey, Edward / Groves, Hugo, Corporate Insolvency - Law and Practice, 3rd ed., London 2007

Baird, Douglas G., The Elements of Bankruptcy, Westbury, NY 1992

Baird, Ken / Ho, Look Chan, Company voluntary arrangement: the restructuring trends, Insolvency Intelligence, Vol. 20 (2007) Issue 8, S. 124-126

Baird, Ken / Sidle, Paul, Flitting boom, The Lawyer, 2.7.2007, S. 29

Barham, Richard, Debt equity swaps: A growing trend, Practical Law for Companies (P.L.C.), Oct. 2002, S. 21-31

Bewick, Samantha, Practical Uses of a Scheme of Arrangement - Marconi Plc and Marconi Corporation Plc, International Corporate Rescue, Vol. 4 (2007) Issue 4, S. 186-191

Bewick, Samantha, Schefenacker plc: A Successful Debt-For-Equity Swap, International Corporate Rescue, Vol. 5 (2008) Issue 2, S. 103-106

Bewick, Samantha / Fennessy, Mark / Marks, David, England & Wales – Schemes of Arrangement and Company Voluntary Arrangements, in Olivares-Caminal (Hrsg.), Expedited Debt Restructuring, 2007, S. 161-255

Birds, John (Hrsg.) *et al.*, Boyle & Birds' Company Law, 6th ed., Bristol 2007

Boneham, David, Debt Equity Swaps, Tax Journal, Issue 984 (8 June 2009), S. 16-18

Brown, David, Corporate Rescue, Chichester 1996

Buckley on the Companies Acts, Loseblattsammlung, hrsg. von *Arden, Mary / Prentice, Dan*, London 2000-

Button, Maurice (Hrsg.), A Practitioner's Guide to The City Code on Takeovers and Mergers 2008/2009, Old Woking, Surrey 2008

Cameron Markby Hewitt, Debt to Equity Conversions – The General Issues, Corporate Briefing, Vol. 7 No. 4 (March 1993), S. 99-102

Chatterji, Subhrendu / Hedges, Paul, Loan Workouts and Debt for Equity Swaps: A Framework for Successful Corporate Rescues, Chichester 2001

Clowry, Karl, Debt-for-equity-swaps, in Larkin, Ben (Hrsg.), Restructuring and Workouts: Strategies for Maximising Value, London 2008, S. 27-58

Cohen, Adrian / Bridge, Catherine, The consequences of subordination: understanding the junior/senior debt divide, Butterworths Journal of International Banking and Financial Law, Vol. 24 No. 9 (Oct. 2009), S. 526-529

Cohen, Adrian / Maclennan, John, Ultimate turnaround: debt to equity swaps, Corporate Rescue and Insolvency, Vol. 2 Issue 3 (June 2009), S. 91-93

Cotton, Jonathan / Klineberg, Daniel, In Practice: Corporate schemes – versatile and effective, Butterworths Journal of International Banking and Financial Law, April 2007, S. 226

Crystal, Michael / Mokal, Rizwaan Jameel, The Valuation of Distressed Companies: A Conceptual Framework, International Corporate Rescue, Vol. 3 (2006) Issue 2, S. 63-68 (Part I); Issue 3, S. 123-131 (Part II)

Crystal, Michael / Phillips, Mark / Davis, Glen (Hrsg.), Butterworths Insolvency Law Handbook, 8th ed., London 2006

Davies, Paul L., Legal Capital in Private Companies in Great Britain, AG 1998, S. 346-354

Davies, Paul L., Gower and Davies' Principles of Modern Company Law, 7th ed., London 2003

Davies, Paul L. / Rickford, Jonathan, An Introduction to the New UK Companies Act, European Company and Financial Law Review (ECFR), Vol. 5 No. 1 (March 2008), S. 48-71

Dawson, Kate, The jurisdiction of the English courts under the EC Regulation on insolvency proceedings, Insolvency Lawyer, Nov. 2003, S. 226-233

Derham, Rory, The Law of Set-Off, 3rd ed., Oxford 2003

Derrik, Catherine, Challenge to Section 425 Scheme, Insolvency Intelligence, Vol. 18 (2005) Issue 9, S. 136-138

Ellis, Pippa / Dusic, Ellie, Method of valuing company's assets in a scheme of arrangement, Insolvency Intelligence, Vol. 22 (2009) Issue 10, S. 157 f.

Evans, Rachel, UK insolvency reform: Mind over Matter, International Financial Law Review (I.F.L.R.), Supplement – The 2009 Guide to Insolvency and Restructuring, March 2009, S. 74-77

Ferran, Eilís, Legal Capital Rules and Modern Securities Markets – the Case for Reform, as Illustrated by the U.K. Equity Markets, in Hopt, Klaus J. / Wymeersch, Eddy (Hrsg.), Capital Markets and Company Law, Oxford 2003, S. 115-143

Ferran, Eilís, The Place for Creditor Protection on the Agenda for Modernisation of Company Law in the European Union, European Company and Financial Law Review (ECFR) 2006, S. 178-221

Ferran, Eilís, Principles of Corporate Finance Law, Oxford 2008

Ferran, Eilís, Limits of Private Sector Solutions for Banks: Recent UK Rights Issues, ECGI Working Paper Series in Law, Working Paper No. 115/2008, Oct. 2008

Finch, Vanessa, Corporate Rescue in a World of Debt, Journal of Business Law (J.B.L.), Issue 8 2008, S. 756-777

Finch, Vanessa, Corporate Insolvency Law – Perspectives and Principles, 2nd ed., Cambridge 2009

Flannigan, Robert, Fiduciary duties of shareholders and directors, Journal of Business Law (J.B.L.), May 2004, S. 277-302

Fletcher, Ian M. / Higham, John / Trower, William, Corporate Administrations and Rescue Procedures, 2nd ed., London 2004

Freedman, Judith, Interpreting Tax Statutes: Tax Avoidance and the Intention of Parliament, Law Quarterly Review (L.Q.R.), Vol. 123, Jan. 2007, S. 53-90

Friedman, Jack, What courts do to secured creditors in chapter 11 cram down, Cardozo Law Review, Vol. 14 (1993), S. 1495-1544

Frome, Nicholas / Brown, Claude, Lessons from the Marconi restructuring, International Financial Law Review (I.F.L.R.), Sept. 2003, S. 19-22

Goetker, Uwe / Quenby, Georgia, The migration: How German autoparts maker Schefenacker became the centre of main interest, International Financial Law Review (I.F.L.R.), Sept. 2007, S. 48 f.

Goode, Roy, Principles of Corporate Insolvency Law, 3rd ed., London 2005

Gore-Browne on companies, hrsg. von *Alcock, Alistair et al.*, Loseblattsammlung, Bristol 2004-

Griffith, Earl / Field, Ian, Corporate debt restructuring: Preliminary issues, Practical Law for Companies (P.L.C.), April 2002, S. 31-42

Griffith, Earl / Weeks, Randal, Marconi restructuring: A blueprint for the future?, Practical Law for Companies (P.L.C.), Oct. 2003, S. 19-27

Griffiths, Mark / Bull, Louise, Schemes of Arrangement: IMO Car Wash Case, International Corporate Rescue, Vol. 6 (2009) Issue 6, S. 343-347

Hamilton, Dan, Interview with Dan Hamilton, RECOVERY, Winter 2008, S. 54-56

Hannigan, Brenda, Limitations on a Shareholder's Right to Vote - Effective Ratification Revisited, Journal of Business Law (J.B.L.), Nov. 2000, S. 493-512

Hannigan, Brenda, Annotated Guide to the Companies Act, London 2001

Hannigan, Brenda, Company Law, London 2003

Hannigan, Brenda / Prentice, Dan (Hrsg.), Hannigan and Prentice: The Companies Act 2006 – A Commentary, London 2007

Harner, Michelle M., The Corporate Governance and Public Policy Implications of Activist Distressed Debt Investing, Fordham Law Review, Vol. 77 No. 2 (Nov. 2008), S. 703-775

Hess, Burkhard / Oberhammer, Paul / Pfeiffer, Thomas, European Insolvency Law – The Heidelberg-Luxembourg-Vienna Report, München 2013

Hiestand, Lynn / Pilkington, Christian, Time for (some) Chapter 11, International Financial Law Review (I.F.L.R.), Sept. 2008, S. 40-42

Hirte, Heribert, Issuing New Shares and Pre-Emptive Rights - Recent Issues in European Corporate Statutes, in Balzarini, Paola (Hrsg.), La società per azioni oggi, Milano 2007, S. 733-746

Ho, Look Chan, A restatement of the English court's jurisdiction to sanction a scheme of arrangement, Corporate Rescue and Insolvency, Vol. 2 Issue 1 (Febr. 2009), S. 3 f.

Hoffmann, Leonard, Tax Avoidance, British Tax Review (B.T.R.), 2005 No. 2, S. 197-206

Howard, Chris / Hedger, Bob, Restructuring Law and Practice, London 2008

Jennings, Nicholas, Mandatory Bids Revisited, Journal of Corporate Law Studies, Vol. 5 Part 1 (April 2005), S. 37-64

Katz, Ashley / Wood, Alexandra, Schemes of arrangement – the current state of play, Corporate Rescue and Insolvency, Vol. 2 Issue 6 (Dec. 2009), S. 247 f.

Keay, Andrew / Walton, Peter, Insolvency Law – Corporate and Personal, 2nd ed., Bristol 2008

Kemp, Karen / Harris, David, Debt to equity conversions: Relieving the interest burden, Practical Law for Companies (P.L.C.), Aug. 1993, S. 19-28

Krishnan, Sankar, Ihr Platz: Prescription for Recovery, INSOL World, Fourth Quarter 2005, S. 8 f.

Lovell White Durrant, The use of schemes of arrangement in debt/equity conversions, The In-House Lawyer, Oct. 1993, S. 50 f.

MacNeil, Iain, Shareholders' pre-emptive rights, Journal of Business Law (J.B.L.), Jan. 2002, S. 78-100

Maunder, Charles, Bondholder Schemes of Arrangement: Playing the Numbers Game, Insolvency Intelligence, Vol. 16 (2003) Issue 10, S. 73-77

Mayson, Stephen W. / French, Derek / Ryan, Christopher L., Company Law, 24rd ed. 2007-2008

McCahill, Dominic / Willcock, Sally, Cross-border restructuring: current issues for bankers, Butterworths Journal of International Banking and Financial Law, April 2007, S. 211 f.

McGormack, Gerard, Control and Corporate Rescue – An Anglo-American Evaluation, International and Comparative Law Quarterly, Vol. 56 Issue 3 (July 2007), S. 515-551

Morse, Geoffrey / Girvin, Stephen / Frisby, Sandra / Marshall, Enid A. / Hudson, Alastair / Morris, Richard / Crabb, Leticia, Charlesworth's Company Law, 17th ed., London 2005

Moss, Gabriel / Fletcher, Ian F. / Isaacs, Stuart, The EC Regulation on Insolvency Proceedings - A Commentary and Annotated Guide, Oxford 2002

Norley, Lyndon / Marshall, Peter / Swanson, Joseph (Hrsg.), A Practitioner's Guide to Corporate Restructuring, 1st ed., Old Woking, Surrey 2008

O'Dea, Geoff, Craving a cram-down: why English insolvency law needs reforming, Butterworths Journal of International Banking and Financial Law, Nov. 2009, S. 583-589

O'Dea, Geoff / Long, Julian / Smyth, Alexandra, Schemes of Arrangement – Law and Practice, Oxford 2012

Omar, Paul J., Pre-emption rights in the context of proposed company law reforms, International Company and Commercial Law Review (I.C.C.L.R.), 2000, Issue 11, S. 279-284

Palmer's Company Law, Loseblattsammlung, hrsg. von *Morse, Geoffrey et al.*, London

Payne, Jennifer, Legal Capital and Creditor Protection in UK Private Companies, European Company Law, Vol. 5 Issue 5 (Oct. 2008), S. 220-228

Parry, Rebecca, Corporate Rescue, London 2008

Paterson, Sarah, The Valuation Issue and English Schemes of Arrangement, in Global Legal Group (Hrsg.), The International Comparative Legal Guide to: Corporate Recovery & Insolvency 2009, S. 1-3

Paterson, Sarah / Vickers, Thomas, Chapter 12, England & Wales, in Global Legal Group (Hrsg.), The International Comparative Legal Guide to: Corporate Recovery & Insolvency 2009, S. 63-73

Pennington, Robert, Pennington's Corporate Insolvency Law, 2nd ed., London 1997

Pennington, Robert, Company Law, 8th ed., London 2001

Plank, Leo, The German distressed debt market, Butterworths Journal of International Banking and Financial Law, March 2007, S. 162 f.

Qi, Lijie, The rise of pre-packaged corporate rescue on both sides of the Atlantic, Insolvency Intelligence, Vol. 20 (2007) Issue 9, S. 129-136

Rickford, Jonathan, Reforming Capital - Report of the Interdisciplinary Group on Capital Maintenance, European Business Law Review (EBLR) 2004, S. 919-102

Ringe, Wolf-Georg, Forum Shopping under the EU Insolvency Regulation, European Business Organization Law Review (EBOR), Vol. 9 (2008), S. 579-620

Scherer, Erich / Schimmelpenninck, Rutger J., Equitable subordination of shareholder loans: going Dutch or the American way?, Tolley's Insolvency Law and Practice Journal, Vol. 20 No. 2 (March 2004), S. 54-61

Schulte, Richard, Corporate Groups and the Equitable Subordination of Claims on Insolvency, The Company Lawyer, Vol. 18 No. 1 (Jan. 1997), S. 2-13

Sealy, Len / Worthington, Sarah, Cases and Materials in Company Law, 8th ed. Oxford 2007

Sealy, Len / Milman, David, Annotated Guide to the Insolvency Legislation 2008/2009, 11th ed., London 2008

Segal, Nick, Schemes of Arrangement and Junior Creditors – does the US Approach to Valuations Provide the Answer?, Insolvency Intelligence, Vol. 20 (2007) Issue 4, S. 49-52

Segal, Nick, The Effect of Reorganization Proceedings on Security Interests: The Position under English and U.S. Law, Brooklyn Journal of International Law, Vol. 32. No. 3 (2007), S. 927-981

Shandro, Sandy / Derrik, Catherine, Falling apart? Rescue mechanisms and insolvency, Practical Law for Companies (P.L.C.), Jan./Febr. 2002, S. 19-32

Sharp, Claire, English Insolvency Law – does it require American Amendments?, Corporate Rescue and Insolvency, Vol. 1 Issue 6 (Dec. 2008), S. 174 f.

Sheldon, Richard / Stonefrost, Hilary, The Restructuring of MyTravel Group Plc, International Corporate Rescue, Vol. 2 (2005) Issue 2, S. 82-86

Southern, David, Taxation of Loan Relationships and Derivative Contracts, 8th ed., Haywards Heath 2007

Staveley, Ben, The Quest for the Allowable Loss: Reflections on Lord Hoffmann's Approach to Ramsay, British Tax Review (B.T.R.), 2005 No. 6, S. 609-619

Stephenson, Gareth / Maunder, Charles / Evans, Jeremy / Derrick, Chatherine, Telewest Restructuring – Innovative solutions, Practical Law Companies (P.L.C.), Nov. 2004, S. 15-25

Szekely, Alexandra / Richardson, Fiona / Gallagher, Adam, Chapter 11: one size fits all?, Butterworths Journal of International Banking and Financial Law, Oct. 2008, S. 457-459

Tabb, Charles Jordan, The Law of Bankruptcy, Westbury, NY 1997

Tashiro, Annerose / Beissenhirtz, Volker, German Companies heading towards England for their Rescue,.International Corporate Rescue, Vol. 4 (2007) Issue 4, S. 171-177

Thorne, James / Prentice, Dan / et al., Butterworths Company Law Guide, 4th ed., London 2002

Todd, Gill, Administration post Enterprise Act - what are the options for exits?, Insolvency Intelligence, Vol. 19 (2006) Issue 2, S. 17-20

Tolley's Insolvency Law (Loseblattsammlung), hrsg. von *Marks, David*, Croydon 1996-

Townsend, John, Comparing UK and US Business rescue procedures: are Administration and Chapter 11 perceived to be workable and affordable?", Insolvency Law & Practice, Vol. 23 No. 3 (June 2007), S. 66-69

Tribe, John, Company Voluntary Arrangements and Rescue: A New Hope and a Tudor Orthodoxy, Journal of Business Law (J.B.L.), Issue 5 2009, S. 454-487

Tuffnell, K.D., Restrictions on shareholders' voting rights, The Company Lawyer, Vol. 14 No. 5 (May 1993), S. 90-93

Underhill, William / Edwards, Caroline, What MyTravel means for bondholders, International Financial Law Review (I.F.L.R.), March 2005, S. 33-36

Vella, John, Departing From the Legal Substance of Transactions in the Corporate Field: The Ramsay Approach Beyond the Tax Sphere, Journal of Corporate Law Studies, Vol. 7 No. 2 (Oct. 2007), S. 243-283

Wedderburn-Day, Roger / Phelps, Paul, The Enfranchisement of Bondholders in the Marconi Schemes of Arrangement, Butterworths Journal of International Banking and Financial Law, Dec. 2003, S. 421-424

Weisgard, Geoffrey M., Company Voluntary Arrangements, Bristol 2003

Westpfahl, Lars / Wilkens, Jochen, A German Chapter 11, International Financial Law Review (I.F.L.R.), May 2006, S. 22

Wilkinson, Andrew / Lucas, Andrew, High yield bond issues: Raising the stakes, Practical Law for Companies (P.L.C.), Dec. 2003, S. 15-24

Wilson, Charles, Debt equity swaps: an alternative form of corporate rescue, Corporate Rescue and Insolvency, Vol. 2 Issue 3 (June 2009), S. 103 f.

Wood, Philip R., English and International Set-Off, London 1989

Wood, Philip R., Principles of International Insolvency, 2nd ed., London 2007

www.ingramcontent.com/pod-product-compliance
Ingram Content Group UK Ltd.
Pitfield, Milton Keynes, MK11 3LW, UK
UKHW021917290926
8980IPUK00015B/1321

9 783631 66263